学ぶ人は、
変えて
ゆく人だ。

目の前にある問題はもちろん、

人生の問いや、

社会の課題を自ら見つけ、

挑み続けるために、人は学ぶ。

「学び」で、

少しずつ世界は変えてゆける。

いつでも、どこでも、誰でも、

学ぶことができる世の中へ。

旺文社

大学受験

ココが出る!! ☞

日本史ノート

歴史総合，日本史探究

五訂版

菅野祐孝

旺文社

本書の特長と利用法

■日常学習から受験まで使える

本書は，教科書の予習・復習などの日常学習から，共通テスト，私立大学，国公立大学までを対象に，さまざまな角度から幅広く利用できるように構成された書き込み式の整理・演習ノートです。

内容構成は，入試問題を基礎資料とした時代別の40テーマと，歴史へのアプローチ／新しい視点の4テーマの計44テーマからなります。『全国大学入試問題正解 日本史』から過去の実際の入試問題に照応させて欄外の註や補足，史料，図版，写真などを可能な限り収録し，本文解説の内容をより多角的に理解できるように工夫してあります。

■「ココが出る!!」で具体的な傾向や勉強のポイントを提示した

それぞれのテーマごとに学習のポイントを全体的な出題傾向である［**入試全般**］と［**国公立二次・難関私大**］に分けて示しました。学習する上での具体的な傾向と対策となります。

■論述問題への対策も充実させた

国公立大学と一部の私立大学では，論述問題も出題されます。本書では，おおむね100字程度の良問を過去の入試問題から主に厳選し，問題と解答例をあげました。これを参考に自己トレーニングを積みながら，論述問題への対応力を養うことも大切です。

■テーマごと・章ごとに問題演習ができる

時代別のテーマには「**到達度チェック**」，章の終わりには「**実戦演習**」がついています。近年の入試問題からテーマに即した良問を精選してあり，書き込み整理で覚えた知識を効率よく確認して，演習していくことができます。また，問題のリード文は，そのテーマについてまとまった文章が多いので，繰り返し何度も読むことで，テーマの概要についての理解も深まることでしょう。

■過去10年分の入試問題データを分析，レベルに応じた学習ができる

本書は，受験日本史の全範囲・レベルを網羅しているために，基本用語から応用発展レベルまでたくさんの用語があります。そこで本書では，学習の目安として，過去10年分の入試問題データを分析した上で，特に空欄用語について，以下の2レベルを設定しています。

- **標準レベル**……入試において出題頻度が高く，必ず答えられるようにしておきたい用語で，赤色下線を付しています。
- **難関レベル**……難関大学を志望する受験生にとって，ここまでは押さえて欲しいと思われる用語です。黒色下線付きの空欄と，黒色下線を付けた用語で示しました。

また，特に出題に注意して欲しい用語には，ページ下に「出題大学」を例として示しました（赤色下線の用語の多くは出題例がたくさんあるため，あえて出題大学を示していません）。学習の参考にしましょう。

著者紹介
菅野祐孝（かんの　ゆうこう）
代々木ゼミナール個別指導スクール講師。『タテヨコ日本史総整理』『史料・図版の読解問題100』（旺文社），『日本史／図版・史料読みとり問題集』（山川出版社），『共通テスト日本史文化史』（教学社）など著書多数。10年にわたり旺文社「大学受験ラジオ講座」の講師を務めたほか，旺文社『全国大学入試問題正解』では35年以上にわたって解答・解説委員を歴任。

目次

〔本文デザイン〕有限会社 トンプー・グラフィクス　〔校正〕井藤淳史，鈴木優美，小田嶋永，株式会社 ぷれす
〔本文図版〕株式会社 さくら工芸社　〔本文イラスト〕有限会社 作間デザイン事務所、株式会社 さくら工芸社
〔データ作成〕有限会社 トライアングル
〔写真提供〕アフロ，宮内庁三の丸尚蔵館，神戸市立博物館，国会図書館，埼玉県立さきたま史跡の博物館，東京大学史料編纂所，日本近代文学館，一般社団法人 日本写真著作権協会，根津美術館，文化庁，山口県防府天満宮，colbase，DNPartcom，MOA美術館

01 歴史総合で学習すること

歴史総合の学習では，「近代化」，「国際秩序の変化や大衆化」，「グローバル化」の3つが大きな柱になっています。そして，「近代化」，「国際秩序の変化や大衆化」，「グローバル化」への「問い」を考えるテーマの例が教科書にも取り上げられています。この問いのテーマは，共通テストの歴史総合の問題でも問われやすいテーマだと推測されます。以下，テーマをチェックしておきましょう。

❶「近代化への問い」のテーマ……交通と貿易，産業と人口，権利意識と政治参加や国民の義務，学校教育，労働と家族，移民

❷「国際秩序の変化や大衆化への問い」のテーマ……国際関係の緊密化，アメリカ合衆国とソ連の台頭，植民地の独立，大衆の政治的・経済的・社会的地位の変化，生活様式の変化

❸「グローバル化への問い」のテーマ……冷戦と国際関係，人と資本の移動，高度情報通信，食料と人口，資源・エネルギーと地球環境，感染症，多様な人々との共存

※試作問題「歴史総合，日本史探究／世界史探究」の歴史総合部分（第１問）の一例

・19世紀の交通革命についての文章や地図を読み取り，アメリカの貿易政策や日本の開国について，語句と出来事の組合せを答える問題(歴史総合，日本史探究)
・ナショナリズムの多様な現れ方として考えられることと，その事例となる歴史的出来事との組合せを答える問題(歴史総合，世界史探究)

02 18世紀までの世界(西・南・東南アジア)

解答：別冊 p.2 ▶

西アジア・南アジアのイスラーム帝国

1. オスマン帝国(1300頃～1922)

❶スンナ派[*1]の国家。最盛期の皇帝は①＿＿＿＿＿＿＿＿。

❷交易で商業が発展。また，いくつかのヨーロッパ諸国に，領内での居住・通商を認める②＿＿＿＿＿＿＿＿を与える。

2. サファヴィー朝(1501～1736)

シーア派の国家。16世紀末からの首都は貿易で栄え，「③＿＿＿＿＿＿＿＿は世界の半分」と呼ばれた。

3. ムガル帝国(1526～1858)

❶ヒンドゥー教徒とイスラーム教徒が共存。

❷第3代皇帝のアクバルの時代に，非イスラーム教徒に課した④＿＿＿＿(人頭税(じんとう))を廃止。

❸第6代皇帝の⑤＿＿＿＿＿＿＿＿の時に最大領土，人頭税が復活。

東南アジア 16世紀以降，オランダなどのヨーロッパ勢力が進出し，タイのアユタヤ朝などが⑥＿＿＿＿貿易で栄える。

*1　スンナ派はイスラーム教の多数派で，ムハンマドの言行(スンナ)に従うことを重視する。これに対してシーア派は，4代正統カリフ(ムハンマドの後継者)のアリーとその子孫だけを指導者と主張する一派。

03 18世紀の世界(中国・日本)

解答：別冊 p.2 ▶

中国の政治・社会

❶1644年に滅亡した明に代わり，①＿＿＿＿が中国を統一*1。

❷綿・絹織物，景徳鎮の陶磁器などの手工業や，茶の生産が各地で発達→特産品が海外に輸出され，対価として②＿＿＿＿が国内に流入。

❸アメリカ大陸から伝来した③＿＿＿＿＿＿やサツマイモなど，新しい作物の栽培で山地の開墾が進む。

*1 明は漢人王朝であったが，清は満州人による王朝。漢人の制度や文化を継承する一方で，辮髪(男性の髪型)を強制するなどの厳しい統制も行われた。

日本の政治・社会，経済・流通

1. 政治・社会

❶江戸幕府を中心とし，諸藩を地方に置く④＿＿＿＿体制がとられる。

❷大名が江戸へ1年おきに参府する⑤＿＿＿＿＿＿が義務化*2。

*2 8代将軍徳川吉宗は享保の改革を行い，1722年に諸大名に対して米を献上させる上げ米を命じた(＝上げ米の制)。その代償として在府1年在国1年の大名に対しては，参勤交代における江戸在府期間を半減(在府半年・在国1年半)したが，1731年に廃止された。

2. 経済・流通

❶⑥＿＿＿＿(江戸・大坂・京都)を中心に商業・金融・文化が発達。
→大坂：「天下の台所」。年貢米や特産物を蔵屋敷に保管・販売。

❷水上交通：菱垣廻船・樽廻船や，北前船などが発達。中国向けの輸出品である⑦＿＿＿＿(ふかひれなどの海産物)を長崎から輸出。

❸陸上交通：東海道・中山道などの⑧＿＿＿＿が発達。

04 貿易で結びつく東アジアとヨーロッパ

解答：別冊 p.2 ▶

18世紀の東アジア・ヨーロッパの貿易

❶17世紀以降：ヨーロッパ諸国は①＿＿＿＿＿＿を設立，アジア貿易を独占→ヨーロッパ諸国からアジアへは，アメリカ大陸からの銀で支払いを行う。

❷清の貿易：海禁政策が緩和。18世紀半ばには，ヨーロッパ船の来航を②＿＿＿＿1港のみに限定。

◆ 18世紀の日本の対外関係

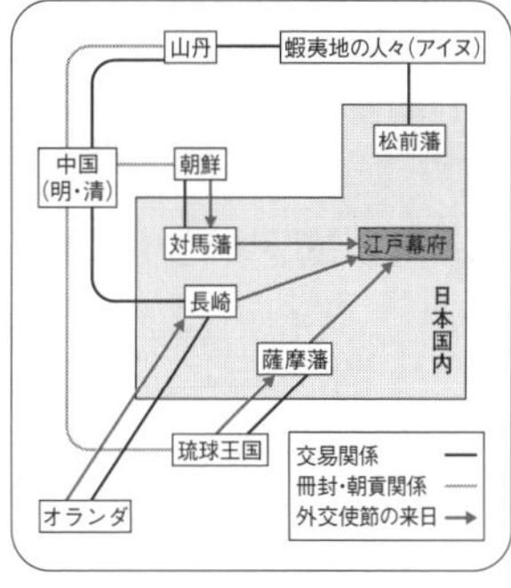

鎖国下の日本の対外関係

❶琉球王国：③＿＿＿＿藩の支配下で，中国(清)との朝貢貿易を行う→中継貿易として発展。

❷アイヌ：④＿＿＿＿藩を介して日本と交易。

❸中国・オランダ：⑤＿＿＿＿で貿易。唐人屋敷やオランダ商館を設置。

❹朝鮮：⑥＿＿＿＿藩が貿易を独占。通信使と呼ばれる使節が日本に派遣される。

05 産業革命とその影響

解答：別冊 p.2 ▶

産業革命の背景と技術革新

❶産業革命：18世紀後半～19世紀初めの①＿＿＿＿＿で始まる。

❷背景：大航海時代以後の②＿＿＿＿＿＿＿貿易による富の蓄積。
海外市場(植民地)の獲得。技術革新による農業革命。

❸③＿＿＿＿＿＿＿＿＿(キャラコ)の代替製品の国産化をめざす。

❹④＿＿＿＿＿を動力とする蒸気機関を製造業に転用→綿工業の発達。
イギリス製品が世界市場を独占→「⑤＿＿＿＿＿＿＿」と呼ばれる。

社会への影響

⑥＿＿＿＿＿主義の成立：資本家が労働者を工場で雇用(工場制機械工業)→労働者の賃金水準・労働条件は劣悪→機械打ちこわし運動，労働組合成立，工場法制定→⑦＿＿＿＿＿主義の提唱(⑧＿＿＿＿＿，エンゲルスによる『⑨＿＿＿＿＿＿＿』)。

産業革命の世界的影響

❶交通・通信革命による「世界の一体化」…蒸気船，鉄道，電気・電信。

❷後発資本主義国の発生…ベルギー，仏，独，露，米[*1]，日。

❸石炭による⑩＿＿＿＿＿＿＿革命…軽工業→重化学工業へ。

◆ 産業革命時のおもな技術革新

- ニューコメン：蒸気機関，ポンプ
- ダービー：コークス製鉄法
- ジョン＝ケイ：飛び杼
- ハーグリーヴズ：多軸紡績機(ジェニー紡績機)
- ワット：蒸気機関の改良
- アークライト：水力紡績機
- クロンプトン：ミュール紡績機
- カートライト：力織機
- フルトン：蒸気船
- スティーヴンソン：蒸気機関車

*1 南北戦争後，アメリカでは北部を中心に急速に産業革命が進み，1870年代にはイギリスに匹敵する工業国になる。

06 19世紀の中国と日本の開港

解答：別冊 p.2 ▶

中国の開港

清(しん)は欧米諸国との貿易を①＿＿＿＿＿に限定。

1. ②＿＿＿＿＿戦争(1840～42) アヘンの密貿易問題からおこった③＿＿＿＿＿との戦争。結果：④＿＿＿＿＿条約(1842)により⑤＿＿＿＿＿の割譲，上海(シャンハイ)を含む5港開港など。課題：⑥＿＿＿＿＿＿＿(治外法権)，一方的な最恵国待遇，⑦＿＿＿＿＿＿＿の喪失[*1]。

2. 第2次アヘン戦争(⑧＿＿＿＿＿戦争，1856～60) イギリスと⑨＿＿＿＿＿が首都北京(ペキン)に侵攻。結果：天津(てんしん)条約(1858)・北京条約(1860)→外国⑩＿＿＿＿＿の北京常駐，アヘン貿易を公認→欧米の近代技術を導入し[*2]，富国強兵をめざす⑪＿＿＿＿＿運動を開始。

日本の開国

「鎖国」を継続する一方，欧米諸国の進出に幕政が動揺。

❶1853年，⑫＿＿＿＿＿の来航：開港要求→1854年，開国：⑬＿＿＿＿＿条約…下田(しもだ)・箱館(はこだて)の開港と遭難者の保護。貿易は認めず。

❷1858年，⑭＿＿＿＿＿＿＿条約：蘭・露・英・仏とも同様の条約締結→1859年，開港場(横浜・長崎・箱館)の居留地(きょりゅうち)で貿易開始[*3]。

*1 南京条約締結の翌1843年に結ばれた虎門寨(こもんさい)追加条約によって，さらに不平等な内容が追加。1844年にはアメリカ・フランスとも同様の条約が結ばれた。

*2 中国の儒教的伝統を維持しつつ，西洋技術を利用するという「中体西用」の考え方による。

*3 貿易の動向
輸出：生糸，茶，蚕卵紙(さんらんし)
輸入：織物，武器，艦船
最大の貿易相手国はイギリス。アメリカは南北戦争で不振。
課題：海外へ金貨が流出→物価急上昇。

07 市民革命とその影響

解答：別冊 p.2 ▶

アメリカ独立革命

市民階級による社会変革運動(①＿＿＿＿革命)。

❶英が植民地に対して貿易統制や課税強化を開始[*1]→②＿＿＿＿会議の開催→1775年に独立戦争勃発，③＿＿＿＿を総司令官に任命。

❷1776年，④＿＿＿＿宣言を発表→1783年，⑤＿＿＿＿条約で独立承認。

❸1787年，⑥＿＿＿＿制定…人民主権，⑦＿＿＿＿分立など。

フランス革命とナポレオンの登場

❶⑧＿＿＿＿の開催：免税特権[*2]廃止案の審議→⑨＿＿＿＿の成立。

❷1789年7月14日，⑩＿＿＿＿の襲撃(革命勃発)→封建的特権の廃止，⑪＿＿＿＿発表→1791年憲法の制定。

❸革命の進展…オーストリアなどとの戦争開始→⑫＿＿＿＿政の成立(ルイ16世処刑)。ロベスピエールらジャコバン派の⑬＿＿＿＿政治。

❹1799年，⑭＿＿＿＿がクーデタで第一統領に就任。⑮＿＿＿＿の制定，第一帝政→ロシア遠征敗北→退位。

市民革命の影響によるラテンアメリカの独立

❶階級社会の形成：ヨーロッパ人と⑯＿＿＿＿[*3]が支配。

❷初の黒人共和国となる⑰＿＿＿＿やアルゼンチン・チリなどが独立。

*1　17～18世紀前半，イギリスは北アメリカ東部に13植民地を建設。北部では農業・製鉄業・造船業が，南部では黒人奴隷を用いたプランテーションが発達し，タバコや綿花などの農産物がイギリス本国などへ輸出されていた。

*2　革命以前のフランス社会は免税などの特権を有する第一身分(聖職者)・第二身分(貴族)と，人口の約9割を占める第三身分(平民)からなる身分制社会で，不平等な制度が維持されていた。

*3　植民地生まれの白人で，おもに裕福な地主階層。本国生まれの白人優位主義に不満をもち，独立運動の担い手となった。

08 欧米諸国のナショナリズム

解答：別冊 p.2 ▶

国民国家とナショナリズム

18世紀，ナショナリズムによる国民の統合→「①＿＿＿＿国家」の成立[*1]→19世紀以降，世界へ広がる。

ウィーン体制とその崩壊

❶1815年，②＿＿＿＿体制の成立：③＿＿＿＿主導で自由主義とナショナリズムの抑圧をはかる→成功せず。

❷④＿＿＿＿年革命：フランス二月革命→ドイツ三月革命→体制崩壊。

ウィーン体制後の国家統一

イタリア(サルデーニャ主導)やドイツ(プロイセン主導)の統一。オーストリア＝ハンガリー帝国成立。

独立後のアメリカ合衆国

❶⑤＿＿＿＿運動：取得・買収での西部への領土拡大。⑥＿＿＿＿法を制定し，先住民は保留地に強制移住。

❷⑦＿＿＿＿戦争(1861～65)[*2]：1863年，⑧＿＿＿＿(共和党)による奴隷解放宣言→北部勝利。

*1　これにより，19世紀のヨーロッパ諸国のほとんどで徴兵制が導入された。

*2　経済構造の違い，奴隷制をめぐる問題からおこった対立。人口・経済力で優位な北部が逆転勝利した。

南部(アメリカ連合国)：奴隷制プランテーション農業による綿花生産。自由貿易主張。

北部(アメリカ合衆国)：商工業が発達。保護貿易主張。奴隷制反対。

09 西アジアの近代化革命

解答：別冊 p.2

オスマン帝国

①＿＿＿＿＿(統治者)のもとでの多民族国家

❶ナポレオンのエジプト遠征後→オスマン軍人②＿＿＿＿＿＿＿がエジプト総督となり，近代化を進める。

❷英・仏・露が支援する③＿＿＿＿＿の独立戦争で敗北(1829)。

❸1839年，④＿＿＿＿＿＿＿(西欧化改革)開始。ムスリムと非ムスリムの平等を唱える⑤＿＿＿＿＿主義で政治的一体化をめざす。

❹1876年，⑥＿＿＿＿＿憲法制定→ロシアとの戦争で停止。

❺⑦＿＿＿＿＿＿＿＿＿主義*1とトルコ民族主義との対立。

*1 イスラームの思想家アフガーニーが提唱。ヨーロッパの植民地主義に対抗するためにはイスラーム教徒の一致協力が必要だとする考え。エジプトやイランなど各地の民族運動に影響を与えた。

エジプト・イラン

❶エジプト…⑧＿＿＿＿＿＿運動(1881～82)→失敗，英の保護国に。

❷ガージャール朝(イラン) …⑨＿＿＿＿＿＿＿＿＿運動→民族意識の高揚→1905年，⑩＿＿＿＿＿＿革命へ。

10 19世紀後半のヨーロッパの動向

解答：別冊 p.2

ウィーン体制後の国家統一と改革

1. ロシア ①＿＿＿＿＿戦争(1853～56)の敗北→②＿＿＿＿＿条約(1856)で黒海の中立化*1→1861年，農奴解法令発布：皇帝③＿＿＿＿＿＿＿＿＿＿による近代化政策。

*1 ロシアは南下政策を進めて，オスマン帝国(イギリス・フランス・サルデーニャが支援)に宣戦したが，戦艦性能の違い(帆船 vs 蒸気船)や鉄道敷設の遅れなどで兵力が劣ったため大敗。ロシアは黒海の中立化を認めさせられた。

2. イギリス 第１回④＿＿＿＿＿＿の開催(1851)。二大政党制成立。

3. フランス ⑤＿＿＿＿＿＿＿＿＿＿＿戦争敗北：ナポレオン３世失脚，第二帝政崩壊→共和政復活(⑥＿＿＿＿＿政)。

4. イタリア サルデーニャ王国(首相⑦＿＿＿＿＿)主導でイタリア統一。「青年イタリア」出身の⑧＿＿＿＿＿＿の活躍→⑨＿＿＿＿＿＿＿＿＿＿＿＿＿＿＿＿即位(1861)。

5. ドイツ プロイセン(首相⑩＿＿＿＿＿＿)主導でドイツ統一(1866年のプロイセン＝オーストリア戦争*2，1870～71年のプロイセン＝フランス戦争でいずれの戦争もプロイセン勝利)→1871年，プロイセン国王⑪＿＿＿＿＿＿＿＿＿がドイツ皇帝としてヴェルサイユ宮殿で即位(⑫＿＿＿＿＿帝国成立)。ビスマルクの政治…内政：「⑬＿＿＿＿＿闘争」によるカトリック勢力の抑え込み。社会主義者鎮圧法，社会保険制度の整備。外交：フランスの孤立をはかる同盟の構築(⑭＿＿＿＿＿＿体制)。

*2 敗れたオーストリアはハンガリーに自治権を与え，オーストリア＝ハンガリー帝国となる。

11 幕末の動揺と新政府の発足

解答：別冊 p.3 ▶

江戸幕府の動揺

❶開国をめぐる幕府の対応→有力大名の政治的発言力の強化と天皇の権威高揚→井伊直弼(いいなおすけ)による①＿＿＿＿→桜田門外の変(さくらだもんがい)*1→幕府権威の低下→朝廷と融和する②＿＿＿＿を展開。

❷貿易開始の混乱→③＿＿＿＿運動による外国人の排撃。

❸長州(ちょうしゅう)藩が攘夷(じょうい)実行→欧米諸国の報復→攘夷は不可能と実感。

❹幕府政治への反発→外様(とざま)の薩摩(さつま)藩と長州藩が接近(④＿＿＿＿同盟)。

*1 大老の井伊直弼は朝廷に無許可で条約を締結し，反対派を弾圧した(安政の大獄)ことから桜田門外で攘夷派の水戸(みと)浪士らに暗殺された。

江戸幕府の滅亡と新政府の発足

有力大名による連合政権構想が模索される。

❶1867年，徳川慶喜(とくがわよしのぶ)による⑤＿＿＿＿：徳川氏の権力維持→薩長・岩倉具視(いわくらともみ)らによる⑥＿＿＿＿：徳川氏排除。

❷1868年１月，⑦＿＿＿＿戦争：新政府軍 vs 旧幕府軍→翌年５月，旧幕府軍降伏。

❸1868年３月，⑧＿＿＿＿*2：新政府の基本方針。

❹中央集権化…⑨＿＿＿＿：旧大名を知藩事(ちはんじ)に任命→⑩＿＿＿＿：旧大名の徴税・軍事権を否定。中央から府知事(ふちじ)・県令(けんれい)を派遣。

*2 明治天皇が天地の神々に「公論重視」「開国和親」など５箇条からなる国家方針を誓った。これはのちに国民が国会の開設を求める根拠となる。

12 明治政府の諸改革と憲法の制定

解答：別冊 p.3 ▶

新政府の諸改革と改革への反発

❶身分制度の廃止：旧藩主・公家→①＿＿＿＿，百姓・町民→②＿＿＿＿*1，武士→士族。③＿＿＿＿：皇族以外の身分はすべて平等。④＿＿＿＿：満20歳以上の男子に兵役義務→士族特権喪失。

❷武力による士族の反乱…⑤＿＿＿＿戦争(1877)：西郷隆盛(さいごうたかもり)中心→士族側の敗北。以後，武力反乱はなくなり，言論により政府を批判…国会開設を求める⑥＿＿＿＿運動が高揚。

*1 1871年の解放令で江戸時代にえた・非人と呼ばれた百姓・町民以下の身分の人々も平民とされたが，差別は根強く続いた。

立憲体制の整備と憲法制定

❶⑦＿＿＿＿らを欧州に派遣，ドイツ(プロイセン)憲法を学ぶ。

❷⑧＿＿＿＿(明治憲法)制定…1889年２月11日発布。天皇主権，帝国議会(貴族院・衆議院*2)の召集，法律の範囲内での言論・集会・信教などの自由。→アジアで唯一の⑨＿＿＿＿国家に。

❸教育…はじめ自由主義，のち⑩＿＿＿＿主義に傾倒。

*2 1890年の第１回衆議院議員選挙は，直接国税15円以上を納める満25歳以上の男子に制限されたため，有権者は全人口のわずか１％程度だった。

16C以前
17C
18C
19C
20C
現在

13 日本の産業革命

解答：別冊 p.3 ▶

1. ①＿＿＿＿**政策による近代産業の育成** 中心は製糸・紡績業。

❶②＿＿＿＿模範工場の建設(富岡製糸場など)。

❷欧米技術者(③＿＿＿＿)による日本人技術者の育成。

2. 通貨・金融制度の整備 不換紙幣の発行(不安定・物価高を招く)→国立銀行条例→松方正義蔵相の緊縮財政→④＿＿＿＿設立→銀兌換→⑤＿＿＿＿による賠償金など→⑥＿＿＿＿制の採用*1。

3. 企業勃興ブーム(1880年代半ば) 民間資本中心の産業発展へ。

❶繊維産業：渋沢栄一*2が大阪紡績会社設立。⑦＿＿＿＿製糸の普及→生産拡大→輸出(綿製品：アジアへ，生糸：⑧＿＿＿＿へ)による外貨獲得→1900年代，日本は世界最大の⑨＿＿＿＿輸出国へ成長。

❷鉄道業：華族中心の資本による日本鉄道会社など，民営鉄道の設立がさかん→⑩＿＿＿＿法(1906)により買収，国有化へ。

4. 重工業

❶官営事業の払い下げをうけた三菱・三井などが⑪＿＿＿＿へ発展。

❷⑫＿＿＿＿(八幡製鉄所)の建設→鉄鋼の国内生産のため。

❸⑬＿＿＿＿(足尾銅山鉱毒事件)・労働運動(待遇改善を要求)の発生。

*1 輸出には不利。物価や為替の安定，資本輸入には有利。

*2 明治政府の官僚として国立銀行条例の制定(殖産興業の促進，不換紙幣の整理)に尽力。退官後は第一国立銀行(初代頭取)・大阪紡績会社創立など実業界でも活躍した。

14 アジア・アフリカの植民地化

解答：別冊 p.3 ▶

南・東南アジアの植民地化

欧米諸国が植民地獲得を競う。

❶インド…①＿＿＿＿会社の利権拡大→安いイギリス製綿布の輸入によりインドの綿工業は衰退→②＿＿＿＿の反乱がインド大反乱(1857～59)へ拡大→③＿＿＿＿帝国成立*1。

❷ベトナム・カンボジア・ラオス…④＿＿＿＿連邦に。

❸フィリピン・グアム島…米西戦争後，⑤＿＿＿＿の植民地。

❹インドネシア…17世紀，⑥＿＿＿＿会社が進出→解散後オランダ本国の支配。政府栽培制度採用。

❺マレー半島・ビルマ・シンガポール…⑦＿＿＿＿の支配。

❻タイ…独立を維持：国王⑧＿＿＿＿の近代化政策。英仏植民地の緩衝地帯。

アフリカの分割

⑨＿＿＿＿会議*2(1884～85)による分割→リベリア・エチオピアを除く全地域が植民地化された。

*1 イギリス本国の統治となり，1877年にヴィクトリア女王がインド皇帝を兼任。

*2 独ビスマルクが提唱。実効支配の原則など，アフリカ植民地化のルールを制定。

15 日清戦争

解答：別冊 p.3

条約による国際秩序

❶欧米諸国の①＿＿＿＿体制（対等な国家間の条約による秩序づけ）が東アジアの国際秩序*1 に影響。

❷日本とロシアの国境画定：②＿＿＿＿交換条約（1875）。

❸③＿＿＿＿：日清両属の琉球(りゅうきゅう)に沖縄県設置（1879）→清(しん)の抗議。

日清戦争の背景と影響

④＿＿＿＿の支配権をめぐる日清の戦争。

❶発端…朝鮮半島での⑤＿＿＿＿戦争：東学の信徒を中心とした大規模な農民反乱→朝鮮政府が清に援軍要請，日本も派兵*2 。

❷1894年，⑥＿＿＿＿条約→日本は条約改正に成功*3 。

❸1894年，⑦＿＿＿＿戦争勃発→近代化した軍備をもつ日本が圧勝。

❹1895年，⑧＿＿＿＿条約締結：清は⑨＿＿＿＿の独立を承認。遼東(りょうとう)半島・⑩＿＿＿＿・澎湖(ほうこ)諸島を割譲→遼東半島は露・仏・独の圧力により返還（⑪＿＿＿＿）。多額の賠償金→日本は軍備の拡大，工業化へ。

*1　19世紀までの東アジアの国際秩序は，中国皇帝を頂点とする冊封体制下にあり，朝鮮や琉球は清に従属していた。

*2　日清両軍の緊張は，1885年の天津条約による朝鮮からの撤兵で一時緩和していた。しかし1894年の東学の乱で日清は再び朝鮮に出兵し共同での朝鮮改革着手の提案を清が拒否したことを口実に日本軍は朝鮮王宮を占領。日清戦争へ突入した。

*3　領事裁判権の撤廃，関税自主権の一部回復，最恵国待遇の相互化。イギリスはロシアの南下政策阻止が目的で，日本との利害一致。

16 日露戦争

解答：別冊 p.3

日清戦争後の中国

欧米列強の利権獲得競争が本格化*1 。

❶1898年，①＿＿＿＿（康有為(こうゆうい)らによる清の変革）の失敗。

❷1900年，②＿＿＿＿による外国公使館包囲→清政府が列強に宣戦布告→日本中心の８カ国連合軍が③＿＿＿＿占領（ロシアは④＿＿＿＿占領）→北京(ペキン)議定書締結（1901）。

日露戦争

❶日本…ロシアの満州占領，韓国への進出を警戒→ロシアの極東進出を警戒するイギリスと接近→1902年，⑤＿＿＿＿締結。

❷1904～05年，⑥＿＿＿＿戦争→英・米の財政的支援をうけた日本の勝利→1905年，⑦＿＿＿＿条約*2：日本の韓国に対する指導・監督権，旅順(りょじゅん)・大連(だいれん)の租借権と，東清鉄道長春(ちょうしゅん)以南の利権，樺太(からふと)（北緯50度以南）の割譲を認める→賠償金は得られず→⑧＿＿＿＿事件発生。

日露戦争後のアジア

欧米の植民地では民族運動・独立運動が刺激。

❶韓国民衆の抗日運動（⑨＿＿＿＿）→1910年，⑩＿＿＿＿：韓国を植民地化→日本は本格的な帝国主義国に。

❷孫文(そんぶん)らによる⑪＿＿＿＿革命（清朝滅亡）→1912年，中華民国成立。

*1　経済的進出を基本とし利権獲得競争に出遅れたアメリカは，中国での門戸開放・機会均等と領土保全を提唱した。その後，アメリカは南満州を独占しようとする日本に不満をもち，国内での日本人排斥運動とあいまって日本への反発を強めたため，日米関係は悪化した。

*2　日本は日本海海戦でロシアのバルチック艦隊に勝利したものの，戦費・兵力や物資などが不足。ロシアは海軍の壊滅に加え，1905年革命の発生で戦争続行が難しくなっていた。そのため，ともにアメリカの仲介を受け入れ講和した。

17 第一次世界大戦

解答：別冊 p.3 ▶

第一次世界大戦の勃発 ①______(連合国)と同盟国の戦い。

❶発端…1914年，②______での暗殺事件→オーストリアが③______に宣戦。

❷各国の動き…ドイツ：露・仏に宣戦→中立国④______に侵入→英も独と開戦。オスマン帝国：独(同盟国)側で参戦。

❸戦争の長期化…西部戦線は塹壕(ざんごう)戦で膠着。史上初の⑤______。

◆ 第一次世界大戦中のヨーロッパ

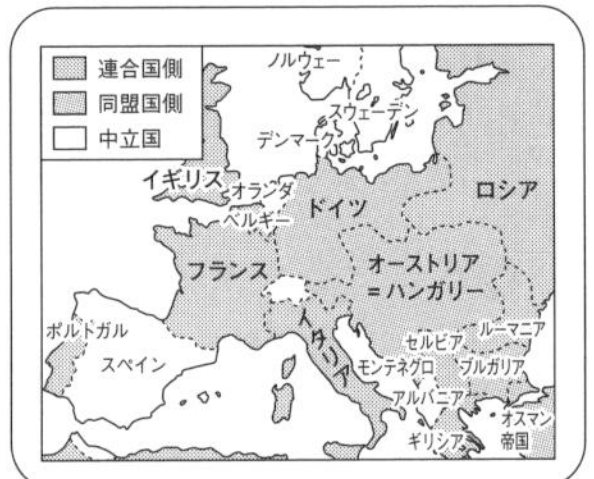

日本の動きとアメリカの参戦

❶日本…⑥______を根拠にドイツに宣戦→ドイツ領南洋諸島，青島(チンタオ)占領。⑦______：中華民国の袁世凱(えんせいがい)政権に提出*1。

❷アメリカ…中立→ドイツの⑧______作戦に対し参戦(1917)。

*1 山東省(青島・膠州湾)・満州・内モンゴルなどの権益を要求。中国・欧米諸国から批判を受けた。

戦時外交とドイツの敗北

❶イギリス…⑨______外交でアラブ人とユダヤ人の独立を約束*2。

❷アメリカ…ウィルソン大統領が⑩______の平和原則を発表。

❸ドイツ…1918年に⑪______条約でロシアと単独講和→キール軍港の水兵反乱(⑫______革命)→臨時政府誕生(連合国と休戦協定)→⑬______共和国成立。

*2 約束(フセイン・マクマホン協定，サイクス・ピコ協定，バルフォア宣言)が矛盾する内容だったことから，のちにパレスチナをめぐるアラブ人とユダヤ人の対立(パレスチナ問題)を生んだ。

18 ロシア革命とアメリカの台頭

解答：別冊 p.4 ▶

ロシア革命 史上初となる①______国家を成立させた革命。

❶1917年，②______革命：帝政崩壊→臨時政府成立(戦争継続)→労働者・兵士が③______結成→④______革命：ボリシェヴィキ*1の指導者⑤______が政権獲得。

❷「土地に関する布告」，「⑥______」*2の採択。

❸憲法制定会議でエスエル(社会革命党)が第一党→会議を解散→一党独裁へ*3。

*1 ロシア社会民主労働党は創設後，多数派のボリシェヴィキと少数派のメンシェヴィキに分裂した。

*2 全世界に無併合・無償金・民族自決に基づく即時講和を呼びかけたが，実現はしなかった。

*3 レーニンが武力で会議を解散，以後ボリシェヴィキ(のちの共産党)の一党独裁となる。

アメリカの台頭 第一次世界大戦を経て，債務国から債権国へ転換。

❶連合国の勝利に貢献→国際的地位の向上→⑦______を設立*4。

❷繁栄と排外的風潮…1920年代，大量生産・⑧______の社会，⑨______参政権の実現，大衆文化の広がり(雑誌・プロスポーツ・映画など)。禁酒法(1919)，⑩______法(1924)：WASP(ワスプ)でない移民(カトリック・ユダヤ系など)の制限や日系移民の排斥。

*4 アメリカ議会上院が孤立主義からヴェルサイユ条約の批准を拒否。アメリカは主唱国でありながら不参加となった。

19 第一次世界大戦後の国際体制

解答：別冊 p.4 ▶

ヴェルサイユ体制

❶1919年，パリ講和会議で①＿＿＿＿条約締結：ドイツの賠償*1，戦後のヨーロッパの秩序についての取り決め。

❷ウィルソンの十四カ条→1920年，②＿＿＿＿設立：史上初の国際平和機構。③＿＿＿＿の原則*2。

ワシントン会議

④＿＿＿＿の台頭を懸念するアメリカが主導。

❶⑤＿＿＿＿体制：アジア・太平洋地域の秩序の安定。

❷⑥＿＿＿＿条約：主力艦保有比率の合意*3。

⑦＿＿＿＿条約：太平洋地域の安全保障。日英同盟の解消。

⑧＿＿＿＿条約：中国の主権尊重，領土保全，門戸開放。

国際協調の動き

❶⑨＿＿＿＿条約締結(1925)：ドイツの国際連盟加入(1926)。

⑩＿＿＿＿条約(ブリアン・ケロッグ条約)：戦争の違法化を宣言。

⑪＿＿＿＿会議：補助艦の保有比率の合意*4。

❷ドイツ経済の安定化…⑫＿＿＿＿案：ドイツへのアメリカ資本の貸与，⑬＿＿＿＿案：賠償総額の減額。

*1 巨額の賠償金(のちに1320億金マルクと決定)，すべての植民地の放棄，軍備の大幅削減，アルザス・ロレーヌのフランスへの返還，ラインラントの非武装化など，厳しい内容だった。

*2 ハンガリーなど多くの東欧諸国が独立する一方，戦勝国がもつアジア・アフリカ植民地には適用されなかった。

*3 米・英・日・仏・伊による。

*4 米：英：日＝10：10：7弱とされた比率に日本の軍部が反発。統帥権干犯(とうすいけんかんぱん)問題がおこる。

◆ アメリカ資本の貸与

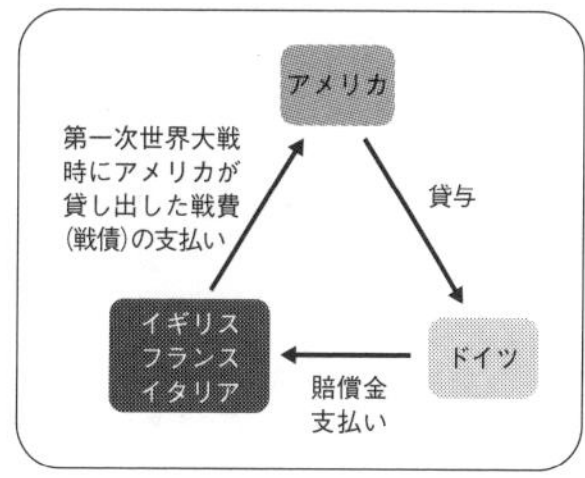

20 アジアの経済成長

解答：別冊 p.4 ▶

第一次世界大戦前の日本経済

❶欧米諸国の海外投資と資金の流れの活発化→①＿＿＿＿制へ移行。

❷日露戦争の戦費による財政圧迫(ポーツマス条約で賠償金なし)。

❸紡績業の原料綿花・軍需品・重化学工業製品を輸入に頼る貿易構造→国際収支の危機。借り入れが貸し出しを上回る②＿＿＿＿国。

第一次世界大戦期の世界経済

❶金本位制の停止。ヨーロッパからの輸出の停止。船舶不足。

❷アメリカの好況…ヨーロッパへ輸出拡大→戦後，国際経済の中心に。

❸日本の好況…③＿＿＿＿景気：重化学工業・繊維業・造船業の輸出激増*1→国際収支の危機を脱出。債務国から④＿＿＿＿国になる。

大戦後の日本

ヨーロッパの復興でアジア市場喪失→輸入超過に転落→⑤＿＿＿＿恐慌。関東大震災→⑥＿＿＿＿恐慌。銀行の経営不安→⑦＿＿＿＿恐慌→浜口雄幸(はまぐちおさち)内閣は⑧＿＿＿＿財政で金解禁を実施。

*1 連合国へ：軍需物資・食料品，アジアへ：綿織物・雑貨，アメリカへ：生糸などの輸出が拡大。船舶不足から海運業・造船業が好調で，機械・鉄鋼業にも波及，化学工業勃興につながった。また，中国へ紡績企業が進出(在華紡)，海外投資が本格化した。

21 アジアの民族運動と国際秩序の変化

解答：別冊 p.4 ▶

1. 朝鮮…1919年3月1日，ソウルで①________運動開始[*1]。

2. 中国…二十一カ条の要求破棄が拒否されたことへの抗議→②______運動[*2]→③______党(孫文が指導)と中国共産党の結成。

3. インド…国民会議派がイギリスからの独立をめざす

❶英の④________令→カルカッタ大会で4大綱領[*3]を決議。

❷ローラット法(反英運動弾圧)→⑤________の非暴力・不服従・非協力運動，ネルーの⑥__________(完全独立)。

4. 西アジア諸地域

❶トルコ…⑦__________[*4]がギリシア軍撃退，スルタン制廃止(＝オスマン帝国滅亡)→トルコ共和国成立(1923)。

❷アラブ地域…戦後，英・仏の委任統治領。エジプト(イギリスの保護国)で⑧______党の独立運動→エジプト王国成立(1922)。

❸イラン…レザー＝ハーン(シャー)が⑨________朝を樹立(1925)→国名をイランに改称(1935)。

*1 朝鮮総督府が鎮圧。これを機に，原敬内閣は韓国併合時の強圧的な武断政治をゆるめ，文化政治へ転換した。

*2 パリ講和会議への抗議運動が北京から全国へ拡大。中国政府はヴェルサイユ条約の調印を拒否した。

*3 英貨排斥・スワデーシ(国産品愛用)・スワラージ(自治獲得)・民族教育。

*4 ムスタファ＝ケマルは，政教分離・太陽暦の採用・女性解放・ローマ字採用など，近代化政策をすすめ，議会から「アタテュルク」(トルコの父)の尊称をあたえられた。

22 大正デモクラシーと大衆社会の成立

解答：別冊 p.4 ▶

大衆の政治参加

❶欧米で労働運動や①______運動が活発化。

❷②________事件：日露戦争の無賠償に対する反発。

③________運動(第3次桂太郎内閣退陣)・米騒動→原敬による初の本格的④______内閣成立。

⑤______主義(吉野作造)→政党政治への期待→大正デモクラシー。

⑥________運動→護憲三派内閣→男性普通選挙実現(1925)。

❸労働運動…⑦______革命の影響→労働争議や小作争議が多発。

社会主義運動…日本共産党結成→⑧________法(1925)による弾圧。

女性運動…平塚らいてう・市川房枝らが⑨__________結成[*1]。

部落解放運動…⑩__________の結成。

大衆消費社会の出現

1920年代，アメリカから世界へ広がる。

❶大量生産された工業製品を消費＝都市部の中産階級(⑪________層)が支える。マスメディアによる宣伝。ラジオ放送の開始。

❷日本…都市部中心に新中間層，⑫______婦人登場[*2]→大衆文化普及。

◆ 各国の普通選挙の実現年

	男性	女性
アメリカ	1870	1920
ドイツ	1871	1919
イギリス	1918	1928
フランス	1848	1945
日本	1925	1945

*1 1920年に結成し，女性参政権を求めた。また，平塚は青鞜社を設立し，家父長制や良妻賢母思想を批判。市川は女性参政権獲得運動に尽力し，戦後参議院議員となった。

*2 女性の社会進出(教師，タイピスト，電話交換手，バスの車掌など)が進み，経済的地位が向上した。

23 世界恐慌と各国の対応

解答：別冊 p.4 ▶

世界恐慌の波及 1929年，ニューヨーク株式市場(①________街)で株価大暴落→世界恐慌へ。背景：過剰生産と投資拡大。影響：イギリス・フランス・アメリカは経済の②________推進[*1]。

ニューディール ③________________
大統領の景気回復策：政府による市場・経済への積極介入→農業調整法(AAA)，④________________(TVA)による大規模公共事業，⑤________法：労働者の団結権・団体交渉権の承認。

アメリカの外交 社会主義国⑥________の承認。⑦________外交：ラテンアメリカ諸国への内政不干渉。中立法[*2]→孤立主義が高まる。

昭和恐慌 アメリカへの生糸輸出激減によるデフレ＋浜口雄幸(はまぐちおさち)内閣(立憲民政党)による⑧________解禁，国際金本位制への復帰→円高と世界恐慌の二重打撃。東北を中心に⑨________恐慌が発生[*3]。

恐慌に対する日本の対策 ⑩________蔵相による金輸出再禁止→金本位制から離脱[*4]→重化学工業の発展。円安で輸出促進。

*1 イギリスは連邦内の関税を引き下げ，連邦外では上げた。これはスターリング(ポンド)＝ブロックと呼ばれ，ブロック経済の先駆けとなった。世界経済のブロック化は，植民地をもたないドイツ・イタリア・日本の反発を強めた。

*2 交戦国に対する武器輸出と資金供与の禁止。

*3 生糸・繭価の暴落に加え，米価格も暴落し，農業恐慌も発生。

*4 日本は管理通貨制度に移行した。また，高橋是清(たかはしこれきよ)蔵相は赤字国債を発行し，軍事費・補助金・農山漁村救済事業費を捻出するなど積極財政に転換した。

24 ファシズムの拡大

解答：別冊 p.4 ▶

ファシズム イタリアやドイツなどで生まれた①______体制。

1. イタリア 1919年，②__________がファシスト党創設。「③________進軍」の後に政権掌握→1926年，一党独裁体制確立。1935年，④________侵攻→翌年併合。1937年，国際連盟脱退。

2. ドイツ 世界恐慌後，ヒトラー率いる⑤________党が台頭→1932年，総選挙で第一党→翌年，ヒトラー内閣が成立し，⑥________法を制定→1934年，ヒトラーは総統(そうとう)(フューラー)となり独裁的権力を掌握[*1]。国際連盟脱退(1933)→再軍備宣言(1935)→ラインラント進駐(1936)。

スターリン体制下のソ連 1934年，国際連盟加盟(のち除名)→1935年，⑦__________が反ファシズム人民戦線戦術を提唱。

スペイン内戦 1936年，人民戦線政府に対して⑧________が反乱→独・伊がフランコ支援→フランコ側勝利(1939年，独裁体制成立)。

ドイツの侵略 1938年，オーストリア併合→⑨__________地方の割譲を要求→ミュンヘン会談で割譲承認→英・仏の⑩________政策失敗[*2]→1939年，⑪__________条約締結[*3]。

*1 ヒトラー率いるナチス＝ドイツは，反ユダヤ主義からユダヤ人をはじめロマなどの少数民族を迫害。強制収容所がアウシュヴィッツ(ポーランドのオシフィエンチム)などにつくられた。

*2 ヒトラーはズデーテンの割譲だけでは満足せず，チェコを占領，スロヴァキアを保護国化した。

*3 敵対していたヒトラー(ファシズム)とスターリン(共産主義)の提携は，世界を驚かせた。

25 満州事変と日中戦争

解答：別冊 p.4 ▶

中国の統一

中国国民党の①＿＿＿＿らが中国統一をめざす(北伐(ほくばつ))→南京(ナンキン)に②＿＿＿＿政府樹立。一方で中国共産党と対立。

日本の介入…張作霖(ちょうさくりん)爆殺事件*1→子の③＿＿＿＿が国民政府に合流，中国統一。国権回復運動：④＿＿＿＿権の回復など。

満州事変と軍部の台頭

日本で満州権益維持の強硬論が高まる。

❶関東軍による満鉄線路爆破(⑤＿＿＿＿事件)→⑥＿＿＿＿→満州を占領し「満州国」建国宣言→実態は日本軍の傀儡(かいらい)政権*2。

❷政党内閣の終焉…1932年，⑦＿＿＿＿事件→軍部が台頭。

❸国際的孤立…国際連盟(リットン調査団)→1933年，国際連盟脱退*3。

❹1936年，⑧＿＿＿＿事件→陸軍統制派が政治的主導権を握る。

日中戦争

1937年，北京(ペキン)郊外での⑨＿＿＿＿事件を発端に日中戦争→国民党・共産党が提携(第２次国共合作)→⑩＿＿＿＿＿＿結成*4。

*1　日本の支援をうけていた満州軍閥の張作霖が蒋介石(しょうかいせき)に敗れて北京から撤退する途中，中国東北地方の直接支配を謀る関東軍によって爆殺された事件。

*2　清朝の最後の皇帝溥儀(ふぎ)を執政として建国。国際社会の非難を浴びる一方，日本の国内世論は軍部を支持。

*3　このあと日本はドイツに接近し，1936年に日独防共協定を結ぶ。

*4　日本軍による暴行・略奪・殺人などで抗日気運が高まった。南京占領時におこった南京事件は国際的批判を高め，アメリカが日米通商航海条約を破棄，日本に対する経済制裁を行った。

26 第二次世界大戦の勃発

解答：別冊 p.5 ▶

大戦の開始

独ソ不可侵条約でポーランドは独ソ両国が分割。

❶ドイツ…①＿＿＿＿＿侵攻→英・仏が独に宣戦→開戦。

❷ソ連…②＿＿＿＿＿侵攻→国際連盟除名→バルト３国併合。

❸フランス降伏：北半をドイツが占領，南半はヴィシー政府が統治。③＿＿＿＿＿が亡命政府を組織，レジスタンスの呼びかけ。

アメリカ・日本・ドイツの動き

❶アメリカは中国を支援，日本には経済制裁。開戦当初は中立→④＿＿＿＿法の成立：イギリスなど反ファシズム諸国を支援。

❷⑤＿＿＿＿＿同盟の成立→日本とアメリカとの関係悪化。

❸独ソ戦の開始(独ソ不可侵条約を破りドイツがソ連に侵攻)→膠着状態。

日米交渉と太平洋戦争

❶⑥＿＿＿＿条約締結：北方の安全確保→日米交渉開始。

❷日本の南部仏印進駐*1→在米日本資本の凍結・日本への石油禁輸。

❸「⑦＿＿＿＿憲章」発表：ローズヴェルト(米)とチャーチル(英)。

❹「ハル＝ノート」の提示*2→東条英機(とうじょうひでき)内閣は拒絶→交渉決裂・開戦決定。

❺1941年12月８日，マレー半島・真珠湾奇襲→太平洋戦争へ。

*1　東南アジアの石油資源を確保するため，第３次近衛(このえ)内閣のもとで行われた。

*2　中国の満州事変以前の状態への復帰などを要求するアメリカの対案。これを最後通牒と受け止めた日本は御前会議で開戦を決めた。

27 第二次世界大戦の終結

解答：別冊 p.5 ▶

枢軸国の劣勢

❶1942年，① ＿＿＿＿＿＿ で日本がアメリカに大敗

→1944年7月，② ＿＿＿＿＿＿ 陥落→東条内閣総辞職。

❷1942～43年，③ ＿＿＿＿＿＿ の戦いでドイツがソ連に敗北→以降，独ソ戦はソ連が優勢に*1。

❸1943年，連合国軍が④ ＿＿＿＿＿＿ 上陸→イタリア無条件降伏（9月）。

*1　1943年5月，スターリンはコミンテルンを解散し，イギリス・アメリカとの協力体制を確実なものにした。

連合国の結束と枢軸国の敗北

❶⑤ ＿＿＿＿＿＿ 会談（米・英・中による）：対日処理方針。カイロ宣言。

❷⑥ ＿＿＿＿＿＿ 会談（米・英・ソによる）：北フランス上陸作戦を協議→1944年，連合国軍が⑦ ＿＿＿＿＿＿ 地方に上陸→パリ解放，ヴィシー政府崩壊→フランスはド＝ゴール政権に。

大戦の終結（1945年）

❶2月，⑧ ＿＿＿＿＿＿ 会談（米・英・ソによる）：ドイツの占領政策を協議，ソ連の対日参戦に合意→4月，ムッソリーニ処刑，ヒトラー自殺→ベルリンが陥落→5月，ドイツ無条件降伏。

❷3月，東京大空襲→6月，アメリカ軍が⑨ ＿＿＿＿＿＿ 本島占領→7月，⑩ ＿＿＿＿＿＿ 宣言発表：無条件降伏を勧告→鈴木貫太郎（すずきかんたろう）首相は「黙殺」を宣言→8月，広島（6日）・長崎（9日）への原爆投下，ソ連参戦*2（8日）→ポツダム宣言受諾（14日）→9月，降伏文書に調印。

*2　ソ連は日ソ中立条約を無視して日本に宣戦した。

28 大戦下の日本社会

解答：別冊 p.5 ▶

大戦下の総動員

❶統制経済→① ＿＿＿＿＿＿ 法（1938）→総力戦体制へ。

❷全体主義→近衛文麿（ふみまろ）の② ＿＿＿＿＿＿ 運動（1940）：戦争遂行の国民組織づくり→大政翼賛会（たいせいよくさんかい），③ ＿＿＿＿＿＿ 会設立。

戦時下の統制と民衆の生活

❶女性・植民地民衆の動員・連行進む*1→権利の拡大を期待して協力。

❷文科系学生の④ ＿＿＿＿＿＿，朝鮮・台湾に⑤ ＿＿＿＿＿＿ 制を施行→軍隊召集。民間人の軍需産業への⑥ ＿＿＿＿＿＿。

❸生活必需品の⑦ ＿＿＿＿＿＿ 制，米の⑧ ＿＿＿＿＿＿ 制実施。農村からの米の供出制。

❹⑨ ＿＿＿＿＿＿：子どもたちが国民学校ごとに集団で地方へ避難。

*1　中国人はおもに鉱山などで重労働に従事。朝鮮や台湾，占領地の女性は挺身隊（ていしんたい）や従軍慰安婦（じゅうぐんいあんふ）として集められた。

29 第二次世界大戦後の国際体制

解答：別冊 p.5

国際連合の成立

戦後の世界平和を維持するための組織。

❶1945年，①＿＿＿＿会議で国際連合憲章を採択→国際連合発足[*1]。

❷安全保障理事会(安保理)：軍事力を行使できる国連軍を組織 →②＿＿＿＿(米・ソ・英・仏・中)：③＿＿＿＿権をもつ。

❸武力制裁の容認，全会一致制の不採用(国際連盟の教訓)。

*1 本部はニューヨーク。総会，安全保障理事会，経済社会理事会，国際司法裁判所などを主要機関とし，国連教育科学文化機関(ユネスコ(UNESCO))，国際労働機関(ILO)，世界保健機関(WHO)など専門機関がある。

国際経済体制の成立

④＿＿＿＿体制[*2]。

❶1944年，ブレトン＝ウッズ会議：⑤＿＿＿＿(IMF)・⑥＿＿＿＿(IBRD，世界銀行)の設立。

金・ドル本位制(ドルを⑦＿＿＿＿通貨とする固定相場制)の採用。

❷1948年，「関税と貿易に関する一般協定」(⑧＿＿＿＿)の発足：⑨＿＿＿＿主義の理念に立脚した通商秩序。

*2 1930年代のブロック経済による世界経済の分断の反省から構築された。アメリカの経済力を支えにして世界経済の安定を守るのがねらい。

日本の安全保障政策

❶日本国憲法第９条で戦力不保持→日本の防衛は常任理事国が担保。

❷⑩＿＿＿＿戦争勃発(1950)→米ソ対立と東西冷戦が表面化：集団安全保障の実施が困難→⑪＿＿＿＿首相は独立後もアメリカ軍の日本駐留を容認→1951年，⑫＿＿＿＿条約調印。

30 占領下の日本

解答：別冊 p.5

戦後改革と占領体制

非軍事化・民主化の推進。

❶①＿＿＿＿(連合国軍最高司令官総司令部)のもと，アメリカ軍の実質的な単独占領，間接統治。極東国際軍事裁判(②＿＿＿＿)[*1]。

❷陸海軍の解体，各界指導者の公職追放，③＿＿＿＿参政権の付与，新憲法制定。労働組合の結成奨励・④＿＿＿＿(寄生地主制の解体)・財閥解体。

*1 東条英機(とうじょうひでき)元首相らが戦犯として処罰されたが，天皇は訴追されなかった。

日本国憲法の制定

1946年，⑤＿＿＿＿公布(翌年施行)：国民主権，象徴天皇制，⑥＿＿＿＿制(内閣は国会に責任を負う)，平和主義(戦争の放棄)，⑦＿＿＿＿の尊重，平等権，生存権[*2]。

*2 日本国憲法に加えて，地方自治法が成立し，刑法，民法が改正された。民法の改正で，男女同権の家族制度が成立。

占領下の日本社会

❶政党政治の復活：戦前の二大政党→戦後の⑧＿＿＿＿政党に再編。

❷生活の混乱・困窮の中で日本社会党などの⑨＿＿＿＿政党が支持を伸ばす→⑩＿＿＿＿政権の発足(GHQは歓迎するが短命)。

31 冷戦の開始とアジアの動き

解答：別冊 p.5 ▶

米ソ対立の始まり

❶1946年，①＿＿＿＿の「鉄のカーテン」[*1]演説。

❷1947年，②＿＿＿＿発表：アメリカがギリシア・トルコ支援，「③＿＿＿＿政策」(共産圏の拡大を防ぐ)。④＿＿＿＿(ヨーロッパ経済復興援助計画)発表。

❸⑤＿＿＿＿(共産党情報局)・⑥＿＿＿＿(経済相互援助会議)：ソ連と東ヨーロッパ諸国により結成。

*1 ヨーロッパにおいて，緊張状態にある東西両陣営の境界を皮肉ったことば。「鉄のカーテンが下ろされている」と表現した。

冷戦

資本主義陣営と社会主義陣営のイデオロギー的・軍事的な対立。

❶1948年，⑦＿＿＿＿封鎖：西ベルリンへの交通路遮断[*2]。

❷1949年，北大西洋条約機構(⑧＿＿＿＿)結成：米・カナダ・西欧諸国。

❸1955年，⑨＿＿＿＿条約機構：ソ連と東欧諸国。NATO(ナトー)に対抗。

❹1949年，ドイツの分立：ドイツ⑩＿＿＿＿共和国(西ドイツ)・ドイツ⑪＿＿＿＿共和国(東ドイツ)の成立。

*2 ドイツはアメリカ・イギリス・フランスに西側，ソ連に東側を分割占領されていた。西ドイツに独自の政権ができることを危惧したソ連によって行われた。封鎖は翌年解除。

アジアの動き

❶1950年，⑫＿＿＿＿条約[*3]→西側に対抗。

❷朝鮮半島：北緯⑬＿＿＿＿度線で政治的分断。⑭＿＿＿＿(韓国)，⑮＿＿＿＿(北朝鮮)が成立(1948)。

*3 国共内戦で勝利した毛沢東(もうたくとう)(共産党)がソ連と結んだ条約。毛沢東に敗れた蔣介石(しょうかいせき)(国民党・アメリカが支援)は台湾に逃れて中華民国政府を維持。

32 日本の独立

解答：別冊 p.5 ▶

占領政策の転換と冷戦

❶深刻化する東西対立→日本占領政策の転換：経済復興と自立へ。

❷日本経済の改革[*1]：1ドル①＿＿＿＿円の単一為替(かわせ)レート設定。

❸共産主義者のレッドパージ，公職追放の解除。

❹朝鮮戦争→②＿＿＿＿の結成。③＿＿＿＿景気による経済復興。

*1 極度の物不足などにより日本経済はインフレが進行していた。しかし改革によってインフレは収束に向かい，輸出が増進。配給制も終了した。

日本の独立

早期復興をめざし，西側諸国のみとの単独講和[*2]。

❶④＿＿＿＿条約(1951)→翌年発効・独立回復。

❷⑤＿＿＿＿条約(1951)→発効・引き続き米軍日本駐留。

*2 東側諸国との平和条約，領土問題など，様々な課題が残った。

独立後の日本

❶講和と安保条約をめぐる国内世論(保守・⑥＿＿＿＿[*3])の対立。

❷警察予備隊→保安隊に改組→⑦＿＿＿＿発足(1954)。

❸南西諸島(沖縄・奄美・小笠原諸島)→米軍の直接統治→⑧＿＿＿＿運動。

*3 講和をめぐっては単独講和の保守に対し，革新は全面講和を主張，安保条約については革新と一部の保守が反対の立場をとった。

29▸32
16C以前
17C
18C
19C
20C
現在

33 冷戦下のアジア・アフリカ諸国の独立

解答：別冊 p.5 ▶

南アジア・東南アジア諸国の独立

❶インド…1947年，①＿＿＿＿連邦[*1]（ヒンドゥー教）と②＿＿＿＿＿＿（イスラーム）に分離独立→両教徒の衝突。

❷セイロン（スリランカ）…1948年にイギリス連邦内の自治領として独立。

❸③＿＿＿＿＿＿戦争[*2]→ディエンビエンフーの戦いで仏は大敗→④＿＿＿＿＿＿＿協定，北緯17度線が暫定的軍事境界線→南側ではベトナム国に代わり⑤＿＿＿＿＿＿＿が成立。

❹フィリピン・インドネシアの独立。

❺マラヤ連邦独立→マレーシア成立→シンガポールが分離独立。

*1 1950年施行のインド憲法によってインド共和国となる。初代首相はネルー。独立の立役者ガンディーは1948年に急進的なヒンドゥー教徒によって暗殺された。

*2 ホー＝チ＝ミンのベトナム民主共和国（北ベトナム）に対し，独立を認めないフランスはバオダイを元首とするベトナム国（南ベトナム）を発足させて，交戦した。

ベトナム戦争

❶1960年，⑥＿＿＿＿＿＿＿＿＿戦線の結成[*3]。

❷アメリカの介入（ジョンソン大統領）：1965年，北ベトナム爆撃（⑦＿＿＿＿）→戦局は泥沼化し，⑧＿＿＿＿運動の拡大，国際的な批判。

❸ニクソン訪中（1972）→⑨＿＿＿＿＿＿＿＿協定→米軍撤退（1973）→1976年，⑩＿＿＿＿＿＿＿＿共和国が南北を統一。

*3 腐敗した親米ゴ＝ディン＝ジエム政権の打倒をめざし，南ベトナム内で結成された。ベトナム民主共和国（北ベトナム）と連携しゲリラ戦を展開した。

アフリカ諸国の独立

❶1960年，「⑪＿＿＿＿＿＿」：17カ国が独立。

❷1963年，⑫＿＿＿＿＿＿＿＿（OAU）の結成。

34 冷戦下のアジアでの地域紛争

解答：別冊 p.6 ▶

東アジア

国家・民族の分断や併存が固定化。

❶朝鮮…朝鮮戦争（1950～53）→板門店（はんもんてん）で休戦協定→南北分断が固定化[*1]。

❷中国…中華人民共和国と中華民国（台湾）の併存が固定化。

*1 ソ連と中華人民共和国が北朝鮮を支援。韓国はアメリカと米韓相互防衛条約を結んだ。

中東戦争

①＿＿＿＿＿＿問題が深刻化。

❶イスラエル建国→②＿＿＿＿＿＿戦争（パレスチナ戦争）[*2]。

❷エジプトのナセル大統領が③＿＿＿＿＿＿国有化を宣言（1956）→第２次中東戦争（④＿＿＿＿戦争）→アラブ民族主義の高揚。

❸第３次中東戦争→アラファト議長率いる⑤＿＿＿＿＿＿＿＿（PLO）がイスラエルに抵抗。

*2 原因：国際連合でパレスチナ分割案が決議され（ユダヤ人とアラブ人国家に分割），翌1948年，ユダヤ人がイスラエル建国を宣言した。影響：パレスチナ難民の発生。

35 冷戦の対立拡大と社会の変化

解答：別冊 p.6 ▶

アメリカの動き

❶「①＿＿＿＿」：共産主義の取り締まり運動。反共主義の高まり。

❷「②＿＿＿＿」路線：ニューディールを継承*1。

❸移民制度の改革(1965)…ラテンアメリカやアジアからの移民増加。

*1 社会福祉政策などへの財政支出が大きい政府。トルーマン→アイゼンハワー→ケネディ→ジョンソンと政権が交代しても継続。

西ヨーロッパ諸国の動き

❶ヨーロッパ統合への動き…③＿＿＿＿(ECSC)結成：仏外相シューマン提案。仏・西独・伊・ベネルクス3国*2。

❷フランス…第五共和政の成立(④＿＿＿＿大統領)*3。

❸西ドイツ…⑤＿＿＿＿首相のもとで経済的復興→1955年，NATO(ナトー)加盟，ソ連と国交回復。

*2 ベルギー，オランダ，ルクセンブルクの3国。

*3 ド＝ゴールの独自外交：アルジェリアの独立承認，核兵器保有，中華人民共和国の承認，NATO軍事機構脱退。
ド＝ゴールは，1968年の五月革命(五月危機)で権威を失墜し，翌年退陣。

ソ連・東ヨーロッパ諸国の動き

❶東西ベルリン…1961年，東ドイツが⑥＿＿＿＿を建設。

❷ソ連…スターリン死去→ジュネーヴ4巨頭会談→⑦＿＿＿＿がソ連共産党大会で⑧＿＿＿＿批判と平和共存政策。
1959年，フルシチョフのアメリカ訪問→「⑨＿＿＿＿」へ。

❸東ヨーロッパ諸国…ポーランド・ハンガリーでの反ソ暴動→失敗。
チェコスロヴァキアでの民主化運動「⑩＿＿＿＿」→鎮圧*4。

*4 ソ連のブレジネフが制限主権論を掲げてワルシャワ条約機構軍を投入，鎮圧した。

差別に反対する運動

❶1960年代の女性解放運動(⑪＿＿＿＿)：性差別に反対。

❷アメリカでの⑫＿＿＿＿運動：黒人差別に反対→公民権法制定。

36 戦後日本とアジアとの結びつき

解答：別冊 p.6 ▶

韓国・中国との関係改善

❶韓国との国交正常化…1965年，佐藤栄作(さとうえいさく)内閣と朴正熙(ぼくせいき)政権との間で①＿＿＿＿条約締結*1。

❷中国との国交正常化…ニクソン訪中→②＿＿＿＿声明(1972，田中角栄(たなかかくえい)内閣)：「③＿＿＿＿」の原則(台湾とは断交*2)→1978年，④＿＿＿＿条約：政府開発援助(ODA)実施。

*1 日韓基本条約に付随して締結された請求権・経済協力協定により，日本が無償・有償の経済協力を行うことで，韓国は対日請求権を放棄した。

*2 1952年に台湾と結ばれた日華平和条約は破棄されたが，1973年に日台交流民間協定を結び，民間レベルで交流を維持した。

沖縄の日本復帰

❶ベトナム戦争での基地拡張→⑤＿＿＿＿運動の高まり。

❷⑥＿＿＿＿協定(1971，佐藤内閣)→翌年，日本復帰*3。

*3 日本復帰後もアメリカ軍基地の約7割が沖縄県内に集中。

37 核兵器の拡大と抑制

解答：別冊 p.6 ▶

キューバ危機

ソ連の人工衛星打ち上げ成功*1→ミサイル開発競争。

❶キューバ革命→①＿＿＿＿政権の社会主義宣言→ソ連のキューバでのミサイル基地建設発覚→アメリカによるキューバの②＿＿＿＿封鎖(核戦争の危機)→譲歩したソ連がミサイル撤去(危機回避)。

❷1963年，③＿＿＿＿条約(PTBT)：米・英・ソが締結*2。

*1 宇宙開発でアメリカに先行していたソ連が，1957年，人類初の人工衛星スプートニク1号の打ち上げに成功した。

*2 3国による核の寡占だと批判したフランスと中国は参加せず。

反核運動

❶④＿＿＿＿がビキニ環礁(かんしょう)でアメリカの水素爆弾実験で被爆→1955年，広島で第1回⑤＿＿＿＿開催。

❷ラッセル・アインシュタイン宣言→⑥＿＿＿＿会議。

核拡散防止条約(NPT)調印(1968)

アメリカ・ソ連・イギリス・フランス・中国の5カ国のみを核兵器保有国として承認。

デタント(緊張緩和)とその崩壊

❶⑦＿＿＿＿(SALT(ソルト) Ⅰ)：米・ソが妥結。

❷ヨーロッパ…西ドイツ⑧＿＿＿＿首相の東方外交*3。東西両ドイツの国際連合への同時加盟(1973)。全欧安全保障協力会議の開催(1975)→⑨＿＿＿＿宣言を採択*4。

❸1979年，米・ソが第2次戦略兵器制限交渉(SALT Ⅱ)調印→ソ連の⑩＿＿＿＿侵攻で米は批准せず→デタントの崩壊。

*3 東ドイツ・ソ連をはじめとする東欧の社会主義国との関係改善で成果を上げる。

*4 主権尊重，武力不行使，科学・人間交流の協力などを取り決め，東西両陣営間の関係改善をうたった。

38 地域連携の広がり

解答：別冊 p.6 ▶

西ヨーロッパの統合

❶1952年，①＿＿＿＿(ECSC)設立*1。

❷1958年，②＿＿＿＿(EEC)・③＿＿＿＿(EURATOM(ユーラトム))の設立。

❸1967年，④＿＿＿＿(EC)：3共同体の統合。

❹イギリスの動向…EECに対抗し⑤＿＿＿＿(EFTA(エフタ))結成(1960)→1973年，ECに加盟(＝拡大EC)*2。

*1 フランス外相シューマンの提唱。フランス・西ドイツ・イタリア・ベネルクス3国(ベルギー・オランダ・ルクセンブルク)を構成国として発足。

*2 その後1980年代には，ギリシア・スペインなど南ヨーロッパ諸国も加盟し，巨大な統一市場に。

東南アジア・アフリカ諸国の連携

❶1954年，反共軍事同盟の⑥＿＿＿＿(SEATO(シアトー))。

❷1967年，⑦＿＿＿＿(ASEAN(アセアン))*3。

❸1963年，アフリカ諸国首脳会議→⑧＿＿＿＿(OAU)。

*3 当初は反共産主義的性格，のちに経済分野での協力組織へ。

39 計画経済とその影響

解答：別冊 p.6 ▶

計画経済の拡大

計画経済：政府主導の経済体制。

❶インド…①＿＿＿＿らが社会主義型社会を目標に五カ年計画推進。

❷北ベトナム・キューバではソ連型社会主義を採用[*1]。

中華人民共和国の社会主義体制

1958年，「大躍進」開始：②＿＿＿＿主導による増産政策→農村に③＿＿＿＿設立→農民の疲弊，大規模な自然災害→失敗→④＿＿＿＿・鄧小平（とうしょうへい）の台頭[*2]。

中華人民共和国の混乱と中ソ対立

❶1959年，チベット反乱→1959～62年，⑤＿＿＿＿紛争[*3]。

❷1966年，⑥＿＿＿＿＿＿＿＿開始：毛沢東（もうたくとう）が復権をめざし，学生らを中心とした⑦＿＿＿＿の動員→鄧小平ら実権派（資本主義復活をはかる者）を一掃。1976年の毛沢東の死後，収束。

❸ソ連とアメリカの⑧＿＿＿＿政策→1950年代後半以降，中ソ対立が表面化[*4]→1969年，国境付近での軍事衝突（⑨＿＿＿＿紛争）。

ソ連の経済成長の停滞

❶軍需優先，消費財の軽視→西側製品との品質格差。技術革新の遅れ。

❷言論・結社の自由や，自由な報道機関・選挙は許されず。

*1 1970年代まで，フランス・イギリス・スウェーデン・イタリア・日本などでも社会主義政策は支持を受けた。

*2 毛沢東に代わり国家主席となった劉少奇（りゅうしょうき）を鄧小平が補佐。部分的な市場経済の仕組みを導入して農業生産力の回復をはかった。

*3 ダライ＝ラマ14世のインド亡命と臨時政府樹立が中印軍事衝突の一因。

*4 ソ連は中国への経済援助を停止した。また，技術者の引き揚げを行ったが，中国は独力で原子爆弾・水素爆弾の開発を成功させた。

40 日本と世界の経済成長

解答：別冊 p.6 ▶

日本と世界の経済成長

①＿＿＿＿＿＿体制（IMF体制）に加盟（1952）→技術革新・積極的な②＿＿＿＿投資[*1]が牽引→経済成長。

日本の高度経済成長

❶朝鮮戦争による③＿＿＿＿→経済復興が加速。

❷④＿＿＿＿内閣の所得倍増計画（1960年発表）：経済成長重視，所得再分配→1968年には資本主義国で第⑤＿＿＿位の経済大国に[*2]。東京オリンピック（1964）・大阪万博（1970）開催で成長をアピール。

日本社会の変容

❶所得・消費水準の上昇→格差の縮小→⑥＿＿＿＿意識の普及。

❷産業構造の変化：⑦＿＿＿＿産業から第二次・第三次産業へ。地方から都市への人口移動→都市の⑧＿＿＿＿化・農村の⑨＿＿＿＿化。

❸公害の発生[*3]→環境保護運動→⑩＿＿＿＿＿＿法制定（1967），⑪＿＿＿＿庁の発足（1971）。

*1 当時，「投資が投資を呼ぶ」と表現された。

*2 1955年頃～73年，実質経済成長率は年平均約10％前後。要因：良質で豊富な労働力，安価な輸入原油，生産技術の革新，円安，重厚長大型産業（鉄鋼・造船など）の成長などによる賃金水準の向上。

*3 1960年代後半，四大公害訴訟（水俣（みなまた）病，四日市（よっかいち）ぜんそく，イタイイタイ病，新潟水俣病）が始まった。1970年代初頭にいずれも原告が勝訴。

41 石油危機とその影響

解答：別冊 p.6 ▶

ドル＝ショック アメリカの財政悪化*1→①＿＿＿＿＿(1971)：ニクソン大統領が金とドルの交換停止。1973年，先進国は固定相場制から②＿＿＿＿制へ移行→ブレトン＝ウッズ体制の崩壊。

産油国の好景気

❶1973年，③＿＿＿＿戦争→アラブ産油国が石油戦略発動*2→第1次石油危機→先進国は④＿＿＿＿(先進国首脳会議)開催。

❷1979年，⑤＿＿＿＿革命→第2次石油危機。

原油価格の高騰→好景気→産油国の国際的な政治的発言力が高まる。

日本の高度経済成長の終わり 田中角栄(たなかかくえい)内閣の⑥＿＿＿＿論→第1次石油危機→⑦＿＿＿＿物価の発生→マイナス成長*3。

日本経済の安定成長

❶1970年代末～80年代前半，年率3～5％の経済成長率を維持。

❷大幅な貿易黒字→欧米諸国との⑧＿＿＿＿*4→輸出の自主規制。

❸⑨＿＿＿＿合意*5→円高不況→金融緩和→⑩＿＿＿＿経済へ。

*1 ベトナム戦争への支出増大がおもな原因。貿易収支は赤字に転換し，インフレにも見舞われていた。

*2 石油輸出国機構(OPEC(オペック))が原油価格を引き上げ，アラブ石油輸出国機構(OAPEC(オアペック))は親イスラエル諸国への石油の禁輸・輸出制限を行った。

*3 日本列島改造論による株価・地価の上昇と石油危機による原油価格の高騰などが重なり，激しいインフレーションがおこった。

*4 自動車をめぐる日米貿易摩擦は特に深刻で，ジャパン＝バッシングにつながった。

*5 1985年，アメリカ・日本・西ドイツ・イギリス・フランス5カ国の財務大臣・中央銀行総裁会議(G5)におけるドル高是正の合意。

42 20世紀後半のアジアの経済発展

解答：別冊 p.7 ▶

東南アジアの経済発展 政府開発援助(ODA)の協力も活用。

❶1967年，①＿＿＿＿(ASEAN(アセアン))結成*1。

❷1970年代末，韓国・台湾・香港・②＿＿＿＿で輸出主導型工業化が進展→③＿＿＿＿(NIES(ニーズ))に成長。

開発独裁 経済発展を優先する強権的政治体制。シンガポール：リー＝クアンユー首相。マレーシア：マハティール首相。インドネシア：スハルト大統領。フィリピン：マルコス大統領。

インドの台頭 対外政策：④＿＿＿＿との対立*2。国内情勢：1990年代以降，経済の自由化・外資の導入→⑤＿＿＿＿産業が成長。

西アジア諸国(産油国)の近代化

❶イラン…⑥＿＿＿＿政権：イギリス系石油企業を国有化→失脚。1963年，国王⑦＿＿＿＿が「白色革命(はくしょく)」*3開始。

❷1960年，⑧＿＿＿＿(OPEC)設立→1968年，⑨＿＿＿＿(OAPEC)結成→1970年代，2度の石油危機で原油価格高騰→世界の金融市場にオイルマネーが流入。

*1 東南アジア地域の平和・安定化と経済発展をめざす。加盟国は当初5カ国，その後10カ国に。

*2 独立(1947)以来，カシミール地方の帰属をめぐって国境紛争(第1次・第2次印パ戦争)が起こった。1971年にはインドが東パキスタン独立運動を支援し第3次印パ戦争が発生した(東パキスタンはバングラデシュとして独立)。

*3 農地改革・国営企業の民営化・女性参政権・識字率向上など。

43 世界経済のグローバル化と情報通信技術

解答：別冊 p.7 ▶

新自由主義の台頭 政府の経済活動への介入を抑制する
→①＿＿＿＿の削減,国営事業の②＿＿＿＿化,減税,③＿＿＿＿緩和など*1。

世界経済のグローバル化 ソ連崩壊によって加速
❶④＿＿＿＿＿＿(WTO)発足*2：モノ・サービスの自由化。
⑤＿＿＿＿＿＿(FTA)の取り組み：２国間や特定地域の連携。
❷国際交通システムの発達＋情報技術革命(⑥＿＿＿＿革命)・情報通信技術革命(⑦＿＿＿革命)によって達成。

経済のグローバル化の課題 雇用の流出：先進国から低賃金国へ生産拠点が移動→産業の空洞化。地球規模での環境破壊：大気汚染，地球⑧＿＿＿＿→パリ協定。持続可能な開発目標(⑨＿＿＿＿)*3。

情報通信技術の発達
❶19世紀後半…電信や⑩＿＿＿＿ケーブルによる通信網の発達。
❷第二次世界大戦後…アメリカで⑪＿＿＿＿＿＿の開発(1946)→小型化・低価格化。通信⑫＿＿＿＿・インターネットやGPSの普及。

経済の一体化と情報化社会の形成(2000年代)
❶IT・ICT革命→国際的な⑬＿＿＿＿移動＋金融の自由化*4。
❷負の側面…世界同時不況や金融危機*5の波及。インターネット普及の格差。サイバー攻撃。個人情報の流出。フェイクニュース。

*1 1980年代，イギリスのサッチャー政権，アメリカのレーガン政権，西ドイツのコール政権，日本の中曽根康弘(なかそねやすひろ)内閣などが実施。

*2 1995年，GATT(ガット)にかわり設立。世界の自由貿易体制を強化。

*3 2015年の国連サミットで採択。2030年までに貧困や飢餓，気候変動への対策など「世界を変えるための17の目標」が設定された。

*4 世界規模で生産・流通・販売のネットワーク化が進み，電子商取引(EC)の活発化・インターネットコミュニティの成立・仮想通貨の登場などにつながった。

*5 例：1990年代後半のアジア通貨危機，2008年の世界金融危機(リーマン＝ショック)が発生した。

44 冷戦の終結

解答：別冊 p.7 ▶

冷戦の終結に向かうソ連の動き
❶ゴルバチョフ*1の改革：①＿＿＿＿＿＿＿＿(建て直し)，
②＿＿＿＿＿＿(情報公開)，「③＿＿＿＿外交」。
❷1987年，アメリカと④＿＿＿＿＿＿＿＿条約締結。
❸1989年２月，⑤＿＿＿＿＿＿＿からの撤退完了。
❹1989年12月，ブッシュ(父)大統領と⑥＿＿＿＿会談→冷戦終結宣言。

東欧革命 ポーランド：ワレサらの「⑦＿＿＿＿」が政権獲得。東ドイツ：⑧＿＿＿＿＿＿開放→ドイツ統一。ルーマニア：チャウシェスク大統領処刑。1991年，コメコン解散・ワルシャワ条約機構解体。

ソ連の崩壊 1991年，保守派のクーデタ失敗→ソ連共産党解散→
⑨＿＿＿＿＿＿＿(CIS)結成*2→ソ連の消滅。

*1 1985年，ソ連共産党書記長に就任し，改革に着手。翌年，チェルノブイリ原子力発電所事故が発生すると，グラスノスチ(情報公開)を本格化した。

*2 ロシア連邦(旧ソ連内のロシア共和国)のエリツィン大統領が主導。

45 各国の民主化の進展

解答：別冊 p.7 ▶

東アジアの動向

1. 中国 ①＿＿＿＿の改革・開放政策。②＿＿＿＿事件(北京(ペキン))：民主化運動を武力で鎮圧。香港返還→③＿＿＿＿制度の適用。④＿＿＿＿＿＿(WTO)に加盟→世界有数の巨大市場に。

2. 台湾 ⑤＿＿＿＿総統(国民党)による自由化。

3. 韓国 ⑥＿＿＿＿暗殺→全斗煥(チョンドゥホアン)の軍事政権→⑦＿＿＿＿による民主化宣言(1987)*1→⑧＿＿＿＿の北朝鮮に対する太陽政策。

4. 北朝鮮 金日成(キムイルソン)の死去(1994)→⑨＿＿＿＿→金正恩(キムジョンウン)(2011～)と世襲され，独自の社会主義体制を継続。

ビルマ(ミャンマー)の民主化運動

1988年，民主化運動でネ=ウィン政権打倒→軍が独裁政権樹立→1989年，国名を⑩＿＿＿＿と改称。民主化運動を弾圧*2→2016年，民主化運動指導者⑪＿＿＿＿＿＿が事実上の国家指導者→2021年，軍事政権が復活。

南アフリカ共和国の民主化

1991年，⑫＿＿＿＿＿＿(人種隔離政策)の撤廃→1994年，⑬＿＿＿＿が大統領に選出。

ラテンアメリカの動向

1970年代，軍事独裁政権による人権抑圧・貧困→80年代，民政移管*3による政治的安定・経済的発展。

*1 民主化宣言以降，韓国では文民大統領が続いている。

*2 民主化運動を指導したスー＝チーは1989年から自宅軟禁と解除を繰り返され，2011年に解放。しかし2021年に再び国軍にとらえられた。

*3 軍事政権(軍政)から，選挙で選ばれた指導者(文官)による政権(民政)に移行すること。アルゼンチン・ブラジル・チリなどで実現。

46 国際社会における日本

解答：別冊 p.7 ▶

55年体制の崩壊

政治改革をめぐり自民党が分裂。政界再編の動き→1993年，非自民連立政権の①＿＿＿＿内閣誕生*1＝②＿＿＿＿の崩壊→保守と革新の対立から不安定な連立政権時代へ。

バブル経済の崩壊

1989年，日銀による金融引締め政策→バブル崩壊→資産デフレ・金融不安→③＿＿＿＿不況。市場開放・規制緩和*2。

国際貢献

❶1992年，宮沢喜一(みやざわきいち)内閣で④＿＿＿＿＿＿(PKO協力法)成立：自衛隊の海外派遣が可能に→自衛隊を⑤＿＿＿＿＿へ派遣。

❷⑥＿＿＿＿＿＿(ODA)：バブル後は援助額減少，国益重視へ。

21世紀の政治

2001年，⑦＿＿＿＿＿内閣の大規模な民営化と規制緩和→2009年，⑧＿＿＿＿による政権交代*3→2012年，自民・公明両党による連立政権成立(第2次安倍晋三(あべしんぞう)内閣誕生)。

*1 細川護熙(もりひろ)内閣は衆議院小選挙区比例代表並立制導入などの政治改革を進めたが，政権内の対立から1994年4月末には退陣した。

*2 持株会社の設立解禁，大規模小売店舗法(大店法)の廃止など。GATT(ガット)の国際交渉(ウルグアイ＝ラウンド)の中で，細川内閣は1993年にコメ市場の部分開放に合意した。

*3 総選挙で圧勝し政権交代に成功するが，その後の政権運営に失敗し短命に終わる。

47 地域統合の拡大

解答：別冊 p.7 ▶

ヨーロッパの地域統合 1993年，①＿＿＿＿＿条約によりECから②＿＿＿＿＿(EU)へ発展[*1]→1999年，単一通貨③＿＿＿＿の導入→2020年，④＿＿＿＿のEU離脱。

アメリカ大陸の地域統合 1994年，⑤＿＿＿＿＿(NAFTA〔ナフタ〕)発効→2020年より保護主義的な新協定(USMCA)に置換。1995年，⑥＿＿＿＿＿(MERCOSUR〔メルコスール〕)形成。

アジアの地域統合 ASEAN(東南アジア諸国連合)の拡大[*2]。1989年，⑦＿＿＿＿＿(APEC〔エイペック〕)発足。2018年，「環太平洋パートナーシップに関する包括的及び先進的な協定」(TPP11協定，CPTPP)発効：日本など11カ国で調印[*3]。

＊1 2004年には東ヨーロッパ諸国が加盟し，ヨーロッパ全体を統合する組織になった(現加盟国は27カ国)。

＊2 1993年，ASEAN自由貿易地域(AFTA〔アフタ〕)を結成。1997年，「ASEAN＋3」で中国・韓国・日本との協力関係を強化した。

＊3 これより前に環太平洋パートナーシップ(TPP)協定が調印されたが，アメリカ(トランプ政権)が離脱したため発効しなかった。

48 冷戦終結後の地域紛争

解答：別冊 p.7 ▶

ユーゴスラヴィア内戦 民族・宗教の対立で内戦状態。①＿＿＿＿との紛争→スロヴェニア・クロアティア・ボスニア＝ヘルツェゴヴィナ独立。コソヴォ紛争[*1]→②＿＿＿＿軍の空爆→コソヴォ独立宣言。

アフリカの内戦[*2] 国連平和維持活動(PKO)の展開。③＿＿＿＿(AU)発足(2002)：アフリカの55の国・地域加盟の大連合。

パレスチナとイスラエル 1993年，PLOのアラファト議長とイスラエルの④＿＿＿＿首相が⑤＿＿＿＿合意(パレスチナ暫定自治協定)締結→パレスチナ自治政府樹立→交渉決裂で武力衝突は継続。

イスラーム主義の拡大(イラク・アフガニスタンの動向)

❶イラクの⑥＿＿＿＿大統領…米の支援で，⑦＿＿＿＿戦争(1980～88)開始。隣国クウェート併合を宣言→1991年，⑧＿＿＿＿戦争：国連安保理がアメリカ中心の多国籍軍派遣→イラクはクウェートから撤退。2003年，⑨＿＿＿＿戦争[*3]→フセイン政権崩壊。

❷アフガニスタン…ソ連の撤退(1989)後，イスラーム主義の⑩＿＿＿＿が台頭→2001年，米で⑪＿＿＿＿事件発生→米はターリバーン保護下のイスラーム過激派組織⑫＿＿＿＿の犯行としてアフガニスタン攻撃(対テロ戦争)[*4]→ターリバーン崩壊。

アラブ世界の変化 「アラブの春」(2010～11)[*5]→⑬＿＿＿＿内戦(2011～)→過激武装組織⑭＿＿＿＿(イスラム国)が出現(2014)。

＊1 セルビア人のアルバニア人に対する民族浄化。

＊2 ルワンダではフツによるツチの大虐殺が行われた。内戦によって多数の難民が発生。

＊3 同時多発テロ事件後，アメリカ・イギリスはイラクの大量破壊兵器保持を理由にイラク戦争を始めたが，実際には見つからなかった。

＊4 アメリカのブッシュ(子)大統領は「テロとの戦い」を宣言。国連が集団的自衛権を承認し，アメリカと有志連合諸国が軍事攻撃を行った。

＊5 チュニジアで起こったジャスミン革命を機にアラブ世界に波及した民主化運動。

解答：別冊p.8 ▶

01 文化の始まりと国家の成立

重要暗記年代

■B.C.1C…百余国の小国分立
■57………奴国王が後漢に遣使
■107………倭国王帥升等が後漢に遣使
■2C 後半…倭国大乱
■239………卑弥呼が魏に遣使

ココが出る!!

［入試全般］
旧石器・縄文・弥生時代に生きた人々については，日々の生活の中で使用した道具やライフスタイルの特徴などについても狙われやすい。

［国公立二次・難関私大］
大陸との交渉では『漢書』地理志をはじめとする中国史書が史料問題で出題される。史料は原文完成問題もあるので，サワリの部分は暗記しておくこと。

1 旧石器文化　日本のあけぼの時代に生きた人々は，どのような生活を営んでいたのか

1. 更新世（こうしんせい）時代の日本

①時期…約260万年前から約①＿＿＿＿万年前まで。
②氷河時代…氷河が発達した。
▶氷期と，間氷期がくり返された。
③人類の誕生…中新世後期
▶今から約700万年前に人類が誕生したといわれる。
④考古学からのアプローチ
▶②＿＿＿＿石器を使用していた…旧石器時代という。
⑤大型動物の去来
▶アジア大陸の北東部と陸続きとなり，トウヨウ象や③＿＿＿＿象などが渡来したと考えられるが，決定的な証拠は明らかにはされていない。
⑥日本列島はいまだ形成されず，大陸と地続きの時代であった。

最古の化石人骨

最も古い化石人骨は700万年前の人骨とされるサヘラントロプス＝チャデンシスで，アフリカのチャドで発見された。

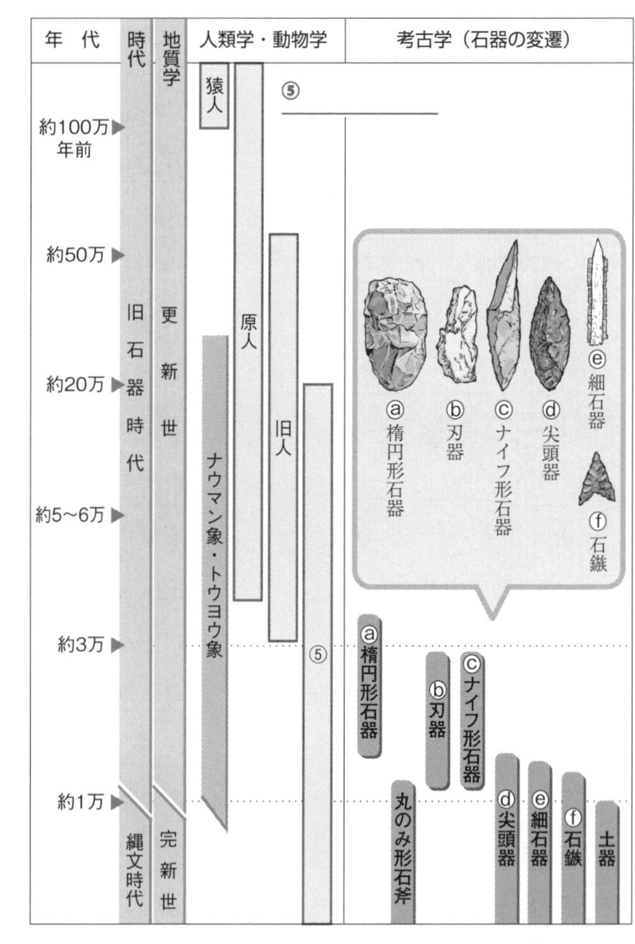

2. 打製石器の種類

①楕円形石器(hand axe)…敲打（こうだ）用。
▶握槌（にぎりつち）・握斧（にぎりおの）などが代表的。
②④＿＿＿＿＿＿(blade)…切断用。
▶石刃などが用いられた。

記述論述 Q　縄文時代の人々にはアニミズムが存在したと推測されているが，このアニミズムとはどのようなものか，50字以内で説明しなさい。 ※記述・論述では数字を2字で1字分として数えています。（千葉大）

 出題大学…④：法政大，立命館大

③尖頭器(point)…刺突用。

▶石槍・有舌尖頭器などが代表的。

④細石器(microlith)…木や骨の柄にはめこんで使用した。

3. 旧石器時代の主な遺跡

①⑥＿＿＿＿県の岩宿遺跡＊1。

▶1946年に⑦＿＿＿＿が⑧＿＿＿＿層の中から石器を発見し，1949年に学術調査が行われ，日本における旧石器時代の文化の存在が証明された。

②大分県の早水台遺跡 →1950年発見。

2 縄文文化 人々はものの化学変化に気づき，土器の製作を知った

1. 完新世時代の日本

①氷河時代が終わり，気候はしだいに温暖化(約１万年前)。

▶氷河がとけ，海進により日本列島が形成された。

②新石器時代…打製石器のほかに⑩＿＿＿＿石器も使用されはじめた。

③日本人の祖型といえるものが形成された。

2. 縄文時代の人々の生活

①⑪＿＿＿＿…精霊崇拝。

- ⑫＿＿＿＿＊2…手足を折り曲げる。副葬品をもつものもある。
- ⑬＿＿＿＿＊3…女性をかたどった土製の人形。
- ⑭＿＿＿＿＊4…特定の歯を抜く。
- 装身具…魔除けにも用いられた。

②住居…⑮＿＿＿＿住居 →水系をともなう台地に多い。

▶１戸に数人から10人位が住み，４～６戸が集まって環状集落を形成した。中期以降には人口増加にともない集落の規模も10数戸に増加した。＊5

③⑯＿＿＿＿…ごみ捨て場で，人骨なども出土している。

- 狩猟用具が出土…石槍や石鏃など。
- 漁労用具が出土…骨角器(銛・釣針など)。
- 獣骨…イノシシの骨 →食用にイノシシの肉。

④広域交易活動…黒曜石・ひすいなどの出土・産出地から明らか。

3. 主な遺跡

①⑰＿＿＿＿貝塚＊6…1877年，⑱＿＿＿＿が発見。

②分布…北海道の南千島～九州の南西諸島まで。

▶特に東日本(関東地方)に濃密に分布する。青森県の亀ヶ岡遺跡や三内丸山遺跡，福岡県の板付遺跡などが著名である。

旧石器時代の人々の生活

①住居…洞窟・岩陰・テント式小屋など

②狩猟・漁労の採集経済

＊1　旧石器文化解明の端緒となった遺跡。

化石人骨

①浜北人骨…静岡県

②⑨＿＿＿＿人骨…沖縄県

③山下町第一洞人…………沖縄県

④白保竿根田原洞人………沖縄県

植生の変化

それまでの針葉樹林にかわり，東日本ではブナ・ナラなどの落葉広葉樹林，西日本にはシイ・カシなどの常緑広葉樹林(＝照葉樹林)が広がった。

利器の発明

狩猟用に弓矢，漁労用に骨角器が用いられるようになった。

＊2　死霊への恐れか。ほかに抱石葬などもあった。

＊3　豊猟や安産を祈ったものとも考えられる。

＊4　一種の成人式を意味するものと考えられる。

縄文土器

低温で焼かれ，厚手・黒褐色。初期の文様は，爪形文・沈線文・貝殻文・豆粒文・隆起線文など。形状から草創期・早期・前期・中期・後期・晩期の６期に区分される。

＊5　馬蹄形(U字形)で形成されている例が多い。

補足

土錘や石錘が発見されていることから，網漁法が行われていたこともわかる。

＊6　貝塚探究の端緒となった。モースには『日本その日その日』などの著書がある。

A　自然界に存在するあらゆるすべてのものに精霊が宿り，それを畏怖して崇敬する原始的な信仰形態のこと。(48字)

出題大学…⑧：北海学園大，新潟大

縄文土器の編年

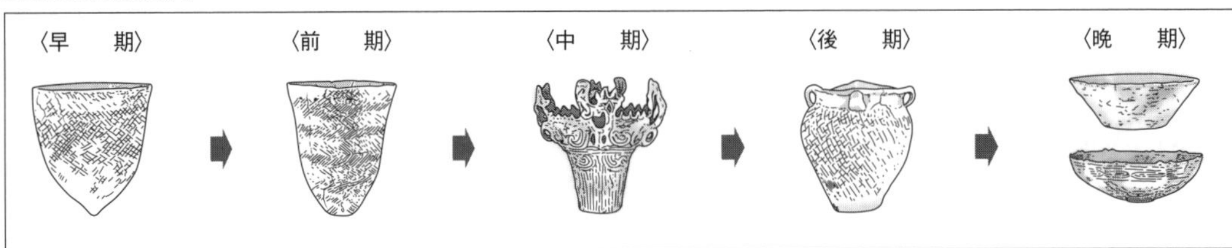

3 弥生文化

人々の世界に権力の観念がめばえ，「むら」から「くに」へと発展し，身分制社会が形成された

1. 時　期

①紀元前４世紀から紀元３世紀中頃まで(約700年間)。

②北九州に稲作技術と⑲＿＿＿＿＿＿が伝来した。

2. 農業の本格化

①はじめ湿田中心，のち西日本の一部に乾田も出現した。

②すでに田植えがはじまっていた。

③耕作…鉄器や石器で加工された木製農具を使用した。

・木鍬(きくわ)　・木鋤(きすき)　・田下駄　・大足　・田舟

④収穫…⑳＿＿＿＿＿＿を用いて穂首刈(ほくびがり) →のち鉄鎌が出現した。

⑤脱穀…木臼(きうす)・㉑＿＿＿＿＿＿を用いる。

⑥食用…㉒＿＿＿＿＿＿で蒸して食べる。

⑦貯蔵・保存…㉓＿＿＿＿＿＿式の穀物貯蔵用倉庫が出現した。

3. 金属器の使用

①㉔＿＿＿＿＿＿と鉄器がほぼ同時に伝来した。

②青銅器…祭祀用，権威の象徴として用いられる。

・㉕＿＿＿＿＿＿…瀬戸内海沿岸。細形・平形の２種。

・㉖＿＿＿＿＿＿…北九州中心。狭鋒(せまさき)・広鋒(ひろさき)の２種。*7

・㉗＿＿＿＿＿＿…畿内中心。釣鐘状(つりがねじょう)で，すべて国産。

③鉄器…農具や，それを加工する工具として使用された。*8

4. 弥生土器

①1884年，現在の東京都文京区弥生の向ヶ岡貝塚で発見。薄手で赤褐色。

②用途…食物盛り付け用の㉘＿＿＿＿＿＿，煮沸用の甕(かめ)，貯蔵用の壺など。また，米を蒸すときには甑(こしき)を使用した。

5. 人々の生活

①移動生活から㉙＿＿＿＿＿＿生活へ。採集から生産へ。

②貧富の差が生じ，身分制社会へと移行した。

③習俗…屈葬にかわり，㉚＿＿＿＿＿＿葬が出現した。

▶九州北部では甕棺墓や㉛＿＿＿＿＿＿墓が盛んであった。

▶近畿地方では方形周溝墓も作られるようになった。方形周溝墓は1964年に東京都八王子市の宇津木遺跡ではじめて発見された。

金石併用文化

金属器の使用がはじまったが，石器も従来通り用いられているため，金石併用文化ともよばれる。

北海道と南西諸島

弥生文化が進展していた頃，北海道では続縄文文化，沖縄などの南西諸島では魚介類の採集経済を基盤とする貝塚後期文化が展開した。

銅鐸

銅矛

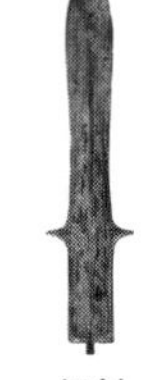
銅剣

＊7　他に狭鋒銅戈(どうか)・広鋒銅戈もあった。

＊8　のち古墳時代には，農具に鉄製のU字形の刃をはめこませて使うようになった。

弥生時代の遺跡

①奈良県…㉜＿＿＿＿＿＿遺跡
②静岡県…㉝＿＿＿＿＿＿遺跡
③島根県…荒神谷遺跡(358本の銅剣出土)
④佐賀県…吉野ヶ里遺跡
⑤奈良県…纒向(まきむく)遺跡(邪馬台国近畿説を裏付ける根拠)。

弥生時代の集落

※弥生時代が「争い」の時代であったことを裏付ける集落で，防衛的・軍事的性格が強い。

①㉞＿＿＿＿＿＿集落…弥生時代全般を通して，九州から関東地方にかけて営まれた。

▶集落の周囲を溝で囲む。
(例)佐賀県の吉野ヶ里遺跡，奈良県の唐古・鍵遺跡など。

記述論述 Q 弥生時代中期から後期にかけて，山地や丘陵上に高地性集落がつくられた理由を80字以内で記せ。(和歌山大)

 出題大学…⑲：千葉大，新潟大／㉒：名古屋大，東海大，明治大／㉔：立命館大／㉕：関西大，専修大／㉘：立命館大，成城大／㉚：西南学院大

4 東アジアの動向　中国や朝鮮半島は，どのような状況であったか

1. 中　国

①前漢，中国を統一(B.C.202)。

②前漢の皇帝武帝により，朝鮮に4郡が設置される。

▶楽浪郡*9・真番郡・玄菟郡・臨屯郡。

③新の建国(A.D.8)…王莽。

④後漢の建国(A.D.25)…光武帝 →首都は㊱＿＿＿＿＿＿。

⑤三国時代(220年代)…魏・呉・蜀 →のち晋が統一した。

2. 朝鮮半島

①高句麗の台頭…B.C.100頃。

②楽浪郡の南部に㊲＿＿＿＿＿＿郡設置(3C はじめ)。

③朝鮮半島南部の情勢

▶東部には㊳＿＿＿＿＿＿，南部には㊴＿＿＿＿＿＿，西部には㊵＿＿＿＿＿＿が分立した。

④馬韓から㊶＿＿＿＿＿＿，辰韓から㊷＿＿＿＿＿＿が成立。

②㉟＿＿＿＿＿＿集落…弥生時代中～後期にかけて，近畿から瀬戸内沿岸にかけて営まれた。逃げ城的な性格が強い。

▶山頂や丘陵に築かれた防衛的性格の強い集落。

(例)香川県の紫雲出山遺跡など。

*9　楽浪郡は現在のピョンヤン(平壌)付近。

3世紀の東アジア世界

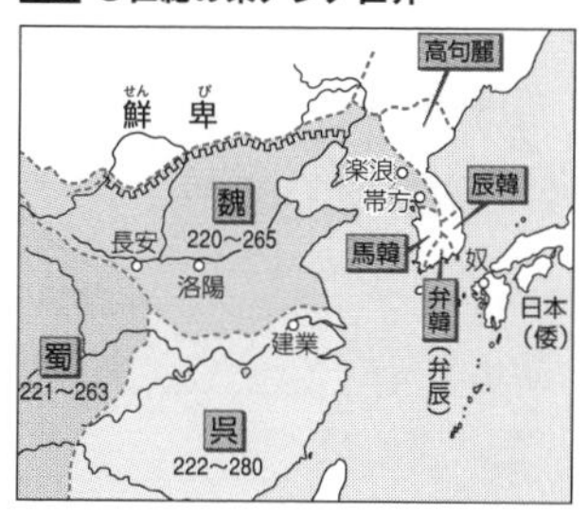

5 紀元前後の日中関係　「くに」が地域ごとに発展し，大陸と交渉をはじめた

1. B.C.1C の日本…百余国に分かれた状態。

①㊸＿＿＿＿＿＿…班固 →成立は1C。

②㊹＿＿＿＿＿＿郡を通じて朝貢した。

2. A.D.1C～2C の日本

①㊺＿＿＿＿＿＿…宋の范曄 →成立は5C。

②建武中元二(A.D.57)年に倭の㊻＿＿＿＿＿＿王が朝貢。

③皇帝㊼＿＿＿＿＿＿から印綬を受ける。

▶このときの金印と思われるものが，1784年，福岡県博多湾の㊽＿＿＿＿＿＿島から一農夫によって発見された。印には㊾＿＿＿＿＿＿の五文字が刻まれている。

④安帝の永初元(A.D.㊿＿＿＿＿＿＿)年に倭国王帥升等*10が遣使。

▶このとき51＿＿＿＿＿＿(奴隷)160人を献上した。

⑤桓帝・霊帝の頃(2C 後半)に倭国に大乱がおこる。

〈史料〉『漢書』地理志

夫れ楽浪海中に倭人あり，分かれて百余国となる。歳時を以て来り献見すと云ふ。

〈史料〉『後漢書』東夷伝

建武中元二年，倭の奴国，奉貢朝賀す。使人自ら大夫と称す。倭国の極南界なり。光武賜ふに印綬を以てす。安帝の永初元年，倭の国王帥升等，生口百六十人を献じ，請見を願ふ。

*10　帥升は面土国王との説もある。

6 邪馬台国　邪馬台国を中心に29の小国連合体として成立した

1. 邪馬台国に関する記事

①『魏志』倭人伝…編者は晋の52＿＿＿＿＿＿。

②53＿＿＿＿＿＿が共立されて盟主(女王)となる。

③位置…54＿＿＿＿＿＿説と55＿＿＿＿＿＿説が対立。*11

〈史料〉『魏志』倭人伝

其の国，本亦，男子を以て王と為し，住まること七，八十年。倭国乱れ，相攻伐すること年を歴，乃ち共に一女子を立てて王と為し，名づけて卑弥呼と曰う。鬼道を事とし，能く衆を惑わす。

*11　2009年に奈良県の纒向遺跡から大型建物跡が発見され，邪馬台国との関係が注目されている。

A　生産力の向上にともない余剰収穫物もうまれたが，富の管理や分配などをめぐり集団間に対立抗争がおこったため，集落生活の安全上，防衛的・軍事的機能が必要となったから。(80字)

2. 邪馬台国の政治

①(56)__________政治…一種の呪術政治であった。

②刑法…妻子を奴隷にしたり，家族・門戸滅亡などの罰。

③税法…「租賦(そぶ)を収む」との記事がある。

④地方官の存在…一大率(いちだいそつ)など。

3. 倭人の習俗

①いれずみの習慣，はだし，父母兄弟は寝起きは別。

②服飾…男子は袈裟衣(けさい)，女子は貫頭衣(かんとうい)。

③食事…食器には(57)__________を用いて手で食べる。

④葬送…棺(槨(かく)はない)を塚に葬(ほうむ)る。歌舞飲酒。

4. 卑弥呼の遣使

①景初三((58)__________)年に遣使。

②「(59)__________」の称号を得る。

③一族の女で(60)__________と考えられる人物が西晋に遣使(266)。

▶以後，413年まで147年間，中国との国交の記録はない。

> **補足**
> 卑弥呼は，小国の王たちに共立されて邪馬台国の盟主となった。男弟がそれを支えていたことがわかる。また，卑弥呼は南方の狗奴国(くなこく)と対立していた。狗奴国の王は，卑弥弓呼(ひみここ)である。

> **補足**
> 連合した国々の中には，大官として卑狗(ひこ)，副官として卑奴母離(ひなもり)などをおいているところもあった。

> **補足**
> 邪馬台国の社会では，大人(たいじん)・下戸(げこ)などの身分差が形成されていた。

7 ヤマト政権の外交政策

ヤマト政権は，朝鮮半島に技術や鉄資源を求めていた

1. 4世紀の朝鮮

①北部…(61)__________により楽浪郡が滅亡した。

②南部…小国の分立 →百済(くだら)・新羅(しらぎ)・加耶(かや)。

■ 4世紀の朝鮮半島

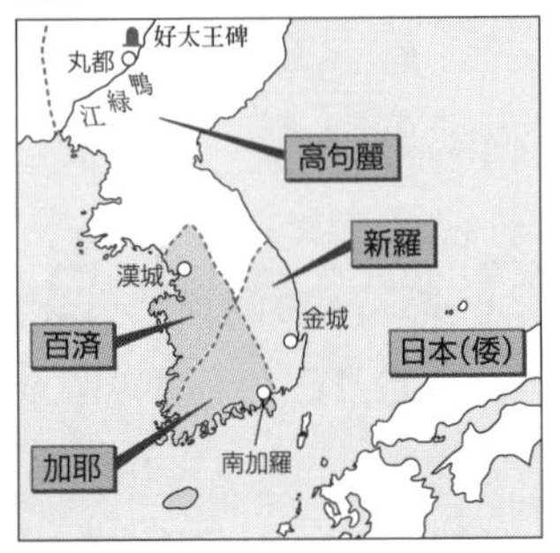

2. ヤマト政権の成立

邪馬台国の位置との関係＊12

- 近畿説…3世紀には北九州まで支配下にあった。
- 九州説…全国統一の時期は4世紀の前半。

＊12　どちらの説をとるかによって，ヤマト政権による統一時期には1世紀の差異が生じることになる。

3. 朝鮮進出

①目的…先進技術と鉄資源の獲得。

②「高句麗(62)__________碑文」…391年の倭軍の出兵。

> **〈史料〉高句麗好太王碑文**
> 百残(百済)・新羅は，旧(もと)是れ属民なり。由来朝貢す。而るに倭，辛卯(しんぼう)の年よりこのかた海を渡りて，百残・新羅を破り，以て臣民と為す。

4. 倭の五王の遣使

①目的…中国王朝の権威を借りて，朝鮮半島における経営を有利にすすめる。

②展開…(63)__________にみえる。

・倭王武，宋に上表文(478)を送る。

▶「(64)__________」の軍事的な称号を受けた。

▶倭王武とは(65)__________天皇…獲加多支鹵大王(わかたけるおおきみ)。

5. 倭王と天皇の比定

①済…允恭(いんぎょう)天皇

②興…安康(あんこう)天皇

> **〈史料〉倭王武の上表文**
> 興死して，弟武立つ。自ら使持節都督倭・百済・新羅・任那・加羅・秦韓・慕韓七国諸軍事，安東大将軍，倭国王と称す。順帝の昇明二年，使を遣して上表して曰く，『封国は偏遠にして，藩を外になす。昔より，祖禰(そでい)，躬(みずか)ら甲冑を擐(つらぬ)き，山川を跋渉(ばっしょう)して，寧処(ねいしょ)に遑(いとま)あらず。東は毛人を征すること五十五国，西は衆夷を服すること六十六国，渡りて海北を平ぐること九十五国……』と。

記述論述 Q　貝塚文化（南島文化）の主な生業の特徴を，弥生文化のそれと対比して50字以内で述べよ。（新潟大）

出題大学…(56)：立命館大，京都産業大，成城大／(57)：立命館大，京都産業大，成城大

到達度チェック

❶ 次の文章を読んで，あとの問いに答えよ。　東京経済大―全

解答：別冊p.38 ▶

　先史時代，日本列島に住む人々は，どんな暮らしを営んでいたのだろうか。約1万3000年前から紀元前４世紀ごろまでの縄文時代は，食料採集段階の時代であった。縄文時代の文化の諸相は，(a)日本各地に残る遺跡や遺物の発掘調査に基づく考古学研究によって解明されてきた。弥生時代に入ると，日本列島は水稲耕作を中心とした食料生産段階の時代を迎えた。(b)農耕の始まりは，人々の生活を大きく変え，弥生文化を生み出した。当時，稲作や(c)機織りなどの新しい技術の多くは，中国や朝鮮半島から伝えられたものであった。

問１. 下線部(a)についての記述として最も適切なものを，①～④の中から選べ。

① 静岡県登呂遺跡の発掘調査によって，旧石器時代の文化の存在が確認された。
② 現代の年代測定法は，年輪年代法に代わり炭素14年代法が用いられている。
③ ナウマンによる大森貝塚の発見によって，日本の近代的考古学が始まった。
④ 青森県三内丸山遺跡は，縄文時代の大集落遺跡として知られている。

問２. 下線部(b)に関連して，弥生文化についての記述として最も適切なものを，①～④の中から選べ。

① 金属器では，縄文時代の青銅器に代わって，鉄器が使用されるようになった。
② 弥生土器は，薄手で赤褐色の縄文土器と違い，厚手で黒褐色のものであった。
③ 防衛的機能を考慮した，環濠集落や高地性集落が多く作られるようになった。
④ 縄文時代の竪穴住居に代わって，掘立柱建物の住居形式が一般的となった。

問３. 下線部(c)に関連して，機織りの糸の原料として誤っているものを，①～④の中から選べ。

① 藍　② 苧　③ 絹　④ 大麻

❶ヒント

問１　③ナウマンはドイツ人の地質学者でフォッサ＝マグナを指摘した。

問２　③環濠集落は九州から関東地方にかけて営まれた。高地性集落は近畿地方から瀬戸内海沿岸にかけて営まれた。

問３　繊維をつむぐ道具として紡錘車が用いられた。

❶解答欄

問１	
問２	
問３	

❷ 次の文を読んで，あとの問いに答えよ。　早稲田大―文／改

　弥生時代を迎えると，(a)縄文時代とは異なる生活，技術，文化，社会が開始された。この時代には，日本列島の各地に稲作を経済基盤とする農耕集落が出現した。集落内には竪穴住居とともに［ A ］と考えられる掘立柱の建物が建造された。この頃の日本の状態を記した『魏書』東夷伝には「［ B ］国乱れ，相攻伐すること年を歴たり」と表現されている。この頃の「クニ」を代表する(b)首長は，戦争を通じて連合体的な組織を形成していた政体のリーダーであった。

問１. 空欄［ A ］と［ B ］に当てはまる語句を答えよ。

問２. 下線部(a)について述べた文として，正しいものを１つ選べ。

ア. 狩猟・採集・漁労を中心とする生業から，焼畑農耕中心の農業に移行した。
イ. 石器製作の技術は朝鮮半島に由来し，縄文時代に由来するものは失われた。
ウ. 弥生時代の信仰は，縄文時代とは異なり，アニミズムが中心であった。
エ. 縄文時代の環状集落の伝統は，そのまま弥生時代の環濠集落に継承された。
オ. 新しい農耕社会における集落は，血縁と地縁的結合で成立した。

問３. 下線部(b)について述べた文として，正しいものを２つ選べ。

ア. リーダーは，たとえば古代エジプト新王国時代のファラオに相当する。
イ. 首長は有力家系の中から選ばれることが多かったと推測される。
ウ. 国家にいたる過渡的な政体を首長国と呼ぶこともある。
エ. 弥生時代の首長は，死後に前方後円墳や方墳に埋葬された。
オ. 首長の性格は宗教性を離れ，政治・経済を中心とするものであった。

❷ヒント

問２・３　消去法を使う。問３のオは『魏志』倭人伝にある「鬼道を事とし，能く衆を惑わす」という一節を想起せよ。

❷解答欄

問１	A	
	B	
問２		
問３		

A　弥生文化は水稲耕作の生産経済を中心に発展したが，貝塚文化は魚介類などの採集経済を基盤として発展した。(50字)

解答：別冊p.8 ▶

02 ヤマト政権と古墳文化

重要暗記年代

- ■512…………大伴金村が加耶４県を百済に割譲
- ■527…………筑紫国造磐井の乱
- ■538・552…仏教公伝
- ■562…………加耶滅亡
- ■587…………物部氏滅亡
- ■589…………隋が南北朝を統一
- ■592…………崇峻天皇暗殺

ココが出る!!

[入試全般]

ヤマト政権の支配のありかた，特に中央と地方の関係を理解しているかどうかが狙われやすい。

[国公立二次・難関私大]

古墳文化の編年や古墳の構造のほかに，漢字・儒教・仏教伝来についての細かい知識も求められる。

1 ヤマト政権の構造　氏姓制度と部民制度にもとづく社会

1. 氏姓制度

①氏…血縁的結合にもとづく集団。

- ①＿＿＿＿…氏の首長で氏人を統率する。
- ②＿＿＿＿…氏の構成員。

②姓(かばね)…氏に与えられた称号で，社会的地位を示す。

- ③＿＿＿＿…葛城(かずらき)氏・平群(へぐり)氏・蘇我(そが)氏など。
- ④＿＿＿＿…大伴(おおとも)氏・物部(もののべ)氏・中臣(なかとみ)氏など。
- ⑤＿＿＿＿…筑紫(つくし)・毛野(けぬ)などの地方有力豪族。
- ⑥＿＿＿＿…一般の地方豪族，国造(くにのみやつこ)などの地方官。
- ⑦＿＿＿＿…県主(あがたぬし)・稲置(いなぎ)などの中小地方豪族。

> **補足**
> 大王は最大の氏である。
> 皇室の場合は大王が氏上，皇族が氏人という関係にある。

> **伴と品部**
> 職業技術に優れた官人の団体を特に伴(とも)といい，品部と区別される。いずれも伴造によってひきいられ，朝廷に奉仕した。

2. ヤマト政権の政治組織

①中央政治

大王(おおきみ)を中心に⑧＿＿＿＿・⑨＿＿＿＿*[1]が国政全般を担当した。

②職業部民…品部(しなべ) →⑩＿＿＿＿にひきいられて奉仕した。

- 宮廷官的品部…史部(ふひとべ)・蔵部(くらべ)など。
- 生産者的品部…錦織部(にしごりべ)・韓鍛冶部(からかぬちべ)・玉造部(たまつくりべ)など。

③地方政治

⑪＿＿＿＿・県主(あがたぬし)・稲置(いなぎ)。

▶地方支配と屯倉(みやけ)・子代(こしろ)・名代(なしろ)の管理にあたった。国造は，大化改新後に⑫＿＿＿＿として地方行政にあたるようになった。稲置は，684年の⑬＿＿＿＿においては最下位に位置づけられた。

＊1　臣・連の中でも特に有力な豪族。

> **品部の種類**
> ①馬飼(うまかい)部…馬の飼育。
> ②鞍作(くらつくり)部…鞍の製作。
> ③玉造部…勾玉(まがたま)・管玉(くだたま)。
> ④⑭＿＿＿＿部…土師器(はじき)の製作。
> ⑤⑮＿＿＿＿部…須恵器(すえき)の製作。
> ⑥⑯＿＿＿＿部…錦を織る。
> ⑦服(はとり)部…機織(はたおり)に従事。
> ⑧韓鍛冶部…鉄製の武具を製作。

記述論述 Q　国造とは何か，60字以内で説明しなさい。　（福井大／改）

 出題大学…⑮：学習院大／⑯：早稲田大，札幌大

3. 直轄地・直属民

①皇室の ｛ 直轄地…⑰＿＿＿＿＿＿ →⑱＿＿＿＿＿＿が耕作。
　　　　　 直属民…⑲＿＿＿＿＿＿・⑳＿＿＿＿＿＿ *2。

②豪族の ｛ 私有地…㉑＿＿＿＿＿＿ →㉒＿＿＿＿＿＿が耕作。
　　　　　 私有民…㉓＿＿＿＿＿＿。

*2 長谷部(はせべ)・春日部(かすかべ)など，皇后や皇子の名をつけたものは子代，舎人部(とねりべ)などのように職名をつけたものは名代とよばれた。いずれも国造の支配下にある農民の一部が設定された。

2 ヤマト政権の盛衰　豪族との力関係が体制の明暗を分けた

1. ヤマト政権確立期…3世紀末～4世紀

①国内…氏姓制度の形成，国内統一の進行。

②国外…高句麗，㉔＿＿＿＿＿＿郡を併合(313)する。

- この頃，朝鮮半島に㉕＿＿＿＿＿＿・新羅(しらぎ)が成立する。
- 百済，㉖＿＿＿＿＿＿郡を併合する。
- 391年に倭，㉗＿＿＿＿＿＿と交戦…好太王碑文。

③朝鮮半島へ進出…先進技術と㉘＿＿＿＿＿＿資源の獲得。

④百済王との交渉…肖古王(しょうこ)から七支刀を得る。

2. ヤマト政権全盛期…5世紀

①国内…氏姓制度・部民制度の整備。

- 男子による王権世襲制が確立…讃(さん)・珍(ちん)・済(せい)・興(こう)・武(ぶ)。
- 蝦夷(えみし)・熊襲(くまそ)の平定…王権の伸張・強化。

②国外…高句麗・㉙＿＿＿＿＿＿の勢力が強大化する。

- 倭の五王の遣使。　• 478年に倭王武が順帝に上表。

3. ヤマト政権衰退期…6世紀

①国内…豪族勢力の強大化 →物部氏・蘇我氏の崇仏論争。

- 地方豪族の反抗…筑紫国造㉚＿＿＿＿＿＿の乱(527) *3。
- 蘇我氏の勢力の強大化…物部氏滅亡，崇峻(すしゅん)天皇謀殺。

②国外…大伴㉛＿＿＿＿＿＿が百済に加耶4県を割譲(512)。

- 562年に朝鮮半島経営の拠点㉜＿＿＿＿＿＿が，新羅によって滅ぼされた。
- 589年に北朝から㉝＿＿＿＿＿＿がおこり，南北両朝を統一して中央集権体制の樹立をはかり，強大となる。

豪族の対立

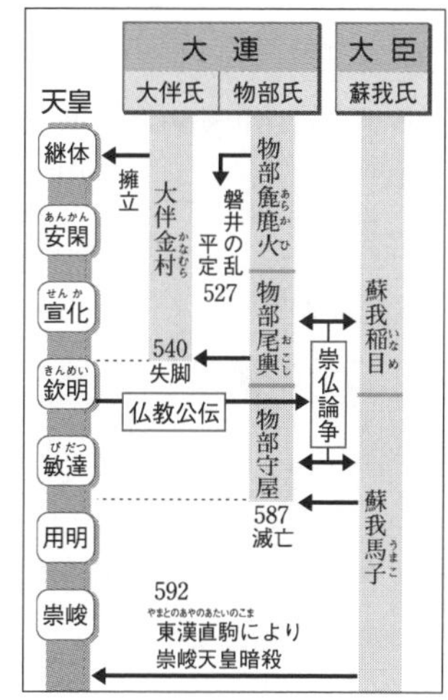

*3 百済救援のために近江毛野(おうみのけぬ)を派遣。それに対して磐井が新羅と結んで，近江毛野の渡海をさまたげた。

豪族の分布

3 大陸文化の伝来　大陸から仏教・儒教など，新たな精神文化が伝えられた

1. 渡来人…大陸の新しい技術を伝えた。

①㉞＿＿＿＿＿＿…養蚕・機織を伝える →秦氏(はたうじ)の祖。

②㉟＿＿＿＿＿＿…文筆・史部を管理 →東漢氏(やまとのあやうじ)の祖。

③王仁(わに) *4…『論語』・『千字文』を伝える →㊱＿＿＿＿＿＿の祖。

④味摩之(みまし)…612年に百済から来日し，伎楽(ぎがく)を伝える。

*4 阿直岐(あちき)のすすめで来日した。

A ヤマト政権下における地方官のことで，地方豪族が任命され，その子孫の多くはのちには郡司として地方支配にあたることになった。(60字)

出題大学…⑱：明治大，同志社大／⑳：名古屋大，学習院大／㉞：同志社大，同志社女子大

2. 仏教の伝来

①百済の㊲＿＿＿＿＿＿＿から㊳＿＿＿＿＿＿＿天皇のもとへ。

②538年説…『上宮聖徳法王帝説』『元興寺縁起』。*5

③552年説…『㊴＿＿＿＿＿＿＿』。*6

④仏教伝来について，九州の英彦山には魏の善正が，臼杵地方では百済の連城が伝えたという説が残っている。

*5　538年は戊午年。

*6　552年は壬申年。

補足
司馬達等が6世紀のはじめ，坂田原の自邸で仏像をまつり，礼拝したということが皇円の著した『扶桑略記』に記されている。

3. 漢字の伝来

①王仁…『論語』・『千字文』を伝える(応神朝)。

②6世紀初期に百済の武寧王が㊵＿＿＿＿＿＿＿博士を派遣する。

③熊本県江田船山古墳出土鉄刀銘。

④㊶＿＿＿＿＿＿＿県隅田八幡神社人物画像鏡銘。

⑤㊷＿＿＿＿＿＿＿県稲荷山古墳出土鉄剣銘 →115文字。

⑥奈良県㊸＿＿＿＿＿＿＿神宮七支刀銘。

▲隅田八幡神社人物画像鏡

4. 伝承の編纂

①㊹＿＿＿＿＿＿＿…大王の系譜
②㊺＿＿＿＿＿＿＿…神話や伝承
→6世紀前半に編纂。

▶のち天武朝に再編纂がすすめられ，『古事記』『日本書紀』編纂の資料となった。

補足
「獲加多支鹵大王」は，雄略天皇とみる説が有力。5世紀には，ヤマト政権の支配領域が九州から北関東あたりにかけて及んでいたことがわかる。

4 古墳文化の編年

古墳は，はじめは亡き首長の墓，のちには家族墓へと変質した

1. 古　墳

①大王・首長を祀るための高塚式墳墓。

②発生…3世紀中頃。畿内～瀬戸内海沿岸。

2. 前期古墳(3世紀中頃～4世紀後半)

①分布…畿内中心(東北中部まで広がる)。

▶丘陵や台地上などに築造。

②形態…前方後円墳が多い。

▶表面は葺石でおおわれた。

③石室…㊻＿＿＿＿＿＿＿式石室。

▶石室を作らず，粘土槨の場合もあった。

④石棺…箱式石棺・舟形石棺など。

⑤㊼＿＿＿＿＿＿＿…土留用・装飾用。

▶前期には円筒埴輪が多い。

⑥副葬品…勾玉・管玉・碧玉・銅鏡。

▶前期には一般に呪術用品が多いことから，被葬者は司祭者的性格をもっていたと考えられる。

⑦代表的古墳…箸墓古墳(出現期最大)。

古墳・墳丘墓の分布

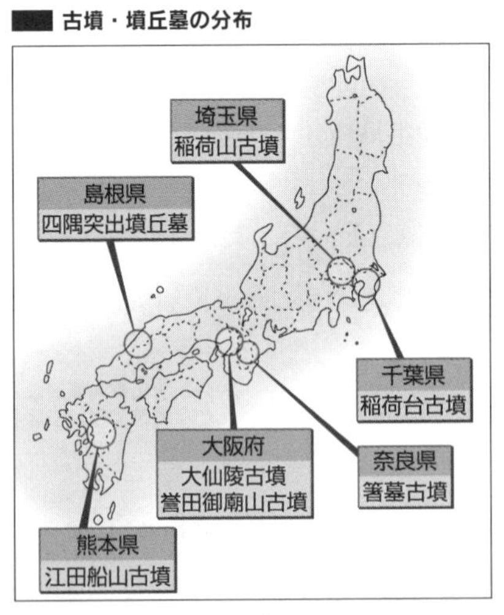

▶稲荷山古墳出土鉄剣(文化庁所有，写真提供：さきたま史跡の博物館，部分)

記述論述 Q　3世紀ごろから6世紀末ごろまでの日本列島の各地には，前方後円墳という共通の形式で墳墓がつくられた。その理由を70字以内で述べよ。(北海道大／改)

3. 中期古墳（4世紀後半～5世紀末）

①分布…全国的に拡大し，平野部にも多く築造された。

②形態…巨大な㊽＿＿＿＿＿＿墳。

▶平坦地に封土を盛り，周囲は濠をめぐらせたり，陪冢(ばいちょう)をおくものもあった。

③石室…㊾＿＿＿＿＿＿式石室で，内部には長持形石棺を安置。

④埴輪(はにわ)…家形・人物・動物・器財埴輪 →形象(けいしょう)埴輪と総称する。

⑤副葬品…鉄製農具や甲冑(かっちゅう)・装身具・馬具など。

▶被葬者は武人的性格が強かったことを意味している。

⑥代表的古墳

- ㊿＿＿＿＿＿＿古墳（＝仁徳天皇陵古墳）。
  ▶大阪府堺市の(51)＿＿＿＿＿＿古墳群の中心で，墳丘全長486 m，10余の陪冢をもつ最大の前方後円墳。
- (52)＿＿＿＿＿＿古墳（＝応神天皇陵古墳）。
  ▶大阪府羽曳野(はびきの)市の(53)＿＿＿＿＿＿古墳群の中心で，墳丘全長425 m。大仙陵古墳に次ぐ大型前方後円墳。

4. 後期古墳（6世紀～7世紀）

①分布…全国的で，平野部はもとより山間部にも築かれた。

②形態…小規模円墳が数十～数百基にわたって密集して築かれたので，(54)＿＿＿＿＿＿墳とよばれる。

▶鉄製農具の普及や乾田の発達などによって生産力が向上し，地方にも有力農民が台頭したことが背景にあり，有力農民層の古墳として築かれた。*7

③石室…(55)＿＿＿＿＿＿式石室。

- (56)＿＿＿＿＿＿…遺体や副葬品などを安置する空間。
- (57)＿＿＿＿＿＿…外界と玄室を結ぶ通路。
  ▶入り口に閉塞石(へいそくせき)を置くため，追葬も可能となった。

④副葬品…馬具・武具・食器・装身具などの日用品。

▶食器とは，死者に飲食物を供するための土器類のことである。また，古墳内部には壁画が描かれているものもあることから，古墳は死者にとって，現世生活の延長としての空間という意味をもちはじめたことを示していると同時に，来世観が変化したことをも物語っている。

⑤代表的古墳

- 福岡県宮若市竹原の竹原古墳…横穴式石室に彩色壁画。
- 奈良県明日香村の石舞台(いしぶたい)古墳…一説に蘇我馬子の墓。
- 群集墳…新沢(にいざわ)千塚（奈良県）。

▲大仙陵古墳

補足 「空白の4世紀」の遺物出土

奈良市の富雄丸山古墳から，盾形銅鏡と鉄剣が出土した。鏡には神像や霊獣をあしらった文様があり，鉄剣は蛇のように曲がりくねる蛇行剣。この時期の日本の様子は中国の文献にもないため，時代の解明への大きな足掛かりとなった。富雄丸山古墳は4世紀後半に築かれた国内最大の円墳。銅鏡は最大の面積をもち，鉄剣も国内最大の長さであることが確認された。

▲埴　輪

*7　従来の大王（首長）の墳墓としての古墳のもつ意義が大きく変質し，家族墓的性格が強まったことを意味している。

古墳の終末

7世紀中頃になると，近畿地方に営まれる大王の墓は八角墳になった。大王を象徴する固有の形状で造営されたものと考えられる。

石室の構造

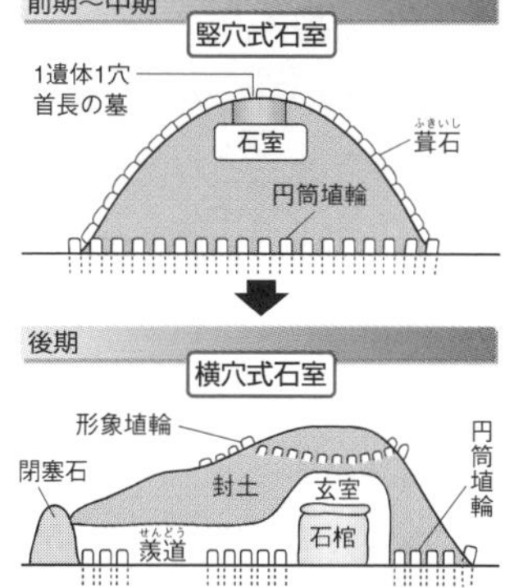

A　広域の政治連合を形成していた各地の首長層が，近畿地方を中心とするヤマト政権に組み込まれた証として，墓制においても共通の意識をもっていたから。（70字）

5. 古墳の築造停止

①畿内…一部を除き，7世紀頃には築かれなくなった。

②東国…8世紀頃には築かれなくなった。

③背景・原因

- 仏教思想により，火葬の風習が広まった。
- 薄葬令（はくそう）などを発布することにより，厚葬を規制した。
- 豪族の権威誇示の手段としての意味が喪失した。

④展開…豪族は，古墳にかわって寺院建立にはしった。

5 生活と信仰　稲をとりまく文化と「祭り」「占い」の世界

1. 土　器

①㊽＿＿＿＿＿＿器＊8…弥生土器の系統で土師部（はじべ）が製作した。

②㊾＿＿＿＿＿＿器…5世紀以降，朝鮮からの新技術で製作した。

▶硬質で，青味がかった灰色。㊿＿＿＿＿＿＿部が製作した。

＊8　土師器は庶民用，須恵器は豪族用。なお，古墳の周囲に並べられた埴輪も土師部によって製作された。

2. 固有信仰

①61＿＿＿＿…罪やケガレを水によって除く。

②62＿＿＿＿…神に祈って，罪障や災厄を除く神事。

③63＿＿＿＿＿＿…鹿の骨を焼き，吉凶を占う。

④64＿＿＿＿＿＿＊9…熱湯に手を入れ，正邪を判定する。

⑤65＿＿＿＿＿＿…氏族集団の守護神への信仰。

⑥66＿＿＿＿＿＿…うまれた土地に鎮座する神への信仰。

⑦67＿＿＿＿＿＿…その年の豊作を祈る →春に行う。

⑧68＿＿＿＿＿＿＊10…その年の豊作に感謝する →秋に行う。

＊9　氏姓のいつわりを防ぐための策といわれる。

＊10　天皇即位後に行われる新嘗祭を大嘗祭（だいじょうさい）という。

3. 神社の成立

①大神神社（おおみわ）…三輪山（みわやま）を神体とする神社 →最古の神社。

②69＿＿＿＿＿＿神宮＊11…皇室祖神を祀る →内宮（ないくう）・外宮（げくう）。

③70＿＿＿＿＿＿大社＊12…大国主神（おおくにぬしのかみ）を祀る。

④住吉大社＊13…海神を祀る →航海守護神。

⑤春日神社…71＿＿＿＿＿＿氏の氏神。

＊11　建築様式は神明造（しんめい）。

＊12　建築様式は大社造。

＊13　建築様式は住吉造。

4. 生　活

①衣…男は袴（はかま），女は裳（も）をつけた。

②髪形…男は美豆良（みずら），女は髷（まげ）を結んだ。

③住…方形の高床住居で，かまどがついている。

▶切妻造（きりづまづくり）・寄棟造（よせむねづくり）・入母屋造（いりもやづくり）の屋根をもつ住居も出現した。

④歌垣＊14…男女が集まり，歌を詠み踊りあう習俗。

⑤群馬県72＿＿＿＿＿＿遺跡…6世紀中期の榛名山（はるなさん）の噴火で埋没。

▶平地式建物や竪穴住居，高床倉庫などをともなう集落が検出された。

豪族の居館

群馬県の三ツ寺Ⅰ遺跡にみられるように，支配者である豪族は民衆の住む集落から離れた場所に居館を構えた。

＊14　求婚の意味もあり，東国では歌垣（かがい）ともよばれた。

記述論述 Q　5世紀になると古墳の規模は最大化するが，6世紀になるとその様相は大きく転換する。転換の具体的様相について，墳丘規模・古墳の数・埋葬施設それぞれについて述べよ。（名古屋大）

　出題大学…㊿：学習院大／62：関西大，京都府立大，早稲田大／66：駒澤大／67：法政大

到達度チェック

❶ 次の文章を読んで，あとの問いに答えよ。 青山学院大一文

解答：別冊p.38 ▶

日本列島では，ⓐ縄文時代やⓑ弥生時代の長い年月を経て，古墳時代には中国王朝と通交するような支配集団が形成されていた。5世紀後半に倭王の一人がⓒ中国王朝に使節を送った時の史料には，「［ア］死して弟武立つ。自ら使持節都督倭・百済・［イ］・任那・加羅・秦韓・慕韓七国諸軍事安東大将軍倭国王と称す」と書かれているが，倭王はここで自らの支配が，高句麗を除く朝鮮半島にも及ぶことを主張している。これはそのまま認められなかったが，この時期の倭が朝鮮半島の国々と対抗する存在に成長したことを，この史料は物語っている。5世紀から6世紀にかけて，ⓓ倭の国内では地方支配が進展し，大和を中心とする政治体制が形成されていった。

問1．下線部ⓐについての記述として誤っているものを①～④の中から1つ選べ。

① 氷河期が終わり，気温が現代と同じ程度に上昇した。
② 木や骨で作った軸に，石片を埋め込んで使用する細石器が初めて出現した。
③ それ以前と比べて植生が変化し，東日本では落葉広葉樹が広く普及した。
④ 植物性食物を煮るなどの道具として，土器が大量に作られるようになった。

問2．下線部ⓑについての記述として正しいものを①～④の中から1つ選べ。

① 特定の地位にある者に対しては，八角墳が作られた。
② 墓域を装飾するために，形象埴輪が作られるようになった。
③ この時期には，墳丘の周りに溝をめぐらせた方形周溝墓が出現した。
④ この時期の集落の実態を伝える事例として，群馬県の黒井峯遺跡がある。

問3．下線部ⓒが記載された史料として正しいものを①～④の中から1つ選べ。

① 宋 書　② 史 記　③ 三国志　④ 漢 書

問4．空欄［ア］に入る人名を漢字で記せ。

問5．空欄［イ］に入る国名を漢字で記せ。

問6．下線部ⓓに関して，大和王権の支配を実証する金石文について述べた文X・Yと，その所在地a～dの組合せとして正しいものを，①～④の中から1つ選べ。

X．稲荷山古墳から，「ワカタケル大王」の文字を記した鉄剣が発見された。
Y．江田船山古墳出土の鉄刀で，「ワカタケル大王」の名が確認された。

a．群馬県　**b**．埼玉県　**c**．福岡県　**d**．熊本県

① X—**a** Y—**c**　② X—**a** Y—**d**
③ X—**b** Y—**c**　④ X—**b** Y—**d**

❶ヒント

問3 沈約（しんやく）が編纂した歴史書。史料は478年の倭王武が南朝宋に遣使したときの上表文の一節である。

問5 4世紀中頃に辰韓12国を統一して建国され，935年に高麗に滅ぼされた。

❶解答欄

問1	
問2	
問3	
問4	
問5	
問6	

❷ 次の文章を読み，あとの問いに答えよ。 早稲田大一文／改

古墳時代には，首長層を中核として，地方勢力の統合と階層化・序列化が進展し，東北地方南部から九州に至る各地で大型古墳が築かれた。

〔問〕この文章に関する記述として誤っているものはどれか，1つ選べ。

ア．前方後円墳は，畿内を中核に含む関西地方において，4世紀後半に初めて登場した。
イ．首長が帯びた資質は，政治・経済・武力などの力量のほかに，呪術や宗教的能力も関与した。
ウ．首長層の序列化には，大王の血縁系譜との距離も影響したと考えられる。
エ．古墳の形と規模には，当時の政治的序列関係が強く反映したと推定される。
オ．首長は自らが属する氏族を率いて，関連する勢力を糾合したと考えられる。

❷ヒント

リード文に「東北地方南部」とあるが，岩手県の角塚古墳が最北限の前方後円墳である。
〔問〕 古墳が出現した時期を考えれば容易。

❷解答欄

A 前方後円墳は近畿中央部を除いて小規模化し，竪穴式の埋葬施設にかわって横穴式石室が一般化した。また，小型古墳が増加し，農民の成長を背景に山間部や小島などにも数多くの群集墳が築かれるようになった。(96字)

解答：別冊p.9 ▶

03 飛鳥の朝廷と大化改新

重要暗記年代

■603…………冠位十二階
■604…………憲法十七条
■607・608…小野妹子，遣隋使
■645…………大化改新開始
■646…………改新の詔
■672…………壬申の乱
■694…………藤原京遷都
■701…………大宝律令制定

ココが出る!!

［入試全般］
推古天皇時代の政治，改新政府の政治，天智・天武朝の政治がポイント。

［国公立二次・難関私大］
『日本書紀』を中心とする史料問題も頻出する。文化では仏教色が強い飛鳥・白鳳文化が頻出する。建築・彫刻・工芸などを写真で押さえておくこと。

1 ヤマト政権の動揺　大王と豪族の力関係がくずれた

1. 豪族間の対立

①｛①＿＿＿＿＿＿氏…大連 →軍事を担当した。
　　②＿＿＿＿＿＿氏…大臣 →三蔵(みつのくら)を管理し，財政を担当した。
　▶三蔵とは，斎蔵(いみくら)・内蔵(うちつくら)・大蔵の総称。

②朝廷の内紛…大伴金村(かなむら)が③＿＿＿＿＿＿天皇を擁立した。
　▶その後，蘇我氏・物部氏が支持する④＿＿＿＿＿＿天皇と，大伴氏が支持する安閑(あんかん)・宣化(せんか)天皇が対立しながら，両朝が併立したという説もある。

③地方国造層の反抗…筑紫国造⑤＿＿＿＿＿＿の乱(527)＊1。

④仏教の受容をめぐる対立＊2…蘇我氏と物部氏。
　▶587年，物部⑥＿＿＿＿＿＿が蘇我⑦＿＿＿＿＿＿によって滅ぼされた。

⑤⑧＿＿＿＿＿＿天皇暗殺(592)…蘇我馬子の策謀。

2. 国外政策の矛盾

①⑨＿＿＿＿＿＿，加耶4県を百済に割譲(512)。②加耶の滅亡(562)。

主な豪族

①中臣氏…朝廷の神事・祭祀を担当。
②忌部(いんべ)氏…朝廷の祭祀を担当。
③大伴氏…朝廷の軍事を担当。
④物部氏…軍事・刑罰を担当。
⑤蘇我氏…財政・外交を担当。

＊1　物部麁鹿火(あらかひ)によって鎮圧された。

＊2　蘇我氏は崇仏論，中臣氏や物部氏は排仏論を主張した。

2 推古朝の政治　天皇を中心とする集権国家づくりがはじまった

1. 推古天皇の即位＊3…592年 →豊浦宮(とゆら)で。

▶甥の⑩＿＿＿＿＿＿が蘇我馬子と共同で執政し，天皇を支えた。

2. 中央集権体制の確立

①⑪＿＿＿＿＿＿(603)…人材登用策。門閥主義の打破。＊4
　▶最上位は⑫＿＿＿＿，最下位⑬＿＿＿＿で，さらに大小に分けて12階とし，冠の色と装飾で等級を示した。

＊3　敏達(びだつ)天皇の后(きさき)で，592年に崇峻(すしゅん)天皇が謀殺されたあとを受けて即位した。最初の女帝。

＊4　蘇我氏には与えられなかった。

記述論述 Q　冠位十二階はどのようなものであったか，簡潔に説明しなさい。　（津田塾大一学芸，京都府立大／類）

②⑭＿＿＿＿＿＿(604)…官吏に対する道徳的訓戒。

③国史の編纂…『⑮＿＿＿＿＿＿』『国記』(620)。

3. 遣隋使＊5

①607(大業三)年…⑯＿＿＿＿＿＿を派遣する。

②608年…答礼使⑰＿＿＿＿＿＿が来日し，妹子が帰国する。

③608年…妹子が再び隋に渡り，裴世清(はいせいせい)も帰国する。

▶このとき，⑱＿＿＿＿＿＿・⑲＿＿＿＿＿＿・旻(みん)ら随行。

④614年…⑳＿＿＿＿＿＿が隋へ →最終の遣隋使。

3 飛鳥文化 飛鳥と斑鳩を中心に，日本最初の仏教文化が開花した

1. 建　築

①㉑＿＿＿＿＿＿寺金堂…世界最古の木造建築。

②四天王寺…厩戸王が物部守屋と交戦の折，勝利を祈願。

③㉒＿＿＿＿＿＿寺…尼寺 →穴穂部間人皇后(あなほべのはしひと)の宮跡を改築。

④法起寺(ほっき)…山背大兄王(やましろのおおえのおう)が岡本宮を寺に改築したもの。

⑤氏　寺

• ㉓＿＿＿＿＿＿寺…蘇我氏の氏寺。蘇我馬子が建立した。

▶礎石の上に柱を立て，屋根は瓦葺とする百済の技法を採用した。

• ㉔＿＿＿＿＿＿寺…秦氏(はたうじ)の氏寺。秦河勝(はたのかわかつ)が建立した。

2. 彫　刻

①法隆寺金堂釈迦三尊像…㉕＿＿＿＿＿＿の作。北魏様式。

②飛鳥寺㉖＿＿＿＿＿＿像…通称「飛鳥大仏」。

③法隆寺夢殿㉗＿＿＿＿＿＿像…厩戸王等身像ともいわれる。

④中宮寺㉘＿＿＿＿＿＿像…樟(くすのき)の木像／弥勒菩薩像(みろくぼさつぞう)ともいわれる。

⑤㉙＿＿＿＿＿＿寺半跏思惟像(はんかしゆいぞう)…新羅様。

⑥法隆寺百済観音像…樟の木像／南梁様式(なんりょう)。

3. 絵　画

密陀絵(みつだえ)…一種の油絵。「玉虫厨子須弥座絵(たまむしのずししゅみざえ)」。

▶「捨身飼虎図(しゃしんしこず)」・「施身聞偈図(せしんもんげず)」がよく知られている。

4. 工　芸

①中宮寺㉚＿＿＿＿＿＿…橘大郎女(たちばなのおおいらつめ)が采女(うねめ)に刺繍させたもの。

②獅子狩文様錦(ししかりもんようきん)…西アジアに多い。

③忍冬唐草文様(にんどうからくさ)…エジプト・アッシリアが起源。

④法隆寺玉虫厨子…檜(ひのき)製。2563匹の玉虫の羽があった。

5. 仏　教

①三経義疏(さんぎょうのぎしょ)…㉛＿＿＿＿＿＿経・勝鬘経(しょうまん)・維摩経(ゆいま)の注釈。

▶『法華経義疏(ほけ)』は，現存最古の書蹟といわれる。

②㉜＿＿＿＿＿＿…厩戸王に仏教を指導＊6した高句麗僧。

冠位十二階

名称…徳・仁・礼・信・義・智
色別…紫・青・赤・黄・白・黒

＊5 『隋書』倭国伝には，開皇20(西暦600)年にも使者が派遣されたと記されている。

〈史料〉遣隋使・『隋書』倭国伝

開皇(かいこう)二十年，倭王あり，姓は阿毎(あめ)，字は多利思比孤(たりしひこ)，阿輩雞弥(おおきみ)と号す。使を遣して闕(けつ)に詣(いた)る。上，所司をしてその風俗を訪(と)わしむ。

〈史料〉遣隋使・『隋書』倭国伝

大業三年，其の王多利思比孤，使を遣して朝貢す。

其の国書に曰く，『日出づる処の天子，書を日没する処の天子に致す，恙(つつが)無きや云々』と。帝，之を覧(み)て悦ばず。鴻臚卿(こうろけい)に謂(い)いて曰く，『蛮夷の書，無礼なるあり。復(ま)た似て聞する勿れ』と。

〈史料〉遣隋使・『日本書紀』

『東の天皇敬(つつし)みて西の皇帝に白(もう)す……』と。是の時に唐国に遣す学生は……高向漢人玄理(たかむこのげんり)……学問僧新漢人旻・南淵漢人請安……併せて八人なり。

南北朝様式

卍崩(まんじ)しの勾欄(こうらん)や雲形肘木(ひじき)，人字形割束(ひとじがたわりづか)やエンタシスが特徴。エンタシスは柱の中央にふくらみをもたせる技法で，ギリシアのパルテノン神殿にもその例が認められる。

法隆寺再建論争

法隆寺は607年に建立されたが，『日本書紀』には670年に焼失したとみえる。1939年からの発掘調査により，四天王寺式伽藍配置をもつ若草伽藍趾が発掘され，現在では8世紀はじめの再建説が確定的である。

補足

中国の雲崗(うんこう)・竜門の石仏は，ともに飛鳥彫刻の源流と考えられている。

＊6 そのほか，百済僧恵聡(えそう)なども仏教指導にあたった。

A 門閥制度を打破して人材登用をはかるために603年に導入された制度で，徳・仁・礼・信・義・智を大小に分け冠の色と飾りで区別して豪族に付与された。(70字)

出題大学…⑮：法政大，愛知教育大／㉑：関西大，中央大，慶應義塾大／㉜：関西大，慶應義塾大

6. 渡来人

①㉝＿＿＿＿＿＿…百済僧で暦法＊7・天文・地理書を伝えた。

②㉞＿＿＿＿＿＿…高句麗僧で，紙・墨・彩色の法を伝えた。

＊7　当時の暦は中国の元嘉暦であった。

伽藍配置の変遷＊8

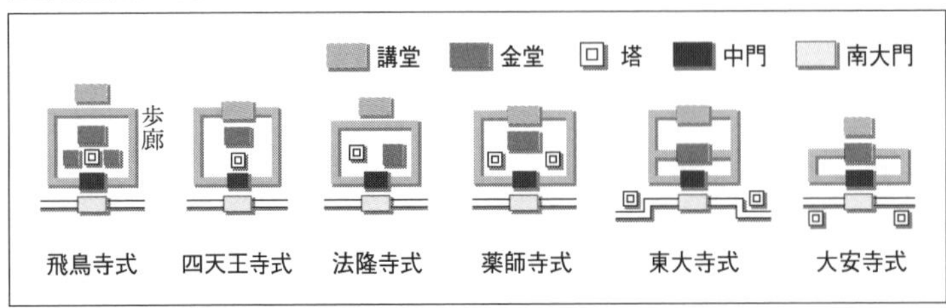

＊8　はじめは寺の中心は塔であったが，しだいに塔が寺域の外に移り，かわって金堂が寺の中心となった。

遣唐使

630年に第１回遣唐使が派遣され，８世紀に入るとほぼ20年に１度の割合で派遣された。中国の冊封は受けなかったが，実質的には唐に臣従する形をとる朝貢外交であった。また４隻の船に分乗したので，遣唐使は「よつのふね」とも呼ばれた。

4 大化改新　唐の律令制度を採用し，天皇を頂点とした統一国家の完成をめざした

1. 東アジアの情勢

①中国…618年に隋が滅び，㉟＿＿＿＿＿がおこる。

②朝鮮…㊱＿＿＿＿＿＿＿が，唐の律令制を導入して国力の充実をはかりながら，半島統一をめざした。

2. 国内の動向

①遣唐使の派遣(630)…大使㊲＿＿＿＿＿＿＿らが入唐した。

②留学生の帰国…㊳＿＿＿＿＿＿＿・旻・南淵請安らが帰国した。

③豪族蘇我氏の強大化…蘇我㊴＿＿＿＿＿＿＿と蘇我入鹿。

▶643年，蘇我入鹿は，聖徳太子の子で有力な皇位継承者の山背大兄王を斑鳩宮に襲い，自殺に追い込んだ。

3. 改新の経緯

①645年，㊵＿＿＿＿＿＿＿・中臣鎌足らが蘇我蝦夷を自殺させ，蘇我入鹿を㊶＿＿＿＿＿＿＿で暗殺した(乙巳の変)。

②㊷＿＿＿＿＿＿＿天皇から，㊸＿＿＿＿＿＿＿天皇にかわった。

③人心一新をはかり，年号を㊹＿＿＿＿＿＿＿とし，都を飛鳥から㊺＿＿＿＿＿＿＿＿＿＿宮へ移した。

④新政府の樹立

- 皇太子…㊻＿＿＿＿＿＿＿　• 内臣…㊼＿＿＿＿＿＿＿
- 左大臣…阿倍内麻呂　• 右大臣…蘇我倉山田石川麻呂
- ㊽＿＿＿＿＿＿＿…㊾＿＿＿＿＿＿＿・旻

▶国博士に南淵請安は含まれていない。

補足

唐では均田法や租・庸・調の税制などが整えられ，律令制にもとづく強大な中央集権国家が成立した。第２代皇帝太宗のとき，国力の充実をみ，その治世は「貞観の治」とたたえられた。

東アジアの海上交通路

▶はじめは北路，663年の白村江の戦い以降は南路に変更された。

大化改新

645年のクーデターを機にはじまった，孝徳天皇の時代を中心とする一連の政治改革を大化改新という。

5 改新政治の展開　律令国家の建設が着実に進められていった

1. 改新の詔…政治の基本方針

①646(㊿＿＿＿＿＿＿)年。

記述論述 Q　白村江の戦いの敗北を受けて，天智天皇（中大兄皇子）が行った政策について，80字以内で述べよ。（名古屋大）

②(51)＿＿＿＿＿天皇が，難波長柄豊碕宮で発布。4条よりなる。

③内容…企画案で，徐々に実施にうつされた。

1）公地公民制の確立…屯倉・田荘・部曲の廃止。

2）地方行政区画・軍事・交通制度の規定。

3）班田制の確立…戸籍・計帳・班田収授法。

4）新税制の確立…調・庸・仕丁・采女の制。

2. 東北地方の経営

①647年…(52)＿＿＿＿＿柵を設置 ｝現在の(54)＿＿＿＿＿県。

②648年…(53)＿＿＿＿＿柵を設置 ｝

③658年…(55)＿＿＿＿＿が水軍をひきいて，蝦夷・粛慎を討ったといわれる。

3. 対外政策

①660年…朝鮮半島で(56)＿＿＿＿＿が滅ぶ。

②663年…(57)＿＿＿＿＿の戦いで，日本水軍は唐・新羅連合軍に敗北した。→以後，国内体制の充実化をはかる。

③防衛体制の強化

- (58)＿＿＿＿＿…対馬・壱岐・九州北部に設置(664)。
- (59)＿＿＿＿＿…防衛兵として九州北部に設置(664)。
- (60)＿＿＿＿＿…大宰府の北方に築かれた堤防(664)。
- 朝鮮式山城…大宰府北方に大野城，南方に基肄城を設置。

4. 天智天皇

①中大兄皇子が667年に都を(61)＿＿＿＿＿国大津宮に移し，翌年即位して(62)＿＿＿＿＿天皇となる。

②668年に(63)＿＿＿＿＿を制定…最初の律令法典。

▶(64)＿＿＿＿＿らに命じて作成させたといわれるが，現存しないので，内容的には定かでない。

③670年に(65)＿＿＿＿＿を作成…最初の全国的戸籍。

5. 壬申の乱(672)

①天智天皇の子(66)＿＿＿＿＿と弟(67)＿＿＿＿＿による皇位継承をめぐる対立。

②大海人皇子が(68)＿＿＿＿＿宮で挙兵。大友皇子を近江国の山前で自殺に追い込み，その後，(69)＿＿＿＿＿宮で即位した。

6. 天武天皇*9

①(70)＿＿＿＿＿政治…天皇と皇族が中心となって行う政治。

②富本銭…最初の通貨 →奈良県の飛鳥池遺跡から出土。

③684年に(71)＿＿＿＿＿を制定…姓の再編成。

④(72)＿＿＿＿＿令を編纂…律の存在は不明。

〈史料〉改新の詔

二年春正月甲子朔，賀正の礼畢る。即ち改新の詔を宣べて曰く，

其の一に曰く，むかしの天皇等の立つる所の子代の民，処々の屯倉，及び別に臣・連・伴造・国造・村首のたもてる部曲の民，処々の田荘をやめよ。……

其の二に曰く，初めて京師を修め，畿内・国司・郡司・関塞・斥候・防人・駅馬・伝馬を置き，及び鈴契を造り，山河を定めよ。……

其の三に曰く，初めて戸籍・計帳・班田収授の法を造れ。……

其の四に曰く，旧の賦役をやめて田の調を行へ。……（『日本書紀』）

▲公地公民制に切りかえる代償として，上級豪族には食封，下級豪族には布帛が与えられた。食封とは一定の戸を指定し，そこからあがる租の半分と調・庸のすべてを与える制度である。

補足

660年に百済の鬼室福信が来日し，百済救援軍の派遣を要請したのに応じ，中大兄皇子らは水軍を編成し，百済に送った。なお，661年には斉明天皇も軍をひきいて九州の朝倉宮に行幸したが，同地で死去した。

補足

中大兄皇子は斉明天皇死去後，すぐには即位せず，668年に至ってようやく即位した。即位までの期間を称制という。また，669年に中臣鎌足が死去した際，天智天皇の名で，鎌足に大織冠と藤原の姓が与えられた。

*9 「天皇」の称号が用いられるようになったのも天武天皇の頃からである。

皇親政治

天武朝には，草壁皇子・大津皇子・高市皇子の3皇子で政治が運営された。皇親政治体制は，奈良時代初期の長屋王まで続いた。

八色の姓

真人・朝臣・宿禰・忌寸・道師・臣・連・稲置

A 唐・新羅の侵攻に備えて大宰府北方に水城を築いたほか，西日本各地に朝鮮式山城を設営した。また，大津宮遷都の後，庚午年籍の作成や近江令の制定など国内統治に専念した。(80字)

古墳時代

⑤(73)＿＿＿＿＿＿＿思想の高揚…天皇の神格化がすすむ。

⑥『帝紀』『旧辞』の再編集*10…のちの記・紀の原典。

⑦藤原京の造営を開始。

7. 持統天皇

①(74)＿＿＿＿＿＿＿令を施行する。

②(75)＿＿＿＿＿＿＿京*11に遷都(694)…唐の都城制にならい，条坊制をとり入れた最初の都。

③690年に(76)＿＿＿＿＿＿＿を作成する。…最初の令制的戸籍。

8. 文武天皇…701年に(77)＿＿＿＿＿＿＿*12を制定。

総裁は刑部親王。副総裁は藤原不比等。

> 補足
>
> 中大兄皇子は部曲の一部を復活したが，675年，天武天皇のとき全廃された。

*10 川島皇子らに帝紀・旧辞の編纂を命じた。

*11 天香久山・畝傍山・耳成山の大和三山を含めた約5.3 km四方の広大な都。中国の長安にならったもので，持統・文武・元明天皇3代の都となった。

*12 702年から757年まで施行された。

6 白鳳文化　7世紀末に藤原京を中心に開花した

1. 特　色

①律令国家の建設期に展開した，明るく清新なイメージをもつ文化である。

②貴族中心の仏教文化で，初唐文化の影響が大きい。

2. 建　築

①(78)＿＿＿＿＿＿＿寺東塔…唯一の遺構。

▶(79)＿＿＿＿＿＿＿が「凍れる音楽」と形容した。裳階・水煙をもつ三重塔である。

②大官大寺…のち平城京に移って大安寺と改称した。

③川原寺…弘福寺ともいう。

▲薬師寺東塔

3. 彫　刻

①(80)＿＿＿＿＿＿＿寺仏頭…もと山田寺にあったもの。

②薬師寺金堂(81)＿＿＿＿＿＿＿像…脇侍に日光・月光菩薩像。

③薬師寺東院堂(82)＿＿＿＿＿＿＿像。

◀興福寺仏頭（旧東金堂本尊）

4. 絵　画

①法隆寺金堂壁画…アジャンター石窟群の壁画に類似している。

②(83)＿＿＿＿＿＿＿古墳壁画*13…高句麗双楹塚壁画に類似している。

*13 壁画には，玄武・青竜・朱雀・白虎の四神や男女群像，星宿が描かれている。

5. 護国経典・仏教儀式

①(84)＿＿＿＿＿＿＿経・金光明経・仁王経…護国三部経。

②火葬…700年に法相僧(85)＿＿＿＿＿＿＿が火葬されて以降，普及した。

6. 文　学

①漢詩文の隆盛…大津皇子ら。

②万葉歌人…(86)＿＿＿＿＿＿＿や柿本人麻呂ら。

▶柿本人麻呂は"歌聖"と称された。

▲高松塚古墳壁画（明日香村教育委員会）

記述論述 Q　天武・持統天皇の時代に行われた律令国家建設事業について，以下の語句を用いて100字以内で説明せよ。
〔語句〕庚寅年籍　都城　飛鳥浄御原令　遷都　6年ごと　（札幌大／改）

　出題大学…(81)：北海学園大／(85)：早稲田大／(86)：獨協大，札幌大，南山大

到達度チェック

❶ 次の文章を読んで，あとの問いに答えよ。

解答：別冊p.38 ▶

龍谷大―経営・経済・国際・社会・政策・文・法・農(文系)／改

628年に①推古天皇が没すると，［1］が舒明天皇を擁立して専権をふるった。さらに［1］から大臣の地位を譲られた子の［2］は，643年に厩戸王(聖徳太子)の子で有力な皇位継承候補であった山背大兄王を滅ぼし，権力の集中を図った。しかし舒明天皇の子の②中大兄皇子らはこれに反発し，645年に［1］・［2］を滅ぼした。この直後，［3］の譲位により，新たに即位した［4］は，大王宮を飛鳥から［5］に移して③政治改革を進めた。『日本書紀』によれば，646年正月には次のような政策方針が示されたとされている(改新の詔)。

其の一に曰く，昔在の天皇等の立てたまへる［6］の民，処々の［7］，及び別には臣・連・伴造・国造・村首の所有る［8］の民，処々の［9］を罷めよ。…

其の二に曰く，初めて京師を修め，畿内・国司・④郡司・関塞・斥候・防人・駅馬・伝馬を置き，及び鈴契を造り，山河を定めよ。(『日本書紀』)

中国的な中央集権体制を整備するという方針はここに確立され，白村江の敗戦以後に急速に具体化して，律令国家として結実することになる。

問1． 下線部①の在位中(592～628年)に起こったできごと(a～d)を年代の古いものから並べた場合，正しいものを1つ選べ。

a．憲法十七条の制定　　b．冠位十二階の制定

c．『隋書』にみる最初の遣隋使派遣　　d．小野妹子を遣隋使として派遣

① a→b→c→d　　② a→c→b→d　　③ b→a→c→d

④ b→c→d→a　　⑤ c→d→b→a　　⑥ c→b→a→d

問2． 空欄［1］・［2］に当てはまる語句の組合せとして正しいものを1つ選べ。

①1＝蘇我馬子　2＝蘇我蝦夷　　②1＝蘇我蝦夷　2＝蘇我馬子

③1＝蘇我馬子　2＝蘇我入鹿　　④1＝蘇我蝦夷　2＝蘇我入鹿

⑤1＝蘇我馬子　2＝蘇我稲目　　⑥1＝蘇我蝦夷　2＝蘇我稲目

問3． 下線部②の事件が起こった年の干支をあらわす文字を2つ選べ。

① 己　② 乙　③ 壬　④ 庚　⑤ 寅　⑥ 辰　⑦巳

⑧ 申

問4． 空欄［3］・［4］に当てはまる語句の組合せとして正しいものを1つ選べ。

①3＝皇極天皇　4＝天智天皇　　②3＝斉明天皇　4＝天智天皇

③3＝皇極天皇　4＝天武天皇　　④3＝斉明天皇　4＝天武天皇

⑤3＝皇極天皇　4＝孝徳天皇　　⑥3＝斉明天皇　4＝孝徳天皇

問5． 空欄［5］に当てはまる語句として正しいものを1つ選べ。

① 大　津　② 藤原京　③ 平城京　④ 難　波　⑤ 恭仁京

問6． 下線部③に関連し，人物と地位の組合せとして正しいものを1つ選べ。

① 中大兄皇子―太政大臣　② 中臣鎌足―左大臣

③ 蘇我倉山田石川麻呂―右大臣　④ 阿倍内麻呂―内臣

⑤ 観　勒―国博士

問7． 空欄［6］～［9］に当てはまる語句を記入せよ。

問8． 下線部④に関連して，改新の詔に見える「郡」は，大宝令の制度を参照して書き直された文字であり，本来は別の文字が用いられていたことが木簡の記載から明らかになっている。本来用いられた文字として正しいものを1つ選べ。

① 里　② 郷　③ 段　④ 評　⑤ 直

❶ヒント

問2　蘇我馬子は厩戸王らとともに推古天皇のもとで活躍し，626年に死去した。蘇我稲目は6世紀に仏教の受容をめぐって物部尾輿と対立し，6世紀後期に死去した。

問3　645年の干支を考えればよい。

問5　皇極天皇の宮都は飛鳥板蓋宮であった。

問8　郡評論争を想起せよ。

❶解答欄

問1		
問2		
問3		
問3		
問4		
問5		
問6		
問7	6	
問7	7	
問7	8	
問7	9	
問8		

A　天武天皇は八色の姓の制定や位階制度を通して官僚制の形成を進めた。持統天皇は飛鳥浄御原令を施行し，690年の庚寅年籍から戸籍は6年ごとに作成されることとなり，694年には都城制を取り入れた藤原京に遷都した。(100字)

解答：別冊p.10 ▶

04 律令制度と平城京の時代

重要暗記年代

- ■708…和同開珎を鋳造
- ■710…平城京へ遷都
- ■723…三世一身法を発布
- ■729…長屋王の変
- ■740…藤原広嗣の乱
- ■741…国分寺建立の詔
- ■743…墾田永年私財法を発布
- ■743…大仏造立の詔
- ■757…橘奈良麻呂の変
- ■764…恵美押勝(藤原仲麻呂)の乱
- ■770…道鏡左遷

ココが出る!!

[入試全般]

律令制度については用語と数値がポイント。

[国公立二次・難関私大]

律令制定については法制史，荘園発生については土地制度史，和同開珎については貨幣制度史というテーマ史の一環としても出題されやすい。奈良時代の政治史は人物・事件名などもよく狙われる。天平文化についても図版を中心に視覚的理解を深めておこう。

1 律令制度　いよいよ社会の枠組みが完成した

1. 律令制定史

①近江令…天智天皇のとき，中臣鎌足らが編纂。令22巻。

②飛鳥浄御原令（あすかきよみはらりょう）…令22巻。

▶① ＿＿＿＿＿＿天皇のときに編纂され，② ＿＿＿＿＿＿天皇のときに施行されたが，律の存在は不明である。

③大宝律令*1…701年，文武（もんむ）天皇のときに制定される。

▶総裁は③ ＿＿＿＿＿＿，副総裁は④ ＿＿＿＿＿＿。

④養老律令*2…718年，元正（げんしょう）天皇のときに制定される。

▶制定の中心者は⑤ ＿＿＿＿＿＿で，757年⑥ ＿＿＿＿＿＿によって施行された。

2. 中央官制…二官八省一台五衛府（ごえふ）*3。一台とは弾正台（だんじょうだい）のこと。

補足

律令は隋・唐制にならったものの，わが国の事情にあわせて改められながら，制定された。

補足

律とは現在の刑法に相当する法令，令とは現在の民法・行政法などにあたる法令である。律は「懲粛（ちょうしゅく）」，令は「勧誡（かんかい）」を旨とする。

*1　律・令ともにそろった最初の法典で，律令国家の法的基盤がここに確立した。

*2　藤原氏の祖，鎌足の栄光をたたえると同時に，藤原氏の権勢を誇示するために制定された。内容的には大宝律令とほとんど差はない。

*3　衛門府・左右衛士府・左右兵衛府を五衛府と総称する。

職制図

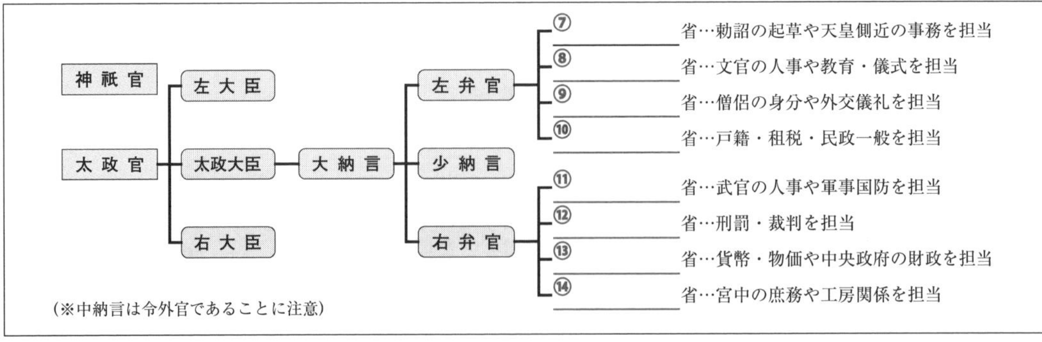

記述論述

律令制度による政治の仕組みについて，特に地方組織における国司と郡司の相互の関係を90字以内で述べよ。（九州大）

 出題大学…⑦：立命館大，早稲田大，明治大

3. 地方官制

①京(みやこ)…左右⑮＿＿＿＿＿＿＿＿*4 →その下に東西⑯＿＿＿＿＿＿＿＿が位置し，市*5の管理を行った。

②難波…⑰＿＿＿＿＿＿＿＿，九州…⑱＿＿＿＿＿＿＿＿。

③国…⑲＿＿＿＿＿＿＿＿。

▶国司は，4～6年の任期で中央貴族が任命・派遣された。国司が政務をとる役所を⑳＿＿＿＿＿＿＿＿という。

④郡*6…㉑＿＿＿＿＿＿＿＿。

▶郡司は大化前代の㉒＿＿＿＿＿＿＿＿などの中から任命され，終身官で世襲制であった。役所を郡衙(ぐんが)(郡家(ぐうけ))という。

⑤里*7…㉓＿＿＿＿＿＿＿＿ →50郷戸で1里を構成。

*4 京職のもとに坊令がおかれ，京内の各条内のことをつかさどった。

*5 市は正午から日没まで開かれた。

*6 大宝令施行以前は「郡」ではなく「評(こおり)」の字を用いたことが，藤原京から発掘された木簡によって明らかになった。

*7 717年には里を郷と改め，そのもとに2～3の里がおかれることになった。また，郷のもとに5戸で構成される五保(ごほ)の制(隣保組織)があった。

4. 官制の特徴

①㉔＿＿＿＿＿＿＿＿の制…長官(かみ)・次官(すけ)・判官(じょう)・主典(さかん)の別。

②㉕＿＿＿＿＿＿＿＿の制…位階に応じた官職につく制度。

③㉖＿＿＿＿＿＿＿＿の制…貴族の特権の一つ。

▶三位以上の官吏の子孫と五位以上の官吏の子は，大学を出なくても一定年齢になると自動的に特定の位階が与えられ，官職に任命される特権があった。

四等官制

国司の場合は守・介・掾(じょう)・目(さかん)，郡司の場合は大領・少領・主政・主帳の文字をあてた。

5. 地方行政

①畿内…山背(やましろ)*8・大和(やまと)・河内(かわち)・摂津(せっつ)・和泉(いずみ)の5国。

②七道…東海・東山(とうさん)・北陸・山陰・山陽・南海・西海道(さいかいどう)。

③東海道の北端は㉗＿＿＿＿＿＿＿＿国，東山道の最西端に位置するのは㉘＿＿＿＿＿＿＿＿国である。

④佐渡は㉙＿＿＿＿＿＿＿＿道，隠岐(おき)は㉚＿＿＿＿＿＿＿＿道，淡路は㉛＿＿＿＿＿＿＿＿道にそれぞれ属した。

⑤大宰府は，「遠(とお)の朝廷(みかど)」ともよばれた。

*8 山背は，794年に山城と改められた。

長官の呼び名

①神祇官…伯
②太政官…太政大臣・左右大臣
③省…卿
④大宰府…帥(そち)

▲太政大臣は，適任者がいなければおかれなかったので，「則闕(そっけつ)の官」ともいわれた。

◀畿内模式図

6. 刑罰制度

①㉜＿＿＿＿＿＿＿＿…笞(ち)・杖(じょう)・徒(ず)・流(る)・死(し)の五種の刑。

②㉝＿＿＿＿＿＿＿＿…謀反(ぼうへん)・謀大逆・謀叛(むほん)・悪逆・不道・大不敬・不孝・不義の八種の罪。

7. 身分制度

①良民…一般農民・品部(しなべ)・雑戸(ざっこ) →課役(かやく)の民・調庸の民。

②賤民…㉞＿＿＿＿＿＿＿＿ →陵戸(りょうこ)・官戸(かんこ)・公奴婢(くぬひ)・家人(けにん)・私奴婢の5種。

8. 土地制度

①班田収授法…唐の㉟＿＿＿＿＿＿＿＿法にならう。

▶6歳以上の男女に㊱＿＿＿＿＿＿＿＿田を班給する制度。

貴族の特権

貴族とは皇族と五位以上の官吏をさす。上級官吏には食封(じきふ)(職封(しきふ)・位封(いふ))や職田・位田，下級官吏には季禄(きろく)(絹・綿など)が与えられた。また，課役(庸・調・雑徭(ぞうよう))も免除されたほか，蔭位(おんい)の制にもあずかれるなど，諸種の特権があった。

A 国司は中央貴族の中から4～6人が選ばれて一定の任期で国府に派遣され，地方行政を統括した。郡司は旧国造層の地方豪族の中から選任され，国司のもとで終身・世襲で地方行政の実務にあたった。(90字)

出題大学…⑮：青山学院大，昭和女子大／㉝：京都大，立命館大，同志社大／㉞：名城大，北海学園大

②㊲＿＿＿＿＿＿…6年ごとに作成 →班田の基礎台帳。

▶戸籍は，30年たつと廃棄されることになった。

③㊳＿＿＿＿＿＿…毎年作成 →調・庸賦課の基礎台帳。

④口分田班給額

- 良民男子1人…㊴＿＿＿＿段（＝720歩）。
- 良民女子1人…㊵＿＿＿＿段120歩。
- 賤民男子1人…㊶＿＿＿＿歩。
- 賤民女子1人…㊷＿＿＿＿歩。

1段＝360歩
1町＝10段

▶五色の賤のうち，㊸＿＿＿＿＿＿・私奴婢のみが良民男女のそれぞれ3分の1ずつの班給で，それ以外は良民男女と同額の班給であった。

9. 租税制度

①中央の財源

- ㊹＿＿＿＿＿＿…歳役10日の代納 →民部省へ。
- ㊺＿＿＿＿＿＿…地方特産物など →大蔵省へ。

▶これらを都まで運ぶ農民を㊻＿＿＿＿＿＿という。

- ㊼＿＿＿＿＿＿…50戸から正丁2人の割合で徴発した。

▶都で任期3年の労役に服した。

②地方の財源

- ㊽＿＿＿＿…1段につき2束(そく)2把(わ)の稲束をおさめる。

▶収穫の約㊾＿＿＿＿%に相当した。

- ㊿＿＿＿＿＿＿…稲の貸付制度 →利息は5割。

▶公出挙(くすいこ)はしだいに強制的となり，租税化した。利息はのち3割に低下。なお，私出挙は10割の利息であった。

- 51＿＿＿＿＿＿…年間60日を限度に土木工事に服する労役。

▶国司が徴発権をもった。のち30日に短減された。

- 52＿＿＿＿＿＿…備荒対策 →戸ごとに粟(あわ)を貯蔵させた。

	正　丁 (21〜60歳の男子)	次　丁(老丁) (61〜65歳の男子)	少　丁(中男) (17〜20歳の男子)
租*9	口分田1段あたり稲2束2把(収穫の約3%程度)		
庸	布2丈6尺 (歳役10日)	布1丈3尺 (歳役5日)	な　し
調	布2丈6尺 その他地方の産物	布1丈3尺	正丁の$\frac{1}{4}$
雑徭	労役60日以下	30日以下	15日以下

(※租は土地税，庸・調は人頭税である。)

田地の種類

①輸租田…租を納入する土地。
- 口分田…終身使用できた田。
- 位田…五位以上の人々に支給。
- 功田(こうでん)…功績のある人に支給。
- 賜田(しでん)…特別の勅旨で支給。

②不輸租田…租は免除された。
- 寺田…寺院の用にあてる。
- 神田…神社の用にあてる。

③輸地子田
- 53＿＿＿＿＿＿…口分田などを班給して残った土地で，国司の権限で1年限りの賃租に出された。
- 賃料のことを54＿＿＿＿＿＿といい，収穫の20%程度が普通であった。

④宅地…屋敷地。

⑤園地…桑などを植える畑地。

人々の生活

奈良時代になると，それまでの竪穴住居にかわって掘立柱の住居が西日本から普及しはじめた。婚姻は妻問(つまどい)婚(こん)で，夫婦は別姓のままで，各々自分の財産をもった。

＊9　租は女子にも賤民にもかかるが，それ以外の税負担は，16歳以下，皇親八位以上，女子，家人・奴婢などには課されなかった。

調・庸の運京日数

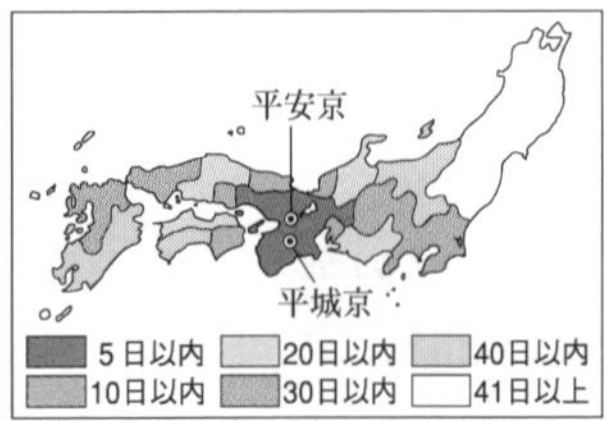

記述論述 Q　日本と渤海との関係が緊密になったのはなぜか，その理由を50字以内で説明しなさい。　(北海道大)

10.軍制・兵制[*10]…(55)＿＿＿＿＿＿制。

▶正丁３～４人に１人の割合で強制的に徴兵した。

- (56)＿＿＿＿＿＿…任期１年 →宮門の警備にあたった。
- (57)＿＿＿＿＿＿…任期３年 →北九州の防備にあたった。

11.教育制度（P.52参照）

①(58)＿＿＿＿＿＿省が管轄した。

②中央…(59)＿＿＿＿＿＿→官吏養成機関。

③地方…(60)＿＿＿＿＿＿→郡司の子弟を対象にした。

2 奈良時代の政治　政治的実権をめぐる抗争が連続した

1. 平城京[*11]

①710年，(61)＿＿＿＿＿＿天皇が藤原京から平城京に遷都した。

②(62)＿＿＿＿＿＿制により，京内は整然と区画された。

③中央南北に道幅約70 mの(63)＿＿＿＿＿＿が走り，東側は左京，西側は右京とよばれた。

④朱雀大路北端には大内裏(宮城)が区画され，政務を行う(64)＿＿＿＿＿＿や，即位の礼を行う(65)＿＿＿＿＿＿などが配置された。

⑤東市・西市…官営市で，(66)＿＿＿＿＿＿が管轄した。

▶海石榴市や軽市，河内の餌香市など地方でも開市された。

⑥平城京の左京の東側に(67)＿＿＿＿＿＿が設定された。

▶平城京の人口は約10万人と推定される。

2. 国域の拡大

①駅制…約16 kmごとに(68)＿＿＿＿＿＿を設け，一定数の駅馬・駅戸がおかれた。公用の役人のみ利用した。[*12]

▶(69)＿＿＿＿＿＿…公用の役人であることを証明。

②太平洋側に(70)＿＿＿＿＿＿城を設置(724)…大野東人が築いたとされる。陸奥国府と鎮守府が併置された。

③日本海側に(71)＿＿＿＿＿＿国を設置(712)。

④九州南部に(72)＿＿＿＿＿＿国を設置(713)。[*13]

3. 対外関係

①遣唐使…阿倍仲麻呂[*14]・玄昉・吉備真備らが入唐した(717)。

②(73)＿＿＿＿＿＿…727～919年の間，34回来日した。[*15]

▶渤海からは獣皮や薬用人参などがもたらされた。応待機関として能登客院・松原客院が機能した。

4. 政治の展開

①左大臣(74)＿＿＿＿＿＿…729年に自殺に追い込まれる。

*10　食料・武器・衣服などは，すべて自弁であった。一般兵士は庸・雑徭が免除され，衛士・防人は調・庸・雑徭が免除されたが，農民にとっては最も重い負担の一つで，「一人点ぜらるればその戸は滅びる」とさえいわれた。

家族制度

郷戸とよばれる大家族のもとに，生活単位としての房戸とよばれる小家族があった。口分田班給や租税納入も，すべて郷戸主を通じて行われた。

*11　唐の長安城にならったが，長安城に比べ，平城京の大きさは約４分の１程度である。

平城京平面図

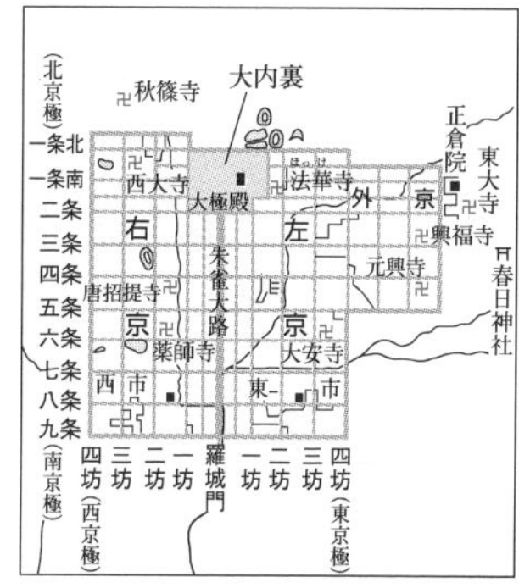

*12　駅の経費は，駅戸が耕作する駅田からの収益によってまかなわれた。なお，駅田は不輸租田である。

*13　九州南部には隼人が住んでいた。

*14　阿倍仲麻呂は唐の玄宗に仕え，李白らと交友したが客死した。また，752年に入唐した藤原清河もかの地で没した。

*15　日本からも728～811年の間に13回，遣渤海使が送られ，絹などが賜与された。

A　渤海は唐・新羅との対抗関係から日本との国交を求め，新羅と対立していた日本もそれに応じて通交したから。(50字)

出題大学…(67)：同志社大／(69)：高崎経済大／(73)：法政大，京都府立大，愛知教育大

②⑮______の4子の進出。
- 南家の祖…⑯______　• 北家の祖…⑰______
- 式家の祖…⑱______　• 京家の祖…⑲______

③⑳______政権…玄昉・吉備真備が補佐した。
▶それに対し，740年に㉑______が大宰府で挙兵した。

④㉒______天皇…恭仁京・難波宮・紫香楽宮。
- 740年，都を山背国㉓______京に移す。
- 741年，㉔______建立の詔…国ごとに建立した。
- 743年，㉕______造立の詔…752年に開眼供養*16。
  ▶国中公麻呂が長官となり，甲賀寺で工事を開始する。

⑤㉖______政権…光明皇太后のもとで勢力を伸展した。
- 紫微中台の長官（＝紫微令）。　• 雑徭を半減。
- 養老律令の施行（757）。
  ▶それに対し，757年に㉗______の変がおこる。
- 仲麻呂は淳仁天皇から㉘______の名を賜る。

⑥㉙______の乱（764）…仲麻呂失脚，淳仁天皇配流*17。
⑦僧㉚______の台頭…㉛______天皇*18の信任。
- ㉜______事件*19後，770年に下野国薬師寺に左遷。

⑧㉝______…光仁天皇を擁立*20 →律令政治の再建。

5. 社会・経済

①㉞______（708）…銀・銅2種で鋳造。*21
▶乾元大宝までの12種類の官銭を㉟______という。*22
②㊱______（711）…銭貨流通促進策 →800年に廃止。
③良田百万町歩開墾計画（722）…失敗に終わる。
④㊲______（723）…「養老七年の格」
⑤㊳______（743）…荘園発生 →初期荘園
（④⑤：土地公有制が崩壊。）
⑥重税から逃れるため，浮浪・逃亡・㊴______・私度僧が増加した。

*16 開眼供養は孝謙天皇のとき，東大寺大仏殿で挙行される。
*17 淡路に流され「淡路廃帝」といわれた。
*18 孝謙上皇が重祚し称徳天皇となった。
*19 和気清麻呂らによって阻止された。
*20 皇統は天武系から天智系にかわった。
*21 武蔵国秩父郡から銅が献上された。
*22 皇朝十二銭は本朝十二銭ともいう。

補足
760年に最初の金貨である開基勝宝が鋳造された。

補足
723年の三世一身法発布時に，政界で実権を握っていたのは長屋王である。

3 天平芸術　盛唐文化の影響を受け，豊かな世界性を反映した貴族文化が開花した

1. 建　築

①東大寺⑩③______堂（三月堂）…正堂は寄棟造。
②東大寺⑩④______…聖武天皇の遺品をおさめる。*23
▶建築様式は⑩⑤______造…通風性がよい。
③唐招提寺⑩⑥______堂…和様建築の出発点といわれる。
④唐招提寺⑩⑦______堂…平城宮の朝集殿を移建。
⑤法隆寺伝法堂…橘三千代邸を移建 →住宅建築。

鉱産資源の開発
①⑩⓪______…金
②武蔵・長門・周防…銅
③⑩①______…銀
④越後…⑩②______
⑤伊勢…水銀
⑥近江・美作…鉄

*23 勅封の倉で，開扉には天皇の許可が必要であった。

記述論述 Q 東大寺法華堂の本尊①不空羂索観音像や，東大寺ミュージアム所蔵の②日光菩薩像・月光菩薩像は技術的にそれぞれ異なる方法で製作された。その制作方法について，①は～，②は～という形で80字以内で述べなさい。（東京都立大／改）

⑥法隆寺夢殿…僧行信らによって建立された。

⑦東大寺⑱________…創建当時から現存する唯一の門。

2. 彫　刻

A．乾漆像

①東大寺法華堂⑲________像。

②⑳________寺鑑真和上像。

③興福寺十大弟子像。

④興福寺八部衆像…⑪________は三面六臂の立像。

▶光明皇后が創建した興福寺西金堂にまつられている。

乾漆像

- 漆を用いて製作した。
- 脱乾漆像と木心乾漆像の２種がある。

B．塑像

①東大寺ミュージアム日光・月光菩薩像。

②東大寺法華堂⑫________像。

③東大寺戒壇院四天王像。

④新薬師寺十二神将像。

C．彫刻作業

▶東大寺など大寺院の造仏所で行われた。

塑　像

- 粘土を用いて製作した。
- 中国唐代に発達し，乾漆像の技法とともに奈良時代に伝来した。

3. 絵画・工芸

①仏画…薬師寺⑬________像…紙ではなく麻布に描かれた。

②美人画…『正倉院⑭________』→樹下美人図ともいう。

③絵巻物の祖…⑮________。

④⑯________宝物…螺鈿紫檀五絃琵琶など。

⑤⑰________陀羅尼経＊24…称徳天皇の発願。

⑥金銀鍍龍首水瓶。

▲東大寺法華堂不空羂索観音像

（日光菩薩像と月光菩薩像は，現在は東大寺ミュージアムに移されている。）
（写真提供：一般社団法人日本写真著作権協会 ©01038AA）

奈良時代の僧侶

①⑯________…法相僧。
- 大仏造立事業。　• 社会事業。

②⑰________…戒律を招来。
- 唐招提寺を建立した。

③⑱________…法相僧。
- 太政大臣禅師のち法王。

④菩提僊那…バラモン僧。
- 来日し，林邑楽を伝えた。

⑤仏哲…林邑僧。
- 仏教音楽を演奏した。

＊24　世界最古の印刷物といわれる。印刷については，木版と銅版の２説がある。

4 国家仏教　為政者は政情不安・社会不安をしずめるため，仏にすがった

1. 国家による仏教の保護・統制 →治部省が管轄した。

①⑱________令…僧尼の民間伝導などを禁止した。

②⑲________建立の詔(741)…山背国⑳________で発布。

③㉑________造立の詔(743)…近江国㉒________で発布。

④㉓________…仏教のもつ社会的役割。

2. 南都六宗…三論・成実・倶舎・法相・律・華厳宗。

3. 南都七大寺…大安寺・薬師寺・東大寺・西大寺・法隆寺・元興寺・興福寺。

4. ㉔________…僧侶に戒律を授けるための施設。

▶天下三戒壇…東大寺・下野国薬師寺・筑紫観世音寺。

5. 社会事業…貧民救済施設

▶光明皇后によって㉕________・施薬院がおかれた。

補足

僧尼を統轄する官職として僧綱が設けられ，私度僧(無許可で得度して僧になる)も禁止された。

正式名称

①国分寺…㉙________
- 東大寺が諸国国分寺を統轄。

②国分尼寺…㉚________
- 法華寺によって統轄。

補足

和気広虫(和気清麻呂の姉)も孤児の教育に尽力した。広虫は法均尼ともいう。

A　①は乾漆像で，原形の土の上に麻布を漆で塗り固め，その後に土を抜いて木枠を入れて補強する製法。②は塑像で，木芯に針金を巻いて，粘土を塗り固めて整形する製法である。(80字)

出題大学…⑱：日本大／⑱：同志社大，聖心女子大／㉔：京都府立大，上智大，愛知教育大／㉚：京都府立大

5 学芸の興隆　律令制度が整う中で，国家的意識・自覚もうまれていった

1. 文学・史書

①『⑬¹______』の成立(712)…神代〜推古天皇まで。

▶⑬²______が誦習した『帝紀』『旧辞』の類を，元明天皇の命で⑬³______が筆録した。

②『風土記』撰上の詔(713)…産物や地名の由来など。

▶現存するのは常陸国・播磨国・⑬⁴______・豊後国・肥前国の五風土記。完本は⑬⁵______のみ。

③『⑬⁶______』の成立(720)…神代〜持統天皇まで。

▶漢文・⑬⁷______体で記す六国史の最初。

▶編者は⑬⁸______。

六国史

書　名	成立	範囲(天皇名)	編　者
『日本書紀』	720	神代 〜 持統	舎人親王
『⑬⁹______』*25	797	文武 〜 桓武	藤原継縄ら
『⑭⁰______』*26	840	桓武 〜 淳和	藤原冬嗣ら
『⑭¹______』	869	仁明一代	藤原良房ら
『⑭²______』	879	文徳一代	藤原基経ら
『⑭³______』*27	901	清和・陽成・光孝	藤原時平ら

*25 菅野真道も編集に参加した。

*26 藤原緒嗣も編集に参加した。

*27 菅原道真も編集に参加した。

④『⑭⁴______』*28の成立(751)…最古の漢詩文集。

*28 大友皇子や大津皇子ら，60人余りの詩をおさめたもの。

⑤『⑭⁵______』の成立…最古の和歌集で約4500首を収録。

▶三河以東の地方の民謡である⑭⁶______や，東国の方言などで別離を表現した⑭⁷______など。

▶「⑭⁸______」…山上憶良の長歌で，農民の貧困を歌う。*29

▶⑭⁹______…漢字の音訓によって日本語を表記した。

⑥『唐大和上東征伝』*30…筆者は⑮⁰______。

*29 万葉歌人にはほかに山部赤人・大伴旅人・大伴家持らがいる。

*30 鑑真の伝記。

補足

鑑真は，日本から中国へ渡った栄叡や普照らの招きに応じ，来日を決意したが，いく度もの難破により，ついに盲目となって754年来朝した。763年没。

2. 教　育

①⑮¹______省…律令制下の教育行政を担当した役所。

②中央に⑮²______を設置した。

▶五位以上の貴族の子弟と東・西史部の子弟が対象。

③地方に⑮³______を設置した。

▶⑮⁴______の子弟を入学対象とした。

④技術者養成のために，中務省管轄の陰陽寮，宮内省管轄の⑮⁵______が設置された。

⑤⑮⁶______…⑮⁷______が私邸の一郭に開設した最初の私設図書館。

教育内容

①⑮⁸______道…四書・五経を学ぶ。
②⑮⁹______道…律令格式を学ぶ。
③⑯⁰______道(文章道)…歴史など。
▶平安時代には貴族間で最重視された。
④算道…算術を学ぶ。　⑤書道　⑥音道
⑦医道…典薬寮で教授された医術。

記述論述 Q 天平文化の特色について，下記の語句を用いて説明しなさい。(それぞれの語句に下線を引くこと)
《遣唐使・鎮護国家・平城京》　(聖心女子大一文)

 出題大学…⑬⁴：高崎経済大，日本大，関西大／⑬⁵：高崎経済大，日本大，関西大／⑭⁰：早稲田大，東海大／⑭⁹：千葉大／⑮⁹：東海大，学習院大

到達度チェック

❶ 次の文章を読み，設問に答えよ。 同志社大―経済・文

解答：別冊p.38 ▶

藤原京から平城京へ遷都がなされた際には，寺院の移転が見られた。藤原京には$_ア$薬師寺や(　a　)などの官寺，そしてそれに準じる元来蘇我氏の氏寺であった飛鳥寺(法興寺)などがあったが，これらは平城京に移転され，(　a　)は大安寺，飛鳥寺は(　b　)となった。このの ち，京の内外にはいくつかの寺院が創建されるが，最も注目されるのは東大寺である。$_イ$①聖武天皇が大仏造立の詔を出したのは，(　c　)宮においてであったが，平城京への遷都の後，事業は京の東方の条坊外の地で継続された。唐・新羅の僧侶から華厳を学び，聖武の信頼を得ていた(　ウ　)や，和泉・河内をはじめとする諸地域で民間布教につとめていた(　エ　)の尽力によって造営事業は進み，752年に開眼供養が行われた。754年には，唐から渡来して日本に戒律を伝えた(　オ　)によって，常設の戒壇も設置された。また，平城宮西側の右京一条に創建された西大寺は，$_イ$②藤原仲麻呂の乱を鎮圧するため，$_d$孝謙太上天皇が四天王像を造立したのが起こりである。平安遷都後，これらの有力寺院は新京へ移転されることなく，そのまま残された。特にこの六寺は，斑鳩の$_カ$法隆寺とともに南都七大寺と呼ばれるようになり，$_キ$唐招提寺などとともに南都巡礼の対象とされた。

問1．下線部アの薬師寺は，ある人物が皇后の病気平癒を祈り創建したものである。その人物を次のうちから選び，番号で答えよ。

1．草壁皇子　2．天智天皇　3．天武天皇　4．文武天皇

問2．空欄(a)(b)(c)に当てはまる語を，それぞれ漢字で記せ。

問3．下線部イの①②について，次の中からイ①の出来事とイ②の出来事の中間の時期に当たるものを選び，番号で答えよ。

1．宇佐八幡神託事件　2．『懐風藻』の成立　3．『弘仁格式』の完成
4．『日本書紀』の完成　5．天然痘の流行による藤原四子の死

問4．空欄(ウ)(エ)(オ)に当てはまる人物名を下から選び，番号で答えよ。

1．鑑真　2．義淵　3．行基　4．玄昉　5．道鏡　6．道慈
7．曇徴　8．良弁

問5．下線部dの孝謙太上天皇は，重祚したのちの770年，10ヶ寺に10万基ずつ，陀羅尼を納入した木製の三重小塔を分置したが，これらの塔のことを何と呼ぶか。その名を漢字3字で記せ。

問6．下線部カの法隆寺は，古代の美術作品を多く現在に伝えている。次のうちには，現在法隆寺以外の寺院に所蔵されている作品が1つ含まれているが，それはどれか，番号で答えよ。

1．金堂壁画　2．玉虫厨子　3．天寿国繍帳　4．夢殿救世観音像

問7．下線部キの唐招提寺の堂舎には，奈良時代の建築として貴重なものが含まれる。唐招提寺講堂の説明として正しいものを選び，番号で答えよ。

1．貴族邸宅を仏堂風に改めたもので，当時の高級住宅を考えるうえで貴重である。
2．聖武太上天皇の遺品など数千点を所蔵しており，開閉には天皇の許可が必要であった。
3．朝集殿を移築したもので，平城宮唯一の遺構として重要である。
4．白鳳様式を伝えるもので，その美しい姿に「凍れる音楽」の異称がある。

❶ヒント

問1　1．草壁皇子は天武天皇の皇子。

問2　a．舒明天皇が創建した百済大寺が起源といわれる。
c．741年に国分寺建立の詔を出した山背国恭仁京と混同しないこと。

問6　中宮寺に所蔵されている遺品である。

問7　3．朝集殿は，儀式の際に役人が待機する場所である。

❶解答欄

問1		
問2	a	
	b	
	c	
問3		
問4	ウ	
	エ	
	オ	
問5		
問6		
問7		

A 奈良時代に平城京を中心に開花した貴族中心の仏教文化で，遣唐使が招来した中国の盛唐文化の影響を受けた。仏教には鎮護国家が期待され，南都六宗によって教理研究が進められる一方，都には南都七大寺が隆盛を誇った。(101字)

奈良時代

解答：別冊p.11 ▶

05 平安初期の政治と文化

重要暗記年代

■784……長岡京へ遷都
■792……健児(こんでい)の制を採用
■794……平安京へ遷都
■810……蔵人の設置・薬子の変
■820……弘仁格式を制定

ココが出る!!

［入試全般］
宮都の変遷や東北経営の進展を示す地図問題に注意。

［国公立二次・難関私大］
奈良時代の天皇と平安時代の天皇の政策の特徴を述べさせる問題も多い。文化財は仏像や絵画など，ほかの時代の文化遺構と混同しないように写真で理解しておこう。

1 桓武朝の政治　政教分離をはかり，律令制の再建に着手した

1. 都の変遷

①①＿＿＿＿＿京遷都(784)。
▶785年に造営長官②＿＿＿＿＿が反対派により暗殺される。
②③＿＿＿＿＿京遷都(794)…④＿＿＿＿＿の建議。
▶同時に山背(やましろ)国から山城(やましろ)国へと表記も改められた。
③遷都の理由　•人心一新。　•政教分離。
•平城京を天武系の天皇の都とみての対抗意識。
④新都選定の理由…水陸の交通の便など。

■ 古代宮都の変遷

丹波　平安京　大津宮　近江　長岡京　紫香楽宮　摂津　山背　恭仁京　平城京　難波宮　大和　河内　和泉　藤原京　飛鳥浄御原宮

2. 律令制の再建

①⑤＿＿＿＿＿の設置。
▶国司制度の強化をはかった。
②班年を12年1班制とする。
③農民負担の軽減化
▶⑥＿＿＿＿＿を年間60日限度から30日限度に短縮したり，⑦＿＿＿＿＿の利息を5割から3割に下げた。
④⑧＿＿＿＿＿の制(792)…兵士の質の向上。
▶奥羽・佐渡・北九州では，従来通り⑨＿＿＿＿＿制＊1が継続された。
▶健児(こんでい)は，主に⑩＿＿＿＿＿の子弟の中から採用した。

3. 東北地方の経営

①伊治呰麻呂(これはりのあざまろ)の乱(780)…按察使(あぜち)の紀広純(きのひろずみ)を殺害し，多賀城を焼き打ちした。
②征夷大将軍の⑪＿＿＿＿＿＊2が鎮守府(ちんじゅふ)を⑫＿＿＿＿＿城から⑬＿＿＿＿＿城に移し，北方に志波(しわ)城を築いた。

■ 東北地方の経営

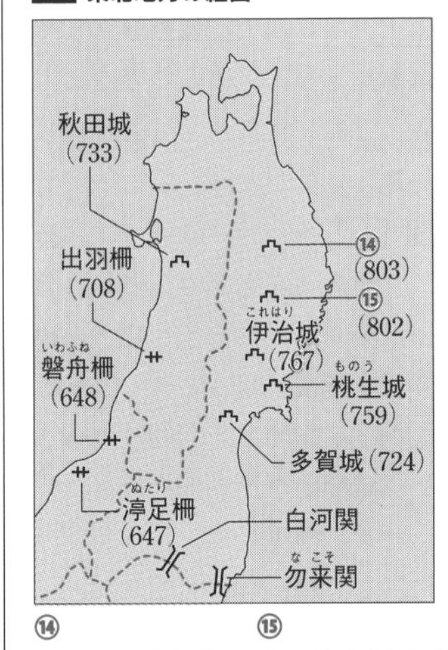

⑭＿＿＿＿＿　⑮＿＿＿＿＿

補足
811年に文室綿麻呂(ふんやのわたまろ)が蝦夷征討に派遣され，813年に最後の城として志波城の南方に徳丹城(とくたんじょう)が築かれた。

＊1　九州には選士(せんし)，陸奥(むつ)には健士(こんし)がおかれた。
＊2　802年に族長の阿弖流為(あてるい)を帰順させた。

徳政論争
805年，桓武天皇は藤原緒嗣(おつぐ)と菅野真道(すがののまみち)に善政について対論させた。その結果，緒嗣は民衆疲弊の原因が「軍事と造作(ぞうさく)」にあると指摘し，この二大事業の中止を建議した。この場合，軍事とは東北経営(蝦夷征討)，造作とは平安京造営を指している。

記述論述 Q　蔵人頭とはどのような職務か，30字以内で説明せよ。　(新潟大)

2 嵯峨朝の政治　嵯峨・淳和・仁明3代の間は，崇文の治とよばれる天皇親政が続いた

1. ⑯＿＿＿＿の変（薬子の変）(810)…「二所朝廷」が解消。

①北家藤原氏…嵯峨天皇と藤原⑰＿＿＿＿が結ぶ。

②式家藤原氏…⑱＿＿＿＿上皇と藤原薬子・仲成の兄弟。

③目的…平城上皇の重祚と⑲＿＿＿＿京遷都。

④結果…薬子は毒死，仲成は射殺，皇太子高岳親王は廃位。

▶新たに大伴親王（のちの淳和天皇）が皇太子となる。

2. 令外官

①⑳＿＿＿＿…810年の薬子の変に際して設置される。

▶天皇の機密文書を扱う。長官を㉑＿＿＿＿といい，初代は藤原㉒＿＿＿＿と巨勢野足が任命された。

▶蔵人所設置によって，旧来の複雑な㉓＿＿＿＿の機構が整理されることになった。

②㉔＿＿＿＿…京都の治安・警察のために設置された。*3

▶長官職は別当。旧来の京職・刑部省・兵部省・弾正台などの警察機能が吸収され，しだいに訴訟・裁判も扱うようになった。

3. 編纂事業

①『新撰姓氏録』(815)…1182氏の系譜の分類。

②『㉚＿＿＿＿』(820)…藤原冬嗣らが編纂。

三代格式

『弘仁格式』…藤原冬嗣ら…㉛＿＿＿＿天皇のとき。

『㉜＿＿＿＿』…藤原氏宗ら…㉝＿＿＿＿天皇のとき。

『㉞＿＿＿＿』…藤原時平・忠平ら…醍醐天皇のとき。

▶格を集めて分類したものを㉟＿＿＿＿という。また，式の中で完本で現存しているのは㊱＿＿＿＿のみ。

③『㊲＿＿＿＿』(833)…養老令の官撰注釈書。10巻。*4

▶編者は㊳＿＿＿＿らで，令の解釈を公的に統一。

④㊴＿＿＿＿(9C)…大宝令などの私撰注釈書。35巻。

▶編者は㊵＿＿＿＿らで，令の解釈を集大成した。

3 弘仁・貞観文化　密教の影響を受けた，暗く神秘的なイメージが強い文化が開花した

1. 建　築

①㊶＿＿＿＿寺…天台宗の総本山。*5

②㊷＿＿＿＿寺…真言宗の総本山。*6

③㊸＿＿＿＿寺（東寺）…空海が嵯峨天皇から下賜された。

④㊹＿＿＿＿寺…賢璟が建立。「女人高野」ともよばれた。

令外官

官職	職掌
㉕＿＿＿＿	大納言を補佐
鋳銭司	銭貨を鋳造
参議	朝政に参加
内大臣	太政官政務統轄
㉖＿＿＿＿	征夷の最高官
按察使	国司を監察
㉗＿＿＿＿	解由状の監査
㉘＿＿＿＿	機密文書の取り扱い
穀倉院	地子稲を扱う
㉙＿＿＿＿	治安の維持
押領使	内乱などの鎮定
追捕使	凶賊の追捕
関白	万機の政治

*3　その役所を検非違使庁といい，のちには各国にも国検非違使がおかれた。

▲観心寺如意輪観音像

*4　淳和天皇のときに成立した。

▲室生寺金堂

*5　近江国（現滋賀県）。

*6　紀伊国（現和歌山県）。

平安時代

A　天皇側近に侍して，秘書官長として機密文書や訴訟などを扱った。(30字)

出題大学…㉜：関西学院大，成蹊大，立命館大／㉟：関西学院大，学習院大

2. 彫　刻

①彫像様式・技法…㊺＿＿＿＿造，㊻＿＿＿＿式。

②㊼＿＿＿＿寺如意輪観音像。

③室生寺弥勒堂㊽＿＿＿＿像…翻波式の典型例。

④神護寺薬師如来像(神護寺は和気氏の氏寺)。

⑤元興寺薬師如来像。　⑥教王護国寺不動明王像・女神像。

⑦薬師寺㊾＿＿＿＿像…神像彫刻で，神仏習合の影響。

3. 絵　画

①㊿＿＿＿＿…仏の宇宙図・世界図。

▶51＿＿＿＿界と52＿＿＿＿界の２種がある。

▶神護寺53＿＿＿＿は現存最古。別称高雄曼荼羅。

②園城寺不動明王像＊7…54＿＿＿＿が画工に描かせた。

4. 仏　教

①天台宗(805)＊8…開祖は近江出身の55＿＿＿＿(伝教大師)。

▶『56＿＿＿＿』で南都仏教に対抗。また，修行のための細則として『57＿＿＿＿』を著した。

②天台宗の分裂…58＿＿＿＿派と59＿＿＿＿派＊9。

▶『60＿＿＿＿』は，円仁の入唐記録である。

③真言宗(806)…開祖は讃岐出身の61＿＿＿＿(弘法大師)。

④真言密教を62＿＿＿＿，天台密教を63＿＿＿＿という。密教では64＿＿＿＿を全世界の中心仏と説く。

5. 教　育

①65＿＿＿＿…貴族が子弟教育のために設けた学寮。

- 和気氏…66＿＿＿＿　• 藤原氏…67＿＿＿＿
- 橘　氏…68＿＿＿＿　• 在原氏…69＿＿＿＿

②70＿＿＿＿…空海が設立した庶民教育機関。＊10

6. 文学・史書

①勅撰漢詩集…『71＿＿＿＿』→最初の勅撰漢詩集。

▶ほかに『文華秀麗集』『経国集』がある。

②『72＿＿＿＿』…空海の漢詩文を弟子真済が編集。

③『文鏡秘府論』…空海がまとめた漢詩文への論評集。

④『日本霊異記』…薬師寺の僧73＿＿＿＿の作。

7. 書　道

①三筆…74＿＿＿＿・75＿＿＿＿・76＿＿＿＿。

②『77＿＿＿＿』…空海が最澄におくった書状。

③『久隔帖』…最澄が，空海のもとで修学していた弟子の泰範にあてた手紙。

補足
この時代の絵画には，青蓮院不動明王二童子像や，教王護国寺両界曼荼羅などもある。

＊7　黄不動ともいう。そのほか，高野山明王院不動明王像は赤不動として知られる。

＊8　天台宗の根本経典は法華経である。また，最高位にある僧を天台座主という。

＊9　山門派の祖は円仁，寺門派の祖は円珍。円仁は慈覚大師，円珍は智証大師ともいう。山門派の拠点は延暦寺，寺門派の拠点は園城寺(三井寺)である。

補足
空海は『三教指帰』を著し，儒仏道三教の中での仏教の優位性を主張した。

＊10　儒仏二教を教授したが，空海の死後衰退。

補足
漢詩文に長じていた人々の中でも小野篁と都良香，菅原道真が有名である。道真は『菅家文章』『菅家後集』などの漢詩文集を撰じている。

補足
平安初期には，文芸の興隆によって国家の繁栄をめざす文章経国思想が広まり，宮廷では漢詩文学が盛んになり，勅撰漢詩集も編纂された。

記述論述 Q　弘仁・貞観文化の特色について，100字程度で述べよ。　(学習院大一文)

出題大学…㊻：明治大，関西学院大／52：慶應義塾大／57：慶應義塾大，学習院大／62：同志社大／63：札幌大／64：慶應義塾大／68：立命館大／73：立命館大，立教大

到達度チェック

❶ 次の文の〔 〕の中から最も適当な語句を1つ選べ。

学習院大―法・国際／改

解答：別冊p.39 ▶

781年に即位した桓武天皇は，母方が渡来系氏族の出自であることもあって，秦氏などの渡来系氏族が根拠としていた(1)〔イ 山城国 ロ 近江国 ハ 河内国 ニ 摂津国 ホ 和泉国〕への遷都を画策し，784年に長岡京に遷都した。この時，(2)〔イ 朝倉 ロ 斑鳩 ハ 大津 ニ 紫香楽 ホ 難波〕宮の建物を取り壊して資材が転用されており，平城京と(2)京という複都制が放棄され，唯一の都として長岡京が造られたと考えられる。

しかし長岡京の造営責任者が射られて死亡する事件が起き，またその事件に関わったとして皇太子の地位を追われた(3)〔イ 井上内親王 ロ 早良親王 ハ 白壁王 ニ 恒貞親王 ホ 山部親王〕が自ら食を絶って亡くなると，桓武天皇はその怨霊に悩まされることになった。かわった皇太子安殿親王も病気がちであり，身内に病没する者が出るようになると，桓武天皇は，かつて道鏡の即位を阻止した(4)〔イ 大伴家持 ロ 坂上田村麻呂 ハ 藤原種継 ニ 藤原永手 ホ 和気清麻呂〕が進言した新たな地へ遷都し，平安京が造られた。この後，平安京が1000年以上にわたって都として続いていくことになる。

❶ヒント

(1)秦氏は京都の太秦に氏寺として広隆寺を創建した。秦氏との関係で考えればよい。

(2)聖武天皇が744年に遷都した宮である。

(3)桓武天皇の実弟で皇太子となる。死後に崇道(すどう)天皇の尊号がおくられた。

(4)姉の法均尼(ほうきんに)は，捨て子の養育など，社会事業にも力を入れた。「進言した新たな地」とは山背国葛野(かどの)郡をさす。

❶解答欄

(1)	
(2)	
(3)	
(4)	

❷ 次の文を読み，あとの問いに答えよ。

東海大―教養・児童教育・健康・建築都市・文／改

平安遷都から(a)9世紀末頃までの約100年間は，最新の中国の文化を積極的に導入し，宮廷の整備が進められるとともに，［ア］という思想が広まって，学問の分野も大きく発展していった時期である。大学では特に［イ］道や，中国の歴史や漢文を学ぶ［ウ］道が重んじられるようになり，有力貴族は一族の子弟教育のために寄宿舎である(b)大学別曹を設立した。このように漢文学や儒学などの教養が重視されたことから，学問に優れた官人が文人官僚として出世することになった。

問1． 空欄［ア］には，『凌雲集』序などにみられる「文章は経国の大業なり」という意味の言葉で，「文芸は国家の支柱を成すもので，国家隆盛の鍵は文芸にある」という考え方を示す語句が入る。その語句を漢字4字で答えよ。

問2． 空欄［イ］・［ウ］に入る語句の組合せとして最も適切なものを下記から1つ選べ。

1．イ 明 経　ウ 紀 伝
2．イ 紀 伝　ウ 明 経
3．イ 明 法　ウ 紀 伝
4．イ 明 経　ウ 明 法

問3． 下線部(a)に関連して，9世紀になると律令の解釈をめぐる研究も進んだ。惟宗直本が養老令に関する諸説をまとめた注釈書として最も適切なものを下記から1つ選べ。

1．『令義解』　2．『貞観交替式』　3．『令集解』　4．『江家次第』

問4． 下線部(b)のうち，在原，源，平氏などの皇族出身氏族のために在原行平が設置したものとして最も適切なものを1つ選べ。

1．綜芸種智院　2．学館院　3．勧学院　4．奨学院

❷ヒント

問3 養老令の私撰注釈書である。公的性格をもつ『令義解』と混同しないこと。

問4 大学別曹は2・3・4。1は大学別曹ではない。

❷解答欄

問1	
問2	
問3	
問4	

A 平安時代初期に開花した貴族中心の文化で，密教的色彩が強く，晩唐文化の影響を受けているのが大きな特徴である。また，文章経国思想を背景に漢文学が隆盛し，絵画・彫刻では神秘的な表現をもつ密教芸術も発展した。（100字）

解答：別冊p.12 ▶

06 摂関政治と国風文化

重要暗記年代

- 842……承和の変
- 858……藤原良房，摂政となる
- 866……応天門の変
- 884……藤原基経，関白となる
- 894……菅原道真，遣唐使廃止を建議
- 914……三善清行，意見封事十二箇条
- 969……安和の変
- 1016……藤原道長，摂政となる
- 1019……刀伊の入寇

ココが出る!!

［入試全般］
平安中期は，中央政治よりも地方政治の動向と荘園制の推移がポイントとなる。

［国公立二次・難関私大］
外交面では10世紀の東アジアの動向もよく出題される。国風文化は浄土教を主軸に建築・彫刻・絵画・文学を整理しよう。細かい作品名も出題されているので確実に暗記すること。

1 藤原氏北家の繁栄　冬嗣の蔵人頭就任をテコに北家藤原氏が，急速に勢力をのばしはじめた

1．藤原氏の進出

①①________の変(810)…式家が没落し，北家が台頭。
　▶嵯峨天皇の信任を受けた藤原②________＊1が蔵人頭に任命され，北家の政界進出の端緒が開かれた。
②③________の変(842)。
　▶藤原良房が伴④________＊2や橘逸勢らを排斥する。
③藤原良房，⑤________天皇の(実質的)摂政となる(858)。
④⑥________の変(866)→「伴大納言絵巻」にみえる。
　▶藤原良房が伴⑦________＊3らを排斥する。
⑤藤原⑧________，光孝天皇の関白となる(884)。
　▶正式には887年，⑨________天皇のときに任命。
⑥⑩________(887～88)。
⑦⑪________が大宰府に左遷される(901)。
　▶左大臣藤原⑫________の讒言・陰謀による。
⑧⑬________の変(969)…⑭________の密告。
　▶藤原⑮________が左大臣⑯________＊4を排斥する。
　これによって，藤原氏の他氏排斥事件は終止。

2．藤原氏進出の背景

①⑰________政策…天皇の母方の親戚となる。
②一族で朝廷内の高位高官を独占する。
③他氏排斥。
④荘園集積による財源の確保…寄進地系荘園の増大。

＊1　冬嗣は娘の順子を仁明天皇の妃とし，皇室と外戚関係を結んだ。

＊2　伴健岑は隠岐，橘逸勢は伊豆にそれぞれ配流となった。

＊3　応天門放火の罪を源信に負わせようとしたことが発覚した。

阿衡の紛議
宇多天皇から基経に関白の詔が出たとき，基経が2度目の詔の文意を「阿衡は名のみで実質的な職掌はともなわない」と解し，政治をサボタージュした。関白の詔を起草した橘広相はその責を問われ，処罰された。藤原氏の威力を示す事件の一つ。

補足
菅原道真の怨霊をしずめるために京都には北野天満宮，九州には大宰府天満宮がつくられた。

＊4　源高明は，儀式に関する書物(有職故実書)として『西宮記』を著した。

補足
安和の変以降，摂関の地位には藤原忠平の子孫が就任した。

記述論述 Q　藤原道長が権力を握っていたころの政務の運営について，下記の語句を用いて100字以内で説明しなさい。
〔語句〕陣定　太政官　公卿　(慶應義塾大－文)

　出題大学…⑮：東北福祉大，明治大，学習院大

2 天皇親政期　律令制再建への最後の努力が試みられた

1. 寛平(かんぴょう)の治

①⑱＿＿＿＿天皇の治世…関白基経の死後，親政を復活。

②⑲＿＿＿＿を蔵人頭に任命する(891)。

③菅原道真，天皇に⑳＿＿＿＿の廃止を建議する(894)。

2. 延喜の治

①㉑＿＿＿＿天皇の治世。

②文章博士(もんじょう)㉒＿＿＿＿の建議で「㉓＿＿＿＿」と改元…革命改元(辛酉(しんゆう)革命の議)の初例となる。

③延喜の㉔＿＿＿＿令(902)。

④藤原㉕＿＿＿＿らが『日本三代実録』や延喜式の編纂にたずさわる。

⑤㉖＿＿＿＿，意見封事十二箇条を献上する(914)。

3. 天暦(てんりゃく)の治

①㉗＿＿＿＿天皇の治世。

②㉘＿＿＿＿を鋳造する(958)…皇朝十二銭の最後。

〈史料〉遣唐使廃止

右，臣某，謹みて在唐の僧中瓘(ちゅうかん)，去年三月商客王訥(おうとつ)等に附して到る所の録記を案ずるに，大唐の凋弊(ちょうへい)，これに載すること具(つぶさ)なり。

……中瓘は区々たる旅僧と雖(いえど)も，聖朝の為にその誠を尽す。代馬越鳥，豈(あ)に習性に非ざらんや。臣等伏して旧記を検するに，度々の使等，或は海を渡るに命に堪へざる者あり。或は賊に遭ひて遂に身を亡す者あれども，唯，未だ唐に至りて難阻飢寒の悲みあるを見ず。中瓘の申報する所の如くんば，未然の事，推して知るべし。臣等伏して願はくは，中瓘録記の状を以て，遍(あまね)く公卿・博士に下し，詳(つまび)らかにその可否を定められんことを。国の大事にして，独り身の為のみにあらず。且は款誠(かんせい)を陳(の)べ，伏して処分を請ふ。謹みて言(もう)す。

（菅原道真『菅家文草(かんけぶんそう)』）

3 摂関政治の全盛　道長と頼通の時代に全盛期をむかえた

1. 藤原氏の内紛

①氏長者(うじのちょうじゃ)*5の地位をめぐる一族の対立。

②藤原兼通と藤原㉙＿＿＿＿の対立。

③藤原道隆の子㉚＿＿＿＿と道隆の弟㉛＿＿＿＿の対立。

*5　氏長者が代々継承する所領を殿下渡領(でんかわたりりょう)という。

2. 藤原道長…日記『御堂関白記(みどうかんぱくき)』を著す。30年にわたる権勢。

①内覧(ないらん)(995〜1016)…天皇に奏聞する文書内見。

②㉜＿＿＿＿年に摂政となり，翌年㉝＿＿＿＿。

③外戚政策…1018年に娘の威子(いし)が㉞＿＿＿＿天皇に入内(じゅだい)。
・彰子(しょうし)　・妍子(けんし)　・威子　・嬉子(きし)

④㉟＿＿＿＿寺を造営…「㊱＿＿＿＿」と称される。

⑤道長は，後一条・㊲＿＿＿＿・㊳＿＿＿＿3天皇の外祖父となる。

3. 藤原頼通…50年にわたって摂政・関白をつとめる。

①1017年に摂政，1019年に関白となる。

②外戚政策…娘の寛子(かんし)を後冷泉(ごれいぜい)天皇に入内させる。

③㊴＿＿＿＿鳳凰堂(ほうおう)を造営…「㊵＿＿＿＿」と称される。

④㊶＿＿＿＿の入寇(1019)…大宰権帥(だざいごんのそち)藤原隆家(たかいえ)が撃退する。

〈史料〉一家三立后

（寛仁二年十月）十六日，乙巳，今日，女御藤原威子を以て皇后に立つるの日なり。前の太政大臣の第三娘，一家三后を立つること，未曾有なり。

……太閤，下官を招き呼びて云く，和歌を読まんと欲す。必ず和すべし。てへり。答へて云く，何ぞ和し奉らざらんや。又云く，誇りたる歌になむある。但し，宿構に非ず。てへり。「此の世をば我が世とぞ思ふ望月のかけたる事もなしと思へば」。余申して云く，御歌優美なり。酬答するに方(すべ)なし。満座ただこの御歌を誦(じゅ)すべし。

（藤原実資(さねすけ)の日記『小右記(しょうゆうき)』）

A　摂関政治のもとでも，天皇が太政官を通じて諸国の官吏を指揮しながら，全国を支配する形をとった。政務は太政官で公卿が中心となり，重要問題は陣定での審議後に，天皇の決裁を経て太政官符や宣旨として下達された。(100字)

出題大学…㉚：法政大，愛知学院大，早稲田大／㊲：専修大，慶應義塾大，明治大／㊳：専修大，名古屋学院大

4. 摂関政治の構造

①政所…摂関家の家政機関。職員を家司という。

②国政の運営

- 旧来…公卿による陣定などでの合議により執行した。
- 藤原氏…政所下文や殿下御教書が効力をもつ。

摂関政治の財源

①律令制の官職にともなう収益
…職田・位田，職封・位封など。
②寄進地系荘園からの収益。
③国司任命にともなう収益
…売官売位(成功・重任)など。

4 地方政治の混乱

中央の乱れはすぐ地方にも反映し，地方行政も私的傾向を強めた

1. 売官売位の実態

①㊷＿＿＿＿＿＿…私財を提供し，代償として官職を得る。

②㊸＿＿＿＿＿＿…成功をくり返す。

2. ㊹＿＿＿＿＿＿…在京国司。

①㊺＿＿＿＿＿＿…国司の代理人のこと。

②㊻＿＿＿＿＿＿…国司不在の任国の国衙のこと。

▶地元の役人である㊼＿＿＿＿＿＿*6が執政を行う。

3. ㊽＿＿＿＿＿＿…赴任国司の中の最上席者。

①尾張国郡司百姓等解文(988)。

▶国司藤原㊾＿＿＿＿＿＿の非法31カ条が訴えられた。

②信濃守藤原㊿＿＿＿＿＿＿の貪欲ぶり。

▶『(51)＿＿＿＿＿＿』の中に「受領ハ倒ルル所ニ土ヲツカメ」という一節がある。

国衙の政治機構

政所・税所・検田所・健児所・検非違使所などが設置され，いわゆる「所」の政治が展開された。

＊6　税所や検田所などで事務をとり，その地位は世襲された。中には地方武士団になってゆく者も多かった。

〈史料〉尾張国郡司百姓等解文

尾張の国の郡司百姓等解し申し請う官裁の事。裁断せられんことを請う。当国守藤原朝臣元命三箇年の内に責め取る非法の官物并びに濫行横法卅一箇条の愁状。

一、例挙の外，三箇年の内に収納せる加徴の正税卌三万一千二百卌八束，利息十二万九千三百七十四束四把一分の事

5 10世紀の東アジア

10世紀初期の東アジアでは，国際環境が大きく変化した

1. 東アジアの情勢

①中国…(52)＿＿＿＿＿が滅亡する(907)。

▶その後，五代十国を経て，960年に(53)＿＿＿＿＿が建国された。

②朝鮮…(54)＿＿＿＿＿＿が滅亡する(935)。

▶新たに(55)＿＿＿＿＿＿がおこり，朝鮮半島を統一(936)。

③中国東北部…(56)＿＿＿＿＿＿が滅亡する(926)←遼(契丹)。

2. (57)＿＿＿＿＿＿(1019)…女真族*7が北九州に襲来する。

▶大宰権帥(58)＿＿＿＿＿＿らが撃退した。

3. 遣唐使の廃止(894)

▶(59)＿＿＿＿＿＿が宇多天皇に建議した。*8

4. 日宋関係

①日本船の渡航は認めず，もっぱら宋の商船が来航する。

②奝然*9・成尋・寂照ら巡礼を目的とした僧は，宋船に便乗して入宋することが許された。

③密貿易が盛んとなる…博多・平戸・坊津などが発達した。

補足

呉越国から来日した商人は，日本に江南の文化を伝えた。

＊7　女真族はのちに金を建てた。

＊8　唐の国力が衰退したことや航海の危険などを理由に宇多天皇に建議し，その結果，260年余りにわたって続いた遣唐使が停止されることになった(P.59史料参照)。

＊9　奝然は釈迦如来像を招来し，京都の清凉寺におさめた。

浄土教とはどのような教えであったか，また，浄土教の流行の要因としての布教者の活動及び仏教における歴史観を100字以内で説明しなさい。(中央大ー法)

　出題大学…㊹：立教大，福井大，東京都立大／㊿：関西学院大，京都大，立教大

6 浄土教の流行 現世に絶望した人々に，来世への希望がみえはじめた

1. 末法思想

①⑥⓪＿＿＿＿→⑥①＿＿＿＿→末法の三段階。

②釈迦入滅2000年後に，末法が到来するという悲観的・予言的年代観。

③日本では，1052(⑥②＿＿＿＿7)年に末法入りすると考えられた。

2. ⑥③＿＿＿＿説…仏主神従(仏が本地，神はその垂迹)

①天照大神は本地である⑥④＿＿＿＿の垂迹
②八幡神は本地である⑥⑤＿＿＿＿の垂迹
} と考える。

3. 浄土教の流行

①⑥⑥＿＿＿＿*10…10世紀中頃に活躍→市聖・阿弥陀聖。

②⑥⑦＿＿＿＿…985年に『⑥⑧＿＿＿＿』を著す。

▶比叡山横川恵心院にいたので，恵心僧都ともよばれる。

③浄土教…⑥⑨＿＿＿＿如来により，来世において極楽浄土に往生することを願う教えである。

④この時代は，まだ称名念仏よりも観想念仏のほうが重視された。

▲高野山聖衆来迎図

*10 のちに六波羅蜜寺を建立した。

〈史料〉浄土信仰

夫れ往生極楽の教行は，濁世末代の目足なり。道俗貴賤，誰か帰せざる者あらん。但し，顕密の教法は，其の文一に非ず。事理の業因は，其の行惟れ多し。利智・精進の人は未だ難しと為さざらめども，予が如き頑魯の者，豈に敢えてせん矣。是の故に念仏の一門に依りて聊か経論の要文を集む。之を披き之を修すれば，覚り易く行い易からん。……

（源信『往生要集』）

7 阿弥陀の文化 来世に心をつないだ人々は，あらゆる面に「落日の美」をつくりあげた

1. 建　築…阿弥陀堂が盛んに建立された。

①法成寺…⑦⓪＿＿＿＿が建立した。

②平等院鳳凰堂…⑦①＿＿＿＿が造営した。

③日野⑦②＿＿＿＿寺阿弥陀堂…日野資業が建立した。

④⑦③＿＿＿＿造…貴族の住宅建築様式。

▶白木柱を用い，屋根は檜皮葺で建造された。

2. 彫　刻

①影像様式…⑦⑤＿＿＿＿造→⑦⑥＿＿＿＿が完成した。

▶これにより，影像の大型化と量産が可能になった。

②平等院鳳凰堂⑦⑦＿＿＿＿像…定朝。

3. 絵　画

①⑦⑧＿＿＿＿絵…旧来の唐絵に対し，日本の自然などを画題にして描かれた絵。

▶巨勢金岡は大和絵の祖といわれている。

②⑦⑨＿＿＿＿図…阿弥陀来臨の様子を描いた絵。

▶「高野山⑧⓪＿＿＿＿図」や「平等院鳳凰堂扉絵」など。

寝殿造の家の内部

寝殿造の家の内部は，屏風や襖などで仕切られた。このような仕切具をすべて障子とよんだ。また，床は板敷なので，⑦④＿＿＿＿をおいて座った。

補足

奈良県の金峯神社には，1007年に藤原道長が金峯山に参詣した折に埋納した経筒が納められている。

平安時代

A 阿弥陀仏を信仰して念仏を唱え，来世に極楽浄土に往生しようという教えで，釈迦入滅2000年後には仏法が衰えて乱世が到来するという末法思想の流行を背景に，空也・源信の活動や聖や上人の民間布教によって広まった。(100字)

出題大学…⑥①：名城大，中央大，成城大／⑥④：西南学院大，慶應義塾大，明治学院大／⑧⓪：大妻女子大

4. 工 芸…蒔絵・螺鈿の手法が用いられた。

(例) 片輪車螺鈿蒔絵手箱など。

5. 文 学…往生伝の成立，かなの発達，和歌の盛行。

①『㉛________』…慶滋保胤 →最初の往生伝。

②『㉜________』…醍醐天皇の命 →最初の勅撰和歌集。

▶撰者は紀貫之・紀友則・凡河内躬恒・壬生忠岑ら。

③『㉝________』…かぐや姫の物語。

④『㉞________』…王朝文学の最高傑作。

▶作者は㉟________。

⑤『枕草子』…㊱________の随筆集。

⑥『㊲________』…紀貫之のかな日記。

⑦『㊳________』…藤原道綱の母の作。

⑧『㊴________』…菅原孝標の女の作。

六歌仙

小野小町
文屋康秀
大友黒主
僧正遍昭
在原業平
喜撰法師

八代集

①古今和歌集 ②後撰和歌集
③拾遺和歌集 ④後拾遺和歌集
⑤金葉和歌集 ⑥詞花和歌集
⑦千載和歌集 ⑧新古今和歌集

6. 宗 教

①両部神道…真言宗で唱えた。*11

②㊵________*12…御霊信仰からおこった鎮魂の祭り。

③陰陽五行説*13

㊶________…一定期間，特定の建物の中で謹慎する。
㊷________…方角を吉方に選んで行動する。

*11 のちに天台宗では山王神道が唱えられた。

*12 北野神社と祇園社の御霊会が有名。

*13 貴族たちは，迷信に左右されることが多かった。それは，日の吉凶などを書きこんだ具注暦にしばられたからである。

7. 書 道…三蹟 →和様能書家

①㊸________…『屏風土代』『秋萩帖』など。

②㊹________…『離洛帖』『詩懐紙』など。

③㊺________…『白氏詩巻』など。日記は『権記』。

儀式書

源高明の『西宮記』や藤原公任の『北山抄』，大江匡房の『江家次第』など，朝廷の行事や儀式の作法などをまとめた儀式書(＝年中行事書)も編纂された。

8. 生活様式

①貴族の服装*14

▶男子の正装は㊻________やそれを略式化した衣冠が用いられ，平常服は㊼________や狩衣を着用した。

▶女子の正装は㊽________とよばれる女房装束で，平常服には小袿が用いられた。

②武士の服装…直垂 →鎌倉時代に普及した。

③庶民の服装…㊾________ →晴れ着として着用した。

④成年式…10～15歳

▶男子は㊿________，女子は裳着の式をあげ，以降，成人として扱われた。

⑤婚姻形態…従来の男が女のもとに通う(101)________婚にかわり，(102)________婚が一般化した。*15

*14 小袖は庶民の服であったが，貴族は下着として着用した。

補足

貴族の多くは平安京の左京に住んでいたが，近郊への寺社参詣以外は京を離れて旅することはほとんどなかった。

*15 妻問婚では夫婦別居制，招婿婚では夫婦同居制となる。招婿婚は婿入婚ともいわれる。子は妻の家で育てられた。

9. 年中行事…除目・賀茂祭／節会…端午・七夕など。

記述論述 Q 9～11世紀において，天皇の母の父（外祖父）や天皇の母の兄弟（外舅）が，天皇の政務を代行したり，天皇を後見できた理由は何か，30字以内で説明せよ。（北海道大）

 出題大学…㊼：同志社大／㊽：明治大／㊾：南山大／㊿：同志社大，立命館大／(101)：福岡大，明治大／(102)：上智大，立教大，慶應義塾大

到達度チェック

❶ 次の史料を読み，あとの問いに答えよ。　関西大―外・経済・社・文・法，他

（元慶八年六月）五日甲午，勅して曰く「（中略）①太政大臣藤原朝臣，先の御世々々より，天下を済ひ助け，朝政を総て摂ね奉仕れり。（中略）今日より官庁に坐して就きて万政を領行ひ，入りては朕が躬を輔け，出でては百官を総ぶべし。奏すべきの事，下すべきの事，必ず先づ諮り稟けよ。朕将に垂拱して成を仰がんとす」と。

問1．下線部①の「太政大臣藤原朝臣」とは誰のことか。

㋐藤原基経　㋑藤原良房　㋒藤原時平

問2．この勅が出された時の天皇は誰か。

㋐文徳天皇　㋑清和天皇　㋒光孝天皇

問3．この史料の出典はどれか。

㋐『日本三代実録』　㋑『日本文徳天皇実録』　㋒『続日本後紀』

問4．この勅が出された時の状況を述べた文として，正しいものはどれか。

㋐幼少の天皇が即位した際に，藤原氏は政務を代行することを命じられた。
㋑老齢の天皇が即位した際に，藤原氏は政務を統括することを命じられた。
㋒成人の天皇が即位した際に，藤原氏は政務に関与することを禁止された。

❷ 次の文の⑴～⑽に入れるのに適当な語句を，下記の語群から選び，記号で答えよ。　関西大―外・経済・社・文・法，他

平安時代の文化を知る手がかりとして，漢文体で書かれた貴族の日記や，かなを用いて表された文学がある。前者には藤原道長の『御堂関白記』や藤原実資の日記『（　1　）』などがあり，後者には（　2　）によって書かれた『蜻蛉日記』や，最初のかな日記とされる『（　3　）』などがある。この時代には和歌も盛んになり，10世紀初頭には最初の勅撰和歌集である『（　4　）』が撰上された。仏教界では浄土教が流行し，10世紀末には（　5　）によって『日本往生極楽記』が著された。また，比叡山（　6　）の恵心院で修行した源信は『往生要集』を著した。浄土教は唐代に流行し，五代十国をはさんで宋代にも受け継がれたが，五代十国のうち杭州に都をおいた（　7　）と日本の交流の中で，浄土教の文献などが伝えられ，信仰の隆盛をもたらすことになった。美術工芸の分野では，平等院鳳凰堂阿弥陀如来像に（　8　）が用いられるなど，新たな技法が取り入れられた。絵画では大和絵が誕生し，その祖とされる（　9　）などが活躍した。詞書と絵を交互に書く絵巻物も作られた。特に院政期に制作された『（　10　）』は，修行僧命蓮にまつわる説話を描いたもので，庶民の生活や風俗を伝えている。

〔語群〕

㋐伴大納言絵巻　㋑後周　㋒常盤光長　㋓西塔　㋔権記　㋕東塔
㋖菅原孝標の女　㋗寄木造　㋘空也　㋙巨勢金岡　㋚慶滋保胤
㋛万葉集　㋜千載和歌集　㋝土佐日記　㋞契丹　㋟三善為康
㋠信貴山縁起絵巻　㋡横川　㋢台記　㋣藤原隆信　㋤和泉式部日記
㋥乾漆造　㋦古今和歌集　㋧小右記　㋨中宮彰子　㋩呉越国
㋪年中行事絵巻　㋫藤原道綱の母　㋬紫式部日記　㋭一木造

解答：別冊p.39 ▶

❶ヒント

史料冒頭の「元慶八年」は884年。また，史料3行目の「朕」とは光孝天皇をさしている。

問3　㋒．『続日本後紀』は仁明天皇一代記である。

問4　関白の説明を選べばよい。

❶解答欄

問1	
問2	
問3	
問4	

❷ヒント

1．書名は，小野宮で右大臣になったことに由来する。有名な「望月の歌」を収録。
3．「男もすなる日記といふものを，女もしてみむとてするなり」ではじまる。
4．延喜の治をすすめた天皇。
5．『池亭記』の著者でもある。

❷解答欄

1	
2	
3	
4	
5	
6	
7	難
8	
9	
10	

A　夫は妻方に同居し子も妻の家で育てるなど，母方の縁が強いから。（30字）

解答：別冊p.13 ▶

07 荘園の発達と武士の成長

重要暗記年代

- 743…………墾田永年私財法
- 902…………最後の班田実施／延喜の荘園整理令
- 939～941……承平・天慶の乱
- 1019…………刀伊の入寇
- 1028～1031…平忠常の乱
- 1051～1062…前九年合戦
- 1083～1087…後三年合戦

ココが出る!!

［入試全般］

荘園制の構造を理解するには，用語を正しく理解することが先決。荘園絵図も出題の対象となっているので，図版集で「絵図を読む」練習が必要となる。

［国公立二次・難関私大］

武士の台頭については，なぜ武士が台頭したのか背景を述べさせる問題が多い。武士が関与する事件は，年代・人物・場所をセットで押さえよう。

1 班田制の崩壊

律令制の大原則である土地公有制が，政府自らの手でくつがえされ，荘園が成立した

1. 班田制の行き詰まり

①原因…荒廃田の増加，人口増加にともなう口分田の減少。

②対策

- 722年…良田百万町歩開墾計画。
- 723年…①＿＿＿＿＿＿＿＿法 →養老七年の格(きゃく)。
  - ▶当時，実権を握っていたのは長屋王である。
  - ▶新たに耕地を開くにあたって，旧来の灌漑施設を利用した場合は本人1代限り，自ら灌漑施設を設けて開墾した場合は3代にわたって私有を認めた。
- 743年…②＿＿＿＿＿＿＿＿法 →天平十五年の格。
  - ▶当時，実権を握っていたのは橘諸兄(たちばなのもろえ)である。
  - ▶国司の許可後3年以内に開墾すること，面積の上限を設けること，などの制限も設けられた。
  - ▶寺院を対象とした墾田永年私財法は，749年に発布された。
  - ▶墾田永年私財法は，765年，③＿＿＿＿＿＿政権下に一時停止されたが(寺院以外の墾田開発を禁止)，772年に復活し，制限もなくなった。

③結果…初期荘園の発達 →8～9世紀頃。

2. 初期荘園

①形態…④＿＿＿＿＿＿地系…自らの労働力で開墾。
　　　　⑤＿＿＿＿＿＿地系…買収墾田。

▶両者を総称して，初期荘園または⑥＿＿＿＿＿＿地系荘園という。

〈史料〉三世一身法

(養老七年夏四月)辛亥，太政官奏すらく，頃者(このごろ)，百姓漸(ようや)く多くして田地窄狭(さくきょう)なり。望み請ふらくは，天下に勧め課(おお)せて田疇(でんちゅう)を開闢(ひら)かしめん。其の新たに溝池を造りて開墾を営む者あらば，多少を限らず，給ひて三世に伝へしめん。若し旧き溝池を逐(お)はば，其の一身に給せんと。奏を可す。

〈史料〉墾田永年私財法

(天平十五年五月)乙丑，詔して曰く，聞くならく，墾田は養老七年の格に依るに，限満つるの後は，例に依りて収授す。是に由りて，農夫怠(たい)倦(けん)し，開ける地また荒ると。今より以後，任(まま)に私財と為し，三世一身を論ずることなく，みな悉(ことごと)くに，永年取るなかれ。

▲荘園発生の契機となった法令である。

記述論述 Q 班田制の変質について，次の語句を用いながら100字以内で述べよ。
《墾田・桓武天皇・勅旨田・延喜》　(名古屋大)

②領主…有力寺社*1・貴族・地方豪族など。

▶山林原野を班田農民や⑦＿＿＿＿人，私有の奴婢などを使って開墾させ，私領とした。

③荘園…⑧＿＿＿＿田 →課税対象地。

*1 領主による直接経営地であった。

3. 政府・官庁の土地経営

①背景…律令制の衰退により，国家財政基盤が動揺した。

②⑨＿＿＿＿田…9世紀初期に拡大した皇室領。*2

③⑩＿＿＿＿田…大宰府管内に経営された。*3

④⑪＿＿＿＿田…畿内に設定された →中央財源の確保。

*2 延喜の荘園整理令(902年)で禁止。

*3 小野岑守(おののみねもり)の建議で設定され，地方官庁の財源確保にあてられ，9世紀末まで継続した。

2 寄進地系荘園 土地の保護を権力に求めた時代である

1. 成　立

①口分田の私有化が進行した →律令制の崩壊が進行した。

②地方でも有力豪族や富農による開墾が進行した。

③国司の徴税・干渉に対して，所領保護のために中央貴族や有力寺社に名目的に寄進 →10世紀以降に顕著となる。

2. 寄進地系荘園の構造

①⑫＿＿＿＿領主…私営田の領主。

②⑬＿＿＿＿…荘園の現地での管理者。

③⑭＿＿＿＿…一次寄進を受けた寺社や貴族。

④⑮＿＿＿＿…さらに寄進を受けた上級の領主。

⑤⑯＿＿＿＿…荘園を請作した農民。

▶院政期には⑰＿＿＿＿に成長した。

⑥本所…本家・領家を問わず，その荘園の実質的支配権をもつ者。

▶本家が本所の場合もあり，領主が本所となる場合もある。⑱＿＿＿＿法とよばれる荘園関係の独自の法をもっていた。

■ 寄進地系荘園の構造

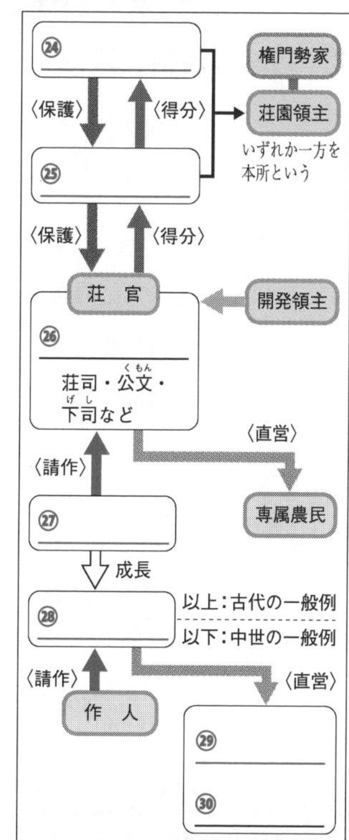

3. 寄進地系荘園の例(＝は同族支配，→は寄進を示す。)

①紀伊国の⑲＿＿＿＿荘…神護寺領。

▶開発領主日根氏→後白河上皇→神護寺へ寄進。

②肥後国の⑳＿＿＿＿荘。

▶開発領主寿妙(じゅみょう)＝孫の中原高方(なかはらたかかた)→藤原実政(さねまさ)＝藤原隆通(たかみち)→高陽院内親王(かやのいんないしんのう)へ寄進。

4. 荘民の負担

①㉑＿＿＿＿…米 →律令制下の租に相当する。

②㉒＿＿＿＿…雑税・特産物 →律令制下の調に相当する。

③㉓＿＿＿＿…土木工事や領主の直営地を耕作した。

荘園公領制

鳥羽上皇の頃に確立

①国司の役割の変化…一国の行政官から徴税請負人的性格に変貌。

②国衙領内部の再編…郡・郷・保に編成，郡司・郷司・保司をおき徴税体制を確立。

③一国の構成…国郡里制から荘園公領制に変化。

④荘園・公領の内部は名田で構成され，名主に割り当てられた。

A 桓武天皇は班田制を維持するために一紀一班制をしいたが墾田は荘園として各地で増加し，天皇家の勅旨田も私有地化した。そこで醍醐天皇は延喜の荘園整理令を発布したが班田制の崩壊をくいとめることはできなかった。(100字)

出題大学…⑧：南山大，福井大，東北福祉大／⑳：中央大，京都産業大／㉖：関西学院大／㉚：同志社女子大

5. 不輸・不入の権

①㉛＿＿＿＿＿の権…租を納入しなくてもよい特権。

②㉜＿＿＿＿＿の権…検田使の立ち入りを拒否できる特権。

▶国家の司法・警察権の介入を拒否することによって，荘園の国家からの独立が促された。

③㉝＿＿＿＿＿荘…太政官・民部省が免租を認めた荘園。

④㉞＿＿＿＿＿荘…国司が免租を認めた荘園。

⑤不輸の権を得る手続きを㉟＿＿＿＿＿という。

6. 国衙(こくが)領の形成

①国衙領…公領が国司の私有地のごとく変質した所領。

②名田(みょうでん)で構成…名主に対して名田の広さに応じて課税した。

7. 名田の性格と経営

	名田の規模	名主の地位	耕作地の実状
畿内型	小　型	地主的	散在的，入り込みが複雑。
辺境型	大　型	領主的	未開墾地を含み，広大。

①名…荘園や国衙領の徴税単位。

②田堵(たと)…請作の長期化にともない，耕作権を強化した。

③院政期に田堵は，名田の所有者としての㊱＿＿＿＿＿に成長した。

④㊲＿＿＿＿＿…多数の下人・所従をかかえている大規模経営者のこと。

⑤㊳＿＿＿＿＿・所従…家内労働力として，領主の直営地である㊴＿＿＿＿を耕作した。

⑥㊵＿＿＿＿＿…名田(みょうでん)を請作し，加地子(かじし)を納入した。

荘園整理令(P.74参照)

①㊶＿＿＿＿＿の荘園整理令
- 902年
- 醍醐天皇のとき。
- 諸国百姓の荘園寄進行為を禁止する。
- 勅旨田を897年以降すべて禁止する。
- 諸院・諸宮，五位以上が百姓の田地舎宅を買い，閑地荒田を占めることを禁止する。

②永観(えいかん)の荘園整理令(984)
- 902年以降の新立荘園を禁止する。

③寛徳(かんとく)の荘園整理令(1045)
- 前任の国司が任期中であった時期以降に設定された荘園を禁止する。

④天喜(てんぎ)の荘園整理令(1055)
- 1045年以降の新立荘園を禁止する。

⑤㊷＿＿＿＿＿の荘園整理令
- 1069年
- 後三条天皇のとき。
- 1045年以降の新立荘園を禁止する。
- 券契不明な荘園を禁止する。
- 国務妨害にあたる荘園を禁止する。
- ㊸＿＿＿＿＿を設置して推進した。

⑥寛治(かんじ)の荘園整理令(1091)
- 源義家への寄進を禁じ，翌1092年には，義家の設立した諸国の荘園も禁止する。

3 武士の成立　貴族に「さぶらひ」し人々の成長は，新たな時代の到来を予兆した

1. 背　景

①律令制の形骸(けいがい)化
- 国司制度の腐敗と国司の横暴化
- 地方行政の混乱
- 盗賊集団の横行

（地方行政の混乱・盗賊集団の横行）→治安の乱れ
（以上）→地方豪族が武装する。

②軍制の形骸化…㊹＿＿＿＿＿の制の形骸化。

③荘園内部の動向
- 不入の権を獲得する。
- 荘園自衛の必要性 →名主の武装。

負名体制

10世紀に成立した新たな租税徴収体制。公領からあがる年貢に相当するものを官物といい，律令制下の調や庸，雑徭などに相当するものを臨時雑役といった。対象となった田地は名または名田とよばれ，有力農民である田堵がその負担者となった。

記述論述 Q　10世紀に入ると，地方支配体制はどのように転換したか，以下の語句をすべて用いて100字以内で述べよ。《田堵・口分田・戸籍・計帳・官物・臨時雑役》(慶應義塾大一文／改)

　出題大学…㉜：北海道大，関西大，学習院大／㊲：慶應義塾大

2. 武士団の成立

①武士の㊺＿＿＿＿…武士団の統率者。

②二大棟梁（とうりょう）…
- ㊻＿＿＿＿平氏 →関東に勢力をはる。
- ㊼＿＿＿＿源氏 →畿内を中心に成長した。

③地方武士団

・惣領を中心に結成した。・同族である㊽＿＿＿＿や従者である㊾＿＿＿＿をひきいて武士団を結成した。

3. 武士の役割

①㊿＿＿＿＿使…9世紀後半から設置。叛徒（はんと）の平定。

②51＿＿＿＿使…10世紀以降常置。盗賊の平定。

③52＿＿＿＿の武者＊4…宮中警備のため，宇多朝に設置。

④53＿＿＿＿の武士…院の警備のため，白河上皇が設置。

補足

国司として地方にくだり，そのまま土着した下級貴族や郡司などの地方豪族が，名声や家柄などによって地方武士団の棟梁に成長していった。

地方の軍事力

地方でも国司のもとで，受領直属の武士を館侍（たちざむらい），地方武士を国侍（くにざむらい）として組織して治安維持にあたらせた。

補足

押領使・追捕使は，いずれも令外官である。また，治安維持のため，諸国に国検非違使（けびいし）も設置された。

＊4　滝口の武者を管轄したのは蔵人所である。

4 武士団の成長

平安京で安穏にひたる貴族に，もはや時代をつくる力や変える力はなくなっていた

1. 承平（じょうへい）・天慶（てんぎょう）の乱(939～941)

①54＿＿＿＿の乱(939～940)…本拠は55＿＿＿＿国猿島（さしま）。

▶新皇（しんのう）と称し，関八州を占領するも，平56＿＿＿＿や押領使藤原57＿＿＿＿らにより平定された。

②58＿＿＿＿の乱(939～941)…もと59＿＿＿＿掾（じょう）。

▶伊予（いよ）国60＿＿＿＿島を根拠地とし，大宰府まで襲撃したが，源61＿＿＿＿や追捕使（ついぶし）62＿＿＿＿らにより平定された(941)。

2. 63＿＿＿＿の入寇

①刀伊（とい）…沿海州地方に住む64＿＿＿＿族。

②1019年に突如北九州に来襲したが，朝廷は無策であった。

③大宰権帥（だざいごんのそち）藤原65＿＿＿＿が地方武士を率いて撃退した。

3. 平忠常の乱

①地位…上総介（かずさのすけ）・武蔵国押領使。

②66＿＿＿＿年に叛（はん）し，房総を占領。

③1031年に甲斐守・押領使であった，源67＿＿＿＿に降伏した。

4. 前九年合戦(1051～1062)

①安倍68＿＿＿＿…俘囚（ふしゅう）＊5の長。

▶国司に反抗 →源69＿＿＿＿・源70＿＿＿＿らによって討たれ，頼時（よりとき）は1057年に鳥海（ちょうかい）柵で敗死した。

②安倍71＿＿＿＿・安倍宗任（むねとう）の抵抗。

▶源頼義は出羽の72＿＿＿＿氏の助力で鎮定した。＊6

桓武平氏

桓武天皇の子孫の高望王（たかもちおう）が平姓を受けて上総介として土着し，その子孫が上総・下総などの国衙の役人となる。また，関東各地に武士として勢力をはり，千葉氏・三浦氏・梶原氏・大庭（おおば）氏・長尾氏・上総氏・土肥（どい）氏・秩父氏は，坂東八平氏と称された。

清和源氏

清和天皇の孫にあたる経基が，源姓を与えられたのにはじまる。正統は鎌倉初期の実朝で滅びたが，足利氏・新田氏・平賀氏・武田氏などが支流として各地に勢力をはった。

源氏の進出

①多田源氏…源満仲（みつなか） →摂津国多田荘に土着。

②73＿＿＿＿源氏…源頼信（よりのぶ） →河内守として土着。

＊5　俘囚とは律令国家に帰順した蝦夷（えみし）であるが，しばしば反乱をおこした。

＊6　出羽俘囚の長である清原武則の援助があった。

A 律令制の動揺の中で口分田を基礎とした戸籍・計帳にもとづく徴税体制が崩壊した。そこで国司はそれまでの租に相当する官物と調・庸・雑徭などに相当する臨時雑役を，名を単位に土地税として田堵に課すようになった。(100字)

出題大学…62：法政大，慶應義塾大，上智大／64：西南学院大，駒澤大，國學院大／71：聖心女子大

5. 後三年合戦(1083〜1087)

①清原氏の内紛に，源義家が陸奥守(むつのかみ)として下向・介入した。

②藤原㊹＿＿＿＿＿に源義家が協力した。

③源義家の武名が高まり，荘園の寄進が殺到した。

補足

源義家の武名をおそれた白河上皇は，1091年に義家への田畑寄進を禁止したが，のちにはその存在を無視できず，1098年には院昇殿を許した。

源氏略系図

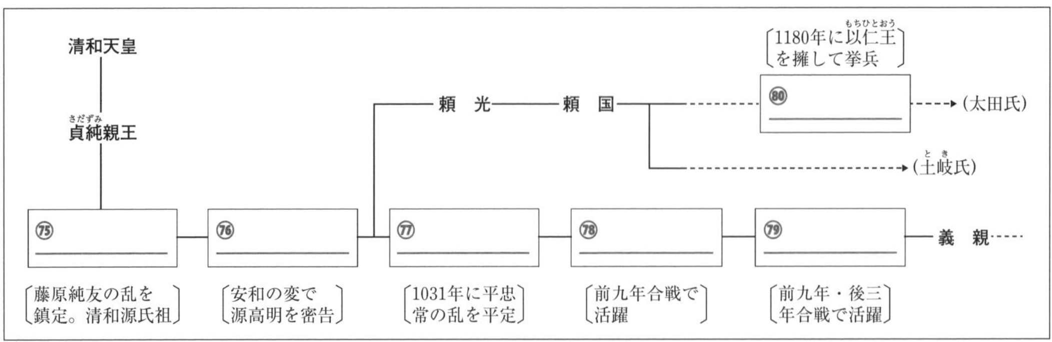

平家略系図

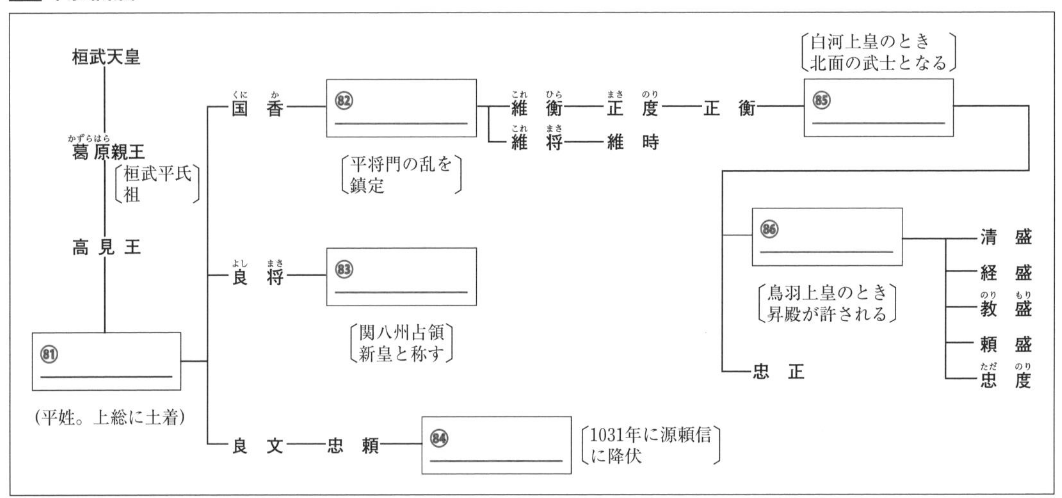

6. 奥州藤原氏の繁栄

①藤原㊼＿＿＿＿＿…はじめ清原氏。平泉を根拠地として発展した。

▶平泉に㊽＿＿＿＿＿寺金色堂(こんじきどう)を建立した。

②藤原㊾＿＿＿＿＿…清衡(きよひら)の子。

▶平泉に㊿＿＿＿＿＿寺を建立した。

③藤原⑨①＿＿＿＿＿…基衡(もとひら)の子。

▶3代目のこの時代に，奥州藤原氏は全盛をきわめた。平泉に⑨②＿＿＿＿＿を建立した。源⑨③＿＿＿＿＿を保護。

④藤原⑨④＿＿＿＿＿…秀衡(ひでひら)の子。

▶1189年，衣川(ころもがわ)の戦いで源義経らを滅ぼしたが，源⑨⑤＿＿＿＿＿の遠征により滅亡した。

補足

奥州藤原氏は，清衡・基衡・秀衡の3代約100年間にわたり，奥州を支配した。中尊寺金色堂は，中央の浄土教文化を地方に移植したものとして注目される。

記述論述 Q 院政期に中央政界で武士の力が必要とされた理由を60字以内で述べなさい。　(東京大)

　出題大学…㉛：西南学院大，早稲田大，日本大

到達度チェック

❶ 次の文章を読み，あとの問いに答えよ。　中央大―法／改

解答：別冊p.40 ▶

701年に大宝律令が完成し，律令制度による国家の仕組みが整えられていくと，人々は6年ごとに作成される戸籍に登録され，6歳以上の男女には班田収授法にもとづき口分田が与えられた。その後，人口増加などにより口分田が不足してくると，政府は723年に三世一身法を施行し，開墾を奨励した。さらに743年に①墾田永年私財法を発布し，一定の限度はあるものの，開墾した土地を永年にわたって私有することを認めた。この法を契機として，②初期荘園が成立していくこととなる。9世紀に入り，律令支配が動揺し始めると，調・庸などの未進によって国家財政の維持が困難になってきたため，政府は823年に大宰府管内において［あ］を，879年には畿内に［い］を設置して財源の確保につとめた。しかし国家や諸国は，財政を維持することがしだいにできなくなっていった。こうした事態に対し，政府は③大きな権限と責任を負わせた受領のもと，課税の単位を人から土地へと転換し，税収を確保しようとした。

10世紀頃には，貴族や有力寺社の権威を背景にして，政府から税の免除(不輸)を認めてもらう荘園(＝［う］)が徐々に増加し，さらに国司の使者である検田使の立ち入りを認めない不入の件を得る荘園もあらわれた。その結果，荘園の独立性が強まっていくこととなる。

1069年，後三条天皇は④延久の荘園整理令を出し，荘園領主から証拠書類を提出させ，審査の上，基準にあわない荘園を整理して，公領の回復につとめた。次に即位した［え］は，1086年に幼少の［お］に皇位を譲ると，天皇の後見として実権を握り，院政を始めた。院の権威が高まってくると，⑤院や女院に荘園の寄進が集中し，膨大な天皇家領荘園群が形成されることとなった。

問1． 空欄［あ］～［お］にあてはまる語句を答えよ。

問2． 下線部①について，正しいものにはイ，誤っているものには口と記せ。

a．墾田永年私財法によって，政府は掌握する田地を増加させ支配を強めた。
b．墾田の所有面積は，年齢に応じて限度が設けられた。
c．新たに開墾した田地の租を免除することで，政府は開発を推進させた。

問3． 下線部②について，正しいものにはイ，誤っているものには口と記せ。

a．初期荘園は独自の荘民を持たず，周辺の農民に墾田を貸与して経営した。
b．東大寺などの大寺院は，国司・郡司の干渉を排除しつつ開墾を進めた。
c．初期荘園では，現地の管理者として目代がおかれた。

問4． 下線部③について，正しいものにはイ，誤っているものには口と記せ。

a．受領は徴税を請け負って国家財政を支えたが，巨利を得る者もいた。
b．受領は，郷司と呼ばれる有力農民に田地の耕作を請け負わせた。
c．税目は，租・庸・調や利稲，雑徭などから官物・臨時雑役へと変化した。

問5． 下線部④について，正しいものにはイ，誤っているものには口と記せ。

a．後三条天皇は荘園整理を進めるとともに，公定枡として京枡を制定した。
b．後三条天皇は荘園整理の実施にあたり，記録荘園券契所を設けた。
c．石清水八幡宮は荘園整理令の影響は受けず，荘園の数に変化はなかった。

問6． 下線部⑤について，正しいものにはイ，誤っているものには口と記せ。

a．崇徳上皇が皇女八条院に伝えた荘園群を八条院領という。
b．後白河上皇が持仏堂である長講堂に寄進した荘園群を長講堂領という。
c．八条院領はのちに亀山上皇に伝えられ，大覚寺統の経済基盤となった。

❶ヒント

問1　う．太政官符と民部省符によって不輸の権を認められた荘園。
問2　b．墾田永年私財法には「其の親王の一品及び一位は五百町…」と記されている。
問3　c．「目代」という用語が，荘園の呼称として正しいかどうかを考える。
問4　b．有力農民の呼称として郷司が正しいかどうかを考える。
問5　a．後三条天皇のときに制定された公定枡の呼称を考える。

❶解答欄

問1	あ	
	い	
	う	
	え	
	お	
問2	a	
	b	
	c	
問3	a	
	b	
	c	
問4	a	
	b	
	c	
問5	a	
	b	
	c	
問6	a	
	b	
	c	

平安時代

A 院と朝廷との対立抗争にともない，私兵としての武士が必要になったことと，僧兵の強訴などにより治安維持の必要が出てきたから。(60字)

原始・古代の実戦演習

❶ 次の①〜⑤の文章を読んで，下記の【設問ア】〜【設問テ】に答えよ。なお，同一記号の空欄には同一の語句が入る。 同志社大一全

解答：別冊p.40 ▶

① 更新世には，日本列島は$_{ア}$寒冷な氷期と比較的温暖な間氷期が繰り返し，現在の日本列島も大陸と地続きになった時期もある。こうした時期に大陸から列島に渡来したのは静岡県の（　イ　）人，$_{エ}$沖縄県の（　ウ　）人や山下町洞人などの新人段階の化石人類であることが知られている。原日本人は，南方から渡来した人々と，主に$_{オ}$弥生時代以降，北方から渡来した人々の混血により形成されたと考えられており，現在の日本語の特徴は，北方系の（　カ　）語の語法の特徴と，南方系の語彙の特徴を併せ持つとされる。

② 『魏志』倭人伝では，当時の日本列島の状況について，倭人が（　キ　）の東南方面，海中の山島に住んでいること，そこから海岸伝いに移動していくと（　ク　）があること，男性の多くが顔や身体に入れ墨をし，市で交易していること，$_{ケ}$一大率を配して諸国を検察していたこと，$_{コ}$身分差のある者同士が往来で出会えば，$_{サ}$身分の低い者は尻込みして草むらに入ること，また何か申すときは両手を地につけ，蹲ったり跪いたりして敬を表現する，などの倭の習俗が記されている。

③ 4世紀から，朝鮮半島南部に鉄資源を確保することなどを目的に，倭は（　シ　）と早くから密接な関係を築いていたが，その後半には高句麗が南下政策を進め，倭は百済や（　シ　）とともに高句麗と争うこととなった。その記録は，かつての丸都にある$_{ス}$好太王碑の碑文に残されている。この争いの中で，元々は乗馬の風習がなかった倭人達は，高句麗の騎馬軍団との戦いなどから技術を学び，日本の古墳でも馬具が副葬されるようになる。

④ 5世紀以降，古墳時代中期の古墳では，あわせて$_{セ}$武器や武具の副葬も顕著となり，首長が軍事的性格を帯びてくることも特徴である。『宋書』倭国伝では，この時期の雄略天皇に比定される倭王（　ソ　）の上表文とされる記録があり，そこには（　ソ　）が「使持節都督」「安東大将軍」「倭国王」を自称し使を遣わしたこと，先祖より国内や朝鮮半島における軍事的活動を継続して蛮夷を平定してきたこと，自らの朝貢を妨げる高句麗との戦いのために適切な官職を賜る願いをしていること，などが記されている。

⑤ 6世紀には，$_{タ}$継体天皇が，朝鮮半島南部地域の救済のため派兵したが，この時，新羅と結んだ$_{チ}$筑紫国造磐井が反乱を起こしたことが『（　ツ　）』に記されている。また，この乱を平定したとされる物部麁鹿火は，それ以前におきた（　テ　）年の「任那四県」の割譲に際しても，宣勅使の役目に就く予定であったが辞任したとされている。

【設問ア】下線部アの地質学上の最後の氷期として正しいものを次のうちから選べ。

1．ギュンツ　**2**．リス　**3**．ヴュルム　**4**．ミンデル

【設問イ】空欄（　イ　）に入る化石人類の名称を，漢字で記せ。

【設問ウ】空欄（　ウ　）には，八重瀬町に所在する石灰岩の割れ目から発見された化石人類の名称が入る。この名称を，漢字で記せ。

【設問エ】下線部エの化石人類の形質学的な特徴は，オーストラリア原住民やワジャク人に類似し，縄文人や中国南部に起源を持つ，ある化石人類とは相対的に似ていないことが知られている。この中国南部に起源を持つ化石人類名として正しいものを次のうちから選べ。

❶ヒント

設問イ 三ケ日人は縄文人と考えられているので，ここでは誤りとなる。

設問ウ 石灰岩砕石場で発見された。

設問キ 『魏志』倭人伝に「倭人は帯方の東南大海の中に在り」と記されている。

設問ケ 九州北部に位置した国で，一大率をおいて諸国を検察させた。

設問コ 身分制社会がうまれていたことは，大型墳丘墓や埋納された副葬品からも推定される。

設問シ 弁韓とよばれた朝鮮半島南部の小国連合的な地域の呼称。

設問セ まだこの時代に存在していない武器である。

設問タ 物部尾輿の弾劾によって540年に失脚した。

設問ツ 六国史の第一の史書。

記述論述 Q 天武天皇は，天皇を中心とする中央集権国家体制の形成を強力にすすめたが，そのような政策が実現できたのはなぜか。その理由を40字以内で説明しなさい。（北海道大）

1．明石人　　2．柳江人　　3．南斉人　　4．遼東人

【設問オ】下線部オについて，そうした渡来系の人々の人骨も多数発見された山口県の海岸砂丘にある遺跡を次のうちから選べ。

1．真脇遺跡　　2．山木遺跡　　3．上野原遺跡　　4．土井ヶ浜遺跡

【設問カ】空欄（　カ　）に入る言語を次のうちから選べ。

1．アルタイ　　2．東　晋　　3．ジャワ　　4．北　魏

【設問キ】空欄（　キ　）に入る，現在の朝鮮半島のソウル周辺に設置されたとされる郡の名称を漢字で記せ。

【設問ク】空欄（　ク　）に入る，ある女王が治める国の名を漢字で記せ。

【設問ケ】下線部ケについて，この一大率が置かれた現在の福岡県糸島市周辺に所在すると推定される国を次のうちから選べ。

1．伊都国　　2．狗奴国　　3．奴　国　　4．一支国

【設問コ】下線部コについて，当時のこの地域の習俗として，身分差のある者の存在を示す考古学資料として適切な例を次のうちから選べ。

1．叉状研歯によるアニミズムの表現　　2．土偶の出土

3．銅鐸を一括埋納する儀礼の存在　　4．墳丘を有する墓

【設問サ】下線部サについて，当時のこの地域での，この身分の低い者の階級をどのように記録しているか，その名称を次のうちから選べ。

1．鬼　道　　2．匈　奴　　3．軍　尼　　4．下　戸

【設問シ】空欄（　シ　）に入る国（または地域総称）を漢字で記せ。

【設問ス】下線部スについて，この碑文には辛卯の年から，倭が朝鮮半島南部に侵攻してきている，という状況が記録されている。その西暦年を次のうちから選べ。

1．239年　　2．266年　　3．391年　　4．421年

【設問セ】下線部セについて，これには該当しないと考えられる考古学的な資料を次のうちから選べ。

1．短　甲　　2．長　槍　　3．環頭大刀　　4．挂　甲

【設問ソ】空欄（　ソ　）に入る人物名を次のうちから選べ。

1．珍　　2．済　　3．興　　4．武

【設問タ】下線部タの天皇を擁立したとされる大連の人物名を漢字で記せ。

【設問チ】下線部チについて，この反乱が起きた西暦年と，平定された後に磐井が葬られたと考えられている古墳の組み合わせを次のうちから選べ。

1．527年・岩戸山古墳　　2．527年・竹原古墳

3．572年・竹原古墳　　4．572年・岩戸山古墳

【設問ツ】空欄（　ツ　）に入る正史を漢字で記せ。

【設問テ】空欄（　テ　）に入る西暦年を次のうちから選べ。

1．512　　2．532　　3．540　　4．553

❶解答欄

設問ア	
設問イ	
設問ウ	
設問エ	
設問オ	
設問カ	
設問キ	
設問ク	
設問ケ	
設問コ	
設問サ	
設問シ	
設問ス	
設問セ	
設問ソ	
設問タ	
設問チ	
設問ツ	
設問テ	

❷ 次のA・Bの文章を読んで，あとの問いに答えよ。　青山学院大一文／改

A　7世紀後半，ⓐ天武天皇のもとで，豪族の再編や地方支配体制の整備を実施し，天皇を中心とする国家体制整備が進むが，やがてそれらは8世紀初頭の大宝律令として体系化される。ⓑ律令制の国家とは，一面で臨戦体制を指向する支配体制であった。しかし，8世紀半ばになって唐で安史の乱が起こり，それをきっかけに唐の弱体化が顕著になると，その脅威も次第に減少していった。この時期，［ア］皇太

A　皇位継承をめぐる壬申の乱の結果，大友皇子側についた有力な中央豪族が没落したため。（40字）

后の後ろ盾を得たⓒ藤原仲麻呂が，新羅を征討する計画を立てるが，それはこうした唐の弱体化の間隙を衝いた政策であった。その計画は実現しなかったが，この事件は，東アジアの政治情勢が日本の国内政治と密接に関係していたことを示している。のちにⓓ桓武天皇の時期には，一部の地域を除いて全国の農民から兵士を徴発する制度をやめ，郡司の子弟からなる少数精鋭の［イ］制が採用された。

問1．下線部ⓐの時期に起きた出来事として正しいものを1つ選べ。

① 難波長柄豊碕宮で，子代・名代を廃止することを宣言した。
② わが国最初の戸籍である庚午年籍を作成した。
③ 仏教によって政治を安定させることを願い，興福寺を創建した。
④ 新たな宮殿として，飛鳥の地に飛鳥浄御原宮を造営した。

問2．下線部ⓑに関連して，律令時代の国名X・Yと，その行政区画a～dの組み合わせとして正しいものを1つ選べ。

X．伯耆国　　Y．上野国
a．山陰道　　b．山陽道　　c．東山道　　d．東海道
① X―a　Y―c　　② X―a　Y―d　　③ X―b　Y―c
④ X―b　Y―d

問3．空欄［ア］に入る語句を漢字で記せ。

問4．下線部ⓒに関連して，この前後の時期に起こった出来事Ⅰ～Ⅲについて，古いものから年代順に正しく並べたものを1つ選べ。

Ⅰ．藤原仲麻呂が大師(太政大臣)に任じられた。
Ⅱ．淳仁天皇を廃し，孝謙天皇が重祚して称徳天皇となった。
Ⅲ．謀叛を企てたとして，橘奈良麻呂らを処刑した。
① Ⅰ―Ⅱ―Ⅲ　② Ⅰ―Ⅲ―Ⅱ　③ Ⅱ―Ⅰ―Ⅲ　④ Ⅱ―Ⅲ―Ⅰ
⑤ Ⅲ―Ⅰ―Ⅱ　⑥ Ⅲ―Ⅱ―Ⅰ

問5．下線部ⓓの時期の出来事として誤っているものを1つ選べ。

① 東北地方に進出するため，日本海側の拠点として渟足柵や磐舟柵を築いた。
② 坂上田村麻呂を派遣し，胆沢城を築かせた。
③ 長岡京への遷都を実施した。
④ 藤原緒嗣と菅野真道に，天下の徳政を論じさせた。

問6．空欄［イ］に入る語句を漢字2字で記せ。

B　朝鮮半島では高麗が建国され，長年日本と友好的な関係を築いた［ウ］も契丹(遼)に滅ぼされる。それに対し，日本では周辺国家との国交を行わず，冊封を受けることもないままに，いわば孤立的政策を採用した。しかし国交を閉ざしたにもかかわらず，中国大陸からの文物は，交易を通じて熱心に受容され，ⓐ10世紀後半から11世紀にかけての摂関時代にも，高級な中国製品が唐物と呼ばれて珍重された。こうした交易活動は院政期にも発展し，12世紀後半に政権を掌握した平清盛は，現神戸市の［エ］泊を修築するなどして，中国商人を招来するために瀬戸内海航路を整備している。陸奥国のⓑ平泉では，中国からの輸入品が出土しており，対外交易の活動が東北地方にも及んでいたことが知られている。

問7．空欄［ウ］に入る国名を漢字で記せ。

問8．空欄［エ］に入る地名を漢字で記せ。

問9．下線部ⓐの時期の出来事として誤っているものを1つ選べ。

① 藤原道長は娘である彰子を一条天皇の妃とした。
② 藤原頼通が宇治に寺院を造営し，仏師定朝に仏像を制作させた。

❷ヒント

問2　X．伯耆国は現在の鳥取県。Y．上野国は現在の群馬県。
問3　藤原不比等の子で，聖武天皇の皇后となった人物。
問4　Ⅰ．藤原仲麻呂が大師(太政大臣)に任じられたのは760年。
Ⅱ．淳仁天皇が廃されたのは恵美押勝の乱のあとである。
問6　792年に設置された。
問7　靺鞨族と高句麗遺民の国として698年に建国。
問8　現在の神戸港の一部。

記述論述 Q　政府は必要とする物資を円滑に調達するために和同開珎を発行したが，貨幣発行の意義のうち，物資購入以外の財政的な目的について30字程度で述べよ。（名古屋大）

③ 藤原良房が摂政に任じられ，清和天皇を補佐して政界を主導した。
④ 三跡の一人である藤原行成が活躍した。

問10. 下線部ⓑに関連して述べた文として正しいものを１つ選べ。
① 奥州藤原氏の藤原秀衡の活動は，『陸奥話記』に詳しく記されている。
② 奥州藤原氏の藤原清衡は，中尊寺を創建した。
③ 源頼朝は藤原基衡を攻撃し，奥州藤原氏を滅ぼした。
④ 平泉は太平洋に面し，東北地方の海上交通の拠点であった仙台平野に位置した。

問11. 平安時代の出来事Ⅰ～Ⅲについて，古いものから年代順に正しく並べたものを１つ選べ。
Ⅰ．後白河天皇が武士を動員して，崇徳上皇らの勢力を打倒した。
Ⅱ．白河法皇が亡くなり，鳥羽上皇が院政を始めた。
Ⅲ．国守であった源頼義らが清原氏の助けを得て，陸奥の安倍氏を倒した。
① Ⅰ－Ⅱ－Ⅲ　② Ⅰ－Ⅲ－Ⅱ　③ Ⅱ－Ⅰ－Ⅲ　④ Ⅱ－Ⅲ－Ⅰ
⑤ Ⅲ－Ⅰ－Ⅱ　⑥ Ⅲ－Ⅱ－Ⅰ

❷解答欄

問1	
問2	
問3	
問4	
問5	
問6	
問7	
問8	
問9	
問10	
問11	

❸ 次の文中の空欄に最も適切な語句を記入し，下線部についてあとの問いに答えよ。

立命館大一全（文系）／改

10世紀以降の貴族社会では，日本風の①寝殿造が主流となった。そこで使用された襖障子や屏風には，日本の風景や風俗を描いた［ A ］が用いられた。屋内を彩ったのが漆と金銀粉による［ B ］の手法を使った調度品の数々である。それらに添えられた書についても，②三蹟と呼ばれる名手の和様書風が好まれ，草書体の平仮名が美しく書かれた。貴族たちの服装も和風の優美なものとなり，男性の礼服としては衣冠・［ C ］，女性は唐衣と裳の女房装束となり，普段の生活では前者は直衣・狩衣，後者は小袿に袴などを身につけた。

10代前半で男子は［ D ］，女子は裳着の式をあげて成人とみなされた。男子は官職・位階を得て朝廷に仕えた。朝廷の政治は儀式と一体化したものとなり，神事や仏事，政務に関わる儀式などが毎年同じ時に行われ，［ E ］として発達した。貴族たちは子孫にその有職故実の詳細を伝えるために，和様漢文体の日記を書き残した。また③和歌が盛んとなり，漢詩文とともに貴族の教養の一つとなった。

問１. 下線部①の寝殿造の説明として，最も適切なものを１つ選べ。
あ．寝殿と対屋からなる左右対称で，瓦葺・白木柱の建築が多かった。
い．藤原氏嫡流の邸宅として代々継承された東三条殿がその典型といわれる。
う．中世から江戸時代に至るまで，貴族の邸宅として長く用いられた。
え．寝殿造の床は土間か板敷であって，畳は一切使われなかった。

問２. 下線部②に関連して，和様書風を用いた三蹟の作品として最も適切なものを１つ選べ。
あ．「離洛帖」　**い**．「権　記」　**う**．「鷹巣帖」　**え**．「風信帖」

問３. 下線部③に関連して，和歌や漢詩文の説明として最も適切なものを１つ選べ。
あ．『万葉集』についで２つ目の勅撰和歌集『古今和歌集』が編纂された。
い．従来の漢詩文にはなかったが，人々が集まって和歌を詠む歌会が始まった。
う．藤原定家によって『古今和歌集』の秘伝を特定の人だけに授ける古今伝授が始まった。
え．藤原公任が編纂した『和漢朗詠集』には漢詩文と和歌が収録されている。

❸ヒント
A．巨勢金岡が祖といわれる。
B．漆工芸の一種。
問２．藤原佐理の作品。

❸解答欄

A	
B	
C	
D	
E	

問1	
問2	
問3	

A 宮都造営費用や宮都造営に雇われた人々への支給銭として用いられた。（32字）

解答：別冊p.14 ▶

08 平安後期の政治と文化

重要暗記年代

■1069……延久の荘園整理令
■1086……白河上皇，院政を開始
■1156……保元の乱
■1159……平治の乱
■1167……平清盛，太政大臣となる
■1177……鹿ヶ谷の陰謀

ココが出る!!

［入試全般］
平氏政権については日宋貿易の輸出入品や貿易港などもよく出題される。院政期文化も頻出なので，絵巻物や建築物は写真で確認しておこう。

［国公立二次・難関私大］
後三条天皇については基本事項しか出ない。保元・平治の乱は対立した人物関係がややこしいのでしっかり把握しておくこと。僧兵については，細かい用語も出るのできめ細かい整理が必要。

1 後三条天皇の親政
摂関家は，頼通の代で天皇の外戚としての地位を失うことになった

1. 後三条天皇

①摂関家を外戚としない天皇 →①＿＿＿＿＿＿年に即位する。
②後朱雀(ごすざく)天皇の第2皇子で，母は皇后禎子(ていし)内親王。
③関白に藤原教通(のりみち)をおいたまま親政を行う。
④村上源氏の右大臣源師房(もろふさ)や学者の②＿＿＿＿＿＿を登用した。

2. 荘園整理政策

①1069年に③＿＿＿＿＿＿の荘園整理令を発布。
②荘園整理のために中央に④＿＿＿＿＿＿を設置した。
③⑤＿＿＿＿＿＿(寛徳2)年以降の新立荘園や券契不明な荘園などは禁止する →摂関家の荘園も例外としない。
▶延久の荘園整理政策はかなりきびしく行われ，石清水八幡宮領34カ所中，13カ所が停止となるなど，かなりの成果をあげた。
④藤原⑥＿＿＿＿＿＿が激しく抵抗した。
⑤⑦＿＿＿＿＿＿枡(ます)の制定…中世を通じて枡の基準となる。

補足
後三条天皇のときに，即位に際して即位灌頂(そくいかんじょう)とよばれる密教儀礼が行われるようになった。

〈史料〉荘園整理・頼通の反応
延久ノ記録所トテハジメテヲカレタリケルハ，諸国七道ノ所領ノ，宣旨・官符モナクテ公田ヲ掠(かす)ムル事，一天四海ノ巨害(こがい)ナリトキコシメシツメテアリケルハ，スナハチ宇治殿ノ時，一ノ所ノ御領々々トノミ云テ，庄園諸国ニミチテ，受領ノツトメタヘガタシナド云ヲ，聞シメシモチタリケルニコソ。……(慈円『愚管抄』)

2 院　政
政治の実権が天皇の母方から父方へと移り，上皇による専制的な政治がすすめられた

1. 院政の開始

①⑧＿＿＿＿＿＿天皇が1086年に⑨＿＿＿＿＿＿天皇に譲位。
▶上皇として天皇の後見をつとめ，実質的に政権を握る。
②政治の実権は，天皇の⑩＿＿＿＿方である摂関家から，天皇の⑪＿＿＿＿方である上皇へ移る。
③院政成立の要因
• 天皇親政の復活にともなう摂関家勢力の衰退。

補足
• **前期院政**…白河・鳥羽上皇の時代
↓
摂関家の勢力に対抗する性格。
• **後期院政**…後白河・後鳥羽上皇の時代
→新興武士階級の勢力に対抗する性格。

記述論述 Q　知行国制について50字程度で説明せよ。　(名古屋大)

 出題大学…①：慶應義塾大／⑤：福井大

- 白河天皇の弟である輔仁(すけひと)親王を牽制するため。
- 天皇が律令制の枠組の中から脱却し，一個の荘園領主に転化するためにとった手段である。
- 受領(ずりょう)層の要請のほかに，地方の武士階級が摂関政治にかわる新たな権力を求めたこと。

2. 院政の構造

①政庁…⑫________が設けられ，⑬________とよばれる職員が庁務を執行した。

②命令文書…私的な⑭________と公的な⑮________。

③支持層…⑯________ →反摂関家的な中・下級貴族。

④上皇の側近の人々…⑰________という。

⑤経済基盤…⑱________領や長講堂領(ちょうこうどうりょう)*1，院分国(いんぶんこく)など。

⑥警備…⑲________の武士 →白河上皇が設置した。*2

3. 院政の展開

①院政時代…⑳________・㉑________・後白河上皇。

②白河上皇の院政

- ㉒________天皇・鳥羽(とば)天皇・崇徳(すとく)天皇の3代の間。
- 1098年に源㉓________に昇殿を許す。
- 平㉔________が私領を寄進 →北面の武士に起用する。
- ㉕________寺の造立 ｝経済的浪費を助長した。
- 熊野・㉖________参詣 ｝

③鳥羽上皇の院政

- 崇徳天皇・近衛(このえ)天皇・㉗________天皇の3代の間。
- 1132年に平㉘________に昇殿を許す。
- 鳥羽離宮を造営し，熊野参詣をくり返す →経済的浪費。

④後白河上皇の院政

- 平氏の全盛期 ｝1179～1181年まで院政は停止。
- 源平争乱期 ｝

4. 院政の結果と影響

①上皇の専制的性格が強まる。

②院と朝廷との対立が強まる。

③売官売位の盛行と地方政治の混乱が顕著となる。

④僧兵(そうへい)の横暴が顕著となる。

5. 僧 兵

①堂衆(どうしゅう)*3や兵士(寺内の警備にあたる人々)などを中心に組織され，朝廷にしばしば㉙________した。

▶国司の解任や座主(ざす)任命などを求めて入京・強訴(ごうそ)した。

補足

院近臣には，上皇の乳母(めのと)の近親者が多かったことからも，院政のもつ私的性格がうかがえる。

＊1 八条(女)院領はのちに大覚寺統，長講堂領はのちに持明院統に継承された。

＊2 鎌倉時代の後鳥羽上皇のときには，北面の武士に加えて西面の武士が新設された。

天下三不如意

鴨(かも)川の流れ，双六のサイ，山法師(延暦寺の僧兵)の3つが，白河上皇でも意のままにならないとされた。

六勝寺(ろくしょうじ)

①法勝寺…㉚________天皇
②尊勝寺…㉛________天皇
③㉜________寺…鳥羽天皇
④円勝寺…待賢門院
⑤成勝寺…崇徳天皇
⑥延勝寺…近衛天皇

その後の院政

院政はその後も形式的に断続し，鎌倉時代には後高倉・後堀河・後嵯峨・亀山・後深草・伏見・後宇多・後伏見上皇，江戸時代には後陽成・後水尾・霊元上皇がそれぞれ名目上の院政をとり，光格上皇が最後となった。

＊3 堂衆とは，寺内の諸堂管理などにあたった下級僧侶のこと。興福寺・延暦寺などが自衛のため僧に武装させたのが，僧兵のおこりである。

A 院が特定の貴族や寺社を知行国主に任命して国司の任免権を与え，その国からあがる収益の大部分を得させる制度。(52字)

出題大学…⑰：愛知教育大／㉜：上智大

②南都・北嶺による強訴

- 南都…㉝＿＿＿＿＿＿寺の僧兵。
  - ▶㉞＿＿＿＿＿＿神社の神木榊をもって朝廷に強訴した。
- 北嶺…㉟＿＿＿＿＿＿寺の僧兵。
  - ▶㊱＿＿＿＿＿＿神社の神輿をかつぎ，朝廷に強訴した。

③寺院相互間の対立

- 山法師…㊲＿＿＿＿＿＿寺の僧兵
- 寺法師…㊳＿＿＿＿＿＿寺の僧兵

}対立が激化した。*4

④僧兵対策

- 院…北面の武士
- 朝廷…㊴＿＿＿＿＿＿の武者

}を起用し，対抗した。

6. 知行国の制*5

①国司制の最終的変質…地方行政の混乱に拍車をかける。

②院が特定の個人や寺社に国司の任免権を与えた。任免権を得た者を㊵＿＿＿＿＿＿といい，適当な個人を国司*6に任命し，その国からあがる収益の大部分を得た。そのような支配をされた国を㊶＿＿＿＿＿＿国という。

③㊷＿＿＿＿＿＿…院や女院が所有する知行国。

*4　山法師・寺法師などに対して，興福寺の僧兵は奈良法師とよばれた。

*5　知行国は室町時代末期には消滅した。

*6　多くの場合，国司自らは赴任せず，代理人である目代が派遣された。

3 保元・平治の乱　2つの乱を通じて，武士の政界進出が決定された

1. 伊勢平氏の進出

①平維衡…平貞盛の子で，伊勢に勢力を固める。

②平㊸＿＿＿＿＿＿…源義親の乱を出雲に追討する。

③平㊹＿＿＿＿＿＿…瀬戸内海の海賊を追討する。

④平㊺＿＿＿＿＿＿…平忠盛の死後，平氏の棟梁となる。

平氏と院政の関係

①㊾＿＿＿＿＿＿上皇…平正盛
②㊿＿＿＿＿＿＿上皇…平忠盛
③51＿＿＿＿＿＿上皇…平清盛

2. 清和源氏の進出

①源㊻＿＿＿＿＿＿…白河上皇により，院の昇殿が許される。

②源㊼＿＿＿＿＿＿…対馬守で鎮西を侵し，隠岐へ配流。

③源㊽＿＿＿＿＿＿…源氏の棟梁となる。六条判官。

3. 保元の乱(1156)*7

①原因…院と朝廷の対立と摂関家の内紛が結びつく。

	後白河天皇方 勝	崇徳上皇方 負
摂関家	藤原㊾＿＿＿＿＿＿	藤原㊿＿＿＿＿＿＿
源　氏	源51＿＿＿＿＿＿	源為義・源為朝
平　氏	平52＿＿＿＿＿＿	平53＿＿＿＿＿＿

②結果…朝廷方が機先を制して勝利をおさめた。

*7　乱の結果，崇徳上皇は讃岐へ配流，藤原頼長は傷死，源為義は斬首，源為朝は伊豆大島へ配流，平忠正は斬死となった。

補足

藤原頼長は悪左府ともよばれ，日記として『台記』を残した。

記述論述 Q　平氏はどのようにして権力を掌握していったか，次の語句をすべて用いて120字以内で述べよ。
《大輪田泊・平治の乱・徳子・太政大臣》　（東京都立大―人文・経済，東京大）

　出題大学…㊵：北海道大，立命館大／㊷：愛知学院大／㊼：慶應義塾大，獨協大

③死罪の復活…弘仁年間に停止されていた死罪が，このとき，藤原⑰＿＿＿＿＿＿の建議で復活した。

④貴族が主，武士が従の形勢は，平治の乱で逆転する。

4. 平治の乱(1159)

①原因…源平の勢力争いと院の近臣の対立が結びつく。

源　氏 負	平　氏 勝
源㊽＿＿＿＿＿＿	平㊾＿＿＿＿＿＿
藤原㊿＿＿＿＿＿＿	藤原㊿＿＿＿＿＿＿(信西)

②結果…源氏の敗退 →源義朝は殺害，藤原信頼は斬首。

③意義…平氏政権の確立。

4 平氏政権 公家的要素と武家的要素を同時に内包した政権で，鎌倉幕府への過渡的性格をもつ

1. 平氏政権の確立

①平62＿＿＿＿＿＿が得た社会的地位。

②平63＿＿＿＿＿＿が得た日宋貿易の利潤 →経済的地位。

③平64＿＿＿＿＿＿が平治の乱に勝利 →軍事的地位。

④1167年…清盛，武家で最初の65＿＿＿＿＿＿に就任する。

⑤1171年…清盛の娘66＿＿＿＿＿＿が67＿＿＿＿＿＿天皇のもとに入内(じゅだい)する →外戚の地位を利用。

⑥1177年…68＿＿＿＿＿＿の陰謀。

▶京都東山鹿ヶ谷(ししがたに)にある僧69＿＿＿＿＿＿の山荘で平氏打倒を計画したが，多田行綱(ただゆきつな)の密告で露顕する。その結果，俊寛(しゅんかん)は鬼界ヶ島(きかいがしま)，藤原70＿＿＿＿＿＿も備前国に配流となった。*8

⑦1180年…71＿＿＿＿＿＿天皇が即位する。

2. 平氏政権の構造

①政庁…京都の72＿＿＿＿＿＿に設置 →六波羅(ろくはら)政権。

②政治基盤…平氏一門が朝廷内の高位高官を独占した。

③経済基盤

- 荘園からの収益…約500カ所。
- 知行国からの収益…約30カ所。
- 日宋貿易の利潤。

〈史料〉平氏の繁栄

六波羅殿の御一家の君達(きんだち)といひてしかば，花族(かしょく)も英耀も面(おもて)をむかへ肩をならぶる人なし。されば入道相国のこじうと平大納言時忠卿ののたまひけるは，此一門にあらざらむ人は皆人非人なるべし，とぞのたまひける。かかりしかば，いかなる人も相構えて其ゆかりにむすぼほれんとぞしける。衣紋のかきやう，烏帽子(えぼし)のため様よりはじめて，何事も六波羅様といひてければ，一天四海の人皆是をまなぶ。……

日本秋津島(あきつしま)は僅に六十六箇国，平家知行の国三十余箇国，既に半国をこえたり。その外荘園田畠いくらといふ数を知らず，綺羅(きら)充満して，堂上花の如し。軒騎(けんき)群集して門前市をなす。　　　　　（『平家物語』）

*8　藤原師光(もろみつ)(西光)は捕らえられ，死罪となった。

平氏と皇室との関係

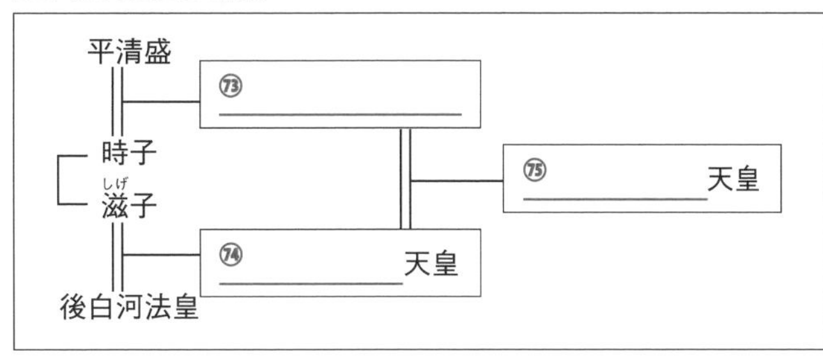

3. 日宋貿易

①安芸(あき)の76＿＿＿＿＿＿を開削。

②摂津の77＿＿＿＿＿＿を修築。

③金・水銀・硫黄などを輸出し，78＿＿＿＿＿＿・生糸・絹織物・書籍*9などを輸入した。

*9　百科全書『太平御覧』が招来された。

A 平治の乱に勝利した平清盛は，武士として最初の太政大臣になり，娘の徳子を高倉天皇の中宮に入れ，子の安徳天皇の外祖父として実権を握り，一族で高位を独占した。荘園や知行国を掌握したほか，大輪田泊を修築して日宋貿易を推進し，その利潤をも財源とした。(120字)

4. 平氏政権の性格

①公家的性格…院近臣の出身，外戚政策。

▶経済基盤は，荘園制におかれていた。

②武家的性格…武士の棟梁。

▶畿内や西国の武士を家人化し，地頭に補任した。

5 院政期の文化

浄土教文化が徐々に地方に広まった。
絵画では絵巻物の時代を現出した

1. 特　色

①平安京における中央の貴族文化が地方に波及した。

②民間芸能が流行するなど，庶民性が高まった。

2. 文　学

①歌謡集…『⑲＿＿＿＿』→後白河法皇，今様集。

②説話集…『⑳＿＿＿＿』31巻 →仏教・世俗説話。

③軍記物…
- 『㉑＿＿＿＿』→平将門の乱をえがく。
- 『㉒＿＿＿＿』→前九年合戦をえがく。

④歴史物語…
- 『㉓＿＿＿＿』40巻 →道長の栄華をえがく。
- 『㉔＿＿＿＿』8巻 →藤原氏の栄華を批判的に描写。
- ▶別名『世継物語』ともいわれる。

3. 建　築

①岩手県…㉕＿＿＿＿寺金色堂。

▶中尊寺は藤原㉖＿＿＿＿の創建になる。

②福島県…㉗＿＿＿＿阿弥陀堂 →願成寺境内。

③鳥取県…㉘＿＿＿＿寺投入堂。

④大分県…㉙＿＿＿＿寺大堂。

4. 彫　刻

①㉚＿＿＿＿寺一字金輪像…通称「人肌大日」。

②伝乗寺真木大堂仏像…大分県。

③大分県臼杵の磨崖仏…石仏の代表例。

④往生極楽院阿弥陀如来像…京都市。

5. 絵　画

①㉛＿＿＿＿…絵と詞書を交互に書いて展開させる。

②「㉜＿＿＿＿絵巻」…藤原隆能の筆になる。

③「㉝＿＿＿＿絵巻」…常盤光長の筆になる。

▶応天門の変をテーマとしている。

④「㉞＿＿＿＿絵巻」…庶民の風俗や生活を示す。

⑤「㉟＿＿＿＿」…鳥羽僧正覚猷の筆という。

▶当時の社会世相を鳥獣に擬して風刺している。

補足
『今鏡』は藤原為経が著した。

▲中尊寺金色堂内陣（中尊寺）

▲「鳥獣戯画」

補足
藤原基衡は毛越寺，藤原秀衡は無量光院を建立した。

装飾経
①「扇面古写経」…四天王寺など。
②「平家納経」…厳島神社。

記述論述 Q 院政期の文化の特徴を50字以内で説明せよ。（創作問題）

 出題大学…㉘：立命館大，東北福祉大

到達度チェック

❶ 次の文章を読んで，あとの問いに答えよ。 獨協大—国際教養・経済・法

解答：別冊p.41 ▶

後三条天皇は1068年に即位すると親政を行い，翌年には延久の荘園整理令を出した。この政策を徹底するために記録荘園券契所を設置し，[1]などを登用して摂関家に大きな打撃を与えた。

その子の白河天皇は，1086年に自らの子に譲位すると，上皇として院で政治をとる道を開いた。白河上皇は院の御所に[2]を組織し，院の権力強化に努め，白河・鳥羽・後白河の三上皇の約100年間は，院が大きな権力を行使した。(a)仏教を厚く信仰した彼らは，多くの大寺院を造営するとともに，熊野詣や高野詣を繰り返した。院が実権を持つと，(b)荘園の寄進が院の周辺に集中したが，一方，大寺院にも寄進が増加し，その権益を拡大するため，「南都・北嶺」と呼ばれた[3]・延暦寺の僧兵がしばしば強訴を行った。

1156年，鳥羽法皇の死後，(c)皇位をめぐる争いに，貴族や武士をまきこんで戦乱が起こったが，後白河天皇側が勝利をおさめた。やがて後白河上皇の近臣間の対立が激しくなり，数年後に再び戦乱が起こった。この戦いに勝利し，急速に力をつけた平清盛は，1167年に武士として初めて[4]の位につき，また(d)宋との貿易にも力を入れ，経済基盤とした。

問1．空欄[1]にあてはまる人名として正しいものを１つ選べ。

ア． 九条兼実　**イ．** 大江匡房　**ウ．** 三善康信　**エ．** 藤原頼経

問2．空欄[2]にあてはまる語句として正しいものを１つ選べ。

ア． 北面の武士　**イ．** 滝口の武者　**ウ．** 西面の武士　**エ．** 武家伝奏

問3．下線部(a)に関連して述べた寺院に関する記述として正しいものを１つ選べ。

ア． 院政期に天皇の発願により「勝」のつく寺院が８つ造営された。

イ． 院政期に建立された寺院の中で最も規模が大きいのは，法成寺であった。

ウ． 法勝寺は，白河天皇によって造立された。

エ． 尊勝寺は，後白河上皇によって建立された。

問4．下線部(b)に関連して，鳥羽上皇が皇女に伝えた荘園群の名称と，それが鎌倉時代末期に継承された皇統との組合せとして適当なものを１つ選べ。

ア． 八条院領—大覚寺統　**イ．** 八条院領—持明院統

ウ． 長講堂領—大覚寺統　**エ．** 長講堂領—持明院統

問5．空欄[3]にあてはまる語句として正しいものを１つ選べ。

ア． 唐招提寺　**イ．** 四天王寺　**ウ．** 金剛峰寺　**エ．** 興福寺

問6．下線部(c)に関連して，この「戦乱」に関する記述として正しいものを１つ選べ。

ア． 崇徳上皇は左大臣藤原頼長と結んだが，戦いに敗れた。

イ． 後白河天皇の側についた藤原通憲が自殺に追い込まれた。

ウ． この戦いに勝利した源頼信は，東国に進出していった。

エ． この戦いの後に，朝廷を監視するための六波羅探題が設置された。

問7．空欄[4]に入る語句として正しいものを１つ選べ。

ア． 関　白　**イ．** 摂　政　**ウ．** 太政大臣　**エ．** 征夷大将軍

問8．下線部(d)に関連して，日宋貿易に関する誤った記述を１つ選べ。

ア． 平氏は平清盛の父である平正盛の時から，宋との貿易に力を入れていた。

イ． 平清盛は摂津国の大輪田泊を修築し，航路の安全も図った。

ウ． 宋からもたらされた銭貨は，日本の経済に大きな影響を与えた。

エ． 日本からの主な輸出品は，金や水銀，刀剣，扇などであった。

❶ヒント

問5　南都七大寺の一つで，法相宗の寺院。藤原氏の氏寺として栄えた。

問6　下線部(c)の事件は1156年の保元の乱である。

❶解答欄

問1	
問2	
問3	
問4	
問5	
問6	
問7	
問8	

A　聖などの活躍によって，浄土教文化が地方に伝播した。また民間芸能が流行するなど文化の庶民化もすすんだ。(50字)

平安時代

解答：別冊p.15 ▶

09 鎌倉幕府の成立

重要暗記年代

■1180……以仁王の令旨
■1183……源義仲入京，平氏都落ち
■1185……平氏，壇の浦に滅亡
■1185……守護・地頭の設置
■1189……奥州藤原氏滅亡
■1192……源頼朝，征夷大将軍となる

ココが出る!!

[入試全般]
源平争乱から鎌倉幕府の成立までの経緯がポイント。

[国公立二次・難関私大]
『吾妻鏡』や『玉葉』を用いた史料問題も出るので，手持ちの史料集に目を通しておこう。

1 源平の争乱と幕府の成立

「牛車の時代」から「馬・鞍の時代」に大きく転換した

1. 源平の争乱

①1167…平清盛，⑴＿＿＿＿＿となる。
②1177…⑵＿＿＿＿＿の陰謀。
▶京都東山の僧⑶＿＿＿＿＿の山荘で藤原⑷＿＿＿＿＿らが企てた，平氏打倒のクーデター未遂事件。
③1180…⑸＿＿＿＿＿の令旨。
▶源頼政に奉じられて挙兵したが，宇治で敗死した。
④1180…平清盛，一時，摂津国⑹＿＿＿＿＿に遷都する。
⑤1180…⑺＿＿＿＿＿の戦い →頼朝，大庭景親に敗れる。*1
⑥1180…⑻＿＿＿＿＿，木曽に挙兵する。
⑦1180…頼朝，相模の鎌倉に入る →⑼＿＿＿＿＿の戦い。
⑧1181…平清盛が死去する。
⑨1183…源義仲が入京，平氏が都落ちする。
⑩1184…⑽＿＿＿＿＿の戦い*2(摂津国)。
⑪1185…⑾＿＿＿＿＿の戦い(讃岐国)。
⑫1185…⑿＿＿＿＿＿の戦い*3(長門国) →平氏一門が滅亡。

2. 鎌倉幕府の政治機構

①⒀＿＿＿＿＿(1180) →御家人の統率機関。
▶長官を別当という。初代別当は⒁＿＿＿＿＿。
②⒂＿＿＿＿＿(1184) →一般政務・財政を担当。
▶長官を別当という。初代別当は⒃＿＿＿＿＿。
▶公文所は，1191年に⒄＿＿＿＿＿に吸収された。
③⒅＿＿＿＿＿(1184) →裁判事務を担当。
▶長官を⒆＿＿＿＿＿という。初代は⒇＿＿＿＿＿。

■ 源平争乱関係図

▲砺波山の戦い(倶利伽羅峠の戦い：越中国)は，1183年。

*1 源頼朝は配流地伊豆で挙兵し，伊豆目代山木兼隆を討ったが，平氏側の大庭景親の軍に敗れ(石橋山の戦い)，房総へ渡った。

*2 源頼朝は1184年，弟の源範頼・義経を将とし，京都の義仲を討ち，ついで敗走する平氏を西に追った。義仲は同年，近江国粟津で敗死した。

*3 幼少の安徳天皇が入水した。1180年の以仁王の令旨から1185年の平氏滅亡までの争乱を，治承・寿永の乱という。

補足

1183年，源頼朝は後白河法皇から寿永二年十月宣旨で東海道・東山道の支配権(これを東国沙汰権という)を得た。また，1185年には守護・地頭を任命する権利も獲得し，事実上の支配権をうちたてた。

記述論述 Q 奥州藤原氏が滅亡するに至る経緯と，それに関わって源頼朝が獲得した支配権について次の語句を用いて説明せよ。〔語句〕源義経　(名古屋大／改)

 出題大学…③：同志社大，獨協大／⑦：獨協大，関東学院大，大阪学院大／⑨：札幌大，学習院大／⑩：大阪経済大，松山大／⑮：東京学芸大，札幌大，関西学院大

鎌倉幕府の機構

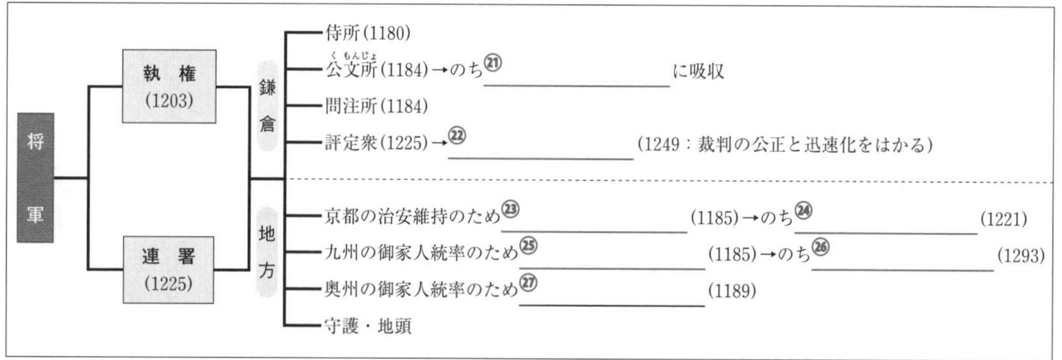

3. 幕府の経済基盤

①㉘＿＿＿＿＿＿…頼朝が獲得した荘園　→平家没官領など。

②㉙＿＿＿＿＿＿…頼朝に与えられた知行国。

▶国司には御家人が任命された。最多時で９カ国。

③関東進止所領…将軍が諸所職の補任権をもっていた荘園や国衙領。

4. 幕府の政治・軍事基盤＝御家人制度

①御家人…将軍と封建的主従関係を結んだ武士。

②御家人制度…将軍と武士との間に結ばれた主従関係にもとづく。

③将軍家から御家人への㉚＿＿＿＿＿＿。

㉛＿＿＿＿＿＿…先祖伝来の所領の所有を保証する。
㉜＿＿＿＿＿＿…地頭職を与えたり，土地を与える。

④御家人から将軍への㉝＿＿＿＿＿＿…戦時には戦闘参加，平時は㉞＿＿＿＿＿＿や㉟＿＿＿＿＿＿に勤仕する。*4

幕府の経済基盤

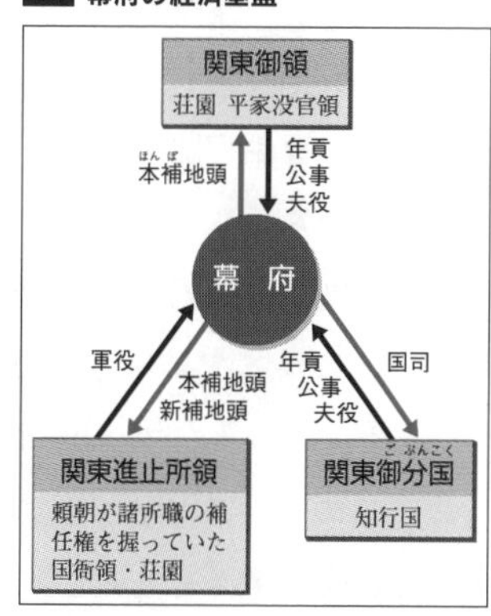

補足

関東御分国は1186年時点で，伊豆・武蔵・相模・上総・下総・信濃・越後・駿河・豊後の９カ国あり，東国に多かった。また，将軍が地頭の推薦権限をもつ荘園や国衙領を関東御口入地という。

*4　奉公には，幕府・内裏・寺社などの修理や築造役としての関東御公事もあった。

2 守護・地頭

謀反をおこした源義経の追捕を名目としながら，全国統一をはかるために軍事力を設置した

1. 守　護…１国に１人，東国出身の有力御家人を任命した。

①任務…㊱＿＿＿＿＿＿　→大番催促，謀反人・殺害人の検断。

▶国衙の在庁官人を支配し，従来の行政事務をも継承した。

②結果…国衙の公家側勢力との対立が深まる。

2. 地　頭*5…荘園・国衙領に補任。

①はじめは㊲＿＿＿＿＿＿が配置されたが，直後に荘郷地頭(平家没官領や謀反人所領に補任した地頭)になった。

②任務…㊳＿＿＿＿＿＿(管理権)，㊴＿＿＿＿＿＿(徴税権)，㊵＿＿＿＿＿＿(警察権)。

③得分…段別５升の㊶＿＿＿＿＿＿米を徴収する地頭もあった。

④㊷＿＿＿＿＿＿地頭…承久の乱後の新補地頭と区別。

*5　鎌倉時代の女性の社会的地位は比較的高く，女性で地頭になる者もあった。
また，幕府が地頭を任命する文書を地頭職補任状というが，これには鎌倉初期に発行された将軍の花押が入った袖判下文と，中期以降に政所役人が署名したものとして広く用いられた㊸＿＿＿＿＿＿下文の二通りの形式があった。

A　源頼朝は源義経追討を理由に，諸国に守護・地頭を任命する権利を獲得した。藤原泰衡が義経を殺すと，義経をかくまったという理由で1189年に泰衡を討って奥州藤原氏を滅ぼし，陸奥・出羽の２か国を支配下に置いた。(99字)

出題大学…㉗：立教大，早稲田大，名古屋大／㉙：同志社大／㉟：西南学院大，津田塾大，同志社大／㊲：早稲田大／㊴：北海道大，東京都立大，京都府立大

3 鎌倉時代初期の政治

源家将軍の陰で，北条氏が台頭の機会をねらっていた

1. 公武二元政治

①国衙では国司と守護が対立した
②荘園では荘官と地頭が対立した
} はじめは公家側が優勢であったが，のち武家側優位の公武二元体制に転じた。

2. 源頼朝の時代(～1199)

①㊹＿＿＿＿＿＿(1185)…朝廷政務を議(ぎ)すために設置。

②衣川の戦い(1189) →頼朝の奥州征討決行へ。

▶藤原秀衡(ひでひら)の子の㊺＿＿＿＿＿＿が㊻＿＿＿＿＿＿を殺す。

③頼朝，征夷大将軍に就任する(1192)

▶㊼＿＿＿＿＿＿法皇の死後。時の天皇は㊽＿＿＿＿＿＿。

3. 源頼家の時代(～1204)

①頼家の専制抑制策として13人の㊾＿＿＿＿＿＿制を採用した。

②権勢をふるっていた有力御家人の追放。

▶1200年，頼朝の寵愛を受けていた㊿＿＿＿＿＿＿が御家人多数によって排斥された。その後，北条時政は頼家の妻の父の(51)＿＿＿＿＿＿と，関東を頼家の長子一幡に，関西を頼家の弟の千幡(せんまん)に支配させようとしたことで対立し，北条氏打倒の計画を失敗させて殺した。頼家は伊豆の修禅寺(しゅぜんじ)に幽閉され，1204年に謀殺された。

4. 源実朝の時代(～1219)

①有力御家人の追放。＊6

▶1205年，北条時政は，頼朝以来の有力御家人の一人であった(52)＿＿＿＿＿＿と子の重保を謀反に参画した疑いで滅ぼした。時政は実朝を廃して後妻牧氏の娘婿である(53)＿＿＿＿＿＿を将軍に立てようとしたが失敗し，伊豆に退いた。

②実朝は，頼家の遺児(54)＿＿＿＿＿＿に暗殺された(1219)。

5. 北条氏の台頭

①北条時政…源頼朝の妻(55)＿＿＿＿＿＿の父。

②北条義時…第２代執権。

▶1205年，政所(まんどころ)別当となり，1213年に初代侍所(さむらいどころ)別当であった(56)＿＿＿＿＿＿を滅ぼし，侍所別当を兼任した。

▶(57)＿＿＿＿＿＿として幕府の実権を掌握した。この地位は，代々北条氏が世襲することになった。

③北条政子…頼朝の死後，頼家を補佐しながら政治に参加し，北条氏一門の結束を固めた。そうしたことから政子は(58)＿＿＿＿＿＿とよばれた。

公武二元体制

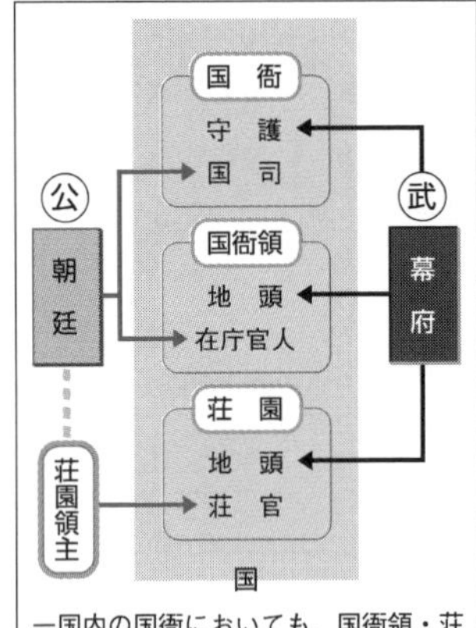

一国内の国衙においても，国衙領・荘園においても，公家勢力と武家勢力が併存していることがわかる。

補足

合議制は，はじめ北条時政・大江広元・三善康信・和田義盛・梶原景時(かじわらかげとき)ら13名で行われた。1225年設置の評定衆は，それを制度化したものである。

＊6　北条氏は権力を確立するため，北条氏をしのぐ権勢をもつ有力御家人たちを，つぎつぎに排斥した。

源氏と北条氏の関係

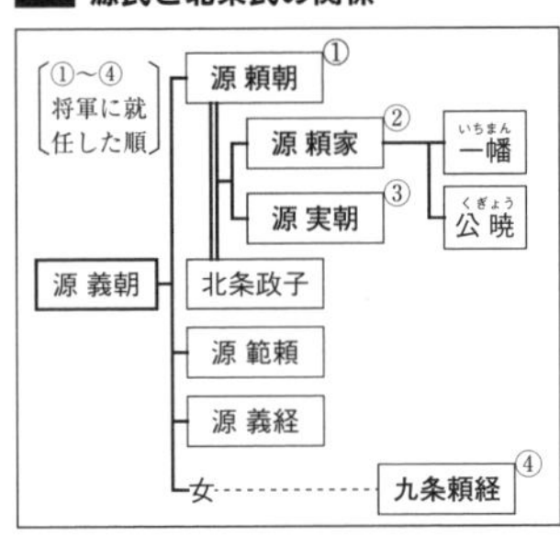

▲源家将軍が３代で絶えたあと，４代目の将軍に，頼朝の遠縁にあたる九条頼経が形式的にむかえられた。

記述論述 Q 鎌倉時代には公武の二元的な支配体制が続いたが，その具体的な内容を次の語句を用いて100字以内で説明しなさい。使用した語句には下線を付すこと。〔語群〕国衙　荘園領主　朝廷　(信州大)

　出題大学…㊿：西南学院大／(52)：東北学院大，慶應義塾大／(53)：学習院大／(58)：千葉大

到達度チェック

❶ 次の文を読んで，空欄［1］～［10］に最も適する語句を語群から選び，記号で答えよ。　駒澤大―経済・文・法・グローバル・メディア・スタディーズ

解答：別冊p.41 ▶

源頼朝が幕府を開いた鎌倉は，前九年合戦で活躍した［1］の頃から関係があり，1063年には［1］によって鶴岡八幡宮が創建されるなど，古くから源氏とのゆかりが深い地であった。室町時代には鎌倉府が置かれ，［2］が開いた建長寺を筆頭に鎌倉五山が定められるなど，東国の政治・文化の中心であった。

平氏政権に対抗した頼朝は，鎌倉を根拠地として反平氏勢力を糾合し，広く主従関係の確立につとめ，関東の公領・荘園を支配して御家人の所領支配を保障していった。1183年に平氏が都落ちしたあと，源義仲と対立する後白河法皇との交渉により，［3］の東国の支配権の承認を得た。1185年には壇の浦の戦いに勝利して平氏を打倒し，［4］とも呼ばれる源平の争乱が終結した。そののち頼朝は，守護・地頭の設置権などを後白河法皇に認めさせ，鎌倉の地に武家政権としての鎌倉幕府が確立することとなる。

鎌倉幕府の支配機構としては，侍所，公文所(のちに政所)，問注所などが中央に置かれ，それぞれ御家人の統率，一般政務や財政事務，裁判事務を担当していた。また京都から招いた下級貴族を主とする側近たちが将軍頼朝を補佐した。

一方，地方機関としては，在京御家人の統率や洛中の警備・裁判を司り，朝廷との交渉にもあたった［5］や，九州御家人の統率などを担った鎮西奉行，奥州の御家人統率などを担った奥州総奉行が置かれた。なお［5］は，承久の乱後に六波羅探題となった。また諸国に設置された守護は，［6］などの職務を任とし，国内の治安維持や御家人らの統率にあたった。荘園や公領に置かれた地頭は，年貢の徴収・納入や土地管理，治安維持などを任務としていた。

やがて頼朝の死後，頼家・実朝ら頼朝の子どもたちの時代になると，鎌倉幕府の政治は［7］ら貴族出身の頼朝側近と，北条時政・［8］ら有力御家人などによる合議制によって行われた。なお［7］は，問注所の初代執事となった人物である。御家人中心の政治を求める動きが強まるとともに，有力御家人の間で政治の主導権をめぐる争いが起きることとなる。［8］は頼家の外戚として権勢を得，1203年に北条氏の追討を計画したが失敗し，北条時政に討たれる。このような幾度かの激しい争いを経る中で，幕府内部では北条氏が勢力を増していった。

2代執権となった北条［9］は，侍所の初代別当であった和田義盛を滅ぼし，これにより［9］は政所とあわせて侍所の別当を兼ね，執権の地位を固めた。以後，執権は北条氏の一族により世襲されていく。続く3代執権の時には，執権を補佐する連署が設置され，御家人らの中から10余名を［10］に選び，執権，連署を加えた合議制に基づく政務の処理や裁判が始まった。

〔語群〕

ア 引付衆　**イ** 大江広元　**ウ** 検非違使　**エ** 虎関師錬
オ 比企能員　**カ** 評定衆　**キ** 武者所　**ク** 守護請　**ケ** 義時
コ 泰時　**サ** 時房　**シ** 三善康信　**ス** 源頼義　**セ** 無学祖元
ソ 使節遵行　**タ** 梶原景時　**チ** 奉公衆　**ツ** 源為朝
テ 藤原成親　**ト** 畠山重忠　**ナ** 蘭溪道隆　**ニ** 大犯三カ条
ヌ 源経基　**ネ** 京都守護　**ノ** 東海道・東山道　**ハ** 東海道・北陸道
ヒ 東山道・北陸道　**フ** 保元・平治の乱　**ヘ** 承平・天慶の乱
ホ 治承・寿永の乱

❶ヒント

2．円覚寺を開いた無学祖元と混同しないこと。
3．源義仲の勢力が及んでいた北陸道は除外された。
6．大番催促，謀叛人・殺害人の逮捕という守護の基本的な権限である。
10．14～15名で組織された合議機関。合議制は執権政治を支えた柱の一つである。

❶解答欄

1	
2	
3	
4	
5	
6	
7	
8	
9	
10	

鎌倉時代

A 朝廷は国司を任命して全国的に行政を統括し，有力貴族や大寺社は荘園領主として所領からの収益を得た。また幕府は国ごとに守護，荘園や国衙領には地頭を設置して支配を強めたため，しだいに公家との対立が深まった。(100字)

解答：別冊p.15 ▶

10 承久の乱と執権政治の展開

重要暗記年代

■1221……承久の乱おこる
■1221……六波羅探題の設置
■1225……連署の設置
■1225……評定衆の設置
■1232……御成敗式目を制定
■1247……宝治合戦
■1249……引付衆の設置
■1285……霜月騒動
■1297……永仁の徳政令

ココが出る!!

[入試全般]
執権政治体制確立の経緯については頻出する。「執権と関連事項」の形でまとめておくこと。

[国公立二次・難関私大]
蒙古襲来が日本社会に及ぼした経済的・社会的影響について論述させる問題もあるので，教科書本文を熟読して，その骨子をしっかりつかんでおこう。

1 承久の乱　武家側勢力が公家側勢力をしのぐ契機となった戦いである

1. 後鳥羽上皇の院政(1198～1221)

①財源の確保…八条(女)院領と①＿＿＿＿＿領の支配。
②軍事力の増強…北面の武士に加え，②＿＿＿＿＿を新設。
③朝廷の勢力回復の熱意が高まる。

2. 承久の乱

①原因…・幕府は，後鳥羽上皇の子を将軍に要請
　　　・上皇は，長江・倉橋二荘[*1]の地頭罷免を要請　｝対立
　　　・源家将軍3代の滅亡を幕府衰退と早計する。
②経過…1221年，後鳥羽上皇が③＿＿＿＿＿追討の命令を出す
　　　→北条泰時らの幕府軍が上洛[*2]→幕府軍が圧勝する。
▶このとき，尼(あま)将軍④＿＿＿＿＿が御家人の結束を固めるための檄(げき)を発した。
③結果…・三上皇の配流と皇位の交代。
⑤＿＿＿＿＿上皇→隠岐へ，順徳上皇→⑥＿＿＿＿＿へ。
⑦＿＿＿＿＿上皇→はじめ⑧＿＿＿＿＿，のち阿波へ。
⑨＿＿＿＿＿天皇廃位→⑩＿＿＿＿＿天皇擁立。
・⑪＿＿＿＿＿設置(1221)…朝廷監視と西国御家人の統轄。
▶従来の⑫＿＿＿＿＿にかわって新設された。南方・北方に分かれ，それぞれ⑬＿＿＿＿＿・北条泰時が就任。
・⑭＿＿＿＿＿地頭新設…没収公家・武家領約3000カ所。
▶得分は⑮＿＿＿＿＿[*3]によって規定され，11町に1町の免田や，段別5升の⑯＿＿＿＿＿米徴収の権限を得た。また，山野河海からの収益は領主と折半する。

補足
承久の乱について，北畠親房は『神皇正統記』の中で，「上ノ御トガトヤ申スベキ」として，後鳥羽上皇の情勢判断が誤っていたのではないか，と評している。

＊1　長江荘・倉橋荘は，いずれも摂津国にあった伊賀局(いがのつぼね)(後鳥羽上皇の寵姫)の所領。

＊2　上洛のとき，後鳥羽上皇の宣旨を読めたのは，武蔵国の御家人藤田三郎ただ一人であったといわれる。

承久の乱後の上皇配流先

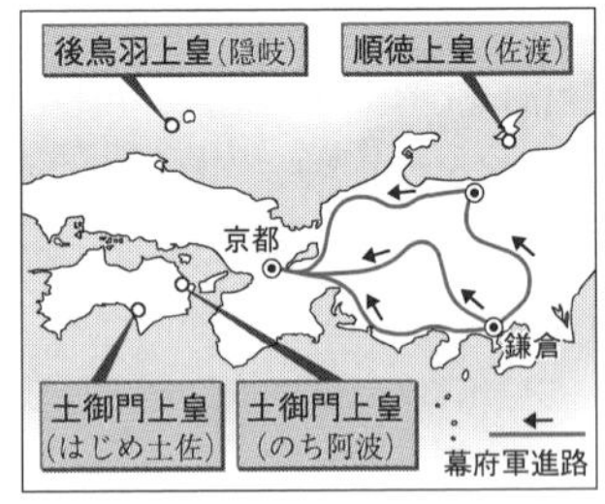

▲後鳥羽上皇は，隠岐の中ノ島に配流となった。

＊3　新補率法の制定は1223年。

記述論述 Q　御成敗式目を制定した意図について，60字以内で述べよ。　(東京大／改)

・幕府権力の充実化…従来の公家勢力を上回る。

2 執権政治の確立　執権政治を支えた２本柱は合議制と法治主義

1. 北条泰時の時代（3代執権）

①⑰＿＿＿＿＿＿の設置（1225）…執権を補佐する職。

▶初代は⑱＿＿＿＿＿＿で，以後，代々北条氏一族を任命。

②⑲＿＿＿＿＿＿の設置（1225）…合議制を制度化した。

▶はじめ11人が任命され，最高政務決定機関として機能し，裁判の判決などにもあたった。

③最初の摂家将軍⑳＿＿＿＿＿＿をたてる（1226）。

④㉑＿＿＿＿＿＿の制定（1232）＊4…最初の武家成文法。51カ条。

2. 御成敗式目の制定

①㉒＿＿＿＿＿＿ともいう。

②制定目的…所領をめぐる対立や紛争が相次いだため，訴訟に対する公平な裁判基準が必要となったから。

③制定基準…頼朝以来の㉓＿＿＿＿＿＿と，㉔＿＿＿＿＿＿とよばれる武家社会の慣習にもとづいて制定。

④適用範囲…幕府の支配地域。次第に適用範囲も広がる。

▶従来の律令や荘園関係の㉕＿＿＿＿＿＿法と併存する。

⑤内容…所領関係の記事が最も多い。そのほか守護・地頭の職権や領地の支配・相続についても規定している。

⑥用途…幕府の司法・行政の基準として用いられ，また，後世の武家法の手本ともなった。

⑦㉖＿＿＿＿＿＿…御成敗式目制定後の単行法令・追加法令。＊5

3. 北条経時（つねとき）の時代（4代執権）

摂家将軍が九条頼経（くじょうよりつね）から㉗＿＿＿＿＿＿に交代する（1244）。

4. 北条時頼（ときより）の時代（5代執権）

①北条時頼＊6…㉘＿＿＿＿＿＿の孫で，1246年に執権となる。

②㉙＿＿＿＿＿＿（1247）…三浦泰村（みうらやすむら）一族を滅ぼす。

③㉚＿＿＿＿＿＿の設置（1249）…裁判の公平・迅速化をはかる。

▶評定衆の下部組織として合議制をすすめ，その結論は評定会議にかけられて最終決定がなされた。長官を引付頭人といい，評定衆の一人が兼任した。

④最初の親王将軍㉛＿＿＿＿＿＿をむかえる（1252）。

▶親王将軍のことを宮将軍・皇族将軍ともいう。

▶泰時の甥名越光時（なごえみつとき）らの倒幕計画を抑えた。

⑤朝廷に制度改革を要求…後嵯峨上皇が院評定衆（いんのひょうじょうしゅう）を設置。

補足

義時は，大田文（おおたぶみ）という土地台帳を作成している。

執権政治の機構・合議組織

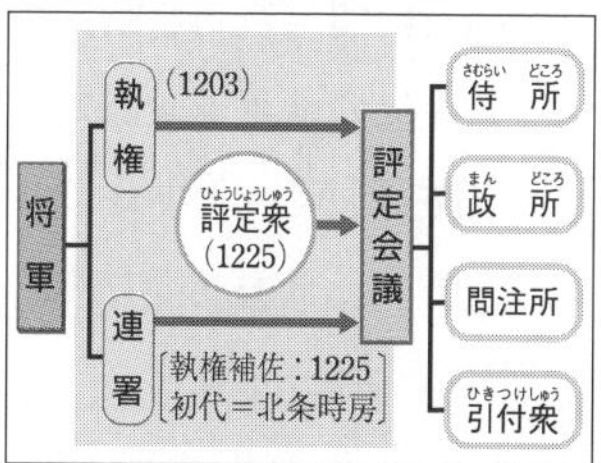

補足

北条泰時は1225年，幕府の位置をそれまでの大倉御所から宇津宮辻子〔宇都宮辻子〕御所に移転した。

＊4　泰時は六波羅探題の職にあった弟の北条重時に，式目制定の目的を述べた手紙を送っている。また，御成敗式目は，武家以外の人々からは単に「関東式目」とよばれた。

北条氏略系図

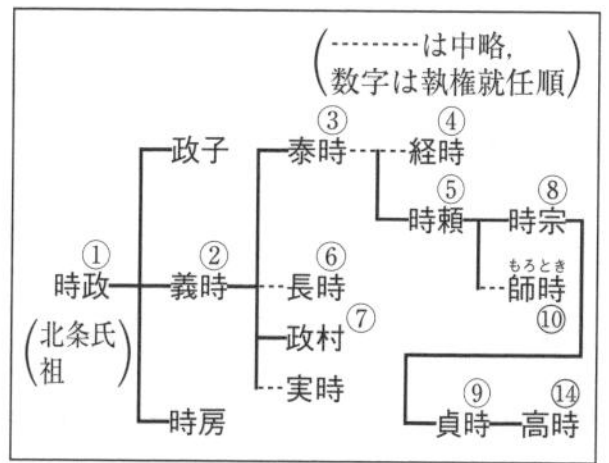

＊5　これを分類して再編纂したものを「新編追加」という。

＊6　北条時頼は鎌倉に最明寺（さいみょうじ）を建立したので，最明寺入道殿ともよばれた。

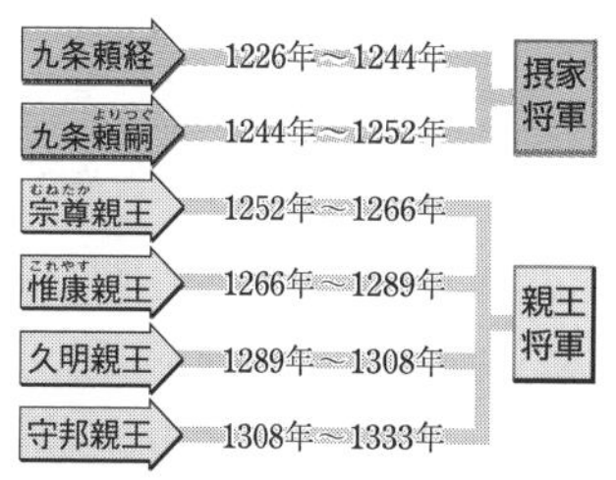

鎌倉時代

A　頼朝以来の先例と道理とよばれる武家社会の慣習にもとづいて，御家人を対象に公平な裁判をするための基本方針として定められた。（60字）

3 執権政治から得宗専制体制へ

得宗は，ときには「国王」とさえよばれるようになった

1. 北条長時の時代（6代執権）

①北条長時*7…㉜＿＿＿＿＿＿の孫にあたる。

②弘長の関東新制を制定する（1261）…61カ条。

▶寺社の尊重や訴訟処理の公正化などを通じ，執権体制を維持。

2. 蒙古襲来…北条時宗の時代（8代執権）

①蒙古…13世紀初期に㉝＿＿＿＿＿＿が統一した。孫のフビライは㉞＿＿＿＿＿＿に都を移して，国号を元と改め，㉟＿＿＿＿＿＿を服属させた。

②㊱＿＿＿＿＿＿の役（1274）…元・高麗の連合軍が来襲する。

▶元軍は㊲＿＿＿＿＿＿湾に上陸し，火器（てつはう）などを用いた集団戦法をとったため，幕府軍は苦戦した。

③防備の強化…博多湾岸に㊳＿＿＿＿＿＿を築いたり，従来の㊴＿＿＿＿＿＿番役を1275年に制度化した。

④㊵＿＿＿＿＿＿の役（1281）…東路軍と㊶＿＿＿＿＿＿軍。

東路軍…元・高麗連合軍（4万）
㊷＿＿＿＿＿＿軍…南宋軍（10万）
→上陸は許さず。*8

⑤8代執権㊸＿＿＿＿＿＿が撃退した。

▶肥後の御家人㊹＿＿＿＿＿＿が奮戦した様子は，絵巻物「㊺＿＿＿＿＿＿」に見える。

⑥蒙古襲来の影響…"神風"→神国思想・国家意識が高揚する。

- 幕府の支配力が西国にも拡大…非御家人までも動員した。
- 御家人の経済的窮乏…恩賞が不十分 →幕府への不満が高まる。

3. 御家人の窮乏と矛盾

①惣領制の崩壊…血縁的結合から㊻＿＿＿＿＿＿的結合へ。

②所領相続法の変化…分割相続から㊼＿＿＿＿＿＿相続へ。

③外様と㊽＿＿＿＿＿＿の対立が激化した。*9

▶㊾＿＿＿＿＿＿（1285）…安達泰盛と平頼綱の対立。

④平禅門の乱（1293）…平頼綱の専制政治が終わる。

4. 北条貞時の時代（9代執権）…得宗専制体制が確立*10

①蒙古襲来後の防備強化…1293年に㊿＿＿＿＿＿＿探題を設置。

②御家人の経済的窮乏を救うため(51)＿＿＿＿＿＿（1297）を発布。

▶御家人が売却した土地は20年未満であれば無償でもとの持主に返させ，非御家人や(52)＿＿＿＿＿＿などの金融業者に売却した場合は年限を問わず無償で返還させるようにした。また，金銭に関する訴訟の不受理なども定めた。*11

*7 長時は，北条時宗（時頼の家督）が幼年の間の代官として執権となった。

補足
高麗では，モンゴルの征服に対して三別抄の乱がおこるなど抵抗が続いた。1274年の文永の役は1273年の三別抄の乱の終結をまって，1281年の弘安の役は1279年の南宋の滅亡をふまえてそれぞれ実行された。

*8 たまたまおこった暴風雨によって，元軍は退散した。

▲「蒙古襲来絵詞」
（宮内庁三の丸尚蔵館所蔵，部分）

補足
元は3度目の来襲をはかっていたが，江南地方での一揆や反乱，コーチ（現ベトナム）の反抗などにより，未遂に終わった。

*9 御家人にも本来の御家人（＝外様）と，北条氏と私的な主従関係を結んで御家人になった人々（＝御内人）がおり，御内人の代表は内管領とよばれた。

*10 得宗とは北条義時の法名によるものであるが，北条氏の嫡流の惣領家のことをいう。

*11 所領の売買が盛んとなった背景には，貨幣経済の発達があった。永仁の徳政令は，かえって御家人の金融への道をとざす結果となり，翌年停止された。

記述論述 Q　1221年の承久の乱後から1297年の永仁の徳政令の発布に至る間，御家人の経済的窮乏が顕著となった。その原因を100字以内で説明せよ。（東京学芸大／改）

 出題大学…㊶・㊷：上智大

到達度チェック

❶ 次の年表を参照し，下の文を読んで，空欄 1 ～ 10 に最も適する語句を語群から選び，記号で答えよ。 駒澤大―仏・経済・文・法

解答：別冊p.41 ▶

【年表】

1185年　守護・地頭の設置　鎌倉幕府の成立
1221年　承久の乱　六波羅探題の設置
1247年　[1]合戦
1274年　文永の役
1281年　弘安の役
1285年　[2]
1297年　永仁の徳政令
1324年　正中の変
1331年　元弘の変
1333年　鎌倉幕府滅亡

【文】

1185年は平氏が[3]国の壇の浦で滅亡した年で，平氏政権にかわって鎌倉幕府を開いたのは源頼朝である。3代将軍の源実朝が暗殺されると，この機をとらえて後鳥羽上皇らが挙兵したが，上皇方が大敗し，これによって幕府の力が強まった。幕府の内部も[1]合戦で三浦泰村が敗れ，北条氏に対抗できる勢力はなくなった。

北条氏の地位が不動になるなか，[4]を服属させた元から朝貢の要求がなされたが8代執権北条時宗がこれを拒否したため，元軍が襲来した。

文永の役では約3万の軍勢が博多湾に押し寄せた。日本側は元軍の「てつはう」などの武器や集団戦法に悩まされたが，激戦のすえ，撃退することに成功した。その7年後，元軍は約14万の兵力で再び襲来してきた。しかし幕府も異国警固番役を制度化したり，博多湾沿いに[5]を造ったりするなどして防備を強化したため元軍は博多に上陸することはできず，暴風雨にあって撤退するにいたった。

元軍との戦いは『蒙古襲来絵巻』に描かれている。これは[6]国の御家人である[7]が文永の役で奮戦している自らの様子を描かせ，[6]国海東郡の甲佐大明神に奉納されたものである。ちなみに[7]は，文永の役での恩賞がなかったことを御恩奉行であった[8]に直訴して，地頭職を得ることに成功している。幕府はその後[9]を設置して元軍に備えたが，3度目の来襲はなかった。元寇後，御家人たちの経済的窮乏が進む中で，北条氏の得宗の権力が強化された。[2]はそれを如実にあらわしている。これは，9代執権の北条貞時の外戚で有力御家人であった[8]が，貞時の内管領であった平頼綱と争って敗れた事件である。その後，執権北条貞時は御家人救済のために永仁の徳政令を出したが，その効果は一時的であり，御家人は一層困窮していった。これによって鎌倉幕府の衰退は早まり，両統迭立によって[10]統から出た後醍醐天皇らにより，幕府は滅ぼされた。

〔語群〕

ア	讃岐	イ	文治	ウ	肥前	エ	羅城	オ	応永の乱
カ	南宋	キ	安達泰盛	ク	鎮西奉行	ケ	宝永	コ	観応の擾乱
サ	筑後	シ	長門	ス	畠山重忠	セ	大徳寺	ソ	高句麗
タ	九州探題	チ	竹崎季長	ツ	持明院	テ	肥後	ト	霜月騒動
ナ	宝治	ニ	鎮西探題	ヌ	菊池武光	ネ	和田義盛	ノ	石築地
ハ	水城	ヒ	大覚寺	フ	高麗	ヘ	長崎高資	ホ	安芸

❶ ヒント

2．以後，平頼綱による恐怖政治が8年間続いた。
6．現在の熊本県の旧国名を考える。
10．亀山天皇から後亀山天皇までの皇統で，八条院領を経済基盤とした。

❶ 解答欄

1	
2	
3	
4	
5	
6	
7	
8	
9	
10	

A 分割相続による所領の細分化が進み，御家人役による経済負担や蒙古襲来による軍事負担も増大した。また貨幣経済が浸透する中で所領の質入れ・売買が進み，恩賞地も不足して，御家人の経済的窮乏に拍車をかけたから。（100字）

解答：別冊p.16 ▶

11 鎌倉時代の社会経済

重要暗記年代

■1275……紀伊国阿氐河荘民の訴状

ココが出る!!

［入試全般］
農業・商業・金融・交通などに登場する歴史名辞を正しく理解しておくことが大切。

［国公立二次・難関私大］
武士の日常生活や荘園侵略のありかたなどを短文で論述させる問題もある。キーワードとなる歴史用語を散りばめて全体をまとめる練習が必要。

1 武士の生活　血縁的結合にもとづく惣領制

1. 住　居

①______…中世武士の居館 →堀ノ内・土居(どい)などともよぶ。

▶周囲に土塁や濠をめぐらし，防衛的性格が強い。

▶武器庫として，矢倉(櫓(やぐら))などを備えている場合が多い。

2. 惣領制

①②______…一族の長で，御家人役をつとめる。

②③______…嫡子(ちゃくし)(家督相続人)以外の子。

③財産の相続…はじめ④______相続。

▶鎌倉時代末期から⑤______相続が一般化した。

④⑥______…鎌倉末期からおこった女子の相続法。

⑤⑦______権…親の子に対する所領取り戻しの権限。

3. 日常生活

①質素・節倹・礼節などをたしなみとする自給自足生活。

②婚姻形式…武士の間では⑧______婚がおこる。

③武芸の鍛錬…騎射三物(きしゃみつもの)。

▶笠懸(かさがけ)・犬追物(いぬおうもの)・⑨______の総称。

④武士の道徳…⑩______

▶武家(ぶけ)のならい・弓馬(きゅうば)の道・弓矢のならいなどともいう。

⑤⑪______…弓矢を用いて行う大規模な狩猟。

▶鷹狩(たかがり)を行う場合，その狩猟場のことを狩倉(かりぐら)という。

4. 生産活動

①⑫______…下人・所従に耕作させた直営地＝正作(しょうさく)。

▶残りの土地は⑬______らに請作させた。

②⑭______…武士が家族などに耕作させた自作地。

▶屋敷地の前にあり，免田として認められた土地。

▼武士の屋敷(地方史研究協議会編『地方史研究必携』より作成)

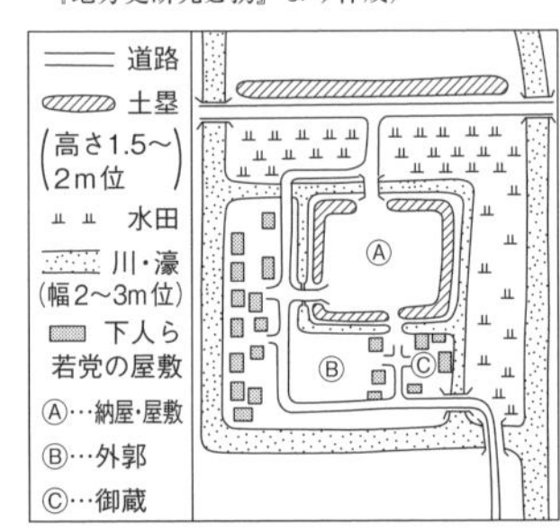

Ⓐには館や下人の居があり馬小屋なども配置された。

補足

惣領には，領主への年貢・公事などを一括して納入する責任があった。また先祖を祀る権利と義務もあった。

▲騎射三物の一つ，笠懸(かさがけ)（「男衾三郎絵巻(おぶすまさぶろう)」）

▲地方武士の館(「一遍上人絵伝」)

記述論述 Q　鎌倉時代の農業生産力の発展の状況について，農業技術にも留意しながら80字以内で述べよ。（九州大／改）

2 荘園制の変質　地頭は荘園侵略をすすめながら，在地領主権を強めていった

1. 武士の荘園侵略

①紀伊国⑮＿＿＿＿＿＿荘民の訴状(1275)。＊1

▶農民への不当支配に対し，地頭湯浅宗親の非法を寂楽寺(じゃくらくじ)に訴えたもの。全13カ条，漢字とカタ仮名文で記されている。

②年貢抑留…地頭の中には，荘園領主に取り立てた年貢を納めないで，横領する者も出てきた。

2. 対応策

①⑯＿＿＿＿＿＿…地頭に荘園管理をまかせ，年貢徴収と領主への貢納を請け負わせる方法。

②⑰＿＿＿＿＿＿…地頭と荘園領主との間で，所領を折半し，それぞれが支配するようにした。

▶話し合いでなされた場合は⑱＿＿＿＿＿＿といい，領主側からの一方的な申請で行われた場合は強制的中分という。

3. 意　義

①領主側…せめてもの年貢確保策となった。

②武士側…荘園侵略の手段となり，在地領主権を強め，武家の経済力を高める結果となった。＊2

＊1　このような意見や要求を示す形式の文書を百姓申状(ひゃくしょうもうしじょう)または言上状(ごんじょうじょう)という。

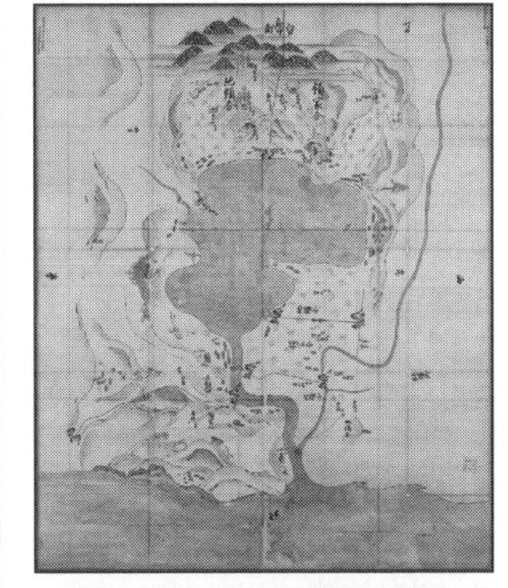

▲下地中分の図(伯耆国河村郡東郷荘之図)
(東京大学史料編纂所所蔵模写)

補足
和与中分の例としては伯耆(ほうき)国東郷荘，強制的中分の例としては出雲国安田荘があった。前者は京都の松尾神社領，後者は石清水八幡宮領であった。

＊2　請料(領主に納めるべき一定額の年貢)以外は，荘園からの収益はすべて一手に納めることができたからである。

荘園制の変質

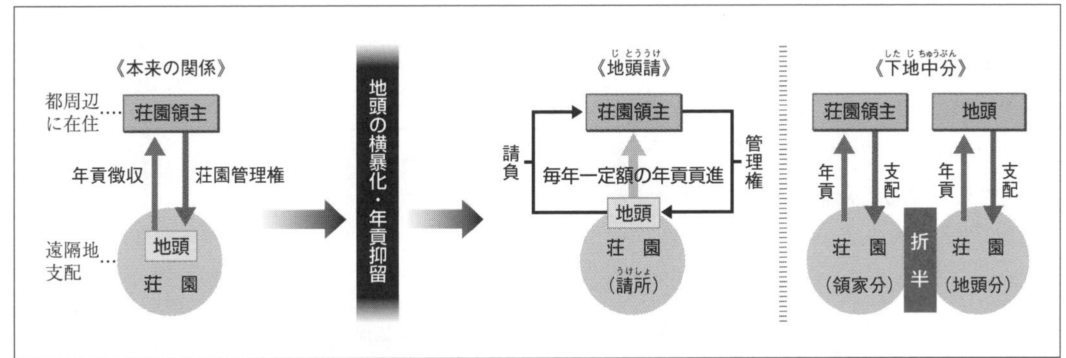

3 諸産業の発達　宋銭の流入にともない，交換経済が進展した

1. 農　業

①⑲＿＿＿＿＿＿…畿内や瀬戸内海沿岸の温暖な地域で普及。

▶裏作として⑳＿＿＿＿＿＿を栽培した。

②肥料は㉑＿＿＿＿＿＿・㉒＿＿＿＿＿＿などが用いられた。

③牛馬耕の進展…牛は耕作用，馬は運搬用として使用された。

④その他の栽培作物

・㉓＿＿＿＿…和紙の原料　・㉔＿＿＿＿…染料用

・㉕＿＿＿＿＿＿…灯明用

補足
鎌倉時代に多収穫米である大唐米(だいとうまい)が中国からもたらされ，災害に強い米として，西国を中心に広まりはじめた。

A　鉄製農具や牛馬耕が普及し，肥料として刈敷・草木灰が用いられた。畿内や西日本では麦を裏作とする二毛作も広まり，染料の原料である藍など，原料作物の栽培も行われた。(79字)

⑤農民の負担*3

- 荘園領主に対して
  - ㉖________…全収穫の30〜40%
  - ㉗________…特産物*4
  - ㉘________…労働・警備*5
- 地頭・荘官に対して㉙________を負担する。*6
- 名主に対して㉚________を負担する。

⑥農民の自立化

▶畿内などの先進地域では下人が㉛________に成長したり，また，荘園領主にも幕府にも反抗する㉜________などの活躍も目立つようになった。

*3 畑については，麦や大豆などを年貢として納入した。

*4 手工業品や水産物，山林の産物など。

*5 佃の耕作や池溝の修理に従事した。

*6 佃の耕作や京上夫・鎌倉夫に従事。

2. 商 業

①㉝________…月3回開かれた定期市。

▶定期市は㉞________の中心や交通の要地，寺社の門前などで開かれた。

▶「一遍上人絵伝」には備前国の㉟________市や，信濃国佐久郡の伴野(ともの)市などが描かれている。

▶市では，特定商人が㊱________とよばれる販売座席を確保して営業を行った。

▲備前国福岡市(「一遍上人絵伝」)

②貨幣…日宋貿易で大量に輸入された㊲________が主流。

▶その結果，㊳________の銭納化もすすんだ。

補足

商工業者の同業組合として座が発達した。座の起源は平安時代の末期である。

③金融業者として㊴________が活躍した。

▶庶民金融では㊵________・無尽(むじん)が発生した。

▶遠隔地間の取り引きには㊶________が用いられたが，米で決済する場合を替米(かえまい)，銭で決済する場合を替銭といった。

④運送業では㊷________*7が活躍した。

*7 荘園からの年貢や商品の保管・運送にあたった業者で，港や河口などの交通の要地で発達した。

⑤㊸________…商品を軒下(のきした)などに陳列して販売した。

▶室町時代になると商品を家屋の内部にも陳列して販売するようになり，㊹________と表記された。

◀**牛耕のようす(「松崎天神縁起絵巻」)**
(山口県防府天満宮所蔵，部分)
この写真から，農業において牛馬耕がかなり一般化していたことがわかる。犂(すき)を引かせて田をおこしたり，田植えのしろかきなどに利用された。

記述論述 Q 鎌倉時代の輸入品に貨幣が多く含まれていたことをふまえ，中国との交易が日本経済に与えた影響について，80字以内で説明しなさい。 (千葉大)

 出題大学…㉚：明治大／㊵：明治大，立命館大，成城大

到達度チェック

❶ 次の文章を読んで，あとの問いに答えよ。 同志社大―グローバル・法

解答：別冊p.42 ▶

鎌倉時代における農業技術の目覚ましい発達により，耕地の開発が積極的に進められた。たとえば<u>ア鉄製農具や牛馬耕が普及</u>することで，より深く耕せるようになり，悪条件でも多収穫が期待できる（ a ）の作付け，（ b ）や草木灰といった肥料の利用，さらには麦を裏作とする（ イ ）の普及により，農作物の生産量は増加した。また各地の自然条件に応じて，桑・藍・楮・漆・（ c ）などの原料作物の栽培・加工も定着していった。

こうして農作物の生産量が増大すると，それを獲得するために荘園をめぐる対立もうまれ，地頭の中には荘民を従者のように使役したり，年貢を横領するなどして荘園領主に被害を与える者も出てきた。これに対し，<u>ウ荘民の中には地頭の横暴を荘園領主に訴える</u>こともあった。その解決策として，土地を折半して武士と荘園領主が互いに干渉せず支配する（ d ）という方式がとられたり，荘園領主が一定の年貢を得る代わりに，地頭に荘園の土地や人の支配を委ねる（ e ）という契約も行われた。

この時代の武士は，領内の重要な場所に<u>エ館</u>を構え，その周囲には年貢や公事が免除された<u>オ直営地</u>を配置して直属民や一般農民に耕作させた。また<u>カ騎射三物</u>と呼ばれる武芸を競う習慣も広まった。一族はその代表である惣領とそれ以外の一族である（ キ ）に分かれ，開発した所領や地頭職を一族で（ f ）した。

問1．文中の空欄（ a ）～（ f ）について，下記の設問に答えよ。

(a)中国からもたらされた東南アジア原産とされるこの長粒米の名称を記せ。
(b)草葉を地中に埋めて発酵させるこの肥料の名称を記せ。
(c)中世ではおもに瀬戸内海沿岸部で栽培され，実を絞った油を灯明に用いたこの一年草の名称を記せ。
(d)荘園領主と地頭との間で結ばれたこの契約の名称を記せ。
(e)荘園領主と地頭との間で結ばれたこの契約の名称を記せ。
(f)この当時の武士社会で行われた財産を分与する形態の名称を記せ。

問2．文中の下線部や空欄ア～キについて，下記の設問に答えよ。

ア 鉄製農具のうち，牛馬に牽かせて田畑を耕す農具はどれか。
1．鍬 2．鋤 3．犂 4．鎌

イ 同じ土地に2回別の作物を作付けし，特に夏季を中心に米を作付することを何と呼ぶか。
1．表作 2．二期作 3．二毛作 4．三毛作

ウ この時期，荘民が地頭の非法を仮名書きの訴状で荘園領主に訴えた事例として有名な紀伊国の荘園の名称はどれか。
1．東郷荘 2．桛田荘 3．鹿子木荘 4．阿氏河荘

エ 館の周囲をめぐっていない構造物の名称はどれか。
1．母屋 2．土塁 3．堀 4．土塀

オ 館の周囲にある直営地でない土地の名称はどれか。
1．門田 2．前田 3．門畠 4．名田

カ 騎射三物でない行為の名称はどれか。
1．巻狩 2．笠懸 3．犬追物 4．流鏑馬

キ 惣領以外の一族の名称はどれか。
1．庶子 2．名主 3．嫡子 4．所従

❶ヒント

問1 (a)赤米・唐法師ともよばれた多収穫米。
(c)菜種油と混同しないこと。
(e)年貢請負の対象となった土地を地頭請所ともよんだ。
(f)その結果，所領の細分化を招き，御家人の経済的窮乏に拍車をかけた。

鎌倉時代

❶解答欄

問1	(a)	
	(b)	
	(c)	
	(d)	
	(e)	
	(f)	
問2	ア	
	イ	
	ウ	
	エ	
	オ	
	カ	
	キ	

A 高利貸業者の借上の活躍や，為替による遠隔地間の取引，年貢の代銭納が行われるなど，宋銭の流通により交換経済が発達する一方，輸入品の流通にともない流通網も発達した。(80字)

解答：別冊p.16 ▶

12 鎌倉文化

重要暗記年代

■1205……『新古今和歌集』なる
■1212……鴨長明『方丈記』なる
■1220……慈円『愚管抄』なる

ココが出る!!

［入試全般］
鎌倉文化は合否を分ける「一つの壁」でもある。仏教だけでも大問1題で出題されるし，建築・彫刻・絵画・文学・教育なども含めれば暗記事項満載の分野である。

［国公立二次・難関私大］
記述式問題も多いので，蘭「溪」道隆・懐「奘」など，間違いやすい歴史用語はケアレスミスのないように。

1 新しい芸術

武士の時代を反映し，力強くたくましい，素朴で写実的な作品が多い――鎌倉リアリズム

1. 建築

①① ＿＿＿＿＿様…東大寺南大門・浄土寺浄土堂。
▶浄土宗の老僧② ＿＿＿＿＿によって招来された南中国の建築様式。豪放で力強い表現。

②③ ＿＿＿＿＿様…円覚寺舎利殿・正福寺地蔵堂。
▶鎌倉時代に招来された北中国の建築様式。禅宗寺院の建築。

③④ ＿＿＿＿様…蓮華王院(三十三間堂)本堂・石山寺多宝塔・秋篠寺本堂・興福寺北円堂。

④⑤ ＿＿＿＿＿様…観心寺金堂(新和様ともいわれる)。

⑤⑥ ＿＿＿＿＿…武士の住宅建築。
▶母屋のほかに警備兵が控える遠侍を備え，物見櫓や堀・矢倉などの防備施設もあった。

⑥重源に従って来日した宋の工人⑧ ＿＿＿＿＿＊1は，東大寺大仏の首の修復にあたった。

2. 彫刻

①慶派(＝奈良仏師)の活躍。

②⑨ ＿＿＿＿＿…興福寺無著・世親像。

③運慶，⑩ ＿＿＿＿＿ら…東大寺南大門金剛力士像(仁王像)。
▶東大寺⑪ ＿＿＿＿＿像は重源の命でつくられた。

④⑫ ＿＿＿＿＿…興福寺天灯鬼像・竜灯鬼像。

⑤⑬ ＿＿＿＿＿…六波羅蜜寺空也上人像。

⑥定慶…興福寺金剛力士像。 ⑦高徳院阿弥陀如来像(鎌倉の大仏)。

⑧⑭ ＿＿＿＿＿…蓮華王院の中尊である千手観音像。

⑨上杉重房像…明月院(鎌倉)。

慶派の流れ

```
康 慶──運 慶──┬湛 慶
  ¦            ├康 弁
  ¦----快 慶   └康 勝
  ¦
  ¦----定 慶
(──は親子，-----は師弟関係)
```

補足
重源は，東大寺の復興のためにさまざまな人々から寄付を求めた勧進上人で，大仏上人ともよばれた。

▲東大寺南大門(奈良)
(写真提供：一般社団法人日本写真著作権協会 ©01037AA)

▲⑦ ＿＿＿＿寺舎利殿(鎌倉)

＊1 陳和卿は源実朝の命で大船を建造したが，進水できず失敗した。

▲無著像

記述論述 Q 鎌倉時代に成立した紀行文を一つあげ，作者名と旅行の目的を述べよ。 (一橋大)

 出題大学…③：青山学院大，成城大，立命館大／⑨：専修大，成城大，駒澤大／⑩：上智大，日本大，関西大／⑪：日本大，南山大／⑫：明治大，立教大

3. 絵　画

A. 絵巻物

①「春日権現験記」(春日験記ともいう)…高階隆兼の作。

②「北野天神縁起絵巻」…⑮＿＿＿＿＿＿の筆になるという。

▶⑯＿＿＿＿＿＿の生涯と北野天満宮創建の由来などを描く。

③「⑰＿＿＿＿＿＿」…円伊 →一遍の生涯を描く。

④「法然上人行状絵図」…土佐吉光の筆になるといわれる。

⑤「石山寺縁起絵巻」…前半は高階隆兼の筆になるといわれる。

⑥「⑱＿＿＿＿＿＿」…日吉神社の縁起について描く。

⑦「⑲＿＿＿＿＿＿」…元寇をテーマとする。(P.86参照)

▶肥後の御家人⑳＿＿＿＿＿＿が後世のために描かせた。

⑧「㉑＿＿＿＿＿＿」…関東地方の武士の生活をテーマとする →吉見二郎・男衾三郎兄弟。

⑨「前九年合戦絵巻」・「後三年合戦絵巻」・「平治物語絵巻」。

B. 肖像画

①似絵…大和絵の肖像画 →藤原隆信・藤原信実父子。

②「(伝)源頼朝像」・「(伝)平重盛像」…㉒＿＿＿＿＿＿の作(神護寺)。

③「後鳥羽上皇像」・「随身庭騎図」…㉓＿＿＿＿＿＿の作。

④高山寺「㉔＿＿＿＿＿＿」…成忍の作。

⑤西本願寺「親鸞聖人像」…専阿弥の作 →"鏡御影"

⑥㉕＿＿＿＿＿＿…禅宗における高僧の肖像画 →礼拝用。

4. 工　芸

A. 刀　工

①鎌倉…㉖＿＿＿＿＿＿　②備前…㉗＿＿＿＿＿＿

③京都…㉘＿＿＿＿＿＿

B. 甲　冑…明珍家が名高い。

C. 製　陶…瀬戸焼 →祖は㉙＿＿＿＿＿＿といわれる。

5. 書　道…㉚＿＿＿＿＿＿流

▶㉛＿＿＿＿＿＿が創始 →代表書蹟「鷹巣帖」。従来の世尊寺流にかわって主流となり，のちの㉜＿＿＿＿＿＿流に発展。

> **補足**
> 絵巻物の題材は，平安時代は物語，鎌倉時代には寺社の縁起や僧侶・合戦などをテーマとしたものが多く，鑑賞的性格が強い。

▲「一遍上人絵伝」

> **書道の流派**
> 平安中期に藤原行成が世尊寺流をおこし，平安後期には藤原忠通が法性寺流をおこした。

2 学問・文学の新展開　文学には，仏教の無常観が流れている

1. 有職故実…儀式や年中行事などを研究する学問。

①『世俗浅深秘抄』…後鳥羽天皇。

②『㉝＿＿＿＿＿＿』…順徳天皇。

2. 宋　学…南宋の朱熹によって大成された朱子学のこと。

▶㉞＿＿＿＿＿＿論…朱子学で説く君臣間の基本的道理。

> **補足**
> 学問は特定の家に秘伝化され，家学となった。

A　『十六夜日記』。阿仏尼の著書。阿仏尼が所領問題の訴訟のために鎌倉に下ったときの様子を記したもの。(48字)

出題大学…⑱：青山学院大，慶應義塾大／㉓：学習院大，慶應義塾大／㉔：青山学院大／㉗：関西大／㉘：中央大／㉙：愛知学院大／㉚：上智大，駒澤大／㉛：早稲田大

3. 和　歌

①『㉟＿＿＿＿＿＿』…後鳥羽上皇＊2の命で撰集。

▶藤原定家＊3・藤原家隆らが編纂した（八代集の最後）。

②『㊱＿＿＿＿＿＿』…源実朝 →万葉調の歌。

③「㊲＿＿＿＿＿＿」…西行 →自然と旅の歌。

4. 歴史書

①『㊳＿＿＿＿＿＿』…鎌倉幕府が編纂した歴史書。

②『㊴＿＿＿＿＿＿』…天台座主の㊵＿＿＿＿＿＿が著す。

▶道理と㊶＿＿＿＿＿＿思想にもとづく歴史哲学書。

③『㊷＿＿＿＿＿＿』…臨済僧㊸＿＿＿＿＿＿による仏教史。

5. 説　話＊4

①『古今著聞集』…㊹＿＿＿＿＿＿の撰。　②『十訓抄』

③『沙石集』…無住。　④『宇治拾遺物語』

6. 古典研究

①『万葉集註釈』＊5…天台僧㊺＿＿＿＿＿＿の著。

②『釈日本紀』…卜部兼方による『日本書紀』の注釈書。

7. 日記文学・紀行文学・随筆

①『玉葉』…㊻＿＿＿＿＿＿の日記。

②『㊼＿＿＿＿＿＿』…阿仏尼 →紀行文。

③『東関紀行』…源親行？　④『海道記』…源光行？

⑤『㊽＿＿＿＿＿＿』…鴨長明 →無常観が底流　｝随筆。隠者文学

⑥『㊾＿＿＿＿＿＿』…吉田兼好（兼好法師）　｝の双璧。

8. 軍記物語

①『保元物語』…保元の乱（1156）がテーマとなっている。

②『平治物語』…平治の乱（1159）がテーマとなっている。

③『㊿＿＿＿＿＿＿』…信濃前司行長？ →源平争乱を扱っている。

▶琵琶法師の51＿＿＿＿＿＿によって広まる。

▶『源平盛衰記』は，『平家物語』の異本の一種ともいわれる。

④『承久記』…52＿＿＿＿＿＿をテーマとしている。

9. 教　育

53＿＿＿＿＿＿…武蔵国称名寺の境内に，54＿＿＿＿＿＿が設置した私設図書館である。

10. 神　道

①55＿＿＿＿＿＿説…神主仏従の立場に立っている。

②伊勢神道…伊勢外宮の神官56＿＿＿＿＿＿が提唱した。

▶伊勢神道の根本経典は『神道五部書』であるが，度会家行は『57＿＿＿＿＿＿』をも著している。

＊2　後鳥羽上皇は，1201年に和歌所を設置した。

＊3　藤原定家には，歌集『拾遺愚草』や歌論書『近代秀歌』，日記『明月記』などの著作がある。

補足

四鏡のうち，『水鏡』（作者は中山忠親といわれる）もこの時代初期に成立した。いわゆる「鏡もの」とは，歴史を鏡とみる歴史観に立つという意味である。

＊4　説話集にはこのほか，鴨長明の『発心集』などもある。

＊5　『万葉集註釈』は『仙覚抄』ともいわれる。

補足

北条実時は，『群書治要』に精通していた。金沢文庫は実時亡きあと，子の顕時，孫の貞顕らによって経営されていった。

記述論述 Q　時宗の宗派としての特徴を説明せよ。（名古屋大）

　出題大学…㊸：京都産業大／㊺：名城大，九州大／55：専修大，南山大／57：関西学院大

3 鎌倉仏教　虚空に放たれた人々の前に，念仏・題目・禅の救いの糸がたらされた

1. 新宗派成立の背景

①天変地異による社会不安の増大。　②末法到来の意識。

③僧兵の横暴などによる古代仏教の堕落。

④新しい価値観のめばえ。　⑤新たな教えを求める気運。

2. 新宗派の特徴

①開祖のほとんどが，比叡山㊽＿＿＿＿＿寺の出身。

②㊾＿＿＿＿＿・専修（せんじゅ）・易行（いぎょう）…庶民仏教としての基盤を形成。

3. 浄土宗(1175)…一般民衆・公家・武士が帰依した。

①開祖…美作（みまさか）国に生まれた㊿＿＿＿＿＿*6 →源空ともいう。

②宗義…専修念仏 →「南無阿弥陀仏（なむあみだぶつ）」の称号を唱える。

③著書…『61＿＿＿＿＿集』→根本聖典。

▶62＿＿＿＿＿の求めに応じて著された。

④中心寺院…京都の63＿＿＿＿＿。

4. 浄土真宗(一向宗：1224)…一般民衆・武士が帰依した。

①開祖…法然の弟子64＿＿＿＿＿ →日野有範（ありのり）の子。

②宗義…信心 →阿弥陀による救済を信じる心。絶対他力。

③新たな救済論理…65＿＿＿＿＿説。

④著書…『66＿＿＿＿＿』→根本聖典。

⑤中心寺院…京都の67＿＿＿＿＿寺。

⑥弟子68＿＿＿＿＿は，『歎異抄（たんにしょう）』で師の異説を正した。

⑦法然の法難に際して，親鸞は69＿＿＿＿＿に配流となる。

5. 時　宗(1274)…下層武士や農民が支持した。

①開祖…70＿＿＿＿＿ →遊行（ゆぎょう）上人・捨聖（すてひじり）ともよばれる。

②宗義…賦算（ふさん）事業を通し，信心の有無を問わず，念仏を唱えれば，だれもが救われると説く。*7

③71＿＿＿＿＿…時宗の特徴で，念仏を唱えながら踊る。

④著書…死ぬ直前に焼き捨てている。*8

⑤中心寺院…神奈川県藤沢市の72＿＿＿＿＿寺(遊行寺)。

⑥門徒を73＿＿＿＿＿という…阿弥号をもつ人々が多い。

6. 日蓮宗(法華宗：1253)…商人・下層武士・農民が支持した。

①開祖…安房小湊（あわこみなと）出身の日蓮。

②宗義…題目「南無妙法蓮華経（なむみょうほうれんげきょう）」を唱えることで成仏できる。

▶74＿＿＿＿＿経至上主義の立場により，他宗を排撃した。*9

また，辻説法で教説を展開した。現世利益主義。

③著書…『75＿＿＿＿＿論』→国難の到来を予言した。*10

*6　旧仏教による圧迫で，1207年に四国に配流となった(承元の法難)。また，浄土宗の名称は『選択（せんちゃく）本願念仏集』の中からうまれた。

浄土宗諸派の形成

- 長楽寺派…隆寛（りゅうかん）が祖。
- 九品寺（くほんじ）派…覚明（かくみょう）が祖。
- 鎮西（ちんぜい）派…聖光（しょうこう）が祖。
- 西山（せいざん）派…証空（しょうくう）が祖。

〈史料〉悪人正機説

善人なをもて往生をとぐ，いはんや悪人をや。しかるを世のひとつねにいはく，「悪人なを往生す。いかにいはんや善人をやと」。この条，一旦そのいはれあるににたれども，本願他力の意趣にそむけり。

唯円（ゆいえん）『歎異抄』

*7　念仏札を配ることを賦算（ふさん）という。

*8　記録としては『一遍上人語録』や円伊（えんい）が描いた「一遍上人絵伝」などがある。

補足

のちには，阿弥号をもっていても必ずしも時宗門徒とは限らなくなったが，彼らによって一方では芸能もはぐくまれていった。

*9　「念仏無間・禅天魔・真言亡国・律国賊」として他宗を排撃した。

*10　著書としては，ほかに『開目鈔（かいもくしょう）』などもある。

A　信・不信を問わず，念仏札を得た人々はすべて極楽浄土に往生するという一遍の教えで，踊念仏を特徴とする。(50字)

④配流…はじめ(76)＿＿＿＿＿＿，のち(77)＿＿＿＿＿＿に配流。

⑤中心寺院…身延山(みのぶさん)(78)＿＿＿＿＿＿寺。

7. 臨済宗(1191)…将軍・上級武士が帰依した。

①開祖…(79)＿＿＿＿＿＿。

②宗義…(80)＿＿＿＿＿＿とよばれる禅問答を通して悟りへ。

③著書…『(81)＿＿＿＿＿＿論』で禅の必要性を展開した。

④中心寺院…栄西は鎌倉の(82)＿＿＿＿＿＿寺や京都の建仁寺の開山にあずかった。

⑤臨済宗の発展

- 建長寺…北条時頼が建立した →開山は(83)＿＿＿＿＿＿。
- 円覚寺…北条時宗が建立した →開山は(84)＿＿＿＿＿＿。
- 東福寺…九条道家(みちいえ)が建立した →開山は円爾弁円(えんにべんえん)。

8. 曹洞宗(1227)…一般武士・農民が支持した。

①開祖…(85)＿＿＿＿＿＿ →権力や世俗の名利を嫌う。

②宗義…(86)＿＿＿＿＿＿ →ひたすら坐禅に打ちこむ。

③著書…『(87)＿＿＿＿＿＿』で禅の本質を述べる。

④中心寺院…越前国(88)＿＿＿＿＿＿寺 →曹洞宗の中心道場。

⑤弟子の(89)＿＿＿＿＿＿は，『正法眼蔵随聞記(ずいもんき)』を著す。

4 旧仏教の革新

新宗派の台頭は，形式に流れていた旧仏教に覚醒を促した

1. 華厳宗(けごん)

①(90)＿＿＿＿＿＿…中興の祖 →明恵(みょうえ)上人ともいう。

②京都栂尾(とがのお)に(91)＿＿＿＿＿＿寺を建立し，戒律を重視した。

③『(92)＿＿＿＿＿＿』を著し，法然の浄土宗に対して論駁(ろんばく)した。

2. 律　宗

①(93)＿＿＿＿＿＿…興正菩薩(こうしょうぼさつ)ともいわれた。

②奈良の(94)＿＿＿＿＿＿寺を再興した。

③弟子の(95)＿＿＿＿＿＿は鎌倉に(96)＿＿＿＿＿＿寺を中興。

▶忍性(良観)は，奈良に(97)＿＿＿＿＿＿を設立してハンセン病患者の救済にあたり，社会事業を推進した。

3. 法相宗

①(98)＿＿＿＿＿＿…中興の祖 →解脱(げだつ)上人ともいう。

②はじめ興福寺僧。のち笠置(かさぎ)寺に移り，隠棲した。

4. 四宗兼学・その他

①俊芿(しゅんじょう)…京都に泉涌寺(せんにゅうじ)を再興 →宋から典籍を招来。

②天台宗…(99)＿＿＿＿＿＿が出た →天台座主。『愚管抄(ぐかんしょう)』。

③真言宗…頼瑜(らいゆ)が出て，のち新義真言宗が成立。*11

茶種の招来

栄西は2度入宋し，茶種を伝え，九州に植えられたが，のち山城・武蔵・駿河国などにも広まった。茶ははじめ薬用として飲まれ，栄西もその効用を『(100)＿＿＿＿＿＿』に記している。

鎌倉新宗派成立の時期

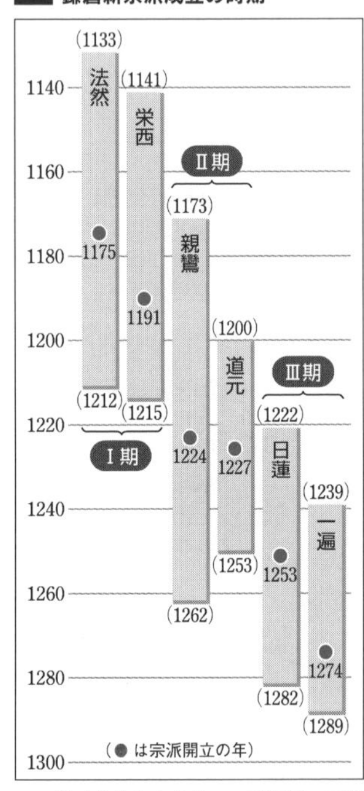

▲Ⅰ期は古代から中世への過渡期，Ⅱ期は承久の乱後，Ⅲ期は蒙古襲来前後である。この時期に新宗派がうまれた背景としては，①戦乱などにともなう病・貧しさの増幅，②価値観の転換にともなう心の不安などが考えられる。

*11　のち智山(ちさん)派や豊山(ぶざん)派に分裂した。

記述論述 Q 臨済宗と曹洞宗について，「公案」「只管打坐」という言葉を手がかりに，その相違を80字以内で説明しなさい。（津田塾大一学芸／改）

 出題大学…(80)：津田塾大，早稲田大，北海道大／(89)：東海大，明治大／(92)：関西大，同志社大

到達度チェック

❶ 次の文章の空欄にもっとも適切な語句を答えよ。

成城大―経済／改

鎌倉時代の文化においても，公家文化の伝統は変わらず保持されており，文学関係では鎌倉初頭に［1］上皇が勅撰した『新古今和歌集』が注目される。撰者の中心は『明月記』を著した藤原［2］・藤原家隆らで，入集した歌人では各地を遍歴しながら歌集『山家集』を残した［3］がいる。軍記物語の類では『平家物語』が代表的だが，［4］法師による平曲として語られることで人口に膾炙した。武家の中にも源実朝をはじめ，文雅の道に通じたものも現れた。その後に台頭した北条氏の一族には，自らの別邸に文庫をつくった［5］が知られている。芸術関係では，これまでの和様建築に対して，中国からもたらされた強固で豪放な［6］という新様式が用いられた。絵画では禅宗の僧侶の肖像画として［7］などが多く描かれた。戦記絵巻では肥後の武士［8］の奮戦ぶりを描いた『蒙古襲来絵巻』があげられる。さらに新仏教の高僧の行状絵巻も作られ，法然・親鸞・一遍などの絵巻が知られる。また当時，新仏教に対抗すべく，律僧の［9］が鎌倉地方で制作させた『鑑真和上東征絵伝』は戒律復興の教えを鼓舞したものである。［9］は奈良に病人の救済施設を建て，施療や慈善を尽くしたことでも知られる。工芸の分野では，特に尾張国で［10］焼と総称されるものが量産された。

❷ 次の各問いに応えよ。

青山学院大―文

問1.「善人なおもちて往生をとぐ，いはんや悪人をや」という新たな教義を説いたのは誰か。

① 日蓮　② 親鸞　③ 一遍　④ 法然

問2. 鎌倉時代には旧仏教側も新たな動きを見せたが，次のうち華厳宗の僧は誰か。

① 明恵　② 叡尊　③ 貞慶　④ 忍性

問3. 鎌倉新仏教で，禅を説いた道元の著作は次のどれか。

① 興禅護国論　② 選択本願念仏集　③ 正法眼蔵　④ 立正安国論

問4. 和歌集である『山家集』は誰の作品か。

① 西行　② 後鳥羽上皇　③ 藤原定家　④ 藤原家隆

問5. 大陸から伝えられた建築様式のうち，禅宗様で建築されたのは次のどれか。

① 円覚寺舎利殿　② 石山寺多宝塔　③ 観心寺金堂
④ 東大寺南大門

問6. 現存する次の絵巻物のうち，中世に制作されなかったものはどれか。

① 平治物語絵巻　② 地獄草紙　③ 太平記絵巻　④ 病草紙

問7. 刀剣でも名作が作られたが，そのうち正宗が本拠地としたのは次のどこか。

① 大和　② 備前　③ 京都　④ 鎌倉

❸ 次の各問いに答えよ。

関西学院大―経済・国際／改

問1. 重源上人の業績に関する説明として，誤っているものを選びなさい。なお，すべて正しい場合は「エ」と答えよ。

ア 源平の争乱で焼失した東大寺の再建にあたった。
イ 東大寺の再建にあたり，宋の陳和卿の協力を得た。
ウ 東大寺再建にあたっては，大仏様という建築様式が採用された。

問2. 奥州藤原氏一族がかかわった寺院として，誤っているものを選びなさい。

ア 中尊寺金色堂　**イ** 富貴寺大堂　**ウ** 白水阿弥陀堂　**エ** 毛越寺

解答：別冊p.42 ▶

❶ヒント

3. 隠者としての人生を送った。『山家集』は隠者文学の代表例である。
5. 金沢実時でも正解。武蔵国称名寺の境内に文庫を設けた。
9. 奈良に北山十八間戸を創建した。良観でも正解。

❶解答欄

1	
2	
3	
4	
5	
6	
7	
8	
9	
10	

❷ヒント

問1 史料出典は唯円の『歎異抄』。
問3 道元の弟子懐奘は『正法眼蔵随聞記』を著した。
問5 鎌倉五山の第二位の寺院を考える。
問7 「正宗」とは岡崎正宗。

❷解答欄

問1	
問2	
問3	
問4	
問5	難
問6	
問7	

❸ヒント

問1 重源は東大寺大仏殿の落慶法要を行った。

❸解答欄

問1	
問2	

鎌倉時代

A 臨済宗は禅問答である「公案」を通して悟りの境地をめざし権力の保護の下に発展したのに対し，曹洞宗は権力から離れ，「只管打坐」という実践主義を通して悟道をめざした。(80字)

解答：別冊p.17 ▶

13 建武の新政と南北朝の動乱

重要暗記年代

- ■1317……文保の和談（両統迭立）
- ■1324……正中の変
- ■1331……元弘の変
- ■1333……鎌倉幕府の滅亡
- ■1335……中先代の乱
- ■1350……観応の擾乱
- ■1392……南北朝の合体

ココが出る!!

［入試全般］
建武の新政は中央の行政機構と地方統治のありかたに注意。特に後醍醐天皇の皇子の功績を正しく押さえるかどうかがポイントとなる。

［国公立二次・難関私大］
建武の新政が短期間で崩壊した理由や，南北朝の動乱が半世紀以上にもわたって続いた背景を論じさせる問題が多い。

1 鎌倉幕府の滅亡　反幕精神が高まり，悪党の跳梁がみられた

1. 鎌倉時代の朝廷

① ①________統…亀山天皇にはじまる。
　②________統…後深草天皇にはじまる。

▶大覚寺統は③________，持明院(じみょういん)統は長講堂領を経済基盤とした。

②④________(1317)…両統迭立(てつりつ)の方針を提案した。

2. 摂関家の分裂

⑤________・⑥________・⑦________・二条・一条…五摂家。

3. 得宗専制体制

①北条高時の頃には，内管領(うちかんれい)⑧________が専制化した。

②御家人の反発…反幕精神の高揚 →有力御家人が蜂起した。

③⑨________の跳梁…畿内などで顕著となる。

4. 後醍醐天皇の親政

①⑩________統に即位する。

②朱子学のもつ⑪________論を信奉した。

③朝廷政治の刷新…人材を登用し，1321年に⑫________を再興した。

5. 討幕計画

①1324年…⑬________の変。

▶日野資朝(すけとも)は⑭________へ配流，日野俊基(としもと)は赦免。

②1331年…⑮________の変。

▶後醍醐天皇は⑯________へ配流となる。*1

③肥後の菊池武時(きくちたけとき)，播磨の赤松則村(あかまつのりむら)らも挙兵した。

皇室関係系図

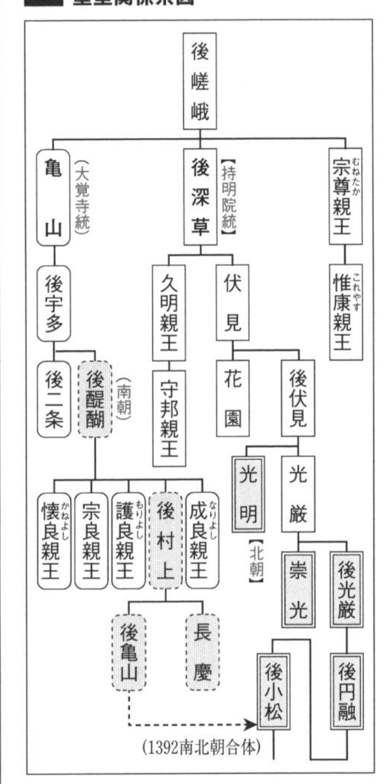

＊1　隠岐を脱出した後醍醐天皇をむかえたのは，伯耆(ほうき)の豪族名和長年である。

記述論述 Q　建武式目について100字以内で記せ。（法政大―法・経営）

　出題大学…④：学習院大／⑤：日本女子大，和歌山大

6. 鎌倉幕府の滅亡(1333)

①⑰＿＿＿＿＿＿…六波羅探題を攻め落とす。

②⑱＿＿＿＿＿＿…鎌倉幕府を滅ぼす。

> **補足**
> 1331年に鎌倉幕府によって，持明院統の光厳(こうごん)天皇がたてられた。

2 建武の新政　公武折衷的な政権で，2年余りで崩壊した

1. 建武の新政

①理想とした政治…⑲＿＿＿＿＿＿・⑳＿＿＿＿＿＿の治。

②大内裏(だいだいり)はなく，㉑＿＿＿＿＿＿(＝仮の内裏)で生活。

③三房(さんぼう)…㉒＿＿＿＿＿＿・吉田定房(よしださだふさ)・万里小路宣房(までのこうじのぶふさ)の補佐。

④天皇の意志を伝える㉓＿＿＿＿＿＿を絶対とした…蔵人が発行した。

⑤経済基盤…長講堂領・八条(女)院領・室町院領など。

建武政府の組織

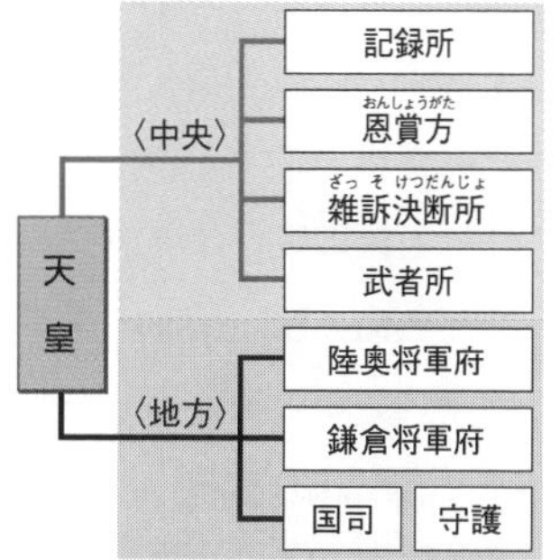

> **補足**
> 乾坤通宝(けんこん)などの銭貨鋳造計画もあったが，実現しなかった。

2. 建武政府の中央政治機構

①㉔＿＿＿＿＿＿…一般政務をつかさどる。

②㉕＿＿＿＿＿＿…所領問題に関する訴訟を担当する。

③恩賞方…建武の新政を支持した武士への論功行賞。

④武者所…治安維持 →頭人(とうにん)は㉖＿＿＿＿＿＿。

3. 建武政府の地方支配*2

①陸奥(むつ)将軍府…㉗＿＿＿＿＿＿親王 →㉘＿＿＿＿＿＿が補佐。

②鎌倉将軍府*3…㉙＿＿＿＿＿＿親王→㉚＿＿＿＿＿＿が補佐。

③征夷大将軍…㉛＿＿＿＿＿＿親王 →足利尊氏と対立。

④征西将軍…㉜＿＿＿＿＿＿親王。今川了俊(りょうしゅん)に圧迫される。

4. 建武の新政が短期間に崩壊した理由

①『㉝＿＿＿＿＿＿』所収の「二条河原落書」…社会の混乱ぶり。

②大内裏造営費用を諸国地頭に負担させた。
③恩賞が公家に厚く，武家に薄かった →不公平。
}武士の不満

*2　諸国には守護と国司を併置するなど，公武折衷的性格が強い政権であった。

*3　関東10カ国の統治にあたった。

> **〈史料〉「二条河原落書」**
> 此比(このごろ)都ニハヤル物，夜討強盗謀綸旨(にせりんじ)，召人早馬虚騒動(からさわぎ)，生頸還俗(なまくびげんぞく)自由出家，俄(にわか)大名迷者，安堵(あんど)恩賞虚軍(からいくさ)，本領ハナルル訴訟人，文書入タル細葛(ほそつづら)，追従讒人(ついしょうざんにん)禅律僧，下克上スル成(なり)出者(いでもの)，器用ノ堪否(かんぷ)沙汰モナク，モルル人ナキ決断所，キツケヌ冠上ノキヌ，持モナラハヌ笏(しゃく)持テ，内裏マジハリ珍シヤ，賢者ガホナル伝奏ハ，我モ我モトミユレドモ，巧ナリケル詐ハ，ヲロカナルニヤヲトルラム，……。　(『建武年間記』)

3 南北朝の動乱　60年続き，この間に社会も大きく変容した

1. ㉞＿＿＿＿＿＿の乱(1335)

①北条高時の次男である北条㉟＿＿＿＿＿＿が信濃で挙兵。

②一時鎌倉を陥れたが，足利㊱＿＿＿＿＿＿により鎮定される。*4

*4　時行は逃れ，南朝にくみし，1353年まで活動した。

2. 南北朝の分裂(1336)

①北朝*5…㊲＿＿＿＿＿＿・崇光(すこう)・後光厳(ごこうごん)・後円融・後小松天皇。

②南朝*6…後醍醐・後村上・長慶(ちょうけい)・㊳＿＿＿＿＿＿天皇。

*5　持明院統の皇統。

*6　大覚寺統の皇統。

3. ㊴＿＿＿＿＿＿の制定(1336)

▶足利尊氏が評定衆の中原章賢(のりかた)(是円(ぜえん))らの答申にもとづき，17カ条にまとめた政治綱領。

> **補足**
> 足利尊氏は1338年，光明天皇により征夷大将軍に任命された。

A　1336年，足利尊氏が評定衆の中原章賢らの答申をもとに制定した1巻17条からなる政治綱領。幕府開設の場所をどこにするか，以後の政治にどのような方法を取り入れるかなど，政道についてまとめたもの。(93字)

4. 南朝側の動向

①南朝はしばしば行宮を移した。

- 吉野…金峰山寺を使用した。
- 賀名生…華蔵院・総福寺を使用した。
- 住吉神社　• 金剛寺　• 石清水八幡宮

②南朝勢力は不振…重臣の戦死による。

- 湊川の戦い(1336)…(40)＿＿＿＿＿＿。
- 石津の戦い(1338)…(41)＿＿＿＿＿＿。
- 藤島の戦い(1338)…(42)＿＿＿＿＿＿。
- 四条畷の戦い(1348)…(43)＿＿＿＿＿＿。

5. 北朝側の動向

①政治構想をめぐる対立…二頭政治。

- 足利尊氏と執事(44)＿＿＿＿＿＿。
- 足利(45)＿＿＿＿＿＿と足利(46)＿＿＿＿＿＿。

②(47)＿＿＿＿＿＿の擾乱(1350〜52)。

▶足利直義は，尊氏によって毒殺された。

6. 南北朝の合体

①(48)＿＿＿＿＿＿年。

②南朝の(49)＿＿＿＿＿＿天皇が京都に帰り，足利義満の申し入れを受諾し，大覚寺で北朝の(50)＿＿＿＿＿＿天皇に神器を伝えて南北朝が合体する。

7. 南北朝の動乱が長期化した理由・背景

①北朝内部の対立。 ②中央権力の分裂。 ③農村の変容。

④惣領制の崩壊(嫡子単独相続の一般化・血縁的結合から地縁的結合重視への変化)。

⑤時々の情勢による支持勢力の流動化。

⑥国人層の台頭と守護への抵抗。

南北両朝の拠点

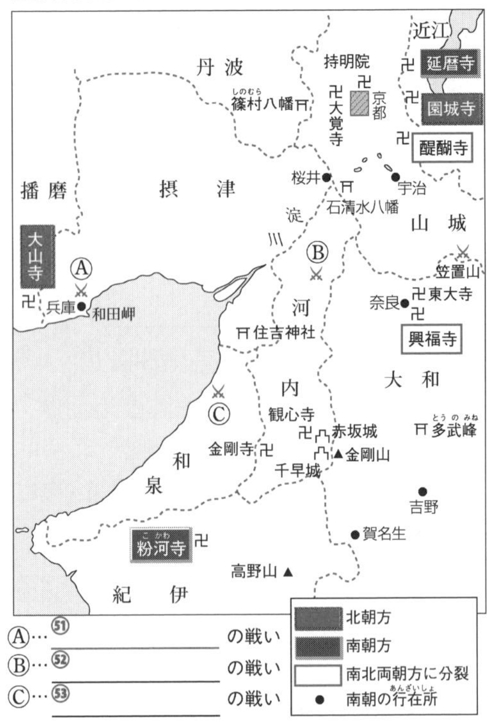

Ⓐ…(51)＿＿＿＿＿＿の戦い
Ⓑ…(52)＿＿＿＿＿＿の戦い
Ⓒ…(53)＿＿＿＿＿＿の戦い

二頭政治

足利尊氏が軍事的指揮権，足利直義が行政的権限をもって政治を分担した。リーダーが2人いるような政治体制のこと。

南北朝動乱関係図

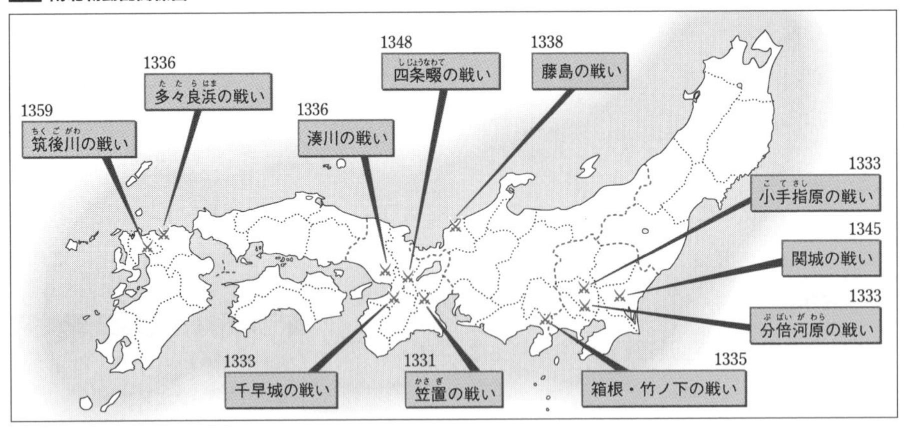

記述論述 Q 南北朝の動乱が全国的に展開し，また長期化したのはなぜか，その理由を120字以内で述べよ。 (東京大)

 出題大学…(48)：東京外国語大，上智大

到達度チェック

❶ 次の文章を読んで，あとの問いに答えよ。 愛知学院大―全／改

解答：別冊p.43 ▶

建武政権に反旗をひるがえした足利尊氏は，1336年に持明院統の光明天皇を擁立して，幕府を開く目的をもって建武式目を発布した。その後，1338年には尊氏は征夷大将軍となり，弟（ 1 ）と政務を分担して政治をとっていた。やがて尊氏の執事（ 2 ）を中心とした武力によって所領拡大を図ろうとする勢力と，法秩序を重視する勢力の争いが激化し，1350年には（ 3 ）と呼ばれる武力対決に陥った。その戦乱は（ 1 ）の死後も続き，両派とさらに南朝勢力の三者が争う戦乱となった。

やがて3代将軍足利義満は，1378年に京都室町に壮麗な（ 4 ）を建設し，ここで政務をとるようになり，将軍は室町殿と通称されるようになった。南北朝の内乱で力をつけた守護大名に対しては，1390年に美濃・尾張・伊勢守護を兼ねる一族の惣領（ 5 ）を討伐し，翌1391年には西国11か国の守護を兼ねた守護一族の内紛に介入して（ 6 ）らを滅ぼした。そして1392年には南朝の（ 7 ）と交渉して南北朝の合体を実現した。

問1． 空欄（1～7）に該当する語句を下の語群から1つずつ選びなさい。

ア 日本国大君　イ 大内義隆　ウ 大内義弘　エ 明徳の乱
オ 北山殿　カ 高師直　キ 後小松天皇　ク 足利直義
ケ 光厳天皇　コ 後亀山天皇　サ 斯波義敏　シ 土岐康行
ス 日本国王　セ 上杉憲実　ソ 花の御所　タ 東山殿
チ 観応の擾乱　ツ 山名宗全　テ 山名氏清　ト 足利義詮

問2． 下線部について，次の史料は幕府の所在地をめぐって述べた一節である。空欄（ A ）（ B ）に入る語句の組合せはどれか。

「なかんずく，鎌倉郡は，（ A ）に右幕下はじめて武館を構え，（ B ）に義時朝臣天下を并呑す。武家においては，もっとも吉土と謂うべきか」

ア A＝文治 B＝承久　イ A＝平治 B＝宝治
ウ A＝文治 B＝建長　エ A＝平治 B＝承久
オ A＝保元 B＝承久

問3． 1352年に守護に対して軍費調達のために荘園や公領の年貢の半分を取得する権限を認めた法令は何と呼ばれるか。

ア 刈田狼藉　イ 使節遵行　ウ 守護請　エ 徳政令　オ 半済令

❶ヒント
問1 1．鎌倉将軍府で成良親王を補佐した人物。
6．「六分一殿」と称された守護大名。
問2 史料出典は『建武式目』。

❶解答欄

問1	1	
	2	
	3	
	4	
	5	
	6	
	7	
問2		
問3		

❷ 次の各問いに答えよ。 大阪学院大―外・経・法・商，他／改

問1． 南北朝時代の南朝の重臣北畠親房の著書として正しいものはどれか。

(1)『樵談治要』 (2)『建武年中行事』 (3)『梅松論』 (4)『神皇正統記』

問2． 楠木正成が戦死した戦いとして正しいものはどれか。

(1)結城合戦　(2)宝治合戦　(3)湊川の戦い　(4)石橋山の戦い

問3． 建武の新政のもとで陸奥守として奥羽を統治し，足利尊氏の離反後には西上して彼を大破し九州に敗走させたが，のち戦況不利の中で戦死した南朝の武将は誰か。

(1)名和長年　(2)新田義貞　(3)菊池武時　(4)北畠顕家

問4． 南朝は九州にも拠点を築いたが，九州に下向して大宰府を占拠し，一時九州全土を制した南朝側の武将は誰か。

(1)宗尊親王　(2)懐良親王　(3)護良親王　(4)宗良親王

❷ヒント
問1 常陸国の小田城で執筆された。
問2 その場所は，摂津国で現在の兵庫県にある。

❷解答欄

問1	
問2	
問3	
問4	

室町時代

A 北朝内部での政治構想をめぐる対立や，両朝に加担した武士が時々の情勢を見て寝返るなど，武士の動きが流動的であったこと。また，惣領と庶子との対立が顕著となる中で惣領制が解体したこと，国人一揆が激化したことなど，統制が取れない状態が続いたから。(119字)

解答：別冊p.17 ▶

14 室町幕府の政治

重要暗記年代

■1336……建武式目を制定
■1338……尊氏，征夷大将軍となる
■1378……義満，花の御所に移る
■1391……明徳の乱
■1392……南北朝の合体
■1399……応永の乱
■1438～39 …永享の乱
■1441……嘉吉の変
■1467～77 …応仁の乱

ココが出る!!

[入試全般]

幕府と鎌倉府の行政機構の特徴や，税目に関する問題が頻出している。

[国公立二次・難関私大]

有力守護大名との対立については，年代・場所まで細かい知識が求められている。特に応仁の乱については，対立する人物関係に注意したい。

1 室町幕府の成立　将軍と守護大名の連合政権的性格をもっていた

1．中央の政治機構

■ 室町幕府の組織

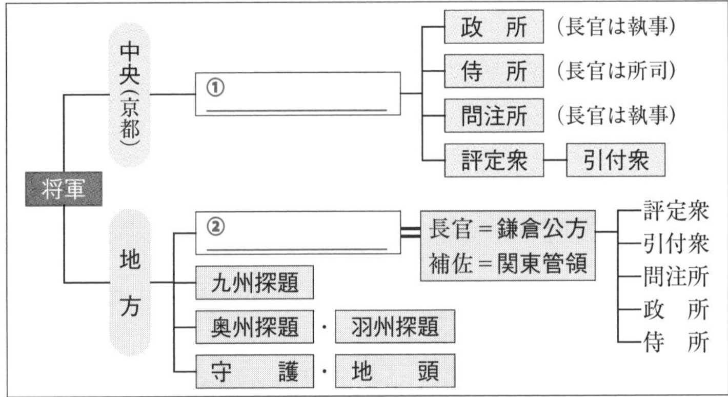

①将軍と有力守護大名との連合政権。

②③＿＿＿＿…将軍補佐 →政所や侍所を統轄した。

▶三管領…交代で④＿＿＿＿氏・⑤＿＿＿＿氏・⑥＿＿＿＿氏の３氏が就任した。*1

③侍所…京都内外の警備にあたる。長官を⑦＿＿＿＿といい，⑧＿＿＿＿国の守護を兼務した。

▶四職…交代で⑨＿＿＿＿氏・⑩＿＿＿＿氏・⑪＿＿＿＿氏・⑫＿＿＿＿氏が就任。

▶四職のうち，⑬＿＿＿＿氏のみが足利氏の一族である。

④政所(まんどころ)…財政管理を担当した。

⑤納銭方(のうせんがた)…徴税事務を担当 →政所執事の支配下。

■ 支配構造

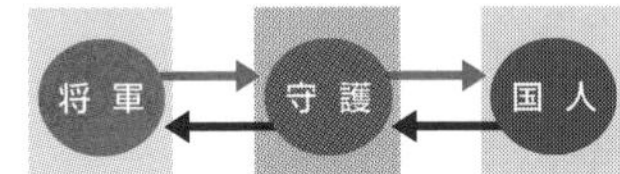

国人とは地頭などの在地の有力武士で，領主層に成長した人々である。国衆ともいう。

補足

事務職にたずさわる役人を奉行人という。

＊1　足利義満を補佐した管領は細川頼之(よりゆき)である。細川頼之のあと義満・義持を補佐した管領は斯波義将(しばよしまさ)である。

補足

管領は鎌倉幕府の執権にあたるが，権力は分散されたので，執権よりは実力的に劣る。

記述論述 Q　土倉役・酒屋役とはどのようなものか，30字以内で説明せよ。　（新潟大）

出題大学…⑩：明治大，法政大／⑫・⑬：慶應義塾大，立命館大，国士舘大

⑥問注所…記録の保管や詐欺(さぎ)などの訴訟を担当した。

⑦評定衆…応仁の乱以降は衰退した。

⑧引付衆…評定衆の補佐 →室町中期以降，有名無実化した。

2. 地方の統治

①1371年，九州探題⑭________が九州を平定した。

②東国支配の拠点…⑮________ →鎌倉に設置した。

▶関八州と⑯________・⑰________の10カ国支配。

▶長官を⑱________といい，初代には⑲________が就任し，その子孫が世襲した。その補佐役を⑳________といい，代々㉑________氏が世襲した。

③東北地方…㉒________探題・㉓________探題をおく。

④守護…旧地頭である国人を家臣化しながら守護大名に成長。

▶一国を一円的に支配し，やがて㉔________体制を築く。

3. 法制の整備

①㉕________*2発布(1336)…足利尊氏が制定 →政治綱領。

②㉖________…室町時代も基本法として施行された。

③㉗________…建武式目以降に発布された単行法令集。

4. 室町幕府の財源

①㉘________*3…直轄地からあがる年貢・公事(くじ)・夫役。

②商工業者の活躍…幕府・寺社に役銭をおさめ，保護された。

㉙________…土倉→質物の数に応じて課税。*4

㉚________…酒屋 →醸造壺数に応じて課税。

③庶民への課税

㉛________…田畑一反ごとの賦課 →臨時税のち恒常化。

㉜________…家屋を対象に戸別に賦課された。

㉝________…徳政令で債権者または債務者が納入した。

㉞________…借地料 →畑や屋敷に賦課された。

④交通関係・貿易関係

㉟________…関所で徴収した通行税。

㊱________…港湾で徴収した入港税。

明朝頒賜物(はんしぶつ)・明朝頒賜銅銭…日明貿易による利潤。

㊲________…貿易商人に課した輸入税。

⑤寺　院

・㊳________…祠堂(しどう)修復を名目に寺院に寄進された銭。

▶寺院はこれを元金に高利貸を行い，幕府も是認した。

5. 軍事基盤

㊴________…幕府の直轄軍 →普段は御料所を管理した。

守護勢力の進展

①南北朝期に新権限を獲得
- 刈田狼藉(かりたろうぜき)の取り締まり
- 使節遵行(しせつじゅんぎょう)

②荘園侵略の進行
- 半済令(はんぜいれい)(1352)
  ▶近江・美濃・尾張3カ国
- 守護請

守護の権限の拡大過程

区分	内　容	鎌倉(前半)	鎌倉(後半)	南北朝	室町期
警察	大犯三ヶ条(たいぼん)(大番催促，謀叛人・殺害人検断)	■	■	■	■
警察	夜討・強盗・山賊などの逮捕	■	■	■	■
警察	刈田狼藉人逮捕		■	■	■
行政	使節遵行(強制執行)		■	■	■
所領	半済地(はんぜい)給与			■	■
所領	闕所地(けっしょち)預け置き			■	■
裁判	領内民事裁判			■	■

＊2　評定衆の中原章賢(のりかた)(是円(ぜえん))や玄恵(げんえ)らの答申をもとに制定された17カ条からなる施政方針で，法律ではない。

＊3　御料所は全国に散在していただけでなく，そこからあがる収益も十分なものではなかった。

＊4　京都の土倉300軒に対し，納銭方の統制の下に1年間で4回課税がなされた。彼らはしばしば徳政一揆の襲撃の対象となった。

〈史料〉半済令

一，寺社本所領の事　観応三年七月廿四日の御沙汰

諸国の擾乱に依り，寺社の荒廃，本所の牢籠(ろうろう)，近年倍増す。而るに適(たまたま)静謐(せいひつ)の国々，武士の濫吹(らんすい)未だ休まずと云々。仍つて守護人に仰せ，国の遠近に依り，日限を差し施行すべし。承引せざるの輩(やから)に於ては，所領の三分一を分け召すべし。……

次に近江・美濃・尾張三箇国の本所領半分の事，兵粮料所として，当年一作軍勢に預け置くべきの由，守護人等に相触れ訖(おわ)んぬ。半分に於ては，宜しく本所に分ち渡すべし，若し預人事を左右に寄せ，去り渡さざれば，一円本所に返付すべし。

(「建武以来追加」)

室町幕府が高利貸業を兼ねていた土倉や酒造業者に課した営業税。(30字)

出題大学…㉓：東北福祉大／㉔：西南学院大／㉗：駒澤大，法政大／㉞：甲南大／㊳：南山大

2 守護大名との確執

守護はさまざまな権限を獲得しながら，守護大名に成長した

1. 足利義満の時代

①1368年…義満，第３代将軍となる。

②1378年…京都室町に㊵＿＿＿＿＿＿を造営する。

③1392年…南北朝の合体に成功する。

▶南朝の㊶＿＿＿＿＿＿天皇から北朝の㊷＿＿＿＿＿＿天皇に神器が譲渡され，南北朝が合体された。

④1394年…義満，太政大臣になる →「公方」と称される。

▶同年，将軍職を子の足利㊸＿＿＿＿＿＿に譲る。

2. 有力守護大名との対立

①土岐康行の乱(1390)…美濃を本拠とする土岐康行を討つ。

②㊹＿＿＿＿＿＿の乱(1391)…㊺＿＿＿＿＿＿を討つ。

▶山名氏は「六分一衆」「六分一殿」などとよばれた。

③㊻＿＿＿＿＿＿の乱(1399)…㊼＿＿＿＿＿＿を討つ。

▶大内義弘は㊽＿＿＿＿で滅亡した。

④今川了俊(貞世)を追討する(1400)。

3. 足利義持の時代

上杉禅秀の乱(1416)…禅秀，足利持氏に謀反をおこす。

4. 足利義教の時代

①㊾＿＿＿＿＿＿の乱(1438～39)

▶鎌倉公方㊿＿＿＿＿＿＿が討たれる。

②結城合戦(1440)…結城氏朝の反乱。春王丸・安王丸も殺害。

③51＿＿＿＿＿＿の変(1441)

▶足利義教が播磨守護52＿＿＿＿＿＿に謀殺される。

5. 足利義政の時代…53＿＿＿＿＿＿の乱(1467～77)

①原因

- 将軍継嗣…54＿＿＿＿＿＿と55＿＿＿＿＿＿の対立。
- 管領家の家督相続争い
  - 畠山家…56＿＿＿＿＿＿と57＿＿＿＿＿＿の対立。
  - 斯波家…58＿＿＿＿＿＿と59＿＿＿＿＿＿の対立。

②総大将…東軍は60＿＿＿＿＿＿，西軍は61＿＿＿＿＿＿。

③結果

- 将軍権威の失墜 →62＿＿＿＿＿＿の風潮が高揚した。
- 戦国時代の幕開け →戦国大名による分国統治がはじまる。
- 文化の地方波及 →領国での文化が開化 →天文文化。
- 古い権威・秩序の崩壊 →「例」より「時」へと価値観が転換。

足利氏系図

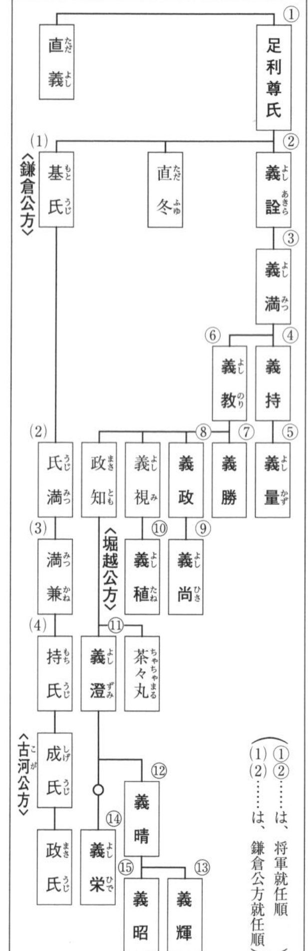

補足

応仁の乱後の京都の荒廃したさまを，飯尾彦六左衛門尉は「汝ヤ知ル都ハ野辺ノ夕雲雀アガルヲ見テモ落ツル涙ハ」と詠んだ。

「例」より「時」へ

『塵塚物語』の中で，山名持豊が「先例」重視の価値観を否定し，「実力」主義の価値観を主張したことが書かれている。時代精神の転換を示している。

記述論述 Q 「瓢鮎図」が制作された時期と「四季山水図巻」が制作された時期の間に，京都の町でおこった争乱を１つとりあげて，90字以内で説明せよ。（九州大／改）

 出題大学…58：大妻女子大，日本大／59：大妻女子大，東洋大，日本大

到達度チェック

❶ 次の文を読み，あとの問いに答えよ。
同志社大一全／改

解答：別冊p.43 ▶

足利義満が将軍に就任したのは1368年で，この時はまだ幼少で管領細川頼之の後見を受けていた。この細川頼之は九州探題に（　a　）を任命して$_{ア}$南朝勢力を平定して，九州支配を確立するなどの成果を上げた。一方義満は，$_{b}$親衛軍を整備・充実させながら，$_{イ}$土岐氏・山名氏・大内氏など有力守護の勢力削減につとめた。1392年には$_{ウ}$南朝の天皇が帰京し，南北朝合一の交渉がまとまった。幕府の機構もほぼ整い，15世紀半ばからは$_{エ}$四職のうちの一人が侍所の長官に任命されるようになった。$_{オ}$足利義教は，専制的な政治を行おうとしたが，それを恐れた有力守護によって1441年に殺害され，将軍権威は大きく揺らいでいった。一方，関東では鎌倉公方が$_{カ}$関東管領を謀殺したことが機となり$_{c}$大乱が起こった。のち応仁・文明の乱で室町幕府内部は分裂し，乱が終息した後，将軍・幕府の権威は低下したが，全く無力化したわけではなかった。しかし1493年，管領の（　キ　）が将軍足利義材（のちの義稙）を廃して$_{ク}$新たに将軍を擁立すると，将軍と幕府の権威低下は決定的となり，$_{d}$この政変で畠山氏は弱体化した。

問1. 空欄（　a　）に入る人物は，室町幕府の侍所頭人・引付頭人などを経て九州探題に任命され，1371年に九州に下向した。この人物名を記せ。

問2. 下線部アに関連して，後醍醐天皇の皇子で征西将軍として九州にわたった人物を次のうちから1人選べ。
1．義良親王　2．護良親王　3．懐良親王　4．尊雲法親王

問3. 下線部bについて，将軍の親衛隊として整備された直轄軍の名称を記せ。

問4. 下線部イについて，義満は3カ国の守護土岐氏の内紛を誘って討伐したが，乱以前に土岐氏が守護として治めていた3カ国以外の国を1つ選べ。
1．伊　勢　2．三　河　3．美　濃　4．尾　張

問5. 下線部ウについて，この天皇を次のうちから1人選べ。
1．後嵯峨天皇　2．後亀山天皇　3．後小松天皇　4．後深草天皇

問6. 下線部エに関連して，四職のうちで南北朝期には足利尊氏に味方して播磨守護となり，さらに備前や美作の守護職を得，室町幕府に重きをなした一族を次のうちから1つ選べ。
1．山　名　2．一　色　3．赤　松　4．京　極

問7. 下線部オに関連して，義教は石清水八幡宮神前の籤により選出され，還俗して将軍となった。この時に醍醐寺座主満済らと籤を引いて義教を擁立した管領を次のうちから1人選べ。
1．細川勝元　2．斯波義敏　3．畠山満家　4．山名氏清

問8. 下線部カについて，この人物を次のうちから1人選べ。
1．上杉重房　2．上杉憲政　3．上杉憲忠　4．上杉憲実

問9. 下線部cについて，この乱の発端となった1454年の年号を記せ。

問10. 空欄（　キ　）に入る人物が義材（のち義稙）を廃立した政治クーデタを明応の政変と呼んでいる。この人物を次のうちから1人選べ。
1．細川政元　2．斯波義健　3．畠山持富　4．山名持豊

問11. 下線部クについて，新たに擁立された第11代将軍を次のうちから1人選べ。
1．足利義澄　2．足利義量　3．足利義勝　4．足利義尚

問12. 下線部dに関連して，この政変で討たれた人物は，応仁・文明の乱では畠山義就と家督をめぐって対立関係にあった。その人物名を記せ。

❶ ヒント
問1　『難太平記』を著した人物。
問2　2と4は同一人物。
問3　御馬廻ともよばれた将軍直属の親衛隊である。
問6　1429年には播磨の土一揆を鎮定した。
問7　活躍した時期や年代を考え，消去法を用いるとよい。
問10　細川勝元の子である。
問11　足利政知の子である。
問12　応仁の乱では東軍に属した。

❶ 解答欄

問1	
問2	
問3	
問4	
問5	
問6	
問7	
問8	
問9	
問10	
問11	
問12	

A　足利義政の将軍継嗣をめぐる対立に管領家の家督相続争いが結びついて1467年に応仁の乱が発生した。細川勝元・山名持豊を総大将に幕府内部は分裂し，足軽の乱暴もあって京都は焼け野原となった。(90字)

解答：別冊p.18 ▶

15 室町時代の社会経済

重要暗記年代

- ■1428……正長の徳政一揆
- ■1429……播磨の土一揆
- ■1441……嘉吉の徳政一揆
- ■1485……山城の国一揆
- ■1488……加賀の一向一揆
- ■1532……法華一揆
- ■1536……天文法華の乱

ココが出る!!

［入試全般］
鎌倉時代に登場する歴史用語と共通するものもあれば，室町時代特有の用語もあるので，ケアレスミスを防ぐ意味でも時代別にきちんとまとめておくことが大切。

［国公立二次・難関私大］
土一揆については史料問題でも出るので，手持ちの史料集で概略を読み込んでおくこと。空欄完成問題も出題されているので，サワリの部分くらいは暗記しておくとよい。

1 惣村の形成　地縁的結合による新たな村落が出現した

1. 惣村の発達

①惣村…地縁的結合による自治的支配を行った村。*1

▶惣村の連合を① ＿＿＿＿ 村(惣郷・惣庄)という。

②背景

- 戦乱期の略奪などに対して自衛の必要性があった。
- 農業の発達により，名主・作人など自立農民が増加した。
- 領主や国人の不当な支配に対抗する姿勢が強まる。

2. 惣村の活動

①② ＿＿＿＿ …共同利用地 →草木や薪(たきぎ)を採取した。

②③ ＿＿＿＿ …年貢納入法 →村全体で請け負う。

③④ ＿＿＿＿ *2…鎮守(ちんじゅ)の祭礼や入会地(いりあいち)の管理，懲罰などを決定した協議機関。

④番水制…灌漑用水の分配制度も設けられた。

⑤惣掟*3…村の掟 →郷置目(ごうのおきめ)・地下掟(じげおきて)・惣規約などともいう。

- 得珍保地下掟(とくちんのほじげおきて)…近江国 →現在の東近江市の村掟。

▶同地域には今堀惣村掟もある。

- 菅浦荘置文(すがうらのしょうおきぶみ)…近江国 →「守護不入，自検断之所也」。

⑥村政の指導者…村役人 →上層農民から選出された。

- ⑤ ＿＿＿＿ ・おとな(乙名・長)・沙汰人(さたにん)など。

⑦⑥ ＿＿＿＿ …裁判権を村民自ら行使すること。

3. 国人と地侍

①⑦ ＿＿＿＿ …在地領主。

②⑧ ＿＿＿＿ …惣の成員。農民でかつ侍身分を得た者。

▶大名と主従関係を結んでいる者が多かった。

*1　惣村を構成した村民を惣百姓ともよんだ。

水争い

農業社会にあっては，灌漑用水が生産力に大きく影響してくるため，用水の分配をめぐる対立が頻繁におこった。この水争いに対処するため，時間給水による分配や分木とよばれる分水設備が施された。こうした分水制度を番水制という。

*2　神社の氏子組織である宮座(みやざ)の建物などを利用して開かれた。

*3　最初の惣掟は，1262年の近江大島奥津島荘百姓掟「庄隠規文(おきぶみ)」。

補足

惣村で定められた掟に違反した場合は，罰金や追放などの懲罰が加えられた。

記述論述 

正長の土一揆において，なぜ酒屋・土倉・寺院が襲撃されたのか，「徳政」という語句を用いながら60字以内で説明せよ。（東京都立大）

2 土一揆の展開 地縁的結合力の強化は，一揆へのエネルギーにもなった

1. 土一揆[*4]…土民中心の一揆。

①一揆…要求を貫徹させるための運動。

②種類

- ⑨＿＿＿＿一揆…徳政令を要求する。
- ⑩＿＿＿＿一揆…国人・地侍が自らの権益を守る。
- ⑪＿＿＿＿一揆…浄土真宗の本願寺門徒が中心。

2. 正長の徳政一揆(1428)

①発端…⑫＿＿＿＿国の⑬＿＿＿＿(運送業者)一揆。

②襲撃…酒屋・土倉・寺院 →高利貸を営んでいたため。

③徳政碑文…大和国の⑭＿＿＿＿郷に記念碑文がある。

▶「正長元年ヨリサキ者(はカンヘ(神戸)四カンカウ(四カ郷)ニヲヰメ(負い目)アルヘカラス」と私徳政を勝ちとったことが刻まれている。

3. 播磨の土一揆(1429)

①要求…守護軍勢の国外退去。

▶「侍ヲシテ国中ニ在ラシムベカラズ」と記録にある。

②守護⑮＿＿＿＿によって鎮圧された。

4. 嘉吉(かきつ)の徳政一揆(1441)

①要求…⑯＿＿＿＿の将軍就任に際して，「代はじめの徳政」を求めた。

②結果…幕府が⑰＿＿＿＿令を発布して鎮圧した。

5. ⑱＿＿＿＿の徳政一揆(1454)[*5]

①要求…徳政令を求めた。

②結果…幕府が分一徳政令(ぶいちとくせいれい)を発布して鎮定。

6. ⑲＿＿＿＿の大飢饉(1461)…中世最大の飢饉。

7. 山城の国一揆(1485)

①背景…応仁の乱後，地方が混乱 →国人の権益保持。

②畠山⑳＿＿＿＿と畠山㉑＿＿＿＿両軍の国外退去。

▶新関の停止や本所領の復旧なども要求した。

③結果…南山城三十六人衆とよばれる㉒＿＿＿＿(代表者)が8年間にわたり，自治支配をすすめた。

8. 加賀の一向一揆(1488)

①守護㉓＿＿＿＿を滅ぼす。

②結果…約1世紀にわたる自治支配 →国人・坊主・農民。[*6]

補足

傘連判状(からかされんぱんじょう)は，一揆の成員が平等であったことを示している。

＊4 近世では百姓一揆，近代では農民一揆という。

〈史料〉正長の徳政一揆

天下の土民蜂起す。徳政と号し，酒屋・土倉・寺院等を破却せしめ，雑物等恣(ほしいまま)に之を取り，借銭等悉(ことごと)く之を破る。管領之を成敗す。凡そ亡国の基之に過ぐべからず。日本開闢(かいびゃく)以来，土民の蜂起是れ初なり。

(『大乗院日記目録』)

農民の抵抗形態

①㉔＿＿＿＿…領主に歎願。

②㉕＿＿＿＿…正式の手続きを経ず，徒党を組んで訴える。

③㉗＿＿＿＿…耕作放棄や他領に退去する。

＊5 享徳の徳政一揆以降，幕府は分一銭の制度を実施するようになった。

〈史料〉山城の国一揆

(文明十七年十二月十一日)，今日山城国人集会す。上ハ六十歳，下ハ十五六歳と云々。同じく一国中の土民等群集す。今度両陣の時宜申し定めんが為の故と云々。然るべきか。但し又下極上(げこくじょう)の至なり。

(『大乗院寺社雑事記(だいじょういんじしゃぞうじき)』)

＊6 1580年，柴田勝家によって平定された。

A 京都近郊の人々は債務によって経済的に苦境に追い込まれていたので，高利貸をしていた酒屋・土倉・寺院に対し徳政を求めたから。(60字)

出題大学…⑭：学習院大，東北福祉大／⑯：関西大，日本女子大／⑲：早稲田大

9. 法華一揆…法華宗徒の団結。

①1532年…一向一揆に対抗し，山科本願寺を焼き払った。

②1536年…天台宗延暦寺との対立 →㉗＿＿＿＿＿＿の乱。

▶近江の六角㉘＿＿＿＿＿＿の支援のもと，在京日蓮宗寺院21寺を焼き払った。

3 農業と手工業の発達 農業では多角化・集約化がいちじるしく進んだ

1. 農　業

①二毛作の普及。

②㉙＿＿＿＿＿＿の開始…米・麦・そば。

▶宋希璟の『老松堂日本行録』に記されている。

③肥料…刈敷・㉚＿＿＿＿＿＿や下肥。

④灌漑…室町末期に揚水器としての㉛＿＿＿＿＿＿が出現した。

⑤商品作物の栽培。

▶麻や綿，養蚕のために㉜＿＿＿＿，和紙の原料の㉝＿＿＿＿，染料の原料となる藍，灯火用の油のために㉞＿＿＿＿＿＿などが栽培された。

⑥稲の品種改良…㉟＿＿＿＿＿＿・中稲・晩稲の３種。

⑦農具…鉄製の鍬・鋤・鎌などが普及 →生産性の向上。

> **二毛作と三毛作**
> 二毛作は同じ土地で１年に２種類の作物を栽培する方法。水田では米と麦，畑では麦と大豆，そばと麦，そばと粟などの組み合わせで行われ，やがて関東にも広まっていった。室町時代に入ると，畿内などの先進地域では三毛作も行われはじめ，戦国時代以降に普及した。

2. 手工業

①朝廷・貴族・寺社・荘園領主に隷属していた手工業者が徐々に独立した。

②従来の㊱＿＿＿＿＿＿生産から㊲＿＿＿＿＿＿生産に変化。

③手工業者の座*7…東大寺や興福寺に所属した。

・鍛冶座　・大工座　・鋳物師座　・管笠座　・簾座

④『七十一番職人歌合』…職人の姿を描く。

番匠

鎧師

㊳＿＿＿＿＿＿

⑤㊴＿＿＿＿＿＿…鍋や釜の製作。

⑥刀鍛冶…刀剣の製作。

⑦製紙業…播磨の㊵＿＿＿＿＿＿紙や讃岐・備前・備中の檀紙，越前の㊶＿＿＿＿＿＿紙，美濃の美濃紙。

⑧陶器…尾張の㊷＿＿＿＿＿＿焼，備前の伊部焼。

*7 はじめは販売の特権をもっていたが，のちには生産と販売に分かれ，それぞれの座として発達した。

> **綿織物**
> 日朝貿易によって朝鮮から綿布が輸入され，わが国でも戦国期以降，三河国で綿の栽培がはじまり，やがて庶民用の衣料として木綿が普及しはじめた。

記述論述 Q 室町時代に商業は大きく発展し，商人たちは座を結成して本所との共生関係を形成した。「本所との共生関係」について説明せよ。（東京学芸大）

　出題大学…㉘：日本女子大／㉛：南山大，中部大／㊳：東京都立大／㊵：明治大，名城大，京都府立大

4 金融・商業の発達　日明貿易で明銭が輸入され，商品流通に大きな影響を与えた

1. 貨　幣

①明銭の流通…(43)＿＿＿＿＿通宝・洪武通宝・宣徳通宝。

②京銭などの輸入悪銭や，民間の粗悪な私鋳銭も流通した。

③(44)＿＿＿＿＿…良質の貨幣を選別する行為。

④(45)＿＿＿＿＿令…1500年以降に頻発。交換比率を設定した。

⑤租税(年貢)の銭納化がすすむ*8…商品経済の発達。

⑥(46)＿＿＿＿＿制…所領の広さを年貢銭高で表示した。

*8　銭納することを代銭納ともいう。

2. 流通・金融

①(47)＿＿＿＿＿…遠隔地間の取り引きに利用した。

▶為替を発行したところを(48)＿＿＿＿＿という。

▶決済が米で行われた場合は替米といい，銭で行われた場合は(49)＿＿＿＿＿という。

②金融業者…(50)＿＿＿＿＿・酒屋など。

③庶民金融…無尽・(51)＿＿＿＿＿など。

座の活動
灯炉供御人(鋳物師)は蔵人所を本所とし，朝廷の庇護下に関銭を免除されていた。

3. 商　業

①(52)＿＿＿＿…同業組合の結成 →本所は寺社や公家。

②構成…座頭にひきいられた座衆。

③本所に(53)＿＿＿＿＿をおさめて保護を受ける。

▶(54)＿＿＿＿＿免除や仕入れ・販売の独占権を得た。

④代表的な座

- (55)＿＿＿＿＿離宮八幡宮の油座。
  ▶本所は(56)＿＿＿＿＿八幡宮。畿内や東国に10カ国の販売独占権をもっていた。
- 北野神社…(57)＿＿＿＿座。
- 祇園社…綿座・材木座。
- 朝廷…四府駕輿丁座。
- 興福寺…絹座・綿座・魚座。

⑤(58)＿＿＿＿＿商人…座に所属しない商人。

⑥定期市…(59)＿＿＿＿＿市 →月6回の割合で開催された。

⑦販売所

- (60)＿＿＿＿＿…棚をおき，商品を並べて販売する。
- (61)＿＿＿＿…建物の内部にも商品を並べて売る。
- 立売…路上で物を売る。

⑧商人…(62)＿＿＿＿＿商人やよび売りする(63)＿＿＿＿＿。

▶振売には(64)＿＿＿＿＿*9や薪を売る大原女などがあった。

地方の座
地方でも鎌倉の材木座や，博多の小袖座，摂津今宮の魚座などがあった。

補足
市の販売座席を市座という。

市　場
京都の三条や七条には米市場が設けられたほか，淀には魚市が立った。また，牛市・馬市・歳市など開催日数が長期に及ぶものは，大市とよばれた。

◀連雀商人（「石山寺縁起絵巻」）

◀桂　女（「福富草紙」）

*9　桂女は鮎などを売った。

A　朝廷や大寺社を本所と仰いで座役を納入し，その代償として仕入れ・販売，関銭免除などの特権を認められるなど，営業面での保護を受けた。(64字)

4. 運送業

①⑥⑤＿＿＿＿＿＿…商品の保管・販売，商人宿も営む。

②⑥⑥＿＿＿＿＿＿・車借…馬や車を使った運送業者。

③廻船…海上行商船で，大型の千石(せんごく)船も出現した。＊10

5 都市の発達　戦国期にいちじるしく発展し，近世都市の原型が整った

1. 城下町

①背景…家臣団や御用商人の城下集住。戦国時代に発達した。

②性格…領国の政治・経済・文化の中心。

▶商業では楽市・⑥⑦＿＿＿＿＿＿の政策がすすめられて旧来の座の特権が否定され，自由営業形態となった。

③城下町の例

- 朝倉氏の⑥⑧＿＿＿＿＿＿。
- 北条氏の⑥⑨＿＿＿＿＿＿。
- 大内氏の⑦⓪＿＿＿＿＿＿。
- 島津氏の⑦①＿＿＿＿＿＿。
- 武田氏の府中(ふちゅう)(甲斐府中)。
- 今川氏の府中(駿河府中)。
- 大友氏の府内(ふない)(豊後府内)。
- 上杉氏の府内(越後府内，直江津(なおえつ))。＊11

2. 港　町

①⑦②＿＿＿＿＿＿…宇治・山田の外港 →老分衆(おいわけしゅう)による自治。

②⑦③＿＿＿＿＿＿町(備後)…芦田(あしだ)川の洪水で水没。＊12

③その他，大津・小浜・敦賀(つるが)・三国(みくに)・坊津(ぼうのつ)・淀(よど)・兵庫・長崎など。

3. 門前町

①背景…寺社の門前市から発達した。僧侶・参詣人の往来。

②門前町の例

- 大津…⑦④＿＿＿＿＿＿寺。
- 坂本…⑦⑥＿＿＿＿＿＿寺。
- ⑦⑤＿＿＿＿＿＿…善光寺。
- ⑦⑦＿＿＿＿＿＿…興福寺。
- ⑦⑧＿＿＿＿＿＿・⑦⑨＿＿＿＿＿＿…伊勢神宮。＊13

4. 寺内町

①背景…浄土真宗の寺院や道場の境内に形成された集落。

②寺内町の例

- 吉崎　・富田林(とんだばやし)＊14　・今井＊15　・山科(やましな)　・石山　・井波

5. 自治都市

①⑧⓪＿＿＿＿＊16…会合衆(えごうしゅう／かいごうしゅう)による自治。能登屋(のとや)・臙脂屋(べにや)。

②平野…堺と並ぶ自由都市。7家から2人ずつ年寄を選出した。

③博多…12人の⑧①＿＿＿＿＿＿による自治支配。

④京都…⑧②＿＿＿＿＿＿の中から月行事(がちぎょうじ)を選び，自治支配。

▶町組や町掟(まちおきて)を設けて，町の復興をはかった。

問丸と問屋

問丸は，輸送業と販売業を兼ねている者。問屋は卸売り専門の業者。

＊10　兵庫・鳥羽・大湊には造船所がつくられた。また，船に関する船法・船法度も定められた。これを明治以降に廻船式目とよんだ。また『兵庫北関入船納帳(ひょうごきたぜきいりふねのうちょう)』などによれば，1445年1年間で兵庫湊に出入りした船の総数は約2700隻以上になるといわれる。

大内文化

西の小京都とよばれた大内氏の城下町山口では，大内版とよばれる出版物や瑠璃光寺五重塔の創建にみるように独自の領国文化が開花した。

＊11　上杉氏の居城は春日山にあり，そのふもとに城下町が整備された。

＊12　1961年からの発掘調査で明らかになった，中世の幻の港町。

＊13　厳密には伊勢外宮(げくう)の門前町は山田，伊勢内宮(ないくう)の門前町は宇治である。

＊14・15　富田林(河内)は興正寺，今井(大和)は称念寺の寺内町である。

＊16　のち織田信長は矢銭2万貫を課した。宣教師ガスパル=ヴィレラはその書簡において，戦乱の中で堺の町の内部に自由と平和が存在していることを高く評価している(『耶蘇(やそ)会士日本通信』)。

記述論述 Q　室町～戦国時代には伝統的な都市でも新しい展開がみられた。この時期における都市の発達を，その要因に触れつつ100字以内で述べよ。（京都大／改）

　出題大学…⑦②：中央大，早稲田大

到達度チェック

❶ 次の文を読み，あとの問いに答えよ。

早稲田大一文／改

日本の中世は一揆の時代ともいわれる。1428年に徳政を求める人々が蜂起し，京都の土倉や酒屋を襲撃した。この事件についてある僧侶が編纂した『大乗院日記目録』には「日本開闢以来，［A］蜂起これ初めなり」と記されている。翌1429年に播磨で起きた一揆は，結果的に守護［B］氏によって鎮圧されるものの，これも支配層を震撼させるものであった。1441年に起きた$_a$嘉吉の徳政一揆は，徳政一揆の中でも最大規模のものであり，一揆の歴史においても一大画期だったといえる。こうした大規模な一揆の基底には，$_b$荘園や村落における人々の結集やたたかいがあった。これらの経験の積み重ねが，大規模な一揆をも可能にしたのである。15世紀の後半，山城ではさまざまな階層の人々が結集し，$_c$山城の国一揆が発生した。山城の国一揆からやや間を置いて，加賀では浄土真宗(一向宗)門徒や国人を中心とする一揆が蜂起した。守護富樫政親を討った一揆は，100年近く加賀を実質的に支配することとなり，このありさまを『実悟記拾遺』では「［C］ノ持タル国ノヤウニナリ行キ候」と評している。宗教を契機とする一揆としては$_d$法華一揆もあった。

問1． 空欄［A］・［B］に該当する語句を答えよ。

問2． 下線部aに関して述べた文のうち，正しいものを1つ選べ。

ア　幕府が対策に追われている際に，結城合戦が起きた。
イ　一揆の規模は，数千人ほどだった。
ウ　これより以前に，幕府は分一徳政令を出すことがあった。
エ　幕府は，徳政令発布を余儀なくされた。
オ　これについては，柳生の徳政碑文にも刻まれている。

問3． 下線部bについて述べた文のうち，誤っているものを1つ選べ。

ア　人々は結集する際に，一味神水と呼ばれる作法を行うことがあった。
イ　領主のところに大挙して押しかけて，要求を突きつけることを強訴という。
ウ　領主への要求を成就するため，身を隠す逃散が行われることもあった。
エ　徳政令に関係なく，荘園や村落で行われる貸借破棄を自検断という。
オ　村落の指導者としては，おとな・沙汰人などがあった。

問4． 下線部cに関して述べた文のうち，正しいものを1つ選べ。

ア　応仁の乱では，西軍に属した。
イ　北山城の国人が結集した。
ウ　国掟を制定した。
エ　15年にわたり，自治的支配を行った。
オ　細川氏の軍勢を山城国外に退去させた。

問5． 空欄［C］に該当する語句を1つ選べ。

ア 地侍　**イ** 百姓　**ウ** 仏陀　**エ** 平民　**オ** 坊主

問6． 下線部dに関連して述べた次の文X・Y・Zの正誤の組合せのうち，正しいものを1つ選べ。

X　一向一揆と対立し，石山本願寺を焼き打ちした。
Y　天文法華の乱で，京都を追われた。
Z　敵対した比叡山延暦寺を焼き打ちした。

ア　X―正　Y―正　Z―誤　　**イ**　X―正　Y―誤　Z―正
ウ　X―正　Y―誤　Z―誤　　**エ**　X―誤　Y―正　Z―正
オ　X―誤　Y―正　Z―誤

解答：別冊p.43 ▶

❶ ヒント

リード文2行目の「ある僧侶」とは興福寺大乗院の尋尊をさす。

問3　歴史用語が正しい意味で使われているかどうかを吟味するとよい。

問4　山城の国一揆については『大乗院寺社雑事記』に具体的に記されている。

問5　1488年の加賀の一向一揆の結果，富樫泰高を名目上の守護に立てたが，実質的には門徒・国人による自治的支配が約100年間続き，加賀国は本願寺領国のような観を呈した。

❶ 解答欄

問1	A	
	B	
問2		
問3		
問4		
問5		
問6		

室町時代

A　応仁の乱で地方に下向した京都の文化人を好学の戦国大名が歓迎したことにより，各地に小京都とよばれる都市が発達したほか，京都・堺などでは経済力をもつ有力商人を中心に町政が運営され，自治都市として発展した。(100字)

解答：別冊p.19 ▶

16 中世の外交

重要暗記年代

■1325……建長寺船派遣
■1342……天龍寺船派遣
■1368……朱元璋，明を建国
■1392……李成桂，朝鮮を建国
■1401……祖阿・肥富を明に派遣
■1404……義満，勘合貿易を開始
■1419……応永の外寇
■1429……尚巴志，琉球を建国
■1510……朝鮮，三浦の乱
■1523……寧波の乱

ココが出る!!

［入試全般］
勘合貿易・日朝貿易については貿易の実権の推移・輸出入品目は必須となる。港湾は日本だけではなく中国・朝鮮の港も地図で位置を確認しよう。

［国公立二次・難関私大］
琉球貿易については中継貿易の意味を理解しておくこと。アイヌの蜂起については年代と場所も押さえておきたい。

1 倭寇の跳梁　中国・朝鮮から再三，倭寇禁圧の要求を受け，幕府は苦慮した

1. ①＿＿＿＿＿＿**船**(1325)

▶執権②＿＿＿＿＿＿が1325年，建長寺の再建費用を獲得するため，元に派遣した。

2. ③＿＿＿＿＿＿**船**(1342)

▶足利尊氏が，臨済僧④＿＿＿＿＿＿のすすめにしたがって，⑤＿＿＿＿＿＿天皇の冥福を祈るための天龍寺造営費用を獲得するため，元に派遣した。

3. 倭　寇…穀物や人間の略奪を行った商業的海賊集団。

①前期倭寇…蒙古襲来前後から南北朝期にかけて盛んとなる。

▶主に⑥＿＿＿＿＿＿半島や中国山東省沿岸などで略奪。

②後期倭寇…戦国時代以降，再び活発化した。

▶主に中国南部および南シナ海沿岸などを中心に略奪。

▶成員は日本人：中国人＝3：7と中国人が大半を占めるようになり，ポルトガル人が入ることもあった。

③根拠地…対馬・壱岐・松浦地方。

4. 倭寇禁圧の要求

①明が倭寇の禁圧を要求してきた(1369)。

▶南朝方の征西将軍⑦＿＿＿＿＿＿は，これを拒否する。

②朝鮮も倭寇の禁圧を要求してきた。

▶1223年から1422年までの約200年間に，朝鮮への倭寇は約392回数えられている。

■ 倭寇と対明交渉

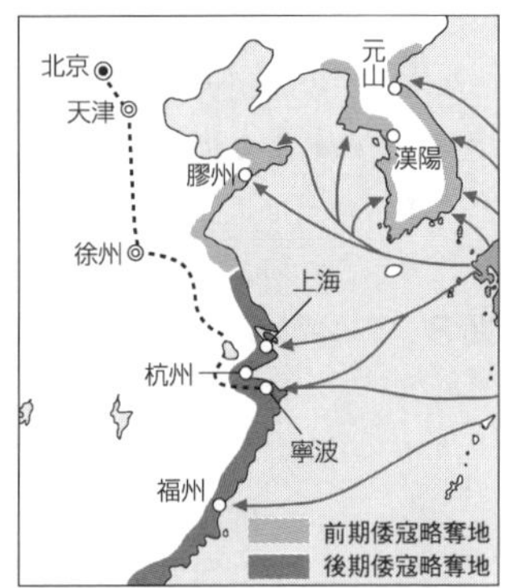

補足
元から日本に向かう貿易船が14世紀前半に遭難し，その船とみられる沈没船が1976年に韓国の新安沖で発見された(＝新安沈船(しんあんちんせん))。

補足
倭寇の首領では王直が有名である。倭寇の船は「八幡大菩薩」の旗をかかげたことから，八幡船(ばはんせん)とよばれた。

補足
前期倭寇は守護大名中心で船団を組み，後期倭寇は密貿易船団を組んだ商人が中心であった。なお後期倭寇では，日本の銀と中国の生糸との交易も行われた。

記述論述 Q　蒙古襲来後の日元関係について30字以内で説明せよ。　(北海道大)

2 日明貿易

室町時代になって日中間の国交が回復し，貿易の利益は室町幕府の重要な財源となった

1. ⑧＿＿＿＿＿…倭寇と区別するために提携した証票。

2. 貿易の展開

①博多商人⑨＿＿＿＿＿と僧⑩＿＿＿＿＿を派遣(1401)。

②足利⑪＿＿＿＿＿，勘合貿易を開始する(1404)。

▶⑫＿＿＿＿＿形式での交易で，明の年号を用いるなど，日本は再び中国の冊封体制下に入った。*1·2

③足利⑬＿＿＿＿＿，勘合貿易を中断する(1411)。

▶父義満のとった外交姿勢を屈辱的として批判した。

④足利⑭＿＿＿＿＿，勘合貿易を再開する(1432)。

▶貿易の利潤に着目。1434年の⑮＿＿＿＿＿要約(永享条約)で，貿易は10年1回，船3隻，乗組員300名と限定した。

⑤⑯＿＿＿＿＿が陶晴賢(すえはるかた)により自刃に追い込まれ，勘合貿易は終止した(1551)。

3. 貿易の実権

①はじめは室町幕府が握っていた。

②応仁の乱後になると有力守護大名の手に移った。*3

⑰＿＿＿＿＿氏…⑱＿＿＿＿＿商人と結ぶ。
⑲＿＿＿＿＿氏…堺商人と結ぶ。

③⑳＿＿＿＿＿(1523)…貿易の実権をめぐる対立。*4

▶その結果，大内氏が勝利し，勘合貿易の実権を独占した。

4. 貿易の構造

①査証は㉑＿＿＿＿＿*5で，交易は㉒＿＿＿＿＿で行った。

▶滞在費など諸経費は，すべて明側が負担した。

②輸出品…㉓＿＿＿＿＿・刀剣・硫黄・金・漆器など。

③輸入品…㉔＿＿＿＿＿(明銭)・㉕＿＿＿＿＿・絹織物・書画骨董品(こっとうひん)(唐物(からもの)とよばれた)など。

④㉖＿＿＿＿＿…輸入税。西南の大名や有力商人が得た利益の一部を納入させ，幕府の財源を固めた。

⑤大内氏滅亡後，明は㉗＿＿＿＿＿政策に転じた。*6

5. 勘合貿易船の構造

①規模…500石～1000石ぐらい。

②船底は平らで，船は扁平(へんぺい)。

③帆(ほ)(むしろなどを用いる)で走る場合と，櫓(ろ)でこぐ場合があった。

④寧波(ニンポー)までは約1カ月を要した。また，畿内から出発した場合，往復で約1年半の日数を要した。

*1　義満はその国書の中で，自分のことを「日本准三后某」と記した。それに対して明(皇帝は建文帝)は，義満を「日本国王源道義」とし，義満もそれに応じる形で「日本国王臣源」と名のった。

*2　明から大統暦を受けたが，それは服属を示す象徴的な行為である。

〈史料〉足利義満の国書

日本准三后某，書を大明皇帝陛下に上(たてま)つる。日本国開闢(かいびゃく)以来，聘問を上邦に通ぜざるなし。某，幸に国鈞を秉り，海内虞(おそ)れなし。特に往古の規法に遵(したが)ひ，肥富をして祖阿に相副へ，好(よしみ)を通じて方物金千両，馬十疋，薄様千帖，扇百本，屏風三双，鎧(よろい)一領，筒丸一領，劒十腰(よう)，刀一柄，硯(すずり)筥(ばこ)一合，同文台一箇を献ぜしむ。海島に漂寄の者の幾許人を捜尋し，之を還す。某誠惶誠恐，頓首々々謹言。

(瑞渓周鳳(ずいけいしゅうほう)『善隣国宝記(ぜんりんこくほうき)』)

*3　勘合貿易をすすめた大名には，大内氏・大友氏・細川氏・島津氏，商人では堺・博多・兵庫などの豪商がいた。

*4　細川高国(たかくに)の船と大内義興(よしおき)の船が対立した。

*5　明は，寧波に市舶司(しはくし)をおいて雑務にあたった。

*6　一種の鎖国政策のことである。

室町時代

A　国交回復のないまま，民間商人や僧侶らによる私的通交が続いた。(30字)

3 日朝貿易 　木綿(綿布)の輸入は，のちの国内産業や人々の生活にも大きな影響を与えることになった

1. 通信符…朝鮮国王が将軍義政と大内氏に与えた証票。

2. 貿易の展開＊7

①貿易統制…対馬の㉘＿＿＿＿＿氏が仲介役となる。

②㉙＿＿＿＿＿＿(1419)

▶対馬島主宗貞茂の死後，倭寇が活発化したため，その本拠とみなされた対馬が朝鮮軍によって襲撃された。＊8

③癸亥約条(1443)＊9…宗貞盛と朝鮮との間で調印する。

▶歳遣船は50隻に制限されることになった。

④㉚＿＿＿＿＿＿(1510)

▶朝鮮の貿易港にいた居留日本人がおこした反乱。1512年に壬申約条を結んだが，以後，日朝貿易は衰退した。

3. 貿易の構造

①三浦…日本人居留地。㉛＿＿＿＿＿＿・㉜＿＿＿＿＿＿・㉝＿＿＿＿＿＿の3港。

②㉞＿＿＿＿＿＿…漢城と三浦におかれた交易機関・施設。

③輸出品…銅・硫黄，琉球から輸入した薬種や胡椒など。

④輸入品…㉟＿＿＿＿＿＿(綿布)・大蔵経・朝鮮人参。

補足

朝鮮では，倭寇禁圧能力をもつあらゆる階層と交渉した。通信使の朴瑞生は，海賊の分布状態などをつぶさに観察しており，それは『世宗実録』によっても明らかである。

＊7　日本人渡航者は図書が押された文書と対馬宗氏が発行する文引をもって朝鮮に渡った。

＊8　島主宗貞盛が撃退した。

＊9　嘉吉条約ともいう。

日朝交渉

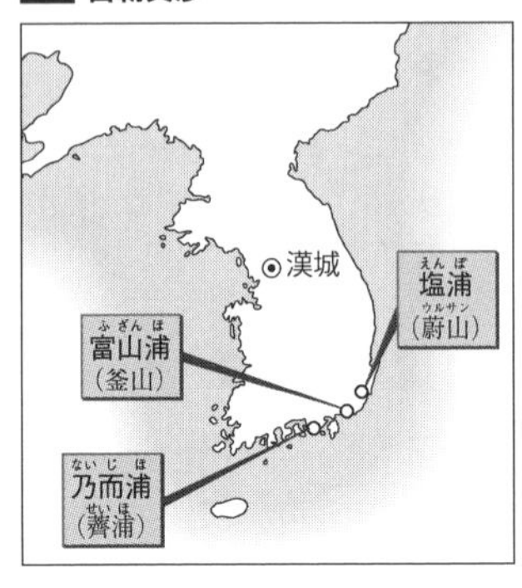

4 琉球と蝦夷ヶ島 　琉球には中継貿易により，南方産の物資がもたらされた

1. 琉球史の沿革

①旧石器時代 →貝塚時代 →10世紀にはグスク時代に入る。＊10

②グスク時代…土地・人民は，領主的存在の㊱＿＿＿＿＿＿の支配下におかれた。按司は，丘陵に㊲＿＿＿＿＿＿(城)を築いて居住した。＊11

③三山時代…14世紀半ば頃，中山・北山・南山が成立した。

▶1429年に中山王の㊳＿＿＿＿＿＿が3王国を統一して王府を㊴＿＿＿＿＿＿におき，琉球王国を建てた。

④尚氏王朝…尚真王の頃，琉球は全盛期をむかえた。

▶のちに歌謡を集めた『㊵＿＿＿＿＿＿』が成立した。

⑤琉球は，中国・朝鮮・日本のほか南海諸国とも中継貿易を行ったが，16世紀中頃のポルトガルの進出で衰退した。

2. 蝦夷ヶ島…アイヌの蜂起。

①和人の不正交易に対し，㊶＿＿＿＿＿＿が蜂起(1457)。

②安藤(安東)氏の武将㊷＿＿＿＿＿＿氏の客将武田信広が鎮圧。

▶蠣崎氏は1599年，松前氏と改称した。

＊10　先土器・縄文文化が存在したが，のちにアマミキヨ族によって農業技術も移入された。

＊11　12～13世紀になると沖縄に鉄器が出現し，農業生産が増大して階級分化が進行した。

補足

尚氏王朝は15世紀の第1尚氏王朝，1470年から前期第2尚氏王朝，1609年から後期第2尚氏王朝に入った。尚真王(1465～1526)は，前期第2尚氏王朝の最初の黄金時代を築いた。

三山分立

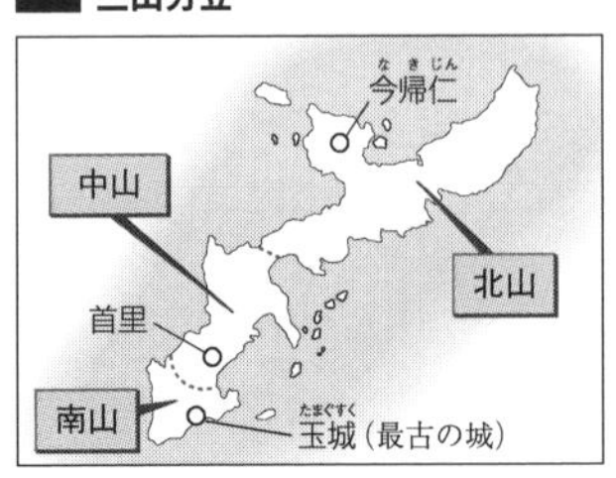

琉球王国が15世紀以降，貿易によって繁栄した理由について，日本，明との関係をふまえて120字以内で説明しなさい。(東京都立大)

　出題大学…㉛：名城大，東海大，同志社大／㉝：福井大／㊵：立教大，慶應義塾大

到達度チェック

❶ 次の文を読み，あとの問いに答えよ。　青山学院大―全

解答：別冊p.44 ▶

14世紀後半から15世紀にかけて，対馬・壱岐・肥前松浦の住民を中心とする海賊集団は，朝鮮半島や中国北部沿岸で人々を捕虜にし，食糧の略奪行為を繰り返した。朝鮮半島では，高麗を倒した［ア］が1392年に即位して新たな王朝を樹立し，a 1398年には日本に対して正式な交易と海賊集団の取り締まりを求めた。しかし朝鮮は，この取り締まりの効果がないとみると，b 1419年に海賊集団の本拠地とみなした対馬を軍船200隻で襲撃し，15日間に及んで占拠した。1443年対馬の島主・宗氏は朝鮮との間で［イ］約条を締結したが，居留と交易の港は乃而浦・富山浦・塩浦に限定された。そのため貿易制限を求めた朝鮮と利益拡大をめざした居留民は対立することとなり，1510年には c 武力衝突が起こった。これ以降，日朝間の交易は衰退した。

問1． 空欄［ア］に入る人物として正しいものを1つ選べ。
① 宋希璟　② 朱元璋　③ 宗貞盛　④ 李成桂

問2． 下線部aに関して，当時，将軍職についていたのは誰か，1つ選べ。
① 足利義満　② 足利義持　③ 足利義教　④ 足利義勝

問3． 下線部bは何と呼ばれるか，1つ選べ。
① 刀伊の入寇　② 元　寇　③ 寧波の乱　④ 応永の外寇

問4． 空欄［イ］に入る語句として正しいものを1つ選べ。
① 癸　亥　② 戊　辰　③ 丙　寅　④ 甲　子

問5． 下線部cは何と呼ばれるか，正しいものを1つ選べ。
① 明徳の乱　② 観応の擾乱　③ 嘉吉の変　④ 三浦の乱

❶ヒント

リード文1～2行目，4行目，5行目の「海賊集団」は倭寇のこと。また，3行目の「新たな王朝」は李朝による朝鮮，6行目の「対馬の島主」は宗貞盛をさす。

問2　1411年に勘合貿易を中断した将軍である。

問4　日本では嘉吉条約とよばれた。

❶解答欄

問1	
問2	
問3	
問4	難
問5	

❷ 次の文を読み，あとの問いに答えよ。　中央大―文／改

中世において，津軽半島の西海岸，日本海と十三湖に挟まれた砂州上に形成された十三湊は，中世を代表する港の一つとして「廻船式目」という史料にもその名が見える港湾都市であった。ここを拠点に日本海交易を推進し，莫大な利益を得ていた豪族が［A］氏である。［A］氏は鎌倉時代以来，蝦夷ケ島南部の支配にもあたってきたが，① 同地に割拠した配下の豪族たちは，館と呼ばれる小規模な城砦に居住し，アイヌを圧迫するようになった。一方，沖縄本島においては［B］と呼ばれる首長たちの抗争が続き，14世紀には北山・中山・南山の三王国が成立したが，1429年に中山王の［C］が三山を統一し，琉球王国を作り上げた。琉球王国は明より冊封を受けて朝貢関係を結び，② 明との朝貢貿易で入手した中国製品を用いてアジアの諸地域と交易を行うことで繁栄した。

問1． 空欄［A］・［B］・［C］にあてはまる語句を答えよ。

問2． 下線部①に関わる説明文として，誤っているものを1つ選べ。
ア　これらの館を道南十二館と総称する。
イ　函館市の志苔館の近くから，甕に入った大量の中国銭が出土した。
ウ　同地に進出した和人による圧迫に対し，1557年に大首長のコシャマインが率いるアイヌが蜂起した。
エ　和人の豪族蠣崎氏は，コシャマインの蜂起を鎮圧して勢力を強めた。
オ　江戸時代になると，蠣崎氏は松前氏と名乗る大名となった。

問3． 下線部②のような貿易の形態は一般に何と呼ばれるか。

問4． 下線部②に関し，この貿易の拠点として栄えた琉球王国の貿易港はどこか。

❷ヒント

問1　A．津軽の豪族。
B．沖縄各地に台頭した豪族の呼称。
C．第一尚氏王朝の始祖。

❷解答欄

問1	A	
	B	
	C	
問2		
問3		
問4		

室町時代

A　明は海禁政策を進めていたため，冊封関係下にある国々に限定した朝貢貿易を展開していた。琉球は日本や明への朝貢関係を利用して，日本・明・東南アジア諸国まで行動範囲を広げ，中継貿易を展開して巨利をあげ，首里の外港である那覇が貿易港として繁栄した。(120字)

解答：別冊p.19

17 室町文化

重要暗記年代

■1339……『神皇正統記』なる
■1397……金閣上棟
■1480……『樵談治要』なる
■1482……銀閣の造営開始

ココが出る!!

[入試全般]
室町文化は水墨画・芸能・連歌・庭園などが頻出する。建物や絵画については写真で視覚的に確認しておこう。

[国公立二次・難関私大]
五山の禅僧とその業績についてもよく狙われる。将軍側近の同朋衆の活動については，阿弥号とともに業績を結びつけておくとよい。

1 南北朝時代の文化　南北朝の動乱の中で，新たな人間像や精神がはぐくまれていた

1. 特　色

①戦乱期を背景に，軍記物や歴史書がうまれた。

②武士や庶民の台頭による日常的文化への傾斜がはじまる。

2. 建　築

①①＿＿＿＿寺 ｝南北朝の動乱の中で，戦死した武将などの
②利生塔 ｝冥福を祈るため，国々に造立された。*1

3. 絵　画

①黙庵…代表作に「布袋図」などがある。

②可翁…代表作に「寒山図」などがある。

4. 文学・歴史書*2

①『新葉和歌集』…宗良親王が編纂した。

②『②＿＿＿＿』*3…南朝の重臣③＿＿＿＿が著した。

▶④＿＿＿＿国小田城で執筆し，南朝の正統性を強調したもの。のち⑤＿＿＿＿天皇に献上された。

③『⑥＿＿＿＿』…足利氏側近の武将の手になるか。

▶南北朝の動乱を足利幕府の側から描写している。

④『⑦＿＿＿＿』…四鏡最後の作品。鎌倉時代史。

⑤『⑧＿＿＿＿』…南北朝の動乱を南朝側から描写した軍記物。作者は小島法師か。のち講釈師による“⑨＿＿＿＿”という方法で普及。

⑥『難太平記』…九州探題をつとめた⑩＿＿＿＿の著書。

⑦『⑪＿＿＿＿』…北畠親房が著した有職故実の書。*4

5. 連歌・茶会

①『⑫＿＿＿＿』…関白二条良基が撰した連歌集。

②『⑬＿＿＿＿』…連歌の規則を集大成。

③⑭＿＿＿＿…茶の産地をあてる競技がおこる。

*1 臨済僧夢窓疎石のすすめで，足利尊氏らが建立した。

補足
建築では，そのほか永保寺開山堂（禅宗様）もこの時期のものである。

*2 戦乱によって，歴史に対する意識が高まった。

*3 神国思想の立場から，大義名分論にもとづいて著述している。

補足
『義経記』や『曽我物語』も，この頃成立した。

古典の研究
『源氏物語』の研究では長慶天皇による『仙源抄』，四辻善成の『河海抄』などがある。

補足
『菟玖波集』が勅撰に準ぜられて以降，連歌は和歌と同等の地位を得るようになった。

*4 有職故実の研究書では，後醍醐天皇による『建武年中行事』も有名である。

補足
多くの人々が集まって行われる，自由な飲食をともなう娯楽的な茶会のことを⑮＿＿＿＿という。

記述論述 Q　一条兼良について，簡潔に説明せよ。　（東京学芸大）

　出題大学…①：関西学院大／⑤：学習院大

6. 郷村の文化…田楽・猿楽の普及 →専門の芸人も出現した。

2 北山文化 禅宗精神が強くみなぎった文化

1. 特 色

①公家・武家・禅宗の三要素が集約的に表現されている。

②唐物崇拝(からものすうはい)…中国からの輸入文化に対する崇拝的精神。

2. 建 築

①金閣…1397年に上棟。構造は初層が⑯＿＿＿＿造の阿弥陀堂，中層が観音殿，上層が⑰＿＿＿＿の仏殿である。

②興福寺東金堂(再建)。 ③興福寺五重塔(再建)。

3. 絵 画

①水墨画の盛行

- ⑱＿＿＿＿…兆殿司(ちょうでんす)とよばれた。「五百羅漢図(らかん)」。
- ⑲＿＿＿＿…「瓢鮎図(ひょうねん)」→禅機画。
- ⑳＿＿＿＿…「水色巒光図(らんこう)」「寒山拾得図」。

②頂相(ちんぞう)や唐絵も盛んに描かれた。

4. 芸 能

①猿楽能…旧来の田楽・猿楽を基盤に発展した →能楽。

▶㉑＿＿＿＿・㉒＿＿＿＿父子により大成された。*5

②大和猿楽四座

㉓＿＿＿＿座・金春座(こんぱる)・金剛座・宝生座(ほうしょう)。

▶いずれも奈良の㉔＿＿＿＿寺を本所にあおいで発展。

③㉕＿＿＿＿…能の合間に上演された庶民劇。

④『風姿花伝』…㉖＿＿＿＿が著した能楽の芸術論。

▶そのほか，能の秘伝書として『花鏡』がある。

なお，『㉗＿＿＿＿』は，子の観世元能(もとよし)が筆録したもの。

⑤㉘＿＿＿＿…能の脚本。

5. 文 学㉙＿＿＿＿ →『古今和歌集』の特定語句の秘伝。

▶㉚＿＿＿＿によってはじまり，飯尾宗祇(いいおそうぎ)に受けつがれ，さらに三条西実隆(さんじょうにしさねたか)や牡丹花肖柏(ぼたんかしょうはく)へ伝授された。

6. 五山文学*6

①㉜＿＿＿＿…『空華(くうげ)日用工夫略集』などを著す。

②㉝＿＿＿＿…夢窓疎石に師事。相国寺に住す。

7. 五山版…中国から伝来した印刷技術で出版した。

8. 仏 教

①五山・十刹(じっさつ)の制度化…㉞＿＿＿＿宗寺院の格づけ。*7

▶幕府は，㉟＿＿＿＿*8をおいて五山を管轄させた。

▲「瓢鮎図」(如拙)

▲「秋冬山水図(冬)」(雪舟)

*5 世阿弥のあと，能は金春禅竹(ぜんちく)によって受けつがれていった。

一条兼良(かねよし)の著書

有職故実の『公事根源(くじこんげん)』，足利義尚に対する政治意見書『樵談治要(しょうだんちよう)』，『源氏物語』の注釈『花鳥余情(かちょうよせい)』など。

京都五山	鎌倉五山
※南禅寺	
①天龍寺	①建長寺
②相国寺(しょうこくじ)	②円覚寺
③建仁寺	③寿福寺
④東福寺	④浄智寺
⑤万寿寺	⑤浄妙寺

▲南禅寺は五山別格。建仁寺と寿福寺は栄西，天龍寺と相国寺は㉛＿＿＿＿，東福寺は円爾(えんに)弁円がそれぞれ開山した。

*6 義堂周信と絶海中津は，五山文学の双璧といわれる。

*7 南宋の官寺(かんじ)の制にならう。

*8 初代僧録は，春屋妙葩(しゅんおくみょうは)である。

A 室町時代の学者・公卿で，有職故実書『公事根源』や足利義尚の諮問に答えた『樵談治要』，『源氏物語』の注釈書として『花鳥余情』などを著した。(68字)

出題大学…⑰：青山学院大，成城大／⑱：九州大／⑳：明治大，駒澤大／㉑：法政大／㉗：同志社大／㉘：法政大，同志社大

②㊱＿＿＿＿＿…自由な立場で民間布教を行った禅寺。

▶曹洞宗では永平寺や総持寺，臨済宗では大徳寺＊9や妙心寺が代表的である。

③日蓮宗の発展…㊲＿＿＿＿＿＊10による西国布教(15C)。

▶日親は，足利義教に『㊳＿＿＿＿＿』で諫言した。

＊9　大徳寺の僧一休宗純の活躍が注目される。

＊10　日親は「鍋冠り上人」ともよばれた。

3 東山文化　幽玄・枯淡・わびの精神を基調とする文化

1. 特　色

①公家・武家・禅宗精神の融合がすすんだ。

②文化の地方波及と庶民化。③　幽玄・枯淡の風が強まった。

2. 建　築

①銀閣…1489年に完成する。構造は初層が㊴＿＿＿＿＿造，上層が㊵＿＿＿＿＿。

②書院造…慈照寺㊶＿＿＿＿＿が代表的である。

→書院造は寝殿造を母体とする建築様式で，今日の和風住宅文化の原型と考えられる。

3. 絵　画…㊷＿＿＿＿＿によって水墨画が大成された。

▶代表作に「秋冬山水図」「四季山水図巻」などがある。

4. 連　歌

①㊸＿＿＿＿＿…正風連歌を確立した。

▶『新撰菟玖波集』『水無瀬三吟百韻』などを編纂した。

②㊹＿＿＿＿＿＊11…俳諧連歌を確立した。

▶『犬筑波集』を編纂した。

5. 文　学

①㊺＿＿＿＿＿…庶民向け短編小説。

②『㊻＿＿＿＿＿』…小歌集。

御伽草子

『文正草子』
『酒呑童子』
『物くさ太郎』
『浦島太郎』
『さるかに合戦』

6. 侘　茶

㊼＿＿＿＿＿によってはじめられ，堺の㊽＿＿＿＿＿に受けつがれ，㊾＿＿＿＿＿によって大成された。

7. 花　道

㊿＿＿＿＿＿によってはじめられ，専応に受けつがれ，江戸初期の専好によって大成された。

8. 文化の地方普及…各地で小京都(文化都市)が繁栄した。＊12

(51)＿＿＿＿＿＊13…肥後の菊池氏，薩摩の島津氏のもとへ。

▶彼は薩摩で朱熹の『大学』の注釈書を『大学章句』として刊行。

9. 工　芸…彫金家の(52)＿＿＿＿＿が活躍した。

10. 神　道…吉田兼倶が唯一神道を提唱した。

室町後期の浄土真宗

浄土真宗は，蓮如が出てから急速に発展した。講を組織し，御文で布教を行った。蓮如は吉崎道場，石山本願寺を建立している。

画家・狩野派

幕府の御用絵師である狩野正信は「周茂叔愛蓮図」，正信の子元信は「大徳寺大仙院花鳥図」などを描き，狩野派の画風を確立した。

＊11　山崎宗鑑とともに俳諧の始祖といわれるのは，荒木田守武である。

補足

阿佐井野宗瑞は堺の医師で，1528年に『医書大全』を刊行した。日本における医書刊行の最初である。

室町後期の教育

上杉憲実が下野国に(53)＿＿＿＿＿を再興し，「坂東の大学」とよばれ，明治初期まで機能した。

テキストでは，『庭訓往来』などの(54)＿＿＿＿＿が用いられ，辞書では(55)＿＿＿＿＿が用いられた。

庭　園

(56)＿＿＿＿＿様式により，大徳寺大仙院庭園や竜安寺石庭などがつくられた。

作庭師としては(57)＿＿＿＿＿が名高い。

＊12　雪舟が活動の拠点とした山口が，典型的な例。

＊13　その学流は，薩南学派とよばれた。

記述論述 Q　室町幕府は禅宗寺院に対して五山十刹の制度を整備し，統制・保護した。これについて60字以内で説明せよ。（名古屋大／改）

　出題大学…㊵：青山学院大，成城大／(52)：南山大／(54)：京都産業大，早稲田大，立命館大

到達度チェック

❶ 次の文を読み，あとの問いに答えよ。　京都産業大—法・外・経・文化，他

解答：別冊p.44 ▶

室町時代後期，①応仁の乱の前後，京都の文化人が地方に赴いた。地方でも，京都の文化を受け入れる動きが見られた。東国では，(　②　)上杉憲実によって足利学校が再興された。西国では，山口の大内氏のもとに③雪舟が長く滞在した。九州には桂庵玄樹が肥後の(　④　)や⑤薩摩の島津氏に招かれ，朱子学を教えた。

問1．下線部①について述べた文のうち，誤っているものはどれか。

1．足利義政の弟の義尚と息子の義視が対立した。
2．三管領の一つである斯波氏の後継者争いが絡んだ。
3．三管領の一つである畠山氏の後継者争いが絡んだ。
4．細川勝元が東軍を，山名持豊(宗全)が西軍を率いた。

問2．空欄(　②　)にあてはまる役職はどれか。

1．関東管領　2．鎌倉公方　3．古河公方　4．堀越公方

問3．下線部③に関する次の文のうち，正しいものの組合せを答えよ。なお図1・図2は一部加工し，モノクロ印刷になっている。

a．彼は図1の作品を描いた。
b．彼は図2の作品を描いた。
c．彼は濃絵の名人である。
d．彼は水墨画の名人である。

1．a・c　2．a・d
3．b・c　4．b・d

図1

図2

問4．空欄(　④　)にあてはまる肥後地方の領主はどれか。

1．加藤氏　2．菊池氏　3．北畠氏　4．楠木氏

問5．下線部⑤に関して，次の島津氏に関する出来事を，古いものから年代順に正しく配列したものはどれか。

A．島津家久が琉球を攻め，尚寧をとらえ，服属させた。
B．島津義久が大友氏と対立し，豊臣秀吉の九州侵攻を招いた。
C．島津貴久が薩摩・大隅の戦国大名としての地位を確立した。
D．島津義弘が，文禄・慶長の役や関ヶ原の戦いに出陣した。

1．A→C→B→D　2．C→A→B→D
3．C→B→D→A　4．C→B→A→D

❶ヒント

リード文3行目の「山口」は「西の小京都」と称された。

問2　2．初代の鎌倉公方は足利基氏。
3．初代の古河公方は足利成氏。
4．初代の堀越公方は足利政知。

問3　図1は「秋冬山水図」，図2は「唐獅子図屏風」。

問5　A・B・Dは事件名から年代を突き止め，Cは時代名を考える。その上で，A～Dを時代順に並べ替えればよい。

❶解答欄

問1	
問2	
問3	
問4	
問5	

❷ 次の各問いに答えよ。　国士舘大—文・法／改

問1．北山文化に関する説明として，誤っているものを1つ選べ。

1．鹿苑寺金閣の様式は，伝統的な寝殿造と禅宗様を折衷したものである。
2．臨済宗は，義満が夢窓疎石に帰依して以来，幕府の保護のもとで栄えた。
3．水墨画では，明兆・如拙・周文などの五山僧が活躍し，基礎を築いた。
4．五山文学では，絶海中津や義堂周信らが出て最盛期を迎えた。

問2．東山文化に関する説明として，誤っているものを1つ選べ。

1．慈照寺東求堂同仁斎などには書院造の建築様式が取り入れられた。
2．足利義政の周辺には，さまざまな芸能に秀でた同朋衆が集められた。
3．竜安寺や大徳寺などには，禅の精神で統一された庭園が造成された。
4．大和絵では，狩野永徳・探幽父子が新しく狩野派をおこした。

❷ヒント

問1　1．金閣の下層は寝殿造，上層は禅宗様である。
3．如拙の代表作に「瓢鮎図」がある。
4．義堂周信は日記として『空華日用工夫略集』を著した。

問2　1．下層は書院造，上層は禅宗様である。
2．同朋衆には「○阿弥」という名＝阿弥号を持つ人々が多い。能の観阿弥・世阿弥は足利義満の同朋衆。

❷解答欄

問1	
問2	

A　足利義満は宋の官寺の制度にならい京都・鎌倉の臨済宗の大寺院に対して格付けを行い，五山を整備し，僧録司を設けて管轄させた。(60字)

解答：別冊p.20 ▶

18 戦国時代と南蛮文化

重要暗記年代

- ■1477……応仁の乱終わる
- ■1536……伊達氏，『塵芥集』制定
- ■1543……鉄砲伝来
- ■1549……キリスト教伝来
- ■1551……大内義隆滅亡
- ■1573……室町幕府の滅亡
- ■1584……スペイン船，平戸に来航

ココが出る!!

［入試全般］
分国法は史料で出ることもあるので，領国経営の具体的政策とセットで整理しておこう。南蛮文化については鉄砲関係の知識が試されることが多い。

［国公立二次・難関私大］
守護大名と戦国大名の特徴的な差異について論述させる問題もある。

1 戦国時代　群雄割拠・覇権争奪の戦乱の時代が，１世紀余り続いた

1. 戦国時代＊1

①時代区分…応仁の乱後から信長・秀吉による統一まで。

②風潮…①＿＿＿＿＿＿の気運が高まる →実力主義の時代。

2. 戦国大名の出自

①守護大名から成長…武田氏・島津氏・②＿＿＿＿＿＿氏など。

②守護代から成長…織田氏・上杉氏など。＊2

③国人(土豪)から成長…伊達(だて)氏・長宗我部(ちょうそかべ)氏など。＊3

3. 関東の混乱

①1438～39年の③＿＿＿＿＿＿の乱

②享徳の乱(1454)後に鎌倉公方が分裂。

- 下総の④＿＿＿＿＿＿公方…足利⑤＿＿＿＿＿＿。
- 伊豆の⑥＿＿＿＿＿＿公方…足利⑦＿＿＿＿＿＿。

③関東管領…⑧＿＿＿＿＿＿上杉と山内上杉(やまのうちうえすぎ)に分裂する。

④⑨＿＿＿＿＿＿の進出…堀越公方を滅ぼし，伊豆に進出。

▶子の氏綱は南関東を平定し，孫の⑩＿＿＿＿＿＿のとき全盛期をむかえる。

4. 中央の状況

①細川氏…細川晴元(はるもと) →実権が家臣の⑪＿＿＿＿＿＿に →さらに部下の松永久秀(まつながひさひで)に奪われる。＊4

②斯波(しば)氏…
- 尾張 →守護代織田⑫＿＿＿＿＿＿に奪われる。
- 越前 →重臣⑬＿＿＿＿＿＿氏に奪われる。

5. 各地の状況

①東北…⑭＿＿＿＿＿＿氏・南部氏・最上(もがみ)氏・芦名(あしな)氏らが割拠。

②中部…⑮＿＿＿＿＿＿の戦い(1553～64)。

＊1　約１世紀間にわたる覇権をめぐる群雄割拠の時代。

＊2・3　②・③は，下剋上の気運に乗じて台頭した。

＊4　実権の推移がよくわかる下剋上の典型的な例である。

記述論述 Q　近世の城郭の立地上の特徴を，中世の城郭のそれと対比しつつ80字以内で説明せよ。　（和歌山大／改）

　出題大学…⑥：同志社大，法政大／⑦：大阪学院大，西南学院大，上智大／⑨：中央大，早稲田大／⑩：大阪学院大／⑮：東海大，松山大，東北学院大

▶越後の⑯＿＿＿＿＿＿(長尾景虎)と甲斐の武田信玄による５回にわたる対陣。＊5

③東海…駿河(するが)・遠江(とおとうみ)の今川⑰＿＿＿＿＿＿。美濃では土岐氏が油商人出身の斎藤道三に奪われる。

④北陸・近江…越前では朝倉氏が台頭する。近江では浅井氏が台頭する。

⑤中国…大内⑱＿＿＿＿＿＿→⑲＿＿＿＿＿＿→毛利元就(もとなり)。

▶毛利元就は1555年，⑳＿＿＿＿＿＿の戦いで陶晴賢(すえはるかた)を討ち，出雲守護代尼子(あまご)氏を倒して中国地方に覇権を確立する。

⑥四国…土佐に㉑＿＿＿＿＿＿氏が台頭する。

⑦九州…龍造寺(りゅうぞうじ)氏が少弐(しょうに)氏から独立する。

▶島津氏・大友氏とともに九州地方を三分した。

＊5　５回の対陣で最も激戦だったのは，1555年と1561年の２回。

斎藤氏の系譜

斎藤道三(どうさん)→斎藤義竜(よしたつ)→斎藤竜興(たつおき)

2 分国支配　戦国大名は分国を完全に支配し，天下統一をねらった

1. 家臣団の編成

①国人・地侍を家臣団に編入する。

②
- 一族衆…一門ともいう。
  ▶領主の一族で家臣となった者。
- 譜代衆…世襲的に仕えた者。
  ▶南北朝の頃から家臣団に入った者。
- 外様衆…国衆ともいう。
  ▶他国から来たり，一般庶民の中から選び，知行地を与えて組織した者。

③郎党・中間(ちゅうげん)・小者・あらし子。

④㉒＿＿＿＿＿＿・㉓＿＿＿＿＿＿の制。

▶擬制的親子関係で統制する。

⑤㉔＿＿＿＿＿＿制…軍役賦課の基準。

⑥家臣を城下町に移住させる。

主な戦国大名の興亡

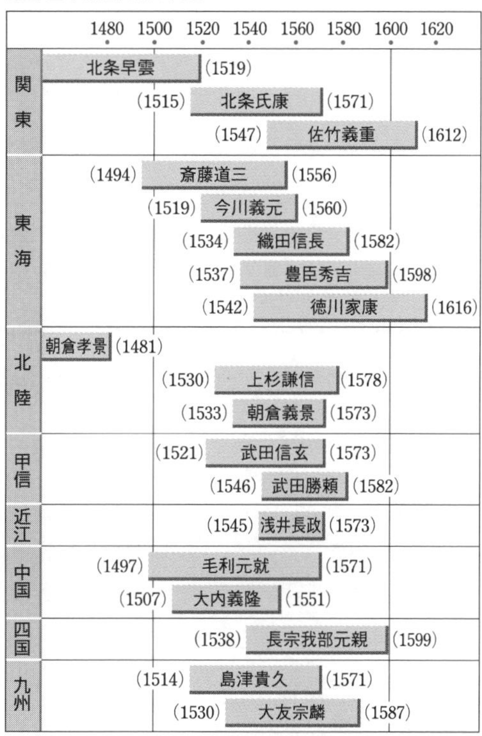

2. 分国法(家法)

①家臣団統制の規範として明文化された。

②内容
- 私信・私婚の禁止…領主の許可制 →謀反防止策。
- ㉕＿＿＿＿＿＿両成敗法…家臣団の分裂防止策。
- 分割相続の禁止。
- 領民の強訴・㉖＿＿＿＿＿＿の禁止。

③違反者への措置

㉗＿＿＿＿＿＿・㉘＿＿＿＿＿＿の連帯責任制を採用する。

補足

分国法違反者へは火あぶり，車ざき，釜いり，のこぎり引きなどの残虐刑が加えられた。

A　中世の城郭は，自然の地形そのものを要害として生かし，丘陵上に築かれる山城が中心だったが，戦国時代以降は家臣団の機動力を強める観点から，平山城や平城へと移行した。(80字)

④主な分国法

戦国大名	分　国	分　国　法　名
伊　達　氏	陸　奥	㉙＿＿＿＿＿ *6
結　城　氏	下　総	結城氏新法度
武　田　氏	甲　斐	㉚＿＿＿＿＿ *7
今　川　氏	駿　河	㉛＿＿＿＿＿
朝　倉　氏	越　前	㉜＿＿＿＿＿ *8
北　条　氏	相　模	㉝＿＿＿＿＿
六　角　氏	近　江	㉞＿＿＿＿＿ *9
大　内　氏	周　防	大内氏掟書(大内家壁書)
長宗我部氏	土　佐	㉟＿＿＿＿＿

*6　伊達稙宗が制定。全171カ条からなる。

*7　信玄家法ともいう。

*8　朝倉敏景十七箇条ともいう。北条氏の早雲寺殿二十一箇条とともに，分国法的性格よりも家訓的要素が強い。

*9　六角氏式目ともいう。

3. 殖産興業策

①鉱山開発…佐渡金山・甲斐金山・生野銀山・石見銀山。

▶石見銀山では，神谷寿禎が朝鮮から伝えた灰吹法という精錬技術が導入され，銀の生産量が増大した。

②治水・灌漑事業…武田氏の㊱＿＿＿＿＿の築造。

③交通対策…道路の改良，関所の撤廃，伝馬制度の整備。

④経済の活性化…㊲＿＿＿＿＿商人の保護。

▶楽市・㊳＿＿＿＿＿の政策で，商品の自由流通を促進。

⑤検地の実施…自己申告形式 →㊴＿＿＿＿＿検地。

〈史料〉鉄砲伝来

天文癸卯秋八月二十五丁酉，我が西村小浦に一大船あり，何れの国より来れるかを知らず。船客百余人，其の形類せず其の語通ぜず。見る者似て奇怪となす(中略)。賈胡の長二人あり。一は牟良叔舎といひ，一は喜利志多侘孟太といふ。手に一物を携ふ。長さ二三尺。其の体たるや中通り外直く重きを以て質となす。……時堯其の価の高くして及び難きを言わずして，蛮種の二鉄炮を求め，以て家珍となす。（文之玄昌『鉄炮記』）

3 南蛮文化　ヨーロッパ人との接触を通じて，新文化に開眼した

1. 鉄砲伝来*10

①1543年…㊵＿＿＿＿＿国の種子島に中国船が漂着する。

②島主種子島㊶＿＿＿＿＿がポルトガル人から2挺入手する。

③鉄砲の国産化…堺，近江の㊷＿＿＿＿＿，紀伊の根来。

2. キリスト教伝来*11

①1549年…㊸＿＿＿＿＿が鹿児島に来航する。

②宣教師㊹＿＿＿＿＿は信長に謁見する…『日本史』。

3. スペイン船の来航…1584年に㊺＿＿＿＿＿に来航する。

4. 南蛮貿易

①特徴…中継貿易。キリスト教布教と連動していた。

②｛輸出品…㊻＿＿＿＿＿・刀剣・海産物・漆器など。
　　輸入品…白糸(中国産生糸)・絹織物など。

補足

ポルトガル・スペイン人を南蛮人といい，のちのオランダ・イギリス人は紅毛人といって区別された。

*10　鉄砲伝来により，戦法が一騎打ち戦法から集団戦法へ，築城法も山城から平城へとかわった。

*11　キリスト教が短期間に普及した理由として，①仏教界の斜陽化の中で，キリスト教の庶民への接近がはかられたこと。②宣教師の社会的な活動(医療・教育など)が推進されたこと。③大名の保護により，キリシタン大名や信者が増加したこと，などが指摘される。

中継貿易

ゴア↔マカオ↔日本というコースをとり，一航海で約3年の歳月を要した。

記述論述 Q　鉄砲の伝来について，次の語句を用いて100字以内で説明せよ。〔語句〕種子島　長篠合戦　南蛮貿易
（聖心女子大／改）

　出題大学…㉜：立教大，京都府立大／㉟：聖心女子大／㊱：早稲田大，同志社大

到達度チェック

❶ 次の文章を読み，あとの問いに答えよ。　青山学院大―全

度重なる争乱の中から，それぞれの地域に根差して実力で領国支配を行う大名が登場した。彼らは，譜代・一族のほか，服属させた国人層や地侍層を積極的に ⓐ直属の家臣団に編成し，強力な軍事体制の構築を行うとともに，ⓑ分国法の制定や検地の実施，ⓒ城下町の建設，交通制度の整備，ⓓ鉱山の開発，大河川の ⓔ治水・灌漑など，積極的な領国経営を展開した。

問1　下線部ⓐについて，戦国大名などが家臣団編成のため，下級家臣を有力家臣に預け，疑似的な親子関係を結んで，その指揮下に編成する制度を何というか，次の中から1つ選べ。

① 地主・小作制　② 親方・子方制　③ 寄親・寄子制
④ 大家・店子制

問2　下線部ⓑについて，陸奥国の戦国大名が1536年に制定し，現存する分国法の中で最も長大なものはどれか，次の中から1つ選べ。

① 甲州法度之次第　② 塵芥集　③ 今川仮名目録　④ 六角氏式目

問3　下線部ⓒについて，朝倉氏によって建設され，分国法によって家臣に城下集住が命じられたことで有名な城下町はどこか，次の中から1つ選べ。

① 一乗谷　② 小田原　③ 府　中　④ 春日山

問4　下線部ⓓについて，島根県にあり，博多商人神谷寿禎が導入した灰吹法によって繁栄し，ヨーロッパにもその名が知られていた鉱山はどれか，次の中から1つ選べ。

① 足尾銅山　② 生野銀山　③ 石見銀山　④ 佐渡金山

問5　下線部ⓔについて，武田信玄の治水事業に関わりのある河川はどれか，次の中から1つ選べ。

① 荒　川　② 利根川　③ 最上川　④ 釜無川

❷ 次の文を読み，あとの問いに答えよ。　龍谷大／改

16世紀中頃の鉄砲伝来に端を発した［1］人の来航を機に，①南蛮貿易が始まった。この貿易は，キリスト教宣教師の布教活動と一体的に行われたため，貿易を望んで，②布教活動を保護し，洗礼を受けた大名もあった。彼らのうちの3大名は，1582年に宣教師［2］の勧めにより，少年使節をローマ教皇のもとに派遣した。

問1　空欄［1］・［2］にあてはまる語句を記入しなさい。

問2　下線部①に関連して述べた次の文X・Yについて，その正誤の組合せとして適切なものを，1つ選びなさい。

X　主にヨーロッパ産の生糸が輸入された。
Y　平戸・長崎・豊後府内などが主な貿易港であった。

① X＝正　Y＝正　② X＝正　Y＝誤　③ X＝誤　Y＝正
④ X＝誤　Y＝誤

問3　下線部②に関連して述べた次の文X・Yについて，その正誤の組合せとして適切なものを，1つ選びなさい。

X　南蛮寺やコレジオ・セミナリオなどが作られた。
Y　このような大名には，有馬晴信・大村純忠・大友義鎮(宗麟)らがいる。

① X＝正　Y＝正　② X＝正　Y＝誤　③ X＝誤　Y＝正
④ X＝誤　Y＝誤

解答：別冊p.44 ▶

❶ヒント

問2　伊達稙宗が制定した分国法である。

問4　島根県に所在。大森銀山ともいい，2007年に世界文化遺産に指定された。

❶解答欄

問1	
問2	
問3	
問4	
問5	

❷ヒント

問1　2．1579年に来日したイタリア人宣教師。

問3　Y．3大名は1582年，伊東マンショ・千々石ミゲル・中浦ジュリアン・原マルチノの4少年をローマ教皇グレゴリオ13世のもとに派遣した。その天正遣欧使節は，1590年に帰国したが，1587年にバテレン追放令が出された後だったため，活動面においても不遇であった。

❷解答欄

問1	1	
	2	
問2		
問3		

A　1543年にポルトガル人を乗せた中国船が種子島に漂着して鉄砲が伝来し，南蛮貿易も盛んになった。鉄砲はその後，堺・国友などで大量に生産され，1575年の長篠合戦では織田信長軍が鉄砲を用いて武田勝頼軍に大勝した。(100字)

中世の実戦演習

❶ 次のA・Bを読んで，設問に答えなさい。

関西学院大―商・人間・文・法

解答：別冊p.45 ▶

A　①源平の争乱から鎌倉幕府の成立に至る時期に関東武士団を主導したのは，源頼朝の卓越した能力といっても過言ではない。しかし頼朝が死ぬと，草創期の幕府は少なからぬ混乱をきたした。まず頼朝の後を継いだ頼家の親裁が制限され，②13名の合議制によって政治が行われることとなった。それに続くのは，有力者同士の勢力争いであり，③頼朝を支えた何人もの御家人が没落した。ここで台頭が著しかったのは北条氏である。最終的に④北条時政，⑤義時の父子は，執権と呼ばれる地位に就き，その地位を北条氏世襲のものとした。

問1．下線部①の時期の出来事について述べた以下の文章を，出来事が生じた順に並べた時，3番目に位置するものを選べ。

ア．源義仲に敗れた平氏は，安徳天皇を奉じて都を退去した。

イ．頼朝の強大化を恐れた後白河法皇は，頼朝追討を義経に命じた。

ウ．頼朝は，奥州藤原氏を討った後に上洛を果たし，右近衛大将に任ぜられた。

エ．頼朝は，後白河法皇に，諸国に守護を置く権利を認めさせた。

問2．下記のうちで，下線部②の構成員ではないものを選べ。

ア．大江広元　**イ**．北条時政　**ウ**．三善清行　**エ**．和田義盛

問3．下線部③の頼朝を支えた御家人が没落した事例として，正しいものを選べ。

ア．梶原景時は，侍所別当として権力をふるったが，他の御家人との対立を深め，討たれた。

イ．畠山重忠は，源平の争乱から奥州平定に至るまで功があったが，北条氏に討たれた。

ウ．安達泰盛は，将軍との深い関係を背景に改革を図ったが，北条氏に背かれ失脚した。

エ．三浦泰村は，北条泰時と対立を深め，名越光時に呼応して兵をあげたが敗れた。

問4．下線部④の人物に関する説明として，誤っているものを選べ。なお，すべて正しい場合は「エ」と答えよ。

ア．頼家の後見人である比企能員を討ち滅ぼし，頼家を孤立させた。

イ．頼家を伊豆の修禅寺に幽閉し，頼家の弟である実朝を将軍に立てた。

ウ．和田義盛を滅ぼし，侍所別当の地位を得ることによって権力を確かなものにした。

問5．下線部⑤の人物に関する説明として，正しいものを選べ。

ア．実朝の死後，皇族を将軍として招こうとしたが，朝廷との交渉は不調に終わった。

イ．承久の乱の後，後嵯峨上皇の皇子宗尊親王を将軍に迎えた。

ウ．弟の時房を連署とし，執権を補佐する態勢を整えた。

エ．大江広元を失脚させて，自らが政所別当となり，執権政治の基礎を築いた。

B　室町幕府が⑥南北朝の動乱を経て全国政権として安定するのは，3代将軍足利義満の時代とされる。とはいうものの，義満自身も更なる政権の安定を求め，⑦いくつかの争乱を通じて有力守護の力を削いだ。また⑧6代将軍義教は合議制を廃し，強圧的な政治を行うことで将軍権力の強化に努めたが，嘉吉の変において赤松満祐に謀殺された。この事件によって幕府の権威は大きく揺らいだ。ついで⑨畠山・斯波両家の家督争いに将軍家の家督争いが加わり，さらに有力守護大

❶ヒント

問2　醍醐天皇の時代に活躍した学者で，天皇に政治意見書を奏上した。

問6　ウ．後醍醐天皇が吉野に移ったのは1336年。

問7　1391年，山名氏清が山名満幸とともに兵を進めたが京都で敗れた。

❶解答欄

問1	
問2	
問3	
問4	
問5	
問6	
問7	
問8	
問9	
問10	

記述論述 Q　12世紀末に興福寺や東大寺が焼失した事件は，どのようないきさつでおきたのか，その事情を80字以内で説明せよ。（法政大）

名の間の対立が絡んで応仁の乱が起こった。この乱によって幕府ばかりでなく，⑩守護大名の力も衰えることになった。

問6．下線部⑥の時期の出来事について述べた以下の文章を，出来事が生じた順に並べた時，3番目に位置するものを選べ。

ア．最初の半済令が発布された。

イ．楠木正成が湊川の戦いで戦死した。

ウ．後醍醐天皇が吉野に移り，南朝の正統性を主張した。

エ．後亀山天皇が後小松天皇に神器を譲った。

問7．下線部⑦に関し，争乱名とその当事者，および争乱があった地名の組み合わせとして，正しいものを選べ。なおすべて誤っている場合は「エ」と答えよ。

ア．応永の乱―大内義弘―豊後　　**イ**．明徳の乱―山名宗全―堺

ウ．明徳の乱―山名氏清―尾張

問8．下線部⑧に関し，足利義教や上杉氏に関する説明として，正しいものを選べ。

ア．足利義教は，鎌倉府の内紛に乗じて乱を起こした前関東管領の上杉禅秀を討った。

イ．足利持氏と対立した関東管領の上杉憲実は，足利学校を再興した。

ウ．結城氏朝が北条氏の遺子である北条時行を擁して乱をおこしたが，足利義教に鎮圧された。

エ．正長の徳政一揆は，足利義教の強圧的な施策に反対する国人層に率いられた。

問9．下線部⑨に関する説明として，正しいものを選べ。なおすべて誤っている場合は「エ」と答えよ。

ア．畠山政長と畠山義就の抗争は，応仁の乱の終息とともに止み，両者は和解した。

イ．足利義視は，当初細川勝元の庇護下にあったが，のちに西軍に加わった。

ウ．日野富子は実子である足利義視に家督を継がせるため，細川勝元を頼った。

問10．下線部⑩に関する説明として，誤っているものを選べ。

ア．守護大名に代わって領国で戦った守護代や有力国人が勢力を伸ばした。

イ．加賀の一向一揆は，守護の富樫政親を倒し，加賀国を実質的に支配した。

ウ．有力な守護大名であった大内氏は，守護代の毛利氏によって滅ぼされた。

エ．守護大名が戦国大名化することもあり，駿河の今川氏はその例である。

❷ 次のA・Bを読み，あとの問いに答えよ。　京都産業大一全

A　①院政期には，京の近郊に壮麗な寺院が多く造営された。寺社勢力の拡張や聖の活動によって仏教は地方にも広がり，陸奥国の白水阿弥陀堂など②浄土教の思想に基づく堂舎が各地で建造された。平氏は（　③　）の厳島神社を造営し，『平家納経』を寄進した。

鎌倉時代になると，中国の建築を範とする二つの建築様式が発達した。大仏様と禅宗様である。大仏様は④治承・寿永の乱で被害に遭った東大寺の再建にあたって⑤重源が採用したものである。重源の下では，⑥慶派の仏師も活躍した。一方の⑦禅宗様は，禅宗の体系的導入によって持ち込まれたものである。こうした大陸渡来の建築法を和様に取り入れた折衷様も盛んになった。

⑧鎌倉時代に成立した絵巻物には，この時代の寺社や貴族邸宅などを描いたものが少なくない。都市や⑨農村の景観もこれらを通してうかがい知ることができ

A　1180年，以仁王の平氏追討の令旨を機に諸国の源氏が蜂起し，興福寺や東大寺もこれに呼応して本格的な源平争乱に突入。その経緯の中で，平重衡が南都寺院を焼き打ちにした。(80字)

る。

問1． 下線部①に関連して，院政期以前の文学作品を成立が古い順に正しく配列したものを答えよ。

1．『凌雲集』→『菅家文草』→『和漢朗詠集』
2．『菅家文草』→『凌雲集』→『和漢朗詠集』
3．『菅家文草』→『和漢朗詠集』→『凌雲集』
4．『和漢朗詠集』→『菅家文草』→『凌雲集』

問2． 下線部②に関連して，浄土教を発展させ，浄土宗を創始した法然がその教義を説いた書の書名を答えよ。

1．『教行信証』　2．『往生要集』　3．『選択本願念仏集』　4．『摧邪輪』

問3． 空欄（　③　）にあてはまる国名を答えよ。

問4． 下線部④に関連して，次の文X・Yの正誤の組み合わせとして正しいものを答えよ。

X　源頼朝は，石橋山の戦いで敗北した。
Y　源義仲は，倶利伽羅峠の戦いで敗北した。

1．X：正　Y：正　2．X：正　Y：誤　3．X：誤　Y：正
4．X：誤　Y：誤

問5． 下線部⑤に関連して，重源に請われ東大寺大仏の鋳造や大仏殿再建にあたった宋人を答えよ。

1．観　勒　2．陳和卿　3．無学祖元　4．祖　阿

問6． 下線部⑥に関連して，興福寺北円堂にある運慶作の彫刻を答えよ。

1．無著像・世親像　2．空也上人像　3．天灯鬼像・竜灯鬼像
4．上杉重房像

問7． 下線部⑦に関連して，禅宗様の建築として適当なものを答えよ。

1．三仏寺投入堂　2．蓮華王院本堂　3．円覚寺舎利殿
4．観心寺金堂

問8． 下線部⑧に関連して，鎌倉時代に成立した作品として適当ではないものを答えよ。

1．『北野天神縁起絵巻』　2．『春日権現験記』
3．『蒙古襲来絵巻(絵詞)』　4．『四季山水図巻』

問9． 下線部⑨に関連して，鎌倉時代に西日本を中心に普及した牛馬耕で使用された農工具を答えよ。

1．犂　2．木　鍬　3．唐　箕　4．竪　杵

B　⑩茶の湯の事。⑪東山殿の⑫数寄屋好み給いしよりおこることなり。其比，将軍家，⑬諸大名につねに心安く打ちとけ給うべき様もなければ，⑭五山の僧をつねには御前に召されけるに或人の云，今下々に茶湯という事を興じ侍りぬ。其道を得し人は⑮珠光と申僧侍ると申上しかば，さらば其者召せとて，これより出頭して数寄屋の法制など定りし事なり。(『後鑑』)

問10． 下線部⑩に関連して，中国から臨済宗を伝えるとともに，『喫茶養生記』を著した僧を答えよ。

1．道　元　2．夢窓疎石　3．蘭溪道隆　4．栄　西

問11． 下線部⑪の人物の後継者をめぐり，応仁の乱が勃発した。次の文X・Yの正誤の組み合わせとして正しいものを答えよ。

X　管領であった山名持豊(宗全)は，東軍の将として戦った。

❷ヒント

問1　『凌雲集』は嵯峨天皇の命で撰上された。最初の勅撰漢詩集。『菅家文草』は菅原道真の漢詩文集。
問2　法然が九条兼実の求めに応じて執筆した書物。
問3　現在の広島県にあたる。
問6　4．上杉重房像は鎌倉の明月院に蔵されている。
問7　1．三仏寺投入堂は院政期の建物。
問8　雪舟の作品である。
問12　1．修学院離宮は後水尾天皇の山荘。回遊式庭園でも知られる。
問13　「西の小京都」とも呼ばれた都市。
問14　鎌倉五山に含まれる寺院。

❷解答欄

問1	
問2	
問3	
問4	
問5	
問6	
問7	
問8	
問9	
問10	
問11	
問12	
問13	
問14	
問15	

記述論述 Q　応永の外寇は朝鮮では「己亥東征」とよばれるようになった。日本では年号で事件を示したのに，なぜ朝鮮では「己亥」と干支で表現されることになったのか。当時の東アジアの国際関係から50字程度で説明せよ。(愛知教育大)

Y 『粉河寺縁起絵巻』には，応仁の乱における足軽の活動が描かれている。

1．X：正　Y：正　2．X：正　Y：誤　3．X：誤　Y：正
4．X：誤　Y：誤

問12. 下線部⑫に関連して，江戸時代前期に八条宮智仁親王が造営し，数寄屋造の書院を持つものを答えよ。

1．修学院離宮　2．桂離宮　3．醍醐寺三宝院　4．神泉苑

問13. 下線部⑬に関連して，大内氏の城下町で，応仁の乱後，多くの文化人が招かれた地を答えよ。

1．山　口　2．鞆　3．春日山　4．鹿児島

問14. 下線部⑭に関連して，京都五山に含まれたことのない寺院を答えよ。

1．相国寺　2．寿福寺　3．天龍寺　4．東福寺

問15. 下線部⑮の人物が創始した侘茶を16世紀後半期に大成した人物を答えよ。

1．武野紹鷗　2．桂庵玄樹　3．千利休　4．一休宗純

❸ 次の文章の空欄に適当な人名または語句を記しなさい。

東海大―文化・社ほか／改

南北朝の動乱を機に，武家や公家らの間で歴史に対する関心が高まり，いくつかの歴史書が作られた。［ア］が著した『神皇正統記』もその1つであり，南朝の立場から皇位継承の正統性を主張した。また，公家の年中行事にも関心が高まり，有職故実や古典の研究も活発となった。［イ］天皇は，宮中の年中行事を月ごとにまとめ，仮名混じりの文章で『建武年中行事』を編纂した。

仏教界では幕府の保護のもと，臨済宗の僧侶が政治や外交の場でも活躍するようになり，文学の分野においても禅僧は大きな役割を果たした。将軍足利義満が南宋の官寺の制にならい，京都と鎌倉の臨済宗の主要な寺院に［ウ］という寺格を，そしてこれに次ぐ寺院に十刹の寺格を設け，宗教界の統制と保護を図った。こうした中，京都［ウ］の禅僧を中心に，宋学の研究や漢詩文の創作が盛んになった。その漢詩文は，［ウ］文学と呼ばれ，14世紀後半に最盛期を迎えた。このように，幕府の保護を受けた［ウ］派を叢林と呼ぶのに対し，より自由な布教活動に努めた禅宗諸派を［エ］と呼ぶ。臨済宗の大徳寺や妙心寺，曹洞宗の永平寺などが［エ］の代表的な寺院となり，［エ］の禅が地方の武士や民衆の支持を得て各地に広まった。

室町時代には，民衆の地位が向上することによって，武家や公家，僧だけでなく，民衆が担い手となった文化も生まれた。芸能の分野では［オ］がその1つである。

それは能の合間に演じられた滑稽な仕草を交えた喜劇であり，その題材は民衆の生活に求められ，広く民衆に受け入れられていった。このほか田楽や幸若舞，古浄瑠璃なども民衆に愛好された。自由な形式で民衆に歌われた［カ］も流行するようになり，［カ］をはじめ，謡曲や民間の童謡など310余首を集めた『閑吟集』が編纂された。また，［キ］と称される短編物語が新たに登場し，『一寸法師』や『物ぐさ太郎』『浦島太郎』などが長く民衆に親しまれた。

応仁の乱の後は，公家や禅僧が戦国大名を頼り，地方の大名も中央の文化を積極的に取り入れたため，各地に新しい文化の拠点が作られた。例えば，有職故実書『公事根源』を著した［ク］は，学芸への関心が高かった越前の朝倉氏のもとで有職故実や古典研究を講じた。また，島津忠昌は鹿児島に桂庵玄樹を招いて朱子学を講じさせた。のちに彼を祖とする朱子学派は，その土地の名にちなみ［ケ］と呼ばれた。関東では関東管領上杉憲実によって下野国の［コ］が再興された。

❸ヒント

ア 南朝の重臣。

イ 大覚寺統に即位した南朝最初の天皇。

エ その呼称は，「叢林」の下に位置することに由来する。

オ 庶民劇で，人物に対する風刺性が強い。

ク 『樵談治要』や『花鳥余情』などの著書もある。

コ フランシスコ＝ザビエルはヨーロッパに「坂東の大学」として紹介した。

❸解答欄

ア	
イ	
ウ	
エ	
オ	
カ	
キ	
ク	
ケ	
コ	

A 朝鮮には独自の年号がなく，また，明の冊封体制下に入っていたことから，干支を用いることとなった。(47字)

解答：別冊p.20 ▶

19 織豊政権と桃山文化

重要暗記年代

- ■1560……桶狭間の戦い
- ■1570……姉川の戦い
- ■1573……信長，足利義昭を追放
- ■1575……長篠合戦
- ■1582……本能寺の変
- ■1582……山崎の戦い
- ■1583……賤ヶ岳の戦い
- ■1584……小牧・長久手の戦い
- ■1590……秀吉，小田原平定・全国統一

ココが出る!!

［入試全般］

織田信長と豊臣秀吉の統一過程がポイント。年代と事件名・人物はもちろんだが，戦乱がおこった場所にも注意。

［国公立二次・難関私大］

太閤検地については土地制度史の一環としても重要。その歴史的意義について論じさせる問題もある。桃山文化は絵画がポイント。屏風の作品名と作者を押さえよう。

1 織田信長の統一事業　古代・中世的世界観や諸秩序が，ことごとく否定された

1. 信長の統一戦争

①1560年…①＿＿＿＿＿の戦い →信長台頭の契機となる。

▶東海の雄②＿＿＿＿＿を破り，覇権を握る。

②1567年…美濃稲葉山(いなばやま)城を攻略する。

▶斎藤竜興(たつおき)を追放。竜興は朝倉氏のもとに身を寄せた。

③1568年…足利③＿＿＿＿＿を奉じて入京する。

④1570年…④＿＿＿＿＿の戦い。

▶北近江の⑤＿＿＿＿＿と越前の⑥＿＿＿＿＿連合軍を破る。

⑤1571年…比叡山⑦＿＿＿＿＿寺を焼き打ちする。

⑥1573年…足利義昭を追放 →室町幕府が滅亡する。

⑦1574年…伊勢⑧＿＿＿＿＿の一向一揆を平定する。

⑧1575年…⑨＿＿＿＿＿合戦*1 →信長・徳川家康の連合軍が甲斐の⑩＿＿＿＿＿を破る。

⑨1576年…琵琶湖畔に⑪＿＿＿＿＿城を築く。*2

▶天守閣は，五層七重の構造。

⑩1580年…石山戦争が終結する。

▶⑫＿＿＿＿＿天皇の仲裁により⑬＿＿＿＿＿*3と和睦。

⑪1582年…⑭＿＿＿＿＿の戦い →武田氏が滅亡する。

⑫1582年…⑮＿＿＿＿＿の変 →家臣の⑯＿＿＿＿＿が反乱をおこす。

▶信長の長子信忠も自殺する。

織田氏

尾張国の斯波(しば)氏の守護代であったが，斯波氏の分裂にともない，織田氏も二つに分かれた。のち，織田信秀が織田家を統一し，信秀は戦国大名として成長した。信長は信秀の子で，はじめ吉法師，元服後に信長と名のった。

補足

信長は天下統一をすすめるにあたって，「天下布武」の印章を用いた。

＊1　鉄砲隊が威力を発揮した。

＊2　瓦は，明の一観が焼いた中国風のものを用いた。

＊3　顕如(けんにょ)は浄土真宗の僧侶。本願寺11世で光佐ともいう。

記述論述 Q　豊臣秀吉が，キリスト教が日本の主権にかかわる問題を引き起こしていると考えるようになったのは，九州地方におもむいたときのある見聞からである。この出来事とは何だったか，40字以内で答えよ。（北海道大／改）

　出題大学…⑤：上智大，名古屋学院大／⑥：上智大，愛知教育大／⑭：法政大，明治大

2. 信長の政策

①⑰______検地…征服地域では土地台帳を提出させる。

②⑱______…商品取引の円滑化をはかる。

▶1567年に美濃⑲______に，1577年には安土山下町に実施する。

③都市の直轄化…大津・草津。

▶1568年に⑳______に軍費として矢銭２万貫を課す。

④貨幣政策…1569年に㉑______令を発布する。

⑤関所の撤廃…関銭の徴収を禁止する。

⑥キリスト教…㉒______に布教を許可する。

⑦仏教…1579年の安土宗論 →のち日蓮宗を弾圧する。

▶日蓮宗の僧侶と浄土宗の僧侶との討論。

2 豊臣秀吉の統一事業

信長の統一事業を受けついで，1590年に全国統一をなしとげた

1. 秀吉の統一過程

①1582年…備中高松城を攻囲する。

②1582年…㉕______の戦い →明智光秀を滅亡させる。

③1583年…㉖______の戦い→㉗______と対立する。*4

④1584年…㉘______の戦い。

▶徳川家康・織田㉙______連合軍と対峙 →和睦する。

⑤1585年…根来・雑賀一揆を平定する。

⑥1585年…秀吉，関白となる。四国の㉚______氏を平定。

⑦1585・1586年…私闘停止を命じる㉛______を出す。

⑧1586年…秀吉，太政大臣となる →豊臣賜姓。

⑨1587年…九州の㉜______氏を平定する。

▶博多に帰陣した直後に㉝______を発布する。

⑩1590年…小田原落城 →北条氏政は自殺，北条氏直は降伏する。

⑪1590年…奥州平定 →㉞______ら服属 →全国統一がなる。

2. 秀吉の政策

①経済基盤…直轄領である㉟______220万石。

②都市の直轄化…長崎・堺・京都・大坂・伏見など。

▶堺の千利休や博多の島井宗室らの商人の力も利用した。

③鉱山の直轄化…石見銀山・生野銀山・佐渡金山など。

④楽市・楽座政策…1585年に大山崎の㊱______座を廃止。

⑤貨幣政策…金貨である㊲______を鋳造する。

▶銀貨では丁銀，銭貨では天正通宝や文禄通宝も鋳造する。

⑥1588年，㊳______に㊴______天皇をむかえる。

主な戦い

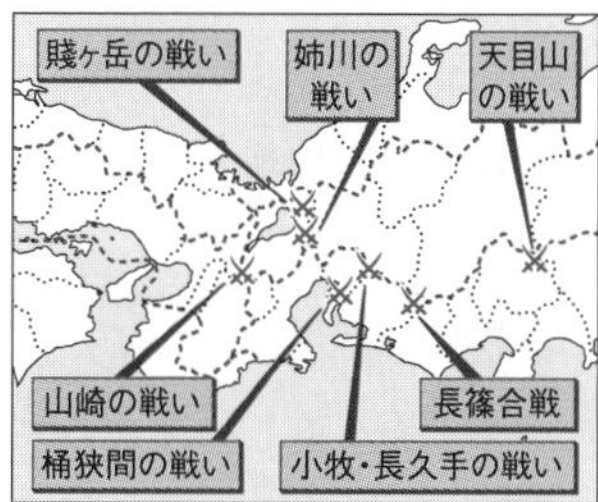

天正遣欧使節

①時期…1582～1590年

②宣教師…㉓______

③大村純忠・有馬晴信・大友義鎮(宗麟)らの賛同。

④伊東マンショ・千々石ミゲル・中浦ジュリアン・原マルチノ

⑤教皇㉔______に謁見。

＊4　柴田勝家は近江国の賤ヶ岳の戦いで秀吉に敗れ，越前国北庄(現在の福井市)で自殺した。

〈史料〉バテレン追放令

一，日本は神国たる処，きりしたん国より邪法を授け候儀，はなはだもってしかるべからず候事。

一，伴天連其知恵の法を以，心ざし次第に檀那を持ち候とおぼし召され候へば，右の如く日域之仏法を相破る事曲事に候条，伴天連之儀，日本之地にはおかせられ間敷候間，今日より廿日之間に用意仕り，帰国すべく候。

一，黒船之儀は商売之事に候間，各別(格別)候之条，年月を経，諸事売買いたすべき事。

一，自今以後，仏法のさまたげをなさざる輩は，商人之儀は申すに及ばず，いづれにてもきりしたん国より往還くるしからず候条，その意をなすべき事。

▲20日以内に宣教師の国外退去を命じたもので，貿易については従来どおり奨励している。

補足

秀吉は1585年に国替(転封)を実施した。また関所を撤廃し，主要街道に一里塚を築いた。

安土桃山時代

A　キリシタン大名となった大村純忠が，長崎を教会領としてイエズス会に寄進したこと。(39字)

出題大学…⑲：東北学院大，慶應義塾大／㉔：成城大，大妻女子大／㉟：名城大，中央大，獨協大

3. 太閤検地(1582〜1598) *5

①1582年にはまず㊵＿＿＿＿国で行われた。

②1594年の検地を特に㊶＿＿＿＿検地という。

▶検地条目を定め，石盛の法や枡(ます)の統一*6などが行われた。

③検地奉行を派遣して，統一的・全国的規模で行った。

④天正の石直し…従来の㊷＿＿＿＿制から石高制へ。

⑤㊸＿＿＿＿…段あたりの収穫量のこと。

▶石高は，石盛×面積の計算式で算出される。

⑥単位の統一…町・段・畝(せ)・歩(ぶ)。

⑦等級…上・中・下・下々の４等級。

▶上田１段は１石５斗，中田は１石３斗という具合に石盛をつけた。

⑧税率…二公一民 →検見(けみ)法による。

▶実際には領主との力関係で決まる。

1町＝10段 1段＝300歩 （1段＝10畝 1畝＝30歩） 1歩＝6尺3寸平方

⑨㊹＿＿＿＿の原則…重層的「職(しき)」の崩壊。*7

⑩㊺＿＿＿＿…村ごとに作成した土地台帳＝水帳。

▶検地帳に登録された農民を名請人という。

⑪意義…従来の荘園制が否定され，近世的知行制度の基礎が確立する。農民は土地に固定され，貢租を負担した。

4. 刀狩令(1588)

①㊻＿＿＿＿寺の大仏造立を口実に武器を没収する。

②真のねらいは一揆防止と㊼＿＿＿＿。

5. 人掃令(ひとばらい)(身分統制令)

• 1591年…秀吉による。職業転換の禁止令。

• 1592年…豊臣㊽＿＿＿＿による戸口調査令。

6. 五大老…秀吉の晩年に整備された。

• 徳川家康　• 前田利家　• 毛利輝元　• 宇喜多(うきた)秀家

• 小早川隆景(小早川の死後，上杉景勝が入る)

7. 五奉行…職務分担

• ㊾＿＿＿＿　• 前田玄以(げんい)　• 石田三成　• 増田長盛(ましたながもり)

• 長束正家(なつかまさいえ)

8. サン=フェリペ号事件(1596)…スペイン(イスパニア)船

▶㊿＿＿＿＿事件に発展する。

9. 朝鮮出兵

①目的…勘合貿易の復活と朝鮮・明の征服。

②(51)＿＿＿＿の役(1592〜93)

▶本陣を肥前の(52)＿＿＿＿におき，秀吉自ら指揮する。

*5　1590年の全国統一以前の検地を総称して，天正検地とよぶ場合もある。

*6　6尺3寸の棹(さお)を用い，京枡に統一した。測量には梵天(ぼんてん)という標識を用いた。

〈史料〉太閤検地

一，仰せ出され候趣，国人幷(なら)びに百姓共ニ合点行き候様ニ，能々(よくよく)申し聞かすべく候。自然相届かざる覚悟の輩これ在るに於ては，城主にて候はば，其のもの城へ追い入れ，各相談，一人も残し置かず，なでぎり仕る可く候。百姓以下ニ至るまで相届かざるニ付いてハ，一郷も二郷も悉(ことごと)くなでぎり仕るべく候。六十余州堅く仰せ付けられ，出羽，奥州迄そさうニはさせらる間敷候。たとへ亡所ニ成り候ても苦しからず候間，其の意を得べく候。

▲1590年に浅野長政に命じて，奥州の検地を実施したときの文書。

*7　中間搾取(＝作合(さくあい))や，従来の土地に対するさまざまな権利(＝職)体系が否定された。

補足

刀狩令と同日に，海賊取締令(倭寇取締令)も発布された。

〈史料〉刀狩令

一，諸国百姓，刀・脇指(わきざし)・弓・やり・てつはう，其の外武具のたぐい所持候事，堅く御停止候。其の子細は入らざる道具をあひたくはへ，年貢所当を難渋せしめ，自然一揆を企て，給人にたいし非儀の動(はたらき)をなすやから，勿論御成敗あるべし。

▲身分統制令とともに，近世的身分制度の基礎が築かれる契機となった政策である。

〈史料〉人掃令・1591年

一，奉公人・侍・中間(ちゅうげん)・小者・あらし子に至る迄，去七月奥州へ御出勢より以後，新儀に町人百姓に成候者これあらば，その町中・地下人として相改め一切置くべからず。若しかくし置くに付ては，其一町一在所御成敗を加えらるべき事。

記述論述 Q　刀狩令はどのような理由で出されたか，40字以内で答えよ。　(新潟大)

 出題大学…㊸：東京都立大，京都大，北海道大

▶明軍の来援や水軍の不振などにより戦局は膠着(こうちゃく)した*8が，1593年，小西行長と明の沈惟敬(しんいけい)との間で講和が成立し，終結した。

③[53]＿＿＿＿＿＿の役(1597～98)

▶講和内容を不服とし，再度出兵する。

④結果…豊臣政権を根底から動揺させることになった。

*8 日本軍は，李如松(りじょしょう)・李舜臣(りしゅんしん)らの軍に敗れた。

補足
朝鮮では2度の戦いを壬辰(じんしん)・丁酉(ていゆう)の倭乱とよんでいる。

3 桃山文化 価値観の大転換がなされ，「日本のルネサンス」ともいわれる，豪華雄大な文化

1. 特　色

①仏教色を払拭。　②新興大名や町衆らに担われた文化。

③豪華絢爛(けんらん)な文化。　④生活文化の比重が大きい。

⑤現世主義的性格の増長。　⑥南蛮文化の影響が大きい。

2. 建　築

①城郭建築…領主(大名)の政庁兼邸宅。

▶望楼である[54]＿＿＿＿＿＿が中心となった。

▶内部は[55]＿＿＿＿＿＿造の組み合わせ。

②聚楽第(じゅらくてい(だい))の遺構

西本願寺[56]＿＿＿＿＿＿や大徳寺唐門(からもん)。

③伏見城の遺構

西本願寺唐門や琵琶湖の竹生島(ちくぶじま)にある[57]＿＿＿＿＿＿神社本殿。

④書院造…醍醐寺三宝院(さんぼういん)表書院。

⑤茶室建築

・[58]＿＿＿＿＿＿*9…千利休の設計といわれる。

・如庵(じょあん)*10…織田有楽斎(うらくさい)の茶室。

南蛮寺
キリスト教の教会堂のこと。コスモ=デ=トルレスが大内氏の許可のもとに山口に建築した大道寺が有名である。

▲西本願寺飛雲閣

*9 2畳の茶室。

*10 現在は犬山市有楽苑に移築されている。

天守閣の形式

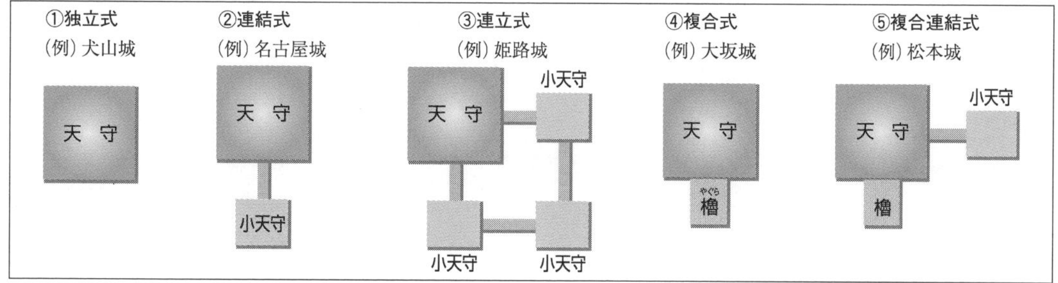

3. 彫　刻…住宅の欄間(らんま)彫刻 →立体的な彫り物が盛ん。

4. 絵　画

①[59]＿＿＿＿＿＿画…屏風や襖・壁などに描かれた装飾画。

②濃絵(だみえ)…狩野永徳の発明といわれる金碧(きんぺき)濃彩画。

③狩野[60]＿＿＿＿＿＿…「唐獅子図(からじしず)屏風」「檜図(ひのきず)屏風」。

④狩野[61]＿＿＿＿＿＿…「牡丹(ぼたん)図」「松鷹(しょうよう)図」「紅梅(こうばい)図」。

⑤狩野内膳(ないぜん)…「豊国祭礼図(ほうこくさいれいず)屏風」。

A 百姓がもっている武器をとり上げて農業に専念させ，一揆の発生を未然に防ぐため。(38字)

安土桃山時代

⑥ 狩野長信…「花下遊楽図屏風」。

⑦ 狩野秀頼…「高雄観楓図屏風」。

⑧ 狩野吉信…喜多院「職人尽図屏風」。

⑨ (62)＿＿＿＿＿＿…「智積院襖絵楓図・桜図」。

⑩ (63)＿＿＿＿＿＿…「山水図屏風」「琴棋書画図」。

⑪ 南蛮屏風…「世界地図屏風」「泰西王侯騎馬図屏風」。

▲「花下遊楽図屏風」

5. 工　芸

① (64)＿＿＿＿＿＿寺蒔絵…豪華な蒔絵の代表例。

② 陶芸…朝鮮出兵に際して，多くの陶工が連行された。

- 黒田氏のもとで(65)＿＿＿＿＿＿焼
- 毛利氏のもとで(66)＿＿＿＿焼
- 島津氏のもとで(67)＿＿＿＿＿＿焼
- 鍋島氏のもとで(68)＿＿＿＿＿＿焼

（以上）茶道の普及にともなって盛んになった。

▶始祖は，朝鮮陶工の(69)＿＿＿＿＿＿。伊万里焼。

③ 印刷技術の伝来

- ヨーロッパから伝来…天正遣欧使節の帰国による。

▶宣教師(70)＿＿＿＿＿＿が活字印刷術を伝える。

- 朝鮮から伝来…慶長版本などに用いられた。

キリシタン版

①『(79)＿＿＿＿＿＿』

▶辞書。ポルトガル語で解説。

②『ぎや＝ど＝ぺかどる』

▶教訓的内容。

③『どちりな＝きりしたん』

▶キリスト教の教理問答。

④『天草版伊曽保(イソップ)物語』

⑤『天草版平家物語』

6. 教　育

① (71)＿＿＿＿＿＿…宣教師養成・修学所 →豊後府内。*11

② (72)＿＿＿＿＿＿…日本人教育・神学校 →安土・有馬。

＊11　のち天草や長崎に移転した。

7. 娯　楽

① 茶道…(73)＿＿＿＿＿＿が大成した。

▶武家的茶道を成立させた古田織部や，今井宗久・津田宗及らの茶人もあらわれた。

▶秀吉は，1587年にいわゆる(74)＿＿＿＿＿＿を開いた。

補足

千利休・今井宗久・津田宗及は，三宗匠と称された。

② (75)＿＿＿＿＿＿…阿国歌舞伎の始祖。

③ 蛇皮線…琉球から伝来 →改良して三味線となる。*12

④『(76)＿＿＿＿＿＿』…小歌を集めた歌謡集。

▶堺商人(77)＿＿＿＿＿＿は，小歌に節づけを行う。*13

⑤ 碁…本因坊算砂
⑥ 将棋…大橋宗桂
（以上）ら名人が活躍した。

⑦ 生活…男女ともに(78)＿＿＿＿＿＿を着るようになった。

- 食生活では１日３食の風。
- 住居をみると，村では茅葺屋根の平屋が，都市部では瓦屋根をもつ二階建ての住居が増えた。
- 武士や公家は米を常食としたが，庶民は雑穀を主食とした。

＊12　三味線の伴奏をとり入れながら，人形浄瑠璃も盛んになった。

＊13　独自の節づけは隆達節とよばれた。

記述論述 Q　安土桃山時代の茶の湯文化について簡単に説明せよ。　（東京学芸大）

出題大学…(63)：関東学院大，明治大／(64)：日本大／(65)：法政大，日本大／(77)：同志社大／(78)：九州大，京都大／(79)：近畿大，専修大，同志社大

到達度チェック

❶ 次の文を読み，あとの問いに答えよ。　青山学院大－全

豊臣政権下にあっては，日本を中心とする東アジア秩序の構築をめざし，1587年，朝鮮に対して入貢と明へ出兵するための先導役を求めた。

朝鮮はこれらの要求を拒否した。豊臣秀吉は1592年，朝鮮半島に侵攻するために［ア］に本陣を設け，兵を朝鮮に送った。秀吉の軍勢は釜山に上陸し，さらに漢城・平壌を占領した。

しかし朝鮮半島各地での民衆の義兵蜂起と明の援軍，海上における［イ］による朝鮮水軍の応戦により，物資の補給が困難化して劣勢となった。

そこで1593年に停戦に至ったが，講和の交渉に秀吉の意向が反映されていなかったことが発覚して決裂した。

ⓐ秀吉は1597年から翌年にかけて，出兵を行ったが，秀吉の病死により，ⓑ五大老・五奉行は全軍を朝鮮半島から撤退させた。

西日本の諸大名は，この７年にわたる侵攻の間にⓒ朝鮮半島から陶工たちを連れ帰り，領内において陶磁器の生産を始めた。

問１． 空欄［ア］に入る地名として正しいものを１つ選べ。
①　博　多　　②　筥　崎　　③　名護屋　　④　大宰府

問２． 空欄［イ］に入る人物として正しいものを１つ選べ。
①　李舜臣　　②　李如松　　③　李退渓　　④　李参平

問３． 下線部ⓐは朝鮮では何と呼ばれたか，正しいものを１つ選べ。
①　壬辰倭乱　　②　庚辰倭乱　　③　丁酉倭乱　　④　乙酉倭乱

問４． 下線部ⓑに該当しない人物を１人選べ。
①　前田利家　　②　浅野長政　　③　毛利輝元　　④　宇喜多秀家

問５． 下線部ⓒに関して，窯とこれを擁する大名との組合せとして不適切なものはどれか，１つ選べ。
①　有田焼―鍋島氏　　②　萩焼―毛利氏　　③　高取焼―黒田氏
④　平戸焼―細川氏

❷ 次の文を読み，空欄にあてはまる語句や人名を記入し，下線部についてあとの問いに答えよ。　立命館大－全／改

中世の城郭は，防御や見晴らしに都合のよい山城が一般的であったが，安土桃山時代になると，領国経営のために平山城や平城へと立地条件が変化した。

安土城は近世的な城郭の先駆けであり，五層七重の［A］が作られた。白鷺城とも呼ばれる姫路城は，姫路藩初代藩主である［B］の居城として慶長年間に大改築された平山城である。この城は，世界文化遺産に登録されたことでも有名である。

安土桃山時代の城郭は，外見が美しいだけでなく，内部も障壁画などで荘厳に飾られた。安土城には［C］が描いた障壁画があったが，残念ながら本能寺の変の後に焼失した。［C］はそのほかに『唐獅子図屛風』や『檜図屛風』などの作品を残している。

上杉家に伝わった『［D］屛風』も［C］の作品といわれている。この屛風は，戦国時代の京都の市中と郊外のようすを詳細に描いており，当時の貴重な風俗画として知られている。その孫の［E］も著名な絵師であり，江戸幕府の御用絵師として活躍した。

〔問〕安土城が築かれた場所を，旧国名で答えよ。

解答：別冊p.46 ▶

❶ヒント

問4　徳川家康・前田利家・毛利輝元・宇喜多秀家・小早川隆景・上杉景勝が五奉行の顧問役をつとめ，小早川の死後に五大老とよばれた。実務を分担した五奉行は，浅野長政・前田玄以・石田三成・長束正家・増田長盛の５名。

❶解答欄

問１	
問２	
問３	
問４	
問５	

❷ヒント

A．城郭の中核をなす最も高くそびえる楼閣のこと。
C．作品名から作者を考える。
D．京都内外の名所や町のにぎわい，庶民の生業などを描写した屛風図。
E．「大徳寺方丈襖絵」などを制作した。
〔問〕安土城が築かれた場所は琵琶湖東岸で，現在の滋賀県近江八幡（おうみはちまん）市である。

❷解答欄

A	
B	
C	
D	
E	
問	

安土桃山時代

A　室町時代に村田珠光によって創始された侘び茶が桃山時代に千利休によって大成され，草庵の茶として広く人々の間に浸透し，大衆化していった。（66字）

解答：別冊p.21 ▶

20 幕藩体制の確立

重要暗記年代

■1600……………関ヶ原の戦い
■1603……………江戸幕府の成立
■1614・1615…大坂の役
■1615…………一国一城令／武家諸法度／禁中並公家諸法度
■1627～29……紫衣事件
■1635……………参勤交代を制度化
■1643……………田畑永代売買の禁令
■1673・1713…分地制限令

ココが出る!!

［入試全般］

幕府の職制では，役職と職務内容，上司と部下との関係を押さえること。また，幕府がほかの諸階層をどのように統制したのかについては，法度などの史料も交えて理解しておくこと。

［国公立二次・難関私大］

武家諸法度に示された大名に対する基本精神が，のちに大幅に変わったのはなぜかを考えさせる問題もある。幕府の統治方針の変化について，理解を深めておこう。

1 江戸幕府の成立　幕藩体制の基礎は，3代家光の頃までにほぼ固まった

1．幕府成立の経緯

①1600年…①＿＿＿＿＿の戦い →石田三成らを破る。

②1603年…徳川家康，②＿＿＿＿＿に任命される。

▶ときの天皇は③＿＿＿＿＿天皇である。

③1605年…将軍職を徳川④＿＿＿＿＿に譲る。

▶これによって，将軍職は代々徳川氏が世襲することを明らかにした。

④1614年…大坂⑤＿＿＿＿＿ ←⑥＿＿＿＿＿寺鐘銘（しょうめい）事件。＊1

⑤1615年…大坂⑦＿＿＿＿＿ →豊臣秀頼（ひでより）・淀君（よどぎみ）母子が滅亡。

▶⑧＿＿＿＿＿…以後，世の中が平和になったことを示す言葉。

2．幕藩体制

①大名…知行地1万石以上を与えられた将軍の家臣。＊2

・⑨＿＿＿＿＿…徳川一門の大名。

▶尾張・紀伊・水戸の3藩は⑩＿＿＿＿＿といわれ，親藩の中でも最高位にあった。

・⑪＿＿＿＿＿…関ヶ原の戦い以前から徳川氏に従っていた大名。

▶井伊・小笠原・土井・榊原（さかきばら）氏など。

・⑫＿＿＿＿＿＊3…関ヶ原の戦い前後に徳川氏に臣従した大名。大藩が多い。

▶前田・島津・伊達・毛利・上杉氏など。

補足
江戸城は太田道灌（おおたどうかん）によって築かれていたが，徳川氏が改築・整備した。

＊1　京都の方広寺の鐘に刻まれた「国家安康（あんこう）」「君臣豊楽（くんしんほうらく）」の字句に対して家康が難詰したことが大坂冬の陣の引き金になった。

＊2　大名の数は260～270家で，幕末には譜代が約150家と最も多く，次いで外様が約100家，親藩は約20家であった。

＊3　辺境に配置された。

記述論述 Q　武家諸法度元和令が発布された目的を，当時の歴史的状況をふまえながら80字以内で説明せよ。（慶應義塾大一文）

 出題大学…⑤：関西学院大，福井大，法政大／⑧：明治大，東京学芸大／⑨：新潟大／⑩：北海学園大

②⑬＿＿＿＿＿＿＿＿＊4…１万石未満で，将軍に謁見できる家臣。

③⑭＿＿＿＿＿＿＿＿＊5…１万石未満で，将軍に謁見できない家臣。

▶旗本・御家人を⑮＿＿＿＿＿＿と総称する。

＊4　知行取で，のち蔵米取が増えた。

＊5　ほとんどが蔵米取であった。

3. 江戸幕府の政治組織

①庄屋仕立て…家康の三河時代の家政機関を必要に応じて改組・拡大したもので，３代将軍徳川⑯＿＿＿＿＿＿の頃に整備・確立した。

②職制の特色

- 将軍を頂点とするピラミッド型の構造をもつ。
- 要職には⑰＿＿＿＿＿＿大名から選任された者が就任した。
- 政策決定は合議制がとられ，職務は⑱＿＿＿＿＿＿制。
- 平時の体制がただちに臨戦体制となっている。

③⑲＿＿＿＿＿＿…臨時におかれる最高職。

④⑳＿＿＿＿＿＿…通常の政務を統轄する。

⑤㉑＿＿＿＿＿＿…老中を補佐し，目付を支配下におく。

⑥㉒＿＿＿＿＿＿…三奉行中最高格で，寺社の行政を担当する。

⑦㉓＿＿＿＿＿＿…朝廷を監察し，西国大名を監視する。

⑧大坂城代…大坂諸役人を統率する。

⑨㉔＿＿＿＿＿＿…大名の監察にあたる。上司は老中。

⑩㉕＿＿＿＿＿＿…江戸の行政・警察などを担当する。

⑪㉖＿＿＿＿＿＿＊6…天領(幕僚)の財政や民政の監視にあたる。

⑫㉗＿＿＿＿＿＿…日光・佐渡・長崎・山田などに配置した。

⑬㉘＿＿＿＿＿＿…若年寄の支配下。旗本・御家人の監察。

幕藩体制の構造

①朝廷
　禁裏御料…３万石
　皇族・公家領…７万石
②大名領…2250万石
③幕府領
　天領(幕領)…400万石
　旗本知行地…300万石
④寺社領…40万石
(石高は18世紀初頭の概算による)

補足

寺社奉行・勘定奉行・(江戸)町奉行を三奉行と総称する。

＊6　享保期に公事方と勝手方に分かれた。

幕府の職制

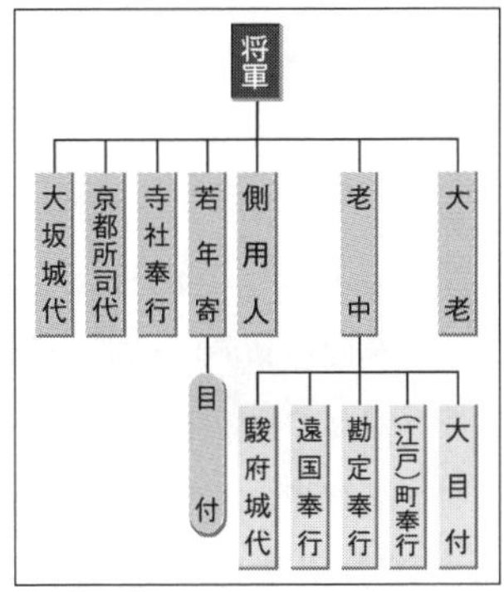

旗本・御家人の役職

①㉙＿＿＿＿＿＿…大番・小姓組番など，武官として編成。

②㉚＿＿＿＿＿＿…奉行など行政関係の職に就任した人々。

4. その他の行政組織

①㉛＿＿＿＿＿＿…政務最高決定機関。合議制。

▶三奉行と老中１名の出席で開かれたが，事によっては若年寄や大目付・目付なども加わることがあった。

②巡見使…将軍交代ごとに派遣された民情調査官。

③㉜＿＿＿＿＿＿…朝廷と幕府間の連絡にあたった２名の公家。

5. 江戸幕府の経済基盤

①直轄領…㉝＿＿＿＿＿＿400万石と旗本知行地300万石。

▶天領には㉞＿＿＿＿＿＿・代官を配置した。＊7

②都市の直轄化…御用金や地子銭など。

③鉱山の直轄化…佐渡金山や生野銀山など →貨幣の鋳造。

＊7　郡代・代官の屋敷を陣屋という。

江戸時代

A　大坂夏の陣の後に元和偃武に移行する中で，道徳的訓戒など大名としてのあるべき姿を網羅し，幕府と大名との公的な主従関係を示しながら大名統制を進める必要があったから。(80字)

出題大学…⑮：明治大，早稲田大，同志社大／⑱：甲南大／㉓：近畿大／㉗：同志社大，聖心女子大

2 大名の統制

大名は幕府の方針にたがわぬ限り，独自に藩法も制定できるなど，自由裁量の余地が大きかった

1. 大名の格付け

①徳川氏との親疎関係
- 親藩　・譜代　・外様

▶要地には親藩・譜代，辺境には外様を配し，互いに牽制させた。また，幕府は譜代を増加させ，外様を少なくする政策をとった。

②領分による格付け
- 国持・城主・無城など。

③江戸城中座席による家格
- 大廊下詰・溜ノ間詰・大広間詰・帝鑑間詰など。

御三家・御三卿・御家門

①御三家…親藩の中でも最高の位をもつ家。
▶紀伊(藩祖は頼宣)・水戸(藩祖は頼房)・尾張(藩祖は義直)
▶御三家の庶子の家柄を連枝という。
②御三卿…将軍継嗣にあずかれた名門。
▶田安・一橋(吉宗がたてる)・清水(家重がたてる)
③御家門…御三家・御三卿以外の将軍家の一族。

2. 大名の統制法

①㉟＿＿＿＿＿＿令(1615)…大坂夏の陣後。

②武家諸法度㊱＿＿＿＿＿＿令(1615)。

▶南禅寺金地院の㊲＿＿＿＿＿＿が起草した。13条からなり，道徳上の訓戒や儀礼などについて規定している。

③武家諸法度㊳＿＿＿＿＿＿令(1635)。

▶起草は㊴＿＿＿＿＿＿。参勤交代の制度化。500石積以上の大船建造の禁止などについて規定している。19条。

〈史料〉武家諸法度・寛永令

一，文武弓馬の道，専ら相嗜むべき事。
一，大名・小名，在江戸交替相定むる所なり。毎歳夏四月中参勤致すべし。
一，新儀の城郭構営堅くこれを禁止す。居城の隍塁石壁以下敗壊の時は，奉行所に達し，其の旨を受くべきなり。
一，新儀を企て，徒党を結び，誓約を成すの儀，制禁の事。

補足

武家諸法度は，建武式目や分国法などを参考に制定され，将軍交代ごとに改訂発布されるのを原則とした。

3. 参勤交代[*8]…大名の経済力の削減をはかる。

①一般大名…在府㊵＿＿＿＿年，在国㊶＿＿＿＿年。

②関東の大名…半年交代。

③対馬の宗氏…㊷＿＿＿＿年に一度の出府。

④水戸藩など幕府の要職にある大名…江戸定府。

⑤参勤交代による影響
- 幕府の諸藩に対する絶対的支配が確立した。
- 諸藩の経済的負担・支出が増大した。　・文化の地方普及。
- 各宿駅(宿場町)が経済的に繁栄。　・街道が整備された。

＊8　加賀の前田利長が1602年に参勤したのがはじめである。1642年に細かな規定がなされ，外様は毎年4月，譜代は6月または8月，関東地方(関八州)の大名は2月と8月に交代することになった。

補足

大名は，将軍交代ごとに誓紙をかかげて主従関係を更新した。

4. 武家諸法度違反などの処置

①改易…領地没収。

②転封…領地替え。

③減封…領地削減。

改易された大名

①松平忠輝…家康の6男 →伊勢朝熊へ追放。
②松平忠直…幕府に対し，不遜の行為 →豊後へ
③㊸＿＿＿＿＿＿…宇都宮藩主 →出羽へ。
④㊹＿＿＿＿＿＿…広島藩主。城の無断修築 →信濃へ。

5. その他の統制

①軍役…石高に応じて兵馬を常備させる。

②土木手伝い…河川工事など。

③婚姻政策…許可制をとる。

記述論述 Q　江戸時代において，大名は将軍の家臣としてどのような役を負っていたのか，戦時と平時それぞれの役を，次の語句を用いて50字程度で説明しなさい。〔語句〕石高　普請役　(南山大－外・総合)

　出題大学…㊸：愛知大，青山学院大

3 朝廷・寺社の統制

寺社は，幕藩支配体制の一翼を担う立場におかれることになった

1. 朝　廷

①朝廷の収入…禁裏御料３万石，仙洞(せんとう)御料１万石など。

②1613年…公家衆法度(５条)を制定する。

③1615年…㊺＿＿＿＿＿＿(17条)を制定する。

▶起草は，南禅寺金地院の㊻＿＿＿＿＿＿。

④㊼＿＿＿＿＿＿…朝廷・西国大名の監視のために設置した。

2. 紫衣(しえ)事件(1627～29)

①背景…1620年に徳川和子(まさこ)[*9]が強制的に入内(じゅだい)する →政略結婚。

②発端…朝廷が収入源の１つとして紫衣を勅許した。

▶禁中並公家諸法度や寺院法度を無視し，紫衣勅許を幕府に相談なく与えたことが，秀忠が上洛したときに発覚した。

③結果…大徳寺の僧㊽＿＿＿＿＿＿が出羽上ノ山に配流。

▶㊾＿＿＿＿＿＿天皇も譲位し㊿＿＿＿＿＿＿天皇が即位。

3. 寺　院

①(51)＿＿＿＿＿＿奉行の支配下におかれる。

②1615年…諸宗諸本山法度 →大寺院・本山などに下付される。

③1665年…諸宗(52)＿＿＿＿＿＿法度を発布する。

④(53)＿＿＿＿＿＿制度…キリシタンでないことを証明した。

▶民衆は，特定の寺院に檀家(だんか)として管轄された。旅行や婚姻には，檀那寺(だんなでら)が発行する(54)＿＿＿＿＿＿の携帯が義務づけられた。また，(55)＿＿＿＿＿＿が作成され，家族ごとに檀那寺と宗旨が記されることになった。

⑤本山・(56)＿＿＿＿＿＿の制が確立した。

⑥寺院の役割…キリシタン摘発および民衆統制の機関と化し，幕藩体制の一翼を担うようになった。

▶仏教は個人の信仰として発展するところが少なく，寺院は供養・葬儀などを中心とする世俗仏教と化す。

⑦幕府による仏教弾圧

- 日蓮宗…(57)＿＿＿＿＿＿派を弾圧する。
- 浄土真宗…かくれ念仏などを弾圧する。

⑧新宗派の伝来…(58)＿＿＿＿＿＿宗 →明僧(59)＿＿＿＿＿＿[*10]。

▶本山は宇治の黄檗山(おうばくさん)万福寺。

4. 神　社

1665年…(60)＿＿＿＿＿＿法度を発布する。

▶これによって，神官も統制[*11]されることになった。

〈史料〉禁中並公家諸法度

一，天子諸芸能の事，第一御学問なり。

一，摂家たりと雖(いえど)も，その器用無き者は，三公摂関に任ぜらるべからず。

一，武家の官位は公家当官の外たるべき事。

一，改元は漢朝の年号の内，吉例を以て相定むべし。

一，紫衣の寺は，住持職先規希有の事なり。近年猥(みだり)に勅許の事，且は臈次(ろうじ)を乱し，且は官寺を汚す。甚だ然るべからず。

＊9　徳川和子(まさこ)(東福門院)は徳川秀忠の娘で，後水尾天皇の中宮となり，のちの明正天皇をうんだ。明正天皇は奈良時代の称徳天皇以来の女帝である。

寺社の収入源

寺社領(40万石)の収入のほかに，寺院は富突(とみつき)・開帳・寄付などによって，檀家以外の人々からも収入を得るようになった。

一般の檀家も檀那寺に布施(ふせ)などの名目で金品を提供したり，盆暮れのつけ届けも行ったので，寺社の財源はかなり安定していた。

キリスト教対策

幕府ははじめキリスト教を黙認していたが，1612年に直轄領，1613年に全国に禁教令を出して信者に改宗を求めた。中にはキリスト教をひそかに信仰し続ける潜伏キリシタン(＝隠れキリシタン)もいた。

＊10　隠元は1654年に来日し，４代家綱に謁見した。

＊11　神道は吉田家・白川家によって管理されることになった。

江戸時代

A　大名は石高に応じて一定の兵馬を用意し，戦時には軍役を，平時には城郭・河川工事などの普請役を負担した。(50字)

4 身分と社会

幕府や藩は本百姓体制の維持をはかるため，農民に対しては特に厳しく統制した

1. 封建的身分制度

①武士 →苗字（みょうじ）・帯刀（たいとう）・㉛＿＿＿＿の特権。

②百姓…農業・林業・漁業などの小規模経営に従事した人々。

③職人…師匠と弟子／無償で働く奉公人を徒弟という。

④町人…商人 →主人（しゅじん）・番頭（ばんとう）・手代（てだい）・丁稚（でっち）。

2. 百　姓

①㉜＿＿＿＿…検地帳に登録され，貢租を負担した。

②㉝＿＿＿＿百姓…無高（むだか）。検地帳に登録されない百姓。

③㉞＿＿＿＿…地方三役（じかたさんやく）ともいう。村政を担当した。

- ㉟＿＿＿＿…関西では庄屋。東北では肝煎（きもいり）。
- ㊱＿＿＿＿…名主（なぬし）を補佐した。
- ㊲＿＿＿＿…村民を代表し，名主・組頭（くみがしら）を監視した。

④百姓の負担

- ㊳＿＿＿＿…本年貢。付加税は口米（くちまい）・欠米（かんまい）。

▶徴税法は，はじめ㊴＿＿＿＿法，のち定免（じょうめん）法となった。＊12

- ㊵＿＿＿＿…山林などの収益に対する雑税。
- ㊶＿＿＿＿＊13…村高に応じて賦課。貨幣で納入。
- ㊷＿＿＿＿…土木・水利工事などに際して賦課。
- ㊸＿＿＿＿…人馬が不足した時，街道沿いの村に賦課。

▶伝馬役の一種で，人馬を提供した特定の村を助郷（すけごう）という。

⑤隣保組織

- ㊹＿＿＿＿制…年貢滞納などに対する連帯責任制。

▶キリシタン摘発には，密告制もとられた。

- ㊺＿＿＿＿…労働力提供などの隣保形態。もやい。
- ㊻＿＿＿＿…火事・葬式以外の交際を断つ。

⑥百姓統制

- 1643年…㊼＿＿＿＿令（→1872年解禁）。
- 1643年以降…㊽＿＿＿＿令＊14（→1871年解禁）。
- 1673年・1713年…㊾＿＿＿＿令。

3. 町　人

①全人口の約㊿＿＿＿＿%前後を占める。

②地主・家持（いえもち）…市民権をもつ。

③(81)＿＿＿＿…借地人，(82)＿＿＿＿…借家人。

4. 家の存続

家督の地位はあくまでも男子の長子が相続するのを原則とし，女性はその対象外となった。＊15

補足

村の境界を確定することを村切（むらぎり）という。

補足

名主は世襲が一般的であったが，地域により入札（選挙）や輪番で就任するところもあった。

＊12 租税納入は，村を責任単位とする村請制（むらうけせい）がとられた。

＊13 宿場の経費にあてる伝馬宿入用（てんましゅくにゅうよう），浅草米蔵（こめぐら）人夫費にあてる蔵前入用，江戸城の台所人夫費にあてる六尺給米をあわせて高掛（たかがかり）三役という。

家父長制家族制度

個人よりも家が重視され，家父長の権限が絶対視された。女子には三従（さんじゅう）の教えが強要され，武家の家では女子の跡目（あとめ）相続（そうぞく）権は認められなかった。不肖の子は勘当（かんどう）され，次男・三男は厄介者（やっかいもの）扱いされた。

＊14 商品作物は本田畑には栽培できなかったが，新田畑には植えてもよかった。

＊15 子が無能だったり男子がうまれなかった場合などに限って，家の存続のために，婿養子を迎えたり女性の家督相続が認められることもあった。

補足

江戸では町奉行―町年寄―町名主，大坂では町奉行―惣年寄―町年寄の系統で町政が運営され，五人組の制度もあった。負担も農民ほど重くはなく，運上・冥加（みょうが）・地子銭などを納入する程度であった。

Q 江戸幕府は仏教寺院を利用して，キリスト教の根絶をはかった。その仏教寺院を利用した制度について80字程度で説明せよ。（愛知教育大）

出題大学…㉛：早稲田大，立命館大／㉞：西南学院大，立教大／㊶：明治大，東北学院大／㊻：愛知学院大／(82)：西南学院大

到達度チェック

❶ 次の文章を読み，あとの問いに答えよ。 青山学院大一全

解答：別冊p.47

江戸幕府の職制は，3代徳川家光のころまでに徐々に整備された。徳川家康が実権を握っていたころには，のちの老中に相当するものの他に，秀忠以降には見られない僧侶・学者・豪商・外国人など⒜多彩な側近たちで政治の中枢が担われていた。1616年の家康の死によって，実質的に国政を受け継いだ秀忠は，⒝家康の頃からの重臣を改易するなどして，自己の側近を幕政の中心に据え，政権交代を果たした。その後，1632年の秀忠の死によって，⒞家光に政権が移ったのち，1634年に老中(年寄)と⒟若年寄で職掌が分けられ，数年後には大老職も誕生した。若年寄はその後一時中断する時期もあったが，この分掌体制は1662年に再構築され，以後⒠老中・若年寄を軸とする政治体制が定着していった。

問1. 下線部ⓐについて，家康の政治・外交顧問で，「黒衣の宰相」とも呼ばれ，武家諸法度の起草などにも携わった人物は誰か，次の中から1人選べ。
① 金地院崇伝　② 天　海　③ 林羅山　④ 三浦按針

問2. 下線部ⓑについて，2代将軍徳川秀忠によって改易された人物は誰か，次の中から1人選べ。
① 小西行長　② 高山右近　③ 本多利明　④ 本多正純

問3. 下線部ⓒについて，3代将軍徳川家光に重用され，近侍から老中となり，島原の乱で功績をあげ，川越藩主となった人物は誰か，次の中から1人選べ。
① 松平定信　② 松平信明　③ 松平信綱　④ 松平康英

問4. 下線部ⓓについて，若年寄の職掌について述べた文として正しいものを，次の中から1つ選べ。
① 主に外交関係を取り扱った。
② 全国の大名への出陣命令，法令の発布，奉書の連署などを行った。
③ 旗本・御家人の監督を主な任務とした。
④ 大名の監察にあたり，道中奉行も兼務した。

問5. 下線部ⓔについて，次の役職の中で，老中の支配下ではないものはどれか。次の中から1つ選べ。
① 勘定奉行　② 寺社奉行　③ 町奉行　④ 大目付

❶ヒント
問1 南禅寺の中興に尽力した臨済宗の僧侶。
問2 徳川家康・秀忠に仕えたが，突然，秀忠の勘気に触れて改易された。
問3 島原の乱・慶安の変(由井正雪の乱)・承応の変(戸次庄左衛門(へつぎしょうざえもん)の乱)・明暦の大火などの処理にあたった。
問5 ①③④は旗本から選任された。

❶解答欄

問1	
問2	
問3	
問4	
問5	

❷ 次の各問いに答えよ。 京都産業大／改

問1. 徳川家光の将軍在位中の出来事ではないものはどれか，1つ選べ。
1. 紫衣事件が起こった。
2. 中国以外の外国船の来航を平戸・長崎に制限した。
3. 島原の乱が起こった。
4. 田畑永代売買の禁止令が出された。

問2.「下馬将軍」とも呼ばれた大老は誰か，1人選べ。
1. 酒井忠清　2. 松平信綱　3. 前田利家　4. 堀田正俊

問3. 武家諸法度に関する次の史料の空欄(X～Z)にあてはまる語句の組合せとして，正しいものを1つ選べ。
1615年に「文武(　X　)の道，専ら相嗜むべき事」とされた第一条が1683年には「文武(　Y　)を励まし，(　Z　)を正すべき事」に改められた。
1. X：弓馬　Y：礼儀　Z：忠孝　2. X：忠孝　Y：弓馬　Z：礼儀
3. X：弓馬　Y：忠孝　Z：礼儀　4. X：忠孝　Y：礼儀　Z：弓馬

❷ヒント
問2 雅楽頭を称した。
問3 1615年の武家諸法度は，大名としてのあるべき姿や大名に対する道徳的な訓戒を網羅した内容である。

❷解答欄

問1	
問2	
問3	

江戸時代

A キリシタン根絶のため，すべての民衆をいずれかの寺院の檀家とし，寺請制度を設けて宗門改を実施した。身元証明のために檀那寺は寺請証文を発行し，宗門改帳も作成された。(80字)

解答：別冊p.22

21 江戸前期の外交

重要暗記年代

- ■1600 ………… リーフデ号，豊後に漂着
- ■1604 ………… 糸割符制度開始
- ■1612 ………… 直轄領に禁教令
- ■1633 ………… 奉書船以外の海外渡航禁止
- ■1635 ………… 日本人の海外渡航・帰国全面禁止
- ■1637～38 … 島原の乱
- ■1639 ………… ポルトガル船の来航禁止
- ■1641 ………… オランダ商館を出島に移転

ココが出る!!

[入試全般]

各国別の外交事情が出るので，国別にまとめよう。鎖国の完成にいたる経緯についても史料や年表を伴って頻出する。

[国公立二次・難関私大]

鎖国制下における４つの窓口に関する知識と来日使節の名称，各国別の外交事情が狙われやすい。

1 アジア諸国との関係　秀吉の強硬外交に対し，家康は平和外交路線をとった

1. 外交方針の転換

①豊臣秀吉…強硬外交路線 →高山国(台湾)などに入貢を要求。

②徳川家康…概して善隣友好的平和外交。

2. 中　国(明)

①①＿＿＿＿＿＿政策…公的な朝貢貿易のみ認め，ほかの民間私貿易は一切禁止の政策をとる。

②②＿＿＿＿＿＿貿易…日本船と明船が南方諸地域で行う貿易が盛んであった。

▶台湾・ルソン・コーチ・カンボジアなどが交易地となった。

③明の滅亡…1644年，李自成の反乱で滅ぶ。

▶鄭成功(ていせいこう)*1は，1640年から４度にわたって援兵を要求し，1661年から台湾により反攻体制を固めた。

3. 朝　鮮

①文禄・慶長の役後も，日朝間には緊張状態が続く。

②1607年に最初の④＿＿＿＿＿＿使*2が来日した。

▶対馬の⑤＿＿＿＿＿＿の努力で実現し，将軍交代ごとに1811年まで計⑥＿＿＿＿回来日した。

③⑦＿＿＿＿＿＿約条(＝慶長条約：1609)

▶釜山(プサン)浦に倭館を構え，対馬から歳遣船20隻を出すことになった。また，日本から朝鮮への使節は，対馬宗氏と将軍の使節のみに限定された。

4. 琉　球*3

①家康の許可を得て，1609年に⑧＿＿＿＿＿＿が武力で琉球を服

地名表記

- 呂宋…③＿＿＿＿＿＿
- 東京…トンキン
- 暹羅…シャム
- ジャカトラ…バタビア
- 安南…アンナン(現ベトナム)
- 交趾…コーチ
- 東埔寨…カンボジア

*1　鄭成功(ていせいこう)は国姓爺(こくせんや)とよばれた。彼を中心とする一族の活躍を描いた時代物の浄瑠璃として，近松門左衛門の「国性(姓)爺合戦」がある。

*2　朝鮮からの使節一行は300～500名からなっており，そのための諸経費は莫大なものとなった。使節は全12回来日したが，はじめの３回は文禄・慶長の役の際捕虜となった朝鮮人の返還を目的とした使節(＝回答兼刷還使(かいとうけんさっかんし))で，４回目以降の使節が通信使とよばれた。

*3　琉球の産物である砂糖や中国からの輸入品を転送させる形をとり，巨利を得た。

記述論述 Q　琉球王国は中国のみならず，江戸幕府に対しても使節を送ることになった。琉球王国が江戸幕府に派遣した使節の名称と，その派遣の名目を50字程度で説明しなさい。（慶應義塾大－経）

　出題大学…②：同志社大，慶應義塾大

属させる…のち薩摩には毎年進貢船を派遣。

▶島津氏は，⑨＿＿＿＿島以北を直轄地(薩摩藩領)とした。*4

②⑩＿＿＿＿使…琉球国王の代がわりごとに来日した。

③⑪＿＿＿＿使…将軍交代ごとに来日した。

▶琉球は，その後も明にも朝貢していたので，中国(明のち清)からも⑫＿＿＿＿使が琉球に来航した。*5

5．朱印船貿易

①朱印状…後期倭寇の船と区別し，渡航者の安全を保障した。

②徳川家康の時代に制度化。

③貿易に従事した人々*6

- 京都…⑬＿＿＿＿・角倉与一(父子)。
- 京都…⑭＿＿＿＿。
- 大坂(平野)…⑮＿＿＿＿。
- 長崎…⑯＿＿＿＿・荒木宗太郎。
- 松浦鎮信(しげのぶ)　•島津家久　•鍋島勝茂　•有馬晴信　→大名
- ウィリアム=アダムズ　•ヤン=ヨーステン

④ 輸入品…⑰＿＿＿＿・絹織物・綿織物・動物の皮*7など。
　 輸出品…⑱＿＿＿＿・銅・硫黄・刀剣・扇など。

⑤日本町の形成…日本人の南方進出。

▶⑲＿＿＿＿はシャム王室に重用され，アユタヤの日本町の長となり，のちリゴール太守となる。

2 欧州諸国との関係　貿易と宗教の板ばさみにあい，「鎖国」で解決をこころみた

1．イギリス・オランダとの関係

①⑳＿＿＿＿号*8漂着(1600)…豊後国臼杵(うすき)湾。

水先案内人
　イギリス人…㉑＿＿＿＿＝三浦按針*9
　オランダ人…㉒＿＿＿＿＝耶揚子(やようす)*10

②日本とオランダの関係…1609年オランダ船が㉓＿＿＿＿に入港する。

▶平戸に商館が建設され，貿易がはじまる。商館は1641年で閉鎖され，長崎㉔＿＿＿＿に移る。

③日本とイギリスの関係…1613年に平戸にジョン=セーリスが来航する。

▶平戸*11に商館が建設され，貿易がはじまる。イギリスはオランダとの貿易競争に敗れ，1623年に商館を閉鎖して日本を去り，インドへ向かう。

補足
幕府は尚氏を石高8万9000石余の王位につかせ，中国とは朝貢貿易を行わせた。

*4　琉球本島以南の島々は琉球王府の支配下におかれたが，島津氏が監視することになった。

*5　②・③の両使をあわせて，200年余りのあいだに18回の来日を数えた。

▲朱印状

*6　そのほか松坂の角屋七郎兵衛，堺の納屋(なや)助左衛門，長崎代官の村山等安らがいた。

*7　動物の皮は，武士の着衣や刀の鞘(さや)，鉄砲などを包む袋などに仕立てられた。

補足
日本町はフェフォ・ツーラン・プノンペン・ピニャルー・アユタヤ・ディラオ・サンミゲル・アラカンの8カ所にあり，自治的支配がなされた。

*8　ロッテルダムの東方貿易会社の探検船。

*9　三浦半島に領地を与えられたからそうよばれた。

*10　屋敷地があったところにちなんで，屋宇寸河岸(やうすがし)とよばれた地域が，八代洲となり，なまって現在の八重洲(やえす)となった。

*11　平戸は肥前国。

江戸時代

A　徳川将軍の交代ごとにその就任を祝う慶賀使，琉球国王交代ごとにその即位を感謝する謝恩使を派遣した。(48字)

2. スペイン＊12

①1597年…徳川家康が宣教師ヘズスを介して，スペイン領のメキシコ(ノビスパン)との通商を要求する。

②1609年…前ルソン総督ドン=ロドリゴの船が上総(かずさ)に漂着 →家康が保護し，翌年送還する。

③1610年…京都の商人㉕＿＿＿＿＿がメキシコに派遣される(ドン=ロドリゴに同行)。＊13

④1611年…田中勝介帰国 →通商要求は失敗した。

▶答礼使㉖＿＿＿＿＿が来日する。

⑤1613年…仙台藩主㉗＿＿＿＿＿の正使として，家臣である㉘＿＿＿＿＿がスペインに派遣される →通商条約を結ぶことはできなかった。

▶これをすすめた宣教師はルイス=ソテロ。このときの使節を一般に㉙＿＿＿＿＿といい，1620年に帰国した。

3. ポルトガル＊14

①㉚＿＿＿＿＿(＝中国産生糸)の転売で巨利を得た。

②㉛＿＿＿＿＿制度(1604)…家康による貿易統制策。

▶㉜＿＿＿＿＿・㉝＿＿＿＿＿・㉞＿＿＿＿＿の商人，のち㉟＿＿＿＿＿・㊱＿＿＿＿＿の商人が参加し，五カ所商人が成立した。

③マードレ=デ=デウス号事件(1609)

▶有馬晴信がマードレ=デ=デウス号を長崎で焼き打ちした事件。翌年から貿易は復活したが，顕著な進展はみられなかった。

④1639年…ポルトガル船の来航禁止措置。

3 鎖国の形成　一種の海禁政策で，商教分離を実現した

1. 鎖国の目的

①禁教政策…キリシタン増加と信者の団結への恐れ。

②貿易統制…西国大名の富裕化を抑制しようとした。

2. 鎖国への経緯

①1604年…㊲＿＿＿＿＿制度を創設する。

②1612年…直轄領(天領)に㊳＿＿＿＿＿令を発布する。

③1613年…全国に禁教令を発布する。

④1614年…改宗を拒否した高槻(たかつき)城主㊴＿＿＿＿＿らキリシタンを，マニラ・マカオ方面に追放する。

⑤1622年…元和の㊵＿＿＿＿＿ →長崎で55人が処刑される。

⑥1623年…㊶＿＿＿＿＿，日本を去る。

＊12 東洋貿易の拠点はマニラであった。

ノビスパン

スペイン領で，1821年に独立した。現在のメキシコである。

＊13 日本人がアメリカ大陸に渡った最初である。

＊14 東洋貿易の拠点はマカオであった。

糸割符制度

ポルトガルの暴利を抑える目的で，特定都市の商人に糸割符仲間を結成させ，白糸の一括購入をはかって糸割符仲間に分配させる制度。ポルトガル人はこの商法をパンカダといい，英蘭人はパンカドといった。のち1655年には相対自由貿易となったが，1685年に定高貿易仕法として復活し，幕末まで続いた。

四つの窓口

長崎口…オランダ・中国(明→清)
対馬口…朝鮮
薩摩口…琉球
松前口…アイヌ

記述論述 Q 糸割符制度について100字以内で説明しなさい。　(津田塾大ー学芸／改)

⑦1624年…㊷＿＿＿＿＿船の来航を禁止した。

⑧1629年…この頃，九州北部で㊸＿＿＿＿＿がはじまる。＊15

⑨1631年…㊹＿＿＿＿＿船＊16制を導入する。

⑩1633年…第1次鎖国令。

▶㊺＿＿＿＿＿船以外の日本船の海外渡航を禁止した。

⑪1634年…第2次鎖国令。

⑫1635年…第3次鎖国令。

▶日本人の海外渡航と帰国を全面的に禁止した。

⑬1636年…第4次鎖国令。

▶出島にポルトガル人を移住させ，また，南蛮人の子孫を追放した。

⑭1637～38年…㊻＿＿＿＿＿の乱。

⑮1639年…㊼＿＿＿＿＿船の来航を禁止した →鎖国の完成。

⑯1640年…天領に㊽＿＿＿＿＿役を設置する。

▶1664年からは，諸藩でも実施された。

⑰1641年…㊾＿＿＿＿＿人を長崎出島に移住させる。

3. 島原の乱(1637～38)

①原因…{天草領主㊿＿＿＿＿＿氏／島原領主(51)＿＿＿＿＿氏} の圧政。

②経過…{(52)＿＿＿＿＿を首領に農民が蜂起する。／原城跡に3万余の一揆勢がこもり，攻防する。}

▶幕府は，はじめ(53)＿＿＿＿＿を派遣する。のちに老中(54)＿＿＿＿＿を派遣し，オランダ船に援護射撃を求めて，1638年に鎮定した。

③意義…幕府の鎖国政策を促進させる契機となった。

4. 鎖国の影響

①幕藩体制の強化・安定がはかられた。
②平和が持続し，町人文化が開花した。
} プラスの評価

③世界の進運からとりのこされた。
④日本資本主義の育成がおくれた。
⑤島国根性が形成された。
} マイナスの評価

5. 鎖国体制下の外交

①通信国 {(55)＿＿＿＿＿…通信使が来日する。／(56)＿＿＿＿＿…慶賀使・謝恩使が来日する。}

②通商国 {(57)＿＿＿＿＿…長崎出島。＊17／中国…長崎に設けた(58)＿＿＿＿＿。}

▶唐人屋敷は，1689年に完成した中国商人の居住地。

＊15　キリスト教徒の根絶のために用いられたマリアなどの画像を踏絵(ふみえ)といい，その絵を踏む行為を絵踏(えぶみ)という。

＊16　朱印状のほかに，老中が発行する許可証をもった船のこと。

〈史料〉鎖国令・1633年令

一，異国へ奉書船の外，舟遣わし候儀堅く停止の事。

一，異国船ニつみ来り候白糸直段(ねだん)を立て候て残らず五ヶ所へ割符(わっぷ)仕るべきの事。

〈史料〉鎖国令・1635年令

一，異国へ日本の船これを遣はすの儀，堅く停止の事。

一，日本人異国へ遣はし申す間敷候。若し忍び候て乗り渡る者これ有るに於ては，其の者は死罪，其の船・船主共に留め置き，言上(ごんじょう)仕るべき事。

一，異国へ渡り，住宅仕りこれ有る日本人来り候はば，死罪申し付くべき事。

一，異国船つみ来り候白糸直段を立て候て，残らず五ヶ所其の他書付けの所へ割符仕るべき事。

〈史料〉鎖国令・1639年令

一，日本国御制禁なされ候　切支丹(きりしたん)宗門の儀，その趣を存じながら，彼の宗を弘むるの者，今に密々差渡るの事。

一，宗門の族，徒党を結び，邪儀を企つれば，すなわち御誅罰の事。

一，伴天連同宗旨の者，かくれ居る所え，彼の国よりつけ届物，送りあたふる事。

右茲(ここ)に因(よ)り自今以後，かれうた渡海の儀停止せしめられおわんぬ。

＊17　オランダ商館は1855年まで存続。

江戸時代

A　中国産生糸の取引で巨利を得ていたポルトガルの利益独占を排除するために江戸幕府がとった商業政策。1604年に長崎などの特定都市の商人に糸割符仲間を作らせて生糸を一括購入・販売させ，貿易統制を実現させた制度。(100字)

③㊾＿＿＿＿＿＿＿＿…世界の情勢を知る手段となった。*18

▶オランダ商館長が幕府に提出した報告書。*19オランダ商館長のことを㊿＿＿＿＿＿＿という。

*18 1641年にはじめられた。

*19 オランダ通詞（＝長崎通詞）を経て長崎奉行のもとから幕府に届けられた。のち開国とともに廃止し，バタビアで発行される新聞を献上することになった。この新聞はいったん，蕃書調所で翻訳され，「バタビア新聞」とよばれた。

4 長崎貿易の展開　日本の輸出品は，はじめ銀，のち銅が多かった

1．貿易の構造

① 輸入品…61＿＿＿＿＿＿・絹織物・薬種・獣皮・蘇木など。
　 輸出品…62＿＿＿＿・銅・漆器・俵物（たわらもの）・樟脳（しょうのう）など。

②貿易港…63＿＿＿＿＿＿一港のみ。

2．貿易の展開

①1655年…64＿＿＿＿＿＿制度を廃止し，相対自由貿易とする。

②1685年…糸割符制度を再興する。

▶貿易額は，オランダについては銀3000貫，清については銀6000貫に制限した。

③1688年…清船の入港数を70隻に限定した。

④1697年…清船の入港数を80隻に変更した。

⑤1700年…清船の入港数を８隻，オランダ船は５隻と定めた。

⑥1715年…65＿＿＿＿＿＿＿＿→新井白石。

▶長崎新令・正徳新令ともいい，貿易年額を清船30隻・銀6000貫，オランダ船２隻・銀3000貫に制限し，輸入代銀の半分を66＿＿＿＿で支払うようにした。

⑦船隻数・貿易額の変動

- 清船…40隻(1717) →30隻(1720) →25隻(1736) →20隻(1739) →10隻(1742)と推移した。
- 清との貿易額…銀8000貫(1717) →銀4000貫(1720)に減少した。
- オランダ船…１隻(1742) →２隻(1746)と推移した。

⑧1772年…俵物や銅を輸出し，金銀を輸入した。

▶田沼時代に長崎貿易の制限が緩和された。

〈史料〉海船互市新例

一，長崎表廻銅，凡一年の定数四百万斤より四百五拾万斤迄の間を以て，其限とすべき事。

一，唐人方商売の法，凡一年の船数，口船，奥船合せて三拾艘，すべて銀高六千貫目ニ限り，其内銅三百万斤を相渡すべき事。

一，オランダ(阿蘭陀)人商売の法，凡一年の船数弐艘，凡て銀高三千貫目限り，其内銅百五拾万斤を渡すべき事。(後略)

正徳五年正月十一日

5 蝦夷地の支配　松前氏による支配がすすんだが，アイヌと和人の対立も深まった

①松前氏，徳川家康からアイヌとの交易独占権を得る(1604)。

②67＿＿＿＿＿＿制…アイヌとの交易権を家臣に与える。

③68＿＿＿＿＿＿＿＿の戦い(1669)…アイヌは松前藩に屈伏。

④69＿＿＿＿＿＿制…アイヌとの交易権を本州の商人に与える。

⑤70＿＿＿＿＿＿島の蜂起(1789)…アイヌと和人の最後の戦い。

記述論述 Q　島原の乱のあと，幕府がキリスト教徒を根絶するために行った政策を70字以内で述べよ。（九州大）

 出題大学…60：慶應義塾大，明治学院大，同志社大／70：千葉大，学習院大，早稲田大

到達度チェック

❶ 次の文章を読んで，文中の空欄（　A　）～（　F　）に該当する適当な語句をそれぞれの語群の中から選び，1～5の数字を記入しなさい。 慶應義塾大―文

解答：別冊p.47

（　A　）年，オランダ船リーフデ号が（　B　）に漂着した。徳川家康は，この船の航海士とともに水先案内役の（　C　）人三浦按針を江戸に招き，外交・貿易の顧問とした。当時，オランダと（　C　）は東インド会社を設立してアジア進出を図っていたが，両国は幕府から貿易の許可を受け，（　D　）に商館を開いた。一方，1609年，ルソンの前総督ドン=ロドリゴらが上総に漂着し，翌年に家康は彼らに船を与えて（　E　）に送ったが，この年に家康は通商を求めて京都の商人（　F　）を派遣した。

A. 1. 1598　2. 1600　3. 1602　4. 1604　5. 1606
B. 1. 豊　後　2. 薩　摩　3. 大　隅　4. 肥　前　5. 土　佐
C. 1. ポルトガル　2. スペイン　3. イギリス　4. イタリア　5. フランス
D. 1. 博　多　2. 府　内　3. 天　草　4. 出　島　5. 平　戸
E. 1. マニラ　2. マカオ　3. リスボン　4. ノビスパン　5. マドリード
F. 1. 納屋助左衛門　2. 末吉孫左衛門　3. 田中勝介　4. 河村瑞賢　5. 末次平蔵

❶ヒント
C　三浦按針はウィリアム=アダムズの日本名である。
E　現在のメキシコの地の呼称である。

❶解答欄

A	
B	
C	
D	
E	
F	

❷ 次の各問いに答えよ。 西南学院大―全／改

問1. 仙台藩主伊達政宗が，通商を求めてスペインに派遣した家臣は誰か。

問2. 山田長政は，タイの王朝に重用された。この王朝の首府はどこか。

問3. 日本人の海外渡航を制限するため，幕府が朱印状に加えて携行を命じた書状は何か。

問4. 琉球王国が，国王の代替わりごとに派遣した使節の名称は何か。

問5. 豊後に漂着したオランダ船の船員で，家康の外交顧問となったのは誰か。
1. ドン=ロドリゴ　2. ルイス=フロイス　3. ウィリアム=アダムズ
4. アレッサンドロ=ヴァリニャーニ

問6. 朱印船貿易による輸入品にあてはまらないものはどれか。
1. 鮫　皮　2. 銅　3. 砂　糖　4. 生　糸

問7. 次のうち，日本との交易が断たれた順に正しく配列したものはどれか。
1. スペイン→イギリス→ポルトガル
2. ポルトガル→イギリス→スペイン
3. イギリス→スペイン→ポルトガル
4. イギリス→ポルトガル→スペイン

問8. 宗氏が1609年に朝鮮と結んだ条約と，倭館が設置された場所の組み合わせとして正しいものはどれか。
1. 己酉約条―釜山　2. 己酉約条―京城　3. 癸亥約条―釜山
4. 癸亥約条―京城

問9. 朝鮮から来日した使節に関する記述として，誤っているものはどれか。
1. 初期の使節は，国交回復と朝鮮人捕虜の返還を目的とした。
2. 使節は江戸まで海路で移動した。
3. 4回目以降は通信使と称した。
4. 通信使の目的は，主として新将軍の就任を祝うものであった。

❷ヒント
問1　慶長遣欧使節の正使として派遣された。
問2　ここにも日本町が形成された。
問5「豊後に漂着したオランダ船」とはリーフデ号のこと。その水先案内人をつとめたイギリス人。

❷解答欄

問1	
問2	
問3	
問4	
問5	
問6	
問7	
問8	
問9	

A ポルトガル船の来航を禁止して宣教師の入国を阻止し，絵踏の実施や寺請制度を通して宗門改を強化したほか，オランダ人と日本人の自由交流も禁止した。(70字)

江戸時代

解答：別冊p.22 ▶

22 文治政治の展開

重要暗記年代

- ■1651 ……… 慶安の変
- ■1652 ……… 承応の変
- ■1685〜 …… 生類憐みの令
- ■1695 ……… 元禄金銀を鋳造
- ■1709 ……… 正徳の政治はじまる
- ■1715 ……… 海舶互市新例

ココが出る!!

［入試全般］
家綱の政治と綱吉の政治の骨子，正徳の政治については外交政策も含めて確実に整理しておくこと。

［国公立二次・難関私大］
地方にも名君とそれを支えた学者が出た。その組み合わせや政治的業績もポイントとなる。

1 文治政治 地方にも名君が登場し，好学の藩主のそばにはきまって名学者がついていた

1. 背 景

①武断主義の矛盾…大名の改易 →①＿＿＿＿＿の増加。

②②＿＿＿＿＿の変(1651)＊1

▶兵学者③＿＿＿＿＿が牢人丸橋忠弥(まるばしちゅうや)らとともに江戸幕府の転覆を計画したが，未然に発覚した。

③承応の変(1652)

▶戸次(へつぎ)(別木(べっき))庄左衛門による老中暗殺計画。

2. 徳川家綱の時代

①家綱を補佐したのは，阿部忠秋や④＿＿＿＿＿＊2。

②大老は⑤＿＿＿＿＿，老中は⑥＿＿＿＿＿。

③戦国時代以来の遺風を廃止…人質制の廃止，殉死の禁止。

④⑦＿＿＿＿＿の禁を緩和…50歳未満の大名に認可した。

3. 諸藩の治

①岡山…藩主⑧＿＿＿＿＿＊3のもとで熊沢蕃山(ばんざん)を登用する。

▶蕃山の私塾⑨＿＿＿＿＿，郷学⑩＿＿＿＿＿を設置。

②会津…藩主保科(ほしな)正之は，朱子学者⑪＿＿＿＿＿に学ぶ。＊4

▶山崎闇斎は⑫＿＿＿＿＿神道を提唱した。

③加賀…藩主⑬＿＿＿＿＿は，朱子学者⑭＿＿＿＿＿を招く。＊5

▶前田綱紀(つなのり)は保科正之の後見をうけ，改作法(かいさくほう)を実施するなどして藩政の基礎を固めた。

④水戸…藩主⑮＿＿＿＿＿は，⑯＿＿＿＿＿を招く。＊6

▶江戸の彰考館(しょうこうかん)で，1657年，『⑰＿＿＿＿＿』の編纂に着手。

▶『大日本史』は，1906(明治39)年に完成した。

文治主義
法律や教育などの振興を通じ，武力で圧伏させるのではなく，徳を重視して統治をすすめる方針。

＊1 慶安の変は由井正雪の乱ともよばれ，武断主義から文治主義に転換する契機となった事件として知られている。

補足
江戸では，水野十郎左衛門を中心とする旗本奴(はたもとやっこ)と，幡随院長兵衛(ばんずいいん)を中心とする町奴(まちやっこ)の対立が激化した。

＊2 保科正之は3代将軍家光の異母弟で，会津藩主。家光の遺言で家綱を補佐した。

＊3 治水・新田開発などをすすめ，殖産興業に尽力した。

＊4 儒教の奨励，殉死の禁止，間引の防止，家臣団の身分制を確立した。

＊5 『東寺百合文書』など古文献の収集保存や，工芸の振興にも力を入れた。

＊6 朱子学の大義名分論にもとづいた封建的秩序の確立に尽力した。

記述論述 Q 末期養子の禁止について，40字以内で説明せよ。 （京都府立大／改）

2 綱吉の時代 前半は堀田正俊，後半は柳沢吉保が政治を担当した

1. 徳川綱吉

①上州⑱＿＿＿＿藩主から将軍職に就任した。

②はじめ大老⑲＿＿＿＿が補佐した。のち側用人*7柳沢吉保が進出した。

2. 綱吉の政治

①文教政策…江戸の湯島に孔子をまつる⑳＿＿＿＿を建立。

- 林家の私塾弘文館を湯島に移転 →聖堂学問所。

▶林㉑＿＿＿＿を最初の大学頭に任命する。以後，林家が代々幕府の文教政策を担当することになった。

- 歌学方に㉒＿＿＿＿を登用する…『源氏物語湖月抄』。
- 天文方に㉓＿＿＿＿(安井算哲(さんてつ))を登用する。

▶春海は従来の㉔＿＿＿＿暦の誤差を正すため，元の㉕＿＿＿＿暦をもとに，㉖＿＿＿＿暦とよばれる日本人の手になる最初の暦を作成した。

②財政政策…1657年の㉗＿＿＿＿の大火後の江戸復興などで，出費が増大 →赤字財政再建の必要性。

- 勘定吟味役(かんじょうぎんみやく)(のち勘定奉行)㉘＿＿＿＿の建議で貨幣を改鋳し，差益金(これを㉙＿＿＿＿という)による財政補塡をはかる。
- 勘定所は，1722年に㉚＿＿＿＿方と勝手方に分割された。

③服忌令(ぶっきれい)(1684)…忌引の日数などを定めた法令→神道の影響。

④㉛＿＿＿＿(1685～)…極端な動物愛護令。*8

⑤赤穂事件(1701)…浅野長矩(ながのり)・吉良義央(きらよしなか)。

●金貨成分比の推移●*9

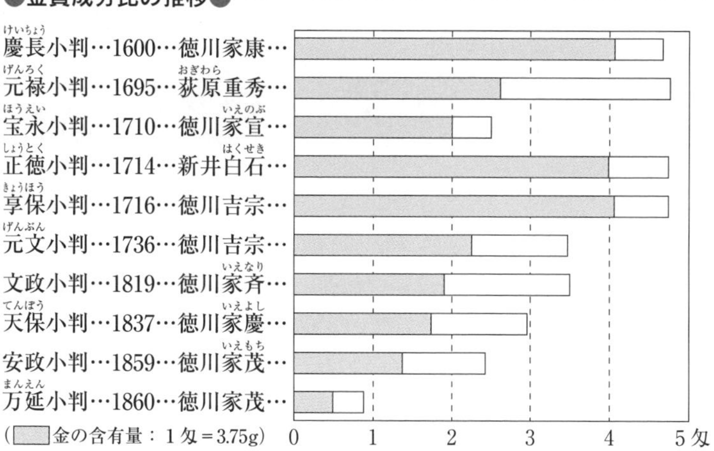

綱吉の時代

前半は堀田正俊を中心とする天和の治，後半は柳沢吉保を中心とする貞享の治とよばれる。

*7 最初の側用人は牧野成貞(なりさだ)である。側用人は将軍側近として，将軍の命を老中に伝える役である。

補足

武家諸法度(天和令：1683)が出され，それまでの第1条が「弓馬」重視から「忠孝」の道徳重視に改められた。

補足

綱吉は母の桂昌院(けいしょういん)の願いにより，護国寺(開山は亮賢)・護持院(開山は隆光)を建立した。

補足

1687年，221年ぶりに大嘗祭が復活し，1694年には192年ぶりに賀茂葵祭が再興した。

財政悪化の理由

①奢侈(しゃし)な生活による出費増大。
②乱掘による金銀採掘量の減少。
③寺社造営・修理費の増大。
④鎖国による貿易利潤の減少。

*8 綱吉が戌(いぬ)年生まれということもあって，特に犬に対してはかなり厳しく，そのために綱吉は犬公方とあだ名された。

*9 貨幣の質が低下すると物価は上昇する。1860年の万延小判は，金の流出を防ぐために鋳造されたので，重量も非常に軽い。

江戸時代

A 大名が死に臨んで相続人を願い出ることは，大名としてあってはならないこととされた。(40字)

出題大学…⑱：東北学院大，学習院大，上智大／㉔：慶應義塾大，上智大，早稲田大／㉕：慶應義塾大／㉙：立教大，中央大，慶應義塾大

3 正徳の政治　白石の文治主義は，次第に形式化した

1. 時　期…6代徳川㉜＿＿＿＿・7代徳川家継の時代。

2. 中　心…朱子学を学んだ侍講㉝＿＿＿＿[*10]。

▶側用人として㉞＿＿＿＿が政治発言力をもった。

3. 主な政策

①㉟＿＿＿＿家の創設…朝幕間の融和をはかる(1710)。

▶従来，宮家は有栖川(ありすがわ)・伏見・京極の3家であったが，東山天皇の第6皇子である直仁(なおひと)親王をたてて創設した。

②朝鮮㊱＿＿＿＿使の待遇簡素化(1711)。

③正徳小判の鋳造(1714)。

▶㊲＿＿＿＿小判の質が悪かったため，慶長小判と同質の正徳小判を鋳造した…再度の貨幣交換により，経済界は混乱した。

④将軍の別称

▶新井白石は，従来まで将軍のことを㊳＿＿＿＿[*11]と表記しているのを改め，㊴＿＿＿＿と記させた。

⑤㊵＿＿＿＿を発布する(1715)…長崎貿易統制策。

▶長崎新令・正徳新令ともいう。金銀の流出を防いだ。

清船…㊶＿＿＿＿隻・銀㊷＿＿＿＿貫。
オランダ船…㊸＿＿＿＿隻・銀㊹＿＿＿＿貫。

4. 白石の著作

①『㊺＿＿＿＿』…史論集。全3巻。(1712)

▶「本朝天下の大勢九変して武家の代となり，武家の代また五変して当代に及ぶ」と天下九変五変説を展開し，江戸幕府成立の正当性を強調している。

②『㊻＿＿＿＿』…自叙伝。全3巻。(1716)

③『㊼＿＿＿＿』…『日本書紀』神代巻に関して，合理的な解釈を提示している。全4巻。

④『藩翰譜』…大名の系譜と事蹟を記載。全13巻。

⑤『東雅(とうが)』…700項目に及ぶ語源を解説したもの。

⑥『㊽＿＿＿＿』・『㊾＿＿＿＿』

▶屋久島に潜入したイタリア人宣教師ヨハン=シドッチを訊問してまとめた，西洋の地理・風俗に関する書物。

▶『采覧異言(さいらんいげん)』は1713年，『西洋紀聞』は1715年に成立した。

⑦『白石建議』…各種諮問に対して，白石がこたえたものや建議したものを集成している。

*10 白石の朱子学の師は木下順庵である。

▲通信使の一行
(羽川藤永／神戸市立博物館／Photo：Kobe City Museum ／ DNPartcom)

*11 「大君」とは，朝鮮で王子をさす表現であった。吉宗以降は，祖法尊重の立場から「大君」と記した。

天下九変五変説

- 摂関政治……一変・二変・三変
- 院政…………四変・五変
- 鎌倉幕府……六変……武家一変
- 執権政治……七変……武家二変
- 建武の新政…八変
- 南北朝分立…九変
- 室町幕府………………武家三変
- 織豊政権………………武家四変
- 江戸幕府………………武家五変

記述論述 Q 江戸時代の貨幣について，新井白石が主導した正徳の改鋳の経済的目的とその影響について，60字以内で説明せよ。（九州大）

　出題大学…㊻：専修大，慶應義塾大／㊼：同志社大

到達度チェック

❶ 次の文を読み，あとの問いに答えよ。　京都産業大／改

解答：別冊p.47 ▶

江戸時代前期，大名家では儒学者を招聘して侍講を命じ，政治顧問として藩政の刷新を図った。①岡山藩の池田光政，②水戸藩の徳川光圀，加賀藩の前田綱紀による改革が有名である。

徳川綱吉が5代将軍に就任し，1683年に武家諸法度を改訂したが，この改訂は③儒学に基づく文治主義的な判断によりなされた。また綱吉は仏教にも帰依し，④生類憐みの令を出した。さらに綱吉は神道の影響もうけ，⑤服忌令という法令を出した。綱吉の将軍在任中，金銀産出による鉱山収入が減少し，かつ，明暦年間に江戸でおこった大規模火災からの復興，寺社造営のための支出が幕府財政を圧迫した。これを打開するため⑥貨幣改鋳を実施し，小判の金の含有量を下げたため，幕府は一時的に増収となったが，物価の高騰を招き，庶民の生活を逼迫させた。

問1．下線部①について，池田光政によって設けられた施設はどれか。

1．金沢文庫　2．開智学校　3．足利学校　4．閑谷学校

問2．下線部②について，徳川光圀の業績として正しいものはどれか。

1．幕府に天文方，歌学方を設置させた。
2．水戸に弘道館を開いた。
3．『大日本史』の編纂事業を始めた。
4．儒学者荻生徂徠を侍講とした。

問3．下線部③について，徳川綱吉と儒学との関係についての説明で，誤っているものはどれか。

1．湯島聖堂を建てた。
2．林羅山を大学頭に任じた。
3．儒学の中で，特に朱子学が奨励された。
4．儒学者木下順庵を登用した。

問4．下線部④について，次の史料Xと説明文a・b，史料Yと説明文c・dについて，正しい組合せはどれか。

X　一，捨子これ有り候はば早速届けるに及ばず，其所の者いたはり置き，直に養ひ候歟，又は望の者これ有候はば遣はすべく候，急度付届けるに及ばざる事。

Y　一，犬計りに限らず，惣て生類人々慈悲の心を本といたし，あはれみ候儀，肝要に候事。　（『江戸町触集成』）

a．捨て子は，希望者に養育させることが推奨された。
b．捨て子は，見つけ次第，早急に届け出るように求められた。
c．犬のみ手厚く保護するように求めた。
d．生き物すべての命を大切にするように求めた。

1．X—a　Y—c　2．X—a　Y—d　3．X—b　Y—c
4．X—b　Y—d

問5．下線部⑤について，現代社会に残る以下の4つの習慣について，服忌令にかかわるものはどれか。

1．お年玉をもらう　2．初詣に行く　3．門松を立てる
4．喪中はがきを出す

問6．下線部⑥について，これを主導した人物は誰か。

1．新井白石　2．間部詮房　3．荻原重秀　4．神尾春央

❶ヒント

問2　徳川光圀は神武天皇から後小松天皇までの歴史を紀伝体で編纂した史書の執筆をはじめ，1906年に完成した。

問4　史料は生類憐みの令の一節。

問5　服忌令の「忌」という文字の意味から推察すれば容易。慶事以外のものを考えよ。

❶解答欄

問1	
問2	
問3	
問4	
問5	
問6	

江戸時代

A　元禄金銀の鋳造によって生じた物価騰貴を抑えようとしたが，貨幣交換の手間や通貨量の減少などによってかえって経済は混乱した。(60字)

解答：別冊p.23 ▶

23 江戸時代の産業・貨幣と交通の発達

ココが出る!!

[入試全般]

江戸時代の産業は出題テーマの宝庫で，農業だけでも大枠1問が出題される。それに商業・金融・水産業，貨幣制度・交通制度などを加えると，相当な分量になるが，出題箇所はほぼ決まっているので攻略しやすく，着実にまとめておけば，確実に高得点に結びつく。

[国公立二次・難関私大]

図版では農具の形状・貨幣改鋳の棒グラフも資料として出題され，農具については用途，貨幣改鋳についてはその要因と改鋳結果などを論述させる問題もある。

1 農業の発達

新田開発や農業技術の改良などにより，農業は飛躍的な発展をとげた

1. 重農主義政策…幕府・藩による積極的勧農政策の進展。

2. 治水・灌漑工事の進展…河川・溜池（ためいけ）の築造。

①①＿＿＿＿＿代用水…利根川の水を引いた。

②玉川上水…武蔵野（むさしの）台地の開発にあてた。

③箱根用水…芦（あし）ノ湖から富士山麓深良（ふから）村まで。

3. 耕地面積の増加…②＿＿＿＿＿の結果。

①江戸初期に約160万町歩 →享保期に約③＿＿＿＿＿万町歩。

②代官見立（だいかんみたて）新田…武蔵野台地など。初期に多い。

③④＿＿＿＿＿新田…鴻池（こうのいけ）新田（河内）・川口新田（摂津）・佐倉（さくら）新田（下総）・紫雲寺潟（しうんじがた）新田（越後）など。元禄期以降。

④鍬下年季（くわしたねんき）…新田における一定期間の年貢減免策。

4. 肥料の改良

①金肥…⑤＿＿＿＿＿・⑥＿＿＿＿＿・〆粕（しめかす）・糠（ぬか）など。

②旧来の刈敷（かりしき）や厩肥（きゅうひ），下肥（しもごえ）などの自給肥料も使用された。

5. 商品作物の栽培

①四木（しぼく）…漆（うるし）・茶・桑・⑦＿＿＿＿＿（和紙の原料）。

②三草（さんそう）…麻・紅花（産地は⑧＿＿＿＿＿）・藍（あい）（阿波）。

③木綿・菜種（灯火用）・煙草などの栽培も普及した。

④特産物…宇治・駿河の茶，上野（こうづけ）・武蔵の養蚕。備後では畳（たたみ）の原料となる藺草（いぐさ）が栽培された。

6. 農学の発達＊1

①『⑨＿＿＿＿＿』…わが国最古の農書。

②『⑩＿＿＿＿＿』…宮崎安貞（やすさだ）（1697年刊行）。最初の体系的農書。

③『⑪＿＿＿＿＿』・『広益国産考（こうえきこくさんこう）』…大蔵永常（おおくらながつね）の代表作。

補足

享保年間に幕臣で治水家の井沢為永（いさわためなが）（弥惣兵衛（やそべえ））が武蔵国に見沼代用水を開き，下総国（現在の茨城県）に飯沼新田を開いた。

補足

江戸前期には，信濃の五郎兵衛新田のように，土豪が開発した新田も多くみられた。

＊1　農書では佐瀬与次右衛門（させよじえもん）の『会津農書』，土屋又三郎の『耕稼春秋（こうかしゅんじゅう）』，東海地方の『百姓伝記』，中台芳昌（なかだいよしまさ）の『老農夜話』なども有名である。

記述論述 Q　江戸時代に農業が飛躍的に発展した理由を100字以内で述べよ。　（創作問題）

　出題大学…①：慶應義塾大／⑨：立命館大，関西学院大

7. 農具の改良

①⑫＿＿＿＿＿…深耕用 →従来の風呂鍬(ふろぐわ)にかわる。

②⑬＿＿＿＿＿*2…脱穀用 →従来の扱箸(こきばし)にかわる。

③⑭＿＿＿＿＿…選別・調整具。

④⑮＿＿＿＿＿…籾殻(もみがら)と塵芥(じんかい)を風力で外に飛ばす選別具。

8. 農政家の活躍

①⑯＿＿＿＿＿…『農政本論』・『経済要録』などを著す。

②⑰＿＿＿＿＿…櫨(はぜ)の研究を行い，『農家益』を著す。

③⑱＿＿＿＿＿…報徳社 →報徳仕法*3で農村復興をはかる。

④⑲＿＿＿＿＿…先祖株組合の結成 →下総長部村(しもうさながべ)。

①備中鍬

②千歯扱(せんばこき)

③千石簁(とおし)

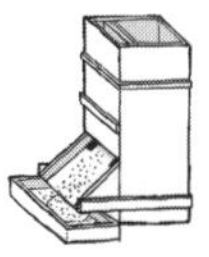

④唐箕(とうみ)

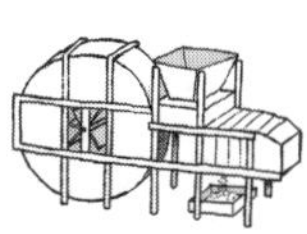

*2 「後家倒し」ともよばれた。他の脱穀具として，「くるり」ともよばれた殻竿(からさお)があった。

*3 報徳仕法は二宮尊徳の死後，報徳運動として受けつがれていった。

2 手工業の発達 諸藩の産業奨励や都市の消費生活の進展などにより，各種の工業が盛んになった

1. 経営形態の変遷

①17世紀…農村家内工業 →自給自足的・副業的生産。

②18世紀…⑳＿＿＿＿＿工業 →商業資本的生産形態。

▶問屋商人が農村の家内生産者に原料や道具・賃金を前貸しし，生産物を買い取る形態。

③19世紀…㉑＿＿＿＿＿工業(マニュファクチュア)。

▶問屋商人が工場をつくり，農民などを労働者として集め，分業による協業組織で生産を行う形態。

2. 主な名産品

①絹織物…西陣織・上田紬(つむぎ)・丹後縮緬(ちりめん)・博多織など。

②綿織物…久留米絣(がすり)・小倉織・有松絞(しぼり)など。

③麻織物…奈良晒(さらし)・越後縮(ちぢみ)・薩摩上布・近江麻など。

④製紙…越前の㉒＿＿＿＿＿紙・奉書紙(高級紙)，美濃紙，播磨の㉓＿＿＿＿＿紙，備中などの檀紙。

⑤漆器…能登の輪島塗，陸奥の南部塗，飛驒・能代の春慶塗など。*4

⑥染物…京都・加賀の㉔＿＿＿＿＿染，鹿子(かのこ)絞など。

⑦陶磁器…九谷焼・清水焼・有田焼・瀬戸焼・上野(あがの)焼。

⑧醸造業*5…池田・灘・伊丹の㉕＿＿＿＿＿。野田・銚子・竜野の醤油。

牧畜

下総の佐倉に幕府直営の牧場が設けられた。畜力では東国では馬，西国では牛が主役で，白河などでは馬市，大坂天王寺では牛市が盛んに開かれた。

補足

絹織物業では京都の西陣が中心地で，高機(たかはた)による生産が行われた。地方では，地機(じばた)(いざり機(ばた))により，粗末な織物として副業的に生産されていたが，西陣の技術が伝わり，桐生(きりゅう)・足利(あしかが)などでも高機による生産が行われるようになった。

*4 紀伊では黒江塗，岩代では会津塗が有名。

*5 醸造業では，17世紀からマニュファクチュアによる生産が行われていた。

3 製塩業の発達 瀬戸内海沿岸が盛んであった

1. 製塩法…従来の揚浜法にかわり，㉖＿＿＿＿＿法*6が普及した。

2. 塩田…17世紀以降，瀬戸内海沿岸で発達した。

▶塩田の所有者を浜主(はまぬし)，労働者を浜子という。

*6 潮の干満の差を利用して海水を塩田に導く方法で，赤穂(あこう)・行徳(ぎょうとく)などで発達した。

幕府や藩の勧農政策のもとで，新田開発により耕地面積が拡大し，農業に関する知識が農書や農政家を通じて広まり，農具の改良や金肥の普及など技術的な向上がはかられる中で，商品作物の栽培も盛んになったから。(98字)

出題大学…⑯：神奈川大，学習院大，法政大／㉔：名城大，南山大

4 水産業の発達　東日本は地曳網，西日本は定置網漁が盛んであった

1. 上方漁法…網を用いた漁法。

①地曳網・定置網・船引網など，諸種の網漁法が全国的に広まった。

②上方中心の漁場が関東地方に移り，三陸・九州などにも漁業圏が成立した。

2. 経　営…㉗＿＿＿＿＿＿制

▶網元は漁船や漁具を所有し，網子を使って漁業を経営した。

3. 産　物

①九十九里浜…㉘＿＿＿＿漁[*7] →地曳網による。

②紀伊・土佐・肥前…鯨(くじら)漁。

③蝦夷地…鰊(にしん)・昆布 →北前船で上方に輸送された。

④土佐…鰹 →鰹(かつお)節に加工された。

鯨の用途

肉は食用，鯨油(げいゆ)は灯火用，骨粕は肥料用，ひげは弓のつるに利用された。

＊7　鰯は加工され，干鰯(ほしか)として上方などに送られた。

補足

そのほか，江戸湾の海苔(のり)，広島湾のかきの養殖も盛んであった。

5 鉱　業　海外貿易の支払いの需要が増大するとともに，貨幣鋳造用として鉱物が重宝された

1. 経営形態

①領主直轄経営から，山師による請け負い制が一般化した。[*8]

②採掘法…従来の露天掘りから坑道掘りが一般化した。

2. 主な鉱山

①金山…佐渡・伊豆・甲斐。

②銀山…石見(いわみ)・生野・院内。

③銅山…足尾・別子・阿仁。

④鉄山…釜石 →たたら精錬。

▶出雲地方では，㉙＿＿＿＿＿＿も採取された。[*9]

はじめは金銀の採掘が盛んであったが，次第に産出額が減少し，17世紀後半からは銅の採掘が著しくなった。

＊8　幕府直営の鉱山を御直山(おじきやま)といい，その経営形態を直山経営という。また，のちに一般化した山師による請け負い経営を請山経営という。

補足

御直山に対し，個人経営もしくは藩経営の鉱山を運上山(うんじょうやま)という。

＊9　のちに山金精錬法にとってかわられた。

6 林　業　都市の発達にともなう建築資材の需要などにより，林業も著しい発達をみた

1. 官有林…幕府や藩の直轄下におかれた山林。[*10]

2. 民有林…村や個人が所有している山林。

①薪炭採取のための㉚＿＿＿＿＿＿として利用された。

②幕府や藩の統制下におかれ，農民が木材の採取にあたった。

3. 建築資材の需要の急増

▶江戸深川の木場(きば)や京都の堀川などには，材木問屋が集中していた。

4. 林産商品の発達

①木曽…檜(ひのき)・杉。

②熊野・秋田…杉。

③薩摩…屋久杉。

炭の産地

- 池田炭…中川勘兵衛による一庫炭(黒炭)。
- 備長(びんちょう)炭…備中屋長左衛門(びっちゅうやちょうざえもん)が販売した白炭。
- 佐倉炭…川上左仲による黒炭。

＊10　木材の需要が増加したため，幕府や藩による森林の保護が強化され，植林も奨励された。切り出された林木は城郭や武家屋敷の建築資材となった。

補足

幕府の直轄林を御林(おはやし)といい，御林奉行をおいて管理させた。それに対し，諸藩の直轄林を留山(とめやま)などという。

補足

山林の所有者を山主(やまぬし)といい，そのもとで働く人々を山子(やまこ)という。

補足

伐採に従事する人を杣人(そまびと)という。

記述論述 Q　徳川幕府が整備した貨幣制度の特徴について80字以内で述べよ。　（一橋大／改）

　出題大学…㉙：福井大

7 商業・流通 貨幣経済の進展によって経済も大いに発展し，商業・流通もうるおいをみせた

1. 初期豪商…朱印船貿易や地域間の価格差などで巨利をあげた商人。

①角倉了以・茶屋四郎次郎・末吉孫左衛門・今井宗薫(そうくん)など。

②鎖国が完成し，国内流通が発達すると急速に衰退した。

2. ㉛＿＿＿＿…商工業者の同業組合。

①享保期に公認され，田沼時代には奨励された。

②㉜＿＿＿＿・冥加(みょうが)を納入し，営業を独占した。

③江戸…㉝＿＿＿＿問屋(1694年に成立した)。

④大坂…㉞＿＿＿＿問屋(1784年に株仲間となる)。

3. 市　場

①三大市…㉟＿＿＿＿の米市，㊱＿＿＿＿の魚市，㊲＿＿＿＿の青物市。

▶江戸では神田の㊳＿＿＿＿市，日本橋の魚市。

②天王寺の牛市，馬喰町(ばくろちょう)や武蔵府中の馬市。

4. 流　通

①㊴＿＿＿＿…諸藩・旗本などが設けた倉庫。

②㊵＿＿＿＿…蔵屋敷で蔵物の売却などを担当した。

③㊶＿＿＿＿…蔵屋敷で代銀(金)の出納にあたった。

④㊷＿＿＿＿…江戸で旗本・御家人のかわりに，蔵米の受け取りや換金業務を営む。

⑤㊸＿＿＿＿物…蔵屋敷に集積される年貢米など。

⑥㊹＿＿＿＿物…生産地から民間の手を経て流通した。

株仲間の変遷

江戸初期には禁止，元禄期にかけては黙認，享保期に公認，天明期にかけては奨励，寛政の改革では抑制，天保の改革で解散，嘉永期に復活，1872(明治5)年に廃止となった。

豪　商

①㊸＿＿＿＿屋…三井高利。「現金掛け値なし」の商法。

②『町人考見録』…三井高房。㊹＿＿＿＿の抑制を主張。

③紀伊国屋(きのくにや)文左衛門

④奈良屋茂左衛門

⑤大坂屋…籠山銀絞所(かごやまぎんしぼりじょ)。

⑥住友家…南蛮吹を採用。

8 貨幣制度 金・銀・銭の三貨と藩札が主流であった

1. 三　貨

①金貨…大判・小判＊11 →大判は贈答用。慶長大判・小判。

②銀貨…㊺＿＿＿＿貨幣 →丁銀・豆板銀。上方中心。

③銭貨…1636年初鋳の㊻＿＿＿＿通宝など →全国的。

④江戸初期の交換比率。＊12

▶金1両＝銀㊼＿＿＿＿匁(もんめ)＝銭㊽＿＿＿＿貫文。

2. ㊾＿＿＿＿…藩独自に発行して通用した紙幣。

▶㊿＿＿＿＿藩で最初に発行された。

3. 両替商

①上方中心…(51)＿＿＿＿ →金貨と銀貨の交換。

▶有力商人が(52)＿＿＿＿両替として両替商＊13を支配した。

②江戸中心…銭両替(ぜにりょうがえ) →金銀貨と銭貨の交換。

＊11 大判は大判座で後藤四郎兵衛，小判は金座で後藤庄三郎が世襲で鋳造した。金貨は計数貨幣で，主に江戸を中心に流通した。

＊12 のち金1両＝銀60匁となるなど，相場はしばしば変動した。

補足

金座は江戸と京都におかれ，銀座ははじめ伏見と駿府，のちに江戸と京都に移った。銭座ははじめ江戸と近江坂本におかれ，のちには全国的に設置された。

＊13 天王寺屋・鴻池屋(こうのいけ)・平野屋などが十人両替に選ばれた。

A 金銀銭の三貨体制を確立したが，東日本は金遣い，西日本は銀遣いと本位貨幣が異なっており，交換比率も一定しなかったために全国的かつ統一的貨幣制度は確立できなかった。(80字)

9 都市の発達　城下町・宿場町を中心に，各地にさまざまな都市が形成された

1. 三　都

①江戸…政治都市 →18世紀初期の人口は約㊺＿＿＿＿＿万人。＊14

②大坂…商業都市 →「天下の台所」，人口約35万人。

③京都…工芸都市 →人口約㊻＿＿＿＿万人。＊15

2. 産業都市…㊼＿＿＿＿＿＿・足利など →絹織物業。

＊14　そのうち，武家人口は約50万人。

＊15　京都は宗教都市・文化都市でもあった。

さまざまな都市

①**城下町**…名古屋・金沢・鹿児島・岡山・仙台など。

②**宿場町**…街道の整備 →品川・神奈川・小田原など。

③**門前町**…日光・成田・宇治・山田・奈良・長野など。＊16

④**港　町**…長崎・堺・博多・酒田など沿岸諸港。

＊16　日光は東照宮参詣の大名で，宇治・山田は御蔭参りでそれぞれにぎわった。

10 交通・運輸・通信　街道の整備と発達により，交通・通信も整いはじめた

1. 陸上交通

①五街道＊17…官道 →㊽＿＿＿＿＿＿奉行の支配。日本橋が起点。

②一里塚や問屋場・伝馬などの設備があった。

▶東海道には100人・100疋(ぴき)，中山道は50人・50疋とあらかじめ人馬が用意されていた。

③㊾＿＿＿＿＿＿…中国路・伊勢路など →商人などが利用した。

2. 海上交通

①㊿＿＿＿＿海路…江戸〜大坂間。

▶(61)＿＿＿＿＿＿廻船・樽(たる)廻船が就航した。

②(62)＿＿＿＿＿＿航路(海運)…太平洋経由江戸まで →松前船。

③(63)＿＿＿＿＿＿航路(海運)…日本海経由大坂まで。

▶東廻り・西廻り航路は江戸の商人(64)＿＿＿＿＿＿によって開かれ，西廻り航路には(65)＿＿＿＿＿＿船が就航した。

④内海船(うつみぶね)(尾州(びしゅう)廻船)は尾張国の知多半島を拠点に活動した。

3. 河川交通

①(66)＿＿＿＿＿＿…鴨川・富士川を整備し，高瀬川なども開いた。

②(67)＿＿＿＿＿＿…安治(あじ)川。

4. 湖上交通…琵琶湖・霞ヶ浦などの湖上交通も盛んであった。

5. 運輸・通信＊18

①(68)＿＿＿＿飛脚…幕府専用 →東海道を約68時間で連絡した。

②大名飛脚 →大名専用 →七里(しちり)飛脚。

③(69)＿＿＿＿飛脚…商人 →定六(じょうろく)・三度(さんど)飛脚ともいう。

6. 宿泊設備

①(70)＿＿＿＿＿＿…それぞれの宿駅の事務を行う所。

②(71)＿＿＿＿＿＿…大名の宿。

③(72)＿＿＿＿＿＿…一般の人々を対象とした宿。

④(73)＿＿＿＿＿＿…自炊設備のある宿。

⑤宿駅は２〜３里ごとに設置され，宿場町として発達した。

＊17　東海道は品川〜大津の53宿，大津〜大坂の４宿，中山道は板橋〜守山の67宿，甲州道中は内藤新宿〜上諏訪の45宿，日光道中は千住(せんじゅ)〜鉢石(はついし)の21宿，奥州道中は白沢〜白河の10宿。

関　所

江戸時代には，治安維持のために各地に多くの関所が設けられた。甲州道中の小仏(こぼとけ)，奥州・日光道中の栗橋，中山道の碓氷(うすい)・木曽・福島などがあるが，中でも東海道の箱根関は「入り鉄砲・出女(でおんな)」を厳重に取り締まったことで知られる。

補足

大河川には，軍事的目的で架橋しないところが多かった。天竜川や富士川では渡し船が使われ，大井川や安倍川では徒渡し(かちわたし)が行われた。また，水量が増えたときには川留になることが多かった。

＊18　物資の輸送には，都市部では牛車や大八車が多用されたが，遠隔地を結ぶ馬車は発達しなかった。

記述論述 Q　近世には幕藩制国家により五街道が整備されたが，街道における交通の運営方式を説明せよ。　（一橋大）

　出題大学…(60)：東京大，慶應義塾大／(68)：慶應義塾大，和歌山大／(69)：高崎経済大／(72)：東京都立大

到達度チェック

❶ 江戸時代の社会・経済について，次の各問いに答えよ。　東洋大／改

解答：別冊p.48 ▶

問1． 五街道は，基幹道路として幕府が直轄し，[A]によって管理された。海上交通では，17世紀前半に[B]が大坂から江戸に多様な商品を輸送し始め，17世紀後半には江戸の商人[C]が出羽酒田を起点に東廻り海運・西廻り海運を整備した。空欄[A]～[C]にあてはまる語句をそれぞれ選び番号で答えよ。

A：①　町奉行　②　普請奉行　③　道中奉行　④　作事奉行
⑤　遠国奉行

B：①　菱垣廻船　②　樽廻船　③　北前船　④　内海船　⑤　高瀬船

C：①　奈良屋茂左衛門　②　淀屋辰五郎　③　河村瑞賢
④　紀伊国屋文左衛門　⑤　角倉了以

問2． 五街道に関連して述べた文として，最も適切なものを１つ選べ。

①　宿駅には，大名・公家・幕府役人が利用する本陣・脇本陣が置かれた。
②　五街道とは，東海道・中山道・甲州道中・北国街道・日光道中をさした。
③　宿駅の旅籠では，宿役人が伝馬役の差配や公用の書状や荷物を継送した。
④　街道や宿駅が発達すると，駅逓司により通信制度が整備され，情報が早く広まるようになった。
⑤　街道周辺には補足人足を出す村があり，この夫役を運上と呼んだ。

問3． 江戸時代の貨幣に関連し，幕府の貨幣政策について述べた文として，最も適切なものを１つ選べ。

①　徳川秀忠が金座・銀座で慶長金銀，銭座で寛永通宝を鋳造させた。
②　江戸は主に銀遣いであったが，上方は金遣いであった。
③　17世紀後半から発行された藩札は，領内だけではなく全国的に流通した。
④　金貨，銭貨は秤量貨幣であったが，銀貨は計数貨幣であった。
⑤　荻原重秀の上申により，財政を補う目的で貨幣改鋳が行われたが，悪質な貨幣が発行されたことで，物価が高騰した。

問4． 江戸時代の三都に関連して述べた文として，最も不適切なものを１つ選べ。

①　京都では，西陣織など高い技術を用いた手工業生産が発達した。
②　江戸は，武家のほか多くの商人・職人が集まり，一大消費都市となった。
③　大坂に，幕府は大坂城代などを置いて西日本を支配する要とした。
④　江戸の中之島には蔵屋敷が置かれ，特産品である蔵物が販売された。
⑤　18世紀前半の江戸は，100万人の人口をもつ世界有数の大都市であった。

問5． 江戸時代の地域と産業の組合せとして，最も不適切なものを１つ選べ。

①　肥前有田―陶器　②　灘―酒　③　阿波―紅花　④　野田―醤油
⑤　紀伊―蜜柑

問6． 江戸時代の商業に関連して述べた文として，最も適切なものを１つ選べ。

①　大坂には，輸送の安全や海損の共同保障などを目指した問屋仲間の十組問屋があった。
②　江戸には，商品別に二十四組に編成された二十四組問屋があった。
③　三井家は呉服店のみならず，両替商の営業も行い，三都や城下町に出店を持った。
④　江戸では，雑喉場の魚市，神田の青物市などが卸売市場として賑わった。
⑤　大坂の天満に設けられた米市場は，蔵米を扱って全国の米市場を左右した。

❶ ヒント

問1　B．南海路に就航した船。積荷が落下するのを防ぐための装置が特徴。

問2　④駅逓司は1868年に設置された交通・通信関係を所管する役所なので，江戸時代には存在しない。

問5　消去法でも解ける。

❶ 解答欄

問1	A	
	B	
	C	
問2		
問3		
問4		
問5		
問6		

江戸時代

A　五街道などの主要街道は道中奉行の管轄下におかれていた。街道には一定の人馬が配置され，不足の折には助郷役が課された。宿場には本陣・旅籠などの宿泊施設のほかに，人馬の逓送機関として問屋場も設置されていた。（100字）

解答：別冊p.24

24 寛永期の文化と元禄文化

重要暗記年代

■1670……『本朝通鑑』完成
■1688……『日本永代蔵』刊行

ココが出る!!

[入試全般]
寛永期・元禄文化ともに美術関係の出題が多い。作品と作者は必須。芸能では俳優名や得意技もセットで覚えておこう。学術面では人物と業績もよく狙われる。

[国公立二次・難関私大]
儒学関係では学者と著書，主な思想が基軸となる。荻生徂徠については史料『政談』も頻出する。

1 寛永期の文化　幕藩体制にふさわしい文化が形成された

1. 特　色

①桃山文化から元禄文化への架橋的役割を果たす。

②幕藩体制という新たな社会に迎合する要素が多い。

2. 文　学

①①＿＿＿＿＿草子＊1…庶民的通俗文学。教訓的要素は含むが，文学的価値は低い。

②俳諧…中世の俳諧連歌から俳諧が独立した。
- ②＿＿＿＿＿…貞門派の祖。
- ③＿＿＿＿＿…談林派の祖。

3. 思　想

①④＿＿＿＿＿学…封建的秩序を維持するための理論。

②京学
- ⑤＿＿＿＿＿…もと相国寺の僧 →京学の祖。
- ⑥＿＿＿＿＿…もと建仁寺の在住。
  ▶上野忍ヶ岡に私塾弘文館を開設した。

4. 建　築

①霊廟建築…日光⑦＿＿＿＿＿ →家康をまつる。陽明門。
▶神社建築様式である⑧＿＿＿＿＿造を採用した。

②⑨＿＿＿＿＿造…茶室建築と書院造を融合。
- 桂離宮…後陽成天皇の弟八条宮⑩＿＿＿＿＿の別邸。
- 修学院離宮…⑪＿＿＿＿＿天皇の山荘。

③造園…⑫＿＿＿＿＿式庭園が発達した。
▶作庭家としては小堀遠州が名高い。

④宇治⑬＿＿＿＿＿寺大雄宝殿 ⎫
⑤長崎崇福寺大雄宝殿 ⎭…黄檗宗寺院の仏殿。

＊1　御伽草子・仮名草子・浮世草子を三草子と総称する。仮名草子は江戸時代初期の公家・医師・僧侶が仮名を用いて書いた一般民衆向けの読み物で，鈴木正三の『二人比丘尼』，浅井了意の『東海道名所記』，如儡子の『可笑記』などが代表的である。

補足
元禄期には公慶の勧進によって東大寺大仏殿が再建された。

記述論述 Q　安土桃山時代から江戸時代前期の建築の特徴について，下記の語を用いて簡潔に説明しなさい。
《日光東照宮・修学院離宮》　（聖心女子大一文）

　出題大学…①：高崎経済大，名城大／⑥：南山大，同志社大，法政大

⑥江戸前期に再建…清水寺本堂・延暦寺根本中堂など。

5. 絵　画

①狩野派…狩野⑭＿＿＿＿＿＿　→永徳の孫。

▶江戸幕府の御用絵師となり，「大徳寺方丈襖絵」などを描く。300年にわたる狩野派の地位を固めた。

②土佐派…土佐⑮＿＿＿＿＿＿　→朝廷の絵所預となる。

③住吉派…住吉⑯＿＿＿＿＿＿　→住吉派の祖。

▶如慶の子住吉⑰＿＿＿＿＿＿は幕府の御用絵師となり，「元三大師縁起絵巻」や「洛中洛外図巻」などを描いた。

④⑱＿＿＿＿＿＿…「夕顔棚納涼図屏風」など。

⑤⑲＿＿＿＿＿＿…「風神雷神図屏風」「田家早春図」。

▶大和絵の画法をもとに，装飾的な新様式を生み出した。

⑥「彦根屏風」…風俗や生活を描写している。

6. 工　芸

①陶芸…朝鮮からの新技術で，茶の湯とともに発達した。

②⑳＿＿＿＿焼…初代長次郎が聚楽第で焼く。

③㉑＿＿＿＿＿＿焼…赤絵が開発されて一層発達した。

④㉒＿＿＿＿＿＿＿＿＊2…洛北の鷹ヶ峰に芸術村を造成した。

▶蒔絵「㉓＿＿＿＿＿＿硯箱」などの作品がある。

⑤㉔＿＿＿＿＿＿＿＿…上絵付法を研究し，赤絵を完成した。

▶「色絵花鳥文壺」「色絵花鳥文深鉢」「色絵菊花文壺」などの作品がある。

7. 芸　能

①歌舞伎

• 17世紀初期に㉕＿＿＿＿＿＿が北野社頭で念仏踊りを行う。

▶それが㉖＿＿＿＿＿＿歌舞伎として発展。

• ㉗＿＿＿＿歌舞伎…伴奏に三味線を使用。 ｝→禁止
• ㉘＿＿＿＿＿＿歌舞伎…少年の若衆が演じる。 ｝→禁止
• ㉙＿＿＿＿＿＿歌舞伎…前髪を剃った野郎姿で上演した。

②人形浄瑠璃…浄瑠璃節にあわせて人形遣いが人形をあやつる
→現在の文楽。

2 元禄文学・美術　人間中心の「浮き世」の文化

1. 特　色

①上方中心…17世紀末から18世紀初め。　②町人文化。

③現実主義的傾向が強い。

④合理主義的傾向が強い。

▲「夕顔棚納涼図屏風」

▲「風神雷神図屏風」

＊2　本阿弥光悦は，嵯峨本の版行や刀剣の鑑定，「不二山」のような気品のある茶碗を作るなど，幅広い分野で活躍した。

▲「舟橋蒔絵硯箱」

▲「色絵花鳥文深鉢」

江戸時代

A 霊廟建築では日光東照宮が権現造で営まれ，離宮建築として知られる修学院離宮には茶室建築と書院造を融合した数寄屋造がとりいれられた。(64字)

出題大学…⑮：関西学院大／⑯：同志社大，九州産業大，西南学院大／⑱：関西学院大，同志社大，明治大／㉓：関西大，明治大

2. 文学・芸能

① ㉚＿＿＿＿＿草子…井原西鶴によって大成された。

- ㉛＿＿＿＿＿物…『好色一代男』*3『好色五人女』。
- ㉜＿＿＿＿＿物…『武家義理物語』『武道伝来記』。
- ㉝＿＿＿＿＿物…『日本永代蔵(にっぽんえいたいぐら)』『世間胸算用(せけんむねさんよう)』*4。

② 俳諧

▶談林派から㉞＿＿＿＿＿が出て，蕉風(しょうふう)俳諧*5を確立した。

- 俳諧紀行文『㉟＿＿＿＿＿』…江戸～東北～北陸～大垣。
- 俳諧紀行文『笈(おい)の小文』…関西～明石。
- 『猿蓑(さるみの)』…門人が撰した芭蕉とその一門の句集。*6

③ 脚本家…㊱＿＿＿＿＿。

▶浄瑠璃作者で，その作品は，人形遣いの辰松八郎兵衛らによって演じられた。

- 時代物…『㊲＿＿＿＿＿』→鄭芝竜(ていしりゅう)・鄭成功(ていせいこう)。
- 世話物(せわもの)…『㊳＿＿＿＿＿』→最初の世話物。

『冥途(めいど)の飛脚』『心中天網島(しんじゅうてんのあみじま)』など。

④ ㊴＿＿＿＿＿…竹本座をおこし，義太夫節を創始した。

⑤ 歌舞伎*7名優
- 上方…㊵＿＿＿＿＿→和事(わごと)を得意とした。
- 江戸…㊶＿＿＿＿＿→荒事(あらごと)を得意とした。
- 女形(おやま)…㊷＿＿＿＿＿→上方で活躍した。

3. 美術・工芸

① ㊸＿＿＿＿＿…琳派(りんぱ)の祖。

▶俵屋宗達の画法をとり入れて独特の装飾画法を確立した。絵画では「紅白梅図屏風(こうはくばいずびょうぶ)」「燕子花図屏風(かきつばたずびょうぶ)」，陶芸では「寿老図六角皿(じゅろうずろっかくざら)」，蒔絵では「㊹＿＿＿＿＿螺鈿硯箱」が有名。

② ㊺＿＿＿＿＿…光琳の弟 →楽焼・本焼に秀作が多い。

③ 浮世絵…㊻＿＿＿＿＿が大成した。*8

▶「㊼＿＿＿＿＿」が代表作。「歌舞伎図屏風」などの肉筆画がある。

④ ㊽＿＿＿＿＿…京焼の祖。

▶「色絵藤花文茶壺(いろえとうかもんちゃつぼ)」「色絵月梅文茶壺(げつばいもんちゃつぼ)」「色絵吉野山図茶壺」などがある。

⑤ 工芸…㊾＿＿＿＿＿→友禅染を創始した。

• ㊿＿＿＿＿＿…鉈(なた)彫り彫刻。▶「両面宿儺像(りょうめんすくなぞう)」などがある。

4. 庭　園…廻遊式庭園。

① 後楽園(江戸)…徳川光圀が完成。

② (51)＿＿＿＿＿…徳川綱吉が柳沢吉保に与えた江戸の下屋敷(しもやしき)に造成。

＊3 『好色一代男』の主人公は世之介。

＊4 『世間胸算用』は，大晦日の町人生活をテーマにえがいている。

＊5 蕉風は正風とも書く。

蕉門十哲

森川許六・向井去来・各務支考(かがみしこう)ら門人10人。

＊6 『俳諧七部集』の1つ。

＊7 阿国歌舞伎のあと，女歌舞伎，若衆歌舞伎と受け継がれたがいずれも綱紀粛正のために禁止され，17世紀中頃からは野郎歌舞伎が主流となった。

補足

和事とは若い色男役，荒事とは武侠の行為や超人的人物の動作を誇張的にみせる演出をいう。

▲「紅白梅図屏風」(MOA美術館所蔵，部分)

▲「燕子花図屏風」

＊8 はじめ浮世絵は肉筆(にくひつ)画が主であったが，のちに版画(墨摺絵(すみずりえ)→丹絵(たんえ)・紅絵(べにえ))に発展した。

◀「見返り美人図」

記述論述 Q 元禄文化の特徴を100字以内で説明せよ。　(創作問題)

出題大学…㉝：青山学院大，専修大／㊷：愛知学院大／㊺：同志社大，近畿大／㊾：名城大／㊿：明治大，立教大

到達度チェック

❶ 次の文章の空欄(　A　)～(　H　)に該当する語句を記せ。　慶應義塾大―文

17世紀後半の日本では，支配体制の安定化を背景に，幕府や藩の文化事業が進展した。幕府の命を受けた林羅山・鵞峰は歴史書の編纂に従事し，その成果は1670年に『(　A　)』310巻として結実した。徳川光圀は『大日本史』の編纂に着手し，同事業のための編纂局を(　B　)館と名づけた。この館名は『春秋左氏伝』序の語句に由来している。また徳川家綱を補佐した会津藩主の(　C　)は，1664年に私塾を同藩の学問所に取り立てた。岡山藩主の池田光政も1668年に郷学の(　D　)学校を設けるなど，学問の振興を図った。

一方民間では歌舞伎が流行したが，幕府による女歌舞伎の禁止に続いて，少年の演じる(　E　)歌舞伎も幕府により1652年に禁止されたため，野郎歌舞伎が演じられた。また，上方の文芸も独自の隆盛を見せるようになる。その代表的人物の一人とされる井原西鶴は，西山宗因を祖とする(　F　)派の俳人として活躍したほか，『好色一代男』などの好色物，『武家義理物語』などの武家物，『世間胸算用』などの(　G　)物といった(　H　)草子の作品を残した。

解答：別冊p.48 ▶

❶ヒント
リード文６行目の「学問所」とは稽古堂をさす。

❶解答欄

A	
B	
C	
D	
E	
F	
G	
H	

❷ 次の各問いに答えよ。　青山学院大―文／改

問１. 次の作品のうち，松尾芭蕉の最初の俳諧紀行文はどれか。
① 笈の小文　② 奥の細道　③ 野ざらし紀行　④ 猿　蓑

問２. 井原西鶴の『日本永代蔵』の分類として適当なものはどれか。
① 武家物　② 世話物　③ 町人物　④ 好色物

問３. 人形浄瑠璃や歌舞伎の脚本を書いた近松門左衛門の出身であった身分はどれか。
① 士　② 農　③ 工　④ 商

問４. 幕藩体制の安定とともに，儒学の研究も様々に行われたが，次の儒学者のうち，幕府にとがめ立てられたのは誰か。
① 山崎闇斎　② 伊藤仁斎　③ 中江藤樹　④ 熊沢蕃山

問５. 日本独自の暦である貞享暦をつくったのは誰か。
① 貝原益軒　② 渋川春海　③ 宮崎安貞　④ 関孝和

❷ヒント
問４　岡山藩主池田光政に招かれた陽明学者で，私塾として花畠教場を設立した。
問５　天文方に就任した人物。

❷解答欄

問１	
問２	
問３	
問４	
問５	

❸ 次の文を読んで，あとの問いに答えよ。　神奈川大／改

狩野永徳の孫の狩野探幽は，幕府の御用絵師となってその地位を不動のものとした。一方，①尾形光琳は，俵屋宗達の装飾的な画法を取り入れて②元禄文化を代表する絵師として活躍し，琳派の装飾美を発展させた。

問１. 下線部①の作品として，不適切なものを１つ選べ。
a　風神雷神図屛風　b　紅白梅図屛風　c　燕子花図屛風
d　八橋蒔絵螺鈿硯箱

問２. 下線部②について述べた文として最も適切なものを１つ選べ。
a　伊藤仁斎は，陽明学を学んで知行合一を説き，『大学或問』を著して幕府を批判した。
b　井原西鶴は，『冥途の飛脚』など浄瑠璃の脚本を書いて評判を呼んだ。
c　酒井田柿右衛門は，色絵を完成して京焼の祖となった。
d　歌舞伎は野郎歌舞伎となり，芳沢あやめが女形の芸で名声を得るなど，演劇として成長を遂げた。

❸解答欄

問１	
問２	

江戸時代

A　幕藩体制が安定し経済が発展する中で上方を中心に開花した町人文化。「憂き世」から「浮き世」への価値転換がすすむ中で現実主義的・合理的・実証的な精神が各所に発揮され，政治との結合を強めた儒学が奨励された。(100字)

解答：別冊p.24 ▶

25 幕政改革と藩政改革

重要暗記年代

- ■1716……享保の改革はじまる
- ■1722……上げ米の実施
- ■1742……公事方御定書の制定
- ■1787……寛政の改革はじまる
- ■1790……寛政異学の禁
- ■1837……大塩の乱
- ■1841……天保の改革はじまる
- ■1843……人返しの法・上知令

ココが出る!!

[入試全般]

江戸幕府政治の最大のヤマである。三大改革と田沼政治，藩政改革は頻出中の頻出分野。政策内容を歴史用語とともに確実にモノにしておくこと。

[国公立二次・難関私大]

農村生活については，百姓一揆のグラフや村民支配などにかかわる地方文書が史料問題として出題されることが多い。

1 享保の改革　幕府の赤字財政をどのように建て直すかが，時の為政者の共通の課題であった

1. 中　心…８代将軍徳川①＿＿＿＿＿＿＿＊1。

2. 改革の時期…1716～45年。

3. 主な政策

①大名…②＿＿＿＿＿＿＿(1722～30)を実施する。

▶石高１万石につき米③＿＿＿＿＿石の割合で上納させ，かわりに参勤交代における江戸滞在期間を半減した。

②旗本…④＿＿＿＿＿＿＿の制(1723) →人材登用策。

▶1723年に⑤＿＿＿＿＿＿＿の建議により，実施された。

③⑥＿＿＿＿＿＿＿令(1719)…旗本・御家人救済策。

▶金銭貸借に関する訴訟は不受理とし，当事者同士で解決させようとしたもの。裁判事務の繁雑化を解消した。

④徴税法…従来の⑦＿＿＿＿＿＿＿法から，豊凶にかかわらず年貢をとる⑧＿＿＿＿＿＿＿法へ。

▶天領(幕僚)では，税率を四公六民から五公五民に引き上げた。

⑤新田開発の奨励…⑨＿＿＿＿＿＿＿新田の増加。

⑥実学の奨励…⑩＿＿＿＿＿＿＿＿＿＿を緩和した。

▶⑪＿＿＿＿＿＿＿や野呂元丈にオランダ語を学ばせた。

⑦⑫＿＿＿＿＿＿＿を評定所前に設置する。

▶投書より，町火消の整備や小石川⑬＿＿＿＿＿＿＿などが設置。

⑧裁判の基準…1742年に⑭＿＿＿＿＿＿＿＿＿＿を制定。

▶上下２巻で，下巻は特に⑮＿＿＿＿＿＿＿＿＿＿とよばれる。

⑨⑯＿＿＿＿＿＿＿禁令(1722)…質地騒動＊2のため，翌年撤回。

⑩御三卿創設…一橋・田安・清水の三家。

＊1 「権現様仰せのとおり」と，家康の時代を理想に改革に着手し，大岡忠相や田中丘隅らを登用して政策をすすめた。

補足

田中丘隅は東海道川崎宿の名主で，吉宗に地方書として『民間省要』を献じた。

補足

荻生徂徠は吉宗の諮問にこたえ，政治・経済を論じた『政談』を献じた。

〈史料〉上げ米の令

今年ニ至りて御切米等も相渡し難く，御仕置筋の御用も御手支の事ニ候。それニ付，御代々御沙汰これ無き事ニ候得共，万石以上の面々より八木差上げ候様ニ仰せ付けらるべしと思し召し，左候ハねば，御家人の内数百人，御扶持召し放さるべきより外はこれ無く候故，御恥辱を顧みられず，仰せ出され候。高壱万石ニ付八木百石積り差上げられるべく候。

補足

吉宗は1728年，軍役として65年ぶりに日光社参を命じ，将軍権威の高揚をはかった。

＊2 1722年に越後で高田騒動，1723年には出羽で長瀞騒動がおこった。

記述論述 Q　享保の改革において，幕府は江戸で医療施策を行った。この施策が行われたきっかけと，このとき設けられた施設の名称をあげながら，50字程度で説明しなさい。　(南山大－人文／改)

2 田沼時代 商業資本を積極的にとり入れた政治を行った

1. 中　心…⑰＿＿＿＿＿。ときの将軍は10代徳川家治。

2. 執政時期…1767～86年。

3. 主な政策

①専売制…銅座・鉄座・人参座・真鍮座などを設置した。

②商工業者の同業組合である⑱＿＿＿＿＿を奨励した。

▶運上・⑲＿＿＿＿＿金を徴収した。

③長崎貿易…⑳＿＿＿＿＿や銅を輸出し，金銀を輸入した。

▶俵物…ふかのひれ・いりこ・ほしあわびなどの海産物。

④印旛沼(1782)・㉑＿＿＿＿＿沼(1786)の干拓計画。

⑤蝦夷地開発計画…㉒＿＿＿＿＿らが蝦夷地を探検した。

▶㉓＿＿＿＿＿の『赤蝦夷風説考』の影響。

⑥定位銀貨の鋳造…㉔＿＿＿＿＿や明和五匁銀。

▶南鐐二朱銀は，㉕＿＿＿＿＿枚で金１両と交換できた。

4. 不安定な世相

①目黒行人坂(江戸)の大火(1772)＊3。

②㉖＿＿＿＿＿山の大噴火(1783)。

③㉗＿＿＿＿＿の大飢饉(1782～87)。

④賄賂の横行…田沼政治への不評につながる。

▶田沼意次の子㉘＿＿＿＿＿は，佐野政言＊4によって殿中で暗殺された。田沼意次も1786年に罷免となる。

5. 朝廷の動向

①宝暦事件(1758)…尊王思想を説いた竹内式部が処罰された。

②後桃園天皇の死後，光格天皇が即位(1779)。

▶光格天皇は新井白石が設置していた閑院宮家からむかえられた。

3 寛政の改革 「白河の清きに魚のすみかねてもとのにごりの田沼こひしき」という風刺を受けるありさまだった

1. 中　心…もと白河藩主㉙＿＿＿＿＿＊5。

▶ときの将軍は，大御所と称された11代徳川㉚＿＿＿＿＿。

2. 改革の時期…1787～93年。

3. 主な政策

①農村復興…旧里㉛＿＿＿＿＿令を発布。…出稼ぎを制限。

②備荒対策…三倉(㉜＿＿＿＿＿・義倉・常平倉)設置。

・㉝＿＿＿＿＿制…籾米の貯蔵 →１万石につき50石。

・㉞＿＿＿＿＿…町入用の節約分の70％を積み立てる。＊6

③石川島に㉟＿＿＿＿＿を設置した…授産・職業指導。

補足

御三卿のうち，一橋家は吉宗の四男宗尹，田安家は次男の宗武におこさせた。

▼三大飢饉

時期	時の政権	原　因
享保	徳川吉宗	西日本一帯に大虫害
天明	田沼意次	浅間山噴火，冷害
天保	水野忠邦	東北地方の大冷害

▼百姓一揆の発生件数

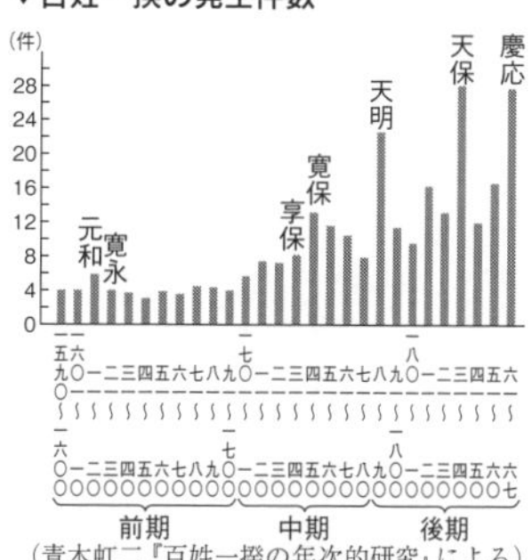

(青木虹二『百姓一揆の年次的研究』による)

補足

明和五匁銀は12枚で金1両と交換できた。

＊3 目黒行人坂の大火は，明暦の大火(1657)・文化の大火(1806)とともに，江戸三大大火の一つに数えられる。

＊4 佐野政言は"世直し大明神"ともてはやされた。

＊5 松平定信は田安宗武の子で徳川吉宗の孫にあたる。享保の改革を目標に幕政改革に着手した。商業資本の抑圧と農村復興に重点がおかれた。

補足

松平定信の自叙伝は『宇下人言』，随筆は『花月草紙』。

＊6 町会所に積み立てた。

A 評定所門前の目安箱に寄せられた意見をもとに，貧民を対象とした施療施設として小石川養生所が設置された。(50字)

江戸時代

④旗本・御家人…蔵宿㊱＿＿＿＿＿＿令を発布した。*7

⑤㊲＿＿＿＿＿＿の禁(1790)…朱子学の振興。

▶湯島の聖堂学問所では，朱子学以外の儒学(異学として古学や㊳＿＿＿＿＿＿など)を教授してはならないとした。1797年には聖堂学問所が㊴＿＿＿＿＿＿と改称され，官学となった。*8

⑥出版統制

- 洒落本の㊵＿＿＿＿＿＿や黄表紙作家の㊶＿＿＿＿＿＿，出版元の蔦屋重三郎のほか，『三国通覧図説』『海国兵談』を著した林子平らが処罰された。

⑦尊号一件(1789〜93)

朝廷は光格天皇の実父閑院宮典仁親王に太上天皇の尊号を贈ろうとしたが，定信は反対し，武家伝奏や議奏を処罰した。

*7　蔵宿とは江戸の札差のこと。6年以前の借金は帳消しとし，5年以内の借金は低利で年賦償還させるというもの。

寛政の三博士

柴野栗山・尾藤二洲・岡田寒泉(のち古賀精里にかわる)。

*8　尾藤二洲が柴野栗山に，柴野栗山が松平定信に建議して，実施された。

4 大御所時代　幕藩体制の矛盾が内外問わず表面化し，退廃的なムードが強まっていった

1. 中　心…11代徳川家斉(1793〜1841年までの時代)。

2. 社会情勢…賄賂の横行，退廃的気運，奢侈な生活。

①百姓一揆・打ちこわしが頻発した。

②㊷＿＿＿＿＿＿(1805)…関東の治安を守るため。

③㊸＿＿＿＿＿＿の乱(1837)…もと大坂町奉行所与力。

▶大塩平八郎は㊹＿＿＿＿＿＿学者で，貧民救済をスローガンに蜂起するも1日で鎮圧された。これに呼応するように，越後では国学者㊺＿＿＿＿＿＿が蜂起した。

藩政改革

①薩摩藩…52＿＿＿＿＿＿中心
- 500万両250年賦償還。
- 琉球との密貿易。
- 砂糖専売。

②長州藩…53＿＿＿＿＿＿中心
- 越荷方の設置。
- 借財37カ年皆済仕法。

③土佐藩…おこぜ組

④肥前藩…均田制・反射炉

⑤肥後藩…細川重賢が中心

⑥秋田藩…54＿＿＿＿＿＿中心

⑦米沢藩…55＿＿＿＿＿＿中心

5 天保の改革　三大改革中，最もきびしく行われたが，抜本的解決にはいたらなかった

1. 中　心…㊻＿＿＿＿＿＿→ときの将軍は12代徳川家慶。*9

2. 改革の時期…1841〜43年。

3. 主な政策

①1840年の㊼＿＿＿＿＿＿(強制的転封計画)を撤回(1841)。

②農村復興…㊽＿＿＿＿＿＿の法→都市流入民の強制帰郷。

③㊾＿＿＿＿＿＿令(1841)…物価調節。

④倹約令…高級菓子・衣服・初物の禁止。

⑤出版統制…合巻の㊿＿＿＿＿＿＿や人情本の為永春水ら。

⑥徳川家慶が67年ぶりに日光社参(1843)。

▶費用がかさみ財政が悪化したため，最後の日光社参となった。

⑦51＿＿＿＿＿＿令(1843)…水野失脚の直接的原因。

→江戸・大坂周辺50万石の直轄化をはかろうとしたが失敗。

*9　享保・寛政の改革を理想とした。

補足

三方領知替えとは，川越藩を庄内藩へ，庄内藩を長岡藩へ，長岡藩を川越藩に転封させようとしたものである。

百姓一揆の性格の変遷

①17世紀…56＿＿＿＿＿＿型一揆
- 佐倉惣五郎(義民)

②18世紀…57＿＿＿＿＿＿一揆

③19世紀…58＿＿＿＿＿＿一揆

補足

天保の改革を軍政面でささえたのは高島秋帆，教育面でささえたのは佐藤一斎らである。

記述論述 Q　江戸時代の百姓一揆に関わる以下の用語を時代順に並びかえて，その展開過程を100字程度で説明せよ。〔語句〕惣百姓一揆　代表越訴型一揆　世直し一揆　天明の飢饉　(愛知教育大／改)

到達度チェック

❶ 次の文を読み，あとの問いに答えよ。 京都産業大／改

解答：別冊p.49

徳川吉宗の政治改革は享保の改革と呼ばれている。この改革において重要なことは，①有能な人材を幕政に登用したことと，勘定所の抜本的な改革に乗り出したことである。②吉宗は将軍就任以前からの側近を重用し，彼らを中心として積極的に改革を推し進めた。改革の画期は1722年頃であった。吉宗は③当時の江戸南町奉行に関東地方御用掛を兼任させ，江戸と地方，双方の行政にあたらせた。江戸においては，④明暦の大火後，繰り返される大火災に対して，町人主体の消防組織を設置するなど防火対策を行わせた。また，⑤民衆教化のための解説書を編纂させ，寺子屋の教科書として普及させようと考えた。加えて，⑥1721年，投書用の箱を設置して民意の反映を図り，翌1722年には医療施設を設立した。政治体制を整えた吉宗は，財政および都市行政改革に着手する。⑦1719年には，金公事を幕府は受理せず，当事者間で解決させる法令を出していたが，さらに倹約によって歳出を削減するとともに，全国の大名に上げ米を命じた。また吉宗は⑧新田開発による米の生産高と年貢収納率の向上をめざした。

問１. 徳川吉宗の将軍就任前の居城はどこにあったか，現在の都道府県名で答えよ。

問２. 下線部①について述べた次の文X・Yの正誤の正しい組合せを１つ選べ。

X　田中丘隅は『采覧異言』を著し，吉宗に献じた。

Y　勘定所の勝手方は幕府領の訴訟，公事方は年貢収納・出納を管掌した。

1．X―正　Y―正　2．X―正　Y―誤　3．X―誤　Y―正

4．X―誤　Y―誤

問３. 下線部②について，徳川吉宗が新設した江戸幕府の役職名を１つ選べ。

1．奏者番　2．若年寄　3．御用取次　4．勝手掛老中

問４. 下線部③について，当時の江戸南町奉行は誰か，１つ選べ。

1．遠山景元　2．大岡忠相　3．川路聖謨　4．永井尚志

問５. 下線部④について，次の文X・Yの正誤の正しい組合せを１つ選べ。

X　定火消として「いろは」47組が組織された。

Y　延焼防止のための空き地は，享保期にも作られた。

1．X―正　Y―正　2．X―正　Y―誤　3．X―誤　Y―正

4．X―誤　Y―誤

問６. 下線部⑤について，編者・著者と書籍の組合せとして正しいものを１つ選べ。

1．林鵞峰(春斎)―『聖教要録』　2．山鹿素行―『本朝通鑑』

3．山崎闇斎―『政談』　4．室鳩巣―『六諭衍義大意』

問７. 下線部⑥に関する説明文として正しいものを１つ選べ。

1．投書用の箱は，江戸町奉行所の前に設置された。

2．投書用の箱は，原則として，江戸町奉行に限り開くことができた。

3．医療施設は，武士の病気・怪我への対応のみを目的として設置された。

4．医療施設は，江戸の小石川にあった薬園内に設置された。

問８. 下線部⑦の法令名を答えよ。

問９. 下線部⑧について説明した文として正しいものを１つ選べ。

1．すべての新田開発は，幕府財政によって執り行われた。

2．印旛沼の掘割工事が完了した。

3．利根川より，見沼代用水が引かれた。

4．その年の作柄によって税率を決定する定免法が採用された。

❶ヒント

問１　徳川吉宗は紀伊藩主であった。

問４　町火消しの創設や『公事方御定書』の編纂にも関与した。

問９　1．土豪開発新田や村請新田もあった。

4．定免法の定義が正しいかどうかを考える。

❶解答欄

問1	
問2	
問3	
問4	
問5	
問6	
問7	
問8	
問9	

江戸時代

A　17世紀には村役人が領主に直訴する代表越訴型一揆が増え，18世紀になると広域にわたる惣百姓一揆が多くなった。天明の飢饉後には百姓一揆が頻発し，19世紀には貧農を中心とする世直し一揆も見られるようになった。(99字)

解答：別冊p.25

26 列国の接近と鎖国の崩壊

重要暗記年代

- ■1792……ラクスマン来航
- ■1804……レザノフ来航
- ■1808……フェートン号事件
- ■1811……ゴローウニン事件
- ■1825……異国船打払令
- ■1837……モリソン号事件
- ■1840……アヘン戦争
- ■1842……天保の薪水給与令
- ■1844……オランダ国王の開国勧告
- ■1846……ビッドル来航
- ■1853……ペリー来航
- ■1853……プチャーチン来航

ココが出る!!

[入試全般]

年代・来航した外国船・来航地・使節名・幕府の対応を結びつけて覚えておくこと。

[国公立二次・難関私大]

国境をめぐる問題では地図が必出。幕末の日米和親条約・日米修好通商条約については史料原文でも出題される。空欄完成問題もあるので，重要な部分は必ず暗記しておこう。

1 北方探検　北方探検は，最上徳内→近藤重蔵→間宮林蔵の順に行われた

1. 列強の東進

①イギリス…プラッシーの戦いで，フランスを破る。

▶その後，インド支配権を獲得した。

②フランス…ナポレオン3世が，インドシナ進出を企図した。

③アメリカ…西部開拓がすすみ，太平洋岸へ到達した。

④ロシア…シベリア経略がすすみ，千島方面に進出した。

▶①＿＿＿＿＿＿＿＿2世の積極的進出政策がすすむ。

2. 北方探検

①②＿＿＿＿＿＿*1…千島方面を探検する(1786)。

▶③＿＿＿＿＿＿が『赤蝦夷風説考（あかえぞふうせつこう）』を著して対露貿易の必要性を論じ，④＿＿＿＿＿＿に献上した。

②⑤＿＿＿＿＿＿…蝦夷地御用に任命され，東蝦夷を探検する。

▶択捉島（エトロフ）に「⑥＿＿＿＿＿＿＿＿」の標柱を建てる(1798)。

▶⑦＿＿＿＿＿＿が『海国兵談』で海防論を唱えたが，老中⑧＿＿＿＿＿＿によって処罰された。

③東蝦夷地を直轄化する(1799) →蝦夷奉行*2を設置(1802)。

④西蝦夷地を直轄化する(1807) →松前奉行を設置する。

⑤⑨＿＿＿＿＿＿…樺太が離島であることを発見する(1808)。

▶このときの記録が『東韃紀行（とうだつきこう）』である。

▶沿海州・樺太間の海峡は，シーボルトが間宮海峡と名づけた。

■ 北方関係図

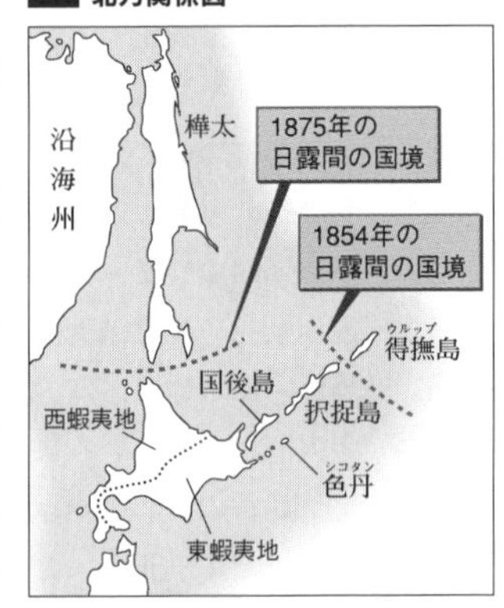

＊1　本多利明の代行として，蝦夷地調査団に参加した。

補足

伊能忠敬は1800年に蝦夷地の測量を行い，のちに「大日本沿海輿地全図」を作成し，高橋景保の手によって完成された。

＊2　蝦夷奉行はまもなく箱館奉行と改称し，西蝦夷地直轄とともに松前奉行と改称した。

記述論述 Q　幕府は異国船打払令によってモリソン号を撃退したが，その後に外国船に対する方針を転換した。転換の契機となった外国間の戦争名と，その結果結ばれた条約の内容を説明しなさい。（慶應義塾大一経／改）

　出題大学…①：札幌大，青山学院大，上智大

2 異国船の来航　アジアを侵略しはじめ，植民地を広げていった欧米諸国の目が，日本にも向けられた

1. ロシア

①1778年…ロシア船が厚岸(あっけし)に漂着する。

②1792年…使節⑩＿＿＿＿が⑪＿＿＿＿に来航する。*3

▶漂流民⑫＿＿＿＿もこのとき帰国した。彼の漂流記『北槎聞略(ほくさぶんりゃく)』は，1794年⑬＿＿＿＿によって編纂された。

③1804年…使節⑭＿＿＿＿が⑮＿＿＿＿に来航する。*4

④1811年…⑯＿＿＿＿事件 →国後島(クナシリ)でとらえる。

▶ロシア側もその報復として⑰＿＿＿＿を拿捕(だほ)する。

▶ゴローウニンは手記として『⑱＿＿＿＿』を執筆する。

⑤1853年…⑲＿＿＿＿が⑳＿＿＿＿に来航する。*5

2. イギリス

①1808年…㉑＿＿＿＿事件。

▶オランダ船を追って長崎に侵入し，狼藉(ろうぜき)に及んだ事件。ときの長崎奉行㉒＿＿＿＿は引責自害した。

②1818年…ゴルドンが浦賀に来航し，通商を要求する。

③1824年…捕鯨船が常陸の大津浜*6，のち薩摩の宝島に上陸する。

3. アメリカ

①1837年…㉓＿＿＿＿事件*7。

▶日本人漂流民7名をともなって通商を求めてきたが，浦賀沖と薩摩の山川とで撃退された。

▶モリソン号打ち払いを批判した蘭学者で，㉔＿＿＿＿会のメンバー㉕＿＿＿＿(『戊戌(ぼじゅつ)夢物語』を著す)や『慎機論』を著した㉖＿＿＿＿らが，幕府から処罰された。この事件を㉗＿＿＿＿という(1839)。

②1846年…㉘＿＿＿＿が浦賀に来航する。

③1853年…㉙＿＿＿＿が浦賀に来航する。

4. オランダ

①1844年に国王ウィレム2世が特使としてコープスを派遣し，開国を勧告したが，幕府は拒否した。*8

②1845年に幕府は対外問題の処理機関として海防掛を設置した。

5. 幕府の対応策

①1806年…㉚＿＿＿＿を発布し，薪水給与を命じた。

②1825年…㉛＿＿＿＿(無二念打払令)を発布する。

③1840〜42年…アヘン戦争 →清敗北の情報が入る。

④1842年…㉜＿＿＿＿を発布し，文化撫恤令(ぶじゅつれい)に復した。

▶時の老中は㉝＿＿＿＿である。

*3 エカチェリーナ2世の命で来航した。

*4 アレクサンドル1世の使節として来航した。

補足

ゴローウニン事件に際し，ロシアは新知島(シムシル)まで，日本は択捉島までと国境が画定された。中間地帯については中立地帯とし，樺太については何の取り決めもなかった。

*5 プチャーチンは1855年の日露和親条約(日魯通好条約)，1858年の日露修好通商条約に調印した。

*6 大津浜上陸に際し，水戸藩の警備兵と衝突した。

*7 モリソン号は，アメリカのオリファント社の商船。

〈史料〉異国船打払令

いぎりすの船，先年長崎において狼藉(ろうぜき)に及び，近年は所々へ小船にて乗り寄せ，薪水食糧を乞ひ，去年に至り候ては猥(みだり)に上陸致し，或は廻船の米穀，島方(しまかた)の野牛等奪取(うばいとり)候段，追々(おいおい)横行の振舞，其上邪宗門に勧め入れ候致方も相聞へ，旁(かたがた)捨置かれ難き事に候……。以来何れの浦方におゐても異国船乗寄せ候を見請候はば，其所に有合(ありあわせ)候人夫を以て，有無に及ばず一図に打払ひ，迯延(にげのび)候はば追船等差出すに及ばず，……御察度は之有間敷く候間，二念無く打払いを心掛図を失はざる様取計ひ候処，専要の事に候条，油断無く申し付けらるべく候。

文政八年二月二十八日

*8 このときの将軍は12代徳川家慶である。

江戸時代

A 1840年にアヘン戦争で清がイギリスに敗れた後，1842年に南京条約を締結し，上海など5港を開港して香港を割譲した。(54字)

3 和親条約の締結　210年余にして「鎖国」の壁がくずれた

1. ペリー来航

①1853年…㉞＿＿＿隻の軍艦を率いて㉟＿＿＿に来航。*9

▶大統領㊱＿＿＿の国書を提示。老中㊲＿＿＿は異例の措置として，有力大名に意見を求めた。

②1854年…㊳＿＿＿隻の軍艦をひきいて㊴＿＿＿に来航。

2. ㊵＿＿＿条約(1854)。

①全権は林燿（あきら）大学頭とペリー。調印地は㊶＿＿＿。

②下田・㊷＿＿＿の開港，難破船・乗組員の救助，片務的（へんむてき）最恵国待遇などをとり決めた。

3. 日英和親条約(1854)。

▶長崎・箱館の開港。和親の条文がなく，日英約定ともいわれる。

4. 日露和親条約(日魯通好条約)

①1855年調印…全権は川路聖謨（としあきら）と㊸＿＿＿。

②下田・箱館・㊹＿＿＿の開港。下田で調印した。

③日露間の国境の画定。

▶日本は㊺＿＿＿島以南，ロシアは㊻＿＿＿島以北。㊼＿＿＿は日露両国人雑居地となった。

5. 日蘭和親条約(1855)…正式国交開始。

4 国防の強化　外圧に対する幕政の強化がはかられた

1. 海防強化策

①長崎の兵学者㊽＿＿＿に砲術を研究させた。

②伊豆韮山（にらやま）の代官㊾＿＿＿*10に反射炉を築造させた。

2. ペリー来航後の対策

①江戸湾を防衛する目的で品川沖に㊿＿＿＿を築造した。

▶江川太郎左衛門らが建議したが，実用化されなかった。*11

②関口大砲製作所…1863年から大砲を製造した。

▶のちに東京砲兵工廠（こうしょう）に発展した。

③長崎製鉄所…1861年完成 →1871年に工部省管轄となる。

▶1871年に51＿＿＿と改称・発展した。

④横須賀製鉄所…1865年設立。

▶1871年に52＿＿＿と改称・発展した。

⑤53＿＿＿…1855年に長崎に設置した。

⑥54＿＿＿…1856年に江戸築地に開設された。*12

⑦薩摩・長州・肥前(佐賀)・水戸各藩でも軍制改革が行われた。

補足

1848年にカリフォルニア地方を中心にいわゆるゴールドラッシュがおこり，一方では北太平洋の捕鯨業も盛んとなっていた。そうした背景の中で，アメリカは太平洋を横断しての中国との貿易を企て，そのための寄港地が必要となり，日本に開国をせまるようになった。

*9 ペリーは1853年，サスケハナ号で来航した。のち『日本遠征記』を著している。

〈史料〉日米和親条約

第一ヶ条　日本と合衆国とは，其人民永世不朽の和親を取結び，場所人柄の差別これなき事。

第二ヶ条　伊豆下田・松前地箱館の両港は，日本政府に於て亜墨利加（あめりか）船薪水食料石炭欠乏の品を，日本にて調候丈（だけ）は給し候ため，渡来之儀差免（ゆる）し候。尤（もっとも）下田港は約条書面調印之上，即時にも相開き，箱館は来年三月より相始候事。

第三ヶ条　合衆国の船日本海浜漂着之時扶助いたし，其漂民を下田又は箱館に護送し，本国の者受取申すべし。所持の品物は同様に致すべく候。

第八ヶ条　薪水食料石炭幷（ならびに）欠乏の品を求める時には，其地の役人にて取扱すべし。私に取引すべからざる事。

第九ヶ条　日本政府，外国人へ当節亜墨利加人へ差ゆるさず候廉（かど）相ゆるし候節は，亜墨利加人へも同様差ゆるし申すべし。

*10 号としての江川坦庵（たんあん）でもよい。のち海防掛となった。

*11 1番から6番まで。7番は中止となった。

*12 ⑤・⑥は，阿部正弘による安政の改革の一環として行われた。

記述論述 Q ペリー来航後に阿部正弘が朝廷と諸大名に対して行った施策について，その内容と歴史的評価を50字以上60字以内で述べなさい。（北海道大）

 出題大学…52：駒澤大，北海学園大／54：慶應義塾大，高崎経済大

到達度チェック

❶ 次の文章を読み,〔　　〕内から最も適切な語句を１つ選べ。 学習院大一文／改

解答：別冊p.49 ▶

江戸時代後期から幕末における政治・社会を考えるうえで，諸外国との関係は欠かすことができない要素である。その中でも特に，ロシアとの関係は非常に重要なものであることが明らかになっている。その歴史を田沼意次の時代から考えていこう。

10代将軍徳川家治の時代に，田沼意次は老中と(1)〔**イ**　京都所司代　**ロ**　勘定奉行　**ハ**　寺社奉行　**ニ**　側用人　**ホ**　若年寄〕を兼ねて権勢をふるい，株仲間の積極的な公認や南鐐二朱銀の鋳造，印旛沼・手賀沼の干拓工事などを行った。意次は仙台藩の医師である(2)〔**イ**　稲村三伯　**ロ**　工藤平助　**ハ**　近藤重蔵　**ニ**　杉田玄白　**ホ**　前野良沢〕の記した『赤蝦夷風説考』に影響を受け，蝦夷地開発やロシアとの交易も検討したが，結局はうまくいかなかった。

1792年には，ロシアの使節(3)〔**イ**　ケンペル　**ロ**　シャクシャイン　**ハ**　フェートン　**ニ**　ラクスマン　**ホ**　レザノフ〕が漂流民の送還と貿易の可能性を模索するために，根室に来航した。これに対応した老中松平定信は，(3)に長崎へ入港許可書を与え，日本から去らせた。なお，この時送還された漂流民から聞き取った情報などをもとに，桂川甫周が(4)〔**イ**　『海国兵談』　**ロ**　『慎機論』　**ハ**　『三国通覧図説』　**ニ**　『北槎聞略』　**ホ**　『戊戌夢物語』〕を書き記している。

1804年には，ロシアの使節(5)〔**イ**　ケンペル　**ロ**　シャクシャイン　**ハ**　フェートン　**ニ**　ラクスマン　**ホ**　レザノフ〕が長崎に来航し，貿易を求めたが，幕府はこれを拒否した。この時，幕府側は国書の受け取りを拒否するなど，厳しい態度をとった。これに対して(5)は部下に命じて，樺太や択捉島などを攻撃させた。

蝦夷地でロシアと戦闘が起こったという情報は，幕府だけでなく，さまざまな人々に伝わり，大きな衝撃を与えた。たとえば「越後屋」の屋号や「現金掛け値なし」といった商法で著名な幕府の御用商人(6)〔**イ**　鴻池家　**ロ**　菊池家　**ハ**　後藤家　**ニ**　住友家　**ホ**　三井家〕にも，その情報は伝わっている。なお，この時，ロシア側が幕府側から奪ったと思われる大砲などが，ロシアに現存する。

その後，1811年には，日本側がロシア軍艦の艦長ゴローウニンを拘束するという事件が起きた。これに対してロシア側は，日本の商人(7)〔**イ**　岩崎弥太郎　**ロ**　河村瑞賢　**ハ**　高田屋嘉兵衛　**ニ**　大黒屋光太夫　**ホ**　茶屋四郎次郎〕を捕らえ，カムチャッカに連れ帰った。1813年，ロシア側は(7)を連れて蝦夷地へ来航し，幕府と交渉を行った。その結果，捕らえられたゴローウニンは解放されることになり，日露関係は改善された。

1853年にアメリカ東インド艦隊司令長官ペリーが浦賀に来航し，アメリカ大統領(8)〔**イ**　アダムズ　**ロ**　ジェファーソン　**ハ**　フィルモア　**ニ**　モンロー　**ホ**　リンカーン〕の国書を渡し，開国を求めた。その一か月後，ロシア使節プチャーチンも長崎に来航し，開国を求めた。

翌1854年，ペリーが再び来航し，日米和親条約が締結された。その内容は，難破船や乗組員の救助，下田と(9)〔**イ**　大坂　**ロ**　神戸　**ハ**　新潟　**ニ**　箱館　**ホ**　横浜〕の開港，アメリカに対する一方的な最恵国待遇の付与などであった。和親条約締結後，アメリカ総領事として来日したハリスは，通商条約の締結に向けて，幕府と交渉を行った。そのような中，(10)〔**イ**　アロー戦争　**ロ**　クリミア戦争　**ハ**　壬午軍乱　**ニ**　土木の変　**ホ**　北清事変〕で清国がイギリス・フランスに敗れると，ハリスは幕府に圧力をかけ，1858年に日米修好通商条約が調印された。

❶ヒント

(1)将軍と老中の間で連絡の仲介役となる。
(3)エカチェリーナ２世の命で来日した。
(4)大黒屋光太夫から聞きとった内容をまとめたロシア漂流記。
(5)アレクサンドル１世の遣日使節として来日した。
(6)始祖は高利。３代目の高房は『町人考見録』を著して大名貸を戒めている。
(7)廻船業者で，ゴローウニンの釈放にも尽力した。
(8)アメリカの第13代大統領。
(10)1856年におこった清とイギリス・フランス連合軍の戦い。

❶解答欄

(1)	
(2)	
(3)	
(4)	
(5)	
(6)	
(7)	
(8)	
(9)	
(10)	

江戸時代

A　朝廷に報告し，諸大名などにも意見を求めたが，これが朝廷の権威や諸大名の発言力を強める結果を招き，幕政転換の契機となった。(60字)

解答：別冊p.25 ▶

27 宝暦・天明期の文化と化政文化

ココが出る!!

[入試全般]

江戸時代後期の文化は，絵画と文学作品が出題の双璧となる。作品名・作者名はもちろん，絵画については実際に写真でイメージをつかんでおこう。

[国公立二次・難関私大]

江戸時代後期の文化の特徴を論じさせる問題もある。「特徴」が問われた場合は，一問一答的な知識を求める問題ではないので，解答方法に注意が必要である。

1 美術・工芸　錦絵は市中の本屋で大量販売され，庶民に愛好された

1. 絵　画

①①＿＿＿＿＿＿…錦絵（にしきえ）*1の創始者。

▶「三十六歌仙／僧正遍昭（そうじょうへんじょう）」「弾琴美人（だんきんびじん）」「ささやき」などが代表的。

②②＿＿＿＿＿＿…美人画の最高峰。

▶「扇屋内蓬莱仙（おうぎやないみやひと）」「当時全盛美人揃（ぞろえ）」（玉屋内花紫（たまやうちはなむらさき））「婦女人相十品（ふじょにんそうじっぽん）」「高名美人六家撰（こうめいびじんろっかせん）」などが代表的。

③③＿＿＿＿＿＿…役者絵にすぐれた作品が多い。

▶「初代尾上松助（おのえまつすけ）の松下造酒之進（まつしたみきのしん）」「三代目大谷鬼次（おおたにおにじ）の奴江戸兵衛（やっこえどべえ）」。

④④＿＿＿＿＿＿…風景版画の創始者。

▶富士山の種々相を描いた「富嶽（ふがく）三十六景」がある。

⑤⑤＿＿＿＿＿＿…風景版画を大成した。

▶「東海道五十三次」「名所江戸百景／亀戸梅屋敷（かめいどうめやしき）」など。

⑥⑥＿＿＿＿＿＿…客観的な写生画。洋画の遠近法を採用した。

▶「保津川図屛風」「雪松図屛風（ゆきまつずびょうぶ）」「七難七福図」など。

⑦呉春（ごしゅん）…四条派の祖で，松村月溪（げっけい）ともいう。

▶「雨中飛鷺図（うちゅうひろず）」「柳鷺群禽図屛風（りゅうろぐんきんず）」などが代表的。

⑧⑦＿＿＿＿＿＿…西洋銅版画を開発した。

▶「不忍池図（しのばずのいけず）*2」「三囲景図（みめぐりのけいず）」「広尾親爺茶屋（ひろおおやじちゃや）」など。

⑨⑧＿＿＿＿＿＿…西洋画。「浅間山図屛風」など。

⑩文人画（南画）…学者や文人が描いた絵。

- ⑨＿＿＿＿＿＿・与謝蕪村（よさぶそん）…合作の「十便十宜図（じゅうべんじゅうぎず）」。
- 田能村竹田（たのむらちくでん）…谷文晁（ぶんちょう）に学ぶ。「亦復一楽帖（またまたいちらくじょう）」など。
- ⑩＿＿＿＿＿＿…「鷹見泉石像（たかみせんせきぞう）」「一掃百態（いっそうひゃくたい）」など。
- 谷文晁…諸派を学び，独自の一派をなす。「公余探勝図巻（こうよたんしょう）」。

⑪⑪＿＿＿＿＿＿…「朝比奈小人嶋遊（あさひなこびとしまあそび）」。

*1　錦絵は，絵師・彫師（ほりし）・摺師（すりし）による工程を経て完成する，多色刷版画である。

大首絵

顔をアップで描く法。勝川派によってはじめられ，喜多川歌麿によって新展開をみた。

*2　「不忍池図」は，凸レンズをとおして見る眼鏡絵（めがねえ）である。

▲「十便十宜図」
（日本近代文学館所蔵）

記述論述 Q　化政文化の特徴を，下記の語句をすべて用いて100字以内で説明せよ。
《上方・江戸・地方・商品流通・江戸地廻り経済・文人》　（東京都立大）

　出題大学…⑪：青山学院大，同志社大

2 庶民文芸

洒落本・黄表紙は寛政の改革で，合巻・人情本は天保の改革で，それぞれ弾圧された

1. 俳　諧

①⑫＿＿＿＿＿＿…天明調俳諧。『蕪村七部集』など。

▶蕪村は沈南蘋に師事し，写生画をも学んだ。

②⑬＿＿＿＿＿＿…句集『おらが春』。

③横井也有…俳文集『鶉衣』。

2. 和　歌

①香川景樹…歌集『桂園一枝』を残す。

▶『古今和歌集』の調べを理想とし，桂園派を開く。

②⑭＿＿＿＿＿＿…越後の禅僧で，万葉調の歌が多い。

3. 狂　歌…31文字

①⑮＿＿＿＿＿＿…『万載狂歌集』『千紅万紫』など。

▶蜀山人・四方赤良・寝惚先生などともいう。

②宿屋飯盛…蜀山人に師事した。国学者としての名は石川雅望。

4. 川　柳…17文字

• ⑯＿＿＿＿＿＿…川柳集『誹風柳多留』を刊行した。

5. 紀行・随筆

①⑰＿＿＿＿＿＿…三河出身の国学者。東北地方を巡歴する。

▶『菅江真澄遊覧記』などの紀行日記を残す。

②⑱＿＿＿＿＿＿…『北越雪譜』で，雪国の生活を描写した。

6. 草双紙…幼年向けのさし絵を主とする絵本。

①黄表紙…⑲＿＿＿＿＿＿の『金々先生栄花夢』。

②合巻…⑳＿＿＿＿＿＿の『偐紫田舎源氏』。

7. ㉑＿＿＿＿＿＿本…遊里を舞台に「粋」と「通」を描く。

• 代表作家は㉒＿＿＿＿＿＿で，『仕懸文庫』が有名。

8. ㉓＿＿＿＿＿＿本…滑稽を会話中心に描写した。

①㉔＿＿＿＿＿＿…『東海道中膝栗毛』が代表作。

②㉕＿＿＿＿＿＿…『浮世風呂』『浮世床』が代表作。

9. ㉖＿＿＿＿＿＿本…婦女子向けの恋愛読物。

• 代表作家は㉗＿＿＿＿＿＿で，『春色梅児誉美』が有名。

10. ㉘＿＿＿＿本…文章中心の読物。

①初期読本…㉙＿＿＿＿＿＿の怪談小説『雨月物語』。

②後期読本…㉚＿＿＿＿＿＿→勧善懲悪を鼓吹した。

▶代表作は『南総里見八犬伝』『椿説弓張月』など。

11. 浄瑠璃の脚本

①㉛＿＿＿＿＿＿…『仮名手本忠臣蔵』『菅原伝授手習鑑』など。

②近松半二…『本朝廿四孝』『妹背山婦女庭訓』など。

▲「富嶽三十六景」(神奈川沖浪裏)

▲「東海道五十三次」(日本橋朝之景)

江戸時代

出版業者と貸本屋

享保期における出版業者は，三都でおよそ300軒を数えた。また，19世紀初期における貸本屋は江戸で約660軒，大坂では約300軒ほどあったといわれる。

綱紀粛正・出版統制

• 洒落本と黄表紙は㉜＿＿＿＿＿＿の改革で弾圧された。

• 合巻と人情本は㉝＿＿＿＿＿＿の改革で弾圧された。

補足

山東京伝は黄表紙『江戸生艶気樺焼』も著した。

歌浄瑠璃

18世紀には常磐津節・新内節が，19世紀には清元節・一中節が，それぞれ流行した。

A 江戸地廻り経済圏の確立にともない，文化の中心も上方から江戸に移った。商品流通の発達にともなう商人や文人の往来などによって，江戸と地方の文化交流が盛んになったが，文化は享楽的傾向を強めながら多様化した。(100字)

出題大学…⑭：同志社大，京都府立大／㉛：東洋大，名城大，西南学院大

12. 歌舞伎[*3]

①江戸三座…中村座・市村座・森田座。

②㉞＿＿＿＿＿＿…『東海道四谷怪談』。

③㉟＿＿＿＿＿＿…『三人吉三廓初買』などの白浪物。[*4]

13. その他の演芸[*5]

①文楽…植村文楽軒が，大坂で上演した人形浄瑠璃。

②小唄…三味線を伴奏に，世相などを節付けして歌う。

③長唄…三味線を伴奏に，小唄を長編化して歌う。

④落語…滑稽な話に落をつける。「軽口ばなし」ともいう。

⑤講談…講釈。御家騒動や世話物などをテーマとする。

3 生活と信仰　病気平癒や商売繁昌を願う人々は，さまざまな信仰にすがるようになった

1. 寺社参詣

①㊱＿＿＿＿＿＿…伊勢神宮への参拝 →60年周期[*6]。

▶ほとんどが無許可の「抜参り」であった。

②成田不動・金刀比羅宮・善光寺への参詣も盛んであった。

2. 講の結成と発展

①伊勢講・富士講・御嶽講などが盛んとなった。

②㊲＿＿＿＿＿＿講…道教から発生した。猿田彦信仰。

▶庚申の夜に村民が集会し，招福除災を祈る。

③日待・月待…講を組織し，日の出や月の出を待つ信仰。

3. 巡　礼

①西国三十三カ所(観音信仰)　②坂東三十三カ所

③秩父三十四カ所　④四国八十八カ所(弘法大師信仰)

4. 富　突…富くじ

▶三富…目黒不動・湯島天神・谷中天王寺の三ヵ所。

5. ㊳＿＿＿＿＿＿…出張して寺の秘仏を公開すること。

6. 信仰形態と行事

①荒神信仰…かまどの神をまつる。　②節分　③虫送り

④彼岸会　⑤盂蘭盆会　⑥稲荷信仰…農業神・商業神。

7. 生　活

①衣…女髪結・羽織・袴・着流し・半纏・振袖など。

②食…精米・料理屋が発達し，そば・うどん・屋台が出現した。

③住…貧農は土間生活，都市では瓦葺・二階建も増加した。

▶防火対策から土蔵造も普及した。

④娯楽…両国の川開き・花火，寄席，湯屋の普及など。

▶病気治療のための湯治や物見遊山の旅も盛んとなった。

＊3　歌舞伎を上演する劇場を，一般に芝居小屋とよんだ。

＊4　白浪物とは盗人をテーマとした作品。

＊5　大衆演劇の上演場所を寄席といい，化政期には約100軒前後を数えた。

相撲の興行

18世紀中頃に幕府によって四季勧進相撲が公認された。特に横綱の谷風や小野川，強豪の雷電などが人気となり，1791年には将軍が御覧になる上覧相撲がはじめて行われた。勧進相撲とは寺社などの修復費用を得る目的で開催される相撲のことである。

＊6　これは60年神発説による。流行神の一種である。1830年には400万人もが参詣したという。

▲御蔭参り(歌川広重「伊勢参宮」より)
(初代歌川広重／浅井コレクション／Photo：Cool Art Tokyo ／ DNPartcom)

巡　礼

白衣・笈摺をまとい，菅笠をかぶり，金剛杖をもちながら，御詠歌を唱えて巡礼した。

五節句

- 1月7日…人日(じんじつ)
- 3月3日…上巳(じょうし)
- 5月5日…端午(たんご)
- 7月7日…七夕(たなばた)
- 9月9日…重陽(ちょうよう)

神　道

①平田篤胤…㊴＿＿＿＿＿＿神道
②中山みき…㊵＿＿＿＿＿＿教
③川手文治郎…㊶＿＿＿＿＿＿教
④黒住宗忠…㊷＿＿＿＿＿＿教

記述論述 Q　江戸時代に滑稽本のような小説が庶民に広まった背景について，70字以内で説明せよ。　（新潟大）

出題大学…㊲：京都府立大，西南学院大／㊳：立教大／㊷：京都府立大，立命館大，早稲田大

到達度チェック

解答：別冊p.49 ▶

❶ 次の文を読み，あとの問いに答えよ。　西南学院大―経済・国際

18世紀になると，将軍の徳川［ a ］が漢訳洋書の輸入制限を弛めたことで，ア蘭学が隆盛した。西洋絵画の技法や油絵の具が長崎を通して伝えられ，イ洋風画を描く画家が登場した。

化政期には，江戸を中心に発達したウ町人文化が最盛期を迎えた。この頃は，民衆の旅が一般化し，各地にエ名所が生まれ，浮世絵ではオ錦絵の風景画が流行した。またカ文人画も全盛期を迎え，豊後の［ b ］，江戸の谷文晁らが現れた。

問1． 文中の空欄［ a ］・［ b ］にあてはまる人名を記入せよ。

問2． 下線部アについて，『解体新書』の刊行に携わっていないのは誰か。

1．杉田玄白　2．前野良沢　3．小田野直武　4．山脇東洋

問3． 下線部イの分野で活躍し，日本銅版画を創始したのは誰か。

1．司馬江漢　2．大田南畝　3．円山応挙　4．亜欧堂田善

問4． 下線部ウについて，作品と作家の組合せとして誤っているものはどれか。

1．『浮世風呂』―式亭三馬　2．『南総里見八犬伝』―上田秋成
3．『おらが春』―小林一茶　4．『春色梅児誉美』―為永春水

問5． 下線部エについて，江戸時代に庶民が訪れた名所として，当てはまらないものはどれか。

1．讃岐金比羅宮　2．伊勢神宮　3．東郷神社　4．善光寺

問6． 下線部オについて，18世紀半ばに錦絵を完成させたのは誰か。

1．鳥居清長　2．鈴木春信　3．東洲斎写楽　4．喜多川歌麿

問7． 下線部カに関連する次の文X・Yについて，その正誤の組合せとして正しいものはどれか。

X　専門の画家でない文人や学者が描いた絵である。
Y　「十便十宜図」は池大雅と与謝蕪村の合作である。

1．X―正　Y―正　2．X―正　Y―誤　3．X―誤　Y―正
4．X―誤　Y―誤

❶ ヒント

問2　日本最初の解剖図録『蔵志』を著した人物。

問3　代表作に「不忍池図」や「三囲景図」などがある。

問6　代表作に「五常」や「弾琴美人」などがある。

❶ 解答欄

問1	a	
	b	
問2		
問3		
問4		
問5		
問6		
問7		

❷ 次の各問いに答えよ。　東京経済大―現代法・経済・経営／改

問1． 化政文化について述べた文として，誤っているものを1つ選べ。

① 「人寄せ席」を意味する寄席は大衆芸能のための常設の舞台として人気を集め，化政期にはその数も増え，江戸に100カ所以上を数えた。

② 化政期には江戸で貸本屋が600軒以上を数え，曲亭馬琴の読本など大衆出版物の多くは，貸本屋を通じて流通していった。

③ 化政期になると，人形浄瑠璃がそれまでの歌舞伎にかわって人気を集め，七代目市川団十郎らの優れた人形遣いを輩出した。

④ 柳亭種彦の『偐紫田舎源氏』は，『源氏物語』を模倣し，主人公の恋の遍歴を描いた作品であった。

問2． 化政期には，地方独自の文化もはぐくまれた。これについて述べた文として，最も適切なものを1つ選べ。

① 越後の文人菅江真澄は地誌的随筆『北越雪譜』を刊行した。

② 良寛は，故郷の越後に戻り，人間味あふれる漢詩や和歌を歌い上げた。

③ 信濃の俳人小林一茶は東北地方を旅し，俳諧紀行『奥の細道』を記した。

④ 東洲斎写楽は各地の名所を画題に選び，「東海道五十三次」などを残した。

❷ ヒント

問2　③『奥の細道』の著者である松尾芭蕉は伊賀の出身。
④東洲斎写楽は相撲絵や役者絵を得意とした。代表作には「市川鰕蔵」「中山富三郎」などもある。

❷ 解答欄

問1	
問2	

A　寺子屋教育などによって庶民の読み書き能力が向上したことや，大量の木版印刷が可能になったことによって，小説の類が庶民の娯楽文化として確立した。(70字)

解答：別冊p.25 ▶

28 江戸時代の学問・思想・教育

重要暗記年代

■1774……『解体新書』刊行
■1790……寛政異学の禁
■1793……和学講談所の設立
■1798……『古事記伝』なる
■1811……蛮書和解御用の設立
■1828……シーボルト事件
■1839……蛮社の獄

ココが出る!!

［入試全般］

儒学・蘭学(洋学)・国学など，分野別に学者と業績を整理しよう。教育機関については主要な藩学・郷学・私塾は確実に答えられるようにしておくこと。

［国公立二次・難関私大］

蘭学(洋学)はどのように発達したか，時々の政策との関連で論じさせる問題もある。

1 儒学の展開　朱子学は，幕藩体制をささえる精神的な柱で，封建教学として発展した

1. 朱子学…理知を重視した。

①南宋の①＿＿＿＿によって創始された…経典解釈。

②②＿＿＿＿論…上下・君臣の別をわきまえる。

③五倫五常説(ごりんごじょう)。

- 五倫…親・義・別・序・信 →人間関係における徳。
- 五常…仁・義・礼・智・信 →人間の基本的な徳。

④理気二元論(りきにげん)…すべての現象は理と気からなる。

2. 陽明学…直観を重視した実践主義。

①明の③＿＿＿＿が提唱した儒学の一派。

②知行合一(ちこうごういつ)…知識と実践が合一して，はじめて徳が成立するとした。

3. 古　学…実学を重視した。

①④＿＿＿＿派*1…直接，孔子・孟子の原典にかえる。

②⑤＿＿＿＿派*2…「先王の道」・古文辞(こぶんじ)による理解。

4. 折衷学*3…諸説の折衷・調和のうえで，経書の真意を得る。

5. 考証学*4…確実な典拠にもとづいて古典を解釈し，理解する。

▶松崎慊堂(まつざきこうどう)・狩谷棭斎(かりやえきさい)・安井息軒(そくけん)らが代表的。

水戸学

前期…大義名分論にもとづく尊王論。

後期…尊王斥覇(せきは)思想にもとづく攘夷(じょうい)論。

*1　古義学派ともいう。

*2　蘐園(けんえん)学派ともいう。

*3　折衷学の祖は片山兼山。

*4　清代考証学の影響を受け，実証的学風が特色である。

2 儒学者の活躍　朱子学は形式に流れ，陽明学・古学が台頭し，その後，折衷学派・考証学派が形成された

1. 朱子学者

①林⑥＿＿＿＿*5…神儒一致をはかる。

▶その子孫が，代々幕府の文教をつかさどる。

②林⑦＿＿＿＿*6…林羅山とともに『本朝通鑑(つがん)』を編纂した。

▶編年体で神武天皇から後陽成天皇の時代までを記す。

*5　家康から家綱まで4代の侍講をつとめた。

*6　家光に仕える。『寛永諸家系図伝』なども編纂した。

記述論述 Q　古文辞学派の特徴を30字以内で説明せよ。またこの学派の創始者名と彼の学問の特徴について70字以内で述べよ。（東京都立大―人文・経済）

　出題大学…①：駒澤大／④：東北福祉大／⑦：関西大，愛知教育大

③松永尺五…京都に私塾講習堂を開設した。

④⑧＿＿＿＿＿＿…前田綱紀に仕える。『錦里文集』。

⑤⑨＿＿＿＿＿＿…『六諭衍義大意』『駿台雑話』。

⑥⑩＿＿＿＿＿＿…江戸前期に土佐藩で藩政改革を推進した。

⑦⑪＿＿＿＿＿＿…谷時中に師事。保科正之に招かれる。

▶神儒統合の立場から⑫＿＿＿＿＿＿神道を提唱した。

⑧浅見絅斎…尊王論を主張した。『靖献遺言』。

⑨貝原益軒

- 『⑬＿＿＿＿＿＿』…女子教育書。著者詳細不明。
- 『⑭＿＿＿＿＿＿』…医書。1713年に成立した。

⑩⑮＿＿＿＿＿＿…寛政三博士の一人。異学の禁を建議した。

⑪⑯＿＿＿＿＿＿…寛政三博士の一人。異学の禁を推進した。

⑫佐藤一斎…天保の改革を教育面でささえる。

⑬林⑰＿＿＿＿＿＿…綱吉のとき，最初の大学頭となる。

⑭林⑱＿＿＿＿＿＿…異学の禁令発布時の大学頭。

⑮林⑲＿＿＿＿＿＿…異学の禁の政策推進時の大学頭。

朱子学者の系譜

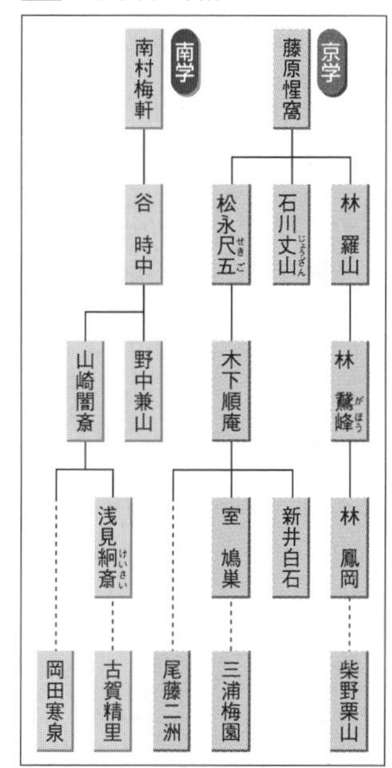

2. 陽明学者

①⑳＿＿＿＿＿＿…日本陽明学の祖。近江聖人とよばれた。

▶近江国に私塾㉑＿＿＿＿＿＿を開設した。『翁問答』。

②㉒＿＿＿＿＿＿*7…岡山藩主池田光政に仕える。

▶主著『㉓＿＿＿＿＿＿』で，幕政を批判した。

③㉔＿＿＿＿＿＿…大坂町奉行所元与力。1837年に蜂起した。

▶私塾㉕＿＿＿＿＿＿を開く。『洗心洞劄記』。

＊7 下総古河に幽閉された。そのほか『集義和書』や『集義外書』なども著した。

3. 古学者

①㉖＿＿＿＿＿＿…武士道を大成した。

- 『㉗＿＿＿＿＿＿』…朱子学を批判 →赤穂に配流された。

▶ほかに『中朝事実』『武家事紀』『配所残筆』がある。

②㉘＿＿＿＿＿＿…京都堀川に古義堂を開設した。

▶『論語古義』『孟子古義』『童子問』なども著した。

③㉙＿＿＿＿＿＿…古義学派の大成者。『制度通』。

④㉚＿＿＿＿＿＿…江戸に蘐園塾を開設した。

▶徳川吉宗の諮問に『㉛＿＿＿＿＿＿』をもってこたえ，武士土着論などを展開した。

⑤㉜＿＿＿＿＿＿…『経済録』『経済録拾遺』を著す。

陽明学者・古学者の系譜

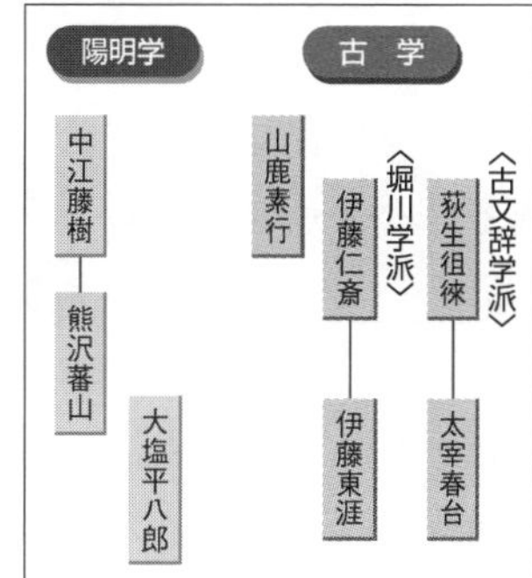

4. 折衷学者

①片山兼山…折衷学を創始した。

②井上金峨…古学を学び，のち折衷学に転じた。

A 古代中国の古文辞の理解を通して先王の道を究めようとする学問。(30字)／荻生徂徠が提唱した。徂徠は六経の字句を正しく理解してその精神を究めようとし，また，経世済民のためにはさまざまな制度の整備が必要だと主張した。(70字)

5. 考証学者

①松崎慊堂…林述斎に師事した。私塾は石経山房。
②狩谷棭斎…金石文を収集し，日本の古典を研究した。

3 学問的業績 自然科学の分野を中心に発達し，特に実学の台頭がめざましかった

1. 数　学…貨幣経済の発達と計数の必要性。

①㉝＿＿＿＿＿＿…『塵劫記』。算盤の普及に尽力した。
②㉞＿＿＿＿＿＿…和算の大成者。代数学・円理の開発。
▶『㉟＿＿＿＿＿＿』や『括要算法』などを著す。
③重量計として天秤，計数器として㊱＿＿＿＿＿＿を使用した。
④㊲＿＿＿＿＿＿…和算問題を絵馬にして奉納した。

2. 暦　学

①㊳＿＿＿＿＿＿（＝安井算哲）…貞享暦を作成した。
▶平安時代以来の㊴＿＿＿＿＿＿暦の誤差を修正するため，元の㊵＿＿＿＿＿＿暦をもとに新暦を作成した。
②㊶＿＿＿＿＿＿…間重富と寛政暦を作成した。

3. 国文学

①下河辺長流…『万葉集管見』などを著す。
②戸田茂睡…『梨本集』を著して，中世以来の制約的な歌学を批判。
③㊷＿＿＿＿＿＿…『万葉代匠記』を著す。
④㊸＿＿＿＿＿＿…歌学方。『源氏物語湖月抄』を著す。

4. 本草学

①㊹＿＿＿＿＿＿…『大和本草』を著す。
②㊺＿＿＿＿＿＿…『庶物類纂』を編纂した。
▶加賀藩主㊻＿＿＿＿＿＿に保護された。

心　学

①石田梅岩の思想
- 商人の利潤追求は，暴利をむさぼらない限り，武士が給されている禄と同じであるとし，町人道徳を究明した。
- 当時の身分制度に反対し，士農工商は階級ではなく，単なる職業の別にすぎないと主張した。

②儒教・仏教・神道・道教などの説を取り入れながら，平易な心学道話で説いた。
③主著…『都鄙問答』など。
④弟子…手島堵庵／中沢道二

4 国学の発達 古典の研究を通じて古道を追究した

①㊼＿＿＿＿＿＿…『創学校啓』を著し，吉宗に学校の設置を建議した。
②㊽＿＿＿＿＿＿…『国意考』『万葉考』などを著す。
③㊾＿＿＿＿＿＿…国学を大成した。私塾は㊿＿＿＿＿＿＿。
- 『51＿＿＿＿＿＿』…『古事記』の註釈書。全44巻。
- 『源氏物語玉小櫛』…『源氏物語』の註釈書。

▶そのほか『秘本玉くしげ』や随筆集『玉勝間』がある。
④52＿＿＿＿＿＿…復古神道を提唱，尊攘運動に影響を与えた。
⑤53＿＿＿＿＿＿…『群書類従』の編纂に従事。
▶江戸に学問所54＿＿＿＿＿＿を設置した。

国学台頭の背景

①元禄期以降，古典の研究がすすんだこと。
②「記・紀」の研究を通し，復古主義が強調されたこと。
③外来思想に対して，批判的精神が高揚したこと。

記述論述 Q　『ハルマ和解』について簡単に説明しなさい。（津田塾大一学芸）

出題大学…㉟：東洋大／㊱：京都府立大，青山学院大／㊵：慶應義塾大／㊼：名城大，神戸女子大，慶應義塾大

5 蘭学の展開　実証主義的精神の高揚とともに発達し，医学をはじめ幕末には，さまざまな科学にも及んだ

1. 蘭学紹介期…18世紀初期

①(55)＿＿＿＿＿…『華夷通商考』などを著す。

②(56)＿＿＿＿＿…『西洋紀聞』『采覧異言』などを著す。

▶イタリア人宣教師(57)＿＿＿＿＿を訊問してまとめる。

2. 蘭学草創期…18世紀前期

①(58)＿＿＿＿＿…『阿蘭陀本草和解』などを著す。

②(59)＿＿＿＿＿…『蕃薯考』『甘藷記』などを著す。

3. 蘭学発展期…18世紀後期

①(60)＿＿＿＿＿…『蔵志』→最初の解剖図録。

②前野良沢・杉田玄白…『(61)＿＿＿＿＿』を刊行。

▶他に(62)＿＿＿＿＿や桂川甫周らも訳述に参加した。中の挿絵は秋田蘭画を創始した(63)＿＿＿＿＿によって描かれた。

③(64)＿＿＿＿＿…回想録『蘭学事始』を著す。

④(65)＿＿＿＿＿…蘭学入門書『蘭学階梯』を著す。

▶大槻玄沢は，江戸に私塾(66)＿＿＿＿＿を開く。また，太陽暦による新年会である(67)＿＿＿＿＿を開催した。

⑤(68)＿＿＿＿＿…蘭日辞書『ハルマ和解』を訳述した。

4. 蘭学統制期

①(69)＿＿＿＿＿…『大日本沿海輿地全図』(1821年に完成)。

②(70)＿＿＿＿＿…オランダ商館医で，長崎に鳴滝塾を開設。

5. 蘭学の弾圧

①1828年…(71)＿＿＿＿＿事件 →高橋景保も処罰された。

②1839年…(72)＿＿＿＿＿ →高野長英・渡辺崋山ら。

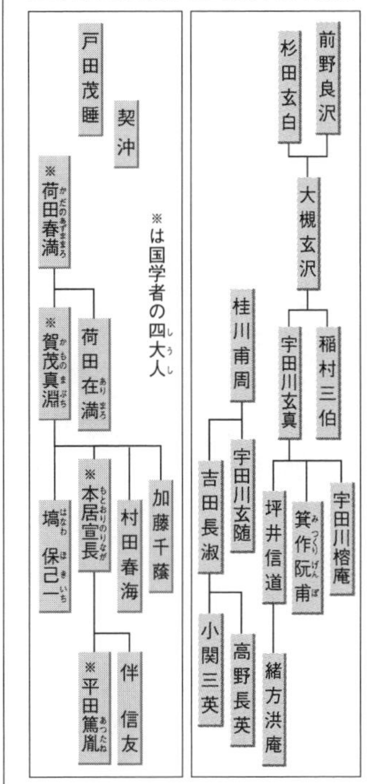

6 学問的業績　自然科学の分野も発展した

1. 医　学…(73)＿＿＿＿＿の『西説内科撰要』(1793)。

▶華岡青洲は麻酔薬である麻沸湯を考案し，乳癌を手術した。

2. 天文学…(74)＿＿＿＿＿が『暦象新書』を訳述した。

▶志筑忠雄により，地動説や万有引力説が紹介された。

3. 測地学…長久保赤水の『日本輿地路程全図』*8。

4. 化　学…宇田川榕庵の『舎密開宗』(1837)。

5. 物理学

①(75)＿＿＿＿＿…寒暖計・エレキテル・石綿を製作した。

②帆足万里…『窮理通』などを著す。

③青地林宗…『気海観瀾』などを著す。

『解体新書』
ドイツ人クルムスの『解剖図譜』を蘭語に訳した『ターヘル=アナトミア』を訳述したもので，1774年に刊行された。杉田玄白の『蘭学事始』には訳述の苦心談が述べられている。

*8　経緯度を用いた最初の地図で，1775年に刊行された。

江戸時代

A　稲村三伯らがまとめた最初の蘭日辞書で，オランダ人ハルマの『蘭仏辞典』を翻訳したもの。(42字)

7 新しい社会思想

江戸中期以降には，反封建思想を含め，新たな政治思想が生まれた

1. 尊王論・攘夷論

①(76)＿＿＿＿＿＿…徳大寺家に仕え，尊王論を説く。

▶1758年の(77)＿＿＿＿＿＿事件で重追放となる。

②(78)＿＿＿＿＿＿…『柳子新論』を著し，尊王論を説く。

▶1767年の(79)＿＿＿＿＿＿事件で，藤井右門とともに刑死。

③(80)＿＿＿＿＿＿…『弘道館記述義』を著す。

④(81)＿＿＿＿＿＿…『新論』を著し，攘夷論を唱える。

⑤(82)＿＿＿＿＿＿…『日本外史』『日本政記』を著す。

2. 経世論

①(83)＿＿＿＿＿＿…『夢の代』を著し，無神論を提唱した。

②(84)＿＿＿＿＿＿…『出定後語』で，仏教権威を批判した。

③(85)＿＿＿＿＿＿…『自然真営道』で，階級社会を批判した。

④(86)＿＿＿＿＿＿…『稽古談』で，興利策を説く。

⑤三浦梅園…『価原』『敢語』『玄語』などを著す。

海防・開国論

①(97)＿＿＿＿＿＿
…『赤蝦夷風説考』を著す。

②(98)＿＿＿＿＿＿
…『海国兵談』→幕府に版木が没収される。
…『三国通覧図説』を著す。
▶三国とは，朝鮮・琉球・蝦夷地をさす。

③(99)＿＿＿＿＿＿
…『西域物語』『経世秘策』を著す。

④(100)＿＿＿＿＿＿
…『宇内混同秘策』を著す。
▶信淵は，『経済要録』や『農政本論』なども著述した。

⑤(101)＿＿＿＿＿＿
…『慎機論』を著す。

⑥(102)＿＿＿＿＿＿
…『戊戌夢物語』を著す。

8 幕府の文教政策

朱子学の基幹化をはかる政策をとった

1. 朱子学の振興

①林羅山，上野忍ヶ岡に私塾弘文館を創設(1630)。

②綱吉，湯島に孔子をまつるための(87)＿＿＿＿＿＿を建立する。

2. (88)＿＿＿＿＿＿の禁(1790)

①松平定信による(89)＿＿＿＿＿＿の改革の一環として推進。

②寛政異学の禁令は，林大学頭(90)＿＿＿＿＿＿に対して発令。

③寛政異学の禁を建議したのは(91)＿＿＿＿＿＿で，積極的に推進したのは(92)＿＿＿＿＿＿らである。

④異学…(93)＿＿＿＿＿＿学・(94)＿＿＿＿＿学などの教授を統制。

⑤従来の聖堂学問所が1797年に(95)＿＿＿＿＿＿＿＿と改称され，官学となった。

3. 蛮書和解御用(1811)…(96)＿＿＿＿＿＿の建議で設置される。

〈史料〉寛政異学の禁

学派維持の儀に付申達　林大学頭え

朱学の儀は，慶長以来御代々御信用の御事にて，已に其方家，代々右学風維持の事仰付置れ候儀に候得者，油断無く正学相励，門人共取立申すべき筈に候。然る処，近来世上種々新規の説をなし，異学流行，風俗を破候類之有り，全く正学衰微の故に候哉，甚だ相済まざる事にて候。

幕府学校の発展

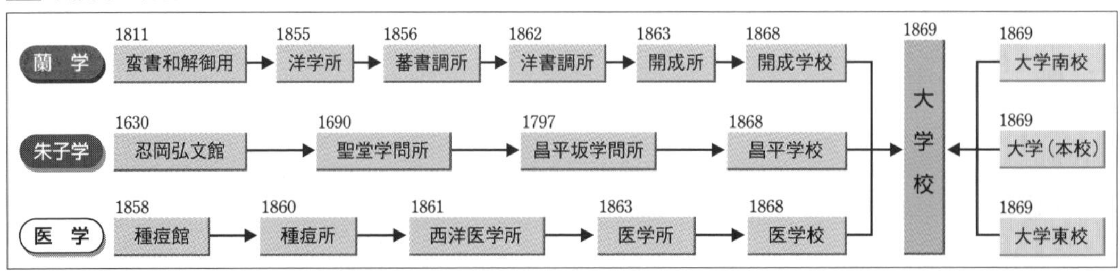

記述論述 Q 寛政異学の禁の内容を40字以内で説明しなさい。（慶應義塾大一商）

9 藩の教育機関 儒教的倫理と文武両道の修得がはかられた

1. 藩　学

①藩が，藩士および藩士の子弟教育のために設置した。

②総数…約260校。

③藩学のもつ性格の推移。

・前期…好学の藩主が個人の才能や性格を養成したり，錬磨するために設置した。

・後期…藩政を補佐する有能な人材を養成するために設置した。

④教育内容…四書五経・伝記・史書など。

藩　名	設立者(再興者)	藩 学 名
庄 内 藩	酒井忠徳（さかいただのり）	致道館（ちどうかん）
長 州 藩	毛利吉元	⑩³ ＿＿＿
⑩⁴ ＿＿＿藩	島津重豪（しげひで）	⑩⁵ ＿＿＿
福 岡 藩	黒田斉隆（なりたか）	⑩⁶ ＿＿＿
仙 台 藩	伊達吉村	⑩⁷ ＿＿＿
水 戸 藩	⑩⁸ ＿＿＿	⑩⁹ ＿＿＿
⑪⁰ ＿＿＿藩	松平容頌（かたのぶ）	⑪¹ ＿＿＿ ＊9
尾 張 藩	徳川宗睦（むねちか）	明 倫 堂
⑪² ＿＿＿藩	上杉治憲（はるのり）	⑪³ ＿＿＿
秋 田 藩	⑪⁴ ＿＿＿	明 徳 館
熊 本 藩	細川重賢（しげかた）	⑪⁵ ＿＿＿

2. 郷　学

①設置形態

・藩学の分校として設置した。＊10

・庶民のために設置した。

・領内の陪臣のために設置した。

②教育内容…四書五経・読み・書き(習字)・算盤（そろばん）など。

岡　山	平（ひら）　野（の）	岩（いわ）　出（で）　山（やま）
⑪⁶ ＿＿＿	⑪⁷ ＿＿＿	⑪⁸ ＿＿＿

藩学の設立数の推移

①寛文～貞享（じょうきょう）年間…4校
②元禄～正徳年間…6校
③享保～寛延年間…18校
④宝暦～天明年間…50校
⑤寛政～文政年間…87校
⑥天保～慶応年間…50校
⑦明治元年～明治4年…36校
⑧設置年代不詳…4校

▲文治主義への転換期を基軸に，江戸中期以降に急速に増加している。

補足

そのほか，藩学には盛岡の明義堂，彦根の弘道館，和歌山の学習館，高知の教授館，広島の修道館，福山の誠之館などがあった。

＊9　保科正之が設立した前身の稽古堂(1664)は，藩学というよりも，むしろ民間学問所的性格が強い。

＊10　そのほか，藩や代官が経営するもの，民官有志が経営し，民間のために設置したもの，官民協力の形で経営されたものなど，さまざまな形で設置された。

江戸時代

A 朱子学を正学とし，古学や陽明学などを異学として聖堂学問所で教授するのを禁止した。(40字)

出題大学…⑩⁵：成蹊大，同志社大／⑩⁶：東北福祉大，札幌大／⑩⁷：札幌大／⑪¹：学習院大，駒澤大／⑪⁷：早稲田大，関西大

10 庶民の教育機関

貨幣経済の進展に対応した実学の修得が行われた

1. 寺子屋

①起源…中世の寺院教育から出発し，近世に入ると寺院以外でも一般子弟のための教育施設が発達した。

②教師…僧侶・武士・町人・医者など。

③教育内容…(119)＿＿＿＿・(120)＿＿＿＿・(121)＿＿＿＿。

④教材…(122)＿＿＿＿物 →『庭訓往来』『商売往来』。

▶女子は『小倉百人一首』を学ぶ者もあった。

⑤生徒…男女児童(6・7歳～14・15歳)を同時に教育した。

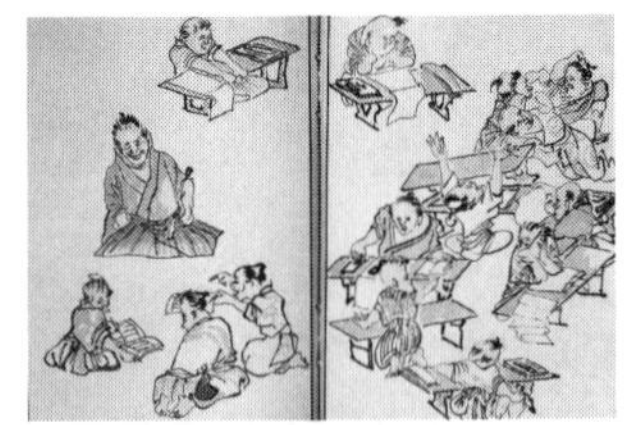

▲寺子屋のようす(「一掃百態」より)
(作者は(123)＿＿＿＿)

補足
岡山藩では藩主池田光政のもとに招かれた熊沢蕃山が1641年に最古の私塾として花畠教場を設立した。

2. 私　塾

設立者	場所	学問	私塾名
緒方洪庵	大坂	蘭学	(124)＿＿＿＿ ＊11
シーボルト	長崎	蘭学	(125)＿＿＿＿ ＊12
(126)＿＿＿＿	(127)＿＿＿＿	蘭学	芝蘭堂
(128)＿＿＿＿	上野忍ヶ岡	儒学	弘文館
中井甃庵	大坂	儒学	(129)＿＿＿＿ ＊13
(130)＿＿＿＿	近江(小川)	陽明学	藤樹書院
(131)＿＿＿＿	大坂	陽明学	洗心洞
伊藤仁斎	京都	古学	(132)＿＿＿＿
荻生徂徠	江戸	古学	(133)＿＿＿＿
(134)＿＿＿＿	豊後(日田)	漢学	(135)＿＿＿＿
本居宣長	伊勢(松坂)	国学	(136)＿＿＿＿
吉田松陰の叔父＊14	萩	漢学	(137)＿＿＿＿
石田梅岩	京都	心学	(138)＿＿＿＿

＊11 大村益次郎や福沢諭吉らを輩出した。

＊12 伊東玄朴や高野長英らを輩出した。

＊13 富永仲基や山片蟠桃らを輩出した。学主は三宅石庵。準官学の取り扱いを受けた。

補足
そのほか，平田篤胤の気吹之舎，松永尺五の講習堂などがあった。

補足
寺子屋開設数は，開設年代不明のものを含めると，約1万5,000軒，私塾は開設年代不明のものを含めて約1,500軒にのぼった。

＊14 玉木文之進である。

●私塾急増の背景●

①生産力の上昇にともない，町人・農民が寺子屋で学ぶ内容以上の学問や技芸を求めるようになり，その結果，算学塾や筆道塾などが多く設立されるようになったこと。

②寺子屋よりも学術程度が高い，蘭学塾・国学塾などが発生したこと。

③明治維新を目の前にし，社会の改革を指導し，実現しうる人材を養成する私塾が増えたこと。

記述論述 Q 『自然真営道』の著者と，その主張を簡潔に記せ。　(東京学芸大，新潟大)

 出題大学…(121)：京都府立大，青山学院大／(122)：京都産業大，早稲田大，立命館大

到達度チェック

❶ 次の文を読み，あとの問いに答えよ。

東北福祉大一全／改

京都の(　①　)で禅宗や儒学を修学した(a)林羅山は，その後，朱子学を志して，(b)藤原惺窩の門人となった。1605年，京都の二条城において徳川家康に謁見して信任を得て，幕府の文治政策に従事した。家康の死後も，秀忠・家光・(　②　)と，将軍家に仕えた。『(　③　)』を完成した２代目の林鵞峰，ついで３代目の林鳳岡の時，(c)湯島聖堂が創建され，(　④　)に任命されて幕府の儒家となり，のちの官学の道が開かれた。一般の人々への儒学の普及は，学問や儀礼としての儒学というよりも，倫理や道徳など精神面での影響が大きかった。例えば中江藤樹は，純粋な心で道徳に合致する行動を自ら判断する考え方が最も大切であると説き，やがて晩年には(d)陽明学に傾倒していった。1790年，幕府は(e)異学の禁を発令して，朱子学以外の学問を湯島聖堂で教授してはならないと命じた。さらに聖堂内に(f)昌平坂学問所を設置して，幕府の官立学校とした。一方，各藩には(g)藩校が作られ，地方の学校教育においても朱子学が広まっていった。しかし，朱子学をそのまま受け入れる弊害を唱えた儒学者たちがいた。その代表的学説が(　⑤　)である。すなわち(h)山鹿素行の聖学，伊藤仁斎の(i)古義学，(j)荻生徂徠の古文辞学の総称である。(　⑥　)者としても有名な素行は，『(　⑦　)』を著し，武家としての行動規範を具体的に示した。京都の町人学者の仁斎は，『童子問』の中で，孔子の教えに寛容の精神を見出し，愛の心(仁)と思いやり(恕)こそが儒学の道徳の主題であると説いた。徂徠は(　⑧　)に仕えた武家学者であった。朱子学のような理屈よりも，国家や社会の制度の中で，人々は能力や個性を発揮し，互いに愛し，助け合って生きていく心持を主張した。

問１. (①～⑧)に入る語句を下記の語群から選び，記号で答えよ。

〔語群〕**ア**　兵学　**イ**　神学　**ウ**　博士　**エ**　黄門　**オ**　大学頭
カ　延暦寺　**キ**　建仁寺　**ク**　仁和寺　**ケ**　田沼意次　**コ**　柳沢吉保
サ　慶喜　**シ**　家治　**ス**　家綱　**セ**　大日本史　**ソ**　本朝通鑑
タ　武家事紀　**チ**　日本外史　**ツ**　心学　**テ**　国学　**ト**　古学

問２. 下線部(a)林羅山が家康に進言したことでおこった，鐘銘事件の寺院名を記せ。

問３. 下線部(b)藤原惺窩から始まる朱子学の学派名を記せ。

問４. 下線部(c)湯島聖堂を作らせた将軍名を記せ。

問５. 下線部(d)陽明学の考え方を，漢字４字で記せ。

問６. 下線部(e)異学の禁を発令した老中首座の名を記せ。

問７. 下線部(f)昌平坂学問所の教官で，寛政の三博士と称された朱子学者の名を１人記せ。

問８. 下線部(g)藩校と大名家との正しい組合せを１つ選べ。

ア　修猷館―黒田家　**イ**　弘道館―酒井家　**ウ**　時習館―毛利家
エ　明倫館―伊達家　**オ**　興譲館―佐竹家

問９. 下線部(h)山鹿素行が赤穂に流される原因となった著作名を記せ。

問10. 下線部(i)古義学派の別称を次の中から１つ選べ。

ア　折衷学派　**イ**　蘐園学派　**ウ**　南　学　**エ**　堀川学派

問11. 下線部(j)荻生徂徠の著作『政談』は，誰の諮問にこたえたものか，その人名を記せ。

問12. 下線部(j)荻生徂徠や太宰春台らが説いた経世論の内容を20字以内で記せ。

解答：別冊p.50 ▶

❶ヒント

問１　①栄西が開山にあたった京都五山の第3位の寺院。
②江戸幕府の４代将軍。
③神武天皇から後陽成天皇までを記した史書。
④儒学で幕府に仕える役職。
⑦武家社会全般に関する実用書。

問２　豊臣秀吉が創建した寺院。

問６　寛政の改革を主導した。

❶解答欄

問1	①	
	②	
	③	
	④	
	⑤	
	⑥	
	⑦	
	⑧	
問2		
問3		
問4		
問5		
問6		
問7		
問8		
問9		
問10		
問11		
問12		

A　安藤昌益。封建的身分制社会を否定し，万人直耕の自然世を理想の社会とした。(36字)

近世の実戦演習

❶ 次の文中の空欄にあてはまる語句を,〔語群〕から1つ選びなさい。 上智大―総合人科・文ほか

信長亡き後，全国統一を完成したのは豊臣秀吉である。秀吉は初め木下藤吉郎秀吉と名乗ったが，信長が室町幕府を滅ぼした［A］年に［B］姓に改めた。［C］年本能寺の変を知ると，対戦中の［D］氏と和解し，［E］国の山崎の合戦で明智光秀を討ち，信長の法要をいとなむなどして後継者争いに名乗りを上げた。翌年には［F］を［G］国賤ケ岳の戦いに破り，［F］に与した［H］をも自刃させて，後継者の地位を確立した。また同年，秀吉は水陸交通の要地で［I］町として繁栄していた石山本願寺の跡に壮大な［J］城を築き始めた。［K］年，秀吉は尾張での［L］の戦いの際に徳川方に味方した［M］の［N］一揆を滅ぼし，次いで朝廷から［O］に任じられ，四国を平定すると，翌年には［P］に任じられ，［Q］の姓を与えられた。この頃から全国統一の諸令を次々と発していった。諸法の中でも，天正15年のバテレン追放令と翌年の刀狩令は，秀吉の天下統治の方針を知る上で，重要な内容を持っている。

〔語群〕 **1**．1573　**2**．姉 川　**3**．毛 利　**4**．近 江　**5**．1574
6．羽 柴　**7**．徳 川　**8**．寺 内　**9**．伊 勢　**10**．根来・雑賀
11．甲 賀　**12**．1582　**13**．城 下　**14**．小牧・長久手　**15**．伊 賀
16．関 白　**17**．大 友　**18**．織田信雄　**19**．太政大臣　**20**．1585
21．紀 州　**22**．河 内　**23**．大 坂　**24**．柴田勝家　**25**．1583
26．丹羽長秀　**27**．織田信孝　**28**．安 土　**29**．1586　**30**．山 城
31．摂 政　**32**．豊 臣　**33**．太 閤　**34**．1587

❷ 次の文章を読み，あとの問いに答えよ。 中央大―法

5代将軍徳川綱吉治世の初期は，大老［1］の補佐のもとで①天和の治と呼ばれる文治政治が行われた。［1］の死後は柳沢吉保を側用人として重用し，綱吉の政治はしだいに独裁的なものになっていった。

綱吉は儒教に基づく政治を進めるため，江戸に湯島聖堂を建て，［2］を大学頭に任じ，儒学を奨励した。また，綱吉は仏教の影響から生類憐みの令を出し，神道の影響から②服忌令を出した。

綱吉の死後，6代将軍③徳川家宣，7代将軍徳川家継のもとでも文治政治が受け継がれ，儒学が重視され，儀礼や制度の整備によって将軍の権威を強化する改革が行われた。この時代の文治政治を④正徳の治という。

政治の安定と経済の発展を背景に，この時代においては文化の担い手が，公家・僧侶・武士だけでなく，一般の町人などにも広がった。この時代の文化を⑤元禄文化という。

文学では，⑥井原西鶴，⑦松尾芭蕉，⑧近松門左衛門の作品が著名である。西鶴は，男女の情愛の世界や，金銭に執着しながら自らの才覚で生き抜く町人の世界を描いた。芭蕉は，わび・さび・軽みを中心とする蕉風を確立し，俳諧を文学にまで高めた。近松は，人形浄瑠璃や歌舞伎の脚本を執筆した。

絵画では⑨尾形光琳が装飾性豊かな画法を取り入れ，琳派をおこした。学問では儒学が発達したほか，人々の日常生活に役立つ⑩実学が発達した。

問1．文中の空欄［1］にあてはまる人名を1つ選べ。

a．堀田正俊　**b**．保科正之　**c**．酒井忠清

解答：別冊p.50 ▶

❶ヒント

H．織田信長の3男。

I．一向宗の寺院の境内に発達した町。

N．紀伊の根来(ねごろ)寺の僧兵や雑賀(さいか)衆による一揆。

❶解答欄

A	
B	
C	
D	
E	
F	
G	
H	
I	
J	
K	
L	
M	
N	
O	
P	
Q	

❷ヒント

問1　下総の古河藩主。

問3　林信篤ともいう。

問6　**b**．「大君」とは，外国に対して用いられた将軍の称号。

問8　**c**．世話物とは近松門左衛門の『心中天網島』や『冥途の飛脚』のような作品をいう。

記述論述 Q　近世において，町人はどのような要件を満たせば町人身分として認められたか。町人身分の決定要件を2つあげて説明しなさい。（一橋大）

問2． 下線部①に関する説明のうち，正しいものにはイ，誤っているものにはロと記せ。

a．金銀貸借の紛争を当事者間で解決させることを禁止する相対済し令が出された。

b．徳川幕府で初めて殉死を禁止した。

c．忠孝・儀礼を重視する法令が出された。

問3． 文中の空欄［ 2 ］に入る最も適切な人名を１つ選べ。

a．林羅山　　b．林鵞峰　　c．林鳳岡

問4． 下線部②に関する説明のうち，正しいものにはイ，誤っているものにはロと記せ。

a．この法令は，捨子の保護も内容に含むものである。

b．この法令は，近親者に死者があった時の喪や忌引の日数を定めている。

c．この法令は，８代将軍徳川吉宗の時代に廃止された。

問5． 下線部③に関する説明のうち，正しいものにはイ，誤っているものにはロと記せ。

a．徳川家宣は，５代将軍徳川綱吉の甥であった。

b．徳川家宣の将軍在位期間は，３年余りであった。

c．徳川家宣が登用した新井白石は，木下順庵のもとで朱子学を学んだ。

問6． 下線部④に関する説明のうち，正しいものにはイ，誤っているものにはロと記せ。

a．天皇家との結びつきを強めることで，将軍の権威を高めようとした。

b．朝鮮国王から将軍への国書の宛名を「日本国王」から「日本国大君」に改めさせた。

c．将軍の側近を拡充させるため，側用人の下に御用取次をおいた。

問7． 下線部⑤に関する説明のうち，正しいものにはイ，誤っているものにはロと記せ。

a．元禄文化は，従来のわが国の文化と比べて，海外の文化の影響をより強く受けている点に特徴がある。

b．武士は都市生活者として，学問や教養を身につける知識人となった。

c．文化が広範な層に受容された背景には，紙の生産や印刷技術の発展があった。

問8． 下線部⑥に関する説明のうち，正しいものにはイ，誤っているものにはロと記せ。

a．井原西鶴が創作した小説は，仮名草子と呼ばれるものである。

b．井原西鶴は，もともとは俳諧師として活躍していた。

c．井原西鶴の作品には，『日本永代蔵』などの世話物がある。

問9． 下線部⑦に関する説明のうち，正しいものにはイ，誤っているものにはロと記せ。

a．松尾芭蕉は『奥の細道』や『笈の小文』といった俳諧紀行文を著した。

b．蕉風以前の俳諧においては，貞門派と談林派が対抗していた。

c．俳諧は，川柳から派生したものである。

問10． 下線部⑧に関する説明のうち，正しいものにはイ，誤っているものにはロと記せ。

a．近松門左衛門は，現実の社会や歴史に題材を求めた。

問10　b．竹本義太夫は浄瑠璃大夫。

問12　b．『塵劫記』は吉田光由の著書。

❷解答欄

問1		
問2	a	
	b	
	c	
問3		
問4	a	
	b	
	c	
問5	a	
	b	
	c	
問6	a	
	b	
	c	
問7	a	
	b	
	c	
問8	a	
	b	
	c	
問9	a	
	b	
	c	
問10	a	
	b	
	c	

A　町人とは都市に住む商工業者で，町政に参加するには町内に町屋敷をもつ家持である必要があった。また，地子は免除されたが町人足役は負担した。(67字)

b．近松門左衛門の作品は，人形遣いの竹本義太夫らによって演じられた。

c．心中を題材とする作品は，のちに幕府によって出版と上演が禁止された。

問11. 下線部⑨に関する説明のうち，正しいものにはイ，誤っているものにはロと記せ。

a．尾形光琳は，俵屋宗達の画風を取り入れた。

b．尾形光琳は，蒔絵でも優れた意匠の作品を残した。

c．尾形光琳は，幕府の御用絵師として活躍した。

問12. 下線部⑩に関する説明のうち，正しいものにはイ，誤っているものにはロと記せ。

a．本草学の分野では，貝原益軒が『大和本草』を著した。

b．和算の分野では，関孝和が『塵劫記』を著した。

c．天文・暦の分野では，渋川春海が貞享暦をつくった。

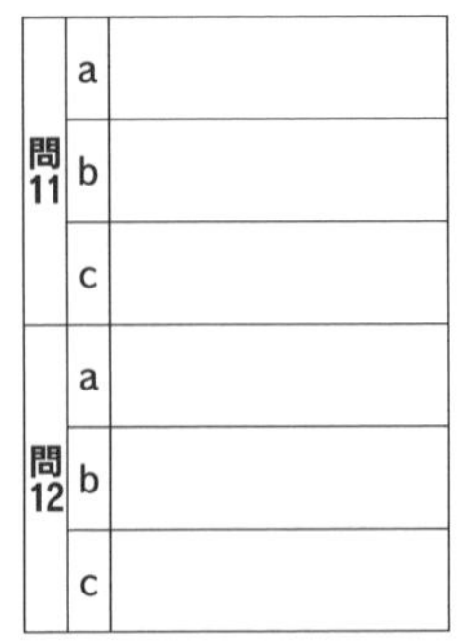

問11	a	
	b	
	c	
問12	a	
	b	
	c	

③ 次の文章を読み，あとの問いに答えよ。　龍谷大―経済・経営・文・法／他

1787年，①天明の打ちこわしが起こり，幕府に強い衝撃を与えた。こうした中，老中となり，11代将軍②徳川家斉を補佐することになった③松平定信が幕政の改革に着手した。定信は，④農村の再興による幕府財政基盤の復旧や⑤江戸の治安問題の解決に取り組んだ。これら定信による政治改革を［ 1 ］の改革と呼ぶ。

定信は，旗本・御家人たちに文武両道を奨励するとともに倹約令を発し，退廃した士風の刷新と有能な人材の育成を図った。また，旗本・御家人たちの生活安定のために［ 2 ］を出して［ 3 ］に貸金を放棄させた。定信が改革に取り組んだ前後の時期における幕府の課題としては，外国からの危機への対応もあった。⑥1792年，ロシア使節が来航し，漂流民⑦大黒屋光太夫を届けるとともに通商を要求したが，幕府は拒否した。海防の必要を痛感した幕府は，江戸湾防備を強化するとともに，⑧1798年，近藤重蔵らに蝦夷地を探査させた。

定信の改革は一時的に幕政を引き締め，幕府の権威を高めるかに見えたが，倹約の強制や⑨出版統制令など厳しい統制により，民衆の反感を買った。さらに⑩朝幕間を緊張させた事件などをきっかけに家斉と対立し，老中職を退くこととなった。

問1. 下線部①に関して述べた次の文X・Yについて，その正誤の組み合わせとして適切なものを1つ選べ。

X．背景には，浅間山噴火などにより長期化した大飢饉がある。

Y．江戸・大阪などの主要都市でおこった。

①　X＝正　Y＝正　②　X＝正　Y＝誤　③　X＝誤　Y＝正

④　X＝誤　Y＝誤

問2. 下線部②の将軍在位中の出来事として，適切なものを1つ選べ。

①　明暦の大火　②　異国船打払令(無二念打払令)の発布

③　公事方御定書の制定　④　天保の薪水給与令の発布

⑤　プチャーチン(プゥチャーチン)の長崎来航

問3. 下線部③に関する記述として，適切なものを1つ選べ。

①　陸奥白河藩主である。　②　徳川家治の孫である。

③　老中在職12年余りで退陣した。

④　引退後，『折りたく柴の記』を著した。

問4. 下線部④に関して定信が行った農村再興策として，適切なものを1つ選べ。

①　村々を寄場組合(改革組合村)に編成した。

③ヒント

問2　1825年に発布。

問3　松平定信は白河楽翁と号した。

問7　**2.** 貸金の放棄を命じた法令。**3.** 蔵宿ともいう。

問12　1789年のできごと。

記述論述 Q　『塵劫記』について70字以内で説明せよ。　（京都府立大）

② 人返しの法(人返し令)を発した。

③ 飢饉に備えて米穀を蓄える上げ米(上米)を大名に命じた。

④ 飢饉に備えて社倉・義倉を各地にたてさせた。

問5. **下線部⑤のために定信が行った対策に関して述べた次の文X・Yについて,その正誤の組み合わせとして適切なものを1つ選べ。**

X. 関東取締出役を設けて,犯罪者の取り締まりにあたらせた。

Y. 石川島に人足寄場を作って,無宿人を収容した。

① X＝正 Y＝正 ② X＝正 Y＝誤 ③ X＝誤 Y＝正

④ X＝誤 Y＝誤

問6. **空欄 1 にあてはまる語句として,適切なものを1つ選べ。**

① 享保 ② 正徳 ③ 寛政 ④ 天保 ⑤ 安政

問7. **空欄 2 ・ 3 にあてはまる語句の組み合わせとして,適切なものを1つ選べ。**

① 2＝相対済し令 3＝札差 ② 2＝相対済し令 3＝江戸町会所

③ 2＝上知令(上地令) 3＝札差

④ 2＝上知令(上地令) 3＝江戸町会所

⑤ 2＝棄捐令 3＝札差 ⑥ 2＝棄捐令 3＝江戸町会所

問8. **下線部⑥に関して述べた次の文X・Yについて,その正誤の組み合わせとして適切なものを1つ選べ。**

X. ロシア使節の名はラクスマン(ラックスマン)である。

Y. ロシア使節は江戸湾に来航した。

① X＝正 Y＝正 ② X＝正 Y＝誤 ③ X＝誤 Y＝正

④ X＝誤 Y＝誤

問9. **下線部⑦に関する記述として,適切なものを1つ選べ。**

① 淡路の商人だった。

② ロシアの女帝エカチェリーナ(エカテリーナ)2世に謁見した。

③ その見聞は『赤蝦夷風説考』としてまとめられた。

④ ロシア艦長ゴローニン(ゴローウニン)の釈放に尽力した。

問10. **下線部⑧に関する記述として,不適切なものを1つ選べ。**

① 最上徳内も探査に参加した。

② 国後・択捉の両島を探査した。

③ 「大日本恵登呂府」の標柱を立てた。

④ シャクシャインの戦いのきっかけとなった。

問11. **下線部⑨によって弾圧された林子平に関する記述として,適切なものを1つ選べ。**

① 黄表紙作家で,『金々先生栄花夢』を著した。

② 洒落本作家で,『仕懸文庫』を著した。

③ 『海国兵談』を著し,海岸防備の不備を指摘した。

④ 『経世秘策』を著し,外国との交易による富国を説いた。

問12. **下線部⑩に関して,定信が老中職を退くきっかけになった事件として,適切なものを1つ選べ。**

① 紫衣事件 ② 宝暦事件 ③ 赤穂事件 ④ 八月十八日の政変

⑤ 尊号一件

③解答欄

問1	
問2	
問3	
問4	
問5	
問6	
問7	
問8	
問9	
問10	
問11	
問12	

A 17世紀前期に吉田光由が著して刊行した和算の入門書で掛算や割算を中心に体積や級数,幾何学図形などを日常的な例題を用いてわかりやすく解いている。(70字)

解答：別冊p.27 ▶

29 幕末の情勢

重要暗記年代

- ■1858 ………日米修好通商条約
- ■1858～59 …安政の大獄
- ■1860 ………桜田門外の変
- ■1860 ………五品江戸廻送令
- ■1862 ………坂下門外の変
- ■1862 ………文久の改革
- ■1863 ………八月十八日の政変
- ■1864 ………禁門(蛤御門)の変

ココが出る!!

［入試全般］

尊攘派と公武合体派の動きに注意。年代・事件名・人物名を混同せずに押さえておくことが大切。

［国公立二次・難関私大］

開港後の貿易の開始によって，庶民の生活はどうなったのか，経済問題に照射した論述問題が頻出する。

1 開港の影響　貿易の開始によって経済界は大きく変動し，攘夷運動が盛んになった

1. 日米修好通商条約の締結

①1856年，アメリカ総領事①＿＿＿＿＿が下田に着任した。＊1

②1857年，ハリスは老中②＿＿＿＿＿らと会見した。

▶通商条約の利を説いたが，徳川③＿＿＿＿＿ら有力大名が反対し，交渉は失敗した。

③1858年，④＿＿＿＿＿が大老に就任する。

▶ハリスの要求に屈して，無勅許のまま⑤＿＿＿＿＿条約に調印する。

④安政の五カ国条約…アメリカ・オランダ・ロシア・イギリス・フランス間に調印する。

⑤1860年，批准書交換のために⑥＿＿＿＿＿が渡米する。＊2

2. 日米修好通商条約の内容と特徴

①開港地…箱館のほか，神奈川・長崎・新潟・兵庫。

▶神奈川開港6カ月後に⑦＿＿＿＿＿は閉鎖すること。

②通商条約14カ条と貿易章程7則からなる。

③不平等条約

- ⑧＿＿＿＿＿権の欠如…相互で協定する。
- ⑨＿＿＿＿＿権の承認…治外法権を許す。
- 片務的⑩＿＿＿＿＿の承認。

④関税…輸出入品とも日本政府に納入する。

▶輸出税は⑪＿＿＿＿%，輸入税は平均⑫＿＿＿＿%。＊3

＊1　ハリスの通訳として，1856年にオランダ人のヒュースケンも来日した。

＊2　新見正興(しんみまさおき)は，アメリカ軍艦ポーハタン号で渡米した。このとき，幕府の軍艦咸臨丸(かんりんまる)(艦長は勝海舟)が護衛同行した。咸臨丸は，幕府がオランダに注文してつくらせた木造船である。

開港地

神奈川は実際には横浜(1859年)，兵庫は実際には神戸(1867年)が開港地となった。また，新潟は整備が遅れたため，実際に開港されたのは1868年である。

＊3　1866年に改税約書が調印され，輸出入品とも関税は一律5%となった。また，課税方式も従価税方式から従量税方式に変更された。

記述論述 Q　幕府は1860年に五品江戸廻送令を出したが，効果は十分に上がらなかった。幕府がこの法令で貿易統制を行った2つの直接的な理由と，効果が上がらなかった政治的理由を，80字以内で答えよ。　（中央大－法／改）

3. 貿易の開始

①⑬＿＿＿＿年から開始された。

②貿易港…⑭＿＿＿＿を中心に長崎・箱館で開始された。

③貿易国…⑮＿＿＿＿が貿易額の85.9%を占め，首位。*4

④輸出品…⑯＿＿＿＿・茶・蚕卵紙(さんらんし)・海産物など
　輸入品…⑰＿＿＿＿織物・⑱＿＿＿＿織物など。

⑤影響…生産構造・流通構造が変化した。

- はじめは輸出超過であったが，まもなく輸入超過に転じた。
- 生糸の大量輸出で養蚕業・製糸業が盛んとなり，マニュファクチュア(工場制手工業)が発達した。*5
- ⑲＿＿＿＿商人が台頭し，製品を横浜に直送するようになったため，江戸の株仲間統制が崩壊した。
- 金銀比価の相違により，⑳＿＿＿＿万両もの金貨が大量に海外に流出した。*6
- 物価急騰により，庶民生活は大打撃を受けることになったため，開国貿易への反感，さらには幕府に対する不信・不満がつのり，㉑＿＿＿＿運動が激化した。

⑥対策

- 1860年…㉒＿＿＿＿令を発布する。
- 1860年…㉓＿＿＿＿小判の鋳造。*7

*4 船舶別では以下，フランス・オランダ・アメリカの順で，アメリカが不振だったのは，南北戦争の影響によるところが大きい。

*5 綿作は，安価な綿糸の大量輸入によって不振となり，輸入綿糸による綿布生産がはじまった。

*6 日本では金：銀＝1：5であったのに対し，外国では金：銀＝1：15であった。

五品江戸廻送令
雑穀・水油・蠟(ろう)・呉服・生糸の5品の横浜直送を禁止した法令であるが，効果は上がらなかった。

*7 金の含有量を3分の1におとした。

2 政局の転換 内憂外患の解決策とその矛盾により，幕府の権威は大きくかたむいた

1. 幕閣の分裂

①対立の争点…将軍継嗣問題*8と外交問題。

②一橋派…能力重視の立場をとる。

- 将軍候補に㉔＿＿＿＿(水戸藩主徳川斉昭(なりあき)の子)があがる…一橋家。
- 越前藩の㉕＿＿＿＿，水戸藩の㉖＿＿＿＿，薩摩藩の㉗＿＿＿＿らが支持。
- 公武合体構想をもち，攘夷の断行を主張した。

③南紀派…血統重視の立場をとる。

- 将軍候補に㉘＿＿＿＿があがる…紀伊藩主。
- 彦根藩の㉙＿＿＿＿らが支持した。
- 幕府独裁構想をもち，開国もやむなしと判断する。

*8 14代将軍をめぐる対立である。

2. 井伊直弼の独裁

①1858年に㉚＿＿＿＿に就任した。

②14代将軍に徳川慶福(よしとみ)を擁立…名を家茂(いえもち)と改める。

A 物価騰貴を抑えながら流通経済を統制することと江戸の問屋の保護を目的としたが，商取引の自由を主張する列国や輸出向け商品を扱う在郷商人の反対によって効果は薄かった。(80字)

③条約の無勅許調印 →開国 →物価急騰 →庶民生活を圧迫。

④㉛＿＿＿＿＿(1858～59)…一橋派を弾圧した。*9

▶橋本左内(越前藩)・㉜＿＿＿＿＿(長州藩)・頼三樹三郎・梅田雲浜らを処刑した。

⑤㉝＿＿＿＿＿の変(1860)…井伊直弼が暗殺される。*10

*9　徳川斉昭は，蟄居を命じられた。

*10　幕府独裁政治が崩壊した。

3 公武合体運動　幕末の難局をどうのりきるか，その一つのこころみがなされた

1. 公武合体構想

①朝廷と幕府の協力体制のもとで，政局の安定をはかる。

②｛公…㉞＿＿＿＿＿天皇・岩倉具視ら。
　 武…老中㉟＿＿＿＿＿・久世広周ら。

③具体策…孝明天皇の妹㊱＿＿＿＿＿を家茂夫人に。

▶和宮降嫁は，1862年に実現された。

④㊲＿＿＿＿＿の変(1862)…安藤信正が襲撃される。

2. 文久の改革(1862)

①薩摩藩の島津㊳＿＿＿＿＿が要求。

②勅使大原重徳を先導に江戸に赴き，改革を要求した。

③｛政事総裁職…㊴＿＿＿＿＿。
　 ㊵＿＿＿＿＿…一橋慶喜。
　 ㊶＿＿＿＿＿…松平容保。

文久の改革

旗本領から農兵を採用する兵賦令，参勤交代を3年1勤にし，在府期間を短縮するなどの緩和策がとられたほか，洋式軍備の採用，洋書調所設置(蕃書調所の改称)などがはかられた。

4 尊攘運動の盛衰　尊攘運動のピークは，1863(文久3)年である

1. 尊王攘夷論

①尊王論…後期水戸学や平田派国学などにより，強調された。

②攘夷論…外国を撃退することを主張した。

▶幕末期に両者が合体し，現実的根拠をもった。

2. 尊攘運動の展開

①1863年…㊷＿＿＿＿＿藩による外国船砲撃事件。*11

②1863年…㊸＿＿＿＿＿の政変 →七卿落ち。*12

③1863年…㊹＿＿＿＿＿の変 →吉村寅太郎・中山忠光ら。*13

④1863年…㊺＿＿＿＿＿の変 →平野国臣らが代官所を襲撃。

⑤1864年…水戸㊻＿＿＿＿＿の乱 →筑波山で挙兵した。

⑥1864年…㊼＿＿＿＿＿事件→近藤勇の㊽＿＿＿＿＿組。*14

⑦1864年…㊾＿＿＿＿＿の変(蛤御門の変)。

攘夷の激化

1861年にはヒュースケン暗殺事件，東禅寺事件，1862年には生麦事件，イギリス公使館焼打ち事件などがおこった。

補足

長州藩では高杉晋作が奇兵隊を組織し，一時，藩の主導権を握った。

*11　1864年に四国艦隊下関砲撃事件がおこる。

*12　三条実美・沢宣嘉らが都落ちした。

*13　大和五条の代官所が襲撃された事件。

*14　新選(撰)組は，京都守護職の指揮下におかれた。

3. 2度の長州征討

①㊿＿＿＿＿＿年(第1次) →長州藩が幕府に謝罪・降伏。

②51＿＿＿＿＿年(第2次) →幕府軍が敗退し，権威失墜。

記述論述 Q　1867年に天皇を中心とする新政府が樹立され，新たに三職が設置された。三職により，京都で開かれた小御所会議で決定された内容を40字以内で説明しなさい。　(津田塾大／改)

　出題大学…㊵：同志社大，東北学院大／㊻：慶應義塾大

到達度チェック

❶ 次の文章を読んで，あとの問いに答えよ。 獨協大―国際・経・法／改

解答：別冊p.52 ▶

アヘン戦争の結果を受け，幕府は1842年に天保の［ 1 ］を出して事態に対応しようとしたが，基本的には鎖国体制を維持した。しかしアメリカはペリーを派遣して，日本に開国を強く求めた。老中首座の［ 2 ］は，この来航を朝廷に奏上するとともに，諸大名や幕臣にも開国の是非について諮問した。開国後，アメリカ総領事のハリスが来日し，通商交渉が開始され，1858年に大老井伊直弼は勅許を得られないまま，(a)日米修好通商条約に調印した。(b)貿易が開始されると，国内経済に大きな影響があらわれ，排外的な動きが強まるとともに，幕府に対する反感も高まった。

老中の安藤信正が公武合体政策をとり，幕府の権威を高めようとしたが，尊王攘夷論者から非難され，安藤も［ 3 ］で負傷した。このような中，薩摩藩主の父の島津久光が江戸に赴き，(c)幕政改革を要求した。この薩摩藩の動きに刺激を受けた長州藩の尊攘派は，急進派の公家と結んで，幕府に攘夷決行を決定させ，実行に移した。しかし，薩摩・会津藩などが公家の三条実美らを［ 4 ］で京都から追放し，長州藩の動きを封じた。薩摩藩と長州藩は，ともに攘夷が現実的には不可能であることを認識し，やがて幕府に対抗する同盟を秘密裏に結んだ。幕府はフランス公使の［ 5 ］の助言で軍制改革に取り組んだが，薩長両藩は倒幕の挙兵計画を進めた。

問1． 下線部(a)に関する記述として適当でないものを選びなさい。
- **ア** 通商は自由貿易とすることが定められた。
- **イ** 神奈川・長崎・新潟・兵庫を開港することが定められた。
- **ウ** アメリカは関税を日本に支払わないという内容であった。
- **エ** 日本に滞在するアメリカ国民への領事裁判権を認める内容であった。

問2． 下線部(b)について，幕末の貿易に関する記述として適当なものを選びなさい。
- **ア** 貿易は開始直後から大幅な輸入超過となった。
- **イ** 開港当初，取引相手国別の輸出入額が最も多かったのはアメリカであった。
- **ウ** 安価な綿織物が大量に輸入された。
- **エ** 幕府は物価を抑制するため，生糸などを直接開港場に運ぶよう命じた。

問3． 空欄［ 1 ］にあてはまる語句を選びなさい。
ア 御触書寛保集成　**イ** 海禁令　**ウ** 無二念打払令　**エ** 薪水給与令

問4． 空欄［ 2 ］にあてはまる人名を選びなさい。
ア 阿部正弘　**イ** 伊達宗城　**ウ** 川路聖謨　**エ** 堀田正睦

問5． 空欄［ 3 ］にあてはまる語句を選びなさい。
ア 紀尾井坂の変　**イ** 坂下門外の変　**ウ** 慶安の変
エ 桜田門外の変

問6． 下線部(c)に関連して，この後に行われた文久の改革に関する記述として，適当でないものを選びなさい。
- **ア** 京都守護職に松平容保を任命した。
- **イ** 参勤交代制の緩和を行った。
- **ウ** 将軍後見職に松平慶永を任命した。
- **エ** 西洋式軍制を採用した。

問7． 空欄［ 4 ］にあてはまる語句を選びなさい。
ア 八月十八日の政変　**イ** 禁門の変　**ウ** 生野の変　**エ** 天誅組の変

問8． 空欄［ 5 ］にあてはまる人名を選びなさい。
ア パークス　**イ** ヒュースケン　**ウ** ロッシュ　**エ** ケーベル

❶ヒント
問3 1806年にも発令されていた。異国船に対して飲料・燃料などを支給し，穏便に帰帆させることを目的とした法令である。
問4 安政年間に海軍伝習所の創設，洋学所の開設などの幕政改革を実施した。
問5 1862年におこった事件。
問7 1863年，公武合体派が巻き返しを図った事件。

江戸時代

❶解答欄

問1	
問2	
問3	
問4	
問5	
問6	
問7	
問8	

A 徳川慶喜に対して，内大臣の辞退と朝廷への領地の一部返上を命じる処分が決定された。(40字)

解答：別冊p.27 ▶

30 明治維新

重要暗記年代

■1866……薩長連合
■1867……大政奉還
■1867……王政復古の大号令
■1868……戊辰戦争はじまる
■1868……五箇条の誓文
■1869……版籍奉還
■1871……廃藩置県
■1873……地租改正

ココが出る!!

［入試全般］
さまざまな近代化政策に焦点をあてた問題が出る。漢字四字の歴史名辞に注意。

［国公立二次・難関私大］
版籍奉還・廃藩置県・地租改正などの諸政策がもつ歴史的意義について述べさせる問題もある。自分で小見出し（項目やテーマ）を立て，それについて100字程度でまとめる練習をするとよい。

1 江戸幕府の滅亡　公武合体論の薩摩藩と尊王攘夷論の長州藩が手を結び，倒幕運動が展開した

1. 薩長連合（1866）

①土佐の①＿＿＿＿＿＿・中岡慎太郎らが仲介した。
②長州藩…革新派の台頭 →②＿＿＿＿＿＿の奇兵隊など。
③薩摩藩…西郷隆盛・大久保利通ら革新派が台頭した。
④世相…③＿＿＿＿＿＿の乱舞（1867）→世直しの風潮。

2. 大政奉還（1867.10.14）＊1

①フランス公使④＿＿＿＿＿＿の意見で，幕政・軍制・財政改革を行う。
②公武合体論を唱えていた公家の⑤＿＿＿＿＿＿が，倒幕派に転換した…朝廷内部でも倒幕の気運が高揚する。
③討幕の密勅（1867.10.14）…薩長両藩にくだる。
④大政奉還…前土佐藩主⑥＿＿＿＿＿＿から将軍慶喜へ。＊2
▶推進したのは坂本龍馬や⑦＿＿＿＿＿＿ら。慶喜は1867年10月14日に朝廷に上奏し，翌日許可された。
▶そのため，討幕の密勅は不発に終わった。

3. ⑧＿＿＿＿＿＿の大号令（1867.12.9）

①幕府・摂政・関白の廃止。
②三職の設置…⑨＿＿＿＿＿＿・⑩＿＿＿＿＿＿・参与（さんよ）。＊3
▶総裁には⑪＿＿＿＿＿＿親王が就任した。
③神武創業の精神にもとづく王政復古を宣言した。
④⑫＿＿＿＿＿＿会議…慶喜の辞官納地を決定した。
▶慶喜の⑬＿＿＿＿＿＿辞退と領地の一部返上を決定したが，幕府側が反対し，新政府と対立する…戊辰（ぼしん）戦争。

外国の対応

①イギリス…⑭＿＿＿＿＿＿。
・薩長倒幕派を支援した。
②フランス…⑮＿＿＿＿＿＿。
・幕府側を支援した。

＊1　1866年，15代将軍に徳川慶喜が就任した。

＊2　公議政体論を主張した。

公議政体論

朝廷のもとに，徳川（将軍）を議長とする列藩会議を樹立し，大名からなる上院と庶民からなる下院を設置しようとする政治構想で，坂本龍馬らが唱えた。

＊3　参与には，薩摩藩から西郷隆盛・大久保利通，土佐藩から後藤象二郎・福岡孝弟（たかちか），長州藩からは木戸孝允（たかよし）・広沢真臣（さねおみ）らが加わった。

記述論述 Q　徴兵令に関して，その内容と歴史的意義について60字以内で述べなさい。　（慶應義塾大一経／改）

　出題大学…①：上智大／⑪：日本大

2 維新政府の近代化政策 封建色を払拭しながら，新体制を構築した

1. 戊辰戦争

①⑯＿＿＿＿＿＿・伏見の戦い(1868)。

②箱館戦争(1869)…⑰＿＿＿＿＿＿にたてこもった旧幕府の榎本武揚(たけあき)軍が降伏する。

2. 維新政府の基本方針

①⑱＿＿＿＿＿＿(1868)＊4…開国和親の方針と公議世論の尊重。

②⑲＿＿＿＿＿＿(1868)…全体の政治方針。

③⑳＿＿＿＿＿＿(1868)…民衆に対する基本方針。

3. 元号制度…㉑＿＿＿＿＿＿の制 →岩倉具視(ともみ)の建議による。

4. 身分制度＊5

①㉒＿＿＿＿＿＿平等(1871)…苗字の許可，通婚の自由。

②㉓＿＿＿＿＿＿戸籍(1872)…最初の近代的戸籍。

5. 地方制度

①政体書(1868)…府・藩・県の㉔＿＿＿＿＿＿制。

②㉕＿＿＿＿＿＿(1869)＊6…薩長土肥４藩が先導した。

▶旧藩主は㉖＿＿＿＿＿＿となり，藩政を継続した。

③㉗＿＿＿＿＿＿(1871)＊7…薩長土３藩から徴集した御親兵(ごしんぺい)の軍事力を背景に一挙に断行した。

▶知藩事を華族に列して東京に集め，また，地方には府知事や㉘＿＿＿＿＿＿を派遣した…中央集権体制が確立した。

6. 産業の育成…官営模範工場の設立 →殖産興業政策。

▶群馬県に㉙＿＿＿＿＿＿製糸場を設立し，1872年に開業。

7. 交通・通信制度

①九十九商会(つくも)(1870)…岩崎弥太郎(やたろう)。

②郵便制度(1871)…㉚＿＿＿＿＿＿の建議による。

③鉄道開通(官営：1872)…新橋～横浜間 →陸蒸気(おか)(イギリスの援助)。

8. 軍制・兵制

①㉛＿＿＿＿＿＿(1872.11.28)…血税一揆を誘発した。

②㉜＿＿＿＿＿＿(1873.1.10)…理念は「国民皆兵(こくみんかいへい)」。

▶大村益次郎(ますじろう)の構想を㉝＿＿＿＿＿＿が実現させた。

③常備陸軍として設置された鎮台は，1888年に師団に発展した。

9. 宗　教

①㉞＿＿＿＿＿＿令(1868)…神仏習合を否定する。

②神道の国教化政策の推進…神祇官の設置(1869)。

▶1870年には，㉟＿＿＿＿＿＿の詔が出された。

③仏教界…㊱＿＿＿＿＿＿という弾圧の風潮が高まった。＊8

補足

1868年５月には奥羽越列藩同盟が成立し，一方では官軍によって上野で彰義隊(しょうぎ)が討たれた。

補足

1868年７月に江戸を東京と改称し，翌年東京に遷都がなされた。

＊4 五箇条の誓文を起草したのは由利(ゆり)公正(きみまさ)，加筆修正は福岡孝弟・木戸孝允によって行われた。

＊5 1869年に士農工商の身分制が廃止され，旧来の大名は華族，武士は士族，それ以外の人々は平民に編入されることになった。

＊6 版籍奉還を建議したのは，大久保利通や木戸孝允らである。

＊7 廃藩置県の結果，1871年には３府302県から３府72県に，1888年には３府43県に統合された。

補足

通信制度では，1877年に万国郵便連合条約に加入した。鉄道ではその後，神戸～大阪間(1874)，京都～大阪間(1877)が開通し，1889年には東海道線が全通した。

〈史料〉徴兵告諭

我朝上古ノ制，海内挙テ兵ナラサルハナシ。……固ヨリ後世ノ雙刀(そうとう)ヲ帯ヒ武士ト称シ，抗顔坐食シ，甚シキニ至テハ，人ヲ殺シ官其罪ヲ問ハサル者ノ如キニ非ス。……然ルニ大政維新列藩版図ヲ奉還シ，辛未ノ歳ニ及ヒ遠ク郡県ノ古ニ復ス。世襲坐食ノ士ハ其禄ヲ減シ，刀剣ヲ脱スルヲ許シ，四民漸(ようや)ク自由ノ権ヲ得セシメントス。是レ上下ヲ平均シ，人権ヲ斉一ニスル道ニシテ，則チ兵農ヲ合一ニスル基ナリ。

徴兵免役規定

代人料270円以上の納入者，官立学校生徒，戸主・家督相続人などは，免役の対象となった。そのため農家では，次男・三男のような主力となる働き手が奪われることになり，反対一揆を誘発した。

＊8 浄土真宗の僧島地黙雷(しまじもくらい)らにより，復興運動がすすめられた。

明治時代

A 満20歳以上の男子を対象に，徴兵後３年間の兵役義務を課すもので，国民皆兵を理念とする近代的な常備軍が確立することになった。(60字)

10. 貨幣・信用制度

①不換紙幣…㊲＿＿＿＿札(1868)・民部省札(1869)。
②㊳＿＿＿＿条例(1871)…円・銭・厘の10進法を採用。
③㊴＿＿＿＿条例(1872)…起草は㊵＿＿＿＿。
▶1873年に三井・㊶＿＿＿＿組によって第一国立銀行が設立され，1879年時点で153行となった。

11. 土地制度・租税制度

①田畑㊷＿＿＿＿解禁(1871)。
②田畑㊸＿＿＿＿解禁(1872)…壬申地券を発行する。
③㊹＿＿＿＿条例(1873)…地租改正に着手する。＊9
- 課税基準…収穫高(石高)から㊺＿＿＿＿に変更する。
- 税率…一律地価の㊻＿＿＿＿%。
- 納税者…耕作者から㊼＿＿＿＿に変更される。
- 納税法…現物納から金納に変更 →小作料は現物納。

12. 北海道の開発

①中心機関…㊽＿＿＿＿。
②1874年に㊾＿＿＿＿兵制度を採用した…黒田清隆(きよたか)の建議。

〈史料〉地租改正条例

今般地租改正ニ付，旧来田畑貢納ノ法ハ悉(ことごと)皆相廃シ更ニ地券調査相済次第土地ノ代価ニ随(したが)ヒ，百分ノ三ヲ以テ地租ト相定ム可キ旨仰出サレ候条，改正ノ旨趣，別紙条例ノ通相心得ベシ。且，従前官庁並郡村入費等地所ニ課シ取立来候分ハ総テ地価ニ賦課致ス可ク，尤(もっと)モ其金高ハ本税金ノ三ケーヨリ超過スベカラズ候。此旨布告候事。

＊9 地租改正により，政府の財源の基礎が確立・安定したが，農民負担は前代とほとんどかわらなかったため，堺・岐阜・三重・愛知・茨城などの県下では，激しい地租改正反対一揆がおこった。そこで政府は1877年に税率を地価の2.5%に引き下げた。

補足

北海道の開拓事業が1882年まで続いた後，開拓使にかわって札幌・根室・函館の３県が設置されたが，1886年に三県は廃止されて新たに北海道庁が設置された。

3 文明開化

新政府は，西洋文明の摂取につとめたが，生活面にも時代の転換がはっきりとうつっていた

1. 西洋思想の流入＊10

①㊿＿＿＿＿…『学問のすゝめ』『西洋事情』。
②(51)＿＿＿＿…『西国立志編』『自由之理(ことわり)』。＊11
③(52)＿＿＿＿…『民約訳解』→東洋のルソー。
④(53)＿＿＿＿…『人権新説』『国体新論』。
⑤(54)＿＿＿＿…『日本開化小史』。

2. 教　育

①1871年に教育行政の中心機関として(55)＿＿＿＿を設置。
②1872年…(56)＿＿＿＿＊12頒布 →(57)＿＿＿＿にならう。
③1879年…(58)＿＿＿＿令 →(59)＿＿＿＿にならう。
④1886年…(60)＿＿＿＿令 →文部大臣(61)＿＿＿＿。
⑤官学…1877年に(62)＿＿＿＿大学 →開成学校などを統合。
⑥私学…福沢諭吉の(63)＿＿＿＿，新島襄(じょう)の同志社英学校，大隈重信の(64)＿＿＿＿など。

3. 生活・風俗

①(65)＿＿＿＿暦の採用…1872年12月３日＝1873年１月１日。
②１日24時間制・日曜休日制・人力車＊13・牛鍋・ガス灯。
③新風俗の中心地…銀座や(66)＿＿＿＿。

＊10 イギリス功利主義やフランス共和主義，アメリカのキリスト教思想などが流入した。

＊11 『西国立志編』はスマイルズの『自助論』，『自由之理』はミルの『自由論』をそれぞれ翻訳したものである。

＊12 立身出世・実学主義をかかげ，国民皆学に重点をおいている。構想では全国を８大学区に分け，１大学区＝32中学区，１中学区＝210小学区という予定であったが，実際には７大学区として発足した。

＊13 人力車は和泉要助(いずみようすけ)らの発明といわれる。

記述論述 Q 西洋の文化は，横浜・神戸などが窓口となって流入し，都市部を中心に広まっていった。これらの都市が文明開化の窓口となった理由について80字以内で説明せよ。（名古屋大／改）

 出題大学…㊼：京都府立大／(63)：北海道大

到達度チェック

❶ 次の文を読み，空欄［A］～［D］に最も適切な語句や西暦年代を記入し，あとの問いに答えよ。 立命館大─全／改

解答：別冊p.52 ▶

政治的統一を目指す明治政府は，1869年の①版籍奉還によって藩主と藩士の主従関係を解消し，藩主を公卿らとともに［A］族，藩士・旧幕臣らを士族とした。同時に「農工商」は平民とされ，苗字や身分を超えた通婚・職業選択の自由も認められて，いわゆる「四民平等」といわれる世になった。また［B］年には身分解放令(賤称廃止令)が出され，それまで被差別民に与えられてきた「えた・非人」の称を廃止し，身分・職業ともに制度の上では平民同様とすることとされた。ついで出された②徴兵告諭は「世襲坐食ノ士ハ其禄ヲ減ジ，刀剣ヲ脱スルヲ許シ，四民漸ク自由ノ権ヲ得セシメントス。是レ上下ヲ平均シ人権ヲ斉一ニスル道ニシテ，則チ兵農ヲ合一スル基ナリ。③是ニ於テ，（　X　）ハ従前ノ（　X　）ニ非ズ，（　Y　）ハ従前ノ（　Y　）ニアラズ，均シク皇国一般ノ民ニシテ国ニ報ズルノ道モ固ヨリ其別ナカルベシ」とのべ，徴兵制実施のためにも身分の撤廃が重要であることが強調されている。

こうして江戸時代までの身分制度はしだいに解体されていくこととなるが，とりわけ大きな変容を迫られたのが士族であった。明治維新の後も士族は大幅に収入が減ぜられたとはいえ，［A］族とともに［C］が与えられ，依然として経済的特権は維持された。しかしながら，その支出が政府の財政を大きく圧迫したため，政府は1876年には強制的に［C］制度を廃止して，かわりに④年間支給額の数年分を一度に支払う制度に切り替えた。こうして同年に出された廃刀令とともに，士族は特権をほとんど奪われることになった。

このような状況に不満を覚えた士族の中には，反政府暴動を起こすものもあった。1876年には熊本で［D］党が組織され，廃刀令発布に憤慨して熊本鎮台を襲った事件が勃発し，これに呼応して⑤秋月の乱や萩の乱が起こったが，いずれも鎮圧された。士族の多くは没落していったものの，一方では⑥［A］族・士族・平民の族籍が戸籍に記載されるなど，族籍による差別はその後も根深く残り続けた。

問1． 下線部①に関連して，この結果，藩主が新たに任ぜられた職名を何というか。

問2． 下線部②に関連して，「徴兵告諭」に基づき，翌年には徴兵令が公布されたが，徴兵令を発案するなど，近代的軍制の創設に尽力し，1869年に反対派士族に襲われた人物は誰か。

問3． 下線部③に関連し，(X)・(Y)に入る語句の組合せとして正しいものはどれか，１つ選べ。

1　X＝兵　Y＝農　**2**　X＝上　Y＝下　**3**　X＝士　Y＝民
4　X＝士　Y＝農

問4． 下線部④に関連して，この制度によって金禄公債証書が発行されたが，それを元手に［A］族が中心となって1877年に設立した国立銀行を何というか。

問5． 下線部⑤に関連して，秋月の乱と萩の乱のそれぞれの指導者の組合せとして正しいものを１つ選べ。

1　江藤新平・板垣退助　**2**　宮崎車之助・前原一誠
3　大井憲太郎・河野広中　**4**　副島種臣・榎本武揚

問6． 下線部⑥に関連して，前年に制定された戸籍法に基づいて，1872年には最初の全国的戸籍が作成された。この戸籍の名称を答えよ。

❶ヒント

空欄：C．家禄と賞典禄の総称。

問2　村田蔵六ともいう。近代軍制の創始者として，はじめフランス式の兵制を導入した。

問4　国立銀行条例にもとづいて設立。華族銀行ともよばれる。

❶解答欄

A	
B	
C	
D	
問1	
問2	
問3	
問4	
問5	
問6	

明治時代

A　幕末に貿易港として開港して居留地が設けられたほか，大都市東京・大阪と鉄道で結ばれていたことを背景に，先進技術や近代文化が流入する窓口としての役割を果たしたから。(80字)

解答：別冊p.28 ▶

31 自由民権運動と立憲国家の成立

重要暗記年代

■1874……民撰議院設立の建白書
■1875……大阪会議，愛国社の結成
■1877……西南戦争
■1880……国会期成同盟・集会条例
■1881……明治十四年の政変
■1885……内閣制度の発足
■1889……大日本帝国憲法の発布

ココが出る!!

［入試全般］
民権派の動きと政府の弾圧，その攻防が１つのポイント。弾圧条例や処罰された人物についてもきめ細かくまとめておくこと。大日本帝国憲法成立までの経緯と憲法で規定している内容も頻出する。

［国公立二次・難関私大］
自由民権運動の開始から終息までの推移を400字程度でまとめるトレーニングをしておこう。

1 士族の抵抗　保守的不平士族による反政府運動が激化したが，またたくまに鎮圧された

1. 征韓論の敗北

①板垣退助ら征韓論を唱えていた参議が，一斉に下野(げや)した。*1

②1874年…⑪＿＿＿＿の乱 →江藤新平。

2. 秩禄処分・廃刀令に対する憤慨

①1876年…②＿＿＿＿の乱*2 →太田黒伴雄(おおたぐろともお)：熊本県。

②1876年…③＿＿＿＿の乱 →宮崎車之助(しゃのすけ)：福岡県。

③1876年…④＿＿＿＿の乱 →前原一誠(いっせい)：山口県。

④1877年…西南戦争 →⑤＿＿＿＿を擁して鹿児島の不平士族が蜂起した。*3

2 民権運動の開始　西南戦争後，「言論」による自由民権運動が本格化した

1. 自由民権運動

①思想的基盤…⑥＿＿＿＿論。

②目標*4…政治的には⑦＿＿＿＿，経済的には地租軽減，外交的には⑧＿＿＿＿。

2. 民権運動の開始

①1874年，板垣退助らが⑨＿＿＿＿を提出した。*5

②1874年，板垣は郷里の土佐で片岡健吉らと⑩＿＿＿＿を設立する。

3. 民権運動の進展と政府の弾圧

①1875年…⑪＿＿＿＿会議 →井上馨の斡旋(あっせん)による。

▶大久保利通・⑫＿＿＿＿・板垣退助らの会談で，漸次(ぜんじ)⑬＿＿＿＿の詔が発布された。*6

②1875年…立志社を中心として，大阪で⑭＿＿＿＿を結成す

*1　西郷隆盛・板垣退助・副島種臣(そえじまたねおみ)・江藤新平・後藤象二郎らが下野した。

*2　敬神党の乱ともいう。

*3　西南戦争は，武力による最後の反政府運動で，以後，自由民権運動が本格化した。西南戦争後の待遇に対する不満により，1878年，近衛砲兵隊の一部の兵士が反乱をおこした。これが竹橋事件である。

近代の軍制
1878年の竹橋事件を機に軍人訓戒が頒布された。1882年には西周(にしあまね)らが起草した軍人勅諭が天皇から軍人に下された。また陸軍の兵制ははじめフランス，のちドイツにならい，海軍はイギリスにならった。

*4　この目標は，1877年の立志社建白以降に明確にうち出された。

*5　日本最初の政党である愛国公党を結成し，政府太政官左院に提出した。建白書は古沢滋(しげる)が起草したあと，副島種臣が検討し，板垣退助・後藤象二郎・江藤新平・由利公正・岡本健三郎・小室信夫とともに連署したものである。

*6　元老院・大審院・地方官会議の開設を決定した。

記述論述 Q　1870年代末にインフレーションがおこったが，その要因は何か。「不換紙幣」という語句を必ず用いて，20字以上40字以内で答えよ。（高崎経済大）

　出題大学…③：駒澤大，近畿大，早稲田大／④：関西大

る →全国的運動へ。

▶政府は，讒謗律(ざんぼうりつ)・⑮＿＿＿＿条例で弾圧した。

③1877年…⑯＿＿＿＿が立志社建白を提出する →却下。

④1880年…愛国社が⑰＿＿＿＿と改称発展する。

▶政府は⑱＿＿＿＿条例で，民権運動を圧迫した。

4. 地方の動向

①三新法の制定(1878)…統一的地方制度の樹立をめざす。

▶⑲＿＿＿＿法・府県会規則・地方税規則。

②⑳＿＿＿＿会開催(1878) →1890年には郡会も開催。

③1888年…㉑＿＿＿＿を制定
④1890年…㉒＿＿＿＿制・郡制を制定
}→三新法は廃止。

⑤地方制度の確立は，はじめ内務卿㉓＿＿＿＿，のち内相㉔＿＿＿＿らによって推進された。*7

3 民権運動の展開 国会開設にむけて政党も結成されたが，政府は民権運動を最後まで弾圧した

1. 明治十四年の政変…薩長藩閥政権が確立する。

①国会開設の時期をめぐる政府内の分裂。

㉕＿＿＿＿…国会即時開設を主張した。
㉖＿＿＿＿…時期尚早論を主張した。

②北海道㉗＿＿＿＿事件(1881)。

▶開拓使長官㉘＿＿＿＿が薩摩出身の政商五代友厚(ごだいともあつ)*8に不当な安価で払い下げようとしたことが，大隈系の「郵便報知新聞」に報じられ，問題となった。

③伊藤博文は，参議㉙＿＿＿＿ら反対派を罷免した。

④大蔵卿も㉚＿＿＿＿にかわり*9，払い下げは中止された。

⑤㉛＿＿＿＿の勅諭…1890年に国会を開くことを公約。

2. 政党の結成

①板垣退助…1881年に㉜＿＿＿＿党を結成する。*10

▶㉝＿＿＿＿流急進的自由主義・一院制・普通選挙制・主権在民を主張し，士族・豪農らの支持を得た。

②大隈重信…1882年に㉞＿＿＿＿党を結成する。*11

▶㉟＿＿＿＿流漸進的改良主義・二院制・制限選挙制・君民同治を主張し，㊱＿＿＿＿などの資本家や都市知識人らの支持を得た。

③福地源一郎…1882年に㊲＿＿＿＿党を結成する。*12

▶保守的御用政党で，二院制・主権在君・制限選挙制を主張し，政府・官僚・僧侶・神官らの支持を得た。

〈史料〉民撰議院設立の建白書

臣等，伏して方今政権の帰する所を察するに，上帝室に在らず，下人民に在らず，而して独り有司に帰す。夫れ有司，上帝室を尊ぶと曰はざるに非ず…下人民を保つと云はざるに非ず，而も政令百端，朝出暮改，政刑情実に成り，賞罰愛憎に出づ。言路壅蔽(ようへい)困苦告(つぐ)るなし。夫れ是の如くにして天下の治安ならん事を欲す。三尺の童子も猶其不可なるを知る。因仍(いんじょう)改めず，恐くは国家土崩(どほう)の勢を致さん。臣等愛国の情自ら已(や)む能(あた)はず，……振救するの道を講求するに，唯天下の公議を張るに在るのみ。天下の公議を張るは民撰議院を立つるに在るのみ。則ち有司の権，限る所あって，而して上下其安全幸福を受る者あらん。……

(英人ブラックが創刊した「日新真事誌」)

*7 ドイツ人法学者モッセの助言があった。

民権運動家と著作

①馬場辰猪(たつい)…『天賦人権論』
②景山英子…『妾(わらわ)の半生涯』
③植木枝盛…『民権自由論』
④中江兆民…『三酔人経綸問答(さんすいじんけいりんもんどう)』

*8 五代友厚は関西貿易社を経営した。

*9 松方正義の前の大蔵卿は，佐野常民(さのつねたみ)である。

*10 自由党には，ほかに後藤象二郎や河野広中らがよった。機関紙は「自由新聞」。

*11 立憲改進党には，ほかに尾崎行雄や犬養毅(いぬかいつよし)らがよった。機関紙は「郵便報知新聞」など。

*12 立憲帝政党には，丸山作楽(さくら)らがよった。機関紙は「東京日日新聞」。

明治時代

A 西南戦争の戦費を調達するために，明治政府が不換紙幣を増発したから。(33字)

3. 民権運動の激化

①背景…松方財政下におけるデフレ進行と没落農民の増加。

②㊳＿＿＿＿＿＿事件(1882)

▶県令㊴＿＿＿＿＿＿の圧政に対し，自由党の河野広中(こうのひろなか)らが蜂起した…自由党員の大量検挙に発展した。

③大阪事件(1885)…㊵＿＿＿＿＿＿・景山英子らの逮捕。

4. ㊶＿＿＿＿＿＿運動…民権派最後の統一運動。

①中心…㊷＿＿＿＿＿＿や星亨(とおる)。

②三大事件建白運動…井上馨(かおる)の外交姿勢に対する批判。*13

③㊸＿＿＿＿＿＿条例(1887)*14で弾圧される。

▶星亨・尾崎行雄・中江兆民ら約570名は，皇居外３里の地に３年間追放された。なお㊹＿＿＿＿＿＿は，黒田清隆内閣に逓相として入閣した。

自由党左派の騒擾事件

1882年の福島事件のあと，1883年には高田事件，1884年には群馬事件・加波山(かばさん)事件・秩父事件などが相次いだ。加波山事件のあと自由党が解党した。秩父事件は，困民党(借金党)が中心となったが，自由民権運動との直接的な関係はうすい。

*13　言論集会の自由，地租軽減，外交失策の挽回の３要求の建白書を，元老院に提出した。

*14　保安条例は，1898年に廃止されるまで13回施行された。

4 立憲体制の確立　国民は，大日本帝国憲法の内容を知らないまま歓呼の声をあげていた

1. 憲法の制定

①1882年，伊藤博文が渡欧…翌年に帰国する。

▶㊺＿＿＿＿＿＿やシュタインらに憲法理論を学ぶ。

②憲法草案作成…顧問はドイツ人法学者㊻＿＿＿＿＿＿。

▶作成者は伊藤博文・㊼＿＿＿＿＿＿・金子堅太郎・伊東巳代治(みよじ)ら。*15

③1888年に天皇の諮問機関㊽＿＿＿＿＿＿で，秘密裡に審議。

2. 内閣制度の発足(1885)…旧来の㊾＿＿＿＿＿＿制を廃止する。

①宮中に㊿＿＿＿＿＿＿局を設置する(1884)。

②(51)＿＿＿＿＿＿令公布(1884)…公侯伯子男の五爵の制。

③内閣制度…初代首相は(52)＿＿＿＿＿＿。

▶宮中と府中(政治)の別，内大臣設置，責任内閣制度は否定。

3. 大日本帝国憲法(明治憲法)…1889年２月11日(紀元節)に発布。

①天皇…神聖不可侵・天皇大権 →陸海軍統帥権など広汎。

②政府…(53)＿＿＿＿＿＿主義 →政党に左右されない姿勢。

▶天皇の(54)＿＿＿＿＿＿令により，法律の制定・改廃が可能。

③議会…衆議院と(55)＿＿＿＿＿＿院の二院制 →権限は対等。

▶貴族院は，皇族・華族・勅選議員・多額納税者・帝国学士院会員で構成され，「皇室の藩屏(はんぺい)」たる性格をもった。

④国民…「(56)＿＿＿＿＿＿」として位置づけられ，法律の範囲内で言論・集会・信教などの自由を保障された。

私擬憲法

①(57)＿＿＿＿＿＿…日本国憲按

②立志社…(58)＿＿＿＿＿＿

③植木枝盛…(59)＿＿＿＿＿＿

④交詢社…(60)＿＿＿＿＿＿

⑤(61)＿＿＿＿＿＿…国憲意見

*15　憲法草案の作成にあたっては，民権派側に内容がもれるのを恐れ，起草場所も首相官邸や東京湾夏島など，転々と移された。

諸法典の編纂

①刑法…罪刑法定主義の確立。
- 1870年…新律綱領布告
- 1873年…(62)＿＿＿＿＿＿
- 1880年…刑法・治罪法公布

②民法…1890年に完成。
- (63)＿＿＿＿＿＿論争。
  - 延期論…(64)＿＿＿＿＿＿
  - 断行論…梅謙次郎ら
- (65)＿＿＿＿＿＿年…新民法施行。

③商法…1890年公布。
- 1899年から新商法全面施行。

補足

刑法・民法は，フランス人法学者ボアソナード，商法はロエスレルがそれぞれ制定に尽力した。治罪法は，1890年に刑事訴訟法にかわった。

記述論述 Q　明治民法の特徴について，次の語句をすべて用いて60字以内で述べよ。また，使用した語句には下線を引くこと。《財産・婚姻・同等・戸主》　(聖心女子大一文)

　出題大学…㊶：立命館大，東京学芸大，法政大／(58)：愛知教育大／(60)：愛知学院大／(65)：近畿大

到達度チェック

❶ 次の文を読み，あとの問いに答えよ。　明治大－文／改

発足した新政府は，1868年に政府の組織を示す政体書を定めたが，そこでは最初の立法機関として［ a ］が置かれた。廃藩置県後に太政官制度が改革され，大臣・参議への諮問および建白書を受理する機関として［ b ］が設置された。1873年の政変の際に，参議を辞職した板垣退助らは，翌年に民撰議院設立建白書を［ b ］に提出する。

1875年に板垣退助は，台湾出兵に反発して参議を辞職した［ c ］とともに参議兼内務卿大久保利通と大阪で会見し，漸進的な立憲制の樹立で合意に至り，政府に一時的に復帰した。西南戦争を経たのち，国会開設運動が全国的に展開し，ア政治への関心が幅広い層の間で広まった。こうした中，開拓使官有物払下げ事件による世論の強い攻撃を受けた薩長出身の参議は，明治十四年の政変で大隈重信らを政府から排除した。政変の前後に，板垣退助や大隈重信らを中心に結成された全国的政党は，一時期活動が低調となったが，外務大臣井上馨が示した条約改正案への反対運動を機に，再結集の動きが強まる。これに対して政府は，1887年に［ d ］を制定して活動家を東京から退去させるなど，政党に対して強い姿勢を示した。

1889年，大日本帝国憲法が発布され，翌年には帝国議会が開設されたが，衆議院ではイ内閣と民党が激しく対立した。しかし政党はしだいに政治上での存在感を強め，ウ藩閥との妥協や提携が進む。そして1900年には，元老の伊藤博文を総裁とする立憲政友会が結成された。

問1． 空欄［ a ］にあてはまる機関名を記せ。
問2． 空欄［ b ］にあてはまる機関名を記せ。
問3． 空欄［ c ］にあてはまる人物名を記せ。
問4． 空欄［ d ］にあてはまる法令名を記せ。
問5． 下線部アに関連し，東海散士の代表作となった政治小説の題名を記せ。
問6． 下線部イに関連し，黒田清隆首相が議会に対応する政府の方針として，声明で示した立場を記せ。
問7． 下線部ウに関連し，第2次山県有朋内閣が地租増徴案を成立させるために提携した政党の名を記せ。

❷ 次の各問いに答えよ。　早稲田大－法／改

問1． 西南戦争の後に生じた出来事として，正しいものを1つ選べ。

あ 江藤新平が佐賀の不平士族に迎えられ，政府に対して反乱を起こした。
い 立志社が国会開設を求める意見書を天皇に出そうとしたが，却下された。
う 板垣退助らが民撰議院設立建白書を左院に提出した。
え 農民が，徴兵制や学制に基づく小学校設置などに反対して一揆をおこした。
お 政府が集会条例を定めて，政社の活動を制限した。

問2． 大審院に関する記述として正しいものを1つ選べ。

あ 大審院は，三権分立を定める大日本帝国憲法の施行によって設置された。
い 大審院は，在野の大隈重信らが参加した大阪会議の結果，設立された。
う 大審院は，漸次立憲政体樹立の詔を受けて，元老院・地方官会議とともに設置された。
え 大審院は，三大事件建白運動の結果，設立された。
お 大審院は，『日本国憲按』という憲法草案を完成させた。

解答：別冊p.52 ▶

❶ヒント

問1 1868年の政体書で太政官に設置された。
問3 長州藩出身。五箇条の誓文の起草に参加。1871年の岩倉遣外使節団には副使として参加。
問6 政府は政党からの影響を受けることなく，超然として政党の外にたつ，という考え方。
問7 1898年に自由党と進歩党が合同して発足はした政党。

❶解答欄

問1	
問2	
問3	
問4	
問5	
問6	
問7	

❷ヒント

問1 西暦年代で解くのが最も確実である。
問2 大審院は最上級の司法機関。1947年に最高裁判所が設置されて廃止となった。

❷解答欄

問1	
問2	

明治時代

A 婚姻の際には戸主の同意を必要とし，戸主は妻の財産も管理するなど，男女の権限は同等ではなく，家父長制家族制度が温存された。(60字)

解答：別冊p.28 ▶

32 資本主義の発達と社会・労働運動

重要暗記年代

■1870……工部省の設置
■1872……富岡製糸場の開設
■1873……内務省の設置
■1880……工場払下げ概則の制定
■1882……大阪紡績会社の設立
■1897……金本位制の確立
■1901……八幡製鉄所の操業開始

ココが出る!!

[入試全般]
殖産興業・松方財政・産業革命・労働運動などについては覚えるべき歴史用語も多い。松方財政については，その経済的影響を述べさせる短文論述問題も頻出する。

[国公立二次・難関私大]
富国強兵国家をめざした政府にとって，資本主義の育成はどのような意味をもっていたのかを述べさせる問題もある。

1 殖産興業　政府による「上から」の資本主義化がすすめられた

1. 中心機関

①1870年…①＿＿＿＿＿＿省の設置　→初代工部卿は伊藤博文。
②1873年…②＿＿＿＿＿＿省の設置　→初代内務卿は大久保利通。

2. 官営事業の推進

①群馬県③＿＿＿＿＿＿場…蒸気力による座繰(ざぐり)製糸。
▶④＿＿＿＿＿＿人技師ブリューナを招き，女工の養成と技術の改良をはかる。
②北海道開発*1…1869年に⑤＿＿＿＿＿＿使　→黒田清隆中心。
▶1874年から⑥＿＿＿＿＿＿兵を設置する…士族授産の一環。

3. 政府の経営による工場と鉱山…旧幕府や諸藩から接収した。

①軍事工場…東京砲兵工廠(こうしょう)・大阪砲兵工廠・長崎造船所・横須賀造船所・深川工作分局など。
②鉱山…高島炭坑・三池炭坑・院内銀山・阿仁(あに)銅山など。

4. 諸施設

①内務省管轄…三田⑦＿＿＿＿＿＿。
②農事教育(農業・牧畜業の改良)のために⑧＿＿＿＿＿＿農学校を設ける　→1890年に東京大学に統合される。

補足
株仲間や藩の専売事業，関所，助郷役・伝馬制度など，封建遺制が1868年～1872年にかけて，次々に廃止された。

官営模範工場
富岡製糸場のほかに，新町・愛知・広島・堺紡績所，軍服用の材料であるラシャをつくった千住製絨(せいじゅう)所などがあった。

*1　アメリカからケプロンを招き，指導を受けた。1876年にはクラークが招かれ，札幌農学校教頭となった。

特殊銀行
①⑪＿＿＿＿＿＿銀行
・貿易金融を扱う。
②⑫＿＿＿＿＿＿銀行
・1897年　・農業部門の育成。
③⑬＿＿＿＿＿＿銀行
・1902年　・工業部門の育成。
④府県農工銀行
・地方の農工業育成。

2 松方財政　デフレを招いて中小企業は倒産し，下層農民も没落した

1. インフレーションの高進

①太政官札など⑨＿＿＿＿＿＿紙幣を発行する
②国立銀行券を発行する
}→物価急騰。

2. 官営事業払い下げ…1880年の⑩＿＿＿＿＿＿により実施。

▶軍事産業は除外…政商に対して払い下げ　→財閥の基礎が確立。

工場払い下げ
大蔵卿松方正義によって，1884年に工場払い下げ規則が廃止されてから本格的に推進された。民間企業の発達が促進された反面，政府と払い下げを受けた一部の政商との結びつきも強まった。

記述論述 Q　松方財政のもとで農村が窮迫した原因について80字以内で説明しなさい。　(津田塾大一学芸／改)

　出題大学…⑦：北海学園大／⑧：法政大／⑩：慶應義塾大／⑫：関西大，東京経済大

3. 松方財政…中心は大蔵卿⑭＿＿＿＿＿＿。

①財政整理…歳出節減・増税，新税設置 →緊縮財政。

②1882年…⑮＿＿＿＿＿＿を設立する。

③1883年…国立銀行条例を改正 →紙幣発行権をとりあげた。

▶その結果，国立銀行は⑯＿＿＿＿＿＿銀行に転化した。

④1885年…日本銀行が⑰＿＿＿＿＿＿銀行券を発行する。

▶1886年から政府紙幣の銀兌換を開始 →銀本位制の確立。

⑤結果…デフレーションが高まり，不景気が続く。

都市…中小企業の倒産 →失業者が増大。
農村…農産物価格下落 →農民の階層分化が促進される。

▶没落した貧農は，賃金労働者に転化し，農村においては⑱＿＿＿＿＿＿制が確立・進展した。

官営事業の民間払い下げ

①新町紡績所・②富岡製糸場…⑲＿＿＿＿＿＿へ
③院内銀山・④阿仁銅山…⑳＿＿＿＿＿＿へ
⑤佐渡金山・生野銀山・長崎造船所…㉑＿＿＿＿＿＿へ
⑥深川セメント製造所…㉒＿＿＿＿＿＿へ
⑦兵庫造船所…㉓＿＿＿＿＿＿へ
⑧高島炭坑…はじめ後藤，のち㉔＿＿＿＿＿＿へ
⑨三池炭坑…はじめ佐々木，のち㉕＿＿＿＿＿＿へ

3 産業革命の進行 1900年前後に，日本近代資本主義が確立した

1. 近代産業の形成

①鉄道…1881年に㉖＿＿＿＿＿＿会社が設立される。*2

▶1901年には山陽鉄道会社により，神戸〜下関間が開通する。

②1889年…官営による㉗＿＿＿＿＿＿線が全通する。*3

③海運業…1885年に㉘＿＿＿＿＿＿会社が発足する。*4

▶日本郵船会社は，1893年に㉙＿＿＿＿＿＿航路*5を開き，1896年にオーストラリア航路・欧米航路を開設するなど，近代日本最大の海運会社として発展した。

④博覧会…1877年に第１回㉚＿＿＿＿＿＿博覧会開催。

⑤工業…1882年に㉛＿＿＿＿＿＿会社設立 →翌年操業開始。*6

▶大阪紡績会社は㉜＿＿＿＿＿＿らによって設立される。これを機に，鐘淵（かねがふち）・富士・尼ヶ崎・摂津などの各紡績会社が設立され，機械制生産を展開した。

2. 第１次産業革命…日清戦争前後 →軽工業部門・水蒸気。

①綿糸紡績業…手紡・ガラ紡から機械紡績へと発達した。*7

②
1890年…国内の綿糸㉝＿＿＿＿＿＿高が輸入高を凌駕（りょうが）した。
1897年…綿糸の㉞＿＿＿＿＿＿高が輸入高を凌駕した。

③綿織物業…㉟＿＿＿＿＿＿を採用して，手織機（ておりばた）を改良した。*8

④製糸業…㊱＿＿＿＿＿＿製糸が㊲＿＿＿＿＿＿製糸を凌駕。

▶片倉組・郡是（ぐんぜ）製糸・岡谷製糸などの会社が設立される。

⑤造船業…三菱長崎造船所などが発達したにとどまる。

▶海運業・造船業が発達した背景には，1896年に制定された㊳＿＿＿＿＿＿法・㊴＿＿＿＿＿＿法がある。

*2 1891年に上野〜青森間が全通した。

*3 神戸〜東京間が全通した。

*4 三菱汽船と共同運輸会社が合併。

*5 インド航路は，インド綿花の輸送のために開かれた。ボンベイ航路ともいう。

補足
1880年代後半には紡績業や鉄道業を中心に会社設立の気運が高まった。これを企業勃興という。

*6 イギリス式の機械を用い，昼夜2交代制で操業した最初で最大の紡績工場。

補足
1890年に最初の経済恐慌がおこった。

*7 ミュール紡績機，のちにリング紡績機が導入され，生産性を高めた。なおガラ紡は，臥雲辰致（がうんときむね）が開発した水車を利用した紡績機である。

*8 豊田佐吉が考案した国産力織機を採用した。それまでは明治初年に輸入されたジャガード・バッタン両機で，マニュファクチュア経営がすすんでいた。

明治時代

A 厳しい緊縮・デフレ政策のために全国的に不況となり，農村では米や繭などの価格下落が著しく，地租を負担する自作農が小作農に転落するなど，農民層の分解が進行したから。(80字)

3. 金本位制の確立(1897) ＊9…㊵＿＿＿＿＿法を制定する。

4. 第２次産業革命…日露戦争前後 →重工業部門・電力。

①1897年…官営㊶＿＿＿＿＿所を設立する→鉄鋼の自給化。＊10

②釜石(かまいし)製鉄所や室蘭の㊷＿＿＿＿＿所なども設立する。

▶日本製鋼所は，イギリスと三井の共同出資により設立される。＊11

③海運業…1909年には従来の航海奨励法にかわって，新たに遠洋航路補助法が施行された。

④鉄道…1906年に㊸＿＿＿＿＿法 →軍事的目的。＊12

5. 独占資本の形成

①カルテル・㊹＿＿＿＿＿の結成や銀行の巨大化。＊13

②政商から財閥への成長…三井・三菱・安田・住友など。

＊9　日清戦争によって得た賠償金を準備金に加えた。

＊10　中国(清)の大冶(ターイエ)から安価に鉄鉱石を輸入した。八幡製鉄所は，技術をドイツに依存しながら1901年に操業を開始した。

＊11　最大の民間兵器製鋼会社であった。

＊12　全国17の私鉄が買収され，幹線の国有化がすすんだ。

＊13　1907～08年の恐慌を機に，生産・資本の集中がすすみ，独占資本が発生した。

4 社会・労働運動の発生

労働者の待遇・労働条件は，きわめて苛酷であった

1. 労働者の生活

①労働条件…低賃金・長時間労働 →強制的。

②実態調査…
- ㊺＿＿＿＿＿…『日本之下層社会』。
- 農商務省編纂…『㊻＿＿＿＿＿』。
- ㊼＿＿＿＿＿…『女工哀史』。

2. 労働争議・ストライキの発生

①1886年…甲府㊽＿＿＿＿＿製糸工女ストライキ。

②1888年…高島炭鉱事件 →『日本人』の記事で問題化した。＊14

③1894年…大阪㊾＿＿＿＿＿紡績工女ストライキ。

④1901年…㊿＿＿＿＿＿銅山鉱毒問題について，栃木県の代議士(51)＿＿＿＿＿が天皇に直訴する。＊15

3. 労働組合の結成と社会主義運動

①1897年…(52)＿＿＿＿＿らが職工義友会を組織する。

▶同年，片山潜らが参加して(53)＿＿＿＿＿と改組する。＊16

②職業別組合の結成…鉄工組合・日本鉄道矯正会など。

▶アメリカの労働総同盟(AFL)にならった。

③1898年…社会主義研究会 →1900年に社会主義協会。

▶片山潜・安部磯雄・幸徳秋水・木下尚江(なおえ)＊17ら。

④1900年…(54)＿＿＿＿＿法の公布 →第２次山県有朋内閣。

⑤1901年…(55)＿＿＿＿＿党 →最初の社会主義政党。＊18

⑥1903年…幸徳秋水・堺利彦らが(56)＿＿＿＿＿社を結成する。＊19

▶機関紙『(57)＿＿＿＿＿』を刊行し，反戦論を展開する。

⑦1906年…(58)＿＿＿＿＿党 →最初の合法的社会主義政党で，第１次西園寺公望(さいおんじきんもち)内閣が認可した。

工場法

最初の労働者保護立法として1911年，第２次桂太郎内閣のときに制定されたが，女子工員を多くかかえる繊維業界からの反対が強いことなどもあり，施行は1916年に延期された。工場法制定にあたって，『職工事情』(農商務省刊)も基礎資料とされた。

＊14　「高島炭鉱の惨状」という記事で，苛酷な労働実態をあばいた。

＊15　渡良瀬(わたらせ)川流域が，廃液・鉱毒により汚染された。天皇への直訴状は，幸徳秋水の起草によるものといわれる。

＊16　機関誌『労働世界』を刊行した。

＊17　木下尚江は，社会主義小説『火の柱』や『良人(りょうじん)の自白』を著した。

＊18　治安警察法により２日後禁止。

＊19　黒岩涙香(るいこう)が主宰する『万朝報(よろずちょうほう)』を退社して結成した。

補足

1908年におこった赤旗事件を機に，政府による弾圧が一層強まった。

記述論述 Q　1906年に鉄道国有法が制定された理由を80字以内で答えなさい。　(津田塾大―学芸)

　出題大学…㊹：信州大／㊽：法政大

到達度チェック

❶ 次の各問いに答えよ。 早稲田大―商／改

解答：別冊p.53 ▶

問1．明治期における製糸業の発達について述べた文として，誤っているものを1つ選べ。

1．フランスなどから新しい器械製糸技術を導入した。
2．当初，器械製糸場は長野や山梨に集中して設立された。
3．器械製糸場の多くは，輸入器械を利用していた。
4．最大の外貨獲得産業であり続けた。
5．器械製糸は，糸の巻取りに水力などを利用する点で座繰製糸より生産力が高かった。

問2．産業革命期における重工業の状況について述べた文として，誤っているものを1つ選べ。

1．三菱長崎造船所は，技術的には世界水準に追いついた。
2．鉄鋼の国産化をめざして官営八幡製鉄所が設立され，1901年に操業を開始した。
3．八幡製鉄所は清国大冶の鉄鉱石を利用し，創業当初から順調に生産を進めた。
4．日露戦後経営のもとで，日本製鋼所などの民間製鋼所の設立も進んだ。
5．池貝鉄工所は，先進国並みの精度を備えた旋盤の国産化に成功した。

問3．産業革命期における労働問題について述べた文として，誤っているものを1つ選べ。

1．繊維産業では，若年の女性労働者が低賃金で長時間労働を強いられた。
2．農商務省は労働者の状況を調査し，『職工事情』を編纂した。
3．日清戦争後には，各地で待遇改善を求めるストライキが起こった。
4．鉄工組合など，労働者が団結して資本家に対抗する動きも見られた。
5．最初の社会主義政党として日本社会党が結成されたが，即時解散を命じられた。

問4．足尾鉱毒事件に関連して述べた文として，誤っているものを1つ選べ。

1．足尾銅山を経営していたのは，古河市兵衛であった。
2．足尾銅山から渡良瀬川に流出した鉱毒は，氾濫により流域の農業に大被害を与えた。
3．衆議院議員の田中正造らは，議会で足尾銅山の操業停止を求めた。
4．政府は足尾銅山の経営者に，鉱毒予防措置の実施を命じなかった。
5．田中正造は議員を辞職し，鉱毒問題について天皇に直訴した。

問5．産業革命期の農業・農村について述べた文として，誤っているものを1つ選べ。

1．小作地率は増加を続け，寄生地主化の動きも進んだ。
2．地主は小作料の余剰を有価証券投資に運用し，工業部門との結びつきを強めた。
3．米の反当収量は増加したが，都市人口が増大したため，供給は不足するようになった。
4．米価は上昇したが，定額小作料のため，地主の利益には結びつかなかった。
5．小作農の一部は，子女を出稼ぎに出して家計の不足を補った。

❶ ヒント

問1 3．輸入器械をそのまま使っていたかどうかを考える。
問2 3．「創業当初から」という表現は正しいかどうか。
問3 5．最初の社会主義政党の党名を考えればよい。
問4 4．鉱毒予防措置の実施を命じたか，命じなかったかを考える。
問5 4．米価の上昇が地主の利益にどのように影響したかを考える。

明治時代

❶ 解答欄

問1	
問2	
問3	
問4	
問5	

A 民営鉄道側では経営の一元化を通して輸送力の強化と効率化が求められるなど，日露戦争後における軍事的な側面からも，鉄道網の全国規模での統一的管理が必要とされたから。(80字)

解答：別冊p.29 ▶

33 明治期の外交

重要暗記年代

- ■1871……岩倉使節団の派遣
- ■1876……日朝修好条規
- ■1894……日英通商航海条約
- ■1894……日清戦争
- ■1895……下関条約
- ■1904……日露戦争
- ■1905……ポーツマス条約
- ■1910……韓国併合条約
- ■1911……関税自主権の完全回復

ココが出る!!

[入試全般]

条約改正交渉の経緯がヤマ。日清・日露戦争では，講和条約の内容が史料で出ることもある。

[国公立二次・難関私大]

韓国併合の経緯を400字以内で書かせる問題も頻出する。日露戦後の日米関係と日露関係については，きめ細かい学習が必要。

1 明治初期の外交　欧米諸国に対しては，屈従的な姿勢をとった

1. 東アジアとの関係

①清…1871年に⑪＿＿＿＿＿＿を結ぶ。*1

②台湾…1874年に②＿＿＿＿＿＿らが出兵する。*2

③朝鮮…西郷・板垣らが③＿＿＿＿＿＿論を唱えたが，失敗。*3

▶1875年の④＿＿＿＿＿＿事件を機に，翌年，朝鮮に不利益な不平等条約である⑤＿＿＿＿＿＿を結ぶ。*4

④琉球…1872年に⑥＿＿＿＿＿＿藩を設置する　→藩王は尚泰。

▶1879年には⑦＿＿＿＿＿＿県を設置する　→琉球処分。*5

2. 国境の画定

①ロシア…1875年に⑧＿＿＿＿＿＿交換条約を結ぶ。*6

▶樺太はロシア領，千島全島が日本領となった。

②アメリカ…⑨＿＿＿＿＿＿諸島の日本帰属が決定(1876)。*7

*1　全権は，伊達宗城(だてむねなり)と李鴻章(りこうしょう)。
*2　イギリス公使ウェードの調停で和議が成立する。
*3　岩倉ら内治優先派と対立し，敗れる。
*4　釜山など3港の開港，関税免除・治外法権獲得などの内容をもつ。のち仁川(じんせん)・元山(げんさん)が開港場として決定された。
*5　前アメリカ大統領グラントの調停案があったが，不成立。
*6　全権は榎本武揚(たけあき)，外務卿は寺島宗則(むねのり)。
*7　内務省の管轄下に入った。

2 条約改正　1894年に法権回復，1911年に税権回復が実現し，日本は条約上，列強と対等の立場に立った

1. ⑩＿＿＿＿＿＿らの欧米派遣(1871)　→予備交渉。*8

①大使…岩倉具視。

②副使…⑪＿＿＿＿＿＿・大久保利通・伊藤博文・山口尚芳(なおよし)。

2. 外務卿⑫＿＿＿＿＿＿による国別交渉(1876～78)

▶1878年…税権回復を主眼に交渉する　→⑬＿＿＿＿＿＿は同意したが，⑭＿＿＿＿＿＿・ドイツの反対で無効。

3. 外務卿(のち外相)⑮＿＿＿＿＿＿による交渉*9

①1882年に東京で，列国共同の条約改正予備会議。

*8　1873年に帰国した。
*9　1882～87年まで交渉を担当した。

記述論述 Q　19世紀後半における日本とロシアの国境の変化について，両国の間の2つの条約に触れつつ，100字以内で説明しなさい。（慶應義塾大一経／改）

②1886年に各国公使と条約改正会議を開催する。

▶外国人判事の任用，内地雑居問題なども討議された。

③極端な⑯＿＿＿＿＿＿政策…⑰＿＿＿＿＿＿時代を現出。

④内外の批判[*10] { 農商務相⑱＿＿＿＿＿＿。 / フランス人法学者⑲＿＿＿＿＿＿。 }

4. 外相⑳＿＿＿＿＿＿による交渉(1888～89)

①内容…外国人判事を㉑＿＿＿＿＿＿に限って任用する。

▶1888年にメキシコとの間で通商条約に調印[*11]したが，1889年に改正内容が「ロンドンタイムズ」に暴露され，反対世論が高まる。

②国権主義団体㉒＿＿＿＿＿＿社のテロで，負傷する。

5. 外相㉓＿＿＿＿＿＿による交渉(1891)

①内容…関税協定制・法権回復を主眼に交渉する。

②1891年…㉔＿＿＿＿＿＿事件のために引責辞職する。

6. 外相㉕＿＿＿＿＿＿による交渉(1894)[*12]

▶1894年…日英㉖＿＿＿＿＿＿条約に調印する →法権回復。[*13]

7. 外相㉗＿＿＿＿＿＿のとき(1899) →改正条約を実施する。

8. 外相㉘＿＿＿＿＿＿による交渉(1911)

▶1911年…日米通商航海条約改正に調印する →税権回復。

3 日清・日露戦争 「極東の憲兵」たる地位を確立した

1. 1880年代の朝鮮

①1882年…㉙＿＿＿＿＿＿軍乱 →大院君一派による日本公使館襲撃事件。[*14] →済物浦(さいもっぽ)条約に調印(1882)

②1884年…㉚＿＿＿＿＿＿事変 →独立党によるクーデター。[*15]

▶1885年に日朝間で漢城条約，日清間で天津条約に調印する。

③1889年…朝鮮㉛＿＿＿＿＿＿令 →米穀・大豆の輸出を禁止。[*16]

2. 日清戦争(1894)[*17]

①原因…朝鮮の支配をめぐる日清の対立。

②発端…㉜＿＿＿＿＿＿の乱 →甲午農民戦争に拡大する。

③経過…㉝＿＿＿＿＿＿条約にもとづき，日清両国が出兵する。

④結果…㉞＿＿＿＿＿＿条約(1895)

▶全権は，伊藤博文・㉟＿＿＿＿＿＿と清国の李鴻章(りこうしょう)。

⑤影響…1895年にロシア・ドイツ・フランスの三国干渉 →遼東半島返還要求。賠償金と引き換えに返還 →臥薪嘗胆(がしんしょうたん)。

▶賠償金を準備金として軍備拡張などの戦後経営がすすみ，1897年には㊱＿＿＿＿＿＿制が確立した。

＊10　井上外交への批判の中から，1887年に三大事件建白運動がおこった。

＊11　最初の対等条約となった。

大津事件

1891年，来日中のロシア皇太子アレクサンドロヴィッチが，津田三蔵巡査に襲われて負傷した事件。時の大審院長児島惟謙(これかた)は，犯人に無期徒刑の判決を出させ，司法権の独立を遵守した。

＊12　国民協会・立憲改進党など，対外硬派を抑えた。

＊13　全権は青木周蔵である。発効は1899年で，有効期間は12年。小村寿太郎外相のとき，条約満期にともなって改正が行われ，改正条約施行のはこびとなった。

＊14　壬午軍乱以降，日本は軍事力の増強につとめるようになった。また，はじめ親日策をとっていた閔妃は1895年，駐朝公使三浦梧楼の指揮のもとで殺害された。

＊15　クーデターは失敗し，朴泳孝(ぼくえいこう)・金玉均は日本に亡命した。

＊16　1890年に解除となる。

＊17　豊島沖の海戦にはじまり，陸軍は旅順占領，海軍も黄海海戦で勝利し，制海権を握った。

補足

日清戦争の戦費は当時の国家歳入の約２倍にあたる２億円余りであった。

下関条約

①朝鮮の独立承認，②遼東半島・台湾・澎湖諸島割譲，③賠償金２億両(テール)の支払い，④沙市・重慶・蘇州・杭州の開市開港などが約された。

台湾経営

台湾には台湾総督府が設置された。台湾総督は陸海軍の大将・中将から任命され，初代には樺山資紀が就任した。４代総督の児玉源太郎のもとでは民政局長の後藤新平が土地調査事業をすすめるなど，台湾経営を続けた。

明治時代

A 1855年の日露和親条約では，日露国境を得撫・択捉島間とし，樺太は日露両国人雑居の地と定められたが，1875年の樺太・千島交換条約では，占守島以南の千島全島が日本領，樺太全島をロシア領に改められた。(95字)

出題大学…⑱：慶應義塾大，同志社大／㉒：甲南大／㉛：摂南大，西南学院大

3. 列強の中国分割

①1899年…㊲＿＿＿＿＿の乱 →“扶清滅洋”の排外運動。

②1900年…㊳＿＿＿＿＿事変 →翌年㊴＿＿＿＿＿に調印。

4. ㊵＿＿＿＿＿(1902)…ロシアを対象とした攻守同盟。

5. 日露戦争(1904)

①原因…満州の支配をめぐる日露間の対立。

②経過…旅順港外での攻撃 →宣戦布告。

▶陸軍は奉天会戦で勝利をおさめ，海軍は日本海海戦でバルチック艦隊を全滅させた。

③結果…㊶＿＿＿＿＿条約(1905)

▶全権は㊷＿＿＿＿＿(日本)とウィッテ(ロシア)。斡旋したのは，アメリカ大統領セオドア=ローズヴェルト。

④影響…㊸＿＿＿＿＿焼打ち事件(1905)…条約反対を叫ぶ。

▶韓国や満州へ進出するなど，日本の国際的地位が向上し，条約改正交渉にも有利な状況となった。

列強による中国分割

①㊹＿＿＿＿＿…膠州湾租借。

②㊺＿＿＿＿＿…広州湾租借。

③㊻＿＿＿＿＿…九竜半島・威海衛租借。

④ロシア…旅順・大連租借。

⑤㊼＿＿＿＿＿…ジョン=ヘイの門戸開放・機会均等の原則。

ポーツマス条約

①韓国の指導権，②旅順・大連租借権，③長春以南の鉄道と付属利権，④南樺太(北緯50度以南)の割譲，⑤沿海州・カムチャツカ漁業権などを獲得した。

4 日露戦争後の国際関係　ロシアとは友好的に，アメリカとは緊張状態に入った

1. 韓国併合

①㊽＿＿＿＿＿に調印(1904)…日本軍の行動の自由。

②第1次日韓協約(1904)…財政顧問・外交顧問の設置。

③第2次日韓協約(1905)…外交権吸収，保護国化。

▶漢城に㊾＿＿＿＿＿を設置 →初代は㊿＿＿＿＿＿。

④第3次日韓協約(1907)＊18…内政権吸収，韓国軍隊の解散。

⑤51＿＿＿＿＿，ハルビン駅頭で暗殺される(1909)…安重根。

⑥52＿＿＿＿＿条約(1910)…李完用襲撃事件も契機となる。

▶京城に53＿＿＿＿＿を設置 →初代は54＿＿＿＿＿。

2. 日露関係…4回にわたり55＿＿＿＿＿を締結する。

3. 日英関係…日英同盟の改定。

①1905年…適用範囲が56＿＿＿＿＿まで拡大された。

②1911年…57＿＿＿＿＿が同盟の対象国から除外された。＊19

4. 日米関係

①1905年…桂・58＿＿＿＿＿協定 →日本の59＿＿＿＿＿，アメリカの60＿＿＿＿＿に対する権益の相互承認。

②1905年…桂・61＿＿＿＿＿覚書による日米共同経営案。＊20

③1906年…日本人学童隔離問題 →サンフランシスコ。

④1906年…米国務長官ノックスによる中立案。＊20

⑤1913年…カリフォルニア州で，日本人の土地所有禁止法が出る。

補足

日露戦争の戦費は約17億円で，日清戦争の約8倍に相当した。その多くは，増税とアメリカ・イギリスで募集した外債(約7億円)によった。

＊18　ハーグ密使事件を契機に締結された。その後，義兵闘争とよばれる反日運動が展開した。

満州経営

1906年に旅順に関東都督府が設置され，同年，半官半民の国策会社として南満州鉄道株式会社が設立された。

＊19　米英の接近で，日英間は冷却化。

＊20　②・④は南満州鉄道の経営をめぐる交渉であったが，いずれも拒否された。

記述論述 Q 大日本帝国憲法制定後，外国の皇族が日本国内で襲撃される事件がおこった。その事件をめぐっておこった政府と大審院長との対立と，大審院が下した判決について100字以内で述べよ。　（慶應義塾大―経済／改）

 出題大学…61：関西大，京都大

到達度チェック

❶ 次の文章の空欄 1 ・ 2 に適語を入れ，あとの問いに答えよ。

解答：別冊p.53 ▶

龍谷大／改

日清戦争に勝利した日本は，1895年の下関条約によって多額の賠償金を得るとともに， 1 ・ 2 ・台湾の割譲を受けた。しかしこの割譲に対し，ロシアはフランス・ドイツを誘い， 1 を清国に返還するよう求めた(三国干渉)。日本はこの勧告をやむなく受諾したが，国内ではロシアに対する敵意が増大していった。その一方で，日本は台湾の統治に力を注ぎ， 3 を初代総督に任命し，軍事力によって抗日抵抗運動を弾圧しながら支配を進めた。他方，①清国の弱体ぶりを知った欧米列強は，相次いで清国に勢力範囲を設定し，各地を租借していった。これら列強の侵略に対し，清国の民衆の中で，「扶清滅洋」の動きが広まり，公使館を包囲する事件が起きた。②清国政府は，こうした民衆の動きに同調し，列国に宣戦布告したが，日本を含む連合軍に敗北し，北京議定書を結ぶことになった。この北清事変を契機として，ロシアは満州を事実上占領し，同地域の独占的権益を清国に承認させていく。それは日本の韓国における権益を脅かすものであった。そのため，日本政府内では，ロシアと協調路線をとる案も出されたが，最終的に③イギリスと同盟を結び，ロシアの動きを牽制しようと試みた。しかし④日露両国の関係は好転せず，国内世論がしだいに戦争へと傾く中で，開戦へと向かっていった。

問1．下線部①に関連して述べた文X・Yについて，その正誤の組合せとして正しいものを1つ選べ。

X　ロシアは，大連に南満州鉄道株式会社を設置した。

Y　アメリカは中国分割に直接参与はしなかったが，列強各国の勢力範囲内での通商の自由を要求した。

①　X＝正　Y＝正　②　X＝正　Y＝誤　③　X＝誤　Y＝正

④　X＝誤　Y＝誤

問2．下線部②に関する記述として，適切なものを1つ選べ。

①　北清事変をきっかけに，朝鮮は清国から独立した。

②　清国は北京議定書によって，沙市や重慶など4港を開港させられた。

③　義兵運動は，北清事変のきっかけとなった。

④　清国は北京議定書によって，列国の公使館守護を目的とした駐兵を認めさせられた。

問3．下線部③に関する記述として，適切なものを1つ選べ。

①　日英いずれかが他一国と交戦した時は参戦することが義務づけられた。

②　この同盟は，第4次伊藤博文内閣によって締結された。

③　韓国における日英両国の利益を相互に認め合うことが定められた。

④　日英両国が清国に持つ利益を相互に認め合うことが定められた。

問4．下線部④に関する記述として，適切なものを1つ選べ。

①　高山樗牛は雑誌『国民之友』で，対露強硬論を主張した。

②　非戦論を主張していた『万朝報』は，主戦論に転じていった。

③　開戦後，樋口一葉は『明星』に反戦詩を発表した。

④　幸徳秋水は，『国民新聞』で反戦論を唱えた。

問5．空欄 3 にあてはまる人名として，適切なものを1つ選べ。

①　樺山資紀　②　西郷従道　③　児玉源太郎　④　乃木希典

⑤　後藤新平

❶ ヒント

問2　①～④それぞれの文について，歴史的な因果関係を吟味すれば容易。

問3　日英同盟の内容を考える。

問4　人物と関連する著作・雑誌・新聞名が正しく結びついているかどうかを吟味すればよい。

問5　第1次山県有朋内閣と第1次松方正義内閣で海軍大臣をつとめた人物。第二議会で薩長擁護の蛮勇演説を行った。

❶ 解答欄

1	
2	
問1	
問2	
問3	
問4	
問5	

明治時代

A　1891年，来日中のロシア皇太子が大津で巡査津田三蔵によって襲撃された。その処理を巡り，政府は津田の死刑を要請したが，大審院長児島惟謙は謀殺未遂罪を適用して無期徒刑の判決を出させ，司法権の独立を遵守した。(100字)

解答：別冊p.30 ▶

34 議会政治の展開と明治文化

重要暗記年代

■1890……第１回帝国議会
■1898……憲政党の結成
■1898……隈板内閣の成立
■1900……立憲政友会の結成

ココが出る!!

[入試全般]
政府と政党との関係の推移について理解を深めよう。

[国公立二次・難関私大]
内閣と関連事項という形で整理しておくこと。明治文化では，ナショナリズムの台頭と学問・研究がヤマ。人名と業績をしっかり結びつけて覚えておこう。

1 初期議会　軍事予算をめぐり，政府と政党(民党)の対立が続いたが，常に民党が優勢であった

1. 初期議会＊1**の特質**

①政府…①＿＿＿＿＿＿による超然主義演説。

②政党 {
民党…立憲自由党や立憲改進党など反政府系。
②＿＿＿＿党…政府支持系。大成会など。

2. 第１議会(1890～91)…第１次③＿＿＿＿＿＿内閣。

①民党は過半数を占める…全300議席。＊2

▶立憲自由党は④＿＿＿＿議席，立憲改進党は41議席。

②政府は自由党⑤＿＿＿＿＿＿派を買収し＊3，予算案は通過する。

3. 第２議会(1891)…第１次⑥＿＿＿＿＿＿内閣。

①民党は「⑦＿＿＿＿＿＿」「政費節減」を唱える。
②海相⑧＿＿＿＿＿＿による薩長擁護の蛮勇(ばんゆう)演説。
} 議会解散。

③第２回総選挙(1892)…内相⑨＿＿＿＿＿＿による選挙干渉が行われる。

4. 第３議会(1892)…第１次松方正義内閣。

①品川弥二郎の選挙干渉について，責任が追求される。

②超然主義の危機…民党勢力は依然として優勢であった。

5. 第４議会(1892～93)…第２次⑩＿＿＿＿＿＿内閣。

①建艦問題…天皇の詔勅により＊4，海軍軍備拡張に成功する。

②自由党と提携…内相に⑪＿＿＿＿＿＿が入閣する。

6. 第５議会(1893)**・第６議会**(1894)…第２次伊藤博文内閣。

▶立憲改進党・国民協会など対外硬派(たいがいこう)が条約改正問題をめぐり，政府の交渉姿勢を「軟弱外交」と批判する。

＊1　第１議会(1890)～第６議会(1894)までを初期議会という。

＊2　吏党は大成会が79議席，国民自由党が５議席を占めた。

＊3　林有造(ゆうぞう)や植木枝盛，竹内綱(つな)ら約40名が寝返って脱党した。これに対し，中江兆民は議会を「無血虫の陳列場」と批判し，代議士を辞めた。

主権線と利益線

1890年，第１議会で山県有朋が行った施政方針演説の中で「主権線」「利益線」の確保には，軍備の充実が必要と強調した。「主権線」とは国境をさし，「利益線」とは朝鮮半島をさす。

＊4　天皇も宮廷費の一部をさいて経済的に援助をするから，議会も政府に協力せよとの詔である。

2 政府と政党　政府と政党は，はじめ対立関係にあったが，しだいに妥協・協調路線を歩むようになった

1. 第２次松方正義内閣(1896)

▶外相に大隈重信が入閣…⑫＿＿＿＿＿＿内閣とよばれる。

元勲内閣

第２次伊藤博文内閣に，山県有朋・黒田清隆・井上馨(かおる)・大山巌(いわお)・後藤象二郎ら５人の元勲(明治維新に功績があり，政府の中枢的存在となった人々)が入閣したので，こうよばれる。

記述論述 Q　軍部大臣現役武官制とはどのような制度か。それはいつ，どの内閣のもとでどのような目的をもって法制化されたか。またそれは，1913年にどのような経緯でどのように改正されたか，120字以内で述べよ。　(成城大―文芸)

2. 第3次伊藤博文内閣(1898)

①⑬＿＿＿＿＿増徴案を提出する。

②自由党と⑭＿＿＿＿＿党が合同 →⑮＿＿＿＿＿党結成。

3. 第1次⑯＿＿＿＿＿内閣(1898)

①最初の政党内閣…陸・海相以外はすべて憲政党員。

②内相に⑰＿＿＿＿＿をすえる…⑱＿＿＿＿＿内閣。

③文相⑲＿＿＿＿＿の共和演説…引責辞職。

④憲政党の分裂…{ 旧自由党系の⑳＿＿＿＿＿党。 / 旧進歩党系の㉑＿＿＿＿＿党。

4. 第2次㉒＿＿＿＿＿内閣(1898～1900)

①政党の進出防止…㉓＿＿＿＿＿令を改正する(1899)。

②官僚制の確立…府県制・郡制の改正，文官分限令。

③労働・社会運動の弾圧…1900年に㉔＿＿＿＿＿法の制定。

④軍部大臣任用規定…軍部大臣㉕＿＿＿＿＿制(1900)。

⑤伊藤博文が㉖＿＿＿＿＿を結成する(1900)。*5

5. 第4次伊藤博文内閣(1900～01)

①山県派官僚が貴族院と勢力的に対立する。

②内閣瓦壊後，伊藤博文・山県有朋らは政界の第一線をしりぞき，㉗＿＿＿＿＿として政治を背後から操作した。

アイヌに対する政策の推移

1899年，第2次山県有朋内閣のときに北海道旧土人保護法を制定してアイヌに対する同化政策をすすめた。同法は1997年，第2次橋本龍太郎内閣のときにアイヌ文化振興法(通称アイヌ新法)が制定されて廃止された。その後，2019年，第4次安倍晋三内閣のときに，法律上はじめてアイヌを「先住民族」と明記したアイヌ施策推進法が施行された。

*5 憲政党(旧自由党)が藩閥と妥協し，立憲政友会に組み込まれたことに対し，幸徳秋水は『万朝報』に「自由党を祭る文」を発表し，自由党の凋落ぶりを痛烈に批判した。

3 桂園時代 政権の「たらい回し」が10年続いた

1. 第1次桂太郎内閣(1901～06)…「小山県内閣」。

①山県系の官僚内閣…㉘＿＿＿＿＿会と妥協する。

②日英同盟(1902)・日露戦争(1904)。

2. 第1次㉙＿＿＿＿＿内閣(1906～08)

①1906年に㉚＿＿＿＿＿法を制定…鉄道の9割を国有化。

②元老・官僚と対立する…辞職。

3. 第2次桂太郎内閣(1908～11)

①㉛＿＿＿＿＿会を与党に組閣する…「情意投合」。

②国民道徳の強化…1908年に㉜＿＿＿＿＿詔書を発布する。

③1910年…㉝＿＿＿＿＿事件 →社会運動は「冬の時代」へ。

元 老

伊藤博文・山県有朋・黒田清隆・松方正義・井上馨・西郷従道(つぐみち)・大山巌・桂太郎・西園寺公望(さいおんじきんもち)の重鎮的政治家で，法的な規定はない。外交問題に参画したり，後継首相の推薦などを行った。

4 明治期の文化 伝統文化への再評価，西洋文化への批判的精神も高まった

1. 国家主義思想の台頭

①国粋主義…㊶＿＿＿＿＿・杉浦重剛(じゅうごう)・志賀重昂(しげたか)ら。

▶組織…㊷＿＿＿＿＿社より機関誌『日本人』を発刊する。

②国民主義…㊸＿＿＿＿＿らが新聞『日本』を発刊する。

政党の発達

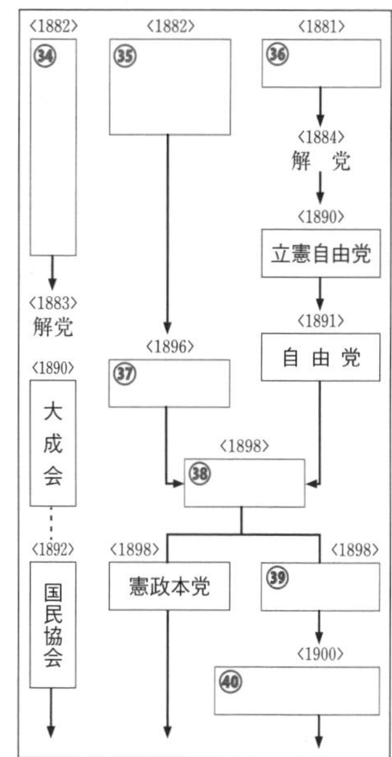

A 陸海軍大臣は現役の大将・中将からあてるという任用規定で，政党勢力を防止する目的から1900年，第2次山県有朋内閣の下で法制化された。後任陸相の推薦拒否による西園寺内閣の瓦解を踏まえ，1913年には任用範囲が予備役・後備役まで拡大されることになった。(120字)

明治時代

③国権主義…㊹＿＿＿＿＿＿ →平民主義から転化した。

▶徳富蘇峰(とくとみそほう)は1887年に㊺＿＿＿＿＿＿社を組織し，機関誌『国民之友』を発刊して平民主義を唱えていた。

④日本主義…高山樗牛(ちょぎゅう)らが雑誌『㊻＿＿＿＿＿＿』を主宰する。

2. 国家主義への批判[*6]

①農村…国家的利害よりも，地方社会の利益重視の風潮。

②都市…国家や政治から離れ，実利を追求する風潮。

③個人…国家目標より，個人の目標を追求する風潮。[*7]

3. 教育の近代化

①教科書選定の推移…認定制 →㊼＿＿＿＿＿＿制 →国定制。[*8]

▶1902年の㊽＿＿＿＿＿＿疑獄事件を機に，小学校の教科書は国定制となる。

②義務教育…1886年に㊾＿＿＿＿＿年，1907年に㊿＿＿＿＿＿年。

③1890年…51＿＿＿＿＿＿を発布 →忠君愛国を強調する。

▶教育勅語は，52＿＿＿＿＿＿や元田永孚(もとだながざね)らが起草した。

4. ジャーナリズムの発達

①53＿＿＿＿＿＿…幕末期に鉛製活字を発明した。

②新聞…「中外新聞」・「江湖新聞」・「もしほ草」などが先駆。

- 大新聞…政論に重点がおかれた新聞。[*9]
- 小新聞…社会情報や娯楽伝達などを盛り込んだ新聞。
  ▶「東京絵入新聞」・「読売新聞」など。
- 全国紙…「大阪毎日新聞」・「朝日新聞」など。

③雑誌

- 啓蒙誌…『西洋雑誌』や明六社の『54＿＿＿＿＿＿』など。
- 総合誌…『国民之友』『日本人』『太陽』『中央公論』など。
- 学術誌…国家学会雑誌・文芸雑誌など。

5. 学問の発達

①58＿＿＿＿＿＿…伝染病研究所の創設。ペスト菌の発見。

②59＿＿＿＿＿＿…赤痢(せきり)菌の発見。

③60＿＿＿＿＿＿…オリザニンを創製。

④61＿＿＿＿＿＿…タカジアスターゼ・アドレナリンを発見。

⑤秦佐八郎(はたさはちろう)…サルバルサン[*10]を発見。

⑥62＿＿＿＿＿＿…緯度変化のZ項の発見。

⑦63＿＿＿＿＿＿…地震計を発明。

⑧64＿＿＿＿＿＿…原子構造理論の研究。

⑨田中館愛橘(たなかだてあいきつ)…地磁気の測定。

⑩65＿＿＿＿＿＿…『日本開化小史』[*11]を著す。

*6 こうした個人主義的な風潮に対して，第２次桂太郎内閣は，1908年に戊申(ぼしん)詔書を発布して是正をはかろうとした。

*7 石川啄木(たくぼく)は『時代閉塞の現状』の中で，国家権力への直観的批判を示した。

*8 1948年に検定制が復活した。

内村鑑三不敬事件

1891年，内村鑑三がキリスト教徒の良心から教育勅語の礼拝を拒否し，職をおわれた事件。このとき，国粋主義者で哲学者でもある井上哲次郎は，「教育と宗教の衝突」と題し，キリスト教徒と論陣をはった。

*9 「東京日日新聞」や「郵便報知新聞」などは，政党の機関紙的役割も果たした。

主な新聞

①バタビア新聞…最初の近代紙
②横浜毎日新聞…最初の日刊紙
③日新真事誌…ブラック
④東京日日新聞…福地源一郎
⑤郵便報知新聞…矢野龍溪(りゅうけい)(文雄)
⑥55＿＿＿＿＿＿…福沢諭吉
⑦56＿＿＿＿＿＿…陸羯南(くがかつなん)
⑧57＿＿＿＿＿＿…黒岩涙香(るいこう)
⑨平民新聞…幸徳秋水・堺利彦

*10 梅毒の化学療法剤。

補足

学術研究の方法論は，はじめ米英系の自由主義的傾向が強かったが，1880年代後半に入ると，ドイツ的な国家主義的傾向に転じた。

*11 ギゾーやバックルの影響を受けた文明史。

政府はどのようにして教育の国家主義化をすすめたか，80字以内で説明せよ。　（東京都立大）

 出題大学…㊼：名古屋大，津田塾大／62：中央大

⑪帝国大学に㊅ ______ (のちの史料編纂所)を設置する。＊12

⑫㊆ ______ …『米欧回覧実記』を編纂する。

▶論文「神道は祭天の古俗」で国学者や神道家から攻撃され，帝大教授を辞した。

⑬喜田貞吉…『歴史地理』を創刊する。

⑭那珂通世…『支那通史』→“東洋史学の父”。

6. 近代文学の発達

①戯作文学…江戸文学の伝統に新時代の要素を加味している。

▶㊇ ______ の『安愚楽鍋』などが代表的。

②㊈ ______ 小説…明治10年代の自由民権運動期。

▶㊉ ______ の『経国美談』，東海散士の『佳人之奇遇』，末広鉄腸の『雪中梅』などが代表的。

③写実主義…明治20年前後 →近代文学の先駆。

▶坪内逍遙は文学論『㉑ ______ 』，小説『当世書生気質』を著し，二葉亭四迷は㉒ ______ 体で『浮雲』を発表した。

④㉓ ______ 社(1885)…尾崎紅葉・山田美妙らが結成した。

→江戸文芸の伝統に写実主義を加えた。

▶機関誌『㉔ ______ 』を発刊。

⑤新体詩運動…外山正一らが『新体詩抄』を著す。

⑥理想主義…㉕ ______ の『五重塔』。

⑦㉖ ______ 主義…日清戦争前後。特に詩壇で栄えた。

▶『文学界』をおこした㉗ ______ らが代表的。

島崎藤村は処女詩集『㉘ ______ 』を刊行。

歌壇では，与謝野晶子らが雑誌『㉙ ______ 』を発行。

⑧㉚ ______ 主義…日露戦争前後 →仏・露文学の影響。

▶㉛ ______ の『破戒』や㉜ ______ の『蒲団』『田舎教師』などが代表的。

⑨反自然主義…明治末期。

・余裕派…㉝ ______ →“則天去私”の倫理。

・知性派…森鷗外 →はじめロマン主義，のち歴史小説へ。

⑩㉞ ______ 派(＝唯美派)…芸術至上主義の立場。

▶『腕くらべ』の永井荷風，『刺青』の谷崎潤一郎ら。

⑪㉟ ______ …俳句雑誌『ホトトギス』を創刊。

▶『ホトトギス』は，はじめ正岡子規が主宰したが，のちには㊱ ______ が中心となった。

⑫㊲ ______ …評論『時代閉塞の現状』。

⑬㊳ ______ …詩集『邪宗門』『思ひ出』。

＊12 『大日本古文書』『大日本史料』などの編纂がすすめられた。

来日外国人と業績

①ヘボン…ヘボン式ローマ字
②㊾ ______ …熊本バンド
③㊿ ______ …女子教育の推進
④ベルツ…医師，『ベルツの日記』
⑤ミルン…日本地震学会の創設
⑥(91) ______ …札幌農学校教頭
⑦(92) ______ …漫画雑誌『トバエ』などで，風俗などを風刺
⑧(93) ______ …全国地質図作成
⑨リース…実証史学を導入
⑩(94) ______ …大森貝塚を発見
⑪(95) ______ …小泉八雲(日本に帰化)。小説集『怪談』
⑫(96) ______ …刑法・民法起草
⑬(97) ______ …憲法制定に尽力
⑭(98) ______ …地方制度の確立

明治時代

ロマン主義文学

①森鷗外…舞姫・うたかたの記
②薄田泣菫…白羊宮
③上田敏…海潮音(訳詩)
④与謝野晶子…みだれ髪
⑤(99) ______ …牛肉と馬鈴薯
⑥(100) ______ …照葉狂言・湯島詣・高野聖
⑦(101) ______ …にごりえ・たけくらべ
⑧土井晩翠…天地有情
⑨伊藤左千夫…野菊の墓

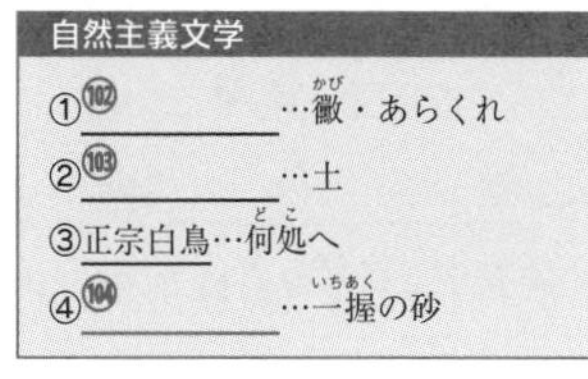
自然主義文学

①(102) ______ …黴・あらくれ
②(103) ______ …土
③正宗白鳥…何処へ
④(104) ______ …一握の砂

A 1880年に改正教育令，1886年に学校令を発布し，1890年には教育勅語を頒布して忠君愛国の精神を国民道徳の基本理念とした。また1903年から小学校教科書の国定化をはかった。(80字)

出題大学…㊅：同志社大／㊇・㊉：関西大／㉔：法政大／㉗：早稲田大，立命館大／㉘：同志社大／㉞：南山大，関西学院大／㉟・㊱：同志社大／㊳：京都府立大／(92)：成蹊大

7. 日本画の復興

①古美術復興運動…フェノロサ，岡倉天心『茶の本』。

②東京美術学校の創立(1888)…⑩⑤＿＿＿＿＿＿＿＊13・橋本雅邦。

▶横山大観・下村観山・菱田春草らの名手が輩出した。

③日本美術院の創立(1898)…岡倉天心・橋本雅邦ら →院展。

▶院展に対して，文部省が1907年から文展を開催した。

8. 西洋画の発展＊14

①明治美術会(1889)…⑩⑥＿＿＿＿＿＿＿＊15ら →最初の洋画団体。

②⑩⑦＿＿＿＿＿＿＿会(1896)…黒田清輝・久米桂一郎ら。

▶フランス印象派の技法を伝えた…⑩⑧＿＿＿＿＿＿＿派。

③⑩⑨＿＿＿＿＿＿＿…代表作に「海の幸」がある。

④⑪⓪＿＿＿＿＿＿＿…代表作は「天平の面影」「蝶」。

9. 彫　刻

①イタリア人彫刻家⑪⑪＿＿＿＿＿＿＿の指導。

②⑪⑫＿＿＿＿＿＿＿…代表作は「老猿」「西郷隆盛銅像」。

③⑪⑬＿＿＿＿＿＿＿…代表作は「女」→最後の作品。

④新海竹太郎…洋風彫刻の先駆者。代表作は「ゆあみ」。

10. 建築・設計

①⑪⑭＿＿＿＿＿＿＿…ニコライ堂・鹿鳴館の設計。

②⑪⑮＿＿＿＿＿＿＿…赤坂離宮や京都国立博物館など。

③⑪⑯＿＿＿＿＿＿＿…日本銀行本店・東京駅など。

11. 音　楽

①東京音楽学校設立(1887)…校長に⑪⑦＿＿＿＿＿＿＿＊16が就任。

②作曲家…⑪⑧＿＿＿＿＿＿＿ →代表作は「荒城の月」「花」など。

12. 演　劇

①歌舞伎…河竹⑪⑨＿＿＿＿＿＿＿ →活歴物を発表する。

②⑫⓪＿＿＿＿＿＿＿時代…歌舞伎の全盛期。

③新派劇＊17…角藤定憲・川上音二郎 →オッペケペー節。

④新劇

• 1906年…⑫①＿＿＿＿＿＿＿ →坪内逍遙・島村抱月ら。

▶島村抱月は，1913年に⑫②＿＿＿＿＿＿＿＊18と芸術座を組織。

• 1909年…⑫③＿＿＿＿＿＿＿ →2世市川左団次・小山内薫。＊19

• 1924年…⑫④＿＿＿＿＿＿＿＊20 →小山内薫・土方与志。

⑤新国劇…1917年に沢田正二郎が結成する。

13. 生　活

①市街路面電車…⑫⑤＿＿＿＿＿＿＿市で開通する(1895)。

②国産乗用車＊21…1913年，橋本増治郎の快進社製。

＊13　狩野芳崖は東京美術学校の教授になる予定であったが，開校直前に死去している。代表作「悲母観音」は，死の直前に完成したものである。

補足

文展を開催したのは第1次西園寺公望内閣の文相牧野伸顕で，のち1919年に帝国美術院美術展覧会(＝帝展)に改組された。

＊14　1876年に工部美術学校が設立された。

＊15　浅井忠はフォンタネージに師事。代表作に「収穫」「グレー風景」などがある。

美術家と代表的作品

①橋本雅邦…龍虎図	日本画
②横山大観…生々流転	日本画
③菱田春草…黒き猫・落葉	日本画
④下村観山…大原御幸	日本画
⑤竹内栖鳳…アレタ立に	日本画
⑥川端玉章…墨堤春暁図	日本画
⑦黒田清輝…読書・湖畔	西洋画
⑧和田英作…渡頭の夕暮	西洋画
⑨和田三造…南風	西洋画
⑩高橋由一…鮭	西洋画

＊16　伊沢修二は，1879年に文部省内に音楽取調掛(東京音楽学校の前身)を設け，唱歌集の編纂などを行った。

＊17　日露戦争期～明治末期まで全盛となる。

＊18　松井須磨子は，「人形の家」のノラ役で名をあげた。

＊19　小山内薫は，イプセン劇を上演した。

＊20　「演劇の実験室」として開設した常設の劇場。

＊21　自動車は1899年，アメリカ製の三輪蒸気自動車が輸入されたのがはじまり。

記述論述 Q　東京美術学校について70字以内で説明せよ。　(京都府立大)

　出題大学…⑩⑨：関西大，関西学院大／⑪⑥：関西学院大／⑪⑪：同志社大，関西学院大／⑫③：高崎経済大，東京都立大，明治大

到達度チェック

❶ 次の文を読み，あとの問いに答えよ。 関西学院大／改，明治大一文／改

解答：別冊p.53 ▶

明治政府は当初，西洋美術の導入に力を注いだが，岡倉天心を中心とした伝統美術育成の気運が高まり，1887(明治20)年には a東京美術学校が設立された。このような風潮の中で，岡倉天心や狩野芳崖らが日本画を復興し，1898(明治31)年には［ b ］が設立された。これに対して，西洋画を盛り上げたのが c白馬会である。このような動きはほかの分野にも刺激を与えた。d彫刻においては，伝統的な技法と西洋からの新たな技法が共存し，数多くの名作が生み出された。e演劇や音楽においても，従来からの伝統文化を継承しつつ，西洋からも大きな影響を受けた。また都市の整備とともに，建築の世界でも西洋の様式が取り入れられた。片山東熊の手がけた［ f ］は当時の代表的な建築物の一つである。

教育の面では，1871年に［ g ］が設置されたのに続き，翌年には［ h ］の学校制度を手本とする統一的な学制が敷かれ，小学校教育の普及に力が入れられた。しかし画一的な強制に対する批判が起こり，教育制度は改変を重ね，1886年には文部大臣［ i ］のもとでいわゆる学校令が公布され，国家主義重視の方向に変化する中で1890年10月発布の［ j ］によって，忠君愛国が学校教育の中心に据えられた。

問1．下線部aに関する説明として正しいものを1つ選べ。

ア　岡倉天心は東京美術学校の校長になった。
イ　フェノロサの尽力により，東京美術学校に西洋画科が設置された。
ウ　東京美術学校の卒業生である浅井忠は，「悲母観音」の作者である。
エ　東京美術学校の教授である橋本雅邦は，明治美術会を設立した。

問2．空欄［ b ］にあてはまる語句を1つ選べ。

ア　工部美術学校　イ　日本美術院　ウ　帝国美術院　エ　二科会

問3．下線部cに所属した作家と代表作の組合せとして正しいものを1つ選べ。

ア　青木繁―「大原御幸」　イ　藤島武二―「収穫」
ウ　久米桂一郎―「海の幸」　エ　黒田清輝―「湖畔」

問4．下線部dの明治時代における彫刻に関する説明として正しいものを1つ選べ。

ア　欧米で彫刻を学んだ荻原守衛の代表作は「女」である。
イ　高村光太郎の代表作である「老猿」は，シカゴ万国博覧会に出品された。
ウ　岡倉天心を慕った朝倉文夫は，「五浦釣人」を制作した。
エ　仏教彫刻では，翻波式という写実的な表現が開発された。

問5．下線部eの明治時代の演劇や音楽に関する説明として正しいものを1つ選べ。もし正しいものがなければ「エ」と答えよ。

ア　宮城道雄が中心となって，音楽教育に唱歌が取り入れられた。
イ　西洋音楽は軍楽隊で最初に取り入れられ，東京音楽学校で専門的な音楽教育が行われた。
ウ　歌舞伎の世界では，明治時代後期に市川団十郎・尾上菊之助・市川左団次の「団菊左時代」を迎え，再興した。

問6．空欄［ f ］に該当する語句として正しいものを1つ選べ。

ア　日本銀行本店　イ　旧東宮御所(迎賓館赤坂離宮)
ウ　旧帝国ホテル　エ　関西学院大学時計台

問7．空欄［ g ］・［ i ］・［ j ］にあてはまる語句を答えよ。

問8．空欄［ h ］にあてはまる国名を1つ選べ。

ア　アメリカ　イ　イギリス　ウ　フランス　エ　ドイツ

❶ヒント

問1　人物と業績が正しく表現されているかどうかを吟味する。
問2　岡倉天心・橋本雅邦らによって設立。茨城県五浦に移ったのち，1914年に再興された。
問3　人物と業績が正しいかどうかを吟味する。
問4　ア・イ・ウ．人名が正しいかどうかを吟味する。
問7　i．明六社の設立を発議して啓蒙活動を行った。1889年，明治憲法発布の日に殺害された。
j．天皇を中心とする家族国家観にたつ。1948年の国会で失効した。

❶解答欄

問1		
問2		
問3		
問4		
問5		
問6		
問7	g	
	i	
	j	
問8		

明治時代

A　1887年に岡倉天心やフェノロサらの尽力で開設され，彫刻・美術工芸科のほかにはじめ日本画科，のち西洋画科も設置された。現在の東京芸術大学の前身。(70字)

解答：別冊p.31 ▶

35 大正時代の政治と社会・文化

重要暗記年代

- ■1912 ……… 第一次護憲運動
- ■1914～18 … 第一次世界大戦
- ■1918 ……… 米騒動
- ■1919 ……… パリ講和会議
- ■1921～22 … ワシントン会議
- ■1924 ……… 第二次護憲運動
- ■1925 ……… 治安維持法・普通選挙法

ココが出る!!

［入試全般］
政治史では２度の護憲運動と原敬内閣，外交ではヴェルサイユ体制とワシントン体制が柱となる。社会史では大正デモクラシー下の諸運動が頻出する。

［国公立二次・難関私大］
大正文学では，文壇の主流の推移と代表作家＆作品，学問では学者と研究成果がメインとなる。

1 護憲運動　２度の護憲運動後，ようやく「憲政の常道」が確立され，政党政治が展開した

1. 第２次西園寺公望（さいおんじきんもち）内閣（1911～12）

①陸軍が朝鮮における①＿＿＿＿増設を要求する。＊1

▶行財政整理をすすめる西園寺内閣は，これを拒否した。

②陸相②＿＿＿＿が帷幄上奏（いあくじょうそう）して単独辞任する。＊2

2. 第３次③＿＿＿＿内閣（1912～13）

①第一次護憲運動＊3

▶中心は立憲政友会の④＿＿＿＿や，⑤＿＿＿＿党の⑥＿＿＿＿ら →「閥族打破（ばつぞくだは）・憲政擁護（けんせいようご）」。

②桂自身も⑦＿＿＿＿を組織して対抗しようとした。

3. 第１次⑧＿＿＿＿内閣（1913～14）＊4

①与党は⑨＿＿＿＿。

②1914年…⑩＿＿＿＿事件で総辞職する。

4. 第２次⑪＿＿＿＿内閣（1914～16）＊5

▶与党は⑫＿＿＿＿。第一次世界大戦に参加する。

5. 寺内正毅（まさたけ）内閣（1916～18）

▶1918年に⑬＿＿＿＿県に⑭＿＿＿＿が発生
→京都・大阪・東京など全国各地に広がる。＊6

6. ⑮＿＿＿＿内閣（1918～21）

①与党は⑯＿＿＿＿。

②最初の本格的政党内閣…⑰＿＿＿＿宰相とよばれる。

③第一次世界大戦の講和。

④1918年に⑱＿＿＿＿令・高等学校令を公布する。

▶単科大学・私立大学の設置が認可されたことによって知識人層が拡大し，1920年には就学率が99％を突破した。

＊1　海軍は戦艦８隻・装甲巡洋艦８隻のいわゆる八・八艦隊の実現をめざした。２個師団増設要求は1915年，第２次大隈重信内閣のときに議会を通過した。

＊2　そのあと後任の陸相が推挙されなかった。これを「陸軍のストライキ」という。これによって内閣は，総辞職に追い込まれた。

＊3　民衆の力が，内閣を倒した最初の運動である。

＊4　軍部大臣現役武官制を廃止し，文官任用令を改正した。

＊5　1916年に工場法を施行した。

＊6　軍隊で鎮圧し，引責辞職した。

米騒動

1918年，チェコスロヴァキア軍の救出を名目にシベリア出兵が強行されたが，それをあてこんだ米の買い占め・売り惜しみなどにより，米価が急騰（きゅうとう）した。それに対し，富山県の漁民主婦が蜂起し，この騒ぎは全国的に波及，都市では労働争議，農村では小作争議が頻発した。

記述論述 Q　治安維持法について，1925年に制定された当初の目的を①国内的事情や②外交的事情をふまえつつ，100字以内で説明しなさい。（千葉大）

　出題大学…⑩：佛教大，東洋大，大阪大

7. 高橋是清（これきよ）内閣(1921〜22)…与党は⑲＿＿＿＿＿。

8. ⑳＿＿＿＿＿**内閣**(1922〜23)…海軍大将。

9. 第2次山本権兵衛（ごんべえ）内閣(1923)

①1923年9月1日におこった㉑＿＿＿＿＿の処理。*7

②㉒＿＿＿＿＿事件で辞職した。

10. ㉓＿＿＿＿＿**内閣**(1924)…貴族院・官僚中心。

▶立憲政友会の㉔＿＿＿＿＿，㉕＿＿＿＿＿の犬養毅（いぬかいつよし），㉖＿＿＿＿＿の加藤高明ら，護憲三派による内閣打倒運動がおこり，総選挙で三派が圧勝した。*8

11. ㉗＿＿＿＿＿**護憲三派内閣**(1924〜25)

①1925年…㉘＿＿＿＿＿条約 →日ソ間の国交樹立。

②1925年…｛㉙＿＿＿＿＿法 →憲政の常道。／㉚＿＿＿＿＿法 →運動・思想弾圧。｝

*7 関東大震災の混乱に乗じて，朝鮮人虐殺事件や亀戸（かめいど）事件・甘粕（あまかす）事件などがおこった。

*8 第二次護憲運動では，「行財政整理」「貴族院・枢密院改革」「普選断行」がスローガンとなった。

治安維持法

日ソ間の国交回復による共産主義思想の流入と，普選による無産政党員の進出を警戒して制定され，1928年には最高刑が死刑に改められた。

選挙権の拡大

	内閣	直接国税額	選挙人	被選挙人	有権者数	全人口比
1889	㉛＿＿＿＿内閣	㉜＿＿＿＿円以上	男25歳	30歳	45万人	㉝＿＿＿＿%
1900	㉞＿＿＿＿内閣	㉟＿＿＿＿円以上	男25歳	30歳	98万人	2.2%
1919	㊱＿＿＿＿内閣	㊲＿＿＿＿円以上	男25歳	30歳	306万人	5.5%
1925	㊳＿＿＿＿内閣	制限なし	男25歳	30歳	1,240万人	20.8%
1945	㊴＿＿＿＿内閣	制限なし	㊵＿＿歳	25歳	3,688万人	50.4%
2015	安倍晋三内閣	制限なし	男女18歳	25歳	10,609万人	83.7%

2 第一次世界大戦と国際協調外交 幣原外交が展開された

1. 第一次世界大戦(1914〜18)*9

①日本の参戦理由…日英同盟の情宜（じょうぎ），大陸侵略の好機ととらえた。

②日本軍｛陸軍…青島（チンタオ）を占領する。／海軍…太平洋のドイツ領南洋群島の一部を占領する。｝

2. ㊶＿＿＿＿＿**の要求**(1915)

①㊷＿＿＿＿＿外相から㊸＿＿＿＿＿政府に要求。

②5月9日…㊹＿＿＿＿＿記念日 →武力で承認させる。

③1919年…中国で㊺＿＿＿＿＿運動がおこる。*10

3. ㊻＿＿＿＿＿**借款（しゃっかん）**(1917〜18)

▶寺内内閣が，西原亀三を仲介に㊼＿＿＿＿＿政権に供与。

4. 対米関係…1917年の㊽＿＿＿＿＿協定で調整した。*11

*9 1914年のサライェヴォ事件がきっかけとなり，4年におよぶ総力戦に発展した。

二十一カ条の要求

- 山東省旧ドイツ権益の継承要求。
- 南満州・東部内蒙古における日本の特権を要求。
- 漢冶萍（かんやひょうこんす）公司の日中合弁事業化を要求。
- 旅順・大連の租借期間を99カ年に延長することを要求。
- 福建省の日本の権利承認の要求。

*10 パリ講和会議でも日本の要求が通ったため，ヴェルサイユ条約調印拒否を求めておこした抗議運動。

*11 日本の中国における特殊権益をアメリカが承認することや，領土保全や門戸開放の主張を支持することを認める公文が交換された。

A 普通選挙法の成立にともなって，無産政党員の進出や労働者階級の政治発言力の高揚がもたらす社会不安への懸念のほかに，日ソ基本条約の締結によって流入する共産主義思想に対して警戒心が高まったために公布された。(100字)

大正時代

5. パリ講和会議(1919)…ヴェルサイユ宮殿で開催された。

①日本側全権…㊾＿＿＿＿＿＿・牧野伸顕(まきののぶあき)。

②㊿＿＿＿＿＿＿条約(1919)…ドイツの処理など。

③51＿＿＿＿＿＿(1920)＊12…ウィルソンの提唱で設立される。

④日本の権益…山東省の旧ドイツ権益の継承と，赤道以北の旧ドイツ領南洋群島の52＿＿＿＿＿＿統治。

⑤中国では五・四運動，朝鮮では53＿＿＿＿＿＿運動がおこる。＊13

6. ワシントン会議(1921～22)

①提唱…アメリカ大統領54＿＿＿＿＿＿。

②日本側全権…海相55＿＿＿＿＿＿，駐米大使幣原(しではら)喜重郎，貴族院議長56＿＿＿＿＿＿。

③57＿＿＿＿＿＿条約(1921)…米・英・日・仏。

▶太平洋諸島領有の現状維持について。

これによって，58＿＿＿＿＿＿が廃棄となった。

④59＿＿＿＿＿＿条約(1922)…中国問題について。＊14

▶これによって二十一カ条の要求の一部と，1917年に締結した60＿＿＿＿＿＿協定が廃棄となった。

⑤海軍軍縮条約(1922)…61＿＿＿＿＿＿艦の保有比率を設定。＊15

▶米：英：日：仏：伊＝5：5：3：1.67：1.67。

7. ジュネーヴ会議(1927)…米・英・日。

▶日本側全権は62＿＿＿＿＿＿。交渉は決裂した。

8. パリ63＿＿＿＿＿＿条約(1928)＊16…15カ国。

9. 64＿＿＿＿＿＿…外相として協調外交路線をとる。

＊12　日本はイギリス・フランス・イタリアとともに常任理事国となった。アメリカはモンロー主義を守り，上院の批准拒否のために参加しなかった。

＊13　民族自決の気運が高揚した。三・一事件とも万歳事件ともいう。

＊14　中国の主権の尊重や，中国に対する門戸開放・機会均等などについて，米・英・日・仏・伊・オランダ・中国・ベルギー・ポルトガルの間で調印。

＊15　以後10年間は，新艦の建造は禁止となった。

＊16　ケロッグ＝ブリアン条約ともいう。日本側全権は内田康哉(やすや(こうさい))。「人民ノ名ニ於テ」が問題化した。

3 大戦景気

日露戦争後の慢性不況は，第一次世界大戦による大戦景気によって克服することができた

1. 背　景

①第一次世界大戦勃発…船舶需要の増大と輸出の増大。

②市場の拡大などにより，海運貿易が進展した。

③機械や製品の輸入途絶により，国内産業が発達した。

2. 財閥による産業支配

▶65＿＿＿＿＿＿資本(銀行資本)の独占形成がすすむ。

3. 諸産業の発達

①海運業…66＿＿＿＿成金＊17 →内田信也(内田汽船)。

▶日本は，世界第67＿＿＿＿位の海運国に成長した。

②鉄鋼業…八幡製鉄所の拡張，民間会社の設立。

▶南満州鉄道株式会社は，1918年に68＿＿＿＿＿＿製鉄所を設立…二十一カ条の要求で鉱山採掘権を得ていた。

③化学工業…69＿＿＿＿＿＿からの輸入途絶により，発達した。

＊17　成金とは，第一次世界大戦によって出現した一時的な資産家。鉄成金・船成金などがあったが，多くは1920年の戦後恐慌で没落した。

鈴木商店

明治期に砂糖・樟脳(しょうのう)で事業をおこし，第一次世界大戦期には肥料・ゴムなど，さまざまな物資を手がけて成長した総合商事会社で，金融恐慌で倒産した。成金の典型的な例である。

記述論述 Q　朝鮮半島で1919年におこった民族独立運動に関し，その歴史的背景と日本政府の対応について，以下の語句を用いて100字以内で説明せよ。〔語句〕三・一独立運動　文官　パリ講和会議　民族自決　原敬内閣（札幌大／改）

▶⑩＿＿＿＿・薬品・染料などの国産化がすすむ。

④綿紡績業…中国に工場を建設 →⑪＿＿＿＿*18。

⑤電力事業…1915年に東京～⑫＿＿＿＿間の送電に成功。

⑥製糸業…⑬＿＿＿＿に向け，生糸の輸出が増大する。

⑦貿易額…輸出超過 →⑭＿＿＿＿国から債権国に成長する。

⑧1919年…⑮＿＿＿＿生産額が農業生産額をこえる。

4. 戦後恐慌(1920)

①製糸業…アメリカ向け生糸の輸出が激減 →養蚕農家が打撃。

②成金の多くが没落…海外需要と海外市場の狭小化。

③収拾策…原敬内閣が日本銀行から救済融資を受ける。

4 大正デモクラシー

明治憲法の枠内で，民主化の方向にきりくずそうという動きが活発となった

1. 指導理論

①⑯＿＿＿＿…民本主義 →『中央公論』に発表。

②⑰＿＿＿＿…天皇機関説 →著書は『憲法撮要(さつよう)』。

2. 諸運動の高揚

①労働運動…1912年に鈴木文治が⑱＿＿＿＿を結成する。*19

▶1921年には⑲＿＿＿＿と改称し，労資が対立する。

②農民運動…1922年に⑳＿＿＿＿が結成される。*20

③婦人運動…1911年に平塚らいてう(らいちょう)(明(はる))が㉑＿＿＿＿を結成。*21

▶機関誌『㉒＿＿＿＿』を発刊したが，1916年に解散した。

1920年には㉓＿＿＿＿・平塚らいてうらによって，

㉔＿＿＿＿が設立された。*22

④学生運動…1918年に東大で㉕＿＿＿＿が結成される。

⑤教授グループ…1918年に㉖＿＿＿＿を結成する。*23

⑥部落解放運動…1922年に全国㉗＿＿＿＿を結成する。

3. 関東大震災(1923.9.1)

①経済界の混乱…㉘＿＿＿＿恐慌に発展した。

▶第2次山本権兵衛内閣は，蔵相に㉙＿＿＿＿をつけ，

㉚＿＿＿＿日間のモラトリアムを実施した。*24

②虐殺事件…朝鮮人虐殺事件 →流言飛語。

▶㉛＿＿＿＿事件(南葛労働組合の川合義虎らが殺された)や

㉜＿＿＿＿事件(大杉栄・伊藤野枝が，憲兵大尉甘粕(あまかす)正彦に殺された)なども発生した。

4. 社会主義運動

①1920年…㉝＿＿＿＿同盟結成 →翌年，禁止される。

②1922年…㉞＿＿＿＿党が非合法で結成される。*25

▶1924年に解散し，1926年に再建された。

*18 1926年には，イギリス在華紡をしのいだ。

補足
民本主義の目的は，普選実施と政党政治の実現にあった。

*19 労資協調的団体として発足，1919年に大日本労働総同盟友愛会と改称。

*20 中心は，賀川豊彦・杉山元治郎ら。

*21 1921年には山川菊栄(きくえ)・伊藤野枝(のえ)らにより赤瀾会(せきらん)が，1924年には婦人参政権獲得期成同盟会(翌年には婦選獲得同盟と改称)が結成された。

*22 治安警察法第5条撤廃要求運動をすすめ，1922年に一部成功した。

*23 吉野作造や福田徳三らが中心となった。

*24 そのほか，日本銀行からの非常貸し出しを受けたり，震災手形割引き損失補償などの応急措置を講じて，収拾をはかった。

補足
1920年に第1回メーデーが上野公園で開催された。

*25 1928年の三・一五事件，1929年の四・一六事件で共産党員らが大量に検挙され，弾圧された。

大正時代

A パリ講和会議後，民族自決の気運が高まり，三・一独立運動がおこった。朝鮮総督府によって運動は弾圧されたが，原敬内閣は文官の朝鮮総督も認め，憲兵警察制度を廃止するなど，従来の武断政治から文化政治に転じた。(100字)

5. 無産政党の結成*26

①1925年…(95)＿＿＿＿＿＿党結成 →即日禁止される。

②1926年…(96)＿＿＿＿＿＿党結成 →内部対立で分裂する。*27

5 大衆文化の発達　ジャーナリズムの隆盛，教育水準の向上にともない，文学も民衆の間に普及した

1. 文　学

①白樺派*28…(97)＿＿＿＿＿＿＿＿ →「新しき村」の建設。

②新思潮派*29…(98)＿＿＿＿＿＿の『羅生門』『鼻』。

▶(99)＿＿＿＿＿＿の『恩讐(おんしゅう)の彼方(かなた)に』『父帰る』。

③新感覚派…横光利一(よこみつりいち)『日輪』，川端康成『伊豆の踊子』。

④プロレタリア文学…『(100)＿＿＿＿＿＿』が出発点となる。

▶(101)＿＿＿＿＿＿…『海に生くる人々』。

⑤時代小説…(102)＿＿＿＿＿＿の『大菩薩峠(だいぼさつとうげ)』。

⑥児童文学…(103)＿＿＿＿＿＿は『赤い鳥』を創刊する。

⑦大衆文学…大衆雑誌『(104)＿＿＿＿＿＿』。*30

⑧1927年…(105)＿＿＿＿＿＿文庫を創刊 →現在に至る。

⑨(106)＿＿＿＿＿＿…1冊1円 →改造社・新潮社・春陽堂。

2. 日本画

①(107)＿＿＿＿＿＿院再興(1914)…横山大観・下村観山。

②鏑木清方(かぶらききよかた)・平福百穂(ひらふくひゃくすい)・安田靫彦(ゆきひこ)・前田青邨(せいそん)・小林古径(こけい)。

3. 西洋画

①フューザン会(1912)…高村光太郎・岸田劉生(りゅうせい)が組織。

②(108)＿＿＿＿＿＿会(1914)…石井柏亭(はくてい)・有島生馬(ありしまいくま)らが組織する。

▶梅原龍三郎・安井曽太郎・岸田劉生らが参画した。*31

③春陽会(1922)…岸田劉生らが参画した。

4. 諸学問の発達

①(109)＿＿＿＿＿＿…KS磁石鋼を発明する。

②(110)＿＿＿＿＿＿…『善の研究』。西田哲学を完成する。

③(111)＿＿＿＿＿＿…『社会問題研究』『貧乏物語』。

④(112)＿＿＿＿＿＿…民俗学を確立し，常民の生活史を探究した。

⑤(113)＿＿＿＿＿＿…『記・紀』の文献学的批判を行う。

5. 生　活

①映画…活動写真(無声) →1931年にトーキーが登場する。

②ラジオ放送開始(1925) →1926年に日本放送協会(NHK)設立。

③スポーツ…全国中等学校優勝野球大会(1915)，東京六大学野球。

④同潤会(1924)…東京・横浜に鉄筋コンクリートアパートを建造。

⑤ターミナルデパート…梅田(箕面有馬電気軌道(みのおありま))*32。

*26 1928年の総選挙で，8名の無産政党員が誕生した。

*27 中間派は日本労農党，右派は社会民衆党を結成した。

4大紙の成長

大阪朝日・東京朝日・大阪毎日・東京日日の各紙は，発行部数100万部に達した。

*28 白樺派は，人道主義・個人主義を尊重した。

*29 新思潮派には，理知的・技巧的作品が多い。

白樺派

①武者小路実篤…その妹

②(114)＿＿＿＿＿…暗夜行路

③(115)＿＿＿＿＿…或(あ)る女

プロレタリア文学

①(116)＿＿＿＿＿…蟹工船(かにこうせん)

②(117)＿＿＿＿＿…太陽のない街

*30 大日本雄弁会講談社が刊行し，創刊号は74万部をこえた。

プロレタリア芸術運動

1925年に日本プロレタリア文芸連盟が結成され，『文芸戦線』によりながら活動をすすめた。1928年には三・一五事件を機に，全日本無産者芸術連盟(ナップ)が結成され，機関誌『戦旗』を創刊し，『文芸戦線』と対立した。

*31 梅原龍三郎は「紫禁城(しきんじょう)」，安井曽太郎は「金蓉(きんよう)」，岸田劉生は「麗子像」などを制作した。

彫刻家と作品

①高村光太郎…手・鯰(なまず)

②(118)＿＿＿＿＿…墓守

③平櫛田中(ひらくしでんちゅう)…転生(てんしょう)

作曲家と作品

①宮城道雄…春の海・秋の調

②(119)＿＿＿＿＿…この道

③中山晋平…カチューシャの唄

*32 小林一三(こばやしいちぞう)が設立し，のちに阪神急行電気鉄道(＝阪急)と改称した。また，小林一三は娯楽施設として宝塚少女歌劇団なども経営した。

記述論述 Q 大正時代には生活様式が大きく変化したが，特に都市部では生活様式においてどのような変化がみられたか，50字以内で答えよ。（新潟大）

 出題大学…(99)：京都府立大，松山大，北海学園大／(105)：津田塾大／(106)：関西学院大，南山大／(118)：早稲田大

到達度チェック

❶ 次の文を読み，次の問いに答えよ。 法政大―経・現代福祉，他／改

第一次世界大戦における好景気は，巨利を得て蓄財した[1]を生み出す一方で，物価の高騰のために苦しむ民衆が多数存在した。また，シベリア出兵を見込んだ米の投機的買占めが横行して，米価が急騰すると，(a)米騒動が起こった。このような動きや[2]などをきっかけとして，社会運動や労働運動が活発化した。

1912年に労働者階級の地位向上と労働組合結成を目的として，[3]が友愛会を組織する。第一次世界大戦後の労働争議の増加に伴い，友愛会は全国的な組織に成長し，1919年には[4]と改称するとともに，(b)1920年に第一回メーデーを主催した。翌年にはさらに[5]と改称して，当初の[6]主義から[7]主義に方向を転換していく。一方，農村においても，小作料の軽減や耕作権確保を求める[8]が頻発し，杉山元治郎や賀川豊彦らによって1922年に日本農民組合が結成された。また，(c)被差別部落の人々によって，差別からの解放を目指した運動も進められた。

問1. 空欄[1]・[2]・[6]・[7]・[8]にあてはまる語句として適切なものをそれぞれ1つずつ選べ。

ア ロシア革命　**イ** 辛亥革命　**ウ** 共産　**エ** 小作争議
オ 階級闘争　**カ** 政商　**キ** 全体　**ク** 成金　**ケ** 労資協調

問2. 空欄[3]にあてはまる人名を答えよ。

問3. 空欄[4]・[5]にあてはまる団体名として正しいものをそれぞれ1つずつ選べ。

ア 日本労働組合総評議会　**イ** 大日本労働総同盟友愛会
ウ 日本労働組合評議会　**エ** 日本労働組合総連合会
オ 日本労働組合総同盟　**カ** 日本労働総同盟

問4. 下線部(a)に関する説明として誤っているものを1つ選べ。

ア 米騒動のきっかけは，富山県の漁村での米の移出を阻止しようとした主婦たちによる騒動であった。
イ 都市労働者・建設労働者・下層農民・被差別民などが中心となって，米の買い占め反対や安売りを求めた。
ウ 米騒動は，全国38市，153町，177村で約70万人を巻き込む大騒擾となった。
エ 米騒動の鎮圧のために，政府が軍隊を出動させたところもあった。
オ 世論に米騒動の責任を追及され，原敬内閣が総辞職した。

問5. 下線部(b)の年に起こったできごとを1つ選べ。

ア ジーメンス事件　**イ** 石井・ランシング協定の締結
ウ ワシントン海軍軍縮条約の締結　**エ** 国際連盟の発足
オ 三・一独立運動

問6. 下線部(c)に関連して，部落差別に関する出来事X～Zについて，古いものから年代順に正しく配列したものを1つ選べ。

X 西光万吉らを中心に，全国水平社が結成された。
Y 政府は，えた・非人などの称をやめて，制度の上では平民同様とした。
Z 部落解放全国委員会が結成され，のちに部落解放同盟と改称した。

ア X―Y―Z　**イ** X―Z―Y　**ウ** Y―X―Z
エ Y―Z―X　**オ** Z―X―Y　**カ** Z―Y―X

解答：別冊p.54 ▶

❶ ヒント

問1 1. 大戦景気を通して蓄財した一時的な資産家。戦後恐慌で没落したものが多い。
8. 1920年代以降に激化した小作人と地主との争い。

問2 国際労働機関（＝ILO）の労働者代表などもつとめた人物。

問5 第一次世界大戦後，アメリカ大統領ウィルソンの14カ条の平和原則により，国際平和維持のために設立された機関で，本部はスイスのジュネーブにおかれた。

問6 西暦年代だけではなく，時代名でも解ける。

大正時代

❶ 解答欄

問1	1	
	2	
	6	
	7	
	8	
問2		
問3	4	
	5	
問4		
問5		
問6		

A 洋食・洋装が普及し，水道・ガスを備えた文化住宅では，電灯の下で卓袱台を囲む一家団欒の光景が広まった。(50字)

解答：別冊p.32

36 十五年戦争の時代

重要暗記年代

- ■1928……張作霖爆殺事件
- ■1930……金輸出解禁
- ■1931……柳条湖事件
- ■1932……五・一五事件
- ■1933……国際連盟脱退通告
- ■1936……二・二六事件
- ■1937……盧溝橋事件
- ■1938……国家総動員法の公布
- ■1940……大政翼賛会の発足
- ■1941……太平洋戦争
- ■1945……ポツダム宣言受諾

ココが出る!!

[入試全般]
国内では軍部の動向，五・一五事件と二・二六事件，海外では満州事変～日中戦争～太平洋戦争への経緯がポイント。準戦時体制から戦時体制の確立期にかけての諸政策も頻出する。

[国公立二次・難関私大]
戦時下の国民生活に照射した問題が多い。戦時統制経済のもとでの国民生活について，食糧事情を主軸に論文を書かせる問題もある。

1 昭和初期の経済　恐慌が連続し，経済界はいよいよ困迷の中に陥った

1. ①＿＿＿＿＿＿恐慌(1927)

①片岡直温(なおはる)蔵相の失言…銀行経営の不良化が暴露された。*1

②第１次②＿＿＿＿＿＿内閣が総辞職する。

▶③＿＿＿＿＿＿銀行救済勅令案が，枢密院で拒否された。*2

③収拾策…立憲政友会の④＿＿＿＿＿＿内閣が蔵相に高橋是清(これきよ)を任じ，⑤＿＿＿＿週間のモラトリアム(支払猶予令)を実施する。*3

④五大銀行の優位確定…三井・三菱・安田・住友・第一銀行。

▶銀行法の施行により，銀行の合同がすすんだ。*4

2. 金解禁(1930) *5

①金本位制の確立(1897)…1917年に金本位制が停止される。

②立憲民政党の⑥＿＿＿＿＿＿内閣…蔵相が井上準之助。

▶緊縮財政と⑦＿＿＿＿＿＿政策をすすめる。

3. 昭和恐慌(＝⑧＿＿＿＿＿＿恐慌)

①1929年にアメリカでおこった⑨＿＿＿＿＿＿恐慌による。

②影響…アメリカ向けの⑩＿＿＿＿＿＿の輸出が激減する。

▶農村では繭価が暴落，都市では中小企業が倒産，貿易では正貨が大量に流出し，輸出が減少した。

③収拾策…立憲政友会の⑪＿＿＿＿＿＿内閣が蔵相に高橋是清を任じ，1931年に金輸出再禁止に転換した。

▶その後，貨幣制度は⑫＿＿＿＿＿＿制度に移行する。*6

*1　銀行取り付け騒ぎが激化し，休業銀行が相次いだ。この混乱の中で，鈴木商店も倒産した。

*2　外相幣原(しではら)喜重郎による協調外交路線に，不満をもっていたからである。

*3　日銀からも特別救済融資を受けた。

*4　独占・金融資本が確立した。

*5　100円＝49.85ドルの旧平価で断行し，為替相場の安定と輸出の増大をはかった。

二大政党の比較

①立憲政友会…三井と結ぶ。
- 外交政策＝強硬外交
- 財政＝積極財政・インフレ

②憲政会→立憲民政党…三菱と結ぶ。
- 外交政策＝協調外交
- 財政＝緊縮財政・デフレ

*6　管理通貨制度は，1942年の日本銀行法で制度化された。

記述論述 Q　1930年と1931年に農家は経済的な困窮をきわめた。その理由を作況・米価・労働者移動の観点から100字以内で述べよ。(慶應義塾大一文／改)

　出題大学…⑧：東京都立大，北海道大

4. 独占の進展

①1931年，浜口雄幸内閣は⑬＿＿＿＿＿統制法を制定する。*7

②不当に安い価格で商品を輸出，⑭＿＿＿＿＿＿＿と非難される。

5. 新興財閥…軍部と癒着し，満州や朝鮮に進出した。

①⑮＿＿＿＿＿コンツェルン…鮎川義介 →満州開発。

②⑯＿＿＿＿＿コンツェルン…野口遵 →朝鮮開発。

2 協調外交の挫折 幣原外交は軟弱，との非難が高まった

1. 山東出兵(1927～28：計3回)

①立憲政友会の⑰＿＿＿＿＿内閣…外相は田中義一が兼任。

②中国…⑱＿＿＿＿＿が中心となり，北伐を開始した。

③1927年…⑲＿＿＿＿＿会議 →「対支政策綱領」を決定。

④1928年…⑳＿＿＿＿＿事件 →国民革命軍と日本軍の衝突。

2. 張作霖爆殺事件(1928)*8…田中義一内閣は退陣する。

①㉑＿＿＿＿＿軍参謀河本大作らの陰謀。

②日本では㉒＿＿＿＿＿事件とよばれた。

3. ロンドン海軍軍縮会議(1930)…立憲民政党の浜口内閣のとき。

①提唱…イギリスのマクドナルド。

②全権…㉓＿＿＿＿＿。

③補助艦保有の制限…日本は対米英約㉔＿＿＿＿割を主張。

④㉕＿＿＿＿＿問題を惹起する…軍部・右翼が反対。

4. 満州事変(1931)

①発端…㉖＿＿＿＿＿事件(1931：奉天郊外)。

②第2次㉗＿＿＿＿＿内閣は，不拡大方針を声明する。

③満州国建国(1932)…㉘＿＿＿＿＿内閣のとき。

▶五族協和の理想。執政は宣統帝㉙＿＿＿＿＿。

④満州国承認(1932)…㉚＿＿＿＿＿を調印する。

▶㉛＿＿＿＿＿内閣のとき。1934年満州国帝政を実施する。

⑤中国が日本の謀略を強く非難し，その不当を国際連盟に提訴…㉜＿＿＿＿＿調査団の派遣。

⑥1933年…国際連盟脱退を通告 →日本代表は松岡洋右。

⑦ワシントン・ロンドン条約失効(1936)…国際的に孤立化。

3 政党政治の崩壊 政党と財閥との癒着がすすみ，政党政治も腐敗していた

1. テロの頻発

①㉝＿＿＿＿＿事件(1931)*9…宇垣一成内閣の樹立を構想。

*7 カルテルの結成を助長することになった。

新興財閥

そのほか，大河内正敏の理研コンツェルン，中野友礼の日曹コンツェルン，森矗昶の森コンツェルンなどがあった。

農村の惨状

昭和恐慌によって農村は大打撃を受け，貧農が没落する一方，小作争議も頻発した。また，娘の身売りや欠食児童も増えるなど，深刻な状況となった。そこで，1932年，斎藤実内閣に対し，農村救済請願運動がおこり，政府も内務省・農林省を中心に農山漁村経済更生運動を展開し，自力更生による農山漁村の再建をはかった。

*8 子の張学良はその後，国民政府と合流し，抗日運動をすすめた。

昭和時代

補足

満州事変によって中国では排日運動が高まり，1932年には第1次上海事変(日中両国軍の衝突)がおこった。1933年には満州事変の処理として，日中軍事停戦協定(塘沽停戦協定)が結ばれた。

満州国

東三省(黒竜江省・吉林省・奉天省)に熱河省，内蒙古の一部を興安省として加え，5省で構成した。首都は新京(長春)。

補足

青年将校・民間右翼は，北一輝の『日本改造法案大綱』を聖典とし，国家改造・昭和維新をめざして運動をすすめた。

*9 橋本欣五郎らの桜会がおこしたクーデター未遂事件。

1930年には豊作と重なったために米価が下落し，いわゆる豊作飢饉が発生し，1931年には凶作飢饉に見舞われた。昭和恐慌下の不況によって都市の失業者が帰農したために農村人口が過剰となったこともその要因となった。(100字)

出題大学…⑭：獨協大，和歌山大，甲南大／⑲：龍谷大，中央大／㉒：京都府立大，明治大，明治学院大

②㉞＿＿＿＿事件(1931)*10…荒木貞夫内閣樹立構想。

③㉟＿＿＿＿事件(1932)…井上日召中心の血盟団。

▶前蔵相の㊱＿＿＿＿，三井財閥の中心的人物で三井合名会社理事長の㊲＿＿＿＿らが暗殺された。

④㊳＿＿＿＿事件(1932)…首相㊴＿＿＿＿を射殺。

▶海軍青年将校・陸軍士官学校生，橘孝三郎のひきいる愛郷塾も参加…政党内閣が終止。

2. 非政党内閣

①㊵＿＿＿＿…挙国一致内閣を組織。海軍大将。

②㊶＿＿＿＿内閣…1936年の二・二六事件で退陣する。

▶二・二六事件によって，蔵相の㊷＿＿＿＿，陸軍教育総監の㊸＿＿＿＿，内大臣の㊹＿＿＿＿らが暗殺される。

③㊺＿＿＿＿内閣…軍部の政治介入が強まる。

▶広義国防国家の建設，庶政一新をスローガンとした。1936年には㊻＿＿＿＿制を復活する。

④㊼＿＿＿＿流産内閣…陸相を得られず組閣を断念する。

⑤㊽＿＿＿＿内閣…「祭政一致」。政党非協力。

▶蔵相は結城豊太郎…「軍財抱合」。軍部と財界の調整。

4 日中戦争　出口の見えぬ戦争に突入した

1. 中国の情勢

①国民党と共産党の内戦…1934年，共産党が大西遷(長征)を行う。

②華北分離工作の進展。

▶1935年の梅津・何応欽協定や土肥原・秦徳純協定によって侵略がすすみ，㊾＿＿＿＿防共自治政府が日本の傀儡政権として成立した。

③1936年…㊿＿＿＿＿事件。

▶張学良が(51)＿＿＿＿を監禁して内戦停止を要求し，翌年，抗日民族統一戦線を結成する…第２次国共合作。

2. 日中戦争(1937～45)

①第１次(52)＿＿＿＿内閣の成立(1937～39)。

②発端…(53)＿＿＿＿事件(1937：北京郊外)。

③第１次近衛文麿内閣は，(54)＿＿＿＿方針を声明する。

④1937年…南京を占領 →南京事件。

⑤国民政府は武漢から(55)＿＿＿＿に移り，抗戦を続けた。

⑥戦争は長期化・泥沼化…政府の和平工作も失敗した。*11

⑦戦局打開のため，３度にわたり(56)＿＿＿＿声明を発布。

*10　未然に発覚した。この事件を契機に陸軍は，皇道派(真崎甚三郎)と統制派(永田鉄山)に分裂した。二・二六事件までは皇道派が，以降は統制派が主導権を握った。

言論・思想統制の強化

①転向の時代
- 鍋山貞親・佐野学らが転向。

②1920年…(57)＿＿＿＿事件
- 森戸辰男「クロポトキンの社会思想の研究」の弾圧。

③1933年…(58)＿＿＿＿事件
- 『(59)＿＿＿＿』が発禁。
- 時の文相は鳩山一郎。

④1935年…天皇機関説問題
- 『(60)＿＿＿＿』が発禁。
- 岡田啓介内閣…国体明徴声明。

⑤1937年…(61)＿＿＿＿事件
- 植民地政策を批判。
- 『民族と平和』などが発禁。

⑥1937年…第１次人民戦線事件
- 向坂逸郎・山川均らが検挙。

⑦1938年…第２次人民戦線事件
- 大内兵衛・有沢広巳らが検挙。

⑧1938年…河合栄治郎を攻撃
- 『ファシズム批判』など４著書が発禁。1939年に休職。

⑨1940年…(62)＿＿＿＿を攻撃
- 『神代史の研究』などが発禁。

*11　ドイツ駐華大使トラウトマンを仲介にしての和平工作であったが，日本側の条件がきびしかったこともあって難航した。

記述論述 Q　柳条湖事件について，次の２つの言葉を用いて50字以内で説明せよ。〔語句〕中国軍　満州事変
(立教大一全)

　出題大学…㊸：早稲田大／㊽：立命館大，学習院大，明治学院大／㊾：成城大／(54)：津田塾大，福井大／(59)：東北福祉大，早稲田大／(60)：東北福祉大，青山学院大

近衛声明(1938)
- 第1次…「国民政府ヲ対手(あいて)トセズ」。
- 第2次…「東亜新秩序」の建設。
- 第3次…近衛㊸＿＿＿＿＿＿*12。

⑧南京政府樹立(1940)…重慶を脱出した㊹＿＿＿＿＿＿。

3. 戦時体制の強化…㊺＿＿＿＿＿＿院を中心に立案する。

①1937年…㊻＿＿＿＿＿＿運動。

②1938年…㊼＿＿＿＿＿＿法を公布→動員計画は企画院で作成。

▶議会の承認を得なくても，戦争遂行に必要な人的・物的資源の統制運用は，勅令で行えるようにした。

▶国家総動員法に基づき，1939年3月には賃金統制令，7月には国民㊽＿＿＿＿＿＿令，10月には㊾＿＿＿＿＿＿令が勅令で発布された。

③戦時下のテキスト…『㊿＿＿＿＿＿＿』『臣民の道』。

④1938年…(71)＿＿＿＿＿＿会 →労資協調体制。

4. 国境をめぐる紛争

①1938年…(72)＿＿＿＿＿＿事件 →ソ満国境付近。

②1939年…(73)＿＿＿＿＿＿事件 →満蒙国境付近。

5 第二次世界大戦

戦時体制の強化は国民生活を圧迫し，日米交渉もやがて失敗に終わる

1. 枢軸体制の確立

①1936年…日独(74)＿＿＿＿＿＿を調印する。*13

②1937年…日独伊三国防共協定を調印する。*14

③1939年…日米(75)＿＿＿＿＿＿条約廃棄を通告する。*15

2. 第二次世界大戦(1939～45)

①独ソ(76)＿＿＿＿＿＿条約を調印する(1939)。

▶(77)＿＿＿＿＿＿内閣は方向性を見失い，総辞職。*16

②ドイツのポーランド進撃(1939)…英仏の対独宣戦。

③(78)＿＿＿＿＿＿・米内光政(よないみつまさ)内閣…大戦不介入の方針。

3. 近衛新体制運動(1940)

①第2次(79)＿＿＿＿＿＿内閣(1940～41)…外相は松岡洋右(ようすけ)。

②(80)＿＿＿＿＿＿会発足…既成の政党が解散する。*17

③(81)＿＿＿＿＿＿会結成…労働組合の解散。

4. 南進政策

①北部仏印へ進駐(しんちゅう)(1940)…(82)＿＿＿＿＿＿ルート遮断のため。

②日独伊三国軍事同盟(1940)…全権は(83)＿＿＿＿＿＿。

③日ソ(84)＿＿＿＿＿＿条約(1941)…全権は松岡洋右。

④日米交渉開始(1941)…(85)＿＿＿＿＿＿大使とハル国務長官。

⑤南部仏印へ進駐(1941)…(86)＿＿＿＿＿＿包囲陣で封鎖。

*12 善隣友好・共同防共・経済提携の3項目。

〈史料〉国家総動員法

第一条 本法ニ於テ国家総動員トハ戦時(戦争ニ準ズベキ事変ノ場合ヲ含ム。以下之ニ同ジ)ニ際シ国防目的達成ノ為国ノ全力ヲ最モ有効ニ発揮セシムル様人的及物的資源ヲ統制運用スルヲ謂フ。

戦時経済体制の強化

①米穀配給統制法(1939)

②価格等統制令(1939)

③米の(87)＿＿＿＿＿＿制(1940)

- 農村からの米の強制買い入れ

④消費生活者の統制強化

- 米は(88)＿＿＿＿＿＿制
- 衣料やマッチは(89)＿＿＿＿＿＿制

⑤七・七禁令(1940)…ぜいたく品の製造・販売を禁止。

*13 東京・ベルリン枢軸が形成された。

*14 東京・ベルリン・ローマ枢軸に拡大。

*15 発効は1940年である。

*16 「欧州情勢は複雑怪奇」と声明。

*17 最初に呼応したのは社会大衆党で，最後に解散して呼応したのは立憲民政党である。大政翼賛会の総裁は，総理大臣であった。

関特演

関東軍特種大演習の略。1941年にドイツが独ソ不可侵条約を破って対ソ攻撃をはじめた。日本は，ソ連がドイツに敗れた場合にソ連を攻撃することとし，約70万人の兵力を集めたが，南部仏印進駐が決定されたことにより，中止となった。

昭和時代

A 関東軍は1931年に柳条湖で満鉄線を爆破し，これを中国軍の仕業として軍事行動をおこし満州事変に発展した。(50字)

出題大学…(72)：慶應義塾大，同志社大／(78)：同志社大，京都府立大／(81)：青山学院大，中央大／(82)：津田塾大，北海道大／(83)：明治大／(86)：慶應義塾大，北海道大

6 太平洋戦争

はじめは日本軍が優勢であったが，のちアメリカ軍の反攻がはじまる

1. 東条英機内閣の成立(1941～44)

①推薦者…内大臣の⑨⓪＿＿＿＿＿＿。

②日米交渉のゆきづまり…⑨①＿＿＿＿＿＿を最後通牒と解す。

2. 戦局の展開

①1941年12月８日…ハワイの⑨②＿＿＿＿＿＿湾を奇襲する。

▶アメリカ・⑨③＿＿＿＿＿＿に宣戦を布告した。

②戦争遂行のスローガン…⑨④＿＿＿＿＿＿の建設。

▶1943年に⑨⑤＿＿＿＿＿＿会議を開催し，結束を強めた。

③はじめは日本軍優勢…東南アジアのほぼ全域を制圧する。

④1942年の⑨⑥＿＿＿＿＿＿海戦を機に，米軍が反攻に転じる。

▶1943年から44年にかけて，ガダルカナル島・アッツ島・サイパン島などが陥落した。＊18

⑤本土空襲(1944～45)…1945年３月10日に東京大空襲。

⑥1945年４月に米軍が沖縄本島に上陸し，６月に占領される。

3. 枢軸国の動向

①イタリア…ムッソリーニ失脚 →1943年に無条件降伏する。

②ドイツ…1943年にスターリングラードのドイツ軍が降伏する。

▶1945年５月に無条件降伏し，日本は孤立無援となる。

補足

東条内閣のもとで，1942年に総選挙(いわゆる翼賛選挙)が行われ，当選した翼賛議員らによって，阿部信行を総裁に翼賛政治会が結成された。

御前会議

①1941年７月２日…帝国国策要綱
・対ソ戦準備と南部仏印進駐決定。
②1941年９月６日…帝国国策遂行要領。
③1941年11月５日…対米交渉最後案と帝国国策要領を決定。
④1941年12月１日…対米英蘭戦を決定。
⑤1945年８月９日…ポツダム宣言受諾を決定。

＊18 戦局が不利になった日本は，1943年の御前会議において，千島・小笠原・マリアナなどを含む防衛ラインを「絶対国防圏」として確実に守ろうとしたが，1944年のサイパン島陥落によってその一角が崩壊した。

年　代	会　談　名	首　　脳	主　な　内　容
1943.11	⑨⑦＿＿＿＿＿＿会談	ローズヴェルト・チャーチル・蔣介石	①第一次世界大戦後に日本が奪った領土の返還。②朝鮮の独立。
1945. 2	⑨⑧＿＿＿＿＿＿会談	ローズヴェルト・チャーチル・スターリン	①ドイツ降伏後の処理について。②秘密協定で，ソ連の対日参戦などを決定。
1945. 7	⑨⑨＿＿＿＿＿＿会談	トルーマン・スターリン・チャーチル(のちアトリー)	①日本の無条件降伏。②日本の領土の制限，民主化の促進など。

▶ポツダム宣言は，中国の蔣介石の同意を得て，米・英・中３国の共同宣言として日本に降伏を勧告した。＊19

＊19 のちソ連も加わることになった。

4. 日本の対応

①⑩⓪＿＿＿＿＿＿内閣は，はじめ黙殺した。

②原子爆弾の投下…1945年８月６日に⑩①＿＿＿＿＿＿，８月９日に⑩②＿＿＿＿＿＿。

③ソ連の対日宣戦布告…1945年８月８日。

④ポツダム宣言受諾…1945年８月14日。

▶翌日，天皇がラジオで「終戦の詔」を放送する。

⑤1945年９月２日…降伏文書調印式 →ミズーリ号上で。

▶日本代表は外相⑩③＿＿＿＿＿＿と参謀総長梅津美治郎(よしじろう)。

勤労動員・出陣

①学徒⑩④＿＿＿＿＿＿
…軍需工場で労働に従事。
②学徒⑩⑤＿＿＿＿＿＿(1943)
…兵士として戦場へ。
③学童⑩⑥＿＿＿＿＿＿(1944)
…危険を避けるため地方へ。
④女子⑩⑦＿＿＿＿＿＿隊(1943)

日中戦争の長期化にともない，生活必需品が不足するようになった。その理由を説明しながら，それに対する政府の措置とその矛盾について100字以内で述べよ。（名古屋大／改）

 出題大学…⑨⓪：立命館大，高崎経済大／⑨①：新潟大，明治大／⑩③：関西大，中央大，津田塾大

到達度チェック

❶ 次の文章を読み，あとの問いに答えよ。 学習院大一経／改

解答：別冊p.54 ▶

1937年7月7日，北京南西部の[1]において，日中の軍事衝突が生じた。この事件をきっかけに，日中関係が緊迫化した。この時，日本陸軍の実力者であった参謀本部第一部長の[2]は，不拡大方針で臨もうとしたが，陸軍内の積極拡大派や関東軍を抑えることはできず，日中全面戦争へと突入した。実のところ，[2]は，かつて関東軍の参謀として1931年9月18日に南満州鉄道を爆破した[3]事件を主導し，その後の中国東北部における軍事・政治展開を図った人物であった。日本政府が軍部の動きを十分に統制することができなかっただけでなく，陸軍内部においても組織全体のコントロールが困難となっていたのである。

日中戦争開始後，日本は日本・満州・中国における占領地を一体化した経済圏として円ブロックを拡大させた。このブロック内で，鉄鉱石・石油・綿花などの主要資源を自給することは困難であり，円ブロック外からの輸入のための外貨の確保が経済維持のための重要な条件となった。一方，二・二六事件後の1936年3月に成立した[4]内閣のもとで，軍事予算が膨張した。そこで外貨制約を前提として軍需産業に資金や輸入資材を集中的に割り当てる政策がとられることとなり，経済統制が本格化した。同時に膨張した軍事予算をまかなうため，(5)日銀引受国債の発行が急増したことから，インフレーションが進行した。インフレーションを抑制し，生活必需品等の供給を安定化するため，1939年10月18日，日本政府は同年9月18日の価格を上限とした公定価格制を定める[6]を公布した。

1941年に対米英戦争が始まり，物資不足が生ずると，経済統制による軍需産業への資源集中が強化され，このための物資動員計画は企画院によって立案された。戦局が悪化すると，1943年11月には軍需生産の一元的な統括を図るため，企画院・商工省に加え，陸海軍航空本部の民間工業監督部門を合併する形で[7]が新設された。[7]の設立は，資源の集中をより徹底し，軍事用航空機の飛躍的増産を実現することが主な目的であった。実際，航空機の生産量は，1944年になると，1942年の約3倍となる約28,000機にまで伸びた。一方アメリカでは1943年になると，航続距離の長い大型爆撃機B29の開発をほぼ完了した。大量生産体制も整備され，1944年のアメリカの航空機生産は約96,000機に達していた。1944年夏，アメリカ軍はサイパン島攻略により，日本の「[8]」の一角を崩し，爆撃機B29の攻撃圏内に日本本土を収めた。その後も日本は戦況を好転させることはできず，敗戦に至った。

問1． [1]にあてはまる，この事件の発生地の名称を漢字3文字で答えなさい。
問2． [2]にあてはまる人名を答えなさい。
問3． [3]にあてはまる，この事件の発生地の名称を漢字3文字で答えなさい。
問4． [4]にあてはまる，この内閣の総理大臣の名前を答えなさい。
問5． 下線部(5)に関連して，1931年に成立した犬養毅内閣の大蔵大臣となり，この国債の日銀引受方式の採用を主導した人物の名を答えなさい。
問6． [6]にあてはまる勅令の名称を答えなさい。
問7． [7]にあてはまる政府機関の名称を答えなさい。
問8． [8]には，太平洋戦争で劣勢に立たされた日本が，戦線を後退させて，1943年9月末に設定した防衛ライン(具体的には，千島・小笠原・マリアナ・カロリン・西ニューギニア・ビルマを含む圏域)を示す語句があてはまる。この語句を漢字5字で答えなさい。

❶ヒント

問1 北京郊外の都市。
問2 陸軍軍人。日米決戦を想定して「世界最終戦論」を提唱した。
問3 奉天郊外の都市。
問4 外交畑を歴任した政治家。斎藤実内閣・岡田啓介内閣・第1次近衛文磨内閣で外相をつとめた。
問5 財政畑を歴任した政治家。金融恐慌の収拾・金輸出再禁止・低為替政策・時局匡救事業などの経済政策を展開した。
問6 それによって公定価格が設定された。
問7 軍需工業を一元的に統括・管理するために設置された官庁。

昭和時代

❶解答欄

問	
問1	
問2	
問3	
問4	
問5	
問6	
問7	
問8	

A 軍需優先のもとで不要不急の民需品の生産が制限されたために生活必需品が不足した。政府は切符制や配給制をしいて対応したが，食糧生産の低下や物資不足のために現実的に物資の入手は困難となり，闇取引も横行した。(100字)

解答：別冊p.33 ▶

37 占領～国際社会への復帰

重要暗記年代

■1946……金融緊急措置令
■1946……日本国憲法公布
■1948……経済安定九原則
■1950……朝鮮戦争
■1951……サンフランシスコ平和条約
■1956……日ソ共同宣言
■1965……日韓基本条約
■1971……沖縄返還協定

ココが出る!!

[入試全般]
政治では国内における民主化政策の具体的内容，外交ではサンフランシスコ平和条約，日ソ共同宣言と日本の国連加盟などがポイント。

[国公立二次・難関私大]
論述では，戦後経済の再建策と日本の国連加盟までの経緯などがテーマとしてとりあげられる。

1 日本の占領と民主化政策　日本の非軍事化と民主化の実践が行われた

1. 占領…間接統治。

①⑪________…連合国軍最高司令官総司令部。

②②________委員会…対日政策決定の最高機関。

▶略称はFECで，③________に設置された。

③④________理事会…最高司令官の諮問機関。

▶略称はACJで，米・英・中・ソ4カ国で構成された。

④GHQ長官…⑤________のちリッジウェイ。

⑤占領の基本方針…日本の⑥________化と民主化の実現。

▶方針の基礎は，ポツダム宣言におかれていた。

2. 民主化政策

①⑦________内閣(1945)…皇族内閣。

▶「国体護持」を唱え，GHQの自由制限撤廃指令を実施不可能として総辞職する。

②⑧________内閣(1945～46)

▶マッカーサーから五大改革指令*1を受ける。

1)婦人参政権の付与
2)労働組合の結成奨励
3)秘密警察など圧政的諸制度の撤廃
4)教育制度の自由主義的改革
5)経済機構の民主化

• 憲法改正の勧告

▶1945年，憲法問題調査委員会が設置された…松本烝治(じょうじ)。

政治上の民主化

①政党政治の復活。
②婦人参政権の実現。
③六・三制の民主教育。

経済の民主化

①労働者の解放。
②財閥解体。
③農地改革。

GHQ

最高司令官の略称はSCAP。幕僚部や民政局などの組織からなり，極東国際軍事裁判所が一時付置されたこともある。のち民主化を推進する勢力と，反共を唱える勢力が対立した。1952年にサンフランシスコ平和条約が発効されると同時に，廃止された。

占領機構

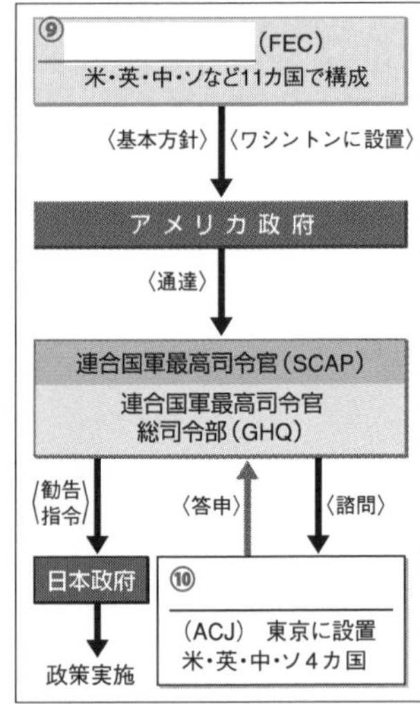

*1　五大改革はいずれも矢継早に実現した。

補足

日本を占領するにあたり，アメリカには中間指令権が認められるなど，特別の地位が保障された。

記述論述 
連合国による日本本土の占領方式について，簡潔に説明せよ。　(東京学芸大)

 出題大学…④・⑩：慶應義塾大，関西大

3. 教育制度の改革

①1946年…⑪＿＿＿＿＿＿の教育使節団が来日する。

②1947年…｛⑫＿＿＿＿＿＿法 →義務教育９年制。／⑬＿＿＿＿＿＿法 →六・三・三・四制の新学制。｝

③1948年…⑭＿＿＿＿＿＿法 →教育の地方分権。

▶都道府県や市町村に公選による教育委員を設定したが，1956年に新教育委員会法が制定され，教育委員の選出法は従来までの⑮＿＿＿＿＿＿制から⑯＿＿＿＿＿＿制にかわり，統制が強化された。

4. 代議制度の改革

▶1945年に衆議院議員選挙法が改正され，満⑰＿＿＿＿歳以上の男女に選挙権が認められた。また，1946年に総選挙が行われ，⑱＿＿＿＿名の女性代議士が誕生した。

5. 労働者の解放…労働三法の制定。

①1945年…⑲＿＿＿＿＿＿法公布 →施行は1946年３月。

▶労働者の団結権や団体交渉権・争議権を保障した。

②1946年…⑳＿＿＿＿＿＿＿＿法公布 →施行は10月。

▶労働争議の調整方法や争議行為の制限などを規定。

③1947年…㉑＿＿＿＿＿＿法公布 →施行は９月。

▶労働者の労働権・生活権など，労働上の最低基準を規定。

6. 地方制度の改革

①警察法(1947)…㉒＿＿＿＿＿＿警察と国家地方警察。

②㉓＿＿＿＿＿＿法(1947)…首長公選制・リコール制。

③㉔＿＿＿＿＿＿法(1947)…官公吏は国民の公僕(こうぼく)。

7. 財閥解体

①目的…持株を分散し，人的結合を排除する。

②組織…㉕＿＿＿＿＿＿＿＿委員会を設立する。

③㉖＿＿＿＿＿＿法(1947)…独占企業結合の禁止。＊2

④㉗＿＿＿＿＿＿＿＿＿＿法(1947)。＊3

⑤結果…大銀行が放置された →不徹底。

8. 農地改革

①目的…寄生地主制の解体 →自作農増設，小作料の金納化。

②第１次農地改革(1945. 12)…㉘＿＿＿＿＿＿内閣。＊4

▶不在地主の全小作地と在村地主の㉙＿＿＿＿町歩をこえる小作地を解放した。

③問題点…小作人への土地売却は地主への希望制がとられたため，地主の売り惜しみが多かった。

大日本帝国の解体

①神道指令 →国家神道が消滅。
②日本軍の武装解除。
・陸海軍の解体
・軍事工業の停止指令
③人権指令…政治犯の釈放。
④治安維持法・特高警察の廃止。
⑤戦争犯罪人の逮捕。
・極東国際軍事裁判
⑥軍国主義者の公職追放。
⑦修身・日本歴史・地理の授業停止と教育勅語の奉読停止。

補足

占領軍に対する批判はプレス=コード，ラジオ=コードなどで禁止され，事前検閲を受けた。

昭和／平成／令和時代

農地改革の結果

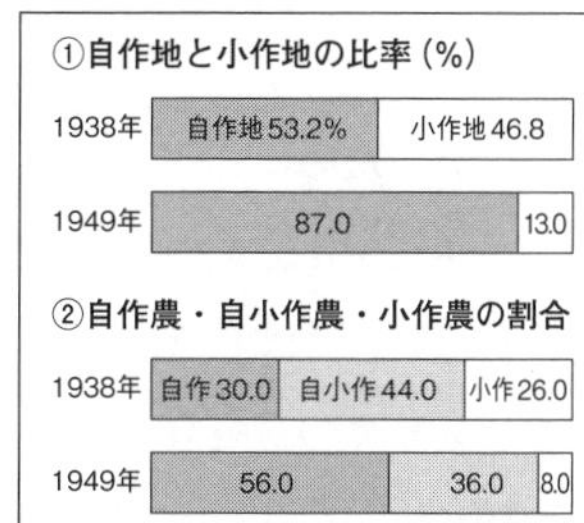

＊2　公正取引委員会が監視した。

＊3　巨大企業の分割をはかった。はじめ325社が指定の対象となったが，実際に分割されたのは，日本製鉄など11社にとどまった。

＊4　中心組織として農地委員会がおかれ，地主５名，自作５名，小作５名で構成された。

A　対日政策の基本方針は極東委員会で決定され，対日理事会に諮問して改めてGHQが日本政府に指令・勧告するという間接統治の方法がとられた。(66字)

④第２次農地改革(1946.10)…第１次㉚＿＿＿＿＿＿内閣。

▶㉛＿＿＿＿＿＿法により実施した。不在地主の全小作地を解放し，在村地主の場合は内地では㉜＿＿＿町歩，北海道は㉝＿＿＿町歩までの保有を認め，それ以上については国家が直接買収し，小作人に売却する。*5・6

▶小作料の限度…田は全収穫の㉞＿＿＿%，畑の場合は㉟＿＿＿%までと制限した。

⑤1947年…農業協同組合法を制定 →農業協同組合の設置。

9. 日本国憲法の制定

①公布…1946年11月３日
②施行…1947年５月３日
} →第１次㊱＿＿＿＿＿＿内閣。

③骨子…主権在民(国民主権)・平和主義・基本的人権尊重など。

10. 民法の改正(1947)

①戸主制度・家督相続制度の廃止。　②男女同権・夫婦平等。

2 戦後経済の再建 インフレの収拾と日本経済の自立に重点がおかれた

1. インフレ収拾策

①1946年…㊲＿＿＿＿＿＿令 →幣原(しではら)喜重郎内閣。

▶新円への切り換え，預金封鎖，給与支払い制限など。

②1946年…㊳＿＿＿＿＿方式決定 →第１次吉田茂内閣。

→1946年に設置した経済安定本部は，1955年に経済企画庁に発展。

▶㊴＿＿＿＿＿・石炭などの重点産業の増産をはかる。そのために㊵＿＿＿＿＿＿を設けて融資した。傾斜生産方式の導入は，有沢広巳(ありさわひろみ)の建議による。

2. 日本経済の自立

①アメリカの対日経済援助政策…ガリオア・エロア資金。

②1948年…㊶＿＿＿＿＿九原則を提示する。

▶㊷＿＿＿＿＿=ラインが実施され，１ドル＝360円の単一為替レートも設定された(1949)。

③1949年…㊸＿＿＿＿＿による税制改革が勧告される。

3. 労働運動の発展

①1946年…二大全国組織が成立する。

• 共産党系…㊹＿＿＿＿＿＿＿＿(産別会議)。

• 社会党系…㊺＿＿＿＿＿＿＿(総同盟)。

②1947年…二・一㊻＿＿＿＿＿中止指令。→吉田茂内閣。

▶米ソの対立により，アメリカの対日政策は「民主化」から，「逆コース」へと転換しはじめた。

*5　自小作地の保有限度については内地は３町歩，北海道は12町歩と限定された。

*6　農地委員会の構成は，地主３名，自作２名，小作５名と改められた。

補足

GHQ は憲法草案(＝マッカーサー草案)作成の際，高野岩三郎・鈴木安蔵らの憲法研究会が発表した「憲法草案要綱」も参考にした。

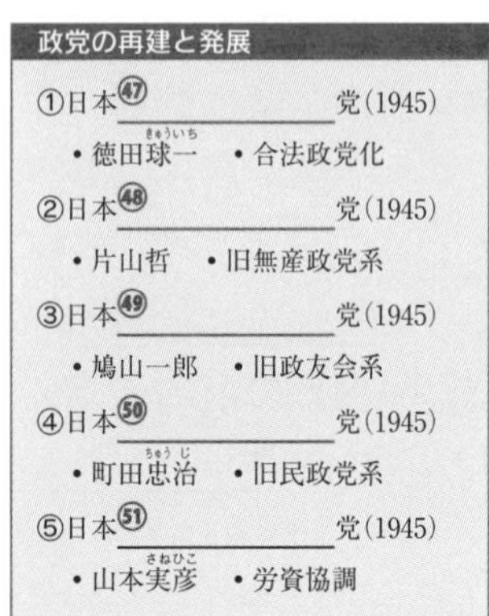

政党の再建と発展

①日本㊼＿＿＿＿＿党(1945)
• 徳田球一(きゅういち)　• 合法政党化

②日本㊽＿＿＿＿＿党(1945)
• 片山哲　• 旧無産政党系

③日本㊾＿＿＿＿＿党(1945)
• 鳩山一郎　• 旧政友会系

④日本㊿＿＿＿＿＿党(1945)
• 町田忠治(ちゅうじ)　• 旧民政党系

⑤日本51＿＿＿＿＿党(1945)
• 山本実彦(さねひこ)　• 労資協調

政党の変遷

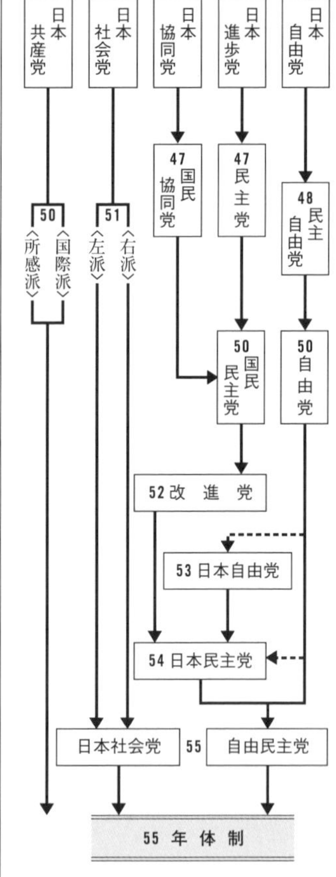

記述論述 Q 政府が経済再建のために生産上昇を目的に実施した政策について80字以内で説明せよ。(首都大学東京＊現東京都立大)

 出題大学…㊹：中央大，成城大，上智大／㊻：明治大，広島修道大／51：東北福祉大，松山大

3 国際社会への復帰 国際連合加盟により，23年ぶりに国際社会に復帰した

1. 国際連合(1945)…51カ国の参加で成立した。

2. 二つの世界の対立

①冷たい戦争(冷戦)…自由主義陣営と社会主義陣営の対立。

②自由主義陣営…52 ________ 中心。

- 1946年…英首相チャーチルの「53 ________」演説。
- 1947年…54 ________ =ドクトリン →反共を宣言する。*7
- 1947年…55 ________ =プランを実施する。
- 1949年…56 ________ (北大西洋条約機構)を結成する。

③社会主義陣営…57 ________ 中心。

- 1947年…58 ________ を結成して対抗する。

3. アジア諸国の動向

- 1948年…朝鮮民主主義人民共和国・大韓民国が成立する。
- 1949年…中華人民共和国が成立する →59 ________ 中心。*8

4. アメリカの対日政策の転換

①二・一ゼネスト中止指令(1947)。

②政令201号 →国家公務員法改正(1948) →争議権の奪回。

③逆コース化…日本を反共の基地として再編成した。

5. 朝鮮戦争(1950)

①停戦協定…1953年に60 ________ で調印された。

②経済界…1950～53年にかけて61 ________ 景気。

6. サンフランシスコ平和条約(1951)

①国内では調印法をめぐり，全面講和論と単独講和論が対立。

②全権62 ________ が，48カ国間と平和条約を調印する。

▶同時に，アメリカと63 ________ 条約を調印し，翌52年に64 ________ 協定を締結した。

7. 国際的緊張の緩和

①平和五原則の確認(1954)…ネルー・周恩来両首相の共同声明。

②インドシナ戦争(1946～)…1954年に休戦協定調印。

③アジア=アフリカ会議(バンドン会議)…1955年に中国・インドを中心に29カ国が参加し，「平和十原則」を採択した。

④ジュネーヴ四巨頭会談(1955)…「雪どけ」*9到来。

8. 国際社会への復帰

①1956年…65 ________ 調印。

▶首相66 ________ が，モスクワでソ連首相ブルガーニンとの間で調印した。

②1956年…日本の67 ________ 加盟が実現する。

補足

戦後，ソ連は朝鮮半島北部・南樺太・千島を，アメリカは朝鮮半島南部・南西諸島(奄美(あまみ)・琉球諸島)・小笠原諸島を，それぞれ直接軍政下においた。

*7 ソ連に対する「封じ込め」政策を声明した。

補足

朝鮮民主主義人民共和国は，ソ連の支持のもとに成立した。首相は金日成。大韓民国は，アメリカの援助のもとに成立した。大統領は李承晩。

*8 蔣介石の国民政府は台湾に逃れ，中華民国を称した。

補足

東大総長南原繁(なんばらしげる)ら革新系の人々や団体は交戦国すべてと平和条約を結ぶべきという全面講和論を唱え，一部の国と平和条約を結ぶのもやむなしとする政府・保守系が支持する単独講和論と対立した。

サンフランシスコ講和会議

中華人民共和国と中華民国は招かれず，インド・ビルマ(現ミャンマー)・ユーゴスラビアは，会議に参加しなかった。また，ソ連・チェコスロヴァキア・ポーランドは，条約調印を拒否した。

補足

1952年には日華平和条約・日印平和条約，1954年には日ビルマ平和条約が，それぞれ調印された。

*9 国際間の緊張が緩和していく兆しを形容した言葉である。

石炭・鉄鋼などの基幹産業の増産のため，復興金融金庫からの融資をもとに重点的生産をはかる傾斜生産方式が閣議決定され，片山哲内閣から芦田均内閣にかけて実施された。(79字)

4 戦後の政治 はじめ民主化・非軍事化，のち再軍備，「逆コース」に転じた

1. 東久邇宮稔彦内閣(1945)＊10

①最初の皇族内閣として成立。

②満州国解体(1945)…満州国皇帝退位。

③ミズーリ号上で⑱＿＿＿＿＿に調印(1945)。

④GHQによる⑲＿＿＿＿＿指令…検閲制開始。＊11

⑤政治犯釈放・治安維持法廃止・内務省解体などを指令。＊12

⑥東久邇宮稔彦内閣，「⑳＿＿＿＿＿」を唱えて総辞職。

2. 幣原喜重郎内閣(1945)

①マッカーサー，口頭で㉑＿＿＿＿＿指令を発する。

②治安維持法廃止(1945)。　③財閥解体はじまる(1945)。

④憲法問題調査委員会を設置(1945)。

⑤日本自由党結成…総裁は㉒＿＿＿＿＿(1945)。

⑥GHQ，国家と神道の分離を指令(＝㉓＿＿＿＿＿)(1945)。

⑦衆議院議員選挙法改正(1945)＊13…㉔＿＿＿＿＿選挙区制導入。

⑧労働組合法公布(1945)＊14…㉕＿＿＿＿＿権・団体交渉権などを保障。

⑨GHQ，修身・㉖＿＿＿＿＿・地理の授業停止を指令。

⑩天皇の神格否定宣言(1946)…いわゆる天皇の㉗＿＿＿＿＿。

⑪GHQ，公職追放を指令(1946)…該当者は約21万人。

3. 政治的空白期＊15

①労働者の祭典㉘＿＿＿＿＿が復活(1946. 5. 1)。

②極東国際軍事裁判開廷(1946)。

③東京皇居前広場で㉙＿＿＿＿＿開催(1946)。＊16

4. 第1次吉田茂内閣(1946)

①与党は㉚＿＿＿＿＿党。

②｛日本労働組合総同盟を結成(1946)。
　全日本産業別労働組合会議を結成(1946)。

③財閥解体の中心組織として㉛＿＿＿＿＿を結成(1946)。

④日本国憲法公布(1946. 11. 3)→施行は1947. 5. 3。

⑤傾斜生産方式を閣議で決定(1946)。

⑥㉜＿＿＿＿＿，二・一ゼネスト中止を声明(1947)。

⑦㉝＿＿＿＿＿法を公布(1947)…地方首長公選制・リコール制。

5. 片山哲内閣(1947)

①㉞＿＿＿＿＿党を中心とする3党連立内閣。＊17

②国家公務員法を公布(1947)。

＊10 「一億総懺悔（ざんげ）」を強調した。

＊11 まもなくラジオ=コードも開始された。

＊12 指令を受けただけで，実施したわけではない。

＊13 満20歳以上の男女に選挙権を認める。

＊14 施行は1946年。

＊15 幣原内閣総辞職後，1カ月にわたり，政治的空白期に入る。

＊16 これに対してマッカーサーは「暴民デモは許さず」と声明した。

補足
片山哲内閣は，社会主義政党が政権の座についた最初の内閣であったが，与党の民主党と組んだために，独自の社会主義政策を実現できないという面が強かった。

＊17 民主党・国民協同党との連立。

記述論述 Q 敗戦直後，特に都市部では食糧が欠乏していた。この当時の人々は食糧をどのようにして得ていたかを100字以内で説明せよ。
（首都大学東京＊現東京都立大）

 出題大学…⑱：津田塾大／⑲：京都大，立教大，京都府立大／⑳：明治学院大／㉓：東京女子大，神奈川大／㉖：中央大／㉙：明治大／㉝：近畿大，立教大

③改正㉝85 ＿＿＿＿法を公布(1947)…不敬罪・姦通罪を廃止。

④警察機構の民主化・地方分権化をはかり，㉝86 ＿＿＿＿法を公布(1947)＊18 →この新しい警察制度は1948年に発足。

＊18 人口5000人以上の市町村には87 ＿＿＿＿警察が，それ以外の地域には88 ＿＿＿＿警察が設置されたが，ともに1954年の新警察法によって廃止となった。

6. 芦田均内閣(1948)

①89 ＿＿＿＿党・国民協同党・日本社会党の3党連立内閣。

②アメリカ陸軍次官ドレーパーが来日(1948)…占領政策の転換を示唆。

③90 ＿＿＿＿疑獄事件発覚(1948)…社長は日野原節三。

④改正刑事訴訟法・改正民事訴訟法をそれぞれ公布(1948)。

⑤警察官職務執行法を公布(1948)。

⑥マッカーサー，公務員の争議禁止などを要求(1948) →それを受けて政府が91 ＿＿＿＿を公布(1948)。

7. 第2次吉田茂内閣(1948)

①与党は92 ＿＿＿＿党。

②極東国際軍事裁判判決(1948)…東条英機ら7名が絞首刑となる。

③GHQ，日本経済の自立化をはかるため，93 ＿＿＿＿原則を発表(1948) →デトロイト銀行頭取94 ＿＿＿＿が来日(1949)。

8. 第3次吉田茂内閣(1949)

①与党ははじめ95 ＿＿＿＿党，のち96 ＿＿＿＿党。

②ドッジ=ライン施行 →1ドル＝360円の単一為替レート設定(1949)。

③97 ＿＿＿＿＊19を団長とする税制使節団来日(1949)。
→税制改革を勧告。＊20

④国鉄をめぐる怪事件発生(1949)…98 ＿＿＿＿事件 →99 ＿＿＿＿事件 →100 ＿＿＿＿事件と続く。

⑤朝鮮戦争勃発(1950) →マッカーサー，101 ＿＿＿＿＊21創設を指令 →経済界では102 ＿＿＿＿景気を謳歌。

⑥閣議でレッドパージの方針を決定(1950)。

⑦講和特使として103 ＿＿＿＿が来日し吉田首相と会談(1951)。

⑧104 ＿＿＿＿平和条約に調印(1951)…単独講和。

⑨105 ＿＿＿＿条約調印(1951)。

⑩第1次日韓会談開始(1952)。＊22

⑪日米行政協定を調印(1952)…駐留費用の106 ＿＿＿＿制や駐留施設の無償提供など。

＊19 シャウプはコロンビア大学教授。

＊20 所得税中心主義・平衡交付金制度の導入などを勧告。

国鉄をめぐる怪事件

1949年，下山事件・三鷹事件・松川事件と相次いだが，共産党員のしわざとみなされ，労働運動は圧迫された。事の真相は，今なお明らかではない。

＊21 警察予備隊は1952年に保安隊，1954年に自衛隊に改組・発展した。

＊22 第7次会談で合意をみて1965年に日韓基本条約の締結に至った。

基地反対闘争の激化

①石川県の107 ＿＿＿＿事件(1952〜53)。
②東京都の108 ＿＿＿＿事件(1953〜57)。
③山梨県の北富士での反対運動(1955〜60)。

A 人口の増加に対して食糧生産が追いつかなかった上に，欠配・遅配などで配給制も滞ったために，人々は代用食や家庭での自給生産などでしのいだほか，闇市での取引や農村部まで買出しに出るなどして食糧を調達した。(99字)

出題大学…87：早稲田大／91：東海大，立教大／92：慶應義塾大，明治学院大／95：慶應義塾大，明治学院大／98：京都府立大，同志社大／99：早稲田大／103：明治学院大

9. 第4次吉田茂内閣(1952)

①与党は自由党。　②吉田首相が「バカヤロー」と暴言(1953)。

10. 第5次吉田茂内閣(1953)

①与党は自由党。

②池田・⑩＿＿＿＿会談(1953)…防衛力漸増など，日本の再軍備について合意が成立。

③⑪＿＿＿＿群島返還実現(1953)。

④ビキニ水爆実験(1954)…第五⑫＿＿＿＿丸被災。
→これを機に広島で第1回原水爆禁止世界大会開催(1955)。

⑤⑬＿＿＿＿協定(＝MSA協定)に調印(1954)。*23
→保安隊が⑭＿＿＿＿に発展し，防衛庁の傘下に入る。

⑥⑮＿＿＿＿疑獄事件(1954)*24…ときの法相は犬養健(いぬかいたける)。

⑦日本，⑯＿＿＿＿と平和条約を締結(1954)。

⑧日本民主党結成(1954)…総裁は⑰＿＿＿＿。

11. 鳩山一郎内閣(1954)

①第1回原水爆禁止世界大会が⑱＿＿＿＿で開催(1955)。

②日本社会党統一大会(1955)…委員長は⑲＿＿＿＿。

③保守合同…⑳＿＿＿＿党と㉑＿＿＿＿党が合同(1955)。*25

④原子力委員会を設置(1956)。

⑤日ソ漁業条約に調印(1956)…ときの農相は河野一郎。

⑥憲法改正をめざして㉒＿＿＿＿を設置(1956)。*26

⑦経済の復興を受け，経済企画庁発行の『㉓＿＿＿＿』が「もはや㉔＿＿＿＿ではない」と規定(1956)。

⑧鳩山一郎，モスクワで㉕＿＿＿＿に調印(1956)。*27
→これにより，日本の㉖＿＿＿＿加盟が認められ，日本は㉗＿＿＿＿年ぶりに国際社会に復帰した。

12. 石橋湛山内閣(1956)

①石橋湛山…『㉘＿＿＿＿』の記者，のち社長。

②石橋首相，病気により外相㉙＿＿＿＿を臨時首相代理に任命(1957)。

13. 岸信介内閣(1957)

①スローガン…「日米新時代」。*28

②三悪追放…暴力・汚職・貧困。

③防衛力整備計画…自衛隊装備の近代化をはかる。

④警察官職務執行法改正を意図(1958) →審議未了。

⑤教員の勤務評定を実施(1958)。

⑥㉚＿＿＿＿条約(＝日米新安全保障条約)

逆コース化現象の一例

①二・一ゼネスト中止指令(1947)。
②政令201号(1948)。
③国家公務員法改正(1948)
…公務員のスト禁止を規定。
④破壊活動防止法(1952)
…従来のポツダム政令にかわる。
⑤教育二法(1954)…教員の政治活動抑制が狙い。
⑥新警察法(1954)…都道府県警察を設置し，⑩⑨＿＿＿＿が統括。
⑦新教育委員会法(1956)…教育委員を任命制とする。

*23 アメリカの経済援助をうける代償として日本の防衛力漸増を約した。

*24 これが原因で，第5次吉田茂内閣は総辞職した。

自衛隊

1954年に陸・海・空自衛隊が発足した。2022年，岸田文雄内閣は防衛力強化策の一環として，航空自衛隊を航空宇宙自衛隊に改称する方針を固めた。

*25 自由民主党が結成され，日本社会党との2大政党時代がはじまった。この体制を55年体制という。なお，1956年には自由民主党総裁に鳩山一郎が選出された。

*26 1957年から審議を開始した。

*27 ブルガーニン首相との間で調印し，日ソ国交が回復された。

*28 アメリカに対しては従属的で，中国に対しては強圧的な外交姿勢で臨んだ。

記述論述 Q 1954年から1955年にかけての原水爆問題をめぐる国際的な動きについて，日本を中心にしながら80字以内で述べなさい。(慶應義塾大一経／改)

 出題大学…⑩：慶應義塾大／⑬：同志社大，神奈川大／⑲：立教大／㉒：慶應義塾大／㉚：慶應義塾大，神戸学院大

調印(1960)。*29

⑦安保闘争激化(1960)…中心機関は⑫______。

▶安保改定阻止国民会議によった革新勢力や，全学連に結集した学生らが中心の反対運動で，一般市民も抗議運動に参加。

*29 軍事行動に関しては⑪______制とした。

14. 池田勇人内閣(1960)

①スローガン…「寛容と忍耐」

「⑬______」*30→高度経済成長政策を推進。

②日本最初の女性大臣誕生…中山マサ(厚生大臣)。

③⑭______法公布(1961)…農業構造の改善など。

▶結果的には農村から若年労働者層が都市に引き抜かれることになり，農村では三ちゃん農家が増えた。*31

④社会党の⑮______が中国との間で「米帝国主義は日中人民共同の敵」と発言(1959)。

⑤日中間で準政府間貿易として⑯______*32貿易開始(1962)。その基本方針は「⑰______」。

⑥部分的核実験停止条約に調印(1963)…「地下実験を除く」。

⑦IMF*33 8条国に移行(1964)…⑱______の自由化が実現。

→これにより為替管理が認められなくなった。

⑧OECD*34に加盟(1964)…⑳______の自由化を義務づけ。

⑨東海道新幹線営業運転開始(1964)…東京～新大阪間。

⑩第18回オリンピック東京大会開催(1964)。

*30 1970年までの10年間で国民所得を1人あたり2倍にしようという計画。1960年暮れに閣議決定された。

*31 三ちゃん農家とは，じいちゃん・ばあちゃん・かあちゃんが主体となる農家。

*32 廖承志(りょうしょうし)と高碕達之助のイニシャルをとってそうよばれる。

*33 IMFは⑲______の略称で，日本は1952年に加盟(14条国)。

*34 OECDは㉑______の略称。

15. 佐藤栄作内閣(1964)

①ベトナム戦争…アメリカ軍が北爆を開始(1965)。

②日韓第7次会談で合意…㉒______条約調印(1965)。*35

③戦後の現職首相としてはじめて1965年に沖縄を訪問し，「沖縄の祖国復帰がなければ日本の戦後は終わらない」と語った。

④日本，国連安保理事会非常任理事国に選ばれる(1965)。

⑤ILO*36 87号条約が発効(1966)。

⑥初の「建国記念の日」(1967.2.11)。

⑦公害問題の深刻化…㉓______法公布(1967)。*37

⑧ワシントンで佐藤・ジョンソン会談(1967)。*38

→小笠原返還協定に調印(1968)。

⑨琉球政府初の公選主席に屋良朝苗が当選(1968)。

→沖縄では沖縄県祖国復帰協議会を中心に祖国復帰運動が高揚。

⑩佐藤・㉔______会談(1969)*39…沖縄返還など。

⑪日米新安全保障条約が自動延長となる(1970)。

*35 韓国を朝鮮にある唯一の合法的政府であることを確認。

*36 ILOは国際労働機関の略称。

*37 1971年に環境庁が発足。

*38 日米共同声明で，小笠原の1年以内の返還などを声明。

*39 1971年に㉕______協定に調印。1972年5月15日に施政権が返還。

昭和／平成／令和時代

A 1954年，アメリカによるビキニ水爆実験によって，第五福竜丸が被爆した。これを機に全国的に原水爆禁止運動がおこり，1955年に広島で第1回原水爆禁止世界大会が開かれた。(80字)

到達度チェック

❶ 次の文章を読んで，あとの問いに答えなさい。 明治学院大一全／改

1945年，日本はポツダム宣言に基づいて連合国に占領されることになった。アメリカ軍による事実上の単独占領で，マッカーサー元帥を最高司令官とする連合国軍最高司令官総司令部(GHQ／SCAP)の指令・勧告にもとづいて日本政府が政治を行う間接統治の方法がとられた。同年マッカーサーは［(1)］に対して「憲法の自由主義化」のほか，婦人(女性)参政権の付与，(2)労働組合の結成奨励，(3)教育制度の自由主義的改革，秘密警察などの撤廃，(4)経済機構の民主化，のいわゆる五大改革を口頭で指示した。

問1． 空欄［(1)］には，1920年代に協調外交を推進し，その実績が買われ，首相に就任した人物が入る。この人物の姓名を答えなさい。

問2． 下線部(2)に関連して，以下の問いに答えなさい。

① 1945年に労働組合法が制定され，労働者の団結権・［　　］・争議権が保障された。この空欄にあてはまる語句を答えなさい。

② 1946年，労働委員会による調停などを定めた法律が制定された。この法律を何と呼ぶか答えなさい。

問3． 下線部(3)に関連して，以下の問いに答えなさい。

① 従来の修身・公民・歴史・地理にかわり，民主主義を担う公民の育成を目指し，1947年の新学制発足の際に設けられた教科を何と呼ぶか答えなさい。

② 1947年に，教育の機会均等，義務教育９年制，男女共学などを規定した法律が成立した。この法律を何と呼ぶか答えなさい。

問4． 下線部(4)に関連して，財閥解体を実施するために1946年に設立され，財閥の持株を譲り受けて公売した機関を何と呼ぶか答えなさい。

❷ 次の文の空欄に適語を入れ，〔　〕の中から適切な語句を選べ。 明治大一商／改

GHQは，日本の軍国主義の温床となっていたと考えた財閥と寄生地主の解体を経済の民主化の中心課題とした。三井・三菱・住友・(A)〔①浅野　②大倉　③渋沢　④古河　⑤安田〕の四大財閥を含めた多くの財閥の持株会社が解体された。さらに1947年に私的独占などを禁じる独占禁止法が成立し，この独占禁止法の運用のために(B)〔①公正取引委員会　②持株会社整理委員会　③金融庁　④会計検査院　⑤経済企画庁〕が設置された。

第１次吉田茂内閣のもとでは石炭・鉄鋼・電力などの産業に重点的に資金供給を行うために1947年に復興金融金庫が設立された。こうした政策は傾斜生産方式と呼ばれ，次の［ア］内閣にも継承された。

第２次吉田茂内閣はGHQが指示した［イ］原則の実施に着手し，ドッジ＝ラインが実施された。1950年に朝鮮戦争が始まり，日本経済は活気を取り戻した。政府は輸出振興を目的とした日本輸出銀行を設立し，1951年には産業への資金供給を行う日本(C)〔①勧業　②興業　③開発　④債券信用　⑤長期信用〕銀行を設立した。

政経分離を掲げてきた第２次池田勇人内閣により，1962年，中国との準政府間貿易が始まった。これは交渉にあたった廖承志と［ウ］の頭文字をとってLT貿易と呼ばれる。1963年，日本はGATT12条国から，貿易の自由化を原則とする11条国に移行し，1964年にはIMF14条国から，為替の自由化を原則とする(D)〔①4　②6　③8　④10　⑤12〕条国へと移行した。さらに同年，OECD(経済開発協力機構)への加盟も果たした。こうして日本は先進国としての地位を築いていった。

解答：別冊p.54 ▶

❶ヒント

問1 加藤高明内閣・第１次若槻礼次郎内閣・浜口雄幸内閣で外相をつとめた。

問2 ①労働者の待遇改善のために労働組合が使用者側と交渉する権利のこと。

問3 ②学校教育法とともに高橋誠一郎文相のもとで成立した。

❶解答欄

問1		
問2	①	
	②	
問3	①	
	②	
問4		

❷ヒント

ウ．実業家として活躍し，戦後には経済企画庁長官・科学技術庁長官なども歴任した政治家。

(B)独占禁止法の監視機関。

❷解答欄

ア	
イ	
ウ	
(A)	
(B)	
(C)	
(D)	

記述論述 Q 高度成長期には公害問題が発生した。産業公害・都市公害の内容を簡単に指摘し，それに対して政府がとった対応について100字以内で述べよ。（名古屋大／改）

解答：別冊p.34 ▶

38 高度成長期の日本経済

重要暗記年代

■1950～53 …特需景気
■1955～57 …神武景気
■1957～58 …なべ底不況
■1958～61 …岩戸景気
■1962～64 …オリンピック景気
■1964～65 …40年不況
■1964 ……….IMF８条国に移行
■1964 ……….OECD に加盟
■1965～70 …いざなぎ景気
■1968 ……….GNP 世界第２位

ココが出る!!

［入試全般］
朝鮮戦争と朝鮮特需，1950年代半ばからはじまる経済の高度成長については，好景気の連続を主軸に整理しよう。

［国公立二次・難関私大］
高度成長期における繁栄のようすを国民生活の向上だけではなく，各所に生じたさまざまなひずみなどについて論じさせる問題もある。

1 高度経済成長のはじまり　高度成長は約20年間続いた

1. 朝鮮戦争を機とした特別需要…武器の製造や車両の修理など

▶この①＿＿＿＿＿景気[*1]は，金属産業や繊維分野での成長がいちじるしかったことから，金偏（かねへん）景気とも糸偏（いとへん）景気ともよばれた。

2. 設備投資と技術革新により，大型景気が到来した[*2・3]

①②＿＿＿＿＿景気(1955～57)
②③＿＿＿＿＿景気(1958～61)
③④＿＿＿＿＿景気(1965～70)

3. 1956年の『経済白書』に「もはや⑤＿＿＿＿ではない」と明記

▶『経済白書』は，はじめ経済安定本部が発行した年次経済報告書で，その発行はのちに⑥＿＿＿＿＿に継承された。

4. 耐久消費財の普及…生活水準の向上

①三種の神器…白黒テレビ・電気洗濯機・電気冷蔵庫

▶普及率をみると，白黒テレビは1965年に90%，電気洗濯機・電気冷蔵庫は1970年に90%前後に達した。

②新三種の神器(3C)…カー・クーラー・カラーテレビ

▶英語のイニシャルをとって3Cとも称され，1960年代末以降に普及した。

5. 産業構造の高度化

▶第一次産業に対して，第二次・第三次産業の比率が高まった。

6. 開放経済体制への移行

①GATT（ガット）11条国に移行(1963)[*4]…貿易の自由化がすすんだ。

補足
高度経済成長は，設備投資の増大と技術革新の進展を背景にすすんだ。

＊1　特需景気によって，ドッジ＝ライン以来の不況を解消した。

補足
1968年にGNP(国民総生産)が西ドイツを抜いて，アメリカについで資本主義国中世界第２位となった。

補足
終身雇用・年功序列型賃金・労資協調という独特の日本的経営の中で，1955年から総評を中心に春闘がはじまり，賃上げ闘争が行われるようになった。

＊2　神武天皇の治世以来という意味で名づけられた。
＊3　岩戸景気・いざなぎ景気ともに建国神話にちなんで名づけられた。

補足
1955年に日本生産性本部が設立され，無欠点(ZD)運動や品質管理(QCサークル)運動などを通して生産性の向上がはかられた。

昭和／平成／令和時代

A　経済優先主義による高度成長政策は騒音や大気汚染，工場廃液による海洋汚染など環境破壊につながるさまざまな問題を生みおとした。それに対して政府は1967年に公害対策基本法を制定し，1971年には環境庁を設置した。(100字)

▶ GATT11条国とは，国際収支上の理由で貿易制限ができない国のこと。日本はそれまでは輸入量を制限できるなど，貿易制限をしてもよい12条国であった。

②IMF 8条国に移行(1964)＊5…⑦＿＿＿＿の自由化がすすんだ。

▶ IMF 8条国とは，国際収支上の理由で為替管理ができない国のこと。日本は，それまでは為替管理ができる14条国であった。

③OECD に加盟(1964)…⑧＿＿＿＿の自由化が義務づけられた。

④開放経済体制への移行にともない，国際競争の激化に対応するため，六大都市銀行を中心に⑨＿＿＿＿が形成されたほか，1964年には三菱重工業が再合併するなど，大企業の合併も進んだ。

＊4　GATT は貿易問題をあつかう国際機関で，1948年1月に発足した。1993年のウルグアイラウンドの合意を受け，1995年1月に発足したWTO(＝世界貿易機関)に改組された。

＊5　IMF(＝国際通貨基金)は1944年のブレトン＝ウッズ会議で設立が合意され，国際為替相場を安定させるための機関として1947年から業務を開始した。

2 高度経済成長期の社会と諸問題

大衆消費社会が抱えた問題とは？

1. 流通革命の進行…スーパーマーケットが成長

▶1972年，ダイエーが三越を抜いて売上高で第1位となる。

補足

コンビニエンスストアやディスカウントストアが出現するなど，小売業界でも流通革命がおこった。

2. 食糧問題

①米の供給過剰と食糧管理特別会計の赤字が問題化
…1970年から作付を制限する⑩＿＿＿＿政策がはじまった。

②外食産業が発達し，冷凍食品やインスタント食品も普及するなど，国民の食生活も大きく変化した。＊6

＊6　肉類や乳製品の消費が増えるなど，食生活の洋風化がすすんだ。

3. エネルギー革命…主要エネルギーが石炭から石油にかわる

▶多くの炭鉱が閉山に追い込まれ，1960年，⑪＿＿＿＿炭鉱では労働者の指名解雇に端を発し，282日におよぶ大規模な労働争議が発生したが，労働者側の敗北で収束した。

4. 農村の変化…農村の過疎化がすすむ

①出稼ぎや集団就職によって農業人口が減少した。

②農業機械の普及による省力化で，⑫＿＿＿＿農家が減少し，1970年には就業人口に占める農業人口は2割を割り込み，農業以外の収入を主とする第2種⑬＿＿＿＿農家が農家総数の5割を占めるようになった。

5. 公害問題の深刻化

①四大公害訴訟ではすべて原告側が勝訴した。＊7

▶四大公害…⑭＿＿＿＿県の水俣病＊8，阿賀野川流域の新潟水俣病，三重県の⑮＿＿＿＿，⑯＿＿＿＿県の神通川流域で発生したイタイイタイ病。

②都市では騒音・大気汚染・水質汚濁などの公害問題が起こった。

③佐藤栄作内閣…⑰＿＿＿＿法(1967) →環境庁(1971)。

④細川護熙内閣…⑱＿＿＿＿法(1993) →公害対策基本法は廃止。

＊7　四大公害訴訟は1971年から1973年までに，いずれも原告側(被害者側)が勝訴した。

＊8　水俣病は工場廃液中の有機水銀，イタイイタイ病はカドミウムの放流，四日市ぜんそくは石油化学コンビナートが排出した亜硫酸ガスによる大気汚染が原因であった。

記述論述 Q　1938年から1941年までの時期の日米経済関係におけるできごとを80字以内で論述せよ。　(法政大一文)

　出題大学…⑨：慶應義塾大，早稲田大／⑪：獨協大，津田塾大／⑫：福井大／⑬：関西学院大，慶應義塾大／⑱：中央大，早稲田大

到達度チェック

❶ 次の文章を読んで，あとの問いに答えよ。

解答：別冊p.54 ▶

西南学院大―経・国際，早稲田大―教育／改

1950年代半ばの，いわゆる［ａ］景気に端を発する$_{ア}$高度経済成長に伴い，国民生活は大きく変化した。

$_{イ}$1960年代には，$_{ウ}$耐久消費財が普及した。一方で，急速な経済成長はさまざまな社会問題を引き起こした。農村・山村・漁村では人口の流出による［ｂ］化が進行する一方，都市では人口の集中が見られた。モータリゼーションに伴う交通事故死者数の増加は，［ｃ］と呼ばれた。また，汚染物質による公害問題が深刻化し，$_{エ}$四大公害訴訟が提起された。公害規制のために1967年に［ｄ］法が制定され，1971年には［ｅ］庁が発足した。他方，公害などの都市問題の解決を求める住民運動が高まり，$_{オ}$革新首長が各地で誕生した。

問１．文中の空欄［ａ］～［ｅ］にあてはまる語句を記入せよ。

問２．文中の下線部ア～オに対応する下の問いに答えなさい。

ア．① これに関連する記述として，正しいものはどれか。

1．高度経済成長は，バブル崩壊まで約30年間続いた。
2．1950年代後半に，大卒人材は「金の卵」と呼ばれた。
3．1960年代に，「エネルギー革命」が進んだ。
4．1960年代に，外国為替相場の円高が進んだ。

② 高度成長時代の国内外の動向について述べた文として，誤っているものはどれか。

1．1950年代半ばには大型の好景気があらわれ，経済企画庁の『経済白書』で「もはや戦後ではない」と記された。
2．国民の中では，自身が社会の中層に位置していると考える中流意識が広がった。
3．大企業では，終身雇用・年功賃金・労資協調を特徴とする日本的経営が確立した。
4．夫婦と少人数の子どもで構成される核家族が多くなった。
5．世界経済の体制のもとで，1960年代の日本の為替相場は，固定相場制から変動相場制に移行した。

イ．1960年代の出来事として，正しいものはどれか。

1．１人当たりの米の消費量が増加傾向をたどった。
2．東海道新幹線の開通により，国鉄の財政が黒字化した。
3．大学や短期大学への進学率が40%を超えた。
4．ジェット機の使用により，航空輸送が拡大した。

ウ．1960年代に普及率が50%を超えなかったものはどれか。

1．電気洗濯機　2．乗用車　3．電気冷蔵庫　4．白黒テレビ

エ．これに関する公害病名と原因物質の正しい組合せを選べ。

1．イタイイタイ病―亜硫酸ガス
2．四日市ぜんそく―カドミウム
3．新潟水俣病―有機水銀
4．水俣病―硫黄酸化物

オ．これにあてはまるのは誰か。

1．美濃部亮吉　2．矢内原忠雄　3．大内兵衛　4．浅沼稲次郎

❶ ヒント

問１ ａ．天皇の名に由来する。
ｄ．佐藤栄作内閣のもとで制定された。

問２ ウ．三種の神器以外のもの。
オ．父は天皇機関説を唱えた憲法学者。

❶ 解答欄

問1	a	
	b	
	c	
	d	
	e	
問2	ア①	
	ア②	
	イ	難
	ウ	
	エ	
	オ	

昭和／平成／令和時代

A 1939年，アメリカは日米通商航海条約の廃棄を通告し，1940年の日独伊三国同盟と1941年の南部仏印進駐に対しては，それぞれ屑鉄禁輸や石油禁輸などで対日経済制裁を強めた。(80字)

解答：別冊p.34

39 経済大国への成長

重要暗記年代

■1971 ………… ニクソンショック
■1973 ………… 変動為替相場制に移行
■1973 ………… 第４次中東戦争
→第１次石油危機
■1975 ………… 初の先進国首脳会議
■1979 ………… イラン革命
→第２次石油危機
■1985 ………… ５カ国財務相会議(G5)
■1986～91 … バブル経済
■1987 ………… ７カ国財務相会議(G7)
■1988 ………… 牛肉・オレンジの輸入自由化が決定
■1989 ………… ODA 世界第１位
■1993 ………… 米の部分開放を決定

ココが出る!!

［入試全般］
海外情勢と日本経済の関係について理解しておくこと。

［国公立二次・難関私大］
なぜドル危機がおこったのか，また1980年代にかけての貿易摩擦についても，背景や対応策などを400字程度でまとめる練習をしておこう。

1 ドル危機

ドル危機はなぜおこったのか。またニクソンは，アメリカが抱える経済問題・軍事問題をどのように解決したか

①背景…①________=プラン(ヨーロッパに対する復興援助計画)による経済支出の増大と②________戦争介入による軍事的支出の増大などによりアメリカの国際収支が危機的状況に陥った。

②対策…アメリカ大統領③________は新経済政策構想を打ち出して，金・④______の交換停止声明を出した。*1

③結果…1971年にワシントンの⑤________で10カ国財務相会議が開かれ，固定相場制は維持されたまま，１ドル＝⑥______円に円を切り上げることが合意され，1973年に円は変動相場制に移行した。

＊1　金・ドルの交換停止によって，固定相場制をとる国際通貨体制(＝ブレトン=ウッズ体制)は崩壊した。

2 石油危機と世界不況

世界不況からの脱却をはかり，サミットが開催された

①第１次石油危機…1973年の⑦________戦争を機に，OAPEC *2はイスラエル寄りの日本やアメリカに対して石油輸出を制限し，OPEC *3は石油価格を４倍に引き上げた。

▶国内では，公共投資の拡大などで土地・株式への投機によって地価が暴騰し，原油価格の高騰と重なって狂乱物価とよばれるような激しいインフレーションがおこった。

＊2　OAPEC(＝アラブ石油輸出国機構)は1968年にサウジアラビアなどのアラブ産油国が結成した国際組織。

＊3　OPEC(＝石油輸出国機構)は1960年にイラン・イラク・クウェート・サウジアラビア・ベネズエラの５カ国で結成された国際機構で，のちにインドネシアなどの産油国も加盟した(インドネシアは現在未加盟)。

記述論述 Q　戦時期に女子挺身隊が結成され，軍需工場などでの勤労動員が実施されたのはなぜか，その理由を40字以内で説明せよ。(新潟大)

　出題大学…①：明治大，東北福祉大，同志社大

▶日本経済は1974年にマイナス成長を記録したあと，低成長が続いたが，不況を克服したのち，1976年頃から安定成長に転じた。

②第２次石油危機…1979年の⑧＿＿＿＿革命を機に，OPECは再び石油戦略を展開した。

③先進国首脳会議（＝略称は⑨＿＿＿＿）*4

▶1975年前後から資本主義諸国は世界的に長期不況に陥ったので，その対応策を協議するために1975年にフランスのランブイエで初めて会談が開かれた。

④５カ国財務相会議*5（1985）…ニューヨークで開催。

▶⑩＿＿＿＿合意が成立…これ以後，円高*6が急激に進行し，日本経済は一時的に円高不況に陥った。

⑤７カ国財務相会議*7（1987）…パリで開催。

▶⑪＿＿＿＿合意…円高・ドル安の行き過ぎを調整した。

3 1970年代～1980年代の日本と世界の状況

日本の貿易黒字によって欧米との間では貿易摩擦が深刻化した。またアジアでは，新興工業地域経済群（NIES）が経済成長を遂げた

①アジア地域では，台湾・香港・シンガポール・韓国などで急速な工業化が進行した。これらの国と地域を新興工業地域経済群（＝略称は⑫＿＿＿＿）という。

②日本の経済…２度の石油危機を経験した日本経済は，省エネやコスト削減などの⑬＿＿＿＿経営*8をすすめる一方，半導体などの工業製品で大いに輸出をのばしたため，貿易黒字が拡大し，1980年代後半には世界最大の債権国に成長した。

③アメリカの経済…財政赤字と貿易赤字のいわゆる「⑭＿＿＿＿の赤字」に苦しんでいたため，特に日米間では貿易摩擦問題が深刻化した。*9

▶アメリカは貿易摩擦解消の一環として，日本に対して自動車や鉄鋼輸出の自主規制や農産物の輸入自由化を求めたほか，1989年からの日米⑮＿＿＿＿などを通して日本の経済政策全体に対する改善を要求した。

④日本の対米経済政策

(1)⑯＿＿＿＿内閣のとき…1988年に牛肉・オレンジの輸入自由化を決定した。

(2)⑰＿＿＿＿内閣のとき…1993年に米の部分開放を認めた。

⑤政府開発援助（＝略称は⑱＿＿＿＿）*10…発展途上国への資金供与が急増し，日本は1989年に世界第１位となった。

*4 第１回サミットには，アメリカ・日本・イギリス・フランス・ドイツ・イタリアの首脳が集まり，1976年にはカナダも加盟した。

*5 アメリカ・日本・ドイツ・フランス・イギリスの財務相会議で，略称はG5。

*6 円高とは，円の価値が高くなることで，日本では輸入品が安くなるので輸入有利となる。逆に輸出品は海外で割高になるため，輸出業者にとっては不利となる。円安になると逆に輸出が有利，輸入が不利となる。

*7 G5にカナダ・イタリアを加えた財務相会議で，略称はG7。

*8 従業員をパート労働に切り替えたり人員を削減したほか，コンピュータや産業用ロボットの導入やマイクロ=エレクトロニクス技術（＝ME）の利用などによって経営の減量化をはかった。

*9 特に自動車をめぐる貿易摩擦が深刻化した。

*10 ODAとは，発展途上国に対して先進国の政府が行う資金供与・経済援助のこと。

戦争が長期化する中で，国内における男子の労働力が不足したので，それを補うため。（39字）

出題大学…⑧：慶應義塾大，早稲田大／⑨：京都府立大，立教大／⑫：和歌山大／⑭：早稲田大／⑮：早稲田大，津田塾大／⑰：京都府立大，慶應義塾大／⑱：津田塾大

到達度チェック

❶ 次の文を読んで，あとの問いに答えよ。　早稲田大一商／改

解答：別冊p.55 ▶

1985年9月の$_{イ}$プラザ合意によって円高が急速に進むと，輸出産業を中心に不況が深刻化した。政府は円高不況の対策として，公定歩合の引き下げや，公共事業の拡大による景気刺激策をとった。また内需喚起と為替レートの安定をめざして，金融が大幅に緩和された。5％だった公定歩合は1986年1月から徐々に引き下げられ，1987年2月には2.5％となった。急速な円高を避けるため，ドル買い・円売りの市場介入が行われ，国内の通貨供給量が増えたことからカネ余り現象が起こり，$_{ロ}$バブル経済が発生した。

1985年12月に12,000～13,000円台だった日経平均株価は，1989年12月には38,000円を超えた。しかし，［ a ］規制や公定歩合の引き上げなどの金融政策の転換を契機に，バブル経済は1991年に崩壊した。金融機関が大量の［ b ］を抱えて危機に陥ると，企業の設備投資の減少や家計の所得減少による個人消費の落ち込みなど，複合不況と呼ばれる長期の景気低迷が始まった。

問1． 空欄aにあてはまる語句を2字で，空欄bにあてはまる語句を4字で記せ。

問2． 下線部イに関する記述として，誤っているものの番号をすべて答えよ。

1．会議は第2次中曽根康弘内閣の時に開催された。
2．参加国は，日本・アメリカ・カナダ・イギリス・フランス・ドイツ・イタリアであった。
3．各国の財務相，および中央銀行総裁が参加した。
4．アメリカの「双子の赤字」によるドル安の是正が主要な目的であった。
5．合意直前には1ドル＝240円台だったが，1ドル＝150円台に上昇した。

問3． 下線部ロに関し，「投機」という言葉を使ってバブル経済を30字以内で説明せよ。ただし「泡」「バブル」という言葉は使用しないこと。

❶ヒント

問1　b．債権の回収が困難となったため，金融不況を招いた。

❶解答欄

問1	a	
	b	
問2		
問3		

❷ 次の文を読み，あとの問いに答えよ。　中央大一法／改

戦後，西側諸国は$_{①}$1975年に先進国首脳会議（サミット）を設けて経済政策を調整してきたが，日本は当初からこれに参加し，世界の経済大国としての地位を占めた。その後，$_{②}$日本はアジア諸国との関係も深めながら経済圏を築き，世界経済の活力の中心となったが，他方で$_{③}$1980年代には日本の対米貿易黒字が激増したため，日米間で貿易摩擦が激化した。

問1． 下線部①について，サミットが設立された背景には世界的な経済減速があったが，その原因として適当な語句を1つ選べ。

a．イラン革命　　b．イラン・イラク戦争　　c．第4次中東戦争

問2． 下線部②に関する説明のうち，正しいものにはイ，誤っているものにはロと記せ。

a．1970年代から80年代にかけて，日本は欧米先進諸国と比べると，相対的には高い成長率を維持した。
b．アジアでは，韓国・シンガポール・台湾・香港などが急激な経済成長を続け，新興工業経済地域（NIES）と呼ばれた。
c．日本の開発途上国に対する政府開発援助（ODA）の供与額は世界最大規模となった。

問3． 下線部③に関して，最も深刻となった業種はどれか。

a．自動車　　b．航空機　　c．鉄道車両

❷ヒント

問1　1973年におこり，翌年に国連の介入によって停戦した。

問3　アメリカは日本に対し，その輸出の自主規制と農産物の輸入自由化を要求した。

❷解答欄

問1		
問2	a	
	b	
	c	
問3		

記述論述 Q　1948年，1949年における東アジア情勢の変化について，80字以内で説明しなさい。　（北海道大）

解答：別冊p.35 ▶

40 現代の政治と文化

重要暗記年代

■1972……日中共同声明
■1978……日中平和友好条約
■1985……男女雇用機会均等法
■1995……阪神・淡路大震災
■2011……東日本大震災

ココが出る!!

［入試全般］
1970年代から2020年代にいたる50年間の政治について，「内閣と関連事項」という形で整理しよう。

［国公立二次・難関私大］
教科書に載っていなくても，時事問題や国際問題などは新聞・ニュースなどから出題されることもある。

1 1970年代の内閣

「三角大福」による政争時代。70年代後半は保革伯仲

1. 田中角栄内閣(1972)

①スローガンとして「①＿＿＿＿＿＿＿＿」を提唱。

②1972年に訪中し，②＿＿＿＿＿＿＿＿を発表…日中国交正常化。

▶これにより日華平和条約は失効し，台湾とは断交状態となる。

③金脈問題で対陣…ロッキード事件に発展。

補足
1971年に国連の代表権が台湾(中華民国)から中華人民共和国に変わった。それをうけて米中が接近し，日本の「頭越し」外交を展開する中で，アメリカ大統領ニクソンが1972年に訪中した。

2. 三木武夫内閣(1974)

①スローガンとして「クリーン政治」を標榜。

②③＿＿＿＿＿＿事件表面化…航空機売り込みをめぐる汚職事件。*1

▶田中角栄前首相，逮捕(1976) →保釈金2億円で出所。

▶事件の真相解明に尽力 →「三木おろし」の逆風の中で退陣。

*1　1976年に，アメリカ上院外交委員会多国籍企業小委員会で，航空機の売り込みをめぐる献金事件が表面化した。

3. 福田赳夫(ふくだたけお)内閣(1976)

①新東京国際空港(＝成田空港)開港(1978)。

②北京で④＿＿＿＿＿＿＿＿＿＿条約調印(1978)。*2

▶中国副首相の鄧小平が来日し，批准書を交換(1978)。

③日米防衛協力のための指針(通称は⑤＿＿＿＿＿＿＿＿)を決定(1978)。

*2　外相園田直(そのだすなお)と外交部長黄華(こうか)との間で調印された。

4. 大平正芳(おおひらまさよし)内閣(1978)

①国公立大学を対象に第1回共通一次試験開始(1979)。

②⑥＿＿＿＿＿＿法公布(1979)…一世一元の制を法制化。

③ソ連が親ソ政権擁護のために⑦＿＿＿＿＿＿＿＿侵攻(1979)。*3

*3　1988年にアフガニスタン和平協定が締結され，1989年に撤兵が完了した。

2 1980年代の内閣

80年代後半にはバブル景気を謳歌。「昭和」時代の終焉

1. 鈴木善幸(すずきぜんこう)内閣(1980)

①イラン・⑧＿＿＿＿＿＿＿戦争(1980)。*4

②アメリカ大統領レーガンと会見 →日米共同声明(1981)。

*4　1988年に停戦した。

A　1948年，北に朝鮮民主主義人民共和国，南に大韓民国が成立し，朝鮮半島は分断された。1949年には毛沢東を中心に中華人民共和国がうまれ，蔣介石の国民政府は台湾に逃れた。(80字)

出題大学…⑤：津田塾大，広島修道大，東京女子大／⑥：名古屋大，南山大／⑧：東京女子大

▶日米関係が「同盟関係」にあることを確認した。

③参議院議員選挙に⑨＿＿＿＿＿制を導入(1982)。

2. 中曽根康弘内閣(1982)

①スローガン…「戦後政治の総決算」を提唱。

②首相が訪韓し，韓国大統領⑩＿＿＿＿＿と会談(1983)。

▶日韓関係では，40億ドルの対韓経済援助などで合意。

③アメリカ大統領⑪＿＿＿＿＿と会談(1983)。

▶「日米運命共同体」と声明。

④教育改革のための首相直属の組織として⑫＿＿＿＿＿会を設置(1984)。

⑤雇用や昇進など就労における男女差別禁止の観点から，1985年に⑬＿＿＿＿＿法を公布＊5 →施行は1986年。

⑥５カ国財務相会議(＝略称はG5) →⑭＿＿＿＿＿合意。

▶ドル高是正のための協調介入を決定。

⑦７カ国財務相会議(＝略称はG7) →⑮＿＿＿＿＿合意。＊6

⑧防衛費，GNP１％枠を突破(1987)。

⑨国鉄分割民営化実施(1987)＊7…JNRからJRへ。

3. 竹下登内閣(1987)

①スローガンとして「⑯＿＿＿＿＿」を提唱。

▶全国の市町村に１億円ずつ交付金を配布。

②牛肉・オレンジの輸入自由化(1988) →1991年から実施。

③⑰＿＿＿＿＿事件(1988)。

▶リクルートコスモス社の未公開株譲渡発覚事件。

④昭和天皇崩御 →明仁親王即位(1989)。

▶元号法にもとづき，「昭和」から「平成」に改元。

⑤⑱＿＿＿＿＿税３％を実施(1989)。

4. 宇野宗佑内閣(1989)

①⑲＿＿＿＿＿事件(1989)…中国での民主化要求運動。＊8

②参議院議員選挙で自民党惨敗 →宇野，退陣を表明。

5. 海部俊樹(かいふとしき)内閣(1989)

①ベルリンの壁撤廃(1989) →東西ドイツ統合(1990)。

▶東ドイツを西ドイツに編入させて統一した。

②⑳＿＿＿＿＿島会談(1989)…ブッシュ＊9・ゴルバチョフ会談。

▶冷戦終結を宣言し，「米ソ新時代」の到来を確認した。

③湾岸戦争…イラク大統領㉑＿＿＿＿＿によるクウェート侵攻(1990)が発端 →アメリカを中心とする多国籍軍が開戦し，イラクを空爆(1991)。

新幹線の開業

東北新幹線…大宮～盛岡(1982)
上越新幹線…大宮～新潟(1982)

＊5　女子差別撤廃条約批准の前提となった法律。日本は1980年に署名し，1985年に批准した。

＊6　円高・ドル安の行き過ぎを調整することに合意した。

＊7　旅客６社・貨物１社と国鉄清算事業団に分割した。

民営化

日本専売公社→JT
日本電信電話公社→NTT

＊8　中国当局は武力で弾圧した。

＊9　アメリカ合衆国第41代大統領。

記述論述 Q　日ソ共同宣言が調印された結果，日本の国際関係はどのように変化したか，簡潔に述べよ。　(愛知教育大)

　出題大学…⑰：京都府立大，慶應義塾大，津田塾大／⑲：広島修道大／⑳：慶應義塾大

▶掃海艇（そうかいてい），ペルシャ湾に出航(1991)…自衛隊の初の海外派遣。

④ソ連大統領㉒＿＿＿＿来日(1991)…焦点は領土問題。

3 1990年代の内閣　55年体制が崩壊し，連立政権が続く

1. 宮沢喜一内閣(1991)

①ソ連邦が崩壊(1991) →ロシア共和国→ロシア連邦。

▶ロシア連邦の初代大統領は㉓＿＿＿＿。

②国際平和協力法(＝略称は㉔＿＿＿＿協力法)成立(1992)。

▶1992年に自衛隊をカンボジアに派遣した。

③東京佐川急便疑惑発覚(1992)。

2. 細川護熙（ほそかわもりひろ）内閣(1993)

①共産党を除く非自民８党派の連立内閣。*10

▶細川護熙の所属政党は㉕＿＿＿＿で，この内閣の与党第１党となったのは㉖＿＿＿＿である。

▶㉗＿＿＿＿内閣以来の本格的連立内閣として発足。

②ロシア連邦初代大統領エリツィンが来日(1993)。

③米の部分開放決定(1993)。

④㉘＿＿＿＿法制定(1993)。

▶従来の公害対策基本法は廃止となる。

⑤選挙制度に小選挙区㉙＿＿＿＿並立制を導入(1994)。

3. 羽田孜（はたつとむ）内閣(1994)

①羽田孜の所属政党は㉚＿＿＿＿。

②日本社会党が連立から離脱 →政権は少数与党となり，間もなく崩壊した。

4. 村山富市内閣(1994)

①日本社会党・自由民主党・新党さきがけの３党連立内閣。

▶日本社会党の首相が組閣したのは㉛＿＿＿＿内閣以来，㉜＿＿＿＿年ぶりのこと。

②PKO 協力法により，自衛隊をルワンダに派遣。

③阪神・淡路大震災(1995.1.17)。

④地下鉄サリン事件(1995)。

5. 橋本龍太郎内閣(1996)

①第１次…自由民主党・日本社会党・新党さきがけの３党連立。

②沖縄の㉝＿＿＿＿飛行場の全面返還で日米合意(1996)。

③アメリカ大統領㉞＿＿＿＿来日(1996)。

▶日米安保共同宣言を発表した(1996)。

④消費税率を㉟＿＿＿＿%にすることを閣議で決定(1996)。

*10　38年間続いてきた自由民主党による単独政権が崩壊した(＝55年体制の崩壊)。

昭和／平成／令和時代

A　国際連合への加盟が認められ，日本は23年ぶりに国際社会に復帰した。(32字)

出題大学…㉒：慶應義塾大，㉓：立命館大／㉘：中央大，早稲田大／㉚：明治大，津田塾大，慶應義塾大／㉞：早稲田大

⑤第２次…自由民主党単独内閣となる(1996)。

▶社会民主党・新党さきがけは閣外協力にまわる。

▶日本社会党は1996年に党名を㊱＿＿＿＿＿＿に改めた。

⑥フランス大統領シラクが来日(1996)。

⑦ペルーの日本大使公邸占拠・人質事件発生(1996)。

⑧新ガイドライン(1997)。

▶1978年，福田赳夫内閣の時に閣議決定されていた「日米防衛協力のための指針(＝ガイドライン)」を見直した。

⑨㊲＿＿＿＿＿＿法(＝通称アイヌ新法)成立(1997)。

▶1899年に制定されていた北海道旧土人保護法が廃止となる。

⑩地球温暖化防止京都会議(1997)→㊳＿＿＿＿＿＿を採択。

⑪金融ビッグバンがスタート(1998)。

6. 小渕恵三内閣(1998)…「経済再生内閣」

①金融再生法・金融早期健全化法(1998)。

②新ガイドライン関連法(1999)…自自公３党連携で可決。

▶周辺事態安全確保法・改正自衛隊法など。

③国旗・国歌法(1999)。＊11

第一条…国旗は日章旗とする。

第二条…国歌は㊴＿＿＿＿＿＿とする。

＊11 国家における「君が代」について，小渕首相は「その地位が主権の存する国民の総意にもとづく天皇のことを指す」という見解を示した。

4 2000年代の内閣

自公連立政権が定着。2000年代後半はすべて短命内閣

1. 森喜朗(もりよしろう)内閣(2000)

①自由民主党・公明党・保守党の３党連立内閣。

②ストーカー行為規制法成立(2000)。

③南北初首脳会談(2000)…大韓民国の金大中(キムデジュン)大統領と北朝鮮の金正日(キムジョンイル)が南北分断55年目にして平壌で共同宣言に調印。

2. 小泉純一郎内閣(2001)

①スローガン…「聖域なき構造改革」。

②日朝国交正常化交渉(2002)→日朝平壌宣言。

▶日本人拉致問題が長期化。

③アメリカ・イギリスがイラク攻撃(2003)→フセイン体制崩壊。＊12

④個人情報保護法(2003)

⑤㊵＿＿＿＿＿＿法成立(2005)→日本郵政公社解散。

⑥食育基本法(2005)。

＊12 2004年，賛否両論の中，イラク復興支援のために自衛隊がイラクに派遣された。

3. 第１次安倍晋三内閣(2006)＊13

①政治構想…「美しい国，日本」→「美しい国づくり」を目指す。

②教育再生…教育基本法改正(2006)。

＊13 戦後最年少(52歳)にして首相に就任した。

記述論述 Q 高度成長期におけるエネルギー産業をめぐる当時の状況について，以下の語句を用いて80字以内で説明せよ。
〔語句〕解雇　エネルギー革命　三池争議　斜陽化　閉山　(早稲田大―商)

 出題大学…㊲：同志社大，立教大，神奈川大／㊴：北海道大／㊵：早稲田大

4. 福田康夫内閣(2007)

①みずから「背水の陣内閣」と称す。

②憲政史上初の親子での総理大臣を経験…父は福田赳夫。

③北海道洞爺湖サミット(2008)。

5. 麻生太郎内閣(2008)

▶衆議院議員総選挙で，自民党が結党以来の歴史的大惨敗。

6. 鳩山由紀夫内閣(2009)

①自身は民主党代表で，社民党・国民新党と連立。

②沖縄の㊶＿＿＿＿＿＿基地移設問題で挫折し，退陣。

5 2010年代の内閣　非自民内閣が２代続いた後，自公連立政権が復活

1. 菅直人内閣(2010)…民主党・国民新党と連立。

①東日本大震災(2011.3.11)

②東京電力福島第一原子力発電所で放射能漏れ事故。

2. 野田佳彦内閣(2011)…民主党・国民新党と連立。

▶国家戦略会議…東日本大震災の復興など。

3. 第２次安倍晋三内閣(2012)…自由民主党・公明党の連立。

①「危機突破内閣」と命名。

②デフレ脱却策…アベノミクス →「三本の矢」。

(1)大胆な金融政策(＝金融緩和)…日本銀行

(2)機動的な財政政策(＝財政出動)…安倍内閣

(3)民間投資を喚起する成長戦略…民間企業

▶名目経済成長率３％を目指す。

③消費税を５％から８％に変更(2014)。

④集団的自衛権容認を閣議決定(2014)。

4. 第３次安倍晋三内閣(2014)

①公職選挙法改正(2015)＊14 →選挙年齢を18歳に引き下げ。

▶2016年の参院選から施行した。

②日韓合意…従軍慰安婦問題に対して「最終的かつ不可逆的解決」を確認(2015) →朴槿恵大統領。

③G7伊勢志摩サミット(2016)

▶アメリカ大統領㊷＿＿＿＿＿＿，現職大統領として初めて広島を訪問。

5. 第４次安倍晋三内閣(2017)

①アメリカのトランプ大統領，来日(2017)。

②環太平洋経済連携協定(＝略称はTPP)発効(2018)。

③消費税を10％に引き上げ(2019)。

＊14　70年ぶりの改正で，民法上の成人年齢を18歳に引き下げた。

昭和／平成／令和時代

A 石炭産業の斜陽化によって多くの炭鉱が閉山に追い込まれる中で，1960年には指名解雇に反対した三池争議が労働組合側の敗北で決着し，石油へのエネルギー革命が進行した。(79字)

▶酒類を除く飲食物や定期新聞購読代・外食費を除く。

④アイヌ新法(2019)…法律上，アイヌを初めて「先住民族」と明記。

⑤新型コロナウイルスによる感染症の拡大が深刻化(2019～)。

⑥安倍晋三首相，首相として連続在職日数史上最長となる(2020)。

6 2020年代の内閣

1. 菅義偉(すがよしひで)内閣(2020)

①スローガン…「自助・共助・公助，そして絆」。

②東京2020オリンピック・パラリンピック開催(2021)。

2. 岸田文雄内閣(2021)

①スローガン…「新しい資本主義」「成長と分配」。

②ロシア，ウクライナに侵攻(2022)。

③インド・太平洋経済枠組み(＝略称はIPEF)発足(2022)。

④円安が深刻化…外国では円売り・ドル買いが進行。

▶国内では円安阻止のために政府が日銀に為替介入を指示し，ドル売り・円買いを促す。

7 現代文化

従来の価値観や権威が否定され，民主化への転換が進む。欧米の生活様式などが享受され，価値観も多様化した

1. 占領期の文化

①民主化の風潮…言論・思想に対する国家の抑圧が除去された。

②出版界…新聞・雑誌を発刊して活気づく。*15

▶『中央公論』が復刊し，筑摩書房から『展望』，岩波書店から『世界』が創刊された。

③学者と著作

▶政治学者の㊸＿＿＿＿＿＿は雑誌『世界』に「超国家主義の論理と心理」を発表し，経済史学者の㊹＿＿＿＿＿＿は『近代資本主義の系譜』を，法社会学者の㊺＿＿＿＿＿＿は『日本社会の家族的構成』を著した。

④ノーベル賞…理論物理学者の㊻＿＿＿＿＿＿が日本人として初めてノーベル賞(物理学賞)を受賞した。

⑤1949年に学界の代表機関として㊼＿＿＿＿＿＿が設立された。

⑥文化財保護のために1950年に㊽＿＿＿＿＿＿法が制定。

▶前年の法隆寺金堂壁画の焼損が契機となる。1968年には文化復興のための官庁として㊾＿＿＿＿＿＿が設置される。

2. マス=メディアの発達

①ラジオの民間放送開始(1951)。*16

*15 1946年には，鶴見俊輔らの『思想の科学』も創刊された。

*16 ラジオ放送そのものは，1925年に東京放送局で本放送が開始されていた。

記述論述 Q サンフランシスコ平和条約の締結をめぐっては，日本社会党の分裂を招くなど，日本国内を二分する対立がおこった。この対立とはどのようなものか，60字以内で答えよ。　(九州大)

 出題大学…㊹：関西学院大，国士舘大／㊺：立命館大，高崎経済大／㊼：高崎経済大

②NHK テレビ本放送開始(1953)＊17…当初は街頭テレビも設置。

▶のど自慢やクイズ番組などが人気となった。

3. 文学・芸術

①戦記文学では『俘虜記』の㊿＿＿＿＿＿，『真空地帯』の㉛＿＿＿＿＿が知られている。

②『点と線』の作者㊾＿＿＿＿＿は社会派推理小説の分野を確立し，『坂の上の雲』などを著した㊸＿＿＿＿＿は歴史小説を通して独自の史観を提唱した。

③映画監督では㊹＿＿＿＿＿が『羅生門』でベネチア国際映画祭グランプリを受賞し，㊺＿＿＿＿＿が『西鶴一代女』でベネチア国際映画祭国際賞を受賞した。

④歌手では『リンゴの唄』の並木路子(なみきみちこ)や『東京ブギウギ』の笠置シズ子のほか，代表曲『柔』などで知られる㊻＿＿＿＿＿が活躍した。

▶音楽では戦後，ロカビリーがブームとなり，1960年代後半にはグループサウンズ，フォークソングが流行。1970年代になるとフォーク・ロック・ポップスなどをベースとしたニューミュージックが登場した。

⑤漫画家では『鉄腕アトム』の㊼＿＿＿＿＿，『サザエさん』の㊽＿＿＿＿＿らが活躍した。

4. 生活様式の変化と交通網の整備

①住宅事情…日本住宅公団の発足を機に，東京のひばりが丘団地や大阪の千里ニュータウンなど，各地で住宅団地が建設された。

②家族形態…夫婦と子どもで構成される㊾＿＿＿＿＿が一般化。

▶生活様式の画一化にともない，中流意識も広まっていった。

③東海道新幹線…東京～⑥⓪＿＿＿＿＿間で営業運転を開始(1964)。

④オリンピック東京大会(1964)。

⑤大阪で⑥①＿＿＿＿＿開催(1970)。＊18

⑥モータリゼーション…マイカー時代の到来。

▶最初の自動車専用の高速道路として1965年，小牧～西宮間に⑥②＿＿＿＿＿高速道路が開通した。

⑦新東京国際空港(通称は成田空港)が開港(1978)。

▶1994年には関西国際空港，2005年には中部国際空港も開港。

5. 原子力の研究・開発

①原子力基本法(1955)…原子力の平和利用のための法。

②日本原子力研究所…1956年に⑥③＿＿＿＿＿県の東海村に設立。

③原子力発電所…原子力研究所で1963年に初めて発電に成功。

＊17　NHK(＝日本放送協会)は，1926年に設立された。

＊18　「人類の進歩と調和」をテーマに開催。2005年には愛知万博も開催された。

昭和／平成／令和時代

A　保守系勢力は一部の国を除いてもやむなしとする単独講和論を唱え，革新系勢力は交戦国すべてと全面講和すべきと唱えて対立した。(60字)

出題大学…㉛：早稲田大，立教大／㊾：福岡大，獨協大，南山大／㊻：高崎経済大，津田塾大／㊼：津田塾大，関西大，関西学院大／㊽：津田塾大，福岡大，関西大

到達度チェック

解答：別冊p.55 ▶

❶ 次の文章を読み，あとの問いに答えよ。　中央大—法／改

世界では①冷戦が終結すると，続発する地域紛争に国連平和維持活動（PKO）で対応する動きが国際的に強まった。日本も②1992年に自衛隊員を海外に派遣した。こうした冷戦後の状況に対応するため，日米関係の強化も進み，③1996年４月には冷戦終結後の日米安保体制についての共同宣言が発表された。

問１． 下線部①に関する説明のうち，正しいものにはイ，誤っているものには口と記せ。

a．ソ連のゴルバチョフは積極的な外交で対米関係の改善を図り，アメリカと中距離核戦力（INF）全廃条約を締結した。

b．1989年にヤルタで米ソ首脳会談が開かれ，「冷戦の終結」が米ソ共同で宣言された。

c．冷戦の象徴であった「ベルリンの壁」が打ち壊され，東西ドイツが統一を実現した。

問２． 下線部②に関して，この時自衛隊員が派遣された地域を１つ選べ。

a．ルワンダ　b．ユーゴスラビア　c．カンボジア　d．東ティモール

問３． 下線部③に関して，この時の日本の総理大臣は誰か，１つ選べ。

a．村山富市　b．橋本龍太郎　c．小渕恵三　d．森喜朗　e．小泉純一郎

❶ヒント

問３　1996年，来日したアメリカ大統領クリントンとの間で，日米安保共同宣言が発表された。

❶解答欄

問1	a	
	b	
	c	
問2		
問3		

❷ 次の文を読み，あとの問いに答えよ。　早稲田大—商／改

バブル経済が崩壊した後の景気低迷の中，政府はたびたび経済対策に取り組んだ。宮沢喜一内閣は，1992年から翌年にかけて３度の経済対策を講じた。後継の細川護煕・イ非自民８党派連立内閣は，1993年から翌年にかけて２度，村山富市内閣も1995年に２度の経済対策を講じたこともあって，景気はやや回復したが，大規模な財政出動が繰り返されて赤字財政が深刻化したため，口橋本龍太郎内閣によって歳出削減政策がとられると景気は再び下降状態に入った。そのため金融機関の再編・統合や経営破たんによる金融不安，銀行の貸し渋りに起因する企業倒産，雇用不安も深刻化した。

1995年に表面化した［ a ］専門会社処理問題は，公的資金の投入で解決が図られたが，1997年には三洋証券や都市銀行の［ b ］銀行，1998年には日本長期信用銀行や日本債券信用銀行などの政府系金融機関も経営破たんした。

問１． 空欄［ a ］にあてはまる語句を，４字で記せ。

問２． 空欄［ b ］にあてはまる語句を，５字で記せ。

問３． 下線部イに関して，この時の非自民８党派に入らないものを１つ選べ。

1．新生党　2．社会民主連合　3．民社党　4．公明党　5．新自由クラブ

問４． 下線部口に関する記述として，誤っているものを１つ選べ。

1．第１次内閣は，自民党・社会党・新党さきがけの連立内閣であった。

2．クリントン大統領との会談後に，日米安保共同宣言を発表した。

3．「聖域なき構造改革」を掲げ，行財政の改革を目指した。

4．金融ビッグバンで，自由・透明・国際的な金融市場の樹立を目指した。

5．中央省庁等改革基本法を成立させた。

❷ヒント

問１　1995年頃からその破綻が急増した。

問２　現在の北洋銀行である。

問３　1976年に結成された政党で，初代代表は河野洋平。

❷解答欄

問1	
問2	
問3	
問4	

記述論述 Q　日本が開放経済体制確立のために1964年にとった政策について，２つの国際経済機関の名称をあげて説明しなさい。（慶應義塾大—経）

近・現代の実戦演習

❶ 次の文を読み，あとの問いに答えよ。

北海学園大―経・人文／改

解答：別冊p.55 ▶

明治維新後も，通貨は基本的に₁江戸時代の制度が用いられていたが，対外的な信用を確立する上でも全国統一の通貨体系を整備することが緊急の課題となった。

まず明治政府は₂1871年に新貨条例を定め，₃円・銭・(　　)の単位からなる新通貨体制を打ち出した。建前の上では金本位とされたが，実際に発行された政府紙幣は，金貨や銀貨とは交換できない不換紙幣であった。そのため政府は，近代的銀行制度の整備と兌換紙幣の発行を目的に₄国立銀行条例を定めた。その後1876年に同条例を改正し，国立銀行の設立条件を大幅に緩和して不換紙幣を発行させることとした。この結果，華族などが所有していた₅金禄公債証書による出資によって国立銀行が続々と設立され，不換紙幣を発行した。同じ頃，₆戦費調達のための不換紙幣増発の影響もあって，紙幣価値が下落し，激しいインフレーションが起こった。

インフレによって政府支出が増大したことに対し，大隈重信は増税や官営工場払下げ方針による財政立て直し策を打ち出したものの，₇政変によって政府を去ることとなった。代わって大蔵卿として財政を担った松方正義は，増税とともに，₈財政支出の削減を行って不換紙幣の回収に努め，中央銀行として₉日本銀行を設立した。

問1． 下線部1に関し，江戸時代の三貨のうち，金・銀以外の貨幣の名称を答えよ。

問2． 下線部2に関し，同年にあった事項として誤っているものを1つ選べ。

ア 廃藩置県　**イ** 日清修好条規締結　**ウ** 台湾出兵
エ 岩倉使節団出発

問3． 下線部3の空欄に適語を入れよ。

問4． 下線部4に関連して述べた文のうち，誤っているものを1つ選べ。

ア アメリカのナショナルバンクの制度にならって，紙幣発行のできる民間銀行を設立させることとした。

イ 当初，正貨兌換の義務が課せられて条件が厳しかったため，国立銀行の設立は4行にとどまった。

ウ 最初の国立銀行である第一国立銀行は，のち第一銀行と改称し，高度成長期に安田銀行となった。

エ 国立銀行条例制定に尽力した渋沢栄一は，のち大阪紡績会社をはじめ，多くの株式会社の設立に関わった。

問5． 下線部5に関し，1876年に家禄・賞典禄が全廃された政策を何というか。

問6． 下線部6について，1877年に起こった最大規模の士族反乱の名称を答えよ。

問7． 下線部7の政変に関して述べた文のうち，誤っているものを1つ答えよ。

ア 背景に，議院内閣制の早期導入を主張する大隈重信と，これに反対する岩倉具視・伊藤博文らとの激しい対立があった。

イ 同じ頃，黒田清隆が同じ旧薩摩藩出身の五代友厚に，開拓使官有物を格安で払い下げようとした事件により，世論の政府攻撃が激化した。

ウ 明治政府はこの事件後，国会開設の勅諭を出し，1890年に国会を開設すると公約して，民権運動を牽制した。

エ 政府を追われた大隈重信は，国会開設に備え，地方農村を基盤とする自由党を結成し，立憲君主制の確立を目指した。

問8． 下線部8について，削減の対象にならなかった費目を答えよ。

問9． 下線部9について，1896年に竣工した日本銀行本店は，のち東京駅など洋風建築を設計した建築家によって設計された。建築家の名前を答えよ。

❶ヒント

問5 家禄と賞典禄をあわせて秩禄という。

問6 西郷隆盛を擁して挙兵した事件。

問7 エ．大隈が結成した政党は都市部に地盤をおいていた。

❶解答欄

問1	
問2	
問3	
問4	
問5	
問6	
問7	
問8	
問9	

A 1964年にIMF８条国に移行して為替の自由化が義務づけられ，OECDに加盟したことによって資本の自由化が義務づけられた。(59字)

❷ 近代の外交問題について，次の問いに答えよ。　西南学院大―外・神／改

問1．日清戦争後の講和条約の内容とその後の動きについて正しいものはどれか。

1．賠償金の一部は，八幡製鉄所建設など国内産業の近代化の財源となった。
2．ロシア・ドイツ・イギリスの干渉によって遼東半島を清に返還した。
3．朝鮮の独立が認められ，1897年に大韓民国が誕生した。
4．重慶・蘇州・広州の3港が開かれ，日本の中国市場への進出が期待された。

問2．日露戦争後の状況について述べた文として正しいものはどれか。

1．講和条約において，日本の韓国に対する指導監督権が認められた。
2．講和会議のロシア主席全権は，ローゼンであった。
3．日本の列強入りに，福沢諭吉は「脱亜論」を主張した。
4．戦争負担への不満が募り，「臥薪嘗胆」が合言葉になった。

問3．日清戦争後のアメリカの動向について誤っているものはどれか。

1．中国の門戸開放宣言を発して，従来のモンロー主義から転換した。
2．アメリカは，義和団事件では静観の立場をとった。
3．日露戦争後，アメリカの都市ポーツマスにおいて講和条約が締結された。
4．ウィルソン14カ条をドイツが受け入れ，第一次世界大戦の休戦協定が成立した。

❷ ヒント

問1　2・3・4．国名や港湾名が正しいかどうか。
問2　3．脱亜論は1885年の「時事新報」に発表された。
問3　2．北清事変ではアメリカ兵も出兵していた。

❷ 解答欄

問1	
問2	
問3	

❸ 次の文を読み，あとの問いに答えよ。　近畿大

1936年に(a)二・二六事件が起こった。これは［ア］の［イ］青年将校たちが企てたクーデターであった。クーデターは失敗に終わったものの，この事件の後，軍部の政治的発言力が一層強まった。(b)日中戦争がはじまると，(c)第1次近衛文麿内閣は，巨額の軍事予算を編成するとともに直接的な経済統制に踏み切り，軍需産業に資金や輸入資材を集中的に割り当てることとした。1938年には［1］が制定された。これにより，政府は議会の承認なしに戦争遂行に必要な物資や労働力を動員する権限を与えられ，国民生活が全面的統制下に置かれる契機になった。さらに1939年には［2］が発令され，一般国民が軍需産業に動員されるようになった。あらゆる経済活動が軍需に傾く中，不要不急とされた民需品の生産や輸入が厳しく制限されたことから，生活必需品は品不足となった。このため政府は(d)経済統制をさらに強化して，これへの対応を図った。

(e)戦時体制の形成にともなって，思想統制もまた一段と厳しくなった。1937年，第1次近衛内閣は，挙国一致・尽忠報国・堅忍持久のスローガンを掲げて，［3］を開始した。さらに第2次近衛内閣期の(f)1940年には，一元的な中央情報機関として内閣情報局が設置された。

問1．空欄［1］に入れる語句として最も適当なものはどれか。

①　重要産業統制法　②　過度経済力集中排除法　③　国家総動員法
④　臨時資金調整法

問2．空欄［2］に入れる語句として最も適当なものはどれか。

①　徴兵令　②　戒厳令　③　国民徴用令　④　金融緊急措置令

問3．空欄［3］に入れる語句として最も適当なものはどれか。

①　国家改造運動　②　大同団結運動　③　国民精神総動員運動
④　皇民化政策

問4．空欄［ア］・［イ］に入れる語句の組合せとして最も適当なものはどれか。

①　ア＝皇道派　イ＝陸軍　②　ア＝統制派　イ＝陸軍

❸ ヒント

問1　第1次近衛文麿内閣のときに公布。
問2　平沼騏一郎内閣のときに公布。
問5　内大臣であった人物。
問6　1937年の事件。
問7　1938年1月16日に出された第1次声明である。
問10　これにより日米の対立は決定的となった。

記述論述 Q　中曽根康弘内閣が行った民営化政策について，民営化前とあとのそれぞれの具体的な組織名をあげながら80字以内で説明しなさい。（慶應義塾大―経済／改）

③ ア＝皇道派　イ＝海軍　④ ア＝統制派　イ＝海軍

問5. 下線部(a)で襲撃された人物として最も適当なものはどれか。

① 犬養毅　② 井上準之助　③ 北一輝　④ 斎藤実

問6. 下線部(b)のきっかけとなった事件として最も適当なものはどれか。

① 盧溝橋事件　② 南京事件　③ 張鼓峰事件　④ ノモンハン事件

問7. 下線部(c)によって発表された声明として最も適当なものはどれか。

① 連盟規約第一条第三項ニ基キ帝国カ国際連盟ヨリ脱退スルコトヲ通告スルモノナリ。

② 帝国政府ハ南京攻略後尚ホ支那国民政府ノ反省ニ最後ノ機会ヲ与フルタメ今日ニ及ヘリ。

③ 一，合衆国政府及日本政府ハ英帝国・支那・日本国・和蘭・蘇連邦・泰国及合衆国間多辺的不可侵条約の締結ニ努ムヘシ。

④ 右同盟国ノ目的ハ，日本国ヨリ千九百十四年ノ第一次世界大戦ノ開始以後ニ於テ日本国カ奪取シ又ハ占領シタル太平洋ニ於ケル一切ノ島嶼ヲ剥奪スルコト，並ニ満州，台湾及澎湖島ノ如キ日本国カ清国人ヨリ盗取シタル一切ノ地域ヲ中華民国ニ返還スルコトニ在リ。

問8. 下線部(d)に関連して，1938年から1945年までの時期に推進された政策についての文として適当でないものはどれか。

① 価格等統制令により，公定価格制が導入された。

② 七・七禁令が施行され，ぜいたく品の製造・販売が禁止された。

③ 米が配給制となった。

④ 傾斜生産方式がとられた。

問9. 下線部(e)についての文として適当でないものはどれか。

① 文部省により『国体の本義』が発行され，全国の学校などに配布された。

② 内村鑑三が，教育勅語への礼拝を拒否したために教壇を追われた。

③ 東京帝国大学教授の矢内原忠雄が，政府の大陸政策を批判したことで退職を余儀なくされた。

④ 東京帝国大学の大内兵衛らのグループが，人民戦線の結成をはかったとして検挙された。

問10. 下線部(f)に起きた出来事として最も適当なものはどれか。

① 国体明徴声明の発表　② 日独伊三国同盟の締結

③ 太平洋戦争の開戦　④ 大東亜会議の開催

❹ 次の文を読み，設問に答えなさい。

津田塾大―学芸(英文)／改

日本は1945年の敗戦後，連合国の占領下に置かれることになった。(a)連合国軍最高司令官総司令部(GHQ)は，戦争を支持し巨利を得たとされた［1］を解体することが日本の非軍事化にとって不可欠と考えた。そのため1946年に［2］が発足し，［1］が保有する株式などが売却された。さらに独占禁止法と，巨大企業の分割を進める［3］法が制定されることで，経済の民主化が進められた。またGHQは，日本政府に農地改革の実施を求めた。その結果，大地主は社会的威信を失墜し，(b)寄生地主制は解体された。労働の民主化も進められ，労働者の基本的権利を定めたいわゆる労働三法が制定された。その一つである(c)労働組合法の公布後には，官公庁や民間企業で労働組合の結成が相次ぎ，(d)敗戦後のインフレと食糧不足に苦しむ労働者による(e)労働争議やストライキが盛んになった。教育制度の改革も戦後日

❸ 解答欄

問1	
問2	
問3	
問4	
問5	
問6	
問7	
問8	
問9	
問10	

❹ ヒント

問1　3．325社が指定されたが，実際には11社のみ分割された。

4．勤勉や孝行などの徳目を通して，道徳心や天皇への忠誠心を身につけさせるための科目。

問2　1951年に解任され，リッジウェイにかわった。

問3　「小作料に依存」という語句は必須。

問4　労働三法と混同しないこと。

問5　その結果，インフレは収束したが，デフレに転じた。

問6　「国家公務員」の語句は必須。

問7　2～3項目程度答えればよい。

A　1985年に日本電電公社をNTT，日本専売公社をJTとし，1987年には日本国有鉄道をJRとして6つの旅客会社と1つの貨物会社，国鉄清算事業団に分割民営化した。(76字)

本の民主化の重要な柱であった。その一環として，[4]・日本歴史・地理の３教科の授業は停止された。1947年には，来日したアメリカ教育使節団の勧告に基づき，(f)民主主義的教育の理念と原則を示す教育基本法が制定された。さらに教育行政の地方分権化を図るため，公選制による[5]会が設けられた。

問１． 空欄[1]～[5]に最も適当な語を入れなさい。

問２． 下線部(a)について，連合国軍最高司令をつとめた人物を答えなさい。

問３． 下線部(b)について，説明しなさい。

問４． 下線部(c)で保障された労働三権をあげなさい。

問５． 下線部(d)を収束させるために，GHQ が招請したデトロイト銀行頭取が指示した一連の政策は何と呼ばれているか答えなさい。

問６． 下線部(e)に対応するために出された政令201号について，その内容を述べなさい。

問７． 下線部(f)について，教育基本法で規定された内容の要点を説明しなさい。

❹解答欄

問1	1	
	2	
	3	
	4	
	5	
問2		
問3		
問4		
問5		
問6		
問7		

❺ 次の文を読み，あとの問いに答えよ。　中央大一法／改

1952年４月，サンフランシスコ平和条約が発効し，日本は①独立国としての主権を回復した。他方で平和条約が調印された1951年９月，日米安全保障条約(安保条約)が調印され，②独立後もアメリカ軍が引き続き日本に駐留することとなった。

この時期，アメリカを盟主とする西側(資本主義・自由主義陣営)とソ連を盟主とする東側(社会主義・共産主義陣営)の二大陣営による冷戦が激化した。日本は西側の一員として，③アメリカ主導の自由主義貿易体制に参加し，1968年には資本主義諸国の中で，アメリカにつぐ世界第２位の国民総生産(GNP)を実現した。外交面では日本は対米協調を基本としながらも，④アジア諸国との関係を深め，特に経済援助で大きな役割を果たすようになった。

問１． 下線部①に関して，日本が主権を回復した時点で，日本の施政権下になかった地域を１つ選べ。

a．奄美諸島　**b**．淡路島　**c**．佐渡島　**d**．対　馬

問２． 下線部②に関する次の説明のうち，正しいものにはイ，誤っているものにはロと記せ。

a．1952年には日米地位協定が締結され，日本はアメリカ軍に基地(施設・区域)を提供し，駐留経費を分担することになった。

b．アメリカ軍立川基地をめぐって，内灘事件が起こった。

c．1960年には安保条約が改定され，条約発効後10年が経てば，一方の国が条約の廃棄を通告できることなどが定められた。

問３． 下線部③に関して，日本が参加した経済・貿易に関する国際機関にあてはまらないものを１つ選べ。

a．OECD　**b**．IMF　**c**．OAPEC

問４． 下線部④に関する次の説明のうち，正しいものにはイ，誤っているものにはロと記せ。

a．日本は，朝鮮民主主義人民共和国(北朝鮮)との貿易拡大をめざして，国交のない同国と準政府間貿易(LT 貿易)の取り決めを結んだ。

b．日本は，中国との国交正常化をアメリカに先立って実現した。

c．日本が東南アジア４カ国と結んだ賠償協定は，日本企業の東南アジア進出の足掛かりとなった。

❺ヒント

問１　1953年に返還された。

問３　アラブ石油輸出国機構に日本は加盟していない。

❺解答欄

問1		
問2	a	
	b	
	c	
問3		
問4	a	
	b	
	c	

記述論述 Q　政府の不祥事は，しばしば内閣の退陣につながってきた。1980年代から1990年代には，政官財の癒着として問題となった事件が相次ぎ，非自民連立内閣の成立をもたらすことにつながった。これについて，それらの事件の具体的な例と，成立した非自民連立内閣の概要について説明しなさい。(慶應義塾大一経済)

巻末付録

歴史へのアプローチ／新しい視点

共通テストでは，単に教科書学習で得た知識を試す問題だけではなく，日本人としての生活の中に見出される歴史性に照射した問題も出題のテーマとなっています。

生活・生業・婚姻形態の推移，法制度の推移，金融史と信用制度の確立，疫病・地震・噴火・津波などの自然災害史など，教科書から一歩離れた視点からのアプローチも可能なのです。

共通テストでも「人名や地名からみる日本の歴史」などが新たな視点として出題されていますが，ここでは共通テストにも十分対応できる主題学習の項目として，（日本列島／東と西，情報の伝達－旅の歴史－，日本人の生活－衣食住の歴史－，日本人の信仰）の４テーマをノート形式で掲載しました。

テーマ史の学習では特に難解な用語は必要ありませんが，時代ごとに区切った学習ではなかなか身につかない歴史的な新たな見方や考え方が必要となります。

主題学習の一環として，大学受験のテーマ史対策として，活用してください。

A　竹下登内閣がリクルート疑惑の中で退陣し，宮沢喜一内閣は佐川急便事件やゼネコン汚職などが明るみに出る中で行われた衆議院解散とその後の総選挙によって自民党は敗北を喫し，日本新党の細川護煕を首班とする共産党を除く非自民８党派の連立内閣が発足した。（120字）

解答：別冊p.35 ▶

01 日本列島／東と西

ココが出る!!

［入試全般］

「日本列島の地域的差異」に照射し，西国と東国（西日本と東日本，関西と関東，上方と江戸）など新しい視点から日本の歴史を振り返る。

［国公立二次・難関私大］

衣料の面からみた南北格差や琉球・蝦夷ヶ島の歴史など，さまざまな地域特有の史資料を用いながら，歴史的な地域差を考察させる問題もある。

1 原始・古代

気候や地形の違いによって，日本列島の東西・南北に地域的な差異が生まれた

1．原始時代の日本列島*1

①縄文時代の植生…西日本ではカシ・シイなどの常緑広葉樹林，つまり①＿＿＿＿が，東日本ではブナ・ナラのような落葉広葉樹林が広がった。

②黒曜石の産地…西日本では熊本県の阿蘇山，東日本では北海道の十勝岳（とかちだけ）や白滝，伊豆七島の神津島（こうづしま）などが知られている。

③縄文時代の遺跡…西日本に少なく，東日本に多い。*2

④縄文土器…西日本では押型（おしがた）文土器が特徴的なのに対して，東日本では沈線文（ちんせんもん）土器が多い。

⑤水稲農業と生活…西日本では水はけのよい②＿＿＿＿での鉄鎌の使用が普及したのに対し，東日本の東北地方では長い間縄文生活様式が続いた。

⑥青銅器の分布…銅剣・銅戈（どうか）・銅矛（どうほこ）・③＿＿＿＿などの青銅器の分布は，東日本よりも圧倒的に西日本に集中している。*3

⑦弥生時代の農耕遺跡…西日本では環濠集落としても知られる奈良県の④＿＿＿＿遺跡，東日本では高床倉庫や畔（あぜ）で仕切られた水田跡などが出土した静岡県の⑤＿＿＿＿遺跡が知られる。

⑧代表的な遺跡…西日本では，弥生時代の最大級の環濠集落遺跡である佐賀県の⑥＿＿＿＿遺跡。東日本ではそれまでの縄文観をくつがえす契機となった青森県の⑦＿＿＿＿遺跡が注目される。*4

⑨弥生時代の北と南…北海道には本州で展開したような弥生文化は伝わらず，⑧＿＿＿＿文化が展開し，沖

＊1　今から1万年余り前，海進により，北には宗谷（そうや）海峡，西には対馬海峡が生まれ，日本列島は大陸から切り離された。

＊2　東日本のほうが魚介類などの水産資源や食糧が豊富であったことを裏付けている。

＊3　平形銅剣は瀬戸内海中部，銅矛・銅戈は九州北部，銅鐸は近畿地方に多く分布している。

＊4　三内丸山遺跡の調査により，縄文人が定住生活を営んでいたことが明らかになった。

記述論述 Q　北海道・沖縄県を中心とする北方・南方地域と日本列島中央部との間に，生活文化の明確な違いが生じたのはいつごろか。文化名とともに50字程度で説明せよ。（宮崎大／改）

　出題大学…①：京都大／②：信州大，和歌山大，甲南大

縄を含む南西諸島では漁労中心の食料採集文化の⑨＿＿＿＿＿＿文化が開花した。

2. 古代社会の東西の差異

①ヤマト政権の支配域…西日本では熊本県の⑩＿＿＿＿＿＿古墳から出土した鉄刀銘に，東日本では埼玉県の⑪＿＿＿＿＿＿古墳から出土した鉄剣銘に「獲加多支鹵大王」と判読することができる文字が刻んであることから，当時の支配域が推定される。*5

②征服された人々…律令時代に西日本では南九州の⑫＿＿＿＿＿＿，東日本では東北地方の⑬＿＿＿＿＿＿が権力の支配下に入った。

③関所…軍事上の必要性から，西国では⑭＿＿＿＿＿＿関・不破関・愛発関，東国では勿来関・白河関・念珠関の三関がおかれた。

④天下三戒壇…授戒施設をもつ寺院としては，奈良の東大寺のほかに，西日本では筑紫の⑮＿＿＿＿＿＿寺，東日本では下野の⑯＿＿＿＿＿＿寺があった。

⑤地方支配の要…九州には「遠の朝廷」ともよばれた⑰＿＿＿＿＿＿，東北地方には⑱＿＿＿＿＿＿がおかれ，陸奥国府と鎮守府が併置された。*6

⑥機動力…西日本は瀬戸内海などを控えていたので船が，東日本では⑲＿＿＿＿＿＿が主要な機動力となった（＝西船東馬）。

▶東国は良馬の産地でもあった。また，瀬戸内海沿岸はのちの村上水軍にみるように，海賊の活動域にもなった。

⑦武士の台頭…10世紀前期に東国では⑳＿＿＿＿＿＿の乱が，ほぼときを同じくして西国では㉑＿＿＿＿＿＿の乱がおこった（＝承平・天慶の乱）。

▶平将門は下総の猿島，藤原純友は伊予の日振島を本拠とした。平将門の乱は藤原秀郷・平貞盛，藤原純友の乱は小野好古・源経基らによって鎮圧された。

⑧武士の勢力範囲…1028年の㉒＿＿＿＿＿＿の乱後，東国における源平の勢力図が塗りかわり，東国は源氏の成長基盤となり，平氏は伊勢・伊賀地方を中心に西国に勢力基盤を固めた（＝東の源氏，西の平氏）。

⑨霊場…西国では天台宗の総本山がある㉓＿＿＿＿＿＿山に対し，東国には日吉山ともいわれた日光山がある。

沖縄・南西諸島の文化

本州本土が縄文時代の頃，沖縄などの南西諸島では貝塚前期文化～貝塚中期文化が展開し，本土が弥生時代になると，貝塚後期文化が続き，12世紀頃に貝塚時代からグスク時代に推移した。

＊5　獲加多支鹵大王とは雄略天皇のこととされ，北関東から九州地方までがヤマト政権の支配下に入っていたことが推定される。

北海道の文化

北海道では7世紀以降になると続縄文文化に続いて擦文土器をともなう擦文文化や，オホーツク式土器をともなうオホーツク文化がそれぞれ13世紀頃まで開花し，中世にはアイヌ文化が栄えた。

＊6　大宰府は福岡県，多賀城は宮城県。

A　紀元前4～3世紀ごろ。本土が弥生文化に移行したのち，北方では続縄文文化，南方では貝塚後期文化が展開した。(52字)

2 中世

政治の中心が東国鎌倉におかれた鎌倉時代と，西国京都におかれた室町時代の地域的な特徴を押さえよう

1. 鎌倉時代の風景

①都市づくりと町並み*7…平城京や平安京においては都の中央部を南北に㉔＿＿＿＿大路が走り京域北部の大内裏(だいだいり)につながっていたのに対し，鎌倉の町では中央に㉕＿＿＿＿大路が走り，北部正面に鎮座する鶴岡(つるがおか)八幡宮につながっていた。

②鎌倉前期における法制…都を中心に朝廷関係の㉖＿＿＿＿や荘園関係の㉗＿＿＿＿法があったが，３代執権北条泰時は最初の武家法として1232年に㉘＿＿＿＿(＝貞永式目)を制定した。

③日宋貿易の拠点*8…西には平清盛が改築した㉙＿＿＿＿(＝現在の神戸港の一部)，東には鎌倉の外港である六浦津(むつらのつ)に宋船が入港し，陶磁器などが陸揚げされた。

④農業の進展…西日本では水田が中心で家畜は㉚＿＿＿＿が多く，東日本では畑作が中心で家畜では馬が多い(＝牛馬耕の進展)。*9

2. 室町時代の風景

①幕府の位置…武家政権の所在地として，鎌倉幕府は東国におかれたが，室町幕府は西国の㉛＿＿＿＿に開設された。

②臨済宗の格付け…南宋の㉜＿＿＿＿の制にならい，西には天竜寺・相国寺などの京都五山，東には建長寺・円覚寺などの鎌倉五山が㉝＿＿＿＿によって整備された。*10

③仏教宗派の広まり…㉞＿＿＿＿宗や一向宗が西国に教線を拡大したのに対して，東国では曹洞宗が武士や庶民に広まっていった。

④主要な神社…大山崎の油座が本所とした㉟＿＿＿＿八幡宮に対して，東国には源氏の守護神でもあった鎌倉の㊱＿＿＿＿八幡宮があった。

⑤庶民金融組織…西国では頼母子(たのもし)とよばれることが多く，東国では㊲＿＿＿＿とよぶ地域が多い。

*7 鎌倉は京都を意識してつくられたが，若宮大路は朱雀大路に見立てたとも鴨川に見立てたとも考えられている。

*8 平清盛は安芸の音戸(おんど)の瀬戸(せと)を開削し，船の通行の安全をはかった。

*9 牛馬耕のようすは，「松崎天神縁起絵巻」などにも描かれている。

*10 天竜寺の上に南禅寺が別格として位置づけられた。また，五山の寺院は僧録司によって管轄されていた。

鎌倉五山
建長寺・円覚寺・寿福寺・浄智寺・浄妙寺

京都五山
天竜寺・相国寺・建仁寺・東福寺・万寿寺

記述論述 Q 中世後期の日蓮宗の動向について，50字以内で説明せよ。　(新潟大)

　出題大学…㉕：西南学院大，南山大／㊲：慶應義塾大，早稲田大，立命館大

3 近世 江戸時代には，特に社会経済の面で，東西の較差が顕著に現れた

1．政治・生活・文化

①豊臣秀吉による征服…惣無事令に違反したかどで，西では1587年に㊳＿＿＿＿氏が，東では1590年に㊴＿＿＿＿氏が討たれ秀吉に降伏した。*11

②江戸時代初期の政治に関与した僧侶…西の南禅寺金地院（こんちいん）の臨済僧㊵＿＿＿＿*12に対し，東では寛永寺を開山した天台僧の㊶＿＿＿＿がいる。

③三都の発達…西日本では「㊷＿＿＿＿」とよばれた大坂，「千年の古都」京都が経済都市として，東日本では「将軍のお膝元」江戸が政治都市として，また最大の消費都市として発達した。*13

④鬼門封じの寺院…古代の平安京ではその北東に位置する天台宗の㊸＿＿＿＿寺，近世の江戸では寛永寺がその役割を果たした。

⑤美人画の特徴…上方では西川祐信（すけのぶ）が描く丸顔でふくよかな美人画が好まれ，江戸では㊹＿＿＿＿の「見返り美人図」のように瓜実（うりざね）顔のきりりとした表情が好まれた。*14

⑥歌舞伎俳優…上方では和事を得意とした㊺＿＿＿＿や，「千両役者」の異名をとった女形（おやま）の㊻＿＿＿＿，江戸では荒事を得意とした㊼＿＿＿＿が人気を博した。*15

⑦祭りの文化…京都には八坂神社の例祭である㊽＿＿＿＿祭*16，江戸には浅草の三社（さんじゃ）祭がある。

⑧集落の形態…西日本では人々の横のつながりが重視され，村落として一体感がある「ムラ社会」であったが，東日本では上下のタテの関係が重視され，個別の家が強調される「イエ社会」が特徴的だった。

⑨村役人の呼称…村方三役の長のことを西国では㊾＿＿＿＿とよび，江戸では㊿＿＿＿＿，東北地方では51＿＿＿＿とよぶところもあった。

⑩町役人の呼称…西国では町年寄，江戸では町名主とよんだ。

補足

関ヶ原の戦いにおいて，西軍の総大将は毛利輝元，東軍の総大将は徳川家康である。西軍には石田三成・小西行長・宇喜多秀家ら，東軍には福島正則・細川忠興・池田輝政らの軍勢が加わった。

*11 島津義久や北条氏政・氏直が討たれた。

*12 崇伝は武家諸法度元和令や禁中並公家諸法度を起草した。

*13 18世紀前期の江戸の町方人口は50万人で，武家人口50万人を合わせると100万都市であったことが推定される。同じ時期の大坂は35万人，京都は40万人の人口をかかえていた。

*14 「見返り美人図」は版画ではなく，肉筆画である。

*15 和事とは恋愛物，荒事とは大立ち回りのような荒々しい芸風のこと。

*16 祇園祭は祇園会（ぎおんえ）ともいう。応仁の乱のあと，京都の町衆によって復興された。

A 日親による戦闘的な布教活動により，日蓮宗は西国に宗勢を広め，京都では町衆によって法華一揆も結ばれた。（50字）

出題大学…㊶：立命館大／㊷：学習院大／㊻：愛知学院大／51：大妻女子大

⑪食生活…古来，稲作中心の西日本では米を「蒸して」食べたのに対して，畑作中心の東日本では蕎麦（そば）やサトイモなどを「煮て」食べた。したがって，火床設備としては西日本では火鉢（ひばち）と五徳（ごとく）が発達したのに対して，東日本ではいろりと自在鉤（じざいかぎ）が発達した。

2. 流通・経済界の東西差異

①河川の開削…京都の豪商㊾＿＿＿＿は西は京都の保津川や高瀬川，東は天竜川や富士川などを開削した。*17

②豪商…西日本では，上方の豪商で豪奢（ごうしゃ）な生活を理由に全財産を没収された㊿＿＿＿＿やミカンの販売で巨利を得た㊿＿＿＿＿，江戸では日光東照宮の改修で巨利を得た奈良屋茂左衛門（もざえもん）らがいる。

③両替商…上方の鴻池（こうのいけ）家に対して，江戸では越後屋呉服店をも営んだ㊿＿＿＿＿家が活躍し，巨利を得た。*18

④漁業…上方漁法が全国に広まったほか，西国紀伊では勢子（せこ）船による捕鯨（ほげい），東国九十九里（くじゅうくり）浜では地曳網による㊿＿＿＿＿漁が盛んになった。*19

⑤飛脚…上方の㊿＿＿＿＿飛脚（＝定六（じょうろく））*20に対して，江戸の定（じょう）飛脚が物資の運搬にあたった。

⑥廻船…17世紀後期に日本海沿岸では西廻り航路（海運）が整備されて㊿＿＿＿＿船が就航したのに対し，太平洋側では東廻り航路（海運）が㊿＿＿＿＿によって整備された。*21

⑦流通貨幣…上方では㊿＿＿＿＿貨が中心で日本海沿岸地域をも含めて「銀遣（づか）い」経済圏，江戸は㊿＿＿＿＿貨が中心で「金遣い」経済圏の中にあった。

⑧主要鉱山…西日本には生野銀山や大森銀山などの銀山が多く，東日本には甲斐金山・伊豆金山など金山が多い。

⑨株仲間…上方には荷積問屋として㊿＿＿＿＿問屋，江戸には荷受問屋として㊿＿＿＿＿問屋があった。

⑩三大市…上方では雑喉場（ざこば）の㊿＿＿＿＿市，堂島の㊿＿＿＿＿市，天満の㊿＿＿＿＿市，江戸では㊿＿＿＿＿の青物市，㊿＿＿＿＿の魚市，小網（こあみ）町の米市がにぎわった。

⑪年貢米などの処理…大坂などには諸国からの年貢米などをおさめた㊿＿＿＿＿がおかれ，蔵元・掛屋が蔵米の管理をした。*22江戸には㊿＿＿＿＿があり，禄米の販売や換金業務などを営んだ。

補足
江戸後期に出た京都の医師橘南谿（たちばななんけい）と備中岡田藩の薬種業古川古松軒（こしょうけん）はそれぞれ日本各地を旅し，文化や経済などのさまざまな面で，東西の違いを「西高東低」と認識していたことが記録に残されている。

*17 角倉了以は朱印船貿易家としても活躍した。

*18 越後屋呉服店は「現金掛け値なし」と切り売りの商法で利益をあげた。三井高房は『町人考見録』の中で，大名貸を控えることを述べている。

*19 鰯は干鰯（ほしか）に加工され，上方に送られて綿作などに速効性肥料として用いられた。

*20 月3回大坂を出発したので三度飛脚とよばれた。また，東海道を6日かけて結んだので定六とよばれた。

*21 江戸と大坂間は南海路によって結ばれ，菱垣廻船・樽廻船が就航した。また，瀬戸内海沿岸と江戸を結ぶ内海船（うつみぶね）も活躍した。

*22 蔵元は荷物係，掛屋はお金係と覚えておけばよい。

記述論述 Q 江戸・京都・大坂の三都が幕藩体制全体の中でもった政治的・経済的地位について100字以内で述べなさい。（大阪大／改）

　出題大学…53：上智大，早稲田大／54：東洋大，明治大，東海大／57：名古屋大，慶應義塾大／62：西南学院大

4 近代・現代 現象面での東西較差はせばまり，さまざまな面で全国的に均質化していった

1. 明治時代の政治・経済・社会問題

①戊辰戦争…1868年に㉛＿＿＿＿＿の戦いからはじまり，1869年に箱館の㉜＿＿＿＿＿の戦いで榎本武揚（えのもとたけあき）が降伏して終わった。

▶西日本の諸藩は薩摩・長州を主力とする新政府軍側につき，東日本では東北地方の諸藩が奥羽越列藩同盟を結んで新政府軍(＝官軍・東征軍)と対立した。

②鉄道の敷設…1872年に新橋～㉝＿＿＿＿＿間に鉄道が開通したのに対して，1874年には大阪～㉞＿＿＿＿＿間が開通した。*23

③貿易港…西では神戸，東では横浜が重要な役割を担った。*24

④地租改正反対一揆…1876年，西日本では堺・三重県下など，東日本では茨城県下で激しくおこった。

⑤ストライキ…東では1886年に甲府の㉟＿＿＿＿＿製糸工女ストがおこったのに対して，西では1894年に大阪の㊱＿＿＿＿＿紡績工女ストが発生した。

⑥重工業の発達…西では1901年に㊲＿＿＿＿＿製鉄所*25が操業を開始し，東では釜石（かまいし）製鉄所や1907年に室蘭に設立された㊳＿＿＿＿＿が生産をすすめた。

⑦公害問題の発生…西では愛媛県の㊴＿＿＿＿＿銅山煙害問題，東では栃木県の㊵＿＿＿＿＿銅山鉱毒問題がおこった。*26

*23 鉄道は，大都市と貿易港を結ぶアクセスとして敷設された。

*24 明治時代には横浜，大正時代には神戸が中心的な役割を果たした。

*25 八幡製鉄所では，技術はドイツから，原料の鉄鉱石は清の大冶（ターイエ），燃料の石炭は筑豊（ちくほう）炭田，のち満州の撫順（フーシュン）炭田から調達した。

*26 1901年に栃木県選出の代議士田中正造が天皇に直訴した。

2. 現代の文化

①博覧会…1970年に大阪で㊶＿＿＿＿＿博覧会が，1985年には筑波で国際科学技術博覧会が開かれた。

②食生活

- 出汁（だし）の違い…関西では昆布だし*27で薄口，関東では鰹（かつお）だしで濃口を好む。
- 麺類…関西ではうどん，関東ではそばが好まれる。
- 正月料理…関西ではブリ，関東ではサケ・マスが食される。
- 雑煮（ぞうに）…関西では丸餅で味噌仕立て，関東では角餅(切り餅)で醤油仕立てが主流である。

③言葉…地域によって，アクセントやなまり，方言などが特徴的である。大きく分けると，西日本では九州弁・関西弁，東日本では関東弁・東北弁などがある。

*27 昆布は，北前船によって大坂にいたる日本海沿岸・瀬戸内海沿岸の各地に運ばれた。

A 「将軍のお膝元」江戸は政治都市かつ最大の消費都市として，「天下の台所」とよばれた大坂は流通経済の中枢として繁栄した。「千年の古都」京都は文化都市として，また西陣織や友禅染などの産業都市として繁栄した。(100字)

歴史へのアプローチ／新しい視点

解答：別冊p.36 ▶

02 情報の伝達―旅の歴史―

ココが出る!!

［入試全般］

情報伝達の手段と情報の質量に関し地方文書(じかたもんじょ)などを提示しながら史的に考察させる問題も多い。

［国公立二次・難関私大］

情報の伝達がどのように行われていたのか，人と物資の移動を考慮に入れながら，歴史的推移を概略させる問題もある。

1 原始・古代　基本的には，人々の交流と口コミによって情報が伝達された

1. 縄文時代[*1]…黒曜石などを用いた交易や丸木舟による漁労などで人々が交流していたことが推定される。

2. 古墳時代

①大陸の情報…遣隋使や遣唐使によってもたらされた。

▶遣隋使として中国に渡った高向玄理・①＿＿＿＿＿＿・旻らは中国の制度・文化・思想を日本に伝えた。

②663年の②＿＿＿＿＿＿ののち，対馬・壱岐(いき)・筑紫などに軍事的通信施設として③＿＿＿＿＿＿が設置された。[*2]

3. 律令制下

①駅制の整備…中央と地方は官道で結ばれた。

▶官道には約16kmごとに④＿＿＿＿＿＿が設けられた。国司などの役人は駅馬を利用して往来し，⑤＿＿＿＿＿＿を用いて公用であることを示した。

②律令制下の七道のうち，外交・軍事・文化交流や情報伝達などの面で最も重視されたのは⑥＿＿＿＿＿＿道であった。

③調・庸の都への運搬…物資を都まで運んだのは農民で，その負担を⑦＿＿＿＿＿＿という。

④軍事的移動…衛士(えじ)・防人(さきもり)の移動も情報伝達の大きな手段となったが，農民にとっては大きな負担の一つで，任地までの行程は日数には含まれなかった。[*3]

▶『万葉集』の中におさめられた「⑧＿＿＿＿＿＿」は，東国の方言を用いて彼らの哀別の心情をよんだものが多い。

⑤官道での事故…未整備の箇所も多く，事故も発生した。

▶信濃守⑨＿＿＿＿＿＿は木曽から伊那(いな)に越える古街道にある神坂峠(みさかとうげ)で，谷に転落したときに「⑩＿＿＿＿＿＿ハ倒ルル所

*1　縄文時代の人々の間では，近隣との通婚が行われ，それによってさまざまな情報が交換されていたと考えられる。

*2　烽は烽火とも書く。昼は狼煙(のろし)，夜は火を上げて軍事的な情報を伝達する手段として用いられたと考えられる。

*3　衛士は宮門警備，防人は九州北部沿岸防備のために赴いた。任期は衛士は1年，防人は3年である。

記述論述 Q　中世において，京都の辻などにたてられた高札の情報は，またたく間に広がった。その背景を40字以内で述べよ。（創作問題）

　出題大学…⑤：高崎経済大／⑨：関西学院大，京都大，立教大

ニ土ヲツカメ」と言ったという話が『⑪＿＿＿＿＿＿』の中におさめられている。

2 中世　中央の情報は，高札や商人・文化人の地方巡歴などによって地方にも広まった

1. 平安後期の寺社参詣…熊野・高野への参詣路がにぎわった。*4

2. 鎌倉時代

①古代の駅制は衰退したが，荘園や公領支配のための道や海上交通路も整備され，宿に早馬がおかれて情報伝達のルートが拡大した。*5

②七道のうち，鎌倉幕府が最重視したのは⑫＿＿＿＿＿＿道。

③⑬＿＿＿＿＿＿…源頼朝の奏請により，親幕派の公卿10名が任じられ，朝廷での重要政務を合議した。

④紀行文学…『海道記』や『東関紀行』のほかに，阿仏尼（あぶつに）の『⑭＿＿＿＿＿＿』などがある。

⑤鍛冶（かじ）・鋳物師（いもじ）・紺屋（こうや）…手工業者は地元で生産したほか，各地の荘園を巡回しながら仕事をしたが，それも情報伝達の重要な手段となった。

3. 室町時代

①年貢米の輸送…船を利用する場合が多く，廻船業者が各地を結び，情報伝達にも寄与した。

②応仁の乱後の文化人の地方下向

▶島津氏や菊池氏に儒学を講義した⑮＿＿＿＿＿＿は，のちに薩南学派の祖となった。

▶山口を拠点に文化活動をすすめた⑯＿＿＿＿＿＿や，中部・関東地方をまわって文化交流をすすめ，優れた漢詩文を残した万里集九（ばんりしゅうく）らも文化の地方伝播に寄与した。

③京文化の移植…大内氏の城下町⑰＿＿＿＿＿＿には，祇園祭のような京都の文化が移植され，「西の小京都」として発展。

④足利学校…関東管領⑱＿＿＿＿＿＿が下野国に再興した。

▶ここには武士や僧侶などが全国から集まったので情報集積の場ともなった。

⑤⑲＿＿＿＿＿＿…法令などの情報は，町中の辻や橋詰（はしづめ）などの人々が多く集まる場所に札をたてることによって広まった。*6

▶高札が建てられた場所を高札場（こうさつば）という。

＊4　後白河法皇の『梁塵秘抄（りょうじんひしょう）』に「熊野へ参るには，紀路と伊勢路のどれ近し，どれ遠し，広大慈悲の道なれば，紀路も伊勢路も遠からず」と今様でうたわれている。

＊5　鎌倉幕府は街道沿いに宿駅を整備し，宿屋や人馬輸送を行う人々を沿道の守護に支配させた。

＊6　中央の情報は，高札を読んだ手工業者や聖（ひじり）たちが地方巡歴することによって地方にも伝えられた。高札は，渡船場や関所，追分（おいわけ）など人々の往来が盛んな場所にたてられた。京都の立売（たちうり）の辻あたりに高札がたてられると，その情報はまたたく間に各地に伝わっていった。

A　商人や手工業者，民間の聖が地方下向することによって中央の情報が地方にも伝播した。(40字)

3 近世 日本を取り巻く近隣諸国やヨーロッパの情報ももたらされるようになった

1. 鎖国制下での海外情報

①朝鮮からの⑳＿＿＿＿＿，琉球からの㉑＿＿＿＿＿や慶賀使によって，東アジアの情報が伝えられた。*7

②ヨーロッパからの情報

▶オランダ船が入港するたびに，オランダ商館長が幕府に提出した『㉒＿＿＿＿＿』によって幕府は海外情報を輪郭的に知ることができた。

③漂流民がみた外国

▶伊勢の船頭㉓＿＿＿＿＿は漂流後にロシア船に救助され，ロシアの地へ渡り，エカチェリーナ２世に謁見しロシア文化を見聞した。1792年に使節㉔＿＿＿＿＿にともなわれて根室に帰還した。

④アヘン戦争で清がイギリスに敗れた情報がもたらされた。*8

2. 交通路の整備

①陸路での伝達…五街道や脇街道(脇往還)が整備され，情報伝達に寄与した。

▶㉕＿＿＿＿＿年に制度化された参勤交代によって，地方の情報が江戸にもたらされた。

▶東海道の発達によって，㉖＿＿＿＿＿の『東海道中膝栗毛』や㉗＿＿＿＿＿の「東海道五十三次」などが成立。

▶飛脚…書簡や金銀などを届けるもので，飛脚問屋(どいや)がその業務を扱った。*9

②海路での伝達…西廻り・東廻り航路(海運)の発達，南海路の整備。

▶西廻り航路(海運)に就航した北前船は，物資の運搬のみならず，上方の文化と北方の㉘＿＿＿＿＿文化の交流の役割も果たした。

3. 旅行による情報伝達

①18世紀後期から19世紀中頃にかけて，観光・旅行ガイドブックの先駆けともいえる『名所図会』『名産図会』『道中記』などが刊行された。

②旅に出た人々

▶㉙＿＿＿＿＿…正風(蕉風)俳諧を確立した俳人。弟子の曾良(そら)を連れて東北・北陸方面に旅し，俳諧紀行文として『㉚＿＿＿＿＿』を著した。

▶㉛＿＿＿＿＿…三河出身の国学者で旅行家。東北地方を旅して『菅江真澄遊覧記』を著す。

*7 朝鮮使節や琉球使節の服装・髪型や行列のときに使用した楽器などは異国の文化情報として珍しげに受けとめられた。

*8 それを受けて1842年に天保の薪水給与令が発布された。

*9 幕府専用の継(つぎ)飛脚，大名の大名飛脚，町人による町飛脚があった。町飛脚の場合，上方の三度飛脚(定六)に対して，江戸では定飛脚(じょうびきゃく)とよんだ。

記述論述 Q 治安維持という観点から，江戸時代の街道や宿場の安全性について100字以内で述べよ。（創作問題）

 出題大学…㉕：学習院大

③寺社参詣…物見遊山の旅も盛んになった。

▶㉜＿＿＿＿＿＿…伊勢神宮への参詣。

4. 文化交流と経済交流による情報伝達

①文化交流…越後の文人㉝＿＿＿＿＿＿は，江戸の山東京山の協力によって，雪国での生活と自然を描写した随筆として『㉞＿＿＿＿＿＿』を刊行した。

②経済交流…富山の売薬商人は全国各地をめぐり，近江商人も東日本に進出して行商活動をすすめた。

5. 出版技術の発達

①貸本屋…本から得る情報も貴重なものであった。

②印刷物による情報伝達…天保期以降，㉟＿＿＿＿＿＿が庶民向けに大量に出版された。*10

*10　瓦版は「よみうり」ともよばれた。

4 近代・現代　電気による通信手段が情報伝達のうえで欠かせないものとなった

1. 海外の情報…幕末期～明治初期の留学生によってもたらされた。

①西周(にしあまね)…1862年にオランダに留学 →西洋哲学を最初に紹介。*11

②津田真道(つだまみち)…1862年にオランダに留学 →法律を研究。

③中村正直(まさなお)…1866年にイギリスに留学。*12

2. 風説留(ふうせつどめ)…政治や世相，外国の情報などを記録したもの。

▶幕末期には，風説留をやりとりして情報交換する者も現れた。

3. 居留地貿易…外国商人が海外の情報をもたらした。

4. 近代的な情報伝達・通信手段…電気エネルギーの活用。

①電信…東京～横浜間に架設(1869)。*13

②電話…東京～横浜間で交換業務を開始(1890)。

③郵便…㊱＿＿＿＿＿＿の建議で1871年に開始。*14

5. 陸上輸送による情報伝達

①官営鉄道…1872年にイギリスの技術的援助で新橋～横浜間で開通し，陸(おか)蒸気が運行された。

②東海道線開通…1889年に東京～㊲＿＿＿＿＿＿間が全通。*15

6. 海上輸送による情報伝達

▶三菱汽船と共同運輸会社が合併し㊳＿＿＿＿＿＿となる。

7. 通信技術の発達…情報化社会の到来。

①ラジオ放送の開始(1925)。

②NHK テレビ本放送開始(1953)。

③カラーテレビ放送開始(1960)。

④IT 技術の発達…コンピュータ通信の拡充を背景に，日常生活の中にもパソコンや携帯電話(スマートフォン)が普及した。*16

*11　西周はオランダで学んだ国際法を『万国公法(ばんこくこうほう)』として翻訳・刊行した。

*12　中村正直は，スマイルズの『自助論』を翻訳して『西国立志編』，ミルの『自由論』を翻訳して『自由之理(ことわり)』を著し刊行した。

*13　電信機の実物は，ペリー来航を機にもたらされた。電信ははじめ工部省，のちに逓信(ていしん)省の管轄となった。1871年には長崎～上海間に海底電線が開通した。

*14　郵便料金ははじめは距離制だったが，のちには全国均一制にかわった。

*15　1964年には東海道新幹線が東京～新大阪間で営業運転をはじめ，東京～大阪間の移動時間が大幅に短縮された。

*16　Facebook・Twitter・YouTube・Instagram・LINEなどのSNS(Social Networking Service)の普及により，情報は一瞬にして全世界に拡散するようになった。

A　街道・宿場ともに確実な警察機構が整備されていたわけではないので，武家に横暴な振る舞いがあってもほとんどが見逃された。一人旅や夜旅も危険で，旅人は日中に行動して日没前には宿所に入るのが一般的であった。(99字)

解答：別冊p.36 ▶

03 日本人の生活―衣食住の歴史―

ココが出る!!

［入試全般］

庶民生活に照射した文化史の問題も最近よく出題されるようになった。それぞれの時代における衣食住の特徴をしっかり押さえよう。

［国公立二次・難関私大］

衣食住を中心とする生活文化では，縄文～弥生文化，国風文化，室町～桃山文化，明治～大正文化あたりが時代的にはよく狙われる。

1 原始・古代　自然との共存が重視される中で，人々は生きるための さまざまな知恵を生み出した

1. 縄文時代…すでに人々は定住生活をはじめていた。

①衣…草木や獣皮の繊維でつくった衣をまとっていたと推定される。

▶青森県の①＿＿＿＿遺跡から出土したいわゆる「縄文ポシェット」などから，当時は「編む」技術がすでに広まっていたことが推定されている。*1

②食…狩猟・漁労で得た獣肉や魚介類*2・鳥類，木の実などを食していた。②＿＿＿＿*3は当時の食生活を知る貴重な遺跡で，貝の加工場とみられる遺構も出土している。

▶丸木舟を利用しながら，網漁や釣針による漁が行われていたと考えられている。*4

▶トチノミやドングリなどの木の実は，灰汁(あく)を抜いて食していたと考えられている。

③住…水はけのよい台地上に④＿＿＿＿住居を構えていた。

▶住居の中央には煮炊きなどに使った⑤＿＿＿＿が設けられていた。また，住居は10戸程度の家が中央の広場を囲むように，馬蹄形(ばてい)(＝U字形)に配置されることが多かった。このような集落を⑥＿＿＿＿集落とよぶ。

④社会…集落や家族の集団には統率者はいたが，経済的な貧富の差や身分制度などはなかった。

2. 弥生時代…貧富の差が生まれ，身分制社会が形成された。

①衣…『魏志』倭人伝には，男は袈裟(けさ)衣，女は⑦＿＿＿＿衣をまとっていたことが記されている。

▶大陸から機織(はたおり)の技術が伝えられたことが，その道具の一部である⑧＿＿＿＿などからも推定されている。

▶履物では，青草などの肥料踏み込み用に⑨＿＿＿＿，湿田に足がはまり込むのを防ぐために⑩＿＿＿＿が用いら

*1　「織る」技術は弥生時代に入ってからと考えられる。

*2　縄文時代の遺跡の中には，ニホンジカやイノシシの肉，魚を燻製(くんせい)にして食していたと推定されるものもある。

*3　1877年にモースによって発見された③＿＿＿＿貝塚が，貝塚研究の端緒となった。

*4　釣針はニホンシカの角やイノシシの牙でできていた。釣針・銛(もり)・やすなどは骨角器とよばれる。また，網漁が行われていたことは，石錘(せきすい)や土錘(どすい)からも推定される。

記述論述 Q　室町時代になると，特に衣服と住居の新しい様式は，今日に連なる和風生活様式の原型を形作ったものといえる。これについて具体的に50字以内で述べよ。（一橋大／改）

 出題大学…⑧：札幌大，学習院大／⑩：立命館大

れた。*5

②食…米の食文化がはじまる。

▶米は弥生土器の⑪＿＿＿＿＿で蒸すか，⑫＿＿＿＿＿などを用いて煮て食べていた。

③住…竪穴住居のほかに，平地式住居や掘立式の⑬＿＿＿＿＿倉庫もつくられるようになった。

▶軍事的な必要性から，周囲を濠で囲んだ⑭＿＿＿＿＿集落や，丘陵や山頂などには⑮＿＿＿＿＿集落が営まれた。*6

3. 古墳時代

①衣…正装として男子は衣(ころも)・袴(はかま)，女子は衣・裳(も)を着用していたことが，古墳から出土する人物⑱＿＿＿＿＿によって推定される。

②食…米・雑穀のほかに甑(こしき)で蒸した飯などが食され，調味料として塩や蜂蜜なども用いられた。間食には果実も食されていた。

③住…家形埴輪からも当時の住居の形状が推定される。

▶在地の首長クラスの豪族は，一般の民衆が住む集落から離れた場所に大きな居館を営んだ。その居館の周囲には柵列や環濠が施されていることも多い。*7

▶一般民衆の住居は，竪穴住居のほかに高床住居，平地住居も混在し，高床倉庫をともなう集落も多かったが，環濠や柵列が施されたあとはみられない。住居内部には，それまでの炉にかわって，⑲＿＿＿＿＿をしつらえるようになった。

4. 奈良時代

①衣…庶民の衣料は，麻や野生の植物から採取した繊維を用いたものが多かった。

▶貴族や役人の間では，唐の服制が採用され，礼服や朝服が制度化された。貴族の場合，上衣は男女ともに袍(ほう)，下衣は男子は袴，女子は裳を身につけた。

▶履物では，下駄(げた)や草鞋(わらじ)が用いられたが，貴族の履物として革製・木製のくつもあった。

②食…庶民の食事は1日2食が普通で，玄米を中心として野菜・塩・海草や魚介など自然からの採集物が食料源となったが，仏教思想の影響で⑳＿＿＿＿＿食は禁止された。

▶貴族の間では，牛乳や酪(らく)・蘇(そ)などの乳製品を食する者もいた。*8 また，調味料として酢・醤(ひしお)なども製造された。

③住…西日本には平地住居，東日本には竪穴住居が多かった。

▶貴族の住居*9の大部分は掘立柱に㉑＿＿＿＿＿葺の屋根を

*5 田下駄は日本人の履物(はきもの)のルーツである。

*6 環濠集落は，弥生全時代を通して関東地方から九州地方にかけて営まれたもので，佐賀県で発見された⑯＿＿＿＿＿遺跡が知られている。高地性集落は，弥生中期～後期にかけて，近畿地方から瀬戸内海沿岸地方にかけて営まれた。代表的な遺跡としては，香川県の⑰＿＿＿＿＿遺跡がある。

*7 豪族の居館跡の遺跡では，群馬県の黒井峯(くろいみね)遺跡や三ツ寺Ⅰ遺跡が知られている。
居館は豪族の生活の場であると同時に，祭祀を行う場でもあった。

補足
味噌の製法と，醤油のもととなる醤は奈良時代には伝えられていた。

*8 牛乳や乳製品は薬用として食された。

*9 貴族の住宅には石を用いた園池をもつものもあった。

A 衣服では打掛・着流し・袴などが好まれ，住居では明障子や違い棚などの構造をもつ書院造が生まれた。(47字)

出題大学…⑪：名古屋大，東海大，明治大／⑲：名古屋大，立命館大／㉑：京都府立大，専修大，南山大

もつ和風の造りであったが，一方では平地式の板屋の住居も出現し，中には大極殿のように礎石を用い，朱塗りの柱に㉒＿＿＿＿＿＿葺の屋根をもつ大陸風の建物もあった。

④婚姻…夫が妻の家に通う㉓＿＿＿＿＿＿婚が一般的で，子どもが生まれると同居する場合もあった。*10

⑤葬礼…ほとんどの庶民が土葬されたが，貴族や僧侶の中には仏教の影響で㉔＿＿＿＿＿＿葬される者も多くなった。*11

5. 平安時代

①衣…貴族男子の正装は，礼服として㉕＿＿＿＿＿＿・衣冠，女子は㉖＿＿＿＿＿＿とよばれる女房装束が用いられた。また，貴族男子の通常服では，直衣や，スポーツウェアとしての㉗＿＿＿＿＿＿，女子の通常服は小袿・単・袴が用いられた。*12

▶一般庶民は直垂や水干，小袖などを着用した。

②食…１日２食が原則。米がさまざまに調理され，野菜や魚介類も加工され，庖丁とよばれる料理の専門家もあらわれた。

▶調理に油を用いることはなく，仏教思想の影響で前代同様，獣肉も用いられなかった。

③住…貴族の住宅には白木柱の㉘＿＿＿＿＿＿造が用いられた。

▶貴族のほとんどは，平安京の㉙＿＿＿＿＿＿京に住んでいた。

▶寝殿造の母屋の内部は仕切られていない大きな空間だったので，間仕切りには屏風や衝立，几帳，襖などが用いられた。仕切りのためのこれらの調度品を障子と総称する。また，板張りの床には畳や㉚＿＿＿＿＿＿を敷いて座った。*13

④婚姻…貴族社会では㉛＿＿＿＿＿＿婚の時代となり，夫は妻の家で生活し，生まれてきた子どもは母方の家で育てられた。また，貴族の邸宅は娘に譲られることが多く，母方の縁のほうが強かった。妻の家の近くで結婚生活を営む独立居住婚（＝新処居住婚）の形態もみられた。*14

■寝殿造の構造■

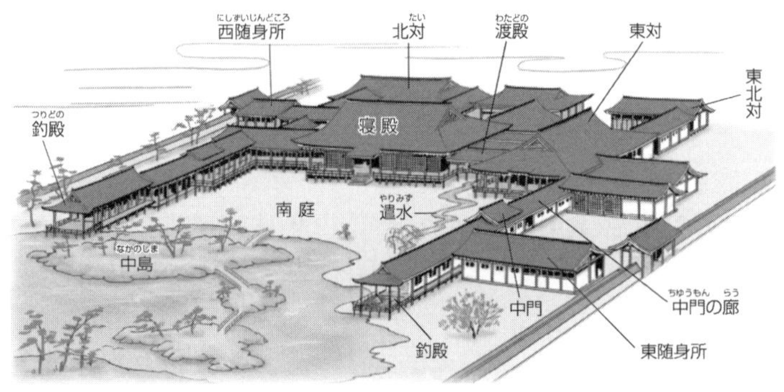

*10　律令制下では，夫婦と子どもからなる生活単位としての房戸が基本単位となった。房戸がいくつか集まって形成される大家族を郷戸といい，租税単位としての役割をもっていた。

*11　日本で最初に火葬になったのは，道昭という法相宗の僧侶である。

*12　貴族の服飾

①束帯　②衣冠

③直衣

④狩衣

⑤十二単

*13　寝るときには衾という体の上にかける寝具を用いた。

*14　招婿婚（婿入婚）は妻方居住婚ともいう。

記述論述 Q　戦国時代には，衣料原料の面で革命的ともいえる変化がおこった。これについて，具体的に史実をあげて50字以内で説明せよ。（一橋大／改）

　出題大学…㉓：福岡大，明治大／㉖：明治大／㉗：名古屋大

2 中世 京都・鎌倉などの都市部と地方村落との間で，生活格差が広がりはじめた

1．鎌倉時代

①衣…直垂(ひたたれ)が普及したが，従来の狩衣・水干が衰退した。また，男女ともに小袖を着用するようになった。

②食…精進料理や点心，喫茶の風がおこった。

③住…武士の住居は㉜＿＿＿＿とよばれる簡素な造り。＊15

▶入り口には武器倉庫としての㉝＿＿＿＿を備え，防御のために，周囲には土塁や濠がめぐらされていた。

■武家の館■＊16（「一遍上人絵伝」より，清浄光寺（遊行寺）所蔵，部分）

④婚姻…招婿婚にかわり，妻が夫の家に入る㉞＿＿＿＿婚がみられるようになった。

⑤生活…惣領制＊17

▶惣領と庶子は血縁的関係で結ばれていた。惣領は庶子や庶子家をひきいて先祖の供養をしたり，氏神をまつる権利をもっていたが，それは同時に義務でもあった。また，「いざ鎌倉」のときには一門(一家)をひきいていくさに参加した。

⑥武芸…騎射三物(㉟＿＿＿＿・犬追物(いぬおうもの)・笠懸(かさがけ))・巻狩(まきがり)などの武芸の訓練も行った。

▶こうした日常生活の中から，「武家のならい」「兵(つわもの)の道」「弓馬の道」「弓矢のならい」などとよばれる武家独自の道徳が生まれ，後世の武士道に発展していった。

⑦相続…惣領の地位を相続することを㊱＿＿＿＿相続という。また，所領の相続は，はじめは㊲＿＿＿＿相続が行われていたが，所領の細分化にともない生産力が低下したために，次第に嫡子による㊳＿＿＿＿相続が一般的になっていった。＊18

補足

鎌倉時代に味噌汁が生まれ，室町時代には醤油が生まれた。

＊15 屋敷周囲の濠の水は，灌漑にも用いられた。館の近くには，領主直営の門田(かどた)・門畠(かどはた)や佃(つくだ)(正作)があり，近くに氏寺や氏神をまつるところもあった。

＊16 左図「一遍上人絵伝」には，馬場や矢倉などがみえる。右側には厩舎(きゅうしゃ)につながれた馬も描かれている。

＊17 惣領の地位につけるのは必ずしも長男とは限らず，器量があれば，次男・三男でもよかった。

＊18 女性にも所領の相続権はあったが，のちには㊴＿＿＿＿といって，本人一代限りの相続しか認められず，本人の死後は実家に戻すことになった。

A 三河地方で木綿が栽培され，古代以来の麻にかわって庶民の衣料の原料に木綿が用いられるようになった。(48字)

2. 室町時代

①衣…礼服として大紋，通常服では素襖，女子の間では小袖・着流し姿・打掛・袴などが流行した。

②食…粥が常食となり，調味料として味噌や醤油も用いられた。*19

③住…慈照寺銀閣などにとり入れられた㊶＿＿＿＿＿造の様式は，支配者階級の住宅にも用いられ，のちの和風住宅建築の源流となった。また，都市に住む庶民の家では，板屋が一般的となってきた。

補足
禅僧により，中国から納豆や豆腐が伝来し，中国風の調理法も伝えられる中で，精進料理も発達した。

*19　瀬戸内海沿岸では㊵＿＿＿＿＿法による製塩が盛んになった。また，鰯・鯛・鯉・鮒などの漁も行われたほか，大和の素麺，丹波の栗や瓜，伊勢の牡蛎，美作の酢なども生産されるようになった。

3 近世　儒教的精神が生活の中まで浸透し，男性中心の社会構図ができあがった反面，女性の社会的地位は低くおさえられた

1. 安土桃山時代

①衣…男子の礼服では上下の裃・肩衣，通常服では羽織が着用されるようになった。また，通常服として㊷＿＿＿＿＿の着流しを用い，男女ともに結髪するようになった。

▶従来の麻にかわり，三河地方で栽培された㊸＿＿＿＿＿が衣料として普及しはじめた。

②食…１日３食の風が広まりはじめた。貴族や武士は米を常食するようになったが，庶民の主食は雑穀が中心であった。

▶調味料としては，醤油のほかに新たに㊹＿＿＿＿＿が用いられるようになった。

③住…都市部には瓦屋根の家や二階建の家屋が登場した。農村部では萱葺屋根の平屋が一般的であった。

▶大名は城郭を構えた。城郭は大名の執務の場であると同時に大名の住居でもあり，内部は㊺＿＿＿＿＿造のくみあわせで構成され，城主の権威の象徴ともなった。*20

補足
桃山文化には南蛮文化の影響が大きく反映された。パン・てんぷら・カステラなどの新たな食文化が伝えられたほか，ボタン・メリヤスなどがもたらされ，衣文化にも大きな影響を及ぼした。

*20　城ははじめは山城が中心だったが，しだいに機動力に富んだ平山城，平城へと移行し，構造的には壮大な石垣をともない，幾重もの濠と高層の㊻＿＿＿＿＿を備えたものにかわっていった。

2. 江戸時代

①衣…男子の大礼服として直垂が着用され，一般礼服では熨斗目麻裃，通常服では羽織・袴・着流し・半纏も着用された。女子の礼服では打掛・腰巻，通常服では小袖の着流し，振袖・留袖などを着用した。

▶衣料の素材では，㊼＿＿＿＿＿が普及したが，夏には涼しさの面から麻が好まれ，武家では正装として麻の裃が着用された。

▶農村部では，麻か木綿の無地な衣服に限定された。

②食…都市部では主食として精米が普及し，一汁に魚の煮物や野菜，漬物などが食された。また，甘藷や馬鈴薯なども副食として食された。*21江戸などの大都市には料理屋も発達し，そば・うど

*21　蒸し菓子や餅菓子も食されたほか，酒や喫茶の風も広まった。

記述論述 Q　元禄期をさかいに，女性の服装に新しい様式が成立したが，これは生活様式や女性の社会的地位の変化ともかかわっていた。これについて，具体的な史実をあげて50字以内で説明せよ。　（一橋大／改）

　出題大学…㊵：高崎経済大，上智大，日本大／㊷：九州大，京都大

ん・すしなども発達した。

▶農村部では麦・粟(あわ)・稗(ひえ)などの雑穀中心の食生活が続いていた。*22

③住…都市では二階建・瓦葺の家が一般的となり，火災対策として㊽＿＿＿＿＿＿造の建物も普及した。京都では格子(こうし)造の家もたてられるようになった。農村では藁葺(わらぶき)屋根や萱葺(かやぶき)屋根の平屋が一般的で，貧農は土間生活を余儀なくされた。

▶それまでの掘立柱にかわり，㊾＿＿＿＿＿＿の上に柱をたてる家が多くなり，何代にもわたって住めるようになった。

④生活…儒教の観念から，「男尊女卑」の風潮が強くなった。一家の主である㊿＿＿＿＿＿＿の権限が強く，家督の地位は長男が継承する[51]＿＿＿＿＿＿相続が一般的となった。*23また，特に女子には[52]＿＿＿＿＿＿の教えといって，家にあっては父，嫁いだら夫，夫の死後には子に従えと教え込まれた。また，武家の家では女子の跡目相続権が認められず，その地位は低いものとなった。*24

⑤婚姻…結婚は「家」と「家」との結合と考えられ，中世以来の[53]＿＿＿＿＿＿婚が普及したが，武家の家では「家」の存続と繁栄のために，男子の跡継ぎが重要となり，「腹は借り物」として一夫多妻が美徳とさえいわれた。*25

▶離婚する場合は「[54]＿＿＿＿＿＿」とよばれる離縁状を必要とした。また，妻の側から離縁したい場合には，東慶寺などのいわゆる[55]＿＿＿＿＿＿寺に駆け込む方法もあったが，養子先で苦しむ夫が駆け込むこともあった。*26

*22 都市部と農村部では衣食住すべてにわたって格差が広がった。

*23 家の財産と職業は家督が相続した。

*24 不肖(ふしょう)の子は勘当(かんどう)されることもあった。

*25 家柄が異なると，婚姻も難しくなり，衣紋(えもん)や門構えなども家柄を示す重要な指標となった。

*26 夫が妻を離縁できる理由として，舅姑(きゅうこ)に従わない，子どもがいない，窃盗，淫乱，嫉妬など7つの事由があった。これを七去(しちきょ)と総称する。

補足

江戸時代の人々は娯楽として湯治(とうじ)や勧進相撲(かんじんずもう)，落語・講談などの寄席(よせ)などを楽しみにしていたほか，銭湯や髪結床(かみゆいどこ)などは，人々の情報交換の場ともなった。

4 近代・現代 西洋化・近代化の中で，現代の日常生活の基盤が形成されていった

1．明治時代…明治初期には文明開化の風潮のもとで，衣食住全般にわたり近代化・西洋化がすすんだ。

①衣…洋服・背広などの洋装がとり入れられた。*27

▶洋服を着用したのは，軍人・官吏・教師など男性側から広まり，山高帽(やまたかぼう)やこうもりがさ，くつも用いられるようになった。

▶頭髪は，1871年の断髪令(散髪令)により，それまでのちょんまげにかわり，[56]＿＿＿＿＿＿頭が流行した。*28

②食…洋食・パン・牛乳・アイスクリームなども好まれるようになった。

▶学生や知識人の間では牛鍋が流行し，当時は安愚楽鍋(あぐらなべ)とよばれた。

③住…銀座通りには[57]＿＿＿＿＿＿造の洋館が建ち並び，街路に

*27 「貴顕舞踏之略図(きけんぶとうのりゃくず)」には，洋装の男女が舞踏を行っているようすが描かれている。

*28 「ざんぎり頭をたたいてみれば，文明開化の音がする」とうたわれた。

A 商業活動など経済や流通の発展を背景に，元禄模様や友禅染などが好まれて女性の服装を華美なものにした。(49字)

出題大学…[51]：同志社大／[52]：愛知学院大／[53]：和歌山大／[54]：早稲田大，愛知学院大，日本女子大／[56]：東京女子大，東北学院大

は㊿＿＿＿＿が灯った。*29

▶長野県松本市の開智(小)学校は和洋折衷建築で知られる。

④生活…従来の59＿＿＿＿暦にかわって60＿＿＿＿暦が採用され，1872年12月3日が1873年1月1日となった。*30

⑤乗物…和泉要助(いずみようすけ)らが発明した61＿＿＿＿やレールの上を走る鉄道馬車が往来し，従来の駕籠(かご)が衰退した。*31

▶市街電車は1895年に62＿＿＿＿ではじめて運行された。

⑥婚姻…一般的には嫁入婚が普及したが，婿入婚やキリスト教式の結婚式もはじまり，一夫一婦制となった。

⑦娯楽*32…雛祭りや端午の節句，七夕など63＿＿＿＿の祭りも人々の娯楽となった。

▶アメリカのエジソンが発明した蓄音器が輸入され，1907年からレコードの国産もはじまった。

▶映画ははじめは64＿＿＿＿とよばれ，無声だったために活動弁士が説明にあたった。

2. 大正時代～昭和時代初期

①衣…洋服が普及し，電髪(でんぱつ)(パーマネント)もみられた。

▶都会では，アメリカのシネモードスタイルを真似て，近代的に着飾った65＿＿＿＿やモボも通りを闊歩(かっぽ)した。

②食…コロッケ・カレーライス・トンカツ・オムレツなどの洋食のほか，チョコレート・キャラメルなどが食されるようになった。

③住…都市郊外に赤い屋根とフローリングの応接間，ガラス戸などを備えた66＿＿＿＿が建ち並んだ。

④娯楽…「今日は帝劇，明日は三越」のキャッチフレーズのもと，都市部には67＿＿＿＿(デパート)が誕生し，ショッピングを楽しむ人々でにぎわった。

▶1931年には有声映画(＝68＿＿＿＿)がはじまった。

3. 戦後の高度成長期～現代

①衣…髪形とともに，ファッションとして楽しむ時代になる。

②食…肉類・乳製品の消費がのび，インスタント食品・冷凍食品が普及したほか，外食産業も発達した。

▶食糧管理特別会計の赤字問題や米の供給過剰などを背景に，1970年から米の作付制限(＝減反(げんたん))がはじまった。

③住…都市部では，核家族*33が住むコンクリートづくりの集合住宅が増加し，宅地開発やニュータウン*34の建設もすすんだ。

▶高度成長期における農村部からの人口流出が，都市部の住宅問題に拍車をかけた。

*29 一般の人々は石油ランプを用いたが，東京電燈会社が1887年に東京市内の配電をはじめた。

*30 七曜制(一週間7日制)もしかれ，官庁での日曜休日制も定められたが，農村部ではしばらくの間，農事暦や旧暦による生活が続いた。

*31 鉄道馬車が走る前は，銀座通りに乗合馬車が走っていた。

補足

①自転車は当初，欧米からの輸入車が中心であったが，第一次世界大戦の時期には欧米からの輸入が途絶したために，急激に国産化が進んだ。

②自動車はアメリカ製の輸入車が上層階級に広まった。

*32 浅草六区が繁華街として賑わい，常盤座(ときわざ)ではオペラもはじまった。映画俳優では，尾上松之助(おのえまつのすけ)や阪東妻三郎(ばんどうつまさぶろう)などが活躍した。

補足

①1927年に上野～浅草間にはじめて地下鉄が開通した。

②1922年には週刊誌として『週刊朝日』と『サンデー毎日』が発売された。

③東京では市内が1円均一の円タクも登場した。

④1928年にはNHKラジオ体操がはじまった。

*33 核家族とは，夫婦と未婚の子女で構成される家族のこと。

*34 大阪府の千里ニュータウン，東京都の多摩ニュータウンなどが開発された。

記述論述 Q 太平洋戦争の終結直後には，国民の多くは「飢餓すれすれ」の状態にあった。それはどのような理由によるものか，簡単に説明せよ。 (東京都立大／改)

 出題大学…58：津田塾大，摂南大，東北学院大／59：福井大，東北学院大／64：九州大，津田塾大／65：明治大，津田塾大

解答：別冊p.37 ▶

04 日本人の信仰

ココが出る!!

［入試全般］
それぞれの時代における人々の信仰については，墓碑や石碑，地域の新聞記事などの史資料を示しながら出題されることもある。

［国公立二次・難関私大］
歴史へのアプローチの一つの方法として，除夜の過ごし方や初詣にみる生活文化の地域的差異と特徴，節句の祝い方なども史的考察の対象となる。

1 原始 自然への畏敬の念が強く，ナチュリズム・アニミズム・シャーマニズムが共同体の中に浸透した

1. 縄文時代…自然への畏敬から①＿＿＿＿＿＿（精霊崇拝）が盛行した。

①②＿＿＿＿＿＿ ＊1…女性形をしたものが多く，安産を祈願したものとも豊猟を祈願したものとも考えられる。

▶縄文時代中期から後期にかけて多くつくられ，東日本を中心に分布している。

②③＿＿＿＿＿＿…死者の体内から出る霊魂を封じ込める。＊2

③石棒…磨製石器の一つで，生殖器崇拝などの宗教的呪術に用いられたとも考えられる。

④④＿＿＿＿＿＿…縄文時代中期から晩期にかけてさかんになった習俗で，犬歯などを抜く儀礼。

▶成年式などのような人生の通過儀礼とも考えられる。

2. 弥生時代…青銅器を用いた祭祀儀礼。

①銅剣・銅矛（どうほこ）・銅戈（どうか）。

②⑤＿＿＿＿＿＿…もともとは朝鮮半島で鈴として用いられたが，日本に伝えられて祭祀用具として発達した。近畿地方に分布。

③銅鏡…魔除けや権威の象徴として用いられた。＊3

2 古代 仏教の伝来により，信仰形態が大きくかわり，固有の神祇信仰との習合もすすんだ

1. 古墳時代のさまざまな儀式

①五穀豊穣の祈り…春に⑥＿＿＿＿＿祭，秋に⑦＿＿＿＿＿祭が行われた。

②⑧＿＿＿＿＿…鹿の肩甲骨を焼いて，割れ目具合で今後を占う。

③禊（みそぎ）・祓（はらえ）…罪と穢（けが）れの除去。＊4

④⑨＿＿＿＿＿＿…熱湯を用いて真偽を確かめる神判の一種。

＊1　土偶はその形状から遮光（しゃこう）器形土偶やハート形土偶などさまざまなタイプがある。

＊2　屈葬した遺体に石を抱かせて密封性を強めた抱石葬もあった。

＊3　銅鏡には中国からもたらされた舶（はく）載（さい）鏡と国内で鋳造された仿製（ぼうせい）鏡がある。また，同じ鋳型でつくられた鏡を同笵（どうはん）鏡という。

＊4　禊は水を用いるが，祓は水を用いないで行われる。

歴史へのアプローチ／新しい視点

A 復員・引揚げによる人口の急増と米の凶作，食糧の欠配・遅配などを背景に，食糧の需給バランスが崩れた。（49字）

2. 神社の成立

①⑩＿＿＿＿＿＿神宮…皇室の祖先神をまつる神社。*5

②⑪＿＿＿＿＿＿遺跡…海神信仰

→「海の正倉院」ともよばれる。*6

③住吉大社…航海の安全を祈願。

④出雲大社…大国主神(おおくにぬしのかみ)をまつる。

⑤産土神(うぶすながみ)…その人間がうまれた土地に宿る神で，生涯その人の守護神となる。

⑥氏神…氏の祖先神で氏の守護神でもある。⑫＿＿＿＿＿＿が氏人をひきいて氏神を祀った。*7

*5　伊勢神宮の建築様式は神明造。天照大神(あまてらすおおみかみ)を祀る内宮(ないくう)と，農耕神を祀る外宮(げくう)からなる。

*6　沖ノ島遺跡は，福岡県の宗像(むなかた)大社の沖津宮(おきつのみや)として海神を祀っている。

*7　日本の古代では，人と神は連続していると考えられていた。

3. 仏教の日本的展開

①公伝…百済の⑬＿＿＿＿＿＿王から⑭＿＿＿＿＿＿天皇のもとに公式に伝来。

②仏教に期待したもの
- 飛鳥期…先祖崇拝・戦争勝利・病気平癒。
- 白鳳期…宮廷内部にも教義が浸透。
- 天平期…仏事を営むことによる鎮護国家。*8
  - ▶造寺・造仏・写経・読経が盛行した。
- 弘仁・貞観期…加持祈禱による現世利益。

③⑮＿＿＿＿＿＿…神前読経のほか，神宮寺や鎮守の造営，神像彫刻の制作などにあらわれた。

▶⑯＿＿＿＿＿＿説…仏を主，神を従として神仏関係を説明する説。

④延暦寺・賀茂(かも)神社など…国家の鎮護をはかるための鬼門封じ。

⑤浄土信仰…⑰＿＿＿＿＿＿（市聖）・⑱＿＿＿＿＿＿（恵心僧都(えしんそうず)）らの活躍。

▶阿弥陀堂の建築*9，阿弥陀仏や来迎図の制作，往生伝などが盛行し，浄土信仰が一層広まっていった。

▶藤原頼通が造営した⑲＿＿＿＿＿＿は，極楽浄土を地上に再現したものと考えられた。人々は阿弥陀仏を西方に拝み，落日の彼方の西方極楽浄土に思いを馳(は)せた。

⑥⑳＿＿＿＿＿＿思想…釈迦の死後2000年を経ると，国家も仏法も衰亡するという悲観的予言的年代観で，浄土教の流行に拍車をかけることになった。*10

*8　聖武天皇の仏教信仰は，国分寺・国分尼寺の建立や東大寺の盧舎那(るしゃな)大仏の造営事業にあらわれた。

*9　藤原道長は法成寺(ほうじょうじ)の阿弥陀堂で，阿弥陀仏の手と自分の手を五色の糸で結び，極楽往生を果たしたという。

*10　釈迦入滅後，正法(しょうぼう)→像法(ぞうほう)と経て末法に入るとされ，日本では1052（永承7）年が末法第一年目と考えられていた。

4. その他の信仰

①御霊(ごりょう)信仰…非業(ひごう)の死を遂げた人々の怨霊を鎮めるための信仰。そのための法会を㉑＿＿＿＿＿＿という。*11

*11　863年，清和天皇のときにはじめて神泉苑(しんせんえん)で御霊会が開かれた。

記述論述 Q　平安時代に浄土教の信仰が広がった事情を，社会的背景と教理とを結びつけて50字以内で説明せよ。（一橋大／改）

②天神信仰…菅原道真に対する信仰。のち学問信仰などに変質。

③陰陽道…㉒________説にもとづき，吉方とされる方角を選んで行動する㉓________や，一定期間特定の建物に謹慎する㉔________が行われた。

④地蔵信仰…地獄への恐れに対し，救い主としての地蔵を信仰。

⑤道祖神(どうそ)…その地域に悪霊が入るのを防ぐ神として，また道行く人を守る神として信仰を集めた。

3 中世 救済の対称が民衆まで広がり，仏教は「庶民仏教」として武士・農民など多くの人々から広く信仰されるようになった

1. 熊野・㉕________への参詣…院政時代から鎌倉時代にかけて参詣が盛行し，そのにぎわいは「蟻(あり)の熊野詣」とも称された。*12

▶白河・鳥羽・後白河上皇は仏教信仰が厚く，いずれも出家して法皇になっている。*13

2. 補陀落(ふだらく)渡海の人々…観音が住むという補陀落山をめざし，紀伊半島から船出をする一種の自殺修行がみられるようになった。

3. 鎌倉仏教の救済思想*14

①浄土宗(開祖は法然)…ひたすら㉖________(＝南無阿弥陀仏)を唱えれば極楽浄土に往生できると説いた。

②浄土真宗(開祖は親鸞)…信心を重視し，㉗________説を展開し，阿弥陀仏による絶対他力を主張した。

③時宗(開祖は一遍)…信・不信を問わず念仏札を手にした人はみな極楽浄土に往生できると説き，踊念仏を広めた。

④日蓮宗(開祖は日蓮)…㉘________(＝南無妙法蓮華経)を唱えれば成仏できると説いた。

⑤臨済宗(開祖は栄西)…禅問答(＝㉙________)によって悟りの道をきわめる。

⑥曹洞宗(開祖は道元)…悟道のためにただひたすら坐禅をせよと㉚________を主張した。

4. 室町時代

①浄土真宗の発展…本願寺８世の㉛________が越前の吉崎に道場を構え，講の組織を利用して布教し，各地の門徒に対しては㉜________を書いて教義を示し，信仰を広めた。

②盆踊り…念仏踊りと㉝________が結びついて発生し，盂蘭(うら)盆会(ぼんえ)の頃に精霊慰撫(いぶ)のために行われるようになった。

③祇園会(ぎおんえ)…応仁の乱後，京都の㉞________によって再興された。

*12 熊野・高野はいずれも紀伊国に所在する。熊野は本宮(ほんぐう)・新宮(しんぐう)・那智(なち)の３社の総称で，本地垂迹説にもとづいて成立した。熊野は『記紀』によれば，浄土への国，死の国として信仰の対象になっていたことが記されている。高野詣は金剛峰寺への参詣のこと。
熊野参詣は院政期をピークに変質し，室町時代以降になると信仰の対象が伊勢神宮にかわった。参詣路が平坦であったことなどから修行的要素がうすれ，遊興的性格が強まっていった。

*13 天皇・上皇・皇族の祈願のための御願寺(ごがんじ)もつくられた。六勝寺の一つで白河天皇の法勝寺や鳥羽天皇の最勝寺なども御願寺の一つである。

*14 鎌倉時代に登場した新しい宗派は，念仏・題目・禅のいずれか一つを選び(＝選択(せんちゃく))，それに専念(＝専修(せんじゅ))すればよく，しかも修行法が簡易(＝易行(いぎょう))であったことから，庶民仏教として発展した。

A 天変地異や兵乱などの社会不安が増す中で，死後極楽浄土に往生できるという教えに人々は救いの道を求めた。(50字)

出題大学…㉙：津田塾大，早稲田大，北海道大

5. キリスト教の伝来

▶1549年にイエズス会のスペイン人宣教師㉟＿＿＿＿＿＿＿＿が鹿児島に来航し，島津貴久の許可を受けて布教した。＊15

4 近世　幕府は封建的支配を固めるために キリスト教や一部の仏教組織に対して弾圧を加えた

1. キリシタン信仰への迫害＊16

①禁教令＊17…1612年に天領(幕領)，1613年に全国に布令した。

②キリシタンの国外追放(1614)…㊱＿＿＿＿＿＿＿＿らをマニラ方面に追放した。

③元和の大殉教(1622)…長崎で55名の宣教師や信者らが殉教。

2. 人々を動かした信仰

①巡礼…西国三十三カ所・坂東三十三カ所・秩父三十四カ所・四国八十八カ所(＝四国遍路・四国巡礼)。

▶巡礼者は菅笠(すげがさ)をかぶり，白衣の上に笈摺(おいずり)をかけ，金剛杖(こんごうづえ)をつきながら御詠歌(ごえいか)を唱えて霊場めぐりを行った。

②人々の信仰…五穀豊穣を祈る農村行事が各地で行われた。

▶害虫駆除のための虫送り，風害防除のための風祭りなど。

③講…同じ信仰をもつ人々の集まり。＊18

▶富士講は富士山信仰をする人々の集まりで，各地の寺社には小富士が築かれて信仰を集めたが，幕府によってしばしば弾圧された。また，木曽の御嶽山(おんたけさん)信仰の御嶽講も組織された。

▶庚申講(こうしん)…年6回おとずれる庚申の夜に人々が集まり，眠らないで夜を明かすという庚申信仰のための講。＊19

④㊲＿＿＿＿＿＿＿＿…伊勢神宮への参詣で，60年周期で盛行した。

▶主人に内緒で参拝する抜参り(ぬけ)も多かった。＊20

⑤㊳＿＿＿＿＿＿＿＿…禁教政策のもとでも密かに信仰を継続させたキリスト教信者で，明治期の解禁後もその信仰を持続した。

⑥隠れ念仏…浄土真宗の信者の一分派で，秘事法門(ひじほうもん)などともよばれる。南九州地方に多く，東北地方には隠し念仏とよばれる信者の組織があった。

3. 生活の中の信仰

①荒神(こうじん)信仰…かまど神として台所などにまつられる火の神に対する信仰。

②稲荷信仰…「稲なり」の転訛(てんか)で，本来は農業信仰として発達したが，江戸時代には商業神として信仰されるようになった。

＊15 ザビエルは周防の大内義隆，豊後の大友義鎮(よししげ)の保護も受けた。

＊16 キリシタンでないことを証明するために絵踏(踏絵)が行われた。また，寺請制度により，人々は必ずどこかの寺院の檀家にならなければならず，宗旨人別帳がそれを証明する役割を果たした。

＊17 禁教令はキリスト教禁止令ともいう。

＊18 念仏講・伊勢講・観音講・恵比寿講・太子講などさまざまな講があった。

＊19 庚申の夜には人間の体内にすむ三尸(さんし)という虫が体外に出て，天帝に罪状を告げるので，寿命が短くなるという道教の教えにもとづいた信仰で，招福除災のための信仰として広まった。

＊20 1830年には500万人もの人々が参詣したという。

記述論述 Q 江戸時代になると，民衆の日常的な願望にそった特徴ある宗教的行事や行動が盛んに行われるようになった。これについて具体的に50字以内で述べよ。（一橋大／改）

出題大学…㊳：広島修道大，駒澤大

③地蔵信仰…平安時代以来続いてきた信仰で，賽(さい)の河原(かわら)信仰や道祖神信仰，盂蘭盆会(うらぼんえ)などの法会とも結びついた。

④盂蘭盆会…祖先の精霊を迎え祀る供養で，旧暦の７月15日を中心に行われる仏事。鎌倉時代から普及しはじめ，江戸時代に盛んになった。

⑤彼岸会(ひがんえ)…春分の日と秋分の日を中心とする前後７日間にとり行われる仏事。極楽浄土に思いを馳(は)せる。

⑥日待(ひまち)…前夜から身を清めて翌日の日の出を待つ習俗。

⑦月待(つきまち)…特定の月齢日に人々が集まり，月の出を待ちながら飲食をともにする習俗。

補足
日蓮宗には法華経を信じない者からは施しを受けず，また施さずとする不受不施派(ふじゅふせ)があり，しばしば幕府によって弾圧された。

5 近代・現代　憲法によって信教の自由が保障され，信仰形態も多様化した

1. 幕末期

①流行神(はやりがみ)…特別な霊験が生じたことなどからおこる一時的かつ熱狂的な信仰。*21

▶伊勢神宮への御蔭参りは流行神の一例で，1867年に東海地方から各地に波及した㊴＿＿＿＿＿の乱舞もその一種と考えられる。

②教派神道…幕末期～明治初期にかけて生まれ，明治政府によって公認された神道系の新宗教。

- ㊵＿＿＿＿＿教…中山みきが創始。
- 金光(こんこう)教…㊶＿＿＿＿＿(＝赤沢文治)が創始。
- 黒住(くろずみ)教…黒住宗忠(むねただ)が創始。

2. 明治時代

①神仏分離令(1868) *22…古代以来の㊷＿＿＿＿＿のあり方が制度的に解体された。

▶仏教界は㊸＿＿＿＿＿の風潮により一時衰退した。

②キリスト教禁制の高札の撤廃(1873)。

③祝祭日の制定…新年節(１月１日)・㊹＿＿＿＿＿(２月11日)などを制定。*23

④大日本帝国憲法…「法律の範囲内」で信教の自由が認められた。

3. 現代に生きる主な年中行事*24

１月…正月・初詣　２月…節分　３月…ひな祭り・春の彼岸
５月…端午の節句　７月…祇園祭・七夕
８月…お盆・五山の送り火　９月…おわら風の盆・秋の彼岸
11月…七五三　12月…大晦日・除夜

*21 流行神は時代の転換期や社会不安が増大したときなどにおこりやすいが，急速に衰亡するのも大きな特徴である。

*22 1870年に大教宣布の詔が出され，神道の国教化がはかられたが結実しなかった。

*23 紀元節や天長節などを通して天皇制国家への意識を醸成しようとした。

*24 神事や仏事を通して，人々は日々のくらしに感謝し，生活の安穏を祈願した。しかし日本には正月という神事，彼岸・盆という仏事のほかに年末のクリスマスなど，習俗化した行事も数多く存在し，地域性豊かな習俗もあるので，必ずしもすべてが信仰心にもとづいて行われるものとは限らず，また強制力をともなうものでもない。

A　四国八十八カ所に代表される霊場めぐりや伊勢神宮への御蔭参りのほか，日待・月待なども盛んに行われた。(49字)

大学受験

ココが出る!! ☞

日本史ノート

歴史総合，日本史探究

五訂版

別冊
解答

旺文社

02 18世紀までの世界(西・南・東南アジア)

①スレイマン1世 …………004
②カピチュレーション
③イスファハーン
④ジズヤ
⑤アウラングゼーブ
⑥中継

03 18世紀の世界(中国・日本)

①清(しん) …………005
②銀
③トウモロコシ
④幕藩(ばくはん)
⑤参勤交代(さんきんこうたい)
⑥三都(さんと)
⑦俵物(たわらもの)
⑧五街道(ごかいどう)

04 貿易で結びつく東アジアとヨーロッパ

①東インド会社 …………005
②広州(こうしゅう)
③薩摩(さつま)
④松前(まつまえ)
⑤長崎(ながさき)
⑥対馬(つしま)

05 産業革命とその影響

①イギリス …………006
②大西洋三角
③インド産綿織物
④石炭
⑤世界の工場
⑥資本
⑦社会
⑧マルクス
⑨共産党宣言(きょうさんとう)
⑩エネルギー

06 19世紀の中国と日本の開港

①広州(こうしゅう) …………006
②アヘン
③イギリス
④南京(ナンキン)
⑤香港島(ホンコン)
⑥領事裁判権(りょうじさいばんけん)
⑦関税自主権(かんぜいじしゅけん)
⑧アロー
⑨フランス
⑩公使(こうし)
⑪洋務(ようむ)
⑫ペリー
⑬日米和親(にちべいわしん)〔神奈川〕
⑭日米修好通商(しゅうこうつうしょう)

07 市民革命とその影響

①市民 …………007
②大陸
③ワシントン
④独立
⑤パリ
⑥合衆国憲法(がっしゅうこく)
⑦三権
⑧(全国)三部会
⑨国民議会
⑩バスティーユ牢獄(ろうごく)
⑪人権宣言
⑫(第一)共和
⑬恐怖
⑭ナポレオン＝ボナパルト
⑮民法典(みんぽうてん)〔ナポレオン法典〕
⑯クリオーリョ
⑰ハイチ

08 欧米諸国のナショナリズム

①国民 …………007
②ウィーン
③メッテルニヒ
④1848
⑤西漸(せいぜん)
⑥強制移住
⑦南北
⑧リンカン

09 西アジアの近代化革命

①スルタン …………008
②ムハンマド＝アリー
③ギリシア
④タンジマート
⑤オスマン
⑥ミドハト
⑦パン＝イスラーム
⑧ウラービー〔オラービー〕
⑨タバコ＝ボイコット
⑩イラン立憲

10 19世紀後半のヨーロッパの動向

①クリミア …………008
②パリ
③アレクサンドル2世

④万国博覧会

⑤プロイセン＝フランス〔普仏〕〔ドイツ＝フランス〕

⑥第三共和

⑦カヴール

⑧ガリバルディ

⑨ヴィットーリオ＝エマヌエーレ２世

⑩ビスマルク

⑪ヴィルヘルム１世

⑫ドイツ

⑬文化

⑭ビスマルク

11 幕末の動揺と新政府の発足

①安政の大獄 ……………… 009

②公武合体

③尊王攘夷

④薩長

⑤大政奉還

⑥王政復古の大号令

⑦戊辰

⑧五箇条の誓文

⑨版籍奉還

⑩廃藩置県

12 明治政府の諸改革と憲法の制定

①華族 ……………………… 009

②平民

③四民平等

④徴兵令

⑤西南

⑥自由民権

⑦伊藤博文

⑧大日本帝国憲法

⑨立憲

⑩国家

13 日本の産業革命

①殖産興業 ……………… 010

②官営

③お雇い外国人

④日本銀行

⑤日清戦争

⑥金本位

⑦器械

⑧アメリカ

⑨生糸

⑩鉄道国有

⑪財閥

⑫官営製鉄所

⑬公害

14 アジア・アフリカの植民地化

①イギリス東インド ……… 010

②シパーヒー〔インド人傭兵〕

③インド

④フランス領インドシナ

⑤アメリカ

⑥オランダ東インド

⑦イギリス

⑧チュラロンコン〔ラーマ５世〕

⑨ベルリン（＝コンゴ）

15 日清戦争

①主権国家 ……………… 011

②樺太・千島

③琉球処分

④朝鮮

⑤甲午農民

⑥日英通商航海

⑦日清

⑧下関

⑨朝鮮

⑩台湾

⑪三国干渉

16 日露戦争

①戊戌の変法 ……………… 011

②義和団

③北京

④満州〔中国東北地方〕

⑤日英同盟

⑥日露

⑦ポーツマス

⑧日比谷焼打ち

⑨義兵闘争

⑩韓国併合

⑪辛亥

17 第一次世界大戦

①協商国 ………………… 012

②サライェヴォ

③セルビア

④ベルギー

⑤総力戦

⑥日英同盟

⑦二十一カ条の要求

⑧無制限潜水艦

⑨秘密

⑩十四カ条

⑪ブレスト＝リトフスク
⑫ドイツ
⑬ドイツ〔ヴァイマル〕

18 ロシア革命とアメリカの台頭

①社会主義……012
②二月〔三月〕
③ソヴィエト〔評議会〕
④十月〔十一月〕
⑤レーニン
⑥平和に関する布告
⑦国際連盟
⑧大量消費
⑨女性
⑩移民

19 第一次世界大戦後の国際体制

①ヴェルサイユ……013
②国際連盟
③民族自決
④日本
⑤ワシントン
⑥海軍軍備制限〔ワシントン海軍軍縮〕
⑦四カ国
⑧九カ国
⑨ロカルノ
⑩不戦
⑪ロンドン軍縮
⑫ドーズ
⑬ヤング

20 アジアの経済成長

①金本位……013
②債務
③大戦
④債権
⑤戦後
⑥震災
⑦金融
⑧緊縮

21 アジアの民族運動と国際秩序の変化

①三・一独立……014
②五・四
③中国国民
④ベンガル分割
⑤ガンディー
⑥プールナ＝スワラージ
⑦ムスタファ＝ケマル
⑧ワフド
⑨パフレヴィー

22 大正デモクラシーと大衆社会の成立

①社会主義……014
②日比谷焼打ち
③第1次護憲
④政党
⑤民本
⑥第2次護憲
⑦ロシア
⑧治安維持
⑨新婦人協会
⑩全国水平社
⑪新中間
⑫職業

23 世界恐慌と各国の対応

①ウォール……015
②ブロック化
③フランクリン＝ローズヴェルト
④テネシー川流域開発公社
⑤ワグナー
⑥ソ連
⑦善隣
⑧金(輸出)
⑨農業
⑩高橋是清

24 ファシズムの拡大

①独裁……015
②ムッソリーニ
③ローマ
④エチオピア
⑤ナチ
⑥全権委任
⑦コミンテルン〔共産主義インターナショナル〕
⑧フランコ
⑨ズデーテン
⑩宥和
⑪独ソ不可侵

25 満州事変と日中戦争

①蔣介石……016
②国民
③張学良

④関税自主
⑤柳条湖
⑥満州事変
⑦五・一五
⑧二・二六
⑨盧溝橋
⑩抗日民族統一戦線

26 第二次世界大戦の勃発

①ポーランド ……………… 016
②フィンランド
③ド＝ゴール
④武器貸与
⑤日独伊三国
⑥日ソ中立
⑦大西洋

27 第二次世界大戦の終結

①ミッドウェー海戦 ……… 017
②サイパン島
③スターリングラード
④シチリア島
⑤カイロ
⑥テヘラン
⑦ノルマンディー
⑧ヤルタ
⑨沖縄
⑩ポツダム

28 大戦下の日本社会

①国家総動員 ……………… 017
②新体制
③大日本産業報国
④学徒出陣
⑤徴兵
⑥勤労動員
⑦切符
⑧配給
⑨学童疎開

29 第二次世界大戦後の国際体制

①サンフランシスコ ……… 018
②常任理事国
③拒否
④ブレトン＝ウッズ
⑤国際通貨基金
⑥国際復興開発銀行
⑦基軸
⑧GATT
⑨自由貿易
⑩朝鮮
⑪吉田茂
⑫日米安全保障

30 占領下の日本

①GHQ ……………………… 018
②東京裁判
③女性
④農地改革
⑤日本国憲法
⑥議院内閣
⑦基本的人権
⑧保守
⑨革新
⑩中道

31 冷戦の開始とアジアの動き

①チャーチル ……………… 019
②トルーマン＝ドクトリン
③封じ込め
④マーシャル＝プラン
⑤コミンフォルム
⑥コメコン〔COMECON〕
⑦ベルリン
⑧NATO
⑨ワルシャワ
⑩連邦
⑪民主
⑫中ソ友好同盟相互援助
⑬38
⑭大韓民国
⑮朝鮮民主主義人民共和国

32 日本の独立

①360 ……………………… 019
②警察予備隊
③特需
④サンフランシスコ平和
⑤日米安全保障
⑥革新
⑦自衛隊
⑧祖国復帰

33 冷戦下のアジア・アフリカ諸国の独立

①インド …………………… 020
②パキスタン
③インドシナ
④ジュネーヴ休戦
⑤ベトナム共和国

⑥南ベトナム解放民族

⑦北爆

⑧(ベトナム)反戦

⑨ベトナム(パリ)和平

⑩ベトナム社会主義

⑪アフリカの年

⑫アフリカ統一機構

34 冷戦下のアジアでの地域紛争

①パレスチナ ……………… 020

②第1次中東

③スエズ運河

④スエズ

⑤パレスチナ解放機構

35 冷戦の対立拡大と社会の変化

①赤狩り〔マッカーシズム〕 ……………… 021

②大きな政府

③ヨーロッパ石炭鉄鋼共同体

④ド=ゴール

⑤アデナウアー

⑥ベルリンの壁

⑦フルシチョフ

⑧スターリン

⑨雪どけ

⑩プラハの春

⑪フェミニズム

⑫公民権

36 戦後日本とアジアとの結びつき

①日韓基本 ……………… 021

②日中共同

③1つの中国

④日中平和友好

⑤祖国復帰

⑥沖縄返還

37 核兵器の拡大と抑制

①カストロ ……………… 022

②海上

③部分的核実験停止

④第五福竜丸

⑤原水爆禁止世界大会

⑥パグウォッシュ

⑦第1次戦略兵器制限交渉

⑧ブラント

⑨ヘルシンキ

⑩アフガニスタン

38 地域連携の広がり

①ヨーロッパ石炭鉄鋼共同体 ……………… 022

②ヨーロッパ経済共同体

③ヨーロッパ原子力共同体

④ヨーロッパ共同体

⑤ヨーロッパ自由貿易連合

⑥東南アジア条約機構

⑦東南アジア諸国連合

⑧アフリカ統一機構

39 計画経済とその影響

①ネルー ……………… 023

②毛沢東

③人民公社

④劉少奇

⑤中印国境

⑥プロレタリア文化大革命

⑦紅衛兵

⑧平和共存

⑨中ソ国境

40 日本と世界の経済成長

①ブレトン=ウッズ ……… 023

②設備

③特需(景気)

④池田勇人

⑤2

⑥中流

⑦第一次

⑧過密

⑨過疎

⑩公害対策基本

⑪環境

41 石油危機とその影響

①ドル=ショック〔ニクソン=ショック〕 ……………… 024

②変動相場

③第4次中東

④サミット

⑤イラン=イスラーム

⑥日本列島改造

⑦狂乱

⑧貿易摩擦

⑨プラザ

⑩バブル

42 20世紀後半のアジアの経済発展

①東南アジア諸国連合 ……024
②シンガポール
③新興（しんこう）工業経済地域
④パキスタン
⑤IT〔ICT〕
⑥モサッデグ〔モサデグ〕
⑦パフレヴィー2世
⑧石油輸出国機構
⑨アラブ石油輸出国機構

43 世界経済のグローバル化と情報通信技術

①福祉 ……………………025
②民営
③規制
④世界貿易機関
⑤自由貿易協定
⑥IT
⑦ICT
⑧温暖化
⑨SDGs（エスディージーズ）
⑩海底
⑪コンピュータ
⑫衛星
⑬資本

44 冷戦の終結

①ペレストロイカ …………025
②グラスノスチ
③新思考
④中距離核戦力（ちゅうきょりかくせんりょく）〔INF〕全廃（ぜんぱい）
⑤アフガニスタン
⑥マルタ
⑦連帯（れんたい）
⑧ベルリンの壁
⑨独立国家共同体

45 各国の民主化の進展

①鄧小平（とうしょうへい） …………………026
②天安門（てんあんもん）
③一国二（いっこくに）
④世界貿易機関
⑤李登輝（りとうき）
⑥朴正熙（パクチョンヒ）
⑦盧泰愚（ノテウ）
⑧金大中（キムデジュン）
⑨金正日（キムジョンイル）
⑩ミャンマー
⑪アウン＝サン＝スー＝チー〔スー＝チー〕
⑫アパルトヘイト
⑬マンデラ

46 国際社会における日本

①細川護熙（ほそかわもりひろ） …………………026
②55年体制
③平成（へいせい）
④国連平和維持活動協力法〔国際平和協力法〕
⑤カンボジア
⑥政府開発援助
⑦小泉純一郎（こいずみじゅんいちろう）
⑧民主党（みんしゅ）

47 地域統合の拡大

①マーストリヒト …………027
②ヨーロッパ連合
③ユーロ
④イギリス
⑤北米自由貿易協定
⑥南米南部共同市場
⑦アジア太平洋経済協力（会議）

48 冷戦終結後の地域紛争

①セルビア …………………027
②NATO（ナトー）
③アフリカ連合
④ラビン
⑤オスロ
⑥フセイン
⑦イラン＝イラク
⑧湾岸（わんがん）
⑨イラク
⑩ターリバーン
⑪同時多発テロ
⑫アル＝カーイダ
⑬シリア
⑭IS

01 文化の始まりと国家の成立

①1 ……028
②打製
③ナウマン
④ナイフ形石器
⑤新人〔現生人類〕
⑥群馬 ……029
⑦相沢忠洋(あいざわただひろ)
⑧関東ローム
⑨港川(みなとがわ)
⑩磨製
⑪アニミズム
⑫屈葬(くっそう)
⑬土偶(どぐう)
⑭抜歯(ばっし)
⑮竪穴(たてあな)
⑯貝塚
⑰大森
⑱モース
⑲金属器 ……030
⑳石包丁
㉑竪杵(たてぎね)
㉒甑(こしき)
㉓高床
㉔青銅器
㉕銅剣
㉖銅矛(どうほこ)〔鉾〕
㉗銅鐸(どうたく)
㉘高杯(たかつき)
㉙定住
㉚伸展
㉛支石(しせき)
㉜唐古(からこ)・鍵(かぎ)
㉝登呂
㉞環濠(かんごう)
㉟高地性 ……031
㊱洛陽(らくよう)
㊲帯方(たいほう)
㊳辰韓(しんかん)
㊴弁韓(べんかん)
㊵馬韓(ばかん)
㊶百済(くだら)
㊷新羅(しらぎ)
㊸『漢書』地理志
㊹楽浪(らくろう)
㊺『後漢書』東夷伝
㊻奴国(なこく)
㊼光武帝
㊽志賀(しか(の))
㊾漢委奴国王
㊿107
(51)生口(せいこう)
(52)陳寿(ちんじゅ)
(53)卑弥呼(ひみこ)
(54)九州 } (順不同)
(55)近畿 }
(56)鬼道(きどう) ……032
(57)高杯
(58)239
(59)親魏倭王(しんぎわおう)
(60)壹与(いよ)〔壱与，台与〕
(61)高句麗(こうくり)
(62)好太王(こうたいおう)〔広開土王〕
(63)『宋書』倭国伝
(64)安東大将軍(あんとうだいしょうぐん)
(65)雄略(ゆうりゃく)

02 ヤマト政権と古墳文化

①氏上(うじのかみ) ……034
②氏人(うじびと)
③臣(おみ)
④連(むらじ)
⑤君(きみ)
⑥直(あたえ)
⑦首(おびと)
⑧大臣(おおおみ) } (順不同)
⑨大連(おおむらじ) }
⑩伴造(とものみやつこ)
⑪国造(くにのみやつこ)
⑫郡司
⑬八色(やくさ)の姓(かばね)
⑭土師(はじ)
⑮陶作(すえつくり)
⑯錦織(にしごり)
⑰屯倉(みやけ) ……035
⑱田部(たべ)
⑲子代(こしろ) } (順不同)
⑳名代(なしろ) }
㉑田荘(たどころ)
㉒部曲(かきべ)
㉓部曲
㉔楽浪
㉕百済
㉖帯方
㉗高句麗
㉘鉄
㉙新羅
㉚磐井(いわい)
㉛金村(かなむら)
㉜加耶(かや)
㉝隋(ずい)
㉞弓月君(ゆづきのきみ)
㉟阿知使主(あちのおみ)
㊱西文氏(かわちのふみうじ)
㊲聖明王(せいめいおう) ……036
㊳欽明(きんめい)
㊴日本書紀
㊵五経(ごきょう)
㊶和歌山

㊷埼玉
㊸石上
㊹帝紀
㊺旧辞
㊻竪穴
㊼埴輪
㊽前方後円……037
㊾竪穴
㊿大仙陵
(51)百舌鳥
(52)誉田御廟山
(53)古市
(54)群集
(55)横穴
(56)玄室
(57)羨道
(58)土師……038
(59)須恵
(60)陶作
(61)禊
(62)祓
(63)太占
(64)盟神探湯
(65)氏神
(66)産土神
(67)祈年祭(としごいのまつり)
(68)新嘗祭(にいなめのまつり)
(69)伊勢
(70)出雲
(71)藤原
(72)黒井峯

03 飛鳥の朝廷と大化改新

①物部……040
②蘇我
③継体
④欽明
⑤磐井
⑥守屋
⑦馬子
⑧崇峻
⑨大伴金村
⑩厩戸王〔聖徳太子〕
⑪冠位十二階
⑫徳
⑬智
⑭憲法十七条……041
⑮天皇記
⑯小野妹子
⑰裴世清
⑱高向玄理(くろまろ)
⑲南淵請安 （順不同）
⑳犬上御田鍬
㉑法隆〔斑鳩〕
㉒中宮
㉓飛鳥
㉔広隆
㉕鞍作鳥
㉖釈迦如来
㉗救世観音
㉘半跏思惟
㉙広隆
㉚天寿国繡帳
㉛法華
㉜恵慈
㉝観勒……042
㉞曇徴
㉟唐
㊱新羅
㊲犬上御田鍬
㊳高向玄理
㊴蝦夷
㊵中大兄皇子
㊶大極殿〔飛鳥板蓋宮〕
㊷皇極
㊸孝徳
㊹大化
㊺難波長柄豊碕
㊻中大兄皇子
㊼中臣鎌足
㊽国博士
㊾高向玄理
㊿大化2
(51)孝徳……043
(52)渟足
(53)磐舟
(54)新潟
(55)阿倍比羅夫
(56)百済
(57)白村江
(58)烽（火）
(59)防人
(60)水城
(61)近江
(62)天智
(63)近江令
(64)中臣鎌足
(65)庚午年籍
(66)大友皇子
(67)大海人皇子
(68)吉野
(69)飛鳥浄御原
(70)皇親
(71)八色の姓
(72)飛鳥浄御原
(73)現人神……044
(74)飛鳥浄御原
(75)藤原
(76)庚寅年籍
(77)大宝律令

78 薬師
79 フェノロサ
80 興福
81 薬師三尊
82 聖観音（しょうかんのん）
83 高松塚
84 法華
85 道昭（どうしょう）
86 額田王（ぬかたのおおきみ）

04 律令制度と平城京の時代

① 天武 ………… 046
② 持統
③ 刑部親王（おさかべしんのう）
④ 藤原不比等
⑤ 藤原不比等
⑥ 藤原仲麻呂
⑦ 中務（なかつかさ）
⑧ 式部（しきぶ）
⑨ 治部（じぶ）
⑩ 民部（みんぶ）
⑪ 兵部（ひょうぶ）
⑫ 刑部（ぎょうぶ）
⑬ 大蔵
⑭ 宮内（くない）
⑮ 京職（きょうしき） ………… 047
⑯ 市司（いちのつかさ）
⑰ 摂津職（せっつしき）
⑱ 大宰府
⑲ 国司
⑳ 国衙（こくが）
㉑ 郡司
㉒ 国造
㉓ 里長（りちょう（さとおさ））
㉔ 四等官
㉕ 官位相当
㉖ 蔭位（おんい）
㉗ 常陸（ひたち）
㉘ 近江
㉙ 北陸
㉚ 山陰
㉛ 南海
㉜ 五刑（ごけい）
㉝ 八虐（はちぎゃく）
㉞ 五色の賤（ごしきのせん）
㉟ 均田
㊱ 口分
㊲ 戸籍 ………… 048
㊳ 計帳
㊴ 2
㊵ 1
㊶ 240
㊷ 160
㊸ 家人（けにん）
㊹ 庸
㊺ 調
㊻ 運脚(夫)
㊼ 仕丁
㊽ 租
㊾ 3
㊿ 出挙（すいこ）
51 雑徭（ぞうよう）
52 義倉（ぎそう）
53 乗田（じょうでん）
54 地子（じし）
55 軍団 ………… 049
56 衛士（えじ）
57 防人（さきもり）
58 式部
59 大学
60 国学
61 元明
62 条坊
63 朱雀大路（すざくおおじ）
64 朝堂院
65 大極殿
66 市司
67 外京（げきょう（がいきょう））
68 駅家（うまや（えきか））
69 駅鈴（えきれい）
70 多賀
71 出羽
72 大隅
73 渤海使（ぼっかいし）
74 長屋王
75 藤原不比等 ………… 050
76 武智麻呂（むちまろ）
77 房前（ふささき）
78 宇合（うまかい）
79 麻呂
80 橘諸兄（たちばなのもろえ）
81 藤原広嗣（ふじわらのひろつぐ）
82 聖武
83 恭仁（くに）
84 国分寺
85 大仏
86 藤原仲麻呂
87 橘奈良麻呂
88 恵美押勝（えみのおしかつ）
89 恵美押勝〔藤原仲麻呂〕
90 道鏡
91 称徳
92 宇佐八幡神託（うさはちまんしんたく）
93 藤原百川（ふじわらのももかわ）
94 和同開珎（わどうかいちん）
95 皇朝十二銭
96 蓄銭叙位令
97 三世一身法
98 墾田永年私財法
99 偽籍（ぎせき）

(100) 陸奥

(101) 対馬

(102) 石油

(103) 法華

(104) 正倉院

(105) 校倉（あぜくら）

(106) 金

(107) 講

(108) 転害門（てがいもん）……051

(109) 不空羂索観音（ふくうけんじゃくかんのん）

(110) 唐招提

(111) 阿修羅像（あしゅらぞう）

(112) 執金剛神（しっこんごうしん）

(113) 吉祥天

(114) 鳥毛立女屛風（ちょうもうりゅうじょびょうぶ）

(115) 過去現在絵因果経

(116) 正倉院

(117) 百万塔

(118) 僧尼（そうに）

(119) 国分寺

(120) 恭仁京

(121) 大仏

(122) 紫香楽宮（しがらきのみや）

(123) 鎮護国家

(124) 戒壇院（かいだんいん）

(125) 悲田院（ひでんいん）

(126) 行基

(127) 鑑真

(128) 道鏡

(129) 金光明四天王護国之寺（こんこうみょうしてんのうごこくのてら）

(130) 法華滅罪之寺（ほっけめつざいのてら）

(131) 古事記……052

(132) 稗田阿礼（ひえだのあれ）

(133) 太安万侶〔太安麻呂〕（おおのやすまろ）

(134) 出雲国

(135) 出雲国風土記

(136) 日本書紀

(137) 編年

(138) 舎人親王（とねりしんのう）

(139) 続日本紀

(140) 日本後紀

(141) 続日本後紀

(142) 日本文徳天皇実録

(143) 日本三代実録

(144) 懐風藻

(145) 万葉集

(146) 東歌（あずまうた）

(147) 防人歌

(148) 貧窮問答歌

(149) 万葉仮名

(150) 淡海三船（おうみのみふね）

(151) 式部

(152) 大学

(153) 国学

(154) 郡司

(155) 典薬寮（てんやくりょう）

(156) 芸亭（うんてい）

(157) 石上宅嗣（いそのかみのやかつぐ）

(158) 明経（みょうぎょう）

(159) 明法（みょうぼう）

(160) 紀伝

05 平安初期の政治と文化

① 長岡……054

② 藤原種継（ふじわらのたねつぐ）

③ 平安

④ 和気清麻呂（わけのきよまろ）

⑤ 勘解由使（かげゆし）

⑥ 雑徭

⑦ (公)出挙

⑧ 健児（こんでい）

⑨ 軍団

⑩ 郡司

⑪ 坂上田村麻呂

⑫ 多賀

⑬ 胆沢（いさわ）

⑭ 志波城（しわじょう）

⑮ 胆沢城

⑯ 平城太上天皇（へいぜい）……055

⑰ 冬嗣（ふゆつぐ）

⑱ 平城

⑲ 平城

⑳ 蔵人（くろうど）

㉑ 蔵人頭（くろうどのとう）

㉒ 冬嗣

㉓ 太政官（だいじょうかん）

㉔ 検非違使（けびいし）

㉕ 中納言

㉖ 征夷大将軍

㉗ 勘解由使

㉘ 蔵人

㉙ 検非違使

㉚ 弘仁格式

㉛ 嵯峨

㉜ 貞観格式

㉝ 清和

㉞ 延喜格式

㉟ 類聚三代格（るいじゅう）

㊱ 延喜式

㊲ 令義解（りょうのぎげ）

㊳ 清原夏野（きよはらのなつの）

㊴ 令集解（りょうのしゅうげ）

㊵ 惟宗直本（これむねのなおもと）

㊶ 延暦

㊷ 金剛峯（こんごうぶ）

㊸ 教王護国

㊹ 室生（むろう）

㊺ 一木（いちぼく）……056

㊻ 翻波（ほんぱ）

㊼ 観心

㊽ 釈迦如来

㊾ 僧形八幡神（そうぎょうはちまんしん）

㊿ 曼荼羅（まんだら）

(51) 金剛
(52) 胎蔵（たいぞう）
（順不同）

(53) 両界曼荼羅

(54) 円珍

(55) 最澄

(56) 顕戒論（けんかいろん）

(57) 山家学生式（さんげがくしょうしき）

(58) 山門
(59) 寺門
（順不同）

(60) 入唐求法巡礼行記（にっとうぐほうじゅんれいこうき）

(61) 空海

(62) 東密

(63) 台密

(64) 大日如来（だいにちにょらい）

(65) 大学別曹（だいがくべっそう）

(66) 弘文院

(67) 勧学院

(68) 学館院

(69) 奨学院

(70) 綜芸種智院（しゅげいしゅちいん）

(71) 凌雲集（りょううんしゅう）

(72) 性霊集（しょうりょうしゅう）

(73) 景戒（きょうかい）

(74) 空海
(75) 嵯峨天皇
(76) 橘逸勢（たちばなのはやなり）
（順不同）

(77) 風信帖

06 摂関政治と国風文化

① 平城太上天皇〔薬子〕……058

② 冬嗣

③ 承和

④ 健岑（こわみね）

⑤ 清和

⑥ 応天門

⑦ 善男（よしお）

⑧ 基経

⑨ 宇多

⑩ 阿衡（あこう）の紛議

⑪ 菅原道真

⑫ 時平

⑬ 安和（あんな）

⑭ 源満仲

⑮ 実頼（さねより）

⑯ 源高明（みなもとのたかあきら）

⑰ 外戚（がいせき）

⑱ 宇多……059

⑲ 菅原道真

⑳ 遣唐使

㉑ 醍醐（だいご）

㉒ 三善清行（みよしきよゆき(きよつら)）

㉓ 延喜

㉔ 荘園整理

㉕ 時平

㉖ 三善清行

㉗ 村上

㉘ 乾元大宝（けんげんたいほう）

㉙ 兼家（かねいえ）

㉚ 藤原伊周（ふじわらのこれちか）

㉛ 藤原道長

㉜ 1016

㉝ 太政大臣（だいじょうだいじん）

㉞ 後一条

㉟ 法成（ほうじょう）

㊱ 御堂関白（みどうかんぱく）

㊲ 後朱雀（ごすざく）

㊳ 後冷泉（ごれいぜい）

㊴ 平等院

㊵ 宇治関白

㊶ 刀伊（とい）

㊷ 成功（じょうごう）……060

㊸ 重任（ちょうにん）

㊹ 遙任（ようにん）

㊺ 目代（もくだい）

㊻ 留守所（るすどころ）

㊼ 在庁官人（ざいちょうかんじん）

㊽ 受領（ずりょう）

㊾ 元命（もとなが）

㊿ 陳忠（のぶただ）

(51) 今昔物語集

(52) 唐

(53) 宋〔北宋〕

(54) 新羅

(55) 高麗（こうらい）

(56) 渤海（ぼっかい）

(57) 刀伊（とい）の入寇

(58) 藤原隆家（ふじわらのたかいえ）

(59) 菅原道真

(60) 正法（しょうぼう）……061

(61) 像法（ぞうほう）

(62) 永承（えいしょう）

(63) 本地垂迹（ほんじすいじゃく）

(64) 大日如来

(65) 阿弥陀如来

(66) 空也

(67) 源信

(68) 往生要集

(69) 阿弥陀

(70) 藤原道長

(71) 藤原頼通

(72) 法界

(73) 寝殿

(74) 円座（えんざ(わろうだ)）

(75) 寄木（よせぎ）

(76) 定朝（じょうちょう）

(77) 阿弥陀如来

(78) 大和

(79) 来迎(らいごう)
(80) 聖衆来迎(しょうじゅらいごう)
(81) 日本往生極楽記……062
(82) 古今和歌集
(83) 竹取物語
(84) 源氏物語
(85) 紫式部
(86) 清少納言
(87) 土佐日記
(88) 蜻蛉日記(かげろうにっき)
(89) 更級日記(さらしなにっき)
(90) 御霊会(ごりょうえ)
(91) 物忌(ものいみ)
(92) 方違(かたたがえ)
(93) 小野道風
(94) 藤原佐理
(95) 藤原行成
(96) 束帯(そくたい)
(97) 直衣(のうし)
(98) 十二単(じゅうにひとえ)
(99) 水干(すいかん)
(100) 元服(げんぷく)
(101) 妻問(つまどい)
(102) 招婿(しょうせい)〔婿入(むこいり)〕

07 荘園の発達と武士の成長

① 三世一身……064
② 墾田永年私財
③ 道鏡
④ 自墾
⑤ 既墾
⑥ 墾田
⑦ 浮浪……065
⑧ 輸租
⑨ 勅旨(ちょくし)
⑩ 公営(くえい)
⑪ 官
⑫ 開発
⑬ 荘官
⑭ 領家
⑮ 本家
⑯ 田堵(たと)
⑰ 名主(みょうしゅ)
⑱ 本所
⑲ 桛田(かせだ)
⑳ 鹿子木(かのこぎ)
㉑ 年貢
㉒ 公事(くじ)
㉓ 夫役(ぶやく)
㉔ 本家
㉕ 領家
㉖ 預所(あずかりどころ)
㉗ 田堵
㉘ 名主
㉙ 下人(げにん)
㉚ 所従(しょじゅう)
㉛ 不輸……066
㉜ 不入
㉝ 官省符(かんしょうふ)
㉞ 国免(こくめん)
㉟ 立券荘号(りっけんしょうごう)
㊱ 名主
㊲ 大名田堵
㊳ 下人
㊴ 佃(つくだ)
㊵ 作人
㊶ 延喜
㊷ 延久
㊸ 記録荘園券契所
㊹ 健児
㊺ 棟梁(とうりょう)……067
㊻ 桓武
㊼ 清和
㊽ 家子(いえのこ)
㊾ 郎党(ろうとう)〔郎等〕
㊿ 押領(おうりょう)
(51) 追捕(ついぶ)
(52) 滝口
(53) 北面
(54) 平将門(たいらのまさかど)
(55) 下総(しもうさ)
(56) 貞盛(さだもり)
(57) 秀郷(ひでさと)
(58) 藤原純友(ふじわらのすみとも)
(59) 伊予
(60) 日振(ひぶり)
(61) 経基(つねもと)
(62) 小野好古(おののよしふる)
(63) 刀伊(とい)
(64) 女真(じょしん)
(65) 隆家
(66) 1028
(67) 頼信(よりのぶ)
(68) 頼時(よりとき)
(69) 頼義
(70) 義家
(71) 貞任(さだとう)
(72) 清原
(73) 河内
(74) 清衡(きよひら)……068
(75) 経基
(76) 満仲(みつなか)
(77) 頼信
(78) 頼義
(79) 義家
(80) 頼政(よりまさ)
(81) 高望王(たかもちおう)
(82) 貞盛
(83) 将門
(84) 忠常

(85) 正盛

(86) 忠盛

(87) 清衡

(88) 中尊

(89) 基衡（もとひら）

(90) 毛越（もうつ）

(91) 秀衡（ひでひら）

(92) 無量光院

(93) 義経（よしつね）

(94) 泰衡（やすひら）

(95) 頼朝

08 平安後期の政治と文化

① 1068 ……………………………… 074

② 大江匡房（おおえのまさふさ）

③ 延久

④ 記録荘園券契所

⑤ 1045

⑥ 頼通

⑦ 宣旨（せんじ）

⑧ 白河

⑨ 堀河

⑩ 母

⑪ 父

⑫ 院庁（いんのちょう） ……………………………… 075

⑬ 院司（いんし）

⑭ 院宣（いんぜん）

⑮ 院庁下文（いんのちょうくだしぶみ）

⑯ 受領（ずりょう）

⑰ 院近臣（いんのきんしん）

⑱ 八条(女)院

⑲ 北面

⑳ 白河上皇

㉑ 鳥羽上皇

㉒ 堀河

㉓ 義家

㉔ 正盛

㉕ 法勝（ほっしょう）

㉖ 高野

㉗ 後白河

㉘ 忠盛

㉙ 強訴（ごうそ）

㉚ 白河

㉛ 堀河

㉜ 最勝

㉝ 興福 ……………………………… 076

㉞ 春日

㉟ 延暦

㊱ 日吉（ひえ）

㊲ 延暦

㊳ 園城（おんじょう）

㊴ 滝口

㊵ 知行国主

㊶ 知行

㊷ 院分国

㊸ 正盛

㊹ 忠盛

㊺ 清盛

㊻ 義家

㊼ 義親（よしちか）

㊽ 為義（ためよし）

㊾ 忠通（ただみち）

㊿ 頼長（よりなが）

(51) 義朝（よしとも）

(52) 清盛

(53) 忠正

(54) 白河

(55) 鳥羽

(56) 後白河

(57) 通憲（みちのり）〔信西（しんぜい）〕…………………… 077

(58) 義朝

(59) 清盛

(60) 信頼

(61) 通憲

(62) 正盛

(63) 忠盛

(64) 清盛

(65) 太政大臣

(66) 徳子

(67) 高倉

(68) 鹿ヶ谷（ししがたに）

(69) 俊寛（しゅんかん）

(70) 成親（なりちか）

(71) 安徳

(72) 六波羅（ろくはら）

(73) 徳子

(74) 高倉

(75) 安徳

(76) 音戸の瀬戸（おんどのせと）

(77) 大輪田泊（おおわだのとまり）

(78) 宋銭

(79) 梁塵秘抄（りょうじんひしょう） ……………………… 078

(80) 今昔物語集

(81) 将門記（しょうもんき）

(82) 陸奥話記（むつわき）

(83) 栄花〔華〕物語（えいがものがたり）

(84) 大鏡

(85) 中尊

(86) 清衡

(87) 白水（しらみず）

(88) 三仏（さんぶつ）

(89) 富貴（ふき）

(90) 中尊

(91) 絵巻物

(92) 源氏物語

(93) 伴大納言（ばんだいなごん）

(94) 信貴山縁起（しぎさんえんぎ）

(95) 鳥獣戯画（ちょうじゅうぎが）

09 鎌倉幕府の成立

①太政大臣……080
②鹿ヶ谷
③俊寛
④成親
⑤以仁王
⑥福原(京)
⑦石橋山
⑧源義仲
⑨富士川
⑩一の谷
⑪屋島
⑫壇の浦
⑬侍所
⑭和田義盛
⑮公文所
⑯大江広元
⑰政所
⑱問注所
⑲執事
⑳三善康信
㉑政所……081
㉒引付衆
㉓京都守護
㉔六波羅探題
㉕鎮西奉行
㉖鎮西探題
㉗奥州総奉行
㉘関東御領
㉙関東御分国
㉚御恩
㉛本領安堵
㉜新恩給与
㉝奉公
㉞京都大番役
㉟鎌倉番役
(㉞㉟順不同)
㊱大犯三カ条
㊲国地頭
㊳下地管理
㊴年貢徴収
㊵治安維持
㊶兵粮
㊷本補
㊸政所
㊹議奏公卿……082
㊺藤原泰衡
㊻源義経
㊼後白河
㊽後鳥羽天皇
㊾合議
㊿梶原景時
51 比企能員
52 畠山重忠
53 平賀朝雅
54 公暁
55 北条政子
56 和田義盛
57 執権
58 尼将軍

10 承久の乱と執権政治の展開

①長講堂……084
②西面の武士
③北条義時
④北条政子
⑤後鳥羽
⑥佐渡
⑦土御門
⑧土佐
⑨仲恭
⑩後堀河
⑪六波羅探題
⑫京都守護
⑬北条時房
⑭新補
⑮新補率法
⑯加徴
⑰連署……085
⑱北条時房
⑲評定衆
⑳九条頼経〔藤原頼経〕
㉑御成敗式目
㉒貞永式目
㉓先例
㉔道理
㉕本所
㉖式目追加
㉗九条頼嗣〔藤原頼嗣〕
㉘北条泰時
㉙宝治合戦〔宝治の乱〕
㉚引付衆
㉛宗尊親王
㉜北条義時……086
㉝チンギス=ハン
㉞大都
㉟高麗
㊱文永
㊲博多
㊳石塁〔石築地〕
㊴異国警固
㊵弘安
㊶江南
㊷江南
㊸北条時宗
㊹竹崎季長
㊺蒙古襲来絵詞
㊻地縁
㊼嫡子単独
㊽御内人

㊾霜月騒動(しもつきそうどう)

㊿鎮西

(51)永仁の徳政令

(52)借上(かしあげ)

11 鎌倉時代の社会経済

①館(やかた)……088

②惣領(そうりょう)

③庶子(しょし)

④分割

⑤嫡子単独

⑥一期分(いちごぶん)

⑦悔返し(くいかえし)

⑧嫁入(よめいり)

⑨流鏑馬(やぶさめ)

⑩兵の道(つわもののみち)

⑪巻狩(まきがり)

⑫佃(つくだ)

⑬作人

⑭門田(かどた)

⑮阿氐河(あてがわ)……089

⑯地頭請(じとううけ)

⑰下地中分(したじちゅうぶん)

⑱和与中分(わよちゅうぶん)

⑲二毛作

⑳麦

㉑刈敷(かりしき)
㉒草木灰
(順不同)

㉓楮(こうぞ)

㉔藍(あい)

㉕荏胡麻(えごま)

㉖年貢……090

㉗公事(くじ)

㉘夫役(ぶやく)

㉙夫役

㉚年貢〔加地子(かじし)〕

㉛作人

㉜悪党

㉝三斎市

㉞荘園

㉟福岡

㊱市座(いちざ)

㊲宋銭

㊳年貢

㊴借上

㊵頼母子(たのもし)

㊶為替(かわせ(かわし))

㊷問丸

㊸見世棚(みせだな)

㊹店

12 鎌倉文化

①大仏……092

②重源(ちょうげん)

③禅宗〔唐〕

④和

⑤折衷(せっちゅう)

⑥館(やかた)

⑦円覚

⑧陳和卿(ちんなけい)

⑨運慶

⑩快慶

⑪僧形八幡神

⑫康弁

⑬康勝

⑭湛慶(たんけい)

⑮藤原信実(ふじわらののぶざね)……093

⑯菅原道真

⑰一遍上人絵伝

⑱山王霊験記絵巻(さんのうれいげんきえまき)

⑲蒙古襲来絵詞

⑳竹崎季長

㉑男衾三郎絵巻(おぶすまさぶろう)

㉒藤原隆信

㉓藤原信実

㉔明恵上人樹上坐禅図(みょうえしょうにんじゅじょうざぜんず)

㉕頂相(ちんぞう)

㉖(岡崎)正宗

㉗(長船)長光(おさふね ながみつ)

㉘藤四郎〔粟田口〕吉光(とうしろう あわたぐち よしみつ)

㉙加藤景正(かげまさ)

㉚青蓮院(しょうれんいん)

㉛尊円入道親王(そんえんにゅうどうしんのう)

㉜御家(おいえ)

㉝禁秘抄(きんぴしょう)

㉞大義名分

㉟新古今和歌集……094

㊱金槐和歌集(きんかいわかしゅう)

㊲山家集(さんかしゅう)

㊳吾妻鏡(あづまかがみ)

㊴愚管抄(ぐかんしょう)

㊵慈円(じえん)

㊶末法

㊷元亨釈書(げんこうしゃくしょ)

㊸虎関師錬(こかんしれん)

㊹橘成季(たちばなのなりすえ)

㊺仙覚(せんがく)

㊻九条〔藤原〕兼実(くじょう かねざね)

㊼十六夜日記(いざよいにっき)

㊽方丈記

㊾徒然草

㊿平家物語

(51)平曲(へいきょく)

(52)承久の乱

(53)金沢文庫(かねざわぶんこ)

(54)北条実時〔金沢実時〕(ほうじょうさねとき)

(55)神本仏迹〔反本地垂迹〕(しんぽんぶつじゃく)

(56)度会家行(わたらいいえゆき)

(57)類聚神祇本源(るいじゅうじんぎほんげん)

58 延暦……095
59 選択
60 法然
61 選択本願念仏
62 九条兼実
63 知恩院
64 親鸞
65 悪人正機
66 教行信証
67 本願
68 唯円
69 越後
70 一遍
71 踊念仏
72 清浄光
73 時衆
74 法華
75 立正安国
76 伊豆……096
77 佐渡
78 久遠
79 栄西
80 公案
81 興禅護国
82 寿福
83 蘭渓道隆
84 無学祖元
85 道元
86 只管打坐
87 正法眼蔵
88 永平
89 懐奘
90 高弁
91 高山
92 摧邪輪
93 叡尊〔思円〕
94 西大
95 忍性〔良観〕
96 極楽
97 北山十八間戸
98 貞慶
99 慈円
100 喫茶養生記

13 建武の新政と南北朝の動乱

1 大覚寺……098
2 持明院
3 八条(女)院領
4 文保の和談
5 鷹司 ｝(順不同)
6 近衛
7 九条
8 長崎高資
9 悪党
10 大覚寺
11 大義名分
12 記録所
13 正中
14 佐渡
15 元弘
16 隠岐
17 足利尊氏……099
〔足利高氏〕
18 新田義貞
19 延喜
20 天暦
21 里内裏
22 北畠親房
23 綸旨
24 記録所
25 雑訴決断所
26 新田義貞
27 義良
28 北畠顕家
29 成良
30 足利直義
31 護良
32 懐良
33 建武年間記
34 中先代
35 時行
36 尊氏
37 光明
38 後亀山
39 建武式目
40 楠木正成……100
41 北畠顕家
42 新田義貞
43 楠木正行
44 高師直
45 直義 ｝(順不同)
46 直冬
47 観応
48 1392
49 後亀山
50 後小松
51 湊川
52 四条畷
53 石津

14 室町幕府の政治

1 管領……102
2 鎌倉府
3 管領
4 細川 ｝(順不同)
5 斯波
6 畠山
7 所司
8 山城

⑨山名 ⑩京極 ⑪赤松 ⑫一色（順不同）
⑬一色
⑭今川了俊……103
〔今川貞世〕
⑮鎌倉府
⑯伊豆 ⑰甲斐（順不同）
⑱鎌倉公方
⑲足利基氏
⑳関東管領
㉑上杉
㉒奥州 ㉓羽州（順不同）
㉔守護領国
㉕建武式目
㉖御成敗式目
㉗建武以来追加
㉘御料所
㉙土倉役〔倉役〕
㉚酒屋役
㉛段銭
㉜棟別銭
㉝分一銭
㉞地子銭
㉟関銭
㊱津料
㊲抽分銭
㊳祠堂銭
㊴奉公衆〔御馬廻〕
㊵花の御所……104
㊶後亀山
㊷後小松
㊸義持
㊹明徳
㊺山名氏清
㊻応永
㊼大内義弘
㊽堺
㊾永享
㊿足利持氏
51 嘉吉
52 赤松満祐
53 応仁〔応仁・文明〕
54 足利義尚 55 足利義視（順不同）
56 政長 57 義就（順不同）
58 義敏 59 義廉（順不同）
60 細川勝元
61 山名持豊〔山名宗全〕
62 下剋上

15 室町時代の社会経済

①郷……106
②入会地
③地下請〔百姓請〕
④寄合
⑤番頭
⑥自検断〔地下検断〕
⑦国人
⑧地侍
⑨徳政……107
⑩国人
⑪一向
⑫近江
⑬馬借
⑭柳生
⑮赤松満祐
⑯足利義勝
⑰徳政
⑱享徳
⑲寛正
⑳政長 ㉑義就（順不同）
㉒月行事
㉓富樫政親
㉔愁訴
㉕強訴
㉖逃散
㉗天文法華……108
㉘定頼
㉙三毛作
㉚草木灰
㉛竜骨車
㉜桑
㉝楮
㉞荏胡麻
㉟早稲
㊱注文
㊲商品
㊳鍛冶
㊴鋳物師
㊵杉原
㊶鳥の子
㊷瀬戸
㊸永楽……109
㊹撰銭
㊺撰銭
㊻貫高
㊼為替〔割符〕
㊽割符屋
㊾替銭
㊿土倉
51 頼母子
52 座
53 座役

(54) 関銭

(55) 大山崎

(56) 石清水（いわしみず）

(57) 麴（こうじ）

(58) 新儀

(59) 六斎

(60) 見世棚

(61) 店

(62) 連雀（れんじゃく）

(63) 振売

(64) 桂女（かつらめ）

(65) 問屋……110

(66) 馬借

(67) 楽座

(68) 一乗谷

(69) 小田原

(70) 山口

(71) 鹿児島

(72) 大湊（おおみなと）

(73) 草戸千軒（くさどせんげん）

(74) 園城（おんじょう）

(75) 長野

(76) 延暦

(77) 奈良

(78) 宇治

(79) 山田

(80) 堺

(81) 年行司（ねんぎょうじ）

(82) 町衆

16 中世の外交

① 建長寺……112

② 北条高時

③ 天竜寺

④ 夢窓疎石（むそうそせき）

⑤ 後醍醐

⑥ 朝鮮

⑦ 懐良（かねよし）親王

⑧ 勘合……113

⑨ 肥富（こいつみ）

⑩ 祖阿（そあ）

⑪ 義満

⑫ 朝貢

⑬ 義持

⑭ 義教（よしのり）

⑮ 宣徳（せんとく）

⑯ 大内義隆

⑰ 大内

⑱ 博多

⑲ 細川

⑳ 寧波（ニンポー）の乱

㉑ 寧波

㉒ 北京

㉓ 銅

㉔ 銅銭

㉕ 生糸

㉖ 抽分銭

㉗ 海禁

㉘ 宗……114

㉙ 応永の外寇

㉚ 三浦（さんぽ）の乱（らん）

㉛ 富山浦（ふざんほ）
㉜ 乃而浦（ないじほ）　（順不同）
㉝ 塩浦（えんぽ）

㉞ 倭館（わかん）

㉟ 木綿

㊱ 按司（あじ）

㊲ グスク

㊳ 尚巴志（しょうはし）

㊴ 首里（しゅり）

㊵ おもろそうし

㊶ コシャマイン

㊷ 蠣崎（かきざき）

17 室町文化

① 安国……116

② 神皇正統記

③ 北畠親房

④ 常陸（ひたち）

⑤ 後村上

⑥ 梅松論

⑦ 増鏡

⑧ 太平記

⑨ 太平記読み

⑩ 今川了俊〔今川貞世〕

⑪ 職原抄

⑫ 菟玖波集（つくばしゅう）

⑬ 応安新式（おうあんしんしき）

⑭ 闘茶（とうちゃ）

⑮ 茶寄合

⑯ 寝殿……117

⑰ 禅宗様

⑱ 明兆（みんちょう）

⑲ 如拙（じょせつ）

⑳ 周文（しゅうぶん）

㉑ 観阿弥

㉒ 世阿弥

㉓ 観世（かんぜ）

㉔ 興福

㉕ 狂言

㉖ 世阿弥

㉗ 申楽談儀（さるがくだんぎ）

㉘ 謡曲

㉙ 古今伝授（こきんでんじゅ）

㉚ 東常縁（とうつねより）

㉛ 夢窓疎石

㉜ 義堂周信（ぎどうしゅうしん）

㉝ 絶海中津（ぜっかいちゅうしん）

㉞ 臨済

㉟ 僧録司（そうろくし）

㊱林下（りんか）……118
㊲日親
㊳立正治国論
㊴書院
㊵禅宗様
㊶東求堂同仁斎（とうぐどうどうじんさい）
㊷雪舟
㊸宗祇（そうぎ）
㊹山崎宗鑑（やまざきそうかん）
㊺御伽草子（おとぎぞうし）
㊻閑吟集（かんぎんしゅう）
㊼村田珠光（むらたじゅこう）
㊽武野紹鷗（たけのじょうおう）
㊾千利休
㊿池坊専慶（いけのぼうせんけい）
51 桂庵玄樹（けいあんげんじゅ）
52 後藤祐乗（ごとうゆうじょう）
53 足利学校
54 往来物
55 節用集
56 枯山水（かれさんすい(かれせんずい)）
57 善阿弥（ぜんあみ）

18 戦国時代と南蛮文化

①下剋上……120
②今川〔大内，大友〕
③永享
④古河（こが）
⑤成氏（しげうじ）
⑥堀越（ほりごえ）
⑦政知（まさとも）
⑧扇谷（おうぎがやつ）
⑨北条早雲
⑩北条氏康（うじやす）
⑪三好長慶（みよしながよし）
⑫信長
⑬朝倉
⑭伊達（だて）
⑮川中島
⑯上杉謙信……121
⑰義元
⑱義隆
⑲陶晴賢（すえはるかた）
⑳厳島（いつくしま）
㉑長宗我部（ちょうそかべ）
㉒寄親（よりおや）
㉓寄子（よりこ）
㉔貫高
㉕喧嘩（けんか）
㉖逃散（ちょうさん）
㉗縁坐 ｝(順不同)
㉘連坐 ｝
㉙塵芥集（じんかいしゅう）……122
㉚甲州法度之次第（こうしゅうはっとのしだい）
㉛今川仮名目録
㉜朝倉孝景条々
㉝早雲寺殿二十一箇条
㉞義治式目（よしはるしきもく）
㉟長宗我部氏掟書〔長宗我部元親百箇条〕
㊱信玄堤
㊲新儀
㊳楽座
㊴指出（さしだし）
㊵大隅
㊶時尭（ときたか）
㊷国友（くにとも）
㊸フランシスコ=ザビエル
㊹ルイス=フロイス
㊺平戸
㊻銀

19 織豊政権と桃山文化

①桶狭間（おけはざま）……128
②今川義元
③義昭
④姉川（あねがわ）
⑤浅井長政
⑥朝倉義景
⑦延暦
⑧長島
⑨長篠（ながしの）
⑩武田勝頼
⑪安土
⑫正親町（おおぎまち）
⑬顕如（けんにょ）
⑭天目山（てんもくざん）
⑮本能寺
⑯明智光秀
⑰指出……129
⑱楽市・楽座
⑲加納（かのう）
⑳堺
㉑撰銭
㉒ルイス=フロイス
㉓ヴァリニャーニ
㉔グレゴリウス13世
㉕山崎
㉖賤ヶ岳（しずがたけ）
㉗柴田勝家
㉘小牧・長久手（こまき・ながくて）
㉙信雄（のぶかつ(のぶお)）
㉚長宗我部
㉛惣無事令（そうぶじ）
㉜島津
㉝バテレン追放令
㉞伊達政宗
㉟蔵入地（くらいりち）

㊱油

㊲天正大判

㊳聚楽第

㊴後陽成

㊵山城……130

㊶文禄

㊷貫高

㊸石盛

㊹一地一作人

㊺検地帳

㊻方広

㊼兵農分離

㊽秀次

㊾浅野長政

㊿二十六〔26〕聖人殉教

(51)文禄

(52)名護屋

(53)慶長……131

(54)天守閣

(55)書院

(56)飛雲閣

(57)都久夫須麻

(58)妙喜庵待庵

(59)障壁

(60)永徳

(61)山楽

(62)長谷川等伯……132

(63)海北友松

(64)高台

(65)高取

(66)萩

(67)薩摩

(68)有田

(69)李参平

(70)ヴァリニャーニ

(71)コレジオ

(72)セミナリオ

(73)千利休

(74)北野大茶会

(75)出雲阿国

(76)閑吟集

(77)高三隆達

(78)小袖

(79)日葡辞書

20 幕藩体制の確立

①関ヶ原……134

②征夷大将軍

③後陽成

④秀忠

⑤冬の陣

⑥方広

⑦夏の陣

⑧元和偃武

⑨親藩

⑩御三家

⑪譜代

⑫外様

⑬旗本……135

⑭御家人

⑮直参

⑯家光

⑰譜代

⑱月番交代

⑲大老

⑳老中

㉑若年寄

㉒寺社奉行

㉓京都所司代

㉔大目付

㉕江戸町奉行

㉖勘定奉行

㉗遠国奉行

㉘目付

㉙番方

㉚役方

㉛評定所

㉜武家伝奏

㉝天領〔幕領〕

㉞郡代

㉟一国一城……136

㊱元和

㊲崇伝

㊳寛永

㊴林羅山

㊵1

㊶1

㊷3

㊸本多正純

㊹福島正則

㊺禁中並公家諸法度……137

㊻崇伝

㊼京都所司代

㊽沢庵(宗彭)

㊾後水尾

㊿明正

(51)寺社

(52)寺院

(53)寺請

(54)寺請証文

(55)宗門改帳〔宗旨人別帳〕

(56)末寺

(57)不受不施

(58)黄檗

(59)隠元(隆琦)

(60)諸社禰宜神主

(61)切捨御免……138

(62)本百姓

(63)水呑

(64)村方三役

65 名主(なぬし)
66 組頭(くみがしら)
67 百姓代
68 本途物成(ほんとものなり)
69 検見(けみ)
70 小物成
71 高掛物(たかがかりもの)
72 国役
73 助郷役(すけごうやく)
74 五人組
75 結(ゆい)
76 村八分(むらはちぶ)
77 田畑永代売買の禁
78 田畑勝手作(り)の禁
79 分地制限
80 7
81 地借(じがり)
82 店借(たながり)

21 江戸前期の外交

① 海禁……140
② 出会(であい)
③ ルソン
④ 回答兼刷還
⑤ 宗氏
⑥ 12
⑦ 己酉(きゆう)
⑧ 島津家久
⑨ 与論……141
⑩ 謝恩
⑪ 慶賀
⑫ 冊封(さくほう)
⑬ 角倉了以(すみのくらりょうい)
⑭ 茶屋四郎次郎
⑮ 末吉孫左衛門
⑯ 末次平蔵(すえつぐへいぞう)
⑰ 生糸
⑱ 銀
⑲ 山田長政
⑳ リーフデ
㉑ ウィリアム=アダムズ
㉒ ヤン=ヨーステン
㉓ 平戸
㉔ 出島
㉕ 田中勝介……142
㉖ ビスカイノ
㉗ 伊達政宗
㉘ 支倉常長(はせくらつねなが)
㉙ 慶長遣欧使節
㉚ 白糸
㉛ 糸割符(いとわっぷ)
㉜ 長崎 ㉝ 堺 ㉞ 京都 (順不同)
㉟ 江戸 ㊱ 大坂 (順不同)
㊲ 糸割符
㊳ 禁教
㊴ 高山右近
㊵ 大殉教
㊶ イギリス
㊷ スペイン……143
㊸ 絵踏
㊹ 奉書
㊺ 奉書
㊻ 島原
㊼ ポルトガル
㊽ 宗門改
㊾ オランダ
㊿ 寺沢
51 松倉
52 益田時貞(ますだときさだ)〔天草四郎時貞〕
53 板倉重昌(いたくらしげまさ)
54 松平信綱(まつだいらのぶつな)
55 朝鮮
56 琉球
57 オランダ
58 唐人屋敷
59 オランダ風説書……144
60 カピタン
61 生糸
62 銀
63 長崎
64 糸割符
65 海舶互市新例
66 銅
67 商場知行
68 シャクシャイン
69 場所請負
70 クナシリ

22 文治政治の展開

① 牢人……146
② 慶安
③ 由井(ゆい)〔比〕正雪(しょうせつ)
④ 保科正之(ほしなまさゆき)
⑤ 酒井忠清
⑥ 松平信綱
⑦ 末期養子(まつごようし)
⑧ 池田光政
⑨ 花畠教場(はなばたけきょうじょう)
⑩ 閑谷学校(しずたにがっこう)
⑪ 山崎闇斎(あんさい)
⑫ 垂加(すいか)
⑬ 前田綱紀(つなのり)
⑭ 木下順庵(じゅんあん)
⑮ 徳川光圀(みつくに)
⑯ 朱舜水(しゅしゅんすい)
⑰ 大日本史

⑱館林……147
⑲堀田正俊
⑳聖堂
㉑鳳岡〔信篤〕
㉒北村季吟
㉓渋川春海
㉔宣明
㉕授時
㉖貞享
㉗明暦
㉘荻原重秀
㉙出目
㉚公事
㉛生類憐みの令
㉜家宣……148
㉝新井白石
㉞間部詮房
㉟閑院宮
㊱通信
㊲元禄
㊳大君
㊴日本国王
㊵海舶互市新例
㊶30
㊷6000
㊸2
㊹3000
㊺読史余論
㊻折たく柴の記
㊼古史通
㊽西洋紀聞 }（順不同）
㊾采覧異言 }

23 江戸時代の産業・貨幣と交通の発達

①見沼……150
②新田開発
③300
④町人請負
⑤干鰯 }（順不同）
⑥油粕 }
⑦楮
⑧出羽
⑨清良記
⑩農業全書
⑪農具便利論
⑫備中鍬……151
⑬千歯扱
⑭千石簁
⑮唐箕
⑯佐藤信淵
⑰大蔵永常
⑱二宮尊徳
⑲大原幽学
⑳問屋制家内
㉑工場制手
㉒鳥の子
㉓杉原
㉔友禅
㉕酒
㉖入浜
㉗網元・網子……152
㉘鰯
㉙砂鉄
㉚入会地
㉛株仲間……153
㉜運上
㉝十組
㉞二十四組
㉟堂島
㊱雑喉場
㊲天満
㊳青物
㊴蔵屋敷
㊵蔵元
㊶掛屋
㊷札差
㊸蔵
㊹納屋
㊺秤量
㊻寛永
㊼50
㊽4
㊾藩札
㊿福井
51本両替
52十人
53越後
54大名貸
55100……154
5640
57桐生
58道中
59脇街道〔脇往還〕
60南
61菱垣
62東廻り
63西廻り
64河村瑞賢
65北前
66角倉了以
67河村瑞賢
68継
69町
70問屋場
71本陣
72旅籠
73木賃宿

24 寛永期の文化と元禄文化

①仮名……156
②松永貞徳
③西山宗因
④朱子
⑤藤原惺窩
⑥林羅山〔林道春〕
⑦東照宮
⑧権現
⑨数寄屋
⑩智仁親王
⑪後水尾
⑫廻遊
⑬万福
⑭探幽……157
⑮光起
⑯如慶
⑰具慶
⑱久隅守景
⑲俵屋宗達
⑳楽
㉑有田
㉒本阿弥光悦
㉓舟橋蒔絵
㉔酒井田柿右衛門
㉕出雲阿国
㉖阿国
㉗女
㉘若衆
㉙野郎
㉚浮世……158
㉛好色
㉜武家
㉝町人
㉞松尾芭蕉
㉟奥の細道
㊱近松門左衛門
㊲国性〔姓〕爺合戦
㊳曽根崎心中
㊴竹本義太夫
㊵坂田藤十郎
㊶市川団十郎
㊷芳沢あやめ
㊸尾形光琳
㊹八橋蒔絵
㊺尾形乾山
㊻菱川師宣
㊼見返り美人図
㊽野々村仁清
㊾宮崎友禅
㊿円空
51 六義園

25 幕政改革と藩政改革

①吉宗……160
②上げ米
③100
④足高
⑤室鳩巣
⑥相対済し
⑦検見
⑧定免
⑨町人請負
⑩漢訳洋書輸入の禁
⑪青木昆陽
⑫目安箱
⑬養生所
⑭公事方御定書
⑮御定書百箇条
⑯質流し(れ)
⑰田沼意次……161
⑱株仲間
⑲冥加
⑳俵物
㉑手賀
㉒最上徳内
㉓工藤平助
㉔南鐐二朱銀
㉕8
㉖浅間
㉗天明
㉘田沼意知
㉙松平定信
㉚家斉
㉛帰農
㉜社倉
㉝囲米
㉞七分金積立〔七分積金〕
㉟人足寄場
㊱棄捐……162
㊲寛政異学
㊳陽明学
㊴昌平坂学問所
㊵山東京伝
㊶恋川春町
㊷関東取締出役
㊸大塩
㊹陽明
㊺生田万
㊻水野忠邦
㊼三方領知替え
㊽人返し
㊾株仲間解散
㊿柳亭種彦
51 上知(あげち)
52 調所広郷
53 村田清風
54 佐竹義和
55 上杉治憲

(56) 代表越訴

(57) 惣百姓

(58) 世直し

26 列国の接近と鎖国の崩壊

① エカチェリーナ……………164
〔エカテリーナ〕

② 最上徳内

③ 工藤平助

④ 田沼意次

⑤ 近藤重蔵

⑥ 大日本恵登呂府

⑦ 林子平

⑧ 松平定信

⑨ 間宮林蔵

⑩ ラクスマン……………165

⑪ 根室

⑫ 大黒屋光太夫

⑬ 桂川甫周

⑭ レザノフ

⑮ 長崎

⑯ ゴローウニン

⑰ 高田屋嘉兵衛

⑱ 日本幽囚記

⑲ プチャーチン

⑳ 長崎

㉑ フェートン号

㉒ 松平康英

㉓ モリソン号

㉔ 尚歯

㉕ 高野長英

㉖ 渡辺崋山

㉗ 蛮社の獄

㉘ ビッドル

㉙ ペリー

㉚ 文化撫恤令

㉛ 異国船打払令

㉜ 天保の薪水給与令

㉝ 水野忠邦

㉞ 4……………166

㉟ 浦賀

㊱ フィルモア

㊲ 阿部正弘

㊳ 7

㊴ 浦賀

㊵ 日米和親

㊶ 神奈川

㊷ 箱館

㊸ プチャーチン

㊹ 長崎

㊺ 択捉

㊻ 得撫

㊼ 樺太

㊽ 高島秋帆

㊾ 江川太郎左衛門〔江川担庵〕

㊿ 台場

(51) 長崎造船所

(52) 横須賀造船所

(53) 海軍伝習所

(54) 講武所

27 宝暦・天明期の文化と化政文化

① 鈴木春信……………168

② 喜多川歌麿

③ 東洲斎写楽

④ 葛飾北斎

⑤ 歌川広重

⑥ 円山応挙

⑦ 司馬江漢

⑧ 亜欧堂田善

⑨ 池大雅

⑩ 渡辺崋山

⑪ 歌川国芳

⑫ 与謝蕪村……………169

⑬ 小林一茶

⑭ 良寛

⑮ 大田南畝

⑯ 柄井川柳

⑰ 菅江真澄

⑱ 鈴木牧之

⑲ 恋川春町

⑳ 柳亭種彦

㉑ 洒落

㉒ 山東京伝

㉓ 滑稽

㉔ 十返舎一九

㉕ 式亭三馬

㉖ 人情

㉗ 為永春水

㉘ 読

㉙ 上田秋成

㉚ 曲亭馬琴

㉛ 竹田出雲

㉜ 寛政

㉝ 天保

㉞ 鶴屋南北（4世）……………170

㉟ 河竹黙阿弥

㊱ 御蔭参り

㊲ 庚申

㊳ 出開帳

㊴ 復古

㊵ 天理

㊶ 金光

㊷ 黒住

28 江戸時代の学問・思想・教育

① 朱熹……………172

② 大義名分

③王陽明
④堀川学
⑤古文辞学
⑥羅山〔道春〕
⑦鵞峰〔春斎〕
⑧木下順庵……………………………173
⑨室鳩巣
⑩野中兼山
⑪山崎闇斎
⑫垂加
⑬女大学
⑭養生訓
⑮尾藤二洲
⑯柴野栗山
⑰鳳岡〔信篤〕
⑱信敬
⑲述斎
⑳中江藤樹
㉑藤樹書院
㉒熊沢蕃山
㉓大学或問
㉔大塩平八郎
㉕洗心洞
㉖山鹿素行
㉗聖教要録
㉘伊藤仁斎
㉙伊藤東涯
㉚荻生徂徠
㉛政談
㉜太宰春台
㉝吉田光由……………………………174
㉞関孝和
㉟発微算法
㊱算盤
㊲算額
㊳渋川春海
㊴宣明
㊵授時
㊶高橋至時
㊷契沖
㊸北村季吟
㊹貝原益軒
㊺稲生若水
㊻前田綱紀
㊼荷田春満
㊽賀茂真淵
㊾本居宣長
㊿鈴屋
(51)古事記伝
(52)平田篤胤
(53)塙保己一
(54)和学講談所
(55)西川如見……………………………175
(56)新井白石
(57)ヨハン=シドッチ
(58)野呂元丈
(59)青木昆陽
(60)山脇東洋
(61)解体新書
(62)中川淳庵
(63)小田野直武
(64)杉田玄白
(65)大槻玄沢
(66)芝蘭堂
(67)オランダ正月
(68)稲村三伯
(69)伊能忠敬
(70)シーボルト
(71)シーボルト
(72)蛮社の獄
(73)宇田川玄随
(74)志筑忠雄
(75)平賀源内
(76)竹内式部……………………………176
(77)宝暦
(78)山県大弐
(79)明和
(80)藤田東湖
(81)会沢安〔会沢正志斎〕
(82)頼山陽
(83)山片蟠桃
(84)富永仲基
(85)安藤昌益
(86)海保青陵
(87)聖堂〔湯島聖堂〕
(88)寛政異学
(89)寛政
(90)信敬
(91)尾藤二洲
(92)柴野栗山
(93)陽明
(94)古
（(93)(94)順不同）
(95)昌平坂学問所
(96)高橋景保
(97)工藤平助
(98)林子平
(99)本多利明
(100)佐藤信淵
(101)渡辺崋山
(102)高野長英
(103)明倫館……………………………177
(104)薩摩
(105)造士館
(106)修猷館
(107)養賢堂
(108)徳川斉昭
(109)弘道館
(110)会津
(111)日新館
(112)米沢
(113)興譲館

29 幕末の情勢

30 明治維新

㉚前島密(まえじまひそか)
㉛徴兵告諭
㉜徴兵令
㉝山県有朋(やまがたありとも)
㉞神仏分離
㉟大教宣布
㊱廃仏毀釈(はいぶつきしゃく)
㊲太政官(だじょうかん)……190
㊳新貨
㊴国立銀行
㊵渋沢栄一
㊶小野
㊷勝手作(り)
㊸永代売買
㊹地租改正
㊺地価
㊻3
㊼土地所有者
㊽開拓使
㊾屯田(とんでん)
㊿福沢諭吉
(51)中村正直
(52)中江兆民
(53)加藤弘之
(54)田口卯吉(たぐちうきち)
(55)文部省
(56)学制
(57)フランス
(58)教育
(59)アメリカ
(60)学校
(61)森有礼(もりありのり)
(62)東京
(63)慶応〔應〕義塾
(64)東京専門学校
(65)太陽
(66)日本橋

31 自由民権運動と立憲国家の成立

①佐賀……192
②神風連
③秋月
④萩
⑤西郷隆盛
⑥天賦人権
⑦国会開設
⑧条約改正
⑨民撰議院設立の建白書
⑩立志社
⑪大阪
⑫木戸孝允(きどたかよし)
⑬立憲政体樹立
⑭愛国社
⑮新聞紙……193
⑯片岡健吉
⑰国会期成同盟
⑱集会
⑲郡区町村編制
⑳府県
㉑市制・町村制
㉒府県
㉓大久保利通
㉔山県有朋
㉕大隈重信
㉖伊藤博文
㉗開拓使官有物払下げ
㉘黒田清隆
㉙大隈重信
㉚松方正義
㉛国会開設
㉜自由
㉝フランス
㉞立憲改進
㉟イギリス
㊱三菱
㊲立憲帝政
㊳福島……194
㊴三島通庸(みしまみちつね)
㊵大井憲太郎
㊶大同団結
㊷後藤象二郎
㊸保安
㊹後藤象二郎
㊺グナイスト
㊻ロエスレル
㊼井上毅(いのうえこわし)
㊽枢密院
㊾太政官
㊿制度取調
(51)華族
(52)伊藤博文
(53)超然(ちょうぜん)
(54)緊急勅
(55)貴族
(56)臣民
(57)元老院
(58)日本憲法見込案
(59)東洋大日本国国憲按
(60)私擬憲法案
(61)福地源一郎
(62)改定律例
(63)民法典
(64)穂積八束(ほづみやつか)
(65)1898

32 資本主義の発達と社会・労働運動

①工部……196
②内務
③富岡製糸
④フランス

⑤開拓
⑥屯田(とんでん)
⑦育種場
⑧駒場
⑨不換
⑩工場払下げ概則
⑪横浜正金
⑫日本勧業
⑬日本興業
⑭松方正義……197
⑮日本銀行
⑯普通
⑰銀兌換(ぎんだかん)
⑱寄生地主
⑲三井
⑳古河
㉑三菱
㉒浅野
㉓川崎
㉔三菱
㉕三井
㉖日本鉄道
㉗東海道
㉘日本郵船
㉙インド
㉚内国勧業
㉛大阪紡績
㉜渋沢栄一
㉝生産
㉞輸出
㉟飛び杼(とひ)
㊱器械
㊲座繰(ざぐり)
㊳航海奨励
㊴造船奨励 （順不同）
㊵貨幣……198
㊶八幡(やはた)製鉄
㊷日本製鋼
㊸鉄道国有
㊹トラスト
㊺横山源之助
㊻職工事情
㊼細井和喜蔵(ほそいわきぞう)
㊽雨宮(あめみや)
㊾天満(てんま)
㊿足尾
(51)田中正造
(52)高野房太郎
(53)労働組合期成会
(54)治安警察
(55)社会民主
(56)平民
(57)平民新聞
(58)日本社会

33 明治期の外交

①日清修好条規……200
②西郷従道(さいごうつぐみち)
③征韓
④江華島(こうかとう)
⑤日朝修好条規〔江華条約〕
⑥琉球
⑦沖縄
⑧樺太・千島
⑨小笠原
⑩岩倉具視
⑪木戸孝允
⑫寺島宗則
⑬アメリカ
⑭イギリス
⑮井上馨(いのうえかおる)
⑯欧化(主義)……201
⑰鹿鳴館
⑱谷干城(たにたてき)
⑲ボアソナード
⑳大隈重信
㉑大審院
㉒玄洋
㉓青木周蔵
㉔大津
㉕陸奥宗光(むつむねみつ)
㉖通商航海
㉗青木周蔵
㉘小村寿太郎
㉙壬午(じんご)
㉚甲申
㉛防穀(ぼうこく)
㉜東学(党)
㉝天津
㉞下関
㉟陸奥宗光
㊱金本位
㊲義和団……202
㊳北清(ほくしん)
㊴北京議定書(ペキンぎていしょ)
㊵日英同盟
㊶ポーツマス
㊷小村寿太郎
㊸日比谷
㊹ドイツ
㊺フランス
㊻イギリス
㊼アメリカ
㊽日韓議定書
㊾統監府
㊿伊藤博文
(51)伊藤博文
(52)韓国併合
(53)朝鮮総督府(ちょうせんそうとくふ)
(54)寺内正毅(てらうちまさたけ)

(55)日露協約

(56)インド

(57)アメリカ

(58)タフト

(59)韓国

(60)フィリピン

(61)ハリマン

34 議会政治の展開と明治文化

①黒田清隆……204

②吏(り)

③山県有朋

④130

⑤土佐

⑥松方正義

⑦民力休養

⑧樺山資紀(かばやますけのり)

⑨品川弥二郎(しながわやじろう)

⑩伊藤博文

⑪板垣退助

⑫松隈(しょうわい)

⑬地租……205

⑭進歩

⑮憲政

⑯大隈重信

⑰板垣退助

⑱隈板(わいはん)

⑲尾崎行雄(おざきゆきお)

⑳憲政

㉑憲政本

㉒山県有朋

㉓文官任用

㉔治安警察

㉕現役武官(げんえきぶかん)

㉖立憲政友会

㉗元老

㉘立憲政友

㉙西園寺公望(さいおんじきんもち)

㉚鉄道国有

㉛立憲政友

㉜戊申(ぼしん)

㉝大逆(たいぎゃく)

㉞立憲帝政党

㉟立憲改進党

㊱自由党

㊲進歩党

㊳憲政党

㊴憲政党

㊵立憲政友会

㊶三宅雪嶺(みやけせつれい)

㊷政教

㊸陸羯南(くがかつなん)

㊹徳富蘇峰(とくとみそほう)……206

㊺民友

㊻太陽

㊼検定

㊽教科書

㊾4

㊿6

(51)教育勅語

(52)井上毅

(53)本木昌造(もときしょうぞう)

(54)明六雑誌

(55)時事新報

(56)日本

(57)万朝報(よろずちょうほう)

(58)北里柴三郎(きたさとしばさぶろう)

(59)志賀潔(しがきよし)

(60)鈴木梅太郎(すずきうめたろう)

(61)高峰譲吉(たかみねじょうきち)

(62)木村栄(きむらひさし)

(63)大森房吉(おおもりふさきち)

(64)長岡半太郎

(65)田口卯吉

(66)史料編纂掛(しりょうへんさんがかり)……207

(67)久米邦武(くめくにたけ)

(68)仮名垣魯文(かながきろぶん)

(69)政治

(70)矢野龍渓(やのりゅうけい)〔文雄〕

(71)小説神髄(しょうせつしんずい)

(72)言文一致(げんぶんいっち)

(73)硯友(けんゆう)

(74)我楽多文庫(がらくたぶんこ)

(75)幸田露伴(こうだろはん)

(76)ロマン

(77)北村透谷(きたむらとうこく)

(78)若菜集(わかなしゅう)

(79)明星(みょうじょう)

(80)自然

(81)島崎藤村(しまざきとうそん)

(82)田山花袋(たやまかたい)

(83)夏目漱石

(84)耽美(たんび)

(85)高浜虚子(たかはまきょし)

(86)高浜虚子

(87)石川啄木(いしかわたくぼく)

(88)北原白秋(きたはらはくしゅう)

(89)ジェーンズ

(90)マレー

(91)クラーク

(92)ビゴー

(93)ナウマン

(94)モース

(95)ラフカディオ=ハーン

(96)ボアソナード

(97)ロエスレル

(98)モッセ

(99)国木田独歩(くにきだどっぽ)

(100)泉鏡花(いずみきょうか)

(101)樋口一葉(ひぐちいちよう)

(102) 徳田秋声
(103) 長塚節
(104) 石川啄木
(105) 狩野芳崖……208
(106) 浅井忠
(107) 白馬
(108) 外光
(109) 青木繁
(110) 藤島武二
(111) ラグーザ
(112) 高村光雲
(113) 荻原守衛
(114) コンドル
(115) 片山東熊
(116) 辰野金吾
(117) 伊沢修二
(118) 滝廉太郎
(119) 黙阿弥
(120) 団菊左
(121) 文芸協会
(122) 松井須磨子
(123) 自由劇場
(124) 築地小劇場
(125) 京都

35 大正時代の政治と社会·文化

① 2個師団……210
② 上原勇作
③ 桂太郎
④ 尾崎行雄
⑤ 立憲国民
⑥ 犬養毅
⑦ 立憲同志会
⑧ 山本権兵衛
⑨ 立憲政友会
⑩ シーメンス
⑪ 大隈重信
⑫ 立憲同志会
⑬ 富山
⑭ 米騒動
⑮ 原敬
⑯ 立憲政友会
⑰ 平民
⑱ 大学
⑲ 立憲政友会……211
⑳ 加藤友三郎
㉑ 関東大震災
㉒ 虎の門
㉓ 清浦奎吾
㉔ 高橋是清
㉕ 革新倶楽部
㉖ 憲政会
㉗ 加藤高明
㉘ 日ソ基本
㉙ 普通選挙
㉚ 治安維持
㉛ 黒田清隆
㉜ 15
㉝ 1.1
㉞ 山県有朋
㉟ 10
㊱ 原敬
㊲ 3
㊳ 加藤高明
㊴ 幣原喜重郎
㊵ 男女20
㊶ 二十一カ条
㊷ 加藤高明
㊸ 袁世凱
㊹ 国恥
㊺ 五・四
㊻ 西原
㊼ 段祺瑞
㊽ 石井・ランシング
㊾ 西園寺公望……212
㊿ ヴェルサイユ
(51) 国際連盟
(52) 委任
(53) 三・一独立
(54) ハーディング
(55) 加藤友三郎
(56) 徳川家達
(57) 四カ国
(58) 日英同盟
(59) 九カ国
(60) 石井・ランシング
(61) 主力
(62) 斎藤実
(63) 不戦
(64) 幣原喜重郎
(65) 金融
(66) 船
(67) 3
(68) 鞍山
(69) ドイツ
(70) 肥料……213
(71) 在華紡
(72) 猪苗代
(73) アメリカ
(74) 債務
(75) 工業
(76) 吉野作造
(77) 美濃部達吉
(78) 友愛会
(79) 日本労働総同盟
(80) 日本農民組合
(81) 青鞜社
(82) 青鞜
(83) 市川房枝
(84) 新婦人協会

(85) 新人会
(86) 黎明会
(87) 水平社
(88) 震災
(89) 井上準之助
(90) 30
(91) 亀戸
(92) 甘粕
(93) 日本社会主義
(94) 日本共産
(95) 農民労働……214
(96) 労働農民
(97) 武者小路実篤
(98) 芥川龍之介
(99) 菊池寛
(100) 種蒔く人
(101) 葉山嘉樹
(102) 中里介山
(103) 鈴木三重吉
(104) キング
(105) 岩波
(106) 円本
(107) 日本美術
(108) 二科
(109) 本多光太郎
(110) 西田幾多郎
(111) 河上肇
(112) 柳田国男
(113) 津田左右吉
(114) 志賀直哉
(115) 有島武郎
(116) 小林多喜二
(117) 徳永直
(118) 朝倉文夫
(119) 山田耕筰

36 十五年戦争の時代

(1) 金融……216
(2) 若槻礼次郎
(3) 台湾
(4) 田中義一
(5) 3
(6) 浜口雄幸
(7) 産業合理化
(8) 農業
(9) 世界
(10) 生糸
(11) 犬養毅
(12) 管理通貨
(13) 重要産業……217
(14) ソーシャル=ダンピング
(15) 日産
(16) 日窒
(17) 田中義一
(18) 蔣介石
(19) 東方
(20) 済南
(21) 関東
(22) 満州某重大
(23) 若槻礼次郎
(24) 7
(25) 統帥権干犯
(26) 柳条湖
(27) 若槻礼次郎
(28) 犬養毅
(29) 溥儀
(30) 日満議定書
(31) 斎藤実
(32) リットン
(33) 三月
(34) 十月……218
(35) 血盟団
(36) 井上準之助
(37) 団琢磨
(38) 五・一五
(39) 犬養毅
(40) 斎藤実
(41) 岡田啓介
(42) 高橋是清
(43) 渡辺錠太郎
(44) 斎藤実
(45) 広田弘毅
(46) 軍部大臣現役武官
(47) 宇垣一成
(48) 林銑十郎
(49) 冀東
(50) 西安
(51) 蔣介石
(52) 近衛文麿
(53) 盧溝橋
(54) 不拡大
(55) 重慶
(56) 近衛
(57) 森戸
(58) 滝川
(59) 刑法読本
(60) 憲法撮要
(61) 矢内原
(62) 津田左右吉
(63) 三原則……219
(64) 汪兆銘
(65) 企画
(66) 国民精神総動員
(67) 国家総動員
(68) 徴用
(69) 価格等統制
(70) 国体の本義
(71) 産業報国
(72) 張鼓峰

(73) ノモンハン
(74) 防共協定
(75) 通商航海
(76) 不可侵
(77) 平沼騏一郎（ひらぬまきいちろう）
(78) 阿部信行
(79) 近衛文麿
(80) 大政翼賛（たいせいよくさん）
(81) 大日本産業報国
(82) 援蔣（えんしょう）
(83) 来栖（くるす）三郎
(84) 中立
(85) 野村吉三郎（のむらきちさぶろう）
(86) ABCD
(87) 供出
(88) 配給
(89) 切符
(90) 木戸幸一……220
(91) ハル＝ノート
(92) 真珠
(93) イギリス
(94) 大東亜共栄圏
(95) 大東亜
(96) ミッドウェー
(97) カイロ
(98) ヤルタ
(99) ポツダム
(100) 鈴木貫太郎（すずきかんたろう）
(101) 広島
(102) 長崎
(103) 重光葵（しげみつまもる）
(104)〔勤労〕動員
(105) 出陣
(106) 疎開（そかい）
(107) 挺身（ていしん）

37 占領～国際社会への復帰

①GHQ……222
②極東
③ワシントン
④対日
⑤マッカーサー
⑥非軍事
⑦東久邇宮稔彦（ひがしくにのみやなるひこ）
⑧幣原喜重郎
⑨極東委員会
⑩対日理事会
⑪アメリカ……223
⑫教育基本
⑬学校教育
⑭教育委員会
⑮公選
⑯任命
⑰20
⑱39
⑲労働組合
⑳労働関係調整
㉑労働基準
㉒自治体
㉓地方自治
㉔国家公務員
㉕持株会社整理
㉖独占禁止
㉗過度経済力集中排除
㉘幣原喜重郎
㉙5
㉚吉田茂……224
㉛自作農創設特別措置
㉜1
㉝4
㉞25
㉟15
㊱吉田茂
㊲金融緊急措置
㊳傾斜生産
㊴鉄鋼〔肥料・電力〕
㊵復興金融金庫
㊶経済安定
㊷ドッジ
㊸シャウプ
㊹全日本産業別労働組合会議
㊺日本労働組合総同盟
㊻ゼネスト
㊼共産
㊽社会
㊾自由
㊿進歩
(51) 協同
(52) アメリカ……225
(53) 鉄のカーテン
(54) トルーマン
(55) マーシャル
(56) NATO
(57) ソ連
(58) コミンフォルム〔共産党情報局〕
(59) 毛沢東（もうたくとう）
(60) 板門店（はんもんてん）
(61) 特需
(62) 吉田茂
(63) 日米安全保障
(64) 日米行政
(65) 日ソ共同宣言
(66) 鳩山一郎
(67) 国際連合
(68) 降伏文書……226
(69) プレス＝コード
(70) 国体護持
(71) 五大改革

(72) 鳩山一郎
(73) 神道指令
(74) 大
(75) 団結〔争議〕
(76) 日本歴史
(77) 人間宣言
(78) メーデー
(79) 食糧メーデー
(80) 日本自由
(81) 持株会社整理委員会
(82) マッカーサー
(83) 地方自治
(84) 日本社会
(85) 刑 …… 227
(86) 警察
(87) 自治体
(88) 国家地方
(89) 民主
(90) 昭和電工
(91) 政令201号
(92) 民主自由
(93) 経済安定九
(94) ドッジ
(95) 民主自由
(96) 自由
(97) シャウプ
(98) 下山
(99) 三鷹
(100) 松川
(101) 警察予備隊
(102) 特需
(103) ダレス
(104) サンフランシスコ
(105) 日米安全保障
(106) 分担
(107) 内灘（うちなだ）
(108) 砂川
(109) 警察庁 …… 228
(110) ロバートソン
(111) 奄美（あまみ）
(112) 福竜
(113) 日米相互防衛援助
(114) 自衛隊
(115) 造船
(116) ビルマ
(117) 鳩山一郎
(118) 広島
(119) 鈴木茂三郎（もさぶろう）
(120) 自由 }（順不同）
(121) 日本民主 }（順不同）
(122) 憲法調査会
(123) 経済白書
(124) 戦後
(125) 日ソ共同宣言
(126) 国際連合
(127) 23
(128) 東洋経済新報
(129) 岸信介（きしのぶすけ）
(130) 日米相互協力及び安全保障
(131) 事前協議 …… 229
(132) 安保改定阻止国民会議
(133) 所得倍増
(134) 農業基本
(135) 浅沼稲次郎
(136) LT
(137) 政経分離
(138) 為替〔貿易〕
(139) 国際通貨基金
(140) 資本
(141) 経済協力開発機構
(142) 日韓基本
(143) 公害対策基本
(144) ニクソン
(145) 沖縄返還

38 高度成長期の日本経済

① 特需 …… 231
② 神武
③ 岩戸
④ いざなぎ
⑤ 戦後
⑥ 経済企画庁
⑦ 為替 …… 232
⑧ 資本
⑨ 企業集団
⑩ 減反（げんたん）
⑪ 三井三池
⑫ 専業
⑬ 兼業
⑭ 熊本
⑮ 四日市ぜんそく
⑯ 富山
⑰ 公害対策基本
⑱ 環境基本

39 経済大国への成長

① マーシャル …… 234
② ベトナム
③ ニクソン
④ ドル
⑤ スミソニアン
⑥ 308
⑦ 第4次中東
⑧ イラン …… 235
⑨ サミット
⑩ プラザ
⑪ ルーブル
⑫ NIES
⑬ 減量
⑭ 双子

⑮構造協議
⑯竹下登
⑰細川護熙
⑱ODA

40 現代の政治と文化

①日本列島改造……237
②日中共同声明
③ロッキード
④日中平和友好
⑤ガイドライン
⑥元号
⑦アフガニスタン
⑧イラク
⑨比例代表……238
⑩全斗煥
⑪レーガン
⑫臨時教育審議
⑬男女雇用機会均等
⑭プラザ
⑮ルーブル
⑯ふるさと創生
⑰リクルート
⑱消費
⑲天安門
⑳マルタ
㉑フセイン
㉒ゴルバチョフ……239
㉓エリツィン
㉔PKO
㉕日本新党
㉖日本社会党
㉗芦田均
㉘環境基本
㉙比例代表
㉚新生党
㉛片山哲
㉜47
㉝普天間
㉞クリントン
㉟5
㊱社会民主党……240
㊲アイヌ文化振興
㊳京都議定書
㊴君が代
㊵郵政民営化
㊶普天間……241
㊷オバマ
㊸丸山真男……242
㊹大塚久雄
㊺川島武宜
㊻湯川秀樹
㊼日本学術会議
㊽文化財保護
㊾文化庁
㊿大岡昇平……243
(51)野間宏
(52)松本清張
(53)司馬遼太郎
(54)黒澤明
(55)溝口健二
(56)美空ひばり
(57)手塚治虫
(58)長谷川町子
(59)核家族
(60)新大阪
(61)日本万国博覧会
(62)名神
(63)茨城

巻末付録

01 日本列島／東と西

①照葉樹林……250
②乾田
③銅鐸(どうたく)
④唐古・鍵
⑤登呂
⑥吉野ヶ里
⑦三内丸山
⑧続縄文
⑨貝塚後期……251
⑩江田船山
⑪稲荷山
⑫隼人(はやと)
⑬蝦夷(えみし)
⑭鈴鹿
⑮観世音
⑯薬師
⑰大宰府
⑱多賀城
⑲馬
⑳平将門(たいらのまさかど)
㉑藤原純友(ふじわらのすみとも)
㉒平忠常(ただつね)
㉓比叡
㉔朱雀(すざく)……252
㉕若宮(わかみや)
㉖律令
㉗本所
㉘御成敗式目
㉙大輪田泊(おおわだのとまり)
㉚牛
㉛京都
㉜官寺
㉝足利義満
㉞日蓮

㉟石清水(いわしみず)

㊱鶴岡(つるがおか)

㊲無尽(むじん)

㊳島津……253

㊴北条

㊵崇伝(すうでん)

㊶天海(てんかい)

㊷天下の台所

㊸延暦

㊹菱川師宣(ひしかわもろのぶ)

㊺坂田藤十郎

㊻芳沢あやめ

㊼市川団十郎

㊽祇園

㊾庄屋

㊿名主(なぬし)

(51)肝煎(きもいり)

(52)角倉了以(すみのくらりょうい)……254

(53)淀屋辰五郎(よどやたつごろう)

(54)紀伊国屋文左衛門(きのくにやぶんざえもん)

(55)三井

(56)鰯(いわし)

(57)三度

(58)北前

(59)河村瑞賢(かわむらずいけん)

(60)銀

(61)金

(62)二十四組

(63)十組

(64)魚

(65)米

(66)青物

(67)神田

(68)日本橋

(69)蔵屋敷

(70)札差(ふださし)

(71)鳥羽・伏見……255

(72)五稜郭(ごりょうかく)

(73)横浜

(74)神戸

(75)雨宮(あめみや)

(76)天満(てんま)

(77)八幡(やはた)

(78)日本製鋼所

(79)別子

(80)足尾

(81)日本万国

02 情報の伝達—旅の歴史—

①南淵請安(みなぶちのしょうあん)……256

②白村江(はくそんこう)の戦い

③烽(とぶひ)(火)

④駅家(うまや(えきか))

⑤駅鈴(えきれい)

⑥山陽

⑦運脚(夫)

⑧防人(さきもり)歌

⑨藤原陳忠(ふじわらののぶただ)

⑩受領(ずりょう)

⑪今昔物語集……257

⑫東海

⑬議奏公卿(ぎそうくぎょう)

⑭十六夜日記

⑮桂庵玄樹(けいあんげんじゅ)

⑯雪舟

⑰山口

⑱上杉憲実(うえすぎのりざね)

⑲高札

⑳通信使……258
〔朝鮮通信使〕

㉑謝恩使

㉒オランダ風説書

㉓大黒屋光太夫(だいこくやこうだゆう)

㉔ラクスマン

㉕1635

㉖十返舎一九(じっぺんしゃいっく)

㉗歌川広重

㉘アイヌ

㉙松尾芭蕉

㉚奥の細道

㉛菅江真澄(すがえますみ)

㉜御蔭参り……259

㉝鈴木牧之(すずきぼくし)

㉞北越雪譜(ほくえつせっぷ)

㉟瓦版

㊱前島密(ひそか)

㊲神戸

㊳日本郵船会社

03 日本人の生活—衣食住の歴史—

①三内丸山……260

②貝塚

③大森

④竪穴(たてあな)

⑤炉

⑥環状

⑦貫頭(かんとう)

⑧紡錘車(ぼうすいしゃ)

⑨大足(おおあし)

⑩田下駄

⑪甑(こしき)……261

⑫甕(かめ)

⑬高床

⑭環濠(かんごう)

⑮高地性

⑯吉野ヶ里

⑰紫雲出山(しうでやま)

⑱埴輪(はにわ)

⑲かまど

⑳肉
㉑檜皮（ひわだ）
㉒瓦……262
㉓妻問（つまどい）
㉔火
㉕束帯（そくたい）
㉖十二単（じゅうにひとえ）
㉗狩衣（かりぎぬ）
㉘寝殿
㉙左
㉚円座（えんざ）（わろうだ）
㉛招婿（しょうせい）〔婿入〕
㉜館（やかた）〔たち〕……263
㉝矢倉（やぐら）〔櫓〕
㉞嫁入（よめいり）
㉟流鏑馬（やぶさめ）
㊱惣領
㊲分割
㊳単独
㊴一期分（いちごぶん）
㊵揚浜（あげはま）……264
㊶書院
㊷小袖（こそで）
㊸木綿
㊹砂糖
㊺書院
㊻天守閣
㊼木綿
㊽土蔵……265
㊾礎石（そせき）
㊿家長
(51)長子単独
(52)三従（さんじゅう）
(53)嫁入
(54)三行半（みくだりはん）
(55)縁切
(56)ざんぎり
(57)レンガ〔煉瓦〕
(58)ガス灯……266
(59)太陰太陽
(60)太陽
(61)人力車
(62)京都
(63)五節句
(64)活動写真
(65)モガ〔モダンガール〕
(66)文化住宅
(67)百貨店
(68)トーキー

04 日本人の信仰

①アニミズム……267
②土偶（どぐう）
③屈葬（くっそう）
④抜歯（ばっし）
⑤銅鐸（どうたく）
⑥祈年（きねん）（としごい）
⑦新嘗（しんじょう）（にいなめ）
⑧太占（ふとまに）
⑨盟神探湯（くかたち）
⑩伊勢……268
⑪沖ノ島
⑫氏上（うじのかみ）
⑬聖明
⑭欽明（きんめい）
⑮神仏習合
⑯本地垂迹（ほんじすいじゃく）
⑰空也
⑱源信
⑲平等院鳳凰堂
⑳末法（まっぽう）
㉑御霊会（ごりょうえ）
㉒陰陽五行（いんようごぎょう）……269
㉓方違（かたたがえ）
㉔物忌（ものいみ）
㉕高野
㉖念仏
㉗悪人正機
㉘題目
㉙公案（こうあん）
㉚只管打坐（しかんたざ）
㉛蓮如
㉜御文（おふみ）
㉝風流（ふりゅう）
㉞町衆
㉟フランシスコ=ザビエル…270
㊱高山右近
㊲御蔭参り
㊳隠れキリシタン〔潜伏キリシタン〕
㊴ええじゃないか……271
㊵天理
㊶川手文治郎
㊷神仏習合
㊸廃仏毀釈（はいぶつきしゃく）
㊹紀元節

01 文化の始まりと国家の成立 033

❶ 解答　問1．④　問2．③　問3．①
❷ 解答　問1．A－高床倉庫　B－倭　問2．オ　問3．イ・ウ

❶ 解説　問1．①静岡県登呂遺跡は弥生時代後期の遺跡。ここでは群馬県岩宿遺跡が正しい。②年輪年代法と炭素14年代法は併用されているので，「年輪年代法に代わり」は誤り。③大森貝塚を発見したのは，アメリカ人の動物学者モースである。問2．①青銅器は弥生時代から用いられたので，縄文時代には存在しない。②縄文土器は厚手で黒褐色，弥生土器は薄手で赤褐色をしているのが特徴である。④竪穴住居は，奈良時代にかけて一般的な住居として営まれた。問3．①藍は染料の原料で，律令時代にも貢納物として用いられた。

❷ 解説　問1．A．高床倉庫は，穀物の収納などに用いられた。B．日本国の当時の呼称である。問2．ア．焼畑農耕ではなく，水稲耕作が正しい。イ．「朝鮮半島に由来し～」以下が誤り。ウ．アニミズムは縄文時代の観念で，弥生時代の信仰ではない。エ．環状集落とは，縄文時代の竪穴住居の配置状況なので，環濠集落とは性格が異なる。問3．ア．ファラオは，神権的専制君主の呼称なので，倭国の首長とは性格を異にする。エ．前方後円墳や方墳は古墳時代の遺構。弥生時代に古墳は存在しない。オ．卑弥呼は鬼道政治とよばれる呪術的な政治を展開したので，「首長の性格は宗教性を離れ」は誤り。

02 ヤマト政権と古墳文化 039

❶ 解答　問1．②　問2．③　問3．①
問4．興　問5．新羅　問6．④
❷ 解答　ア

❶ 解説　問1．②細石器がはじめて出現したのは，新石器時代にあたる縄文時代ではなく，旧石器時代の終わりごろである。問2．①八角墳は，7世紀中頃に近畿地方に出現した大王の墓である。②形象埴輪は古墳時代に用いられた。④群馬県の黒井峯遺跡は古墳時代の集落である。問3．①『宋書』は，沈約（しんやく）が編纂した南朝宋の正史である。問6．「ワカタケル大王」は雄略天皇（＝倭王武）のことを指すと考えられている。

❷ 解説　ア．前方後円墳が出現したのは3世紀中期以降なので，「4世紀後半に初めて登場した」は誤り。

03 飛鳥の朝廷と大化改新 045

❶ 解答　問1．⑥　問2．④　問3．②・⑦　問4．⑤　問5．④　問6．③　問7．6．子代　7．屯倉　8．部曲　9．田荘　問8．④

❶ 解説　問1．a．憲法十七条の制定は604年。b．冠位十二階の制定は603年。c．『隋書』にみる最初の遣隋使派遣は600年。d．小野妹子を遣隋使として派遣したのは607年。問3．645年のクーデタは乙巳の変とよばれる。問4．皇極天皇は舒明天皇の皇后。孝徳天皇は皇極天皇の同母弟で，中臣鎌足に擁立されて即位した。問5．孝徳天皇は645年，宮都を難波長柄豊碕宮に移した。問6．改新政府において，中大兄皇子は皇太子，中臣鎌足は内臣，阿倍内麻呂は左大臣，蘇我倉山田石川麻呂は右大臣，旻と高向玄理は国博士となった。問7．6．子代は朝廷の直轄民。7．屯倉は朝廷の直轄地。8．部曲は豪族の私有民。9．田荘は豪族の私有地。問8．いわゆる郡評論争の結果，藤原宮跡から出土した木簡の文字により，7世紀には「郡」ではなく「評」の文字が使われていたことが明らかになった。

04 律令制度と平城京の時代 053

❶ 解答　問1．3　問2．a．大官大寺　b．元興寺　c．紫香楽　問3．2　問4．ウ－8　エ－3　オ－1　問5．百万塔　問6．3　問7．3

❶ 解説　問1．薬師寺は天武天皇が皇后持統の病気平癒を祈願して創建した寺院である。問2．a．藤原

京における官寺は，大官大寺・弘福寺・薬師寺・法興寺の四大寺である。**b**．飛鳥寺は蘇我馬子の発願で創建された寺院で，平城京に移り，元興寺と改称した。**c**．大仏造立の詔は，743年に聖武天皇が近江国紫香楽宮で発布した。**問3**．藤原仲麻呂の乱は764年。**1**．宇佐八幡神託事件は769年。**2**．『懐風藻』の成立は751年。**3**．『弘仁格式』の完成は820年。**4**．『日本書紀』の完成は720年。**5**．天然痘による藤原四子の死は737年。**問4**．**ウ**．「華厳を学び」がヒント。良弁(ろうべん)は東大寺の初代別当となった。**エ**．「民間布教につとめていた」がヒント。行基は法相宗の僧である。**オ**．「戒律を伝えた」がヒント。鑑真は東大寺にはじめて戒壇を設置した。**問5**．百万塔陀羅尼は称徳天皇の発願で作られ，世界最古の印刷物として知られている。**問6**．**3**．天寿国繡帳は中宮寺に所蔵されている。厩戸王の妃の橘大郎女が，厩戸王の死後の世界(＝天寿国)を偲んで采女たちに刺繡させたものである。**問7**．**1**．法隆寺伝法堂の説明。**2**．正倉院の説明。**4**．薬師寺東塔の説明。

05 平安初期の政治と文化 057

❶ 解答　(1)―**イ**　(2)―**ホ**　(3)―**ロ**　(4)―**ホ**
❷ 解答　**問1**．文章経国　**問2**．**1**　**問3**．**3**　**問4**．**4**

❶ 解説　(1)秦氏の根拠地は山城国の葛野(かどの)郡である。桓武天皇の母は高野新笠(たかののにいがさ)である。784年に山背国の長岡京に遷都し，10年後の平安京遷都に際して山背国から山城国へと字が改められた。(2)長岡京の中心部は，難波宮の建物を移築してつくられた。(3)「長岡京の造営責任者」とは藤原種継のこと。785年に反対派によって射殺された。早良親王は桓武天皇の実弟で，事件に関与したとされ，淡路に流される途中で死去した。(4)和気清麻呂は，宇佐八幡神託事件で一時大隅に配流となっていたが，770年に道鏡が下野国薬師寺に流されたあとに帰京した。

❷ 解説　**問1**．文章経国思想の影響によって，宮廷では漢文学が発展した。**問2**．**イ**．明経道は『論語』などの儒教の経典を学ぶ教科で，教官は明経博士とよばれる。**ウ**．紀伝道は漢文学や中国の歴史を学ぶ教科で，教官を文章博士という。**問3**．『令集解』は，養老令の解釈を集大成した私撰注釈書。**1**．『令義解』は清原夏野が編纂した養老令の解釈を公的に統一した官撰注釈書で833年に成立した。**2**．『貞観交替式』は，役人が役職を交替するときなどに守るべき規定を集めた法令集のこと。『延暦交替式』や『延喜交替式』もある。**4**．『江家次第』は大江匡房が撰した儀式書である。**問4**．**1**．綜芸種智院は，空海が庶民教育のために設けた教育施設で，仏教や儒教などを教えた。**2**．学館院は嵯峨天皇の皇后である橘嘉智子(＝檀林(だんりん)皇后)が設置した橘氏のための大学別曹。**3**．勧学院は藤原冬嗣が設置した藤原氏のための大学別曹である。

06 摂関政治と国風文化 063

❶ 解答　**問1**．**ア**　**問2**．**ウ**　**問3**．**ア**　**問4**．**イ**
❷ 解答　**1**―**ネ**　**2**―**フ**　**3**―**セ**　**4**―**ヌ**　**5**―**サ**　**6**―**ツ**　**7**―**ハ**　**8**―**ク**　**9**―**コ**　**10**―**チ**

❶ 解説　史料は884年に光孝天皇がくだした詔で，これにより藤原基経による実質的な関白の制がはじまった。その後，887年に宇多天皇が即位すると，藤原基経は名実ともに関白の地位に就任した。**問1**．藤原基経は，叔父の藤原良房の養子となった。880年に太政大臣となり，884年に光孝天皇を擁立した。**問3**．出典の『日本三代実録』は六国史最後の官撰史書で，清和・陽成・光孝天皇３代の時代を記している。**問4**．関白の説明なので(イ)が正解。(ア)は摂政の説明である。

❷ 解説　**1**．『小右記』には，藤原道長による一家三立后の記事もおさめられている。**3**．『土佐日記』は，紀貫之の作品である。**4**．『古今和歌集』は905年，醍醐天皇の命で撰上された八代集最初の作品である。**5**．『日本往生極楽記』は最初の往生伝として知られている。**6**．「横川」は，比叡山の一つのエリアを指す用語で，「よかわ」と読む。**7**．難問。唐の滅亡後におこった五代十国のうちの一国。**8**．平等院鳳凰堂の阿弥陀如来像は，仏師定朝によって寄木造で制作された。**9**．巨勢金岡は，平安時代前期に活躍した宮廷画家で，

神泉苑の風景など，画材に日本的要素もとり入れたので，後世，大和絵の祖といわれるようになった。10.『信貴山縁起絵巻』は奈良県の朝護孫子寺に伝わる絵巻である。

07 荘園の発達と武士の成長　069

❶ 解答　問1．あ．公営田　い．官田　う．官省符荘　え．白河天皇　お．堀河天皇　問2．a－イ　b－ロ　c－ロ　問3．a－イ　b－ロ　c－ロ　問4．a－イ　b－ロ　c－イ　問5．a－ロ　b－イ　c－ロ　問6．a－ロ　b－イ　c－イ

❶ 解説　問1．あ．公営田の制度は参議で大宰大弐の小野岑守の建議によって実施された。い．879年に設営された官田を特に元慶官田という。問2．b．「年齢に応じて」が誤り。官職や位階によって開墾面積に上限が設けられた。c．「田地の租を免除する」は明らかに誤り。問3．b．「国司・郡司の干渉を排除しつつ」が誤り。「国司や郡司の協力のもとに」が正しい。c．目代は遙任国司の場合，その代理として任国にくだる者のことで，荘園の現地での管理者の呼称ではない。問4．b．郷司ではなく，田堵が正しい。問5．a．京枡ではなく，延久の宣旨枡が正しい。c．石清水八幡宮も荘園整理事業の対象となり，その所領34カ所のうち，13カ所が停止処分となった。問6．a．崇徳上皇ではなく，鳥羽上皇が正しい。

原始・古代の実戦演習　070

❶ 解答　設問ア．3　設問イ．浜北　設問ウ．港川　設問エ．2　設問オ．4　設問カ．1　設問キ．帯方郡　設問ク．邪馬台国　設問ケ．1　設問コ．4　設問サ．4　設問シ．加耶　設問ス．3　設問セ．2　設問ソ．4　設問タ．大伴金村　設問チ．1　設問ツ．日本書紀　設問テ．1
❷ 解答　問1．④　問2．①　問3．光明　問4．⑤　問5．①　問6．健児　問7．渤海　問8．大輪田　問9．③　問10．②　問11．⑥
❸ 解答　空欄：A．大和絵　B．蒔絵　C．束帯　D．元服　E．年中行事　問1．い　問2．あ　問3．え

❶ 解説　設問ア．氷期はギュンツ→ミンデル→リス→ヴュルムの順に推移した。設問イ．1960～62年にかけて，現在の浜松市(当時は浜北市)で発見された。設問ウ．沖縄県八重瀬町港川の石灰岩の採石場で1968年に発見された。設問エ．ワジャク人はインドネシアのジャワ島で発見された。柳江人は中国広西壮族自治区柳江県の洞窟で1958年に発見された。港川人はこれまで柳江人に近い特徴をもつとされてきたが，形質学的には南方系のワジャク人などに似ているとの見解が出されている。設問オ．4．土井ヶ浜遺跡は弥生前期～中期にかけての墓地で，屈葬された人骨が発見されている。設問カ．日本語の語法は北方アジア系のアルタイ語に属すると考えられている。設問キ．帯方郡は３世紀初期に遼東太守の公孫氏が，楽浪郡の南部を割いて設置した。設問ク．「ある女王」とは卑弥呼のこと。設問ケ．1．伊都国には邪馬台国から一大率が派遣され，諸国を検察していたという。設問コ．1・2は縄文時代の習俗。3．銅鐸などの青銅器は，個人の墓に埋められることはほとんどなかった。設問サ．『魏志』倭人伝では「下戸・大人と道路に相逢へば」と記されている。設問シ．伽耶または加羅でも正解。設問セ．2．長槍が登場するのは戦国時代以降である。設問タ．大伴金村は６世紀の初めごろに全盛を誇った大連。任那四県割譲問題で物部尾輿の弾劾を受け，540年に失脚した。設問チ．岩戸山古墳は福岡県八女市に所在する。設問ツ．720年，元正天皇のときに舎人親王らによって編纂された。
❷ 解説　問1．①改新の詔を出したのは孝徳天皇である。②庚午年籍は670年，天智天皇の時に作成された。③興福寺は藤原氏の氏寺として栄えた。「仏教によって政治を安定させること」を願ったのは聖武天皇で，その発願によって東大寺が創建された。問4．Ⅰ．藤原仲麻呂が大師(太政大臣)に任じられたのは760年。Ⅱ．淳仁天皇が廃されたのは764年。Ⅲ．橘奈良麻呂の変は757年。問5．①渟足柵は647年，磐舟柵は648年に設置された。いずれも孝徳天皇の時代である。②

胆沢城は802年に設置され，鎮守府が多賀城から移された。③長岡京に遷都したのは784年。④「軍事(東北経営)と造作(平安京造営)」に関する徳政相論は805年。**問9**．③藤原良房が清和天皇の摂政に任じられたのは858年なので，「10世紀後半から11世紀にかけて」という条件に合致しない。**問10**．①『陸奥話記』は，前九年合戦について記した軍記物である。③源頼朝は，藤原泰衡を滅ぼした。④平泉は岩手県の内陸部に位置しているので，「太平洋に面し」「仙台平野」は明らかに誤り。**問11**．**Ⅰ**．後白河天皇が崇徳上皇らの勢力を倒したのは，1156年の保元の乱である。**Ⅱ**．白河法皇が亡くなり，鳥羽上皇が院政を始めたのは1129年である。**Ⅲ**．源頼義らが陸奥の安倍氏を倒したのは1051～62年の前九年合戦においてである。源頼義・義家父子が清原武則の助けを得て，安倍頼時を滅ぼした。

❸ 解説　**問1**．**あ**．寝殿造の建物は瓦葺ではなく，檜皮葺が正しい。**う**．「江戸時代に至るまで」は明らかに誤り。**え**．床は板敷なので，畳や円座を用いて座った。**問2**．**い**．『権記』は，藤原行成の日記。**う**．『鷹巣帖』は，青蓮院流を創始した尊円入道親王の作品。**え**．『風信帖』は，空海から最澄に送った書状。**問3**．**あ**．『古今和歌集』は905年，醍醐天皇の命で撰上された。最初の勅撰和歌集である。**い**．歌会の起源は奈良時代である。**う**．古今伝授(こきんでんじゅ)は室町時代，東常縁(とうつねより)が宗祇に伝授したのにはじまる。

08 平安後期の政治と文化　079

❶ 解答　問1．イ　問2．ア　問3．ウ
問4．ア　問5．エ　問6．ア　問7．ウ
問8．ア

❶ 解説　**問1**．**イ**．大江匡房は平安時代後期の官人・学者。日記『江記』のほか，有職故実書として『江家次第』，往生伝として『続本朝往生伝』などを著した。**ア**．九条兼実は日記『玉葉』を残した。**ウ**．三善康信は鎌倉幕府の初代問注所執事。**エ**．藤原頼経は鎌倉幕府の第4代将軍。最初の摂家将軍でもある。**問2**．**イ**．滝口の武者は宇多天皇の時代に設置された。**ウ**．西面の武士は後鳥羽上皇の時に設置された。**エ**．武家伝奏は江戸時代に朝幕間の連絡役にあたった公家のことである。**問3**．**ア**．六勝寺と総称するので，8つではなく6つが正しい。**イ**．法成寺は，平安時代中期に藤原道長が営んだ寺院である。**エ**．尊勝寺は堀河天皇の発願で創建された。**問4**．大覚寺統に継承された八条院領に対し，長講堂領は持明院統の経済基盤となった。**問5**．興福寺の僧兵は春日神社の神木榊を，延暦寺の僧兵は日吉神社の神輿を奉じて強訴した。興福寺の僧兵は奈良法師，延暦寺の僧兵を山法師とよぶのに対し，園城寺の僧兵は寺法師とよばれた。**問6**．**イ**．藤原通憲は1159年の平治の乱において，平清盛の側についた。**ウ**．保元の乱に勝利したのは源義朝である。**エ**．六波羅探題は，1221年の承久の乱後に従来の京都守護に代えて新設された。**問8**．**ア**．平清盛の父は平忠盛である。平正盛は清盛の祖父にあたる。

09 鎌倉幕府の成立　083

❶ 解答　1―ス　2―ナ　3―ノ　4―ホ
5―ネ　6―ニ　7―シ　8―オ　9―ケ
10―カ

❶ 解説　**1**．源頼義は前九年合戦を平定した。**2**．建長寺は5代執権北条時頼が創建し，南宋から来日した蘭溪道隆によって開かれた。**3**．後白河法皇は1183年，いわゆる寿永二年十月宣旨で，源頼朝に対して東海・東山両道の支配権を与えた。**5**．1185年，京都守護に北条時政が任命された。**7**．「問注所の初代執事」がヒント。貴族出身で頼朝側近となった大江広元は初代の公文所(政所)別当である。**8**．比企能員は，娘が源頼家の妻になったので，外戚として権勢を振るうことができた。**10**．評定衆は1225年に3代執権北条泰時が設置した役職で，合議制の中心として機能した。

10 承久の乱と執権政治の展開　087

❶ 解答　1―ナ　2―ト　3―シ　4―フ
5―ノ　6―テ　7―チ　8―キ　9―ニ
10―ヒ

❶ 解説　**1**．1247年に三浦泰村一族が北条時頼によ

って滅ぼされた事件である。2．外様代表の安達泰盛が，御内人代表の内管領平頼綱によって滅ぼされた事件である。平頼綱は，1293年の平禅門の乱で北条貞時によって殺害された。9．1293年に鎮西探題が設置された結果，それまでの鎮西奉行の権限は縮小化した。10．大覚寺統は亀山天皇からはじまる皇統で，皇位をめぐって，後深草天皇からはじまる持明院統と対立した。

11 鎌倉時代の社会経済　091

❶ 解答　問1．(a)大唐米　(b)刈敷　(c)荏胡麻　(d)下地中分　(e)地頭請　(f)分割相続　問2．ア−3　イ−3　ウ−4　エ−1　オ−4　カ−1　キ−1

❶ 解説　問1．(a)大唐米は災害に強い多収穫米で，鎌倉時代に中国から移植され，室町時代にかけて西日本を中心に普及した。(b)刈敷は刈った草を地中に埋め込んで腐らせて肥料とするもの。草木灰は草木を焼いて灰として用いたものである。(c)室町時代には，荏胡麻油を仕入れて販売する大山崎離宮八幡宮の油座が，石清水八幡宮を本所として営業活動した。(d)下地中分とは，土地を領家分と地頭分に分け，双方とも相互に干渉しないで支配する方式で，鎌倉幕府による強制中分と，話し合いによる和与中分があった。(e)地頭請は地頭にとっては荘園侵略の手段となったが，荘園領主側からみれば，せめてもの年貢確保策となった。(f)惣領制のもとでは，分割相続が原則であったが，惣領制の崩壊がはじまった鎌倉後期からは嫡子単独相続が一般化した。問2．ア．3．犂は牛馬にひかせて土を掘り起こした農具で，「からすき」と読む。イ．1年に2回，同じ土地に同じ作物を栽培する二期作と混同しないように。ウ．4．1275年に地頭湯浅氏の非法13カ条を領主である寂楽寺に訴えた「阿氐河荘民訴状」が知られている。エ．1．母屋は主人が住む住居なので，周囲にめぐらす構造物ではない。オ．4．名田とは，荘園や公領において課税の対象となる田地のこと。その経営を請け負った田堵などの有力農民が名主に成長した。カ．1．巻狩とは武芸の練習を兼ねて行われる狩猟のこと。キ．1．惣領制社会において，家督を相続する嫡子以外の子を庶子という。

12 鎌倉文化　097

❶ 解答　1．後鳥羽　2．定家　3．西行　4．琵琶　5．北条〔金沢〕実時　6．大仏様　7．頂相　8．竹崎季長　9．忍性〔良観〕　10．瀬戸
❷ 解答　問1．②　問2．①　問3．③　問4．①　問5．①　問6．③　問7．④
❸ 解答　問1．エ　問2．イ

❶ 解説　1．『新古今和歌集』は八代集最後の勅撰和歌集である。2．藤原定家は歌集として『拾遺愚草』，歌論書として『近代秀歌』を著した。3．西行はもと鳥羽上皇の北面の武士として活躍し，のち各地を遍歴した。5．北条実時は金沢文庫を創設した。6．「強固で豪放」がヒント。禅宗様の場合は「細かい部材」がキーワードとなる。

❷ 解説　問1．史料は，親鸞が説いた悪人正機説についてふれた部分である。問2．①明恵は高弁ともいい，高山寺を再興した。②叡尊は真言律宗の僧で，奈良の西大寺を中興した。③貞慶は解脱とも称した法相宗の僧で，笠置山に隠棲した。1205年に「興福寺奏状」を起草して法然の浄土宗を批判した。④忍性は叡尊の弟子で，奈良に北山十八間戸を設置して病人の救済にあたった。問3．①『興禅護国論』は栄西の著書。②『選択本願念仏集』は法然の著書。④『立正安国論』は日蓮の著書。問5．①円覚寺は北条時宗が創建し，南宋から来日した無学祖元が開山にあたった。②石山寺多宝塔は和様建築。③観心寺金堂は折衷様。④東大寺南大門は大仏様。問6．①②④はいずれも鎌倉時代に制作された。③「太平記絵巻」は江戸時代初期の作品である。問7．②備前では長船長光が活躍。③京都では藤四郎(粟田口)吉光が活躍。

❸ 問2．ア．中尊寺金色堂は藤原清衡が創建した。イ．富貴寺大堂は大分県の豊後高田市に所在。ウ．白水阿弥陀堂は藤原清衡の娘徳姫が夫の岩城氏の供養のために創建した。エ．毛越寺は藤原基衡が創建した。

13 建武の新政と南北朝の動乱 101

❶ 解答　問1．1－ク　2－カ　3－チ　4－ソ　5－シ　6－テ　7－コ　問2．ア　問3．オ
❷ 解答　問1．⑷　問2．⑶　問3．⑷　問4．⑵

❶ 解説　問1．3．足利尊氏・高師直らは全く新しい政治体制の確立をめざしたが，足利直義らは鎌倉幕府的な新体制の樹立をめざしたために，両勢力の間で対立が生じた。それが観応の擾乱である。4．花の御所は室町殿ともよばれた。6．山名氏清が滅ぼされた事件を明徳の乱という。7．京都の大覚寺において，南朝の後亀山天皇から北朝の後小松天皇に神器を伝え，南北朝が合体した。問2．『建武式目』は1336年に足利尊氏が発表した。問3．ア・イ．足利尊氏は守護に刈田狼藉取締権と使節遵行を認め，守護の権限を拡大した。オ．1352年に近江・美濃・尾張3カ国を対象に施行され，のちに諸国に拡大された。

❷ 問1．⑴『樵談治要』は一条兼良が足利義尚の諮問に答えて著した政治意見書である。⑵『建武年中行事』は後醍醐天皇が撰した有職故実の書。⑶『梅松論』は南北朝の動乱と室町幕府の成立を足利氏の側から記した歴史書。⑷『神皇正統記』は南朝の正統性を主張した歴史書で，のちに後村上天皇に献上された。問2．⑴結城合戦は1440年。⑵宝治合戦は1247年。⑶湊川の戦いは1336年。⑷石橋山の戦いは1180年，源頼朝が大庭景親の軍に敗れた事件。問3．⑷北畠顕家は，建武政権のもとで，陸奥将軍府において義良親王とともに東北地方の統治にあたった。問4．⑴宗尊親王は後嵯峨天皇の皇子で，鎌倉幕府の第6代将軍(最初の皇族将軍)。⑵懐良親王は後醍醐天皇の皇子で，征西(大)将軍として九州に下向し，一時九州を制圧したが，1371年に今川了俊(いまがわりょうしゅん)(貞世(さだよ))が九州探題に任命されると勢力を失った。⑶護良親王は後醍醐天皇の皇子で大塔宮(おおとうのみや)と呼ばれ，建武政権のもとでは征夷大将軍となった。⑷宗良親王は後醍醐天皇の皇子で『新葉和歌集』を撰した。

14 室町幕府の政治 105

❶ 解答　問1．今川貞世　問2．3　問3．奉公衆　問4．2　問5．2　問6．3　問7．3　問8．3　問9．享徳　問10．1　問11．1　問12．畠山政長

❶ 解説　問1．今川了俊でも正解。問2．1．建武の新政のとき，義良親王は陸奥将軍府に赴いた。2．建武の新政のとき，護良親王は征夷大将軍に任命された。4．尊雲法親王は護良親王が天台座主となったときの名前。問3．奉公衆は平時においては，直轄領である御料所の管理などにあたっていた。軍事部門の奉公衆に対して，事務方の直臣を奉行衆という。問5．3．後小松天皇は南北朝が合体した時の北朝の天皇である。4．後深草天皇は持明院統の祖。問6．播磨守護といえば，1441年の嘉吉の変で6代将軍を謀殺した赤松満祐が想起される。問7．選択肢の中で，管領家は1の細川氏と3の畠山氏のみ。籤(くじ)によって青蓮院義円(のちの足利義教)が将軍に決まったのは1428年。この年には正長の徳政一揆がおこり，それを成敗した管領が畠山満家であった。問8・問9．1454年からはじまった享徳の乱である。問10．この1493年のできごとを，明応の政変といい，これを戦国時代のはじまりとみる考え方がある。問11．2．足利義量(よしかず)は5代将軍。3．足利義勝(よしかつ)は7代将軍。4．足利義尚(よしひさ)は9代将軍。

15 室町時代の社会経済 111

❶ 解答　問1．A．土民　B．赤松　問2．エ　問3．エ　問4．ウ　問5．イ　問6．オ

❶ 解説　問1．B．播磨守護は赤松氏である。問2．嘉吉の徳政一揆は1441年に起こった。ア．結城合戦は1440年なので時系列的に合致しない。イ．数千人ではなく，数万人が正しい。ウ．分一徳政令は1454年の享徳の徳政一揆から発布された。オ．柳生の徳政碑文は，1428年の正長の徳政一揆の時の記録である。問3．エ．自検断とは，惣村内の村民がみずから警察権や裁判権

を行使すること。ここでは自検断ではなく，私徳政(または在地徳政)が正しい。**問4**．**ア**．応仁の乱で，畠山政長は東軍，畠山義就は西軍に属した。**イ**．北山城ではなく，南山城が正しい。**エ**．15年間ではなく，8年間が正しい。**オ**．細川氏ではなく，畠山氏が正しい。**問6**．**X**．石山本願寺ではなく，山科本願寺が正しい。**Z**．比叡山延暦寺を焼き打ちしたのは織田信長である。1536年の天文法華の乱では，京都の日蓮宗寺院21寺が焼き払われた。

16 中世の外交　115

❶ 解答　**問1**．④　**問2**．②　**問3**．④　**問4**．①　**問5**．④
❷ 解答　**問1**．**A**．安藤　**B**．按司　**C**．尚巴志　**問2**．**ウ**　**問3**．中継貿易　**問4**．那覇

❶ 解説　**問1**．①宋希璟は，1420年に来日した朝鮮からの使者で，来日した時の見聞や感想などを漢詩にまとめ，『老松堂日本行録』を著した。②朱元璋は，1368年に明を建国した。③宗貞盛は，1419年に応永の外寇が起こった当時の対馬島主である。**問2**．①足利義満は1394年に将軍職を義持に譲り，太政大臣となった。②足利義持は1394〜1423年まで4代将軍として在職した。**問3**．①刀伊の入寇は1019年で，大宰権帥藤原隆家が撃退した。②元寇は1274年の文永の役と1281年の弘安の役で，8代執権北条時宗が撃退した。③寧波の乱は1523年で，博多商人と結んだ大内氏が堺商人と結んだ細川氏に勝利し，勘合貿易の実権を掌握した。④応永の外寇で日朝貿易は一時中断したが，1423年に復旧した。**問4**．①その結果，宗氏は毎年50隻の歳遣船を朝鮮に派遣できるようになった。**問5**．④三浦の乱によって日朝貿易は衰退した。

❷ 解説　**問1**．**A**．安東氏でも正解。**問2**．**ウ**．1557年ではなく，1457年が正しい。**問3**．中継貿易とは，輸出国と輸入国にみる2国間貿易ではなく，途中に第三国＝中継国を介在させて，転売などによって取引を行う3国間での貿易形態のこと。

17 室町文化　119

❶ 解答　**問1**．1　**問2**．1　**問3**．2　**問4**．2　**問5**．3
❷ 解答　**問1**．2　**問2**．4

❶ 解説　**問1**．**1**．足利義政の弟は足利義視，子が足利義尚である。**2・3**．斯波氏では斯波義廉と斯波義敏，畠山氏では畠山義就と畠山政長がそれぞれ家督相続をめぐって対立した。**問3**．**図1**は雪舟の水墨画，**図2**は狩野永徳の障壁画である。**問5**．**A**．島津家久の琉球出兵は1609年。以後，与論島以北が島津氏領となった。**B**．豊臣秀吉の九州侵攻は1587年。**C**．島津貴久は島津義久の父である。したがって**B**と**C**の前後関係は**C→B**の順となる。**D**．文禄・慶長の役は1592年・1597年。関ヶ原の戦いは1600年。

❷ 解説　**問1**．**2**．義満ではなく，尊氏が正しい。**問2**．**2**．足利義政の同朋衆の一人に，東山山荘の作庭をした善阿弥がいる。**3**．「禅の精神で統一された庭園」とは枯山水の庭園を指す。**4**．狩野永徳・探幽ではなく，狩野正信・元信が正しい。正信は「周茂叔愛蓮図」，元信は「大徳寺大仙院花鳥図」を描いた。なお，狩野探幽は狩野永徳の子ではなく，孫である。

18 戦国時代と南蛮文化　123

❶ 解答　**問1**．③　**問2**．②　**問3**．①　**問4**．③　**問5**．④
❷ 解答　**問1**．**1**．ポルトガル　**2**．ヴァリニャーニ　**問2**．③　**問3**．①

❶ 解説　**問1**．②親方・子方制は社会における支配・被支配の関係を示す言葉で，たとえば漁村における網元・網子，塩田における浜主・浜子，芸道における師匠と弟子，商家における主人と奉公人のような関係を指す。**問2**．①『甲州法度之次第』は武田氏の分国法。③『今川仮名目録』は今川氏の分国法。④『六角氏式目』は近江の六角氏の分国法。**問3**．②小田原は北条氏の城下町。③甲斐の府中は武田氏の城下町で，駿河の府中は今川氏の城下町である。④春日山は上杉

氏の城下町。**問4**．①足尾銅山は栃木県。②生野銀山は兵庫県。④佐渡金山は新潟県。**問5**．武田信玄は，釜無川と御勅使川(みだいがわ)の合流点付近などに信玄堤を築いて治水事業を進めた。

❷ 解説　問1．**1**．1543年，ポルトガル人を乗せた中国船が大隅国の種子島に漂着し，日本に鉄砲が伝来。島主種子島時尭は鉄砲2挺を購入し，家臣に使用法と製造法を学ばせた。**2**．バリニャーノでも正解。**問2**．X．ヨーロッパ産ではなく，中国産が正しい。**問3**．X．豊後府内に設置されたコレジオは宣教師養成所，安土・有馬に設置されたセミナリオは神学校として機能した。Y．これらの大名は，1582年に天正遣欧使節を派遣した。

中世の実戦演習　124

❶ 解答　問1．エ　問2．ウ　問3．イ　問4．ウ　問5．ア　問6．ア　問7．エ　問8．イ　問9．イ　問10．ウ

❷ 解答　問1．1　問2．3　問3．安芸(国)　**問4．2　問5．2　問6．1　問7．3　問8．4　問9．1　問10．4　問11．4　問12．2　問13．1　問14．2　問15．3**

❸ 解答　ア．北畠親房　**イ．**後醍醐　**ウ．**五山　**エ．**林下　**オ．**狂言　**カ．**小歌　**キ．**御伽草子　**ク．**一条兼良　**ケ．**薩南学派　**コ．**足利学校

❶ 解説　問1．**ア**．平氏が都落ちしたのは1183年。**イ**．後白河法皇が頼朝の追放を命じたのは1185年10月。**ウ**．頼朝が右近衛大将に任じられたのは1190年。**エ**．頼朝が後白河法皇に守護を置く権利を認めさせたのは1185年11月。**問2**．**ア**．大江広元は公文所(政所)の初代別当。**イ**．北条時政は初代執権。**ウ**．三善清行は914年，醍醐天皇に政治意見書として「意見封事十二箇条」を奏上した。**エ**．和田義盛は侍所の初代別当。**問3**．**ア**．梶原景時は侍所の所司で，1200年に討たれ，排斥された。**イ**．畠山重忠は北条義時と戦って1205年に敗死した。**ウ**．安達泰盛は1285年，内管領の平頼綱によって一族とともに滅ぼされた(＝霜月騒動)。**エ**．三浦泰村は1247年の宝治合戦で，北条時頼によって一族とともに滅ぼされた。**問4**．**ウ**．和田義盛を滅ぼし，政所と侍所の別当を兼ねて勢力基盤を固めたのは北条義時である。**問5**．**イ**．後嵯峨上皇の皇子宗尊親王を将軍に迎えたのは，北条時頼である(＝初の皇族将軍)。**ウ**．1225年に北条時房を連署としたのは，3代執権北条泰時である。**エ**．「大江広元を失脚させて」が誤り。北条義時は1213年に和田義盛を滅ぼして政所別当と侍所別当を兼務した。**問6**．**ア**．最初の半済令は1352年，近江・美濃・尾張3国を対象に発布された。**イ**．楠木正成が湊川の戦いで戦死したのは1336年5月である。**ウ**．後醍醐天皇が吉野に移ったのは1336年12月である。**エ**．後亀山天皇が後小松天皇に神器を譲って南北朝が合体したのは1392年である。**問7**．すべて誤り。**ア**．応永の乱で大内義弘が滅んだのは堺である。**イ**．明徳の乱で滅ぼされたのは山名氏清である。堺も誤り。**ウ**．明徳の乱で山名氏清が滅ぼされた場所は京都である。**問8**．**ア**．1416～17年にかけて，上杉禅秀の乱を鎮定したのは，4代将軍足利義持である。**イ**．足利学校は15世紀中頃に，下野国に再興された。**ウ**．北条時行は北条高時の子。「北条氏の遺子である北条時行」ではなく，「足利持氏の遺子春王丸・安王丸」が正しい。**エ**．正長の徳政一揆が起こった1428年は，足利義教が籤で6代将軍に決定した年である。したがって当時はまだ「足利義教の強圧的な施策」は展開されていない。**問9**．**ア**．応仁の乱後も両畠山氏の軍勢は争っていたため，1485年の山城の国一揆で国外に退去させた。**ウ**．日野富子の実子は足利義視ではなく，足利義尚である。**問10**．**ウ**．「守護代の毛利氏」が誤り。大内義隆は家臣の陶晴賢によって自殺に追い込まれ，陶晴賢の勢力は毛利元就によって奪われた。

❷ 解説　問1．『凌雲集』は，嵯峨天皇の命で撰上された最初の勅撰漢詩文集で，小野岑守・菅原清公らが編集し，814年に成立した。『菅家文草』は，菅原道真の漢詩文集で，900年に醍醐天皇に奏上された。『和漢朗詠集』は，藤原公任が朗詠に適した和歌と漢詩文を撰修したもので，1013年頃に成立した。**問2**．**1**．『教行信証』は浄土真宗(一向宗)を開いた親鸞の著書で，1224年に成立。**2**．『往生要集』は比叡山横川恵心院に居した源信(恵心僧都)の著書で，985年に成立。**4**．『摧邪輪』は華厳宗の僧高弁(明恵)の著書で，法然の『選択本願念仏集』を批判した。**問3**．安芸国は現在の広島県。厳島神社は平氏の氏神のような崇敬を

受けた。**問4**．X．源頼朝は1180年，相模国の石橋山の戦いで，大庭景親の軍勢に敗れた。Y．源義仲は1183年，越中国の倶利伽羅峠（＝砺波山）の戦いで，源義仲軍が平維盛軍を敗走させた。**問5**．**1**．観勒は602年，推古天皇の時に来日した百済僧で，日本に天文・暦法を伝えた。**2**．陳和卿は宋の工人。大船を建造したが進水できず，失敗した。**3**．無学祖元は南宋から来日し，北条時宗が創建した円覚寺を開山した。**4**．祖阿は1401年，足利義満によって正使として明に派遣された。**問6**．**2**．六波羅蜜寺の「空也上人像」は，運慶の第４子の康勝が制作した。**3**．興福寺の「天灯鬼像・竜灯鬼像」は，運慶の第３子の康弁が制作した。**4**．「上杉重房像」は肖像彫刻の一つで，鎌倉の明月院に蔵されている。**問7**．**1**．三仏寺投入堂は，伯耆国（現鳥取県）に所在する院政期文化を代表する建造物で，懸造（かけづくり）でできている。**2**．京都の蓮華王院本堂（通称三十三間堂）は，和様建築の代表である。**4**．河内国（現大阪府河内長野市）に所在する観心寺金堂は，折衷様の代表作である。**問8**．**1**．『北野天神縁起絵巻』には，北野神社の由来や菅原道真の生涯が描かれている。**2**．『春日権現験記』は，高階隆兼が春日明神の霊験談を描いたもの。**3**．『蒙古襲来絵巻（絵詞）』は，肥後の御家人竹崎季長が自己の武功を後世に伝えるために描かせたものといわれる。**4**．『四季山水図巻』は室町時代，15世紀後半に雪舟が制作した作品で，「山水長巻」とも呼ばれる。**問9**．**1**．犂（からすき）は，牛馬に引かせて用いた耕作具。「松崎天神縁起絵巻」に描かれている。**2**．木鍬は木鋤とともに，弥生時代から用いられた耕作具。**3**．唐箕は，籾殻や塵芥を風力によって箱外に飛ばす選別装置で，17世紀に中国から伝来した。**4**．竪杵は，弥生時代に木臼とともに用いられた脱穀具。**問10**．**1**．道元は曹洞宗の開祖で，『正法眼蔵』を著した。**2**．夢窓疎石は後醍醐天皇や足利尊氏らの帰依を得た臨済僧で，天龍寺の開山にあたった。**3**．蘭溪道隆は1246年に来日した南宋の僧で，北条時頼が創建した建長寺を開山した。**4**．栄西は京都の建仁寺を開いたほか，禅の本質を『興禅護国論』にまとめた。**問11**．X．山名持豊（宗全）は四職の一人。ここでは細川勝元が正しい。Y．足軽の動きは「真如堂縁起」に描かれている。「粉河寺縁起絵巻」は12世紀後半，鎌倉時代の作品なので，絵巻の中に足軽は登場しない。**問12**．**1**．修学院離宮は後水尾天皇の山荘。**2**．八条宮智仁親王は後陽成天皇の弟にあたる。桂離宮は数寄屋造建築のほかに，回遊式庭園も見どころである。**3**．醍醐寺三宝院の庭園や表書院は安土桃山時代に造営された。**4**．神泉苑では，鎮魂の法会である御霊会などが行われた。**問13**．**2**．鞆は，広島県に所在する古代からの港町。『万葉集』にも鞆の浦を読んだ和歌が８首収められており，近世には潮待ち港として栄えた。**3**．春日山は，越後の戦国大名長尾氏（上杉氏）の城下町。**4**．鹿児島は，薩摩の戦国大名島津氏の城下町。**問14**．**1**．相国寺は京都五山の第２位で，花の御所の東側に位置していた。**2**．寿福寺は，北条政子が創建し，栄西が開山した鎌倉五山の第３位。**3**．天龍寺は，足利尊氏・直義が後醍醐天皇の冥福を祈るために創建した京都五山第１位の寺院。その創建費用を得るために1342年に天龍寺船が派遣された。**4**．東福寺は京都五山第４位の臨済宗寺院。**問15**．侘茶は村田珠光に始まり，武野紹鷗に受け継がれ，安土桃山時代に千利休によって大成された。**2**．桂庵玄樹は肥後の菊池氏や薩摩の島津氏に招かれて儒学を講じ，その門流は薩南学派と呼ばれた。**4**．一休宗純は大徳寺の僧で，著書に『狂雲集』がある。

❸ 解説 **ア**．南朝の重臣で，官職制度について触れた『職原抄』なども著した。**ウ**．京都と鎌倉に定められた臨済宗の官寺で，足利義満によって制度化された。官寺を管理する組織が僧録司で，初代僧録に春屋妙葩が任じられた。**エ**．臨済宗では大徳寺や妙心寺，曹洞宗では総持寺などもこれに該当する。**カ**．民間に広まった一種の流行歌でもある。**ク**．室町時代に活躍した学者で，太政大臣・関白もつとめた。足利義尚の諮問に答えた『樵談治要』のほか，『源氏物語』の注釈書である『花鳥余情』なども著した。**コ**．初代の庠主（しょうじゅ）（校長）は，鎌倉の円覚寺から迎えられた快元である。

19 織豊政権と桃山文化 133

❶ 解答 **問1**．③ **問2**．① **問3**．③ **問4**．② **問5**．④
❷ 解答 **A**．天守閣 **B**．池田輝政 **C**．狩野永徳 **D**．洛中洛外図 **E**．狩野探幽
〔問〕 近江国

❶ 解説　問1．③本陣は肥前国の名護屋(現在の佐賀県唐津市鎮西町)におかれた。問2．②李如松は明の軍人。③李退渓は朝鮮の儒学者で，林羅山らに大きな影響を及ぼした。④李参平は有田焼を創始した朝鮮の陶工である。問3．①壬辰倭乱は，1592年の文禄の役の朝鮮側の呼称。③丁酉倭乱は，1597年の慶長の役の朝鮮側の呼称である。問4．②浅野長政は，五奉行の1人である。問5．④平戸焼は，平戸藩主松浦氏のもとで制作された。
❷ 解説　C．「唐獅子図屛風」がヒント。

20 幕藩体制の確立　139

❶ 解答　問1．①　問2．④　問3．③
問4．③　問5．②
❷ 解答　問1．2　問2．1　問3．3

❶ 解説　問1．②天海は徳川家康を久能山から日光山に改葬した天台宗の僧侶。上野忍ヶ岡に創建された寛永寺の開山にもあたった。③林羅山は徳川家康から徳川家綱まで4代将軍の侍講となった。1635年発布の武家諸法度寛永令も起草した。④三浦按針はリーフデ号の水先案内人だったイギリス人ウィリアム=アダムズの日本名。問2．④本多正純は本多正信の長男。1622年に改易され，出羽に配流された。問3．③伊豆守を称し，才気あふれたことから「知恵伊豆」ともよばれ，幕府が抱えた諸問題の解決にとり組んだ。問4．①外交関係をとり扱った役所として，幕末に海防係を廃して外国奉行が設置された。②は老中，④は大目付の説明文である。問5．②寺社奉行は譜代大名から選任された。将軍直属で，三奉行の中で最も格式が高かった。
❷ 解説　問1．徳川家光の将軍在位は，1623～51年である。1．紫衣事件は1627～29年で，大徳寺の僧沢庵が出羽に流された。2．1616年で，2代将軍秀忠のときである。3．島原の乱は1637～38年。4．田畑永代売買の禁止令が出されたのは1643年。問2．1．酒井忠清は4代将軍徳川家綱を補佐して権力を握った。屋敷が大手門下馬札の前にあったことから，「下馬将軍」と俗称された。問3．1615年の武家諸法度元和令は崇伝が起草し，家康が伏見城に諸大名を集めて秀忠の名前で発布した。1683年の武家諸法度は天和令と呼ばれ，5代将軍綱吉が発布した。史料は，武断主義から文治主義への転換を象徴している部分である。

21 江戸前期の外交　145

❶ 解答　A－2　B－1　C－3　D－5
E－4　F－3
❷ 解答　問1．支倉常長　問2．アユタヤ
問3．(老中)奉書　問4．謝恩使　問5．3
問6．2　問7．3　問8．1　問9．2

❶ 解説　A．16世紀最後の年である。B．臼杵湾に漂着した。D．オランダは1609年，イギリスは1613年に平戸に商館を開いた。F．1．納屋助左衛門はルソンとの貿易で巨利を得た堺の豪商である。2．末吉孫左衛門は銀座の創設に尽力したほか，朱印船貿易家としても活躍した摂津平野の豪商。4．河村瑞賢は江戸の商人で，西廻り海運・東廻り海運を整備したほか，安治川の開削にも尽力した。5．末次平蔵は朱印船貿易家として活躍したほか，長崎の代官も務めた。
❷ 解説　問1．1613年に現在の宮城県石巻市月浦から出航し，1620年に帰国した。問2．シャム(現タイ)におけるアユタヤ王朝の首都で，アユチャともいう。問3．老中が発行した許可状で，1633年には奉書船以外の海外渡航が禁止された。問4．謝恩使に対して，将軍交代ごとに慶賀のために来日した使節を慶賀使という。問5．3．家康から三浦半島に領地を拝領したので，三浦按針と名乗った。問6．2．銅は輸出品である。問7．3．イギリスは1613年に退去。スペインは1624年，ポルトガルは1639年にそれぞれ来航が禁止された。問9．1．そのため初期の使節は回答兼刷還使と呼ばれる。2．通信使は大坂までは海路，そこから江戸までは陸路を使った。3．朝鮮からは前後12回の使節が来日した。

22 文治政治の展開　149

❶ 解答　問1．4　問2．3　問3．2
問4．2　問5．4　問6．3

❶ 解説　問1．1．金沢文庫は，鎌倉時代に金沢実時(北条実時)が武蔵国に創建した称名寺の境内に開設した文庫である。2．開智学校は，明治時代に現在の松本市に創設された擬洋風の小学校建築。3．足利学校は，室町時代に関東管領上杉憲実が下野国に再興した。4．閑谷学校は，岡山藩主池田光政が創設した郷学である。問2．1．天文方・歌学方は５代将軍徳川綱吉の時代に設置され，天文方に貞享暦を作成した渋川春海(安井算哲)，歌学方に『源氏物語湖月抄』を著した北村季吟が就任した。2．弘道館は徳川斉昭によって開かれた水戸藩の藩学である。3．徳川光圀は江戸に彰考館を設けて『大日本史』の編纂に着手した。4．儒学者荻生徂徠を侍講としたのは徳川吉宗である。問3．2．林羅山ではなく，林鳳岡(信篤)が正しい。問4．X．１行目に「早速届けるに及ばず」とあるので，bは誤文と判断できる。Y．１行目に「犬計りに限らず」とあるので，cは誤文と判断できる。問5．服忌令は1684年に定められた武家の服喪に関する規定なので，4が正解。問6．3．勘定吟味役の荻原重秀の意見をもとに貨幣を改鋳し，1695年に元禄小判が鋳造された。4．神尾春央は享保期の勘定奉行で，「胡麻の油と百姓は絞れば絞るほど出るものなり」(本多利明『西域物語』)と放言したという。

23 江戸時代の産業･貨幣と交通の発達　155

❶ 解答　問1．A―③　B―①　C―③
問2．①　問3．⑤　問4．④　問5．③
問6．③

❶ 解説　問1．A．③道中奉行は大目付・勘定奉行から各１名ずつ選任され，官道である五街道を管轄した。一般道を管轄したのは勘定奉行である。B．①菱垣廻船は17世紀前半にはじまったといわれる。②樽廻船は18世紀前半にはじまった。③北前船は西廻り航路に就航した。④内海船は尾州(びしゅう)廻船ともいい，江戸～上方間に就航した。⑤高瀬船は河川や湖沼などで活躍した小型の船で，京都の高瀬川の名称は高瀬船が就航したことから名づけられた。C．③河村瑞賢は安治川の開削にも尽力した。⑤角倉了以は大堰川・高瀬川・富士川・天竜川などの開削に尽力した。問2．②北国街道は五街道には含まれない。③旅籠ではなく，問屋場が正しい。④駅逓司ではなく，飛脚が正しい。⑤運上ではなく，助郷役が正しい。問3．①慶長金銀が鋳造されたのは1600年，寛永通宝は1636年に鋳造されたので，「徳川秀忠」は誤り。②江戸は金遣い，上方が銀遣いである。③藩札は領内に流通したので，「全国的に流通した」は誤り。④金貨・銭貨は計数貨幣で，銀貨が秤量貨幣である。問4．④「中之島」とあるので，江戸ではなく，大坂が正しい。問5．③阿波は藍の産地。紅花の産地は出羽である。問6．①十組問屋ではなく，二十四組問屋が正しい。②二十四組問屋ではなく，十組問屋が正しい。④江戸の魚市場は日本橋にあった。雑喉場は大坂の魚市場である。⑤大坂では天満は青物市場，堂島に米市場があった。

24 寛永期の文化と元禄文化　159

❶ 解答　A．本朝通鑑　B．彰考　C．保科正之　D．閑谷　E．若衆　F．談林　G．町人　H．浮世
❷ 解答　問1．③　問2．③　問3．①
問4．④　問5．②
❸ 解答　問1．a　問2．d

❶ 解説　A．『本朝通鑑』は神武天皇から後陽成天皇までをあつかった編年体の歴史書。C．保科正之は徳川家光の異母弟にあたる人物。E．元服前の少年が演じたが，綱紀粛正のために禁止となった。F．松永貞徳にはじまる貞門派に対し，自由な作風を特徴とする。G．『日本永代蔵』も町人物の代表作である。
❷ 解説　問1．①②③は俳諧紀行文で，④は芭蕉とその一門の俳句集である。③『野ざらし紀行』は門人千里をともない，江戸深川から東海道を通って郷里の伊賀に帰り，翌年，甲斐を経て再び江戸にもどるまでの行程を記した紀行文で，『甲子吟行(かっしぎんこう)』ともいう。問2．①武家物には『武道伝来記』・『武家義理物語』がある。②世話物には『曽根崎心中』・『心中天網島』・『冥途の飛脚』がある。④好色物には『好色一代男』・『好色五人女』などがある。問4．①山崎闇斎は垂加神道を提唱。②伊藤仁斎は京都に古義堂を設立。③近江聖人とも呼ばれた中江藤樹は，私塾藤樹書院を開設した。④

陽明学者の熊沢蕃山は『大学或問』で幕政を批判したため，下総古河に幽閉された。**問5**．①貝原益軒は本草書として『大和本草』を著した。②従来の宣明暦に誤差が生じたので，渋川春海(安井算哲)は元の授時暦をもとに日本人の手による最初の暦として貞享暦を作成した。③宮崎安貞は最初の体系的農書として1697年に『農業全書』を刊行した。④関孝和は和算を大成し，和算書として1674年に『発微算法』を刊行した。

❸ 解説 **問1**．**a**．「風神雷神図屏風」は俵屋宗達の作品である。**問2**．**a**．『大学或問』は熊沢蕃山の著書。また知行合一を説いたのは中江藤樹である。**b**．『冥途の飛脚』は近松門左衛門の作品である。**c**．酒井田柿右衛門は赤絵を完成させた。色絵を完成させて京焼の祖となったのは野々村仁清である。

25 幕政改革と藩政改革 163

❶ 解答 **問1**．和歌山県 **問2**．4 **問3**．3 **問4**．2 **問5**．3 **問6**．4 **問7**．4 **問8**．相対済し令 **問9**．3

❶ 解説 **問2**．X．『采覧異言』は新井白石が著した世界地理書。田中丘隅は政治意見書として『民間省要』を著して吉宗に献上した。Y．勝手方は財政，公事方は訴訟を担当した。**問3**．**3**．御用取次とは，将軍の居室と御用部屋の間の取次を仕事とした役職で，側衆から選ばれた。**4**．勝手掛老中は1680年，5代将軍徳川綱吉の時堀田正俊が任命されたのが最初である。**問5**．X．定火消ではなく，町火消が正しい。**問6**．**1**．『聖教要録』は古学者の山鹿素行の著書。**2**．『本朝通鑑』は林羅山・林鵞峰の著書。**3**．『政談』は古文辞学者の荻生徂徠が徳川吉宗に上呈した政治意見書である。**問7**．**1**．投書箱は評定所の前に設置された。**2**．投書用の箱は，江戸町奉行ではなく，将軍自らが開いた。**3**．医療施設は，武士ではなく貧民を対象としたものであった。**問9**．**1**．町人の出資による町人請負新田もあった。**2**．印旛沼の掘割工事は，天明期には田沼意次の罷免によって挫折し，天保期には水野忠邦の失脚によって中止されたので，「完了した」は誤り。**4**．その年の豊凶に関係なく税率を定めるのが定免法で，その年の作柄を調べて税率を決める方法は検見法である。

26 列国の接近と鎖国の崩壊 167

❶ 解答 (1)—ニ (2)—ロ (3)—ニ (4)—ニ (5)—ホ (6)—ホ (7)—ハ (8)—ハ (9)—ニ (10)—イ

❶ 解説 (1)**ニ**．田沼意次は1767年に側用人となり，1772年に老中に昇進したが，側用人役も兼務した。(2)**ロ**．工藤平助の『赤蝦夷風説考』をきっかけに，最上徳内らを蝦夷地調査に派遣した。(4)**イ**．『海国兵談』の著者は林子平。**ロ**．『慎機論』の著者は渡辺崋山。**ハ**．『三国通覧図説』の著者は林子平。**ホ**．『戊戌夢物語』の著者は高野長英。(5)**ホ**．レザノフは，長崎回航許可証(＝信牌)をもって来航した。(10)**イ**．アロー戦争は1856～60年。清国官憲によるアロー号臨検に抗議したイギリスが，フランスとともに出兵して広東を占領し，1858年に天津条約を結んだ。**ロ**．クリミア戦争は1853～56年。**ハ**．壬午軍乱は1882年。**ニ**．土木の変は1449年，明の6代皇帝英宗がモンゴル系部族のオイラートの捕虜になった事件。**ホ**．北清事変は1900年で，連合軍が義和団の乱を鎮定。

27 宝暦・天明期の文化と化政文化 171

❶ 解答 **問1**．**a**—吉宗 **b**—田能村竹田 **問2**．4 **問3**．1 **問4**．2 **問5**．3 **問6**．2 **問7**．1
❷ 解答 **問1**．③ **問2**．②

❶ 解説 **問1**．**b**．田能村竹田は豊後竹田の文人画家で，代表作に「亦復一楽帖」などがある。**問2**．**3**．小田野直武は秋田藩士で，平賀源内に西洋画を学び，秋田蘭画を確立した。『解体新書』の挿絵を描いたことで知られる。**問3**．**2**．大田南畝は蜀山人・四方赤良などの名をもつ狂歌師で，『万載狂歌集』を編纂した。**3**．円山応挙は遠近法をとり入れた写生画を創作し，「雪松図屏風」「保津川図屏風」などを制作した。**4**．亜欧堂田善は白河藩主松平定信に仕え，画才を認めら

れた。代表作に「浅間山図屏風」がある。**問4**．**2**．『南総里見八犬伝』は曲亭馬琴の代表的な読本である。上田秋成は『雨月物語』を著した。**問5**．**3**．東郷神社には東郷平八郎がまつられている。神社の創建は1940年なので，江戸時代には存在しない。**問6**．**3**．東洲斎写楽の代表作には「三代目大谷鬼次の奴江戸兵衛」などがある。**4**．喜多川歌麿は美人画を得意とし，「当時全盛美人揃」などを制作した。

❷ 解説　問1．③「人形浄瑠璃」と「歌舞伎」が逆。江戸後期になると，人形浄瑠璃にかわって歌(唄)浄瑠璃が盛んになった。また，七代目市川団十郎は人形遣いではなく，歌舞伎役者である。**問2**．①菅江真澄は東北地方を遊歴し，『菅江真澄遊覧記』を残した。『北越雪譜』は鈴木牧之の作品である。③小林一茶は俳書『おらが春』を著した。『奥の細道』は松尾芭蕉の作品。④「東海道五十三次」は歌川広重の作品である。

28 江戸時代の学問・思想・教育　179

❶ 解答　問1．①ーキ　②ース　③ーソ　④ーオ　⑤ート　⑥ーア　⑦ータ　⑧ーコ　**問2**．方広寺　**問3**．京学　**問4**．徳川綱吉　**問5**．知行合一　**問6**．松平定信　**問7**．柴野栗山　**問8**．ア　**問9**．聖教要録　**問10**．エ　**問11**．徳川吉宗　**問12**．法や制度の必要性や商業藩営論を主張した。(20字)

❶ 解説　問2．方広寺鐘銘事件をきっかけに1614年に大坂冬の陣がおこった。**問5**．知行合一とは，陽明学における基本的な考え方で，「知」と「行」は別々ではなく，1つにならないと意味をなさないとする。たとえば，「孝」という徳についての知識(＝知)はもっていても，それを実行(＝行)しないと「孝」は成立しないとする考え方である。**問7**．尾藤二洲・古賀精里・岡田寒泉でも正解。**問8**．**イ**．弘道館は水戸藩(徳川家)の藩学。**ウ**．時習館は熊本藩(細川家)の藩学。**エ**．明倫館は長州藩(毛利家)の藩学。**オ**．興譲館は米沢藩(上杉家)の藩学。**問9**．山鹿素行は『聖教要録』で朱子学を批判したため，赤穂に配流となった。**問10**．**エ**．京都堀川に古義堂を創設したので，堀川学派ともよばれる。**問12**．荻生徂徠は，為政者のなすべきことは政治制度を整えること，それが経世済民の学だと考えたほか，『政談』の中で武士土着論も展開した。太宰春台は『経済録拾遺』の中で，諸藩が積極的に経済活動を行うべきと考えた。

近世の実戦演習　180

❶ 解答　A－1　B－6　C－12　D－3　E－30　F－24　G－4　H－27　I－8　J－23　K－20　L－14　M－21　N－10　O－16　P－19　Q－32

❷ 解答　問1．a　**問2**．a．ロ　b．ロ　c．イ　**問3**．c　**問4**．a．ロ　b．イ　c．ロ　**問5**．a．イ　b．イ　c．イ　**問6**．a．イ　b．ロ　c．ロ　**問7**．a．ロ　b．イ　c．イ　**問8**．a．ロ　b．イ　c．ロ　**問9**．a．イ　b．イ　c．ロ　**問10**．a．イ　b．ロ　c．イ　**問11**．a．イ　b．イ　c．ロ　**問12**．a．イ　b．ロ　c．イ

❸ 解答　問1．①　**問2**．②　**問3**．①　**問4**．④　**問5**．③　**問6**．③　**問7**．⑤　**問8**．②　**問9**．②　**問10**．④　**問11**．③　**問12**．⑤

❶ 解説　B・Q．秀吉の姓は，木下→羽柴→豊臣と変遷した(一時期「平」や「藤原」姓を名乗ったこともあった)。**D**．豊臣秀吉は，備中高松城を水攻め中に本能寺の変(＝織田信長の死)を知り，毛利氏と一時和解した。**E**．山崎の戦いは，現在の京都府下でおこった。**F**．織田信長の重臣で，朝倉義景滅亡後，越前の北庄(現在の福井市)を中心に北陸地方を経営した。**G**．賤ケ岳の戦いは，現在の滋賀県下でおこった。**H**．織田信長の3男で，秀吉とともに明智光秀の討伐に尽力したが，のちに秀吉と対立し，1583年に自害に追い込まれた。**I**．石山本願寺は一向宗の寺院なので，ここでは寺内町が正解。**J**．大坂といえば経済都市というイメージがあるが，空欄［ I ］との関連からみると，原初的には宗教都市として発達したことがわかる。御(み)堂筋(どうすじ)などの地名もそれを物語っている。**L**．豊臣秀吉と，織田信雄・徳川家康連合軍との戦いで，のち和睦した。**M**．現在の和歌山県にあたる。**N**．紀伊の根来

寺の僧兵と雑賀衆による一向一揆で，1585年に秀吉によって鎮圧された。**O・P・Q**．1585年から1586年の秀吉の動向：根来・雑賀一揆を平定(1585)→関白となる(1585)→四国平定(1585／長宗我部元親，秀吉に降伏する)→太政大臣となる(1586)→豊臣の姓を受ける(1586)

❷ 解説　問1．**a**．堀田正俊は1684年，江戸殿中で若年寄の稲葉正休(まさやす)によって暗殺された。**問2**．**a**．相対済し令は８代将軍徳川吉宗の享保の改革で発布された。**b**．はじめて殉死が禁止されたのは，４代将軍徳川家綱のときである。**c**．1683年の天和の武家諸法度に明記された内容である。**問3**．林鳳岡は林鵞峰の子で，最初の大学頭となった。林信篤ともいう。**問4**．**a**．服忌令は忌引きの日数などを決めた法令。捨子の保護については，生類憐みの令に示されている。**b**．服忌令は，神道の影響から発布された。**c**．服忌令による風潮は，江戸時代を通して受け継がれたので，「吉宗の時代に廃止」は明らかに誤り。**問6**．**a**．閑院宮家を創設し，天皇家との結びつきを強めた。**b**．「日本国王」と「日本国大君」が逆。吉宗のときに旧に復した。**c**．御用取次は徳川吉宗のときに設置された。**問7**．**a**．元禄文化は鎖国時代に開花した文化なので，「海外の文化の影響をより強く受けている」は明らかに誤り。**問8**．**a**．仮名草子ではなく，浮世草子が正しい。**b**．西鶴は談林派の俳諧師でもあった。**c**．『日本永代蔵』は町人物。世話物とは近松門左衛門の「曽根崎心中」などの作品のこと。**問9**．**c**．川柳ではなく，連歌が正しい。**問10**．**b**．竹本義太夫は浄瑠璃大夫(たゆう)。人形遣いでは辰松八郎兵衛が活躍した。**問11**．**a**．尾形光琳は俵屋宗達の画風を取り入れ，琳派をおこした。**b**．尾形光琳の蒔絵では「八橋蒔絵螺鈿硯箱」が知られている。**c**．幕府の御用絵師になったのは，狩野探幽である。**問12**．**b**．関孝和は和算を大成し，『発微算法』や『括要算法』を著した。『塵劫記』は吉田光由の著書。

❸ 解説　問1．X．浅間山の噴火は1783年。Y．発端は大坂での打ちこわしで，江戸をはじめ全国の都市部に広がった。**問2**．徳川家斉の将軍在位は1787～1837年まで。①明暦の大火は1657年で，４代将軍家綱の時。②異国船打払令(無二念打払令)は1825年。③公事方御定書は1742年で，８代将軍吉宗のとき。④天保の薪水給与令は1842年で，12代将軍家慶のとき。⑤プチャーチン(プゥチャーチン)の長崎来航は1853年で，12代将軍家慶のとき。**問3**．②松平定信は，徳川吉宗の孫である。③寛政の改革は1787～93年なので，老中在位は６年である。④『折りたく柴の記』は新井白石の自叙伝。松平定信は自叙伝『宇下人言』を著し，引退後には随筆『花月草紙』を著した。**問4**．①寄場組合の設置は1827年なので，寛政の改革後である。②人返しの法(人返し令)は1843年，水野忠邦の天保の改革のときである。③上げ米(上米)は徳川吉宗の享保の改革の一環として，1722年から実施された。**問5**．X．関東取締出役は1805年に設置されたので，定信の改革とは無関係。**問7**．札差に対して，６年以前の借金を放棄させ，５年以内の借金は低利で年譜償還させるというものである。札差は蔵宿ともよんだので，この棄捐令を蔵宿棄捐令ともよぶ。**問8**．Y．ロシア使節のラクスマン(ラックスマン)は1792年に根室に来航した。**問9**．①④高田屋嘉兵衛は淡路の廻船業者で，ゴローウニン事件の解決に尽力した。③その見聞は桂川甫周によって『北槎聞略』にまとめられた。**問10**．③択捉島に「大日本恵登呂府」の標柱をたてたのは近藤重蔵である。④シャクシャインの戦いは1669年なので，時系列的にも合致しない。**問11**．①『金々先生栄花夢』は恋川春町の作品で，寛政の改革で弾圧された。②『仕懸文庫』は山東京伝の作品で，寛政の改革で弾圧された。③『海国兵談』は1791年に刊行されたが，人心を惑わすものとして版木が没収された。④『経世秘策』は1798年に成立した本多利明の書物。**問12**．①紫衣事件は1627～29年で，大徳寺の僧沢庵が出羽に配流となった。後水尾天皇から明正天皇に譲位する契機となった事件。②宝暦事件は1758年，竹内式部が公家に対して尊王思想を説いたという理由で処罰された事件。③赤穂事件は1702年に赤穂浪士が吉良義央邸に討ち入り，主家の復讐を果たした事件。④八月十八日の政変は1863年。公武合体派が急進的な尊攘派を京都から追放した事件。⑤尊号一件とは，1789年に皇位についたことのない光格天皇の父閑院宮典仁親王に上皇の称号を贈ろうと幕府にはかったが実現しなかった事件。

29 幕末の情勢 187

❶ 解答　問1．ウ　問2．ウ　問3．エ　問4．ア　問5．イ　問6．ウ　問7．ア　問8．ウ

❶ 解説　問1．ウ．協定関税制をとっていたために，日本には関税自主権がなかったが，アメリカが日本に関税を支払わないというものではなかった。**問2．ア．**貿易は大幅な輸出超過となった。**イ．**アメリカではなく，イギリスが正しい。アメリカは南北戦争の影響によって，対日貿易は不振であった。**エ．**江戸の問屋を保護するために，幕府は1860年に五品江戸廻送令を出し，生糸など5品目に限って，江戸の問屋を経由させることを命じた。**問3．エ．**天保の薪水給与令は，1842年に老中水野忠邦のもとで発布された。**問4．ア．**老中阿部正弘は公武協調の立場から，安政年間(1854～60年)に幕政改革をすすめた(＝安政の改革)。**問5．イ．**安藤信正が，和宮降嫁に憤慨した尊攘派志士によって負傷した事件。**問6．ウ．**将軍後見職に就任したのは一橋慶喜である。松平慶永は政事総裁職に就任。**問7．ア．**1863年，長州藩を中心とする急進的尊攘派が，薩摩・会津などの公武合体派によって京都から追放された事件。**イ．**禁門の変は1864年，池田屋事件を機に長州藩が京都に入り，薩摩・会津・桑名藩兵と交戦して敗走した事件。**ウ．**生野の変は1863年，尊攘派の平野国臣が沢宣嘉を擁し，生野の代官所を襲撃した事件。**エ．**天誅組の変は1863年，中山忠光・吉村寅太郎ら尊攘派が，大和五条の代官所を襲撃した事件。**問8．ウ．**フランス公使のロッシュは幕府を支持し，イギリス公使のパークスは薩摩・長州に接近した。

30 明治維新 191

❶ 解答　空欄：A．華　**B．**1871　**C．**秩禄　**D．**敬神　**問1．**知藩事　**問2．**大村益次郎　**問3．3　問4．**第十五国立銀行〔十五銀行〕　**問5．2　問6．**壬申戸籍

❶ 解説　空欄：A．華族はのちに貴族院を構成した。**D．**太田黒伴雄(おおたぐろともお)ら旧熊本藩の士族らの反乱で，敬神党の乱または神風連の乱ともいう。**問1．**知藩事は1871年の廃藩置県で廃止された。**問2．**近代軍制は，大村益次郎の遺志を山県有朋が実現させる形で発足した。**問4．**第十五国立銀行(十五銀行)は，1927年の金融恐慌で休業に追い込まれた。**問5．1．**江藤新平は1874年の佐賀の乱の中心人物である。**問6．**1872年の干支をとって壬申戸籍とよばれる。

31 自由民権運動と立憲国家の成立 195

❶ 解答　問1．議政官　**問2．**左院　**問3．**木戸孝允　**問4．**保安条例　**問5．**佳人之奇遇　**問6．**超然主義　**問7．**憲政党
❷ 解答　問1．お　問2．う

❶ 解説　問1．議政官は上局(議定・参与で組織)と，下局(藩を代表する貢士(こうし)で組織)で構成された。下局は1869年に貢士対策所から公議所，さらに集議院へと改称した。**問2．**左院は1871年の廃藩置県後の太政官の官制改革で設置された立法諮問機関。**問4．**三大事件建白運動・大同団結運動に対して政府が講じた弾圧策。その結果，尾崎行雄・星亨・中江兆民ら570名余りが皇居外3里の地に3年間追放された。**問5．**政治小説にはそのほか末広鉄腸『雪中梅』や矢野龍溪『経国美談』などがある。**問6．**1889年に黒田清隆が地方長官を鹿鳴館に集め，その前で演説した。**問7．**憲政党は1898年，星亨が主導する旧自由党系の憲政党と大隈重信を中心とする旧進歩党系の憲政本党に分裂。前者は第2次山県有朋内閣と提携して1898年に地租増徴案を成立させ，地租が地価の3.3%となった。

❷ 解説　問1．西南戦争は1877年2月にはじまり，9月に西郷隆盛が自刃して終息した。**あ．**佐賀の乱は1874年なので，西南戦争以前のできごとである。**い．**立志社建白は1877年，西南戦争のさなかに出されたので，題意に合致しない。**う．**民撰議院設立建白書を左院に提出したのは1874年。**え．**徴兵反対一揆や学制反対一揆は1873年ごろから発生した。**問2．あ．**大審院は1875年の大阪会議の結果，設置された。**い．**大阪会議に参加したのは，大久保利通・板垣退助・木戸孝允で，大隈重信は含まれない。**え．**三大事件建白運動は

1887年なので，年代が合致しない。**お**.『日本国憲按』を作成したのは元老院である。

32 資本主義の発達と社会・労働運動 199

❶ 解答　問1．**3　問2**．**3　問3**．**5**
問4．**4　問5**．**4**

❶ 解説　問1．**3**．輸入器械に学んで在来技術を改良した器械を利用したので，「輸入器械を利用していた」は誤り。**問2**．**3**．生産が軌道に乗ったのは日露戦争の頃からなので，「創業当初から順調に生産を進めた」は誤り。**問3**．**5**．日本社会党ではなく，片山潜・安部磯雄・幸徳秋水らが結成した社会民主党が正しい。また，「即時解散」ではなく，2日後に結社禁止となった。**問4**．**4**．鉱毒予防措置の実施を命じたが，操業は停止させなかったので，「鉱毒予防措置の実施を命じなかった」は誤り。**問5**．**4**．米価の上昇は，地主の取り分を増加させたので，「地主の利益には結びつかなかった」は誤り。

33 明治期の外交 203

❶ 解答　空欄：1．遼東半島　**2**．澎湖諸島
問1．③　**問2**．④　**問3**．④　**問4**．②
問5．①

❶ 解説　問1．X．南満州鉄道株式会社は日本が設立した半官半民の国策会社である。**問2**．①北清事変ではなく，日清戦争が正しい。②北京議定書ではなく，下関条約(日清講和条約)が正しい。③義兵運動ではなく，1899年から1900年にかけて起こった義和団の乱が正しい。**問3**．①ほか1カ国と交戦した場合は中立を守ることとされたので，「参戦することが義務づけられた」は誤り。②第4次伊藤博文内閣ではなく，第1次桂太郎内閣が正しい。③韓国ではなく，清国が正しい。**問4**．①「高山樗牛は雑誌『国民之友』」ではなく，「徳富蘇峰は新聞『国民新聞』」が正しい。③樋口一葉ではなく，与謝野晶子が正しい。④『国民新聞』ではなく，『平民新聞』が正しい。

34 議会政治の展開と明治文化 209

❶ 解答　問1．**ア　問2**．**イ　問3**．**エ**
問4．**ア　問5**．**イ　問6**．**イ　問7**．**g**．文部省　**i**．森有礼　**j**．教育勅語　**問8**．**ウ**

❶ 解説　問1．**イ**．東京美術学校に西洋画科が設置されたのは1896年。フェノロサは1890年に帰国しているので「尽力により」は誤り。**ウ**．「悲母観音」は狩野芳崖の作品である。**エ**．明治美術会を設立したのは浅井忠である。**問2**．**ア**．工部美術学校は1876年に工部省工学寮内に併設された。**ウ**．帝国美術院が設立されたのは1919年である。**エ**．二科会は1914年に発足した。**問3**．**ア**．「大原御幸」は下村観山の作品。**イ**．「収穫」は浅井忠の作品。藤島武二は「蝶」「天平の面影」などを制作した。**ウ**．「海の幸」は青木繁の代表作。久米桂一郎は久米邦武の長男で，洋画家として活躍し，白馬会結成にも参加した。代表作に「晩秋」「清水秋景図」などがある。**エ**．東京美術学校に西洋画科を設置したのは黒田清輝である。**問4**．**イ**．「老猿」は高村光太郎の父である高村光雲の作品。**ウ**．朝倉文夫の代表作は「墓守」，「五浦釣人」は平櫛田中(ひらぐしでんちゅう)の作品。**エ**．翻波式は平安時代初期の彫像様式。**問5**．**ア**．宮城道雄ではなく，伊沢修二が正しい。**ウ**．「団菊左時代」は明治中期に現出した。尾上菊之助ではなく，尾上菊五郎が正しい。**問6**．**ア**．日本銀行本店は東京駅とともに辰野金吾の設計による。**ウ**．旧帝国ホテルはアメリカの建築家フランク=ロイド=ライトが設計した。**エ**．関西学院大学時計台はアメリカの建築家ウィリアム=メレル=ヴォーリズが設計した。**問7**．**g**．文部省は，教育行政をつかさどった役所で，初代文部卿は大木喬任(おおきたかとう)。**i**．森有礼は，第1次伊藤博文内閣の文部大臣。**j**．教育勅語は，元田永孚・井上毅によって起草された。**問8**．1872年の学制はフランス，1879年の教育令はアメリカの制度にならったものである。

35 大正時代の政治と社会・文化 215

❶ 解答　問1．1－ク　2－ア　6－ケ　7－オ　8－エ　問2．鈴木文治　問3．4－イ　5－カ　問4．オ　問5．エ　問6．ウ

❶ 解説　問1．2．ロシア革命は1917年。三月革命でロマノフ王朝が倒れ，十一月革命でソヴィエト政権が樹立された。問2．鈴木文治は，1928年に行われた第1回普通選挙で，無産政党の社会民衆党から出馬して当選した。問4．オ．原敬内閣が誤り。米騒動で総辞職したのは寺内正毅内閣である。問5．ア．シーメンス事件は1914年。イ．石井・ランシング協定は1917年に締結。ウ．ワシントン海軍軍縮条約は1922年に締結。オ．三・一独立運動は1919年。問6．X．全国水平社は1922年に結成された。Y．身分解放令(賤称廃止令)が発布されたのは1871年である。Z．部落解放全国委員会は1946年に結成され，1955年に部落解放同盟と改称した。

36 十五年戦争の時代 221

❶ 解答　問1．盧溝橋　問2．石原莞爾　問3．柳条湖　問4．広田弘毅　問5．高橋是清　問6．価格等統制令　問7．軍需省　問8．絶対国防圏

❶ 解説　問1．日中戦争の発端となった事件が起こった場所である。問2．石原莞爾は，関東軍参謀として満州事変や満州国建国を主導した。問3．満州事変の発端となった事件がおこった場所である。問4．広田弘毅は，岡田啓介内閣のあとに挙国一致内閣として組閣し，準戦時体制を構築した。問5．高橋是清は，蔵相として積極財政政策をすすめた。問6．価格等統制令は，1938年の国家総動員法にもとづく勅令として公布された。問7．軍需省は1943年，東条英機内閣のときに新設された。問8．太平洋戦争遂行のためには絶対に確保しておかなければならない地域，という意味である。

37 占領～国際社会への復帰 230

❶ 解答　問1．幣原喜重郎　問2．①団体交渉権　②労働関係調整法　問3．①社会科　②教育基本法　問4．持株会社整理委員会
❷ 解答　空欄：ア．片山哲　イ．経済安定九　ウ．高碕達之助　(A)－⑤　(B)－①　(C)－③　(D)－③

❶ 解説　問1．幣原外交とよばれる協調外交路線をとった。問2．①団結権・団体交渉権・争議権を労働三権という。②1945年の労働組合法，1946年の労働関係調整法，1947年の労働基準法を労働三法と総称する。
❷ 解説　空欄：ア．傾斜生産方式は第1次吉田茂内閣のもとで閣議決定され，片山哲・芦田均内閣にかけて実施された。イ．均衡予算・徴税強化・賃金安定・物価統制など，日本経済自立のためにGHQが指示した9項目の内容である。(B)公正取引委員会は，独占禁止法の目的達成のための機関として設置され，独占的企業の行動規制などにあたっている。(D)IMF8条国とは，国際収支上の理由で為替管理のできない国のこと。

38 高度成長期の日本経済 233

❶ 解答　問1．a．神武　b．過疎　c．交通戦争　d．公害対策基本　e．環境　問2．ア．①－3　②－5　イ．4　ウ．2　エ．3　オ．1

❶ 解説　問1．a．1955～57年までの大型景気。c．交通事故による死者は毎年1万人前後の数に達した。d．公害対策基本法の基本理念は，1993年制定の環境基本法に引き継がれた。問2．ア．①1．「バブル崩壊まで約30年間続いた」が誤り。日本経済は1974年に戦後初のマイナス成長を記録し，約20年間続いた高度成長は終焉を迎えた。2．「金の卵」とは中学卒業後に集団就職などで上京した若年層の労働者のこと。3．石炭から石油へのエネルギー転換が進んだ。4．円高が進んだのは1980年代以降で，特に1985年のプラザ合

意以降，円高が急速に進んだ。②**5**．固定相場制から変動相場制に移行したのは，1973年である。**イ**．**1**．米の消費量は1962年度をピークに，減少傾向に転じた。**2**．国鉄財政は東海道新幹線が営業運転をはじめた1964年から赤字となった。**3**．「40％を超えた」ではなく「20％を超えた」が正しい。**4**．ジェット機が導入されたのは1960年である。**ウ**．**2**．乗用車の普及率が50％を超えるのは，1970年代半ばである。**エ**．**1**．イタイイタイ病はカドミウムの放流が原因。**2**．四日市ぜんそくは石油化学コンビナートによる亜硫酸ガス排出が原因。**4**．水俣病は工場廃液中の有機水銀が原因。**オ**．**1**．1938年の第２次人民戦線事件で検挙された労農派の学者。戦後，３期にわたって東京都知事をつとめた。

39 経済大国への成長　236

❶ 解答　**問1**．**a**．総量　**b**．不良債権
問2．**2・4**　**問3**．超低金利下で資金が投機対象の土地と株に流れて好景気となった。(30字)
❷ 解答　**問1**．**c**　**問2**．**a**－**イ**　**b**－**イ**　**c**－**イ**　**問3**．**a**

❶ 解説　**問1**．**a**．総量規制とは，1990年に当時の大蔵省が不動産価格の異常な高騰現象を沈静化させるために，金融機関に対して行った行政指導のこと。**b**．不良債権とは，金融機関が貸し出した金のうち，回収が困難となった金のこと。**問2**．**2**．カナダ・イタリアは含まれない。**4**．ドル高を是正し，為替市場への国際的協調介入することで合意した。**問3**．投機の対象となった「土地」と「株」の用語は必ず入れること。

❷ 解説　**問1**．**a**．イラン革命は1979年で，日本では第２次石油危機に直面した。**b**．イラン・イラク戦争は1980～88年まで。**c**．第４次中東戦争は1973年で，日本では第１次石油危機を誘発し，1974年の経済成長率はマイナスを記録した。**問2**．**a**．1980年代以降，日本における１人あたりの国民所得はアメリカを抜いた。**c**．ODAの供与額は1989年に世界第１位となった。

40 現代の政治と文化　244

❶ 解答　**問1**．**a**－**イ**　**b**－**ロ**　**c**－**イ**
問2．**c**　**問3**．**b**
❷ 解答　**問1**．住宅金融　**問2**．北海道拓殖　**問3**．**5**　**問4**．**3**

❶ 解説　**問1**．**b**．ヤルタではなく，マルタ島が正しい。**問2**．**a**．人道的見地から難民救援のために1994年に自衛隊がルワンダに派遣された。**d**．東ティモールには2002年に派遣。

❷ 解説　**問1**．住専(＝住宅金融専門会社)の破綻に対して，1996年，橋本龍太郎内閣のときにいわゆる住専処理法案が成立し，住宅金融債権管理機構が設立された。**問2**．北海道拓殖銀行は1900年に開業した特殊銀行。北海道開発のための資金供給を目的としたが，1997年に経営破綻した。**問4**．**3**．「聖域なき構造改革」をスローガンとしたのは，小泉純一郎内閣である。

近・現代の実戦演習　245

❶ 解答　**問1**．銭貨　**問2**．**ウ**　**問3**．厘
問4．**ウ**　**問5**．秩禄処分　**問6**．西南戦争
問7．**エ**　**問8**．軍事費　**問9**．辰野金吾
❷ 解答　**問1**．**1**　**問2**．**1**　**問3**．**2**
❸ 解答　**問1**．③　**問2**．③　**問3**．③
問4．①　**問5**．④　**問6**．①　**問7**．②
問8．④　**問9**．②　**問10**．②
❹ 解答　**問1**．**1**．財閥　**2**．持株会社整理委員会　**3**．過度経済力集中排除　**4**．修身
5．教育委員　**問2**．マッカーサー　**問3**．自身は農業に従事せず，小作料に依存して生活する地主のありかた。**問4**．争議権・団体交渉権・団結権　**問5**．ドッジ＝ライン　**問6**．国家公務員のストライキ(争議)を禁止する政令。**問7**．教育の機会均等・男女共学。義務教育９年制。
❺ 解答　**問1**．**a**　**問2**．**a**．**ロ**　**b**．**ロ**　**c**．**イ**　**問3**．**c**　**問4**．**a**．**ロ**　**b**．**イ**　**c**．**イ**

❶ **解説** **問1**．1636年にはじめて鋳造された寛永通宝に代表される銭貨。銭貨は江戸・近江坂本のほか全国に設置された銭座で鋳造された。**問2**．**ウ**．琉球漁民殺害事件を機に1874年，西郷従道の指揮のもとに出兵した事件。**問3**．伊藤博文の建議で新硬貨を鋳造し，円・銭・厘の10進法を採用した。**問4**．**ウ**．安田銀行ではなく，第一勧業銀行が正しい。**問5**．秩禄処分と廃刀令に憤慨した不平士族は，1876年に神風連の乱や秋月の乱，萩の乱などをおこした。**問6**．不平士族らによる最後の反政府闘争。以後，言論による自由民権運動が本格化した。**問7**．**エ**．農村を地盤としたのは，1881年に板垣退助を中心に結成された自由党である。大隈重信は1882年に立憲改進党を組織し，都市の実業家や知識人らの支持を得た。**問8**．軍事費をいかに捻出し，確保するかが政権の共通課題でもあった。

❷ **解説** **問1**．**2**．三国干渉なので，イギリスではなくフランスが正しい。**3**．1897年に成立したのは大韓帝国。大韓民国は戦後，1948年に李承晩大統領のもとで発足した。**4**．広州ではなく沙市・杭州が正しい。**問2**．**2**．ローゼンではなく，ヴィッテが正しい。**3**．福沢諭吉が「脱亜論」を発表したのは1885年なので，「日露戦争後の状況」という条件に合致しない。**4**．「臥薪嘗胆」は日清戦争後に高まった対露敵愾心（てきがいしん）を示す言葉である。**問3**．**2**．義和団事件を鎮圧するための北清事変にもアメリカ兵は加わっているので，「静観の立場をとった」は誤り。

❸ **解説** **問1**．①重要産業統制法は1931年，浜口雄幸内閣のときに公布。②過度経済力集中排除法は1947年，片山哲内閣のときに公布。③国家総動員法は1938年，第１次近衛文麿内閣のときに公布。④臨時資金調整法は1937年，第１次近衛文麿内閣のときに公布。**問2**．③国家総動員法に基づく勅令として，平沼騏一郎内閣のときに公布。④金融緊急措置令は1946年，幣原喜重郎内閣のときに公布。**問3**．①国家改造運動は昭和初期，軍部や民間右翼を中心におこった。②大同団結運動は明治時代，1880年代後半に展開した。③戦争遂行と国威発揚をはかって実施された。**問4**．①真崎（まさき）甚三郎（じんざぶろう）・荒木貞夫（あらきさだお）らの陸軍皇道派が優勢であったが，1936年の二・二六事件後は東条英機らの統制派が陸軍を主導した。**問5**．④二・二六事件では内大臣斎藤実，教育総監渡辺錠太郎，蔵相高橋是清らが殺害された。**問6**．①北京郊外でおこった銃声事件に端を発する。②南京事件は1937年12月。③張鼓峰事件は1938年，ソ満国境で日本軍がソ連軍に敗北した事件。④ノモンハン事件は1939年，満蒙国境でおこった軍事衝突で，日本軍がソ連の機械化部隊によって壊滅的な打撃をうけた。**問7**．①史料は，1933年に出された国際連盟脱退を伝える一節。②史料は，1938年に出された第１次近衛声明の一節。③史料は，1941年に出されたハル＝ノート回答の一節。④史料は，1943年に採択されたカイロ宣言の一節。**問8**．①価格等統制令は1939年，国家総動員法にもとづく勅令として阿部信行内閣のときに公布された。②七・七禁令は1940年，米内光政内閣のときに公布された。③米が配給制となったのは1941年から。④傾斜生産方式は戦後，経済学者有沢広巳の建議にもとづいて実施された経済政策。石炭・鉄鋼などの重点産業に資金を投入し，その増産がはかられた。**問9**．①文部省が『国体の本義』を発行したのは1937年。②内村鑑三が教育勅語への礼拝を拒否したために教壇を追われたのは1891年(＝内村鑑三不敬事件)。③『国家の理想』などによって矢内原忠雄が退職に追い込まれたのは1937年(＝矢内原事件)。④大内兵衛らが検挙されたのは1938年(＝第２次人民戦線事件)。**問10**．①国体明徴声明が出されたのは1935年，岡田啓介内閣のとき。③太平洋戦争の開戦は1941年。④大東亜会議の開催は1943年。

❹ **解説** **問1**．**1**．三井・三菱・住友・安田など15の大組織。**3**．巨大企業を分割するために，325社が指定されたが，実際に分割されたのは三菱重工業・日本製鉄・王子製紙など11社にすぎなかった。**5**．教育委員ははじめは公選制であったが，1956年の新教育委員会法によって任命制にかわった。**問3**．寄生地主制は，1880年代の松方デフレ政策のもとで急激に進んだ。

❺ **解説** **問1**．**a**．奄美大島が返還されたのは1953年である。**問2**．**a**．日米地位協定ではなく，日米行政協定が正しい。**b**．内灘事件は北陸，石川県でおこったので，「立川基地」との直接的な因果関係はない。立川基地の拡張反対闘争は砂川事件である。**問4**．**a**．ＬＴ貿易は日中間での準政府間貿易である。「(北朝鮮)との貿易拡大をめざして」は明らかに誤り。